近代日本黎明期における

「就学告諭」の研究

荒井明夫 編

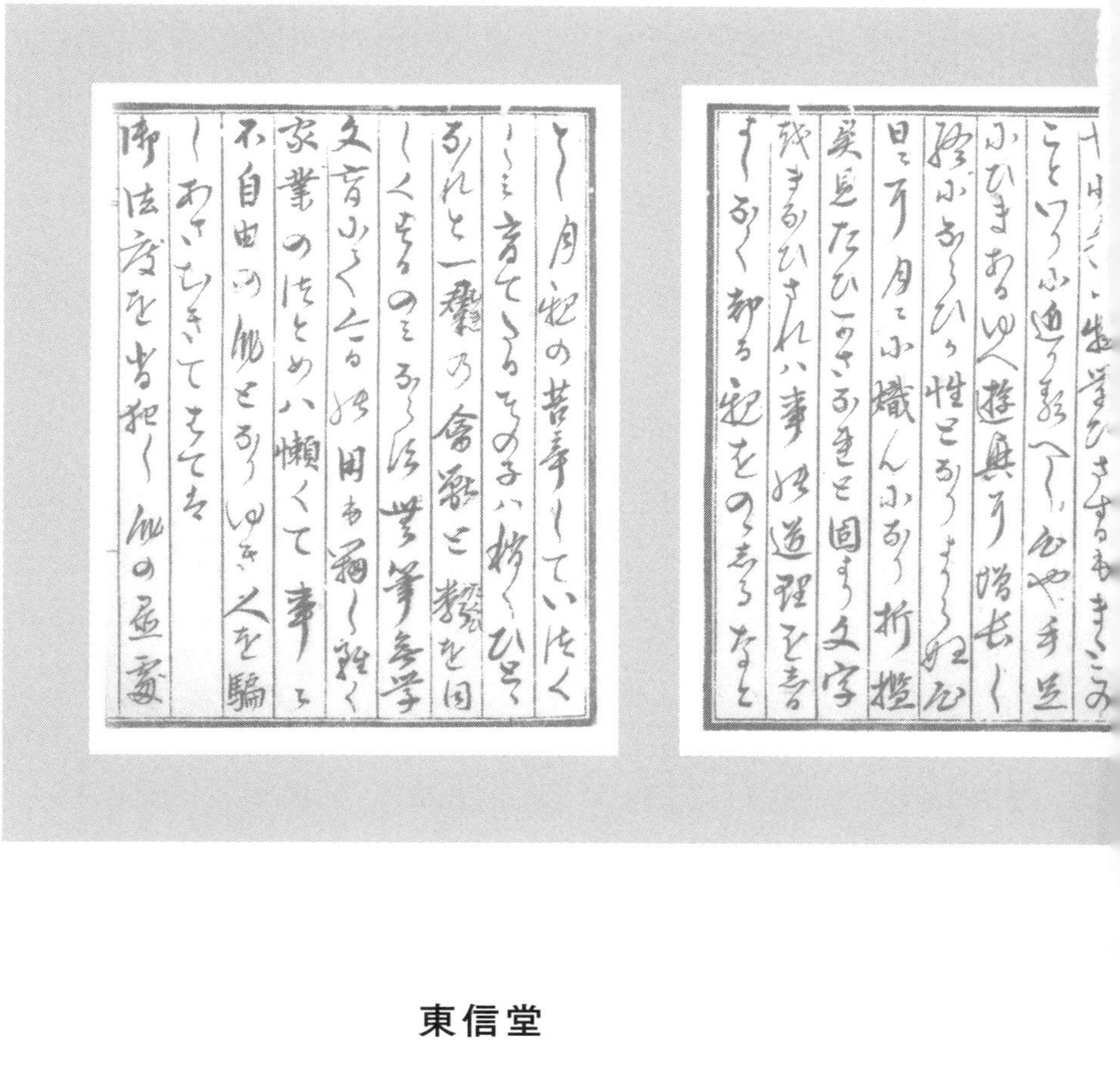

東信堂

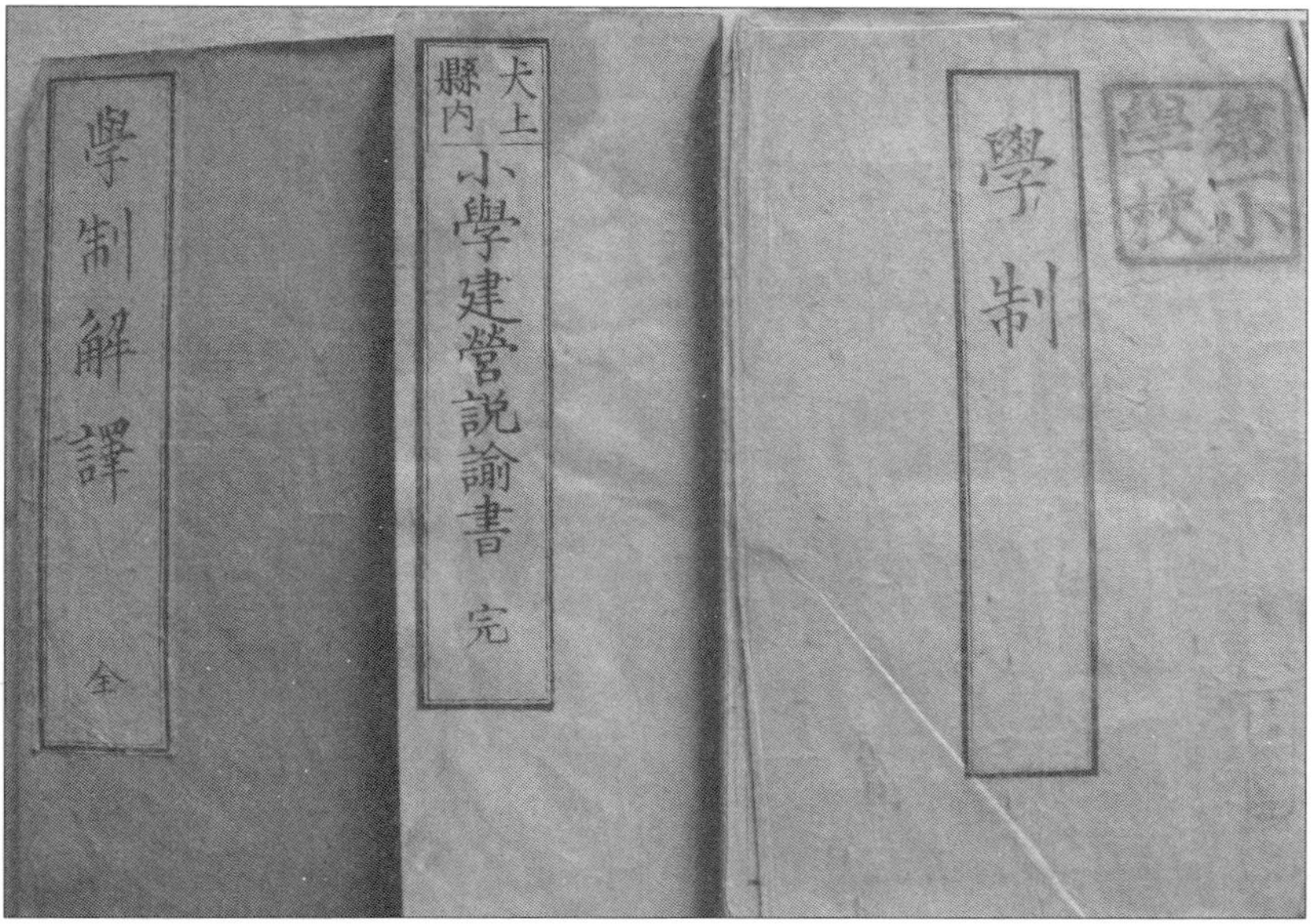

左：山梨県『学制解訳』〔資 19-3〕
中：犬上県『犬上県内小学建営説諭書』〔資 25-3〕
右：長野県内に頒布されたと思われる「学制布告書」と「学制章程」を合わせた『学制』

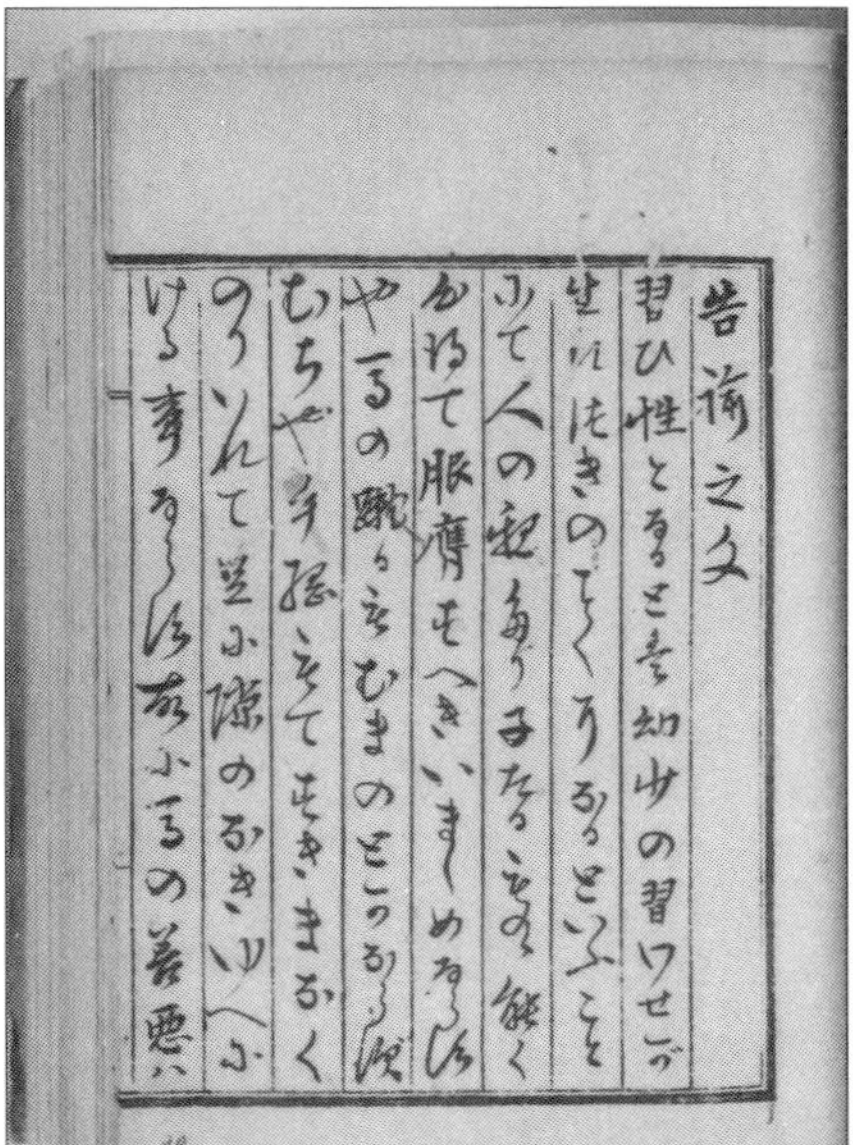

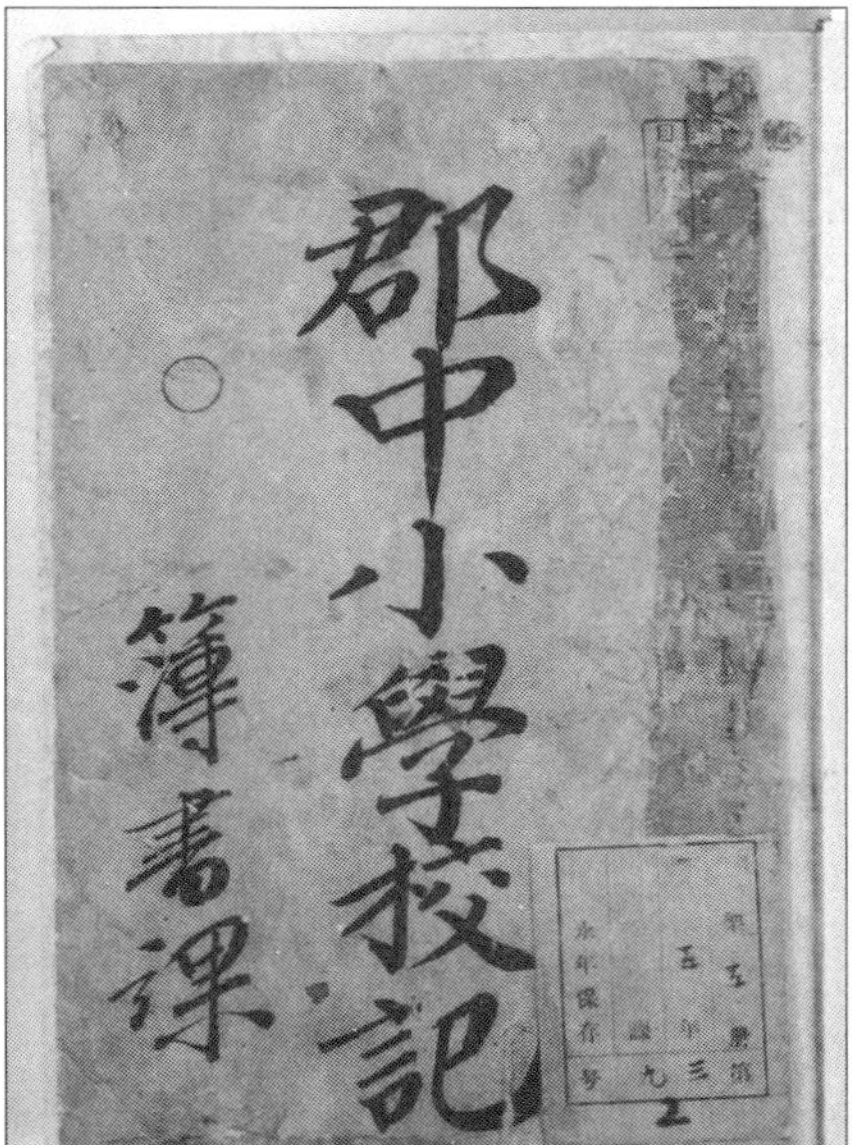

京都府：「告諭之文」〔資 26-15〕、『郡中小学校記』所収（京都府総合資料館所蔵）

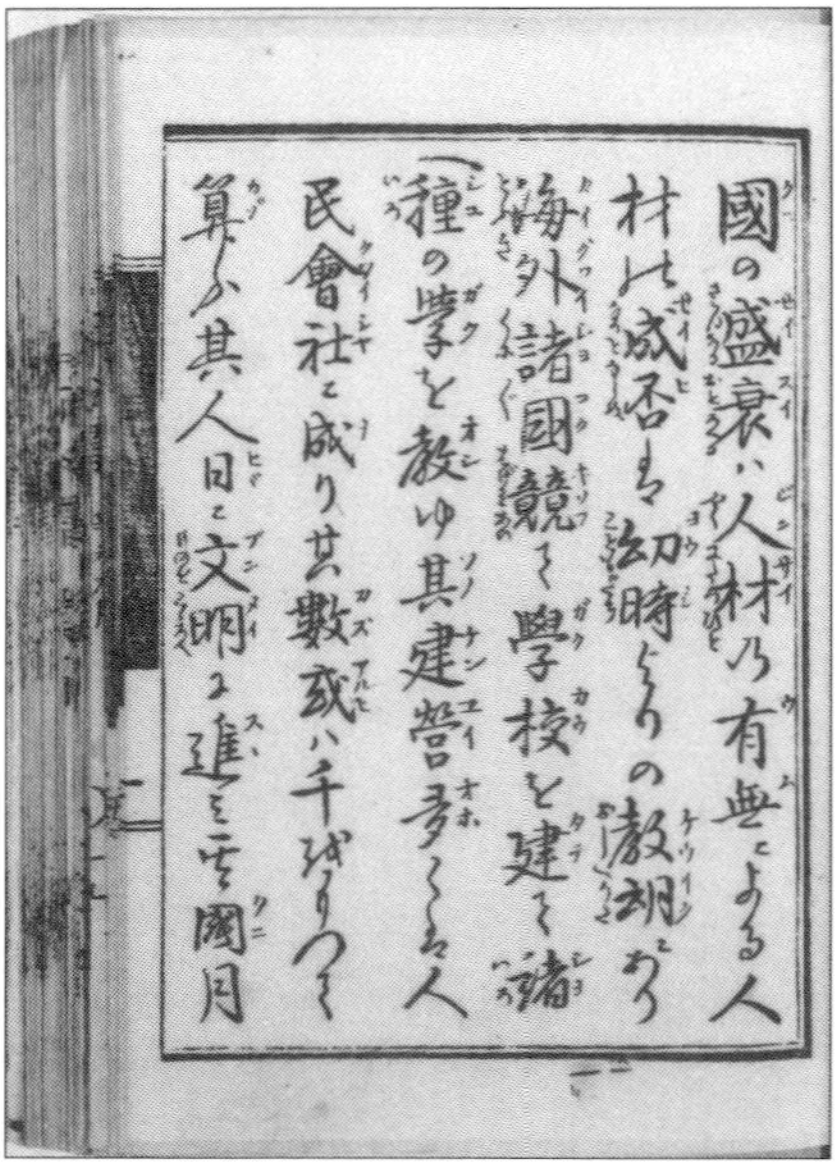

國の盛衰ハ人材乃有無によるゝ人
材の成否ハ幼時よりの教訓ニあり
海外諸國競て學校を建て諸
種の學を教ゆ其建營多くハ人
民會社と成り其數或ハ千ヲ以てかそ
ふ其人日ニ文明ニ進み其國月

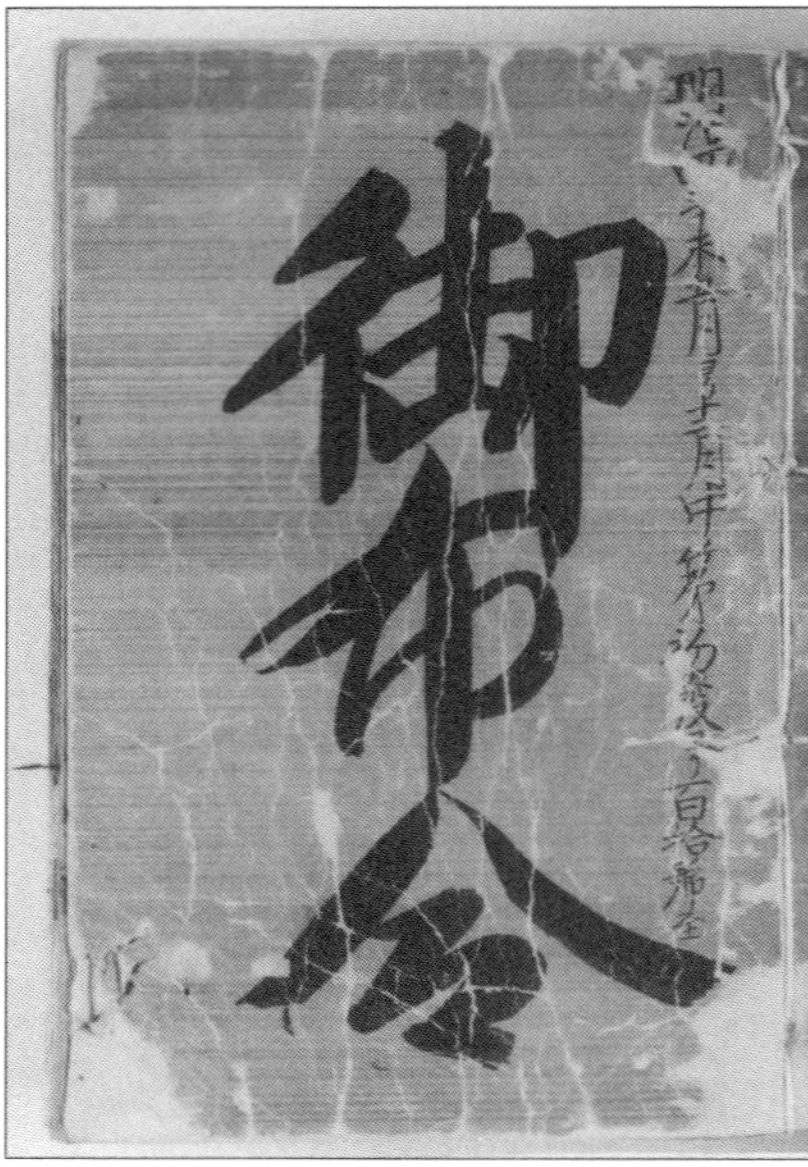

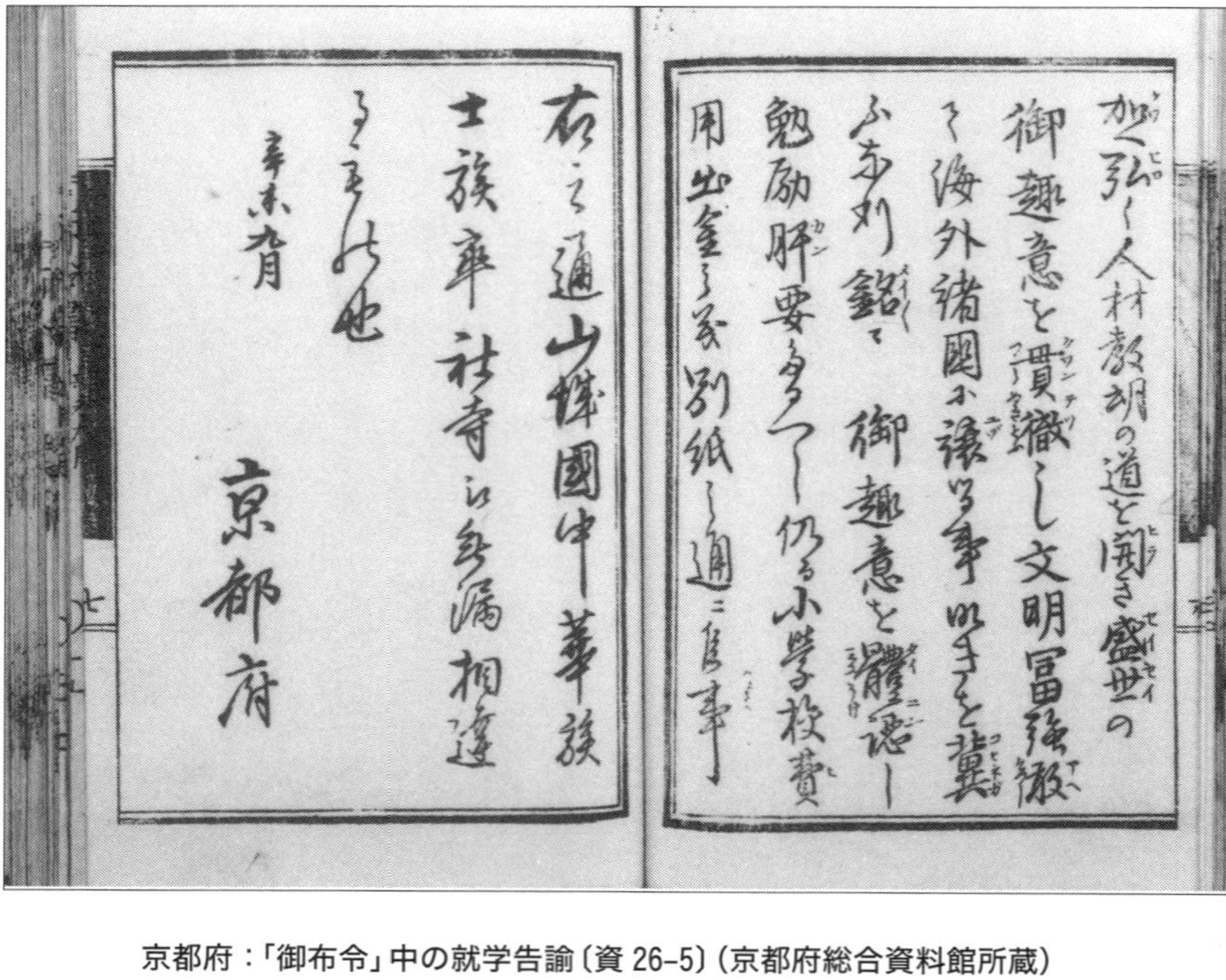

加へ弘く人材教訓の道を開き盛世の
御趣意を貫徹し文明富強を
て海外諸國ニ譲ら事なからんを冀
ふ者ハ銘く　御趣意を體認し
勉勵肝要なり仍る小學校費
用出金之義ハ別紙之通ニ候事

右之通山城國中華族
士族卒社寺江無漏相達
へきもの也
辛未九月
京都府

京都府：「御布令」中の就学告諭〔資 26-5〕（京都府総合資料館所蔵）

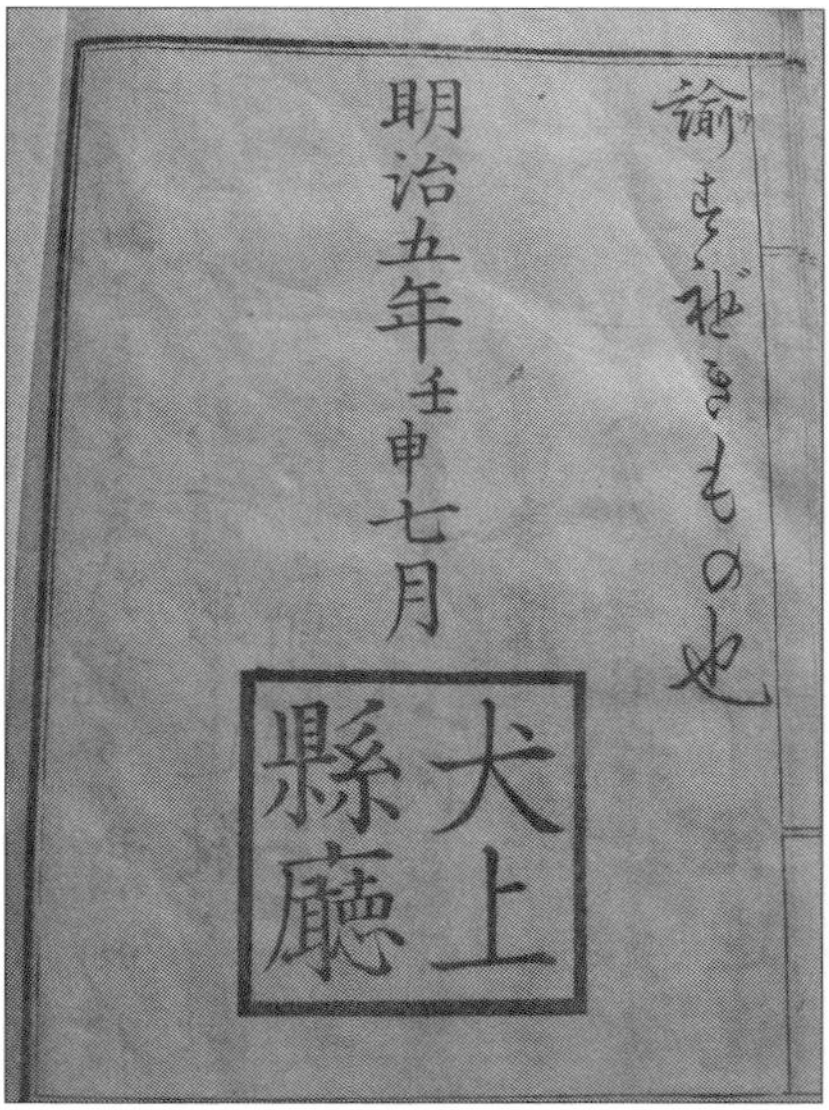

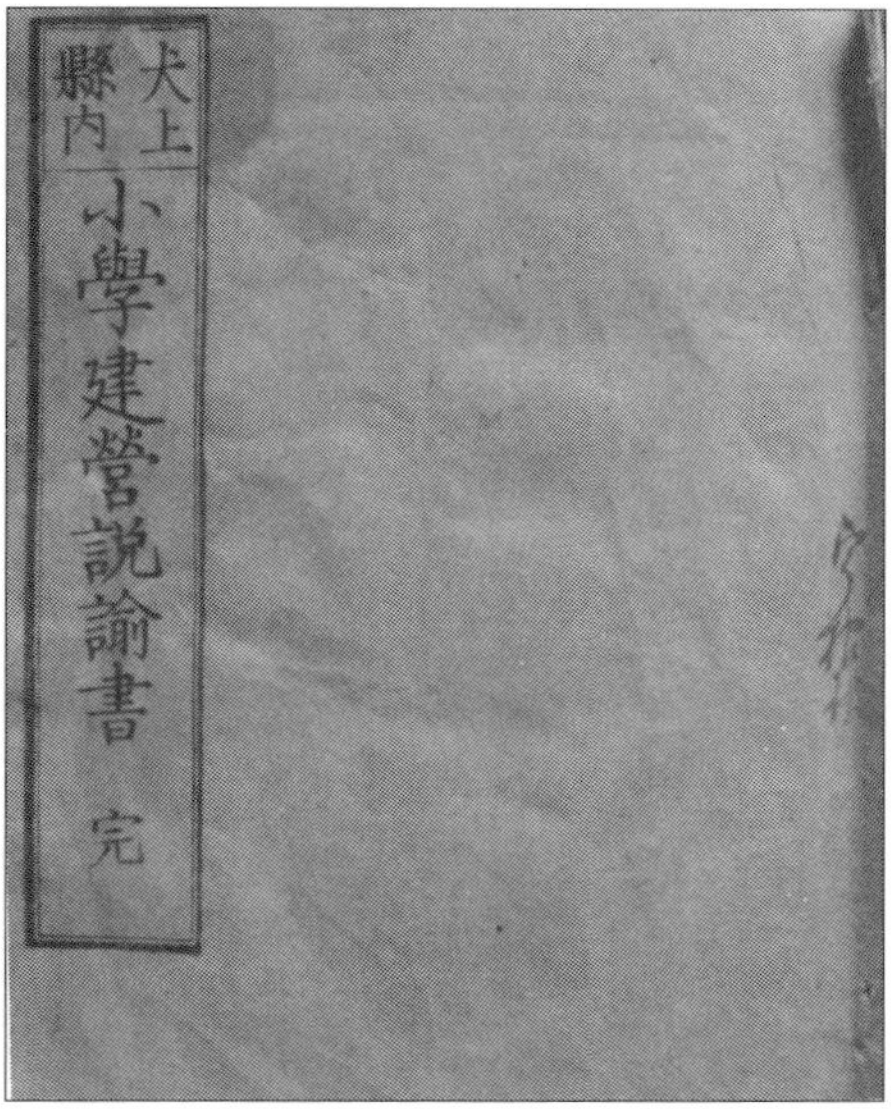

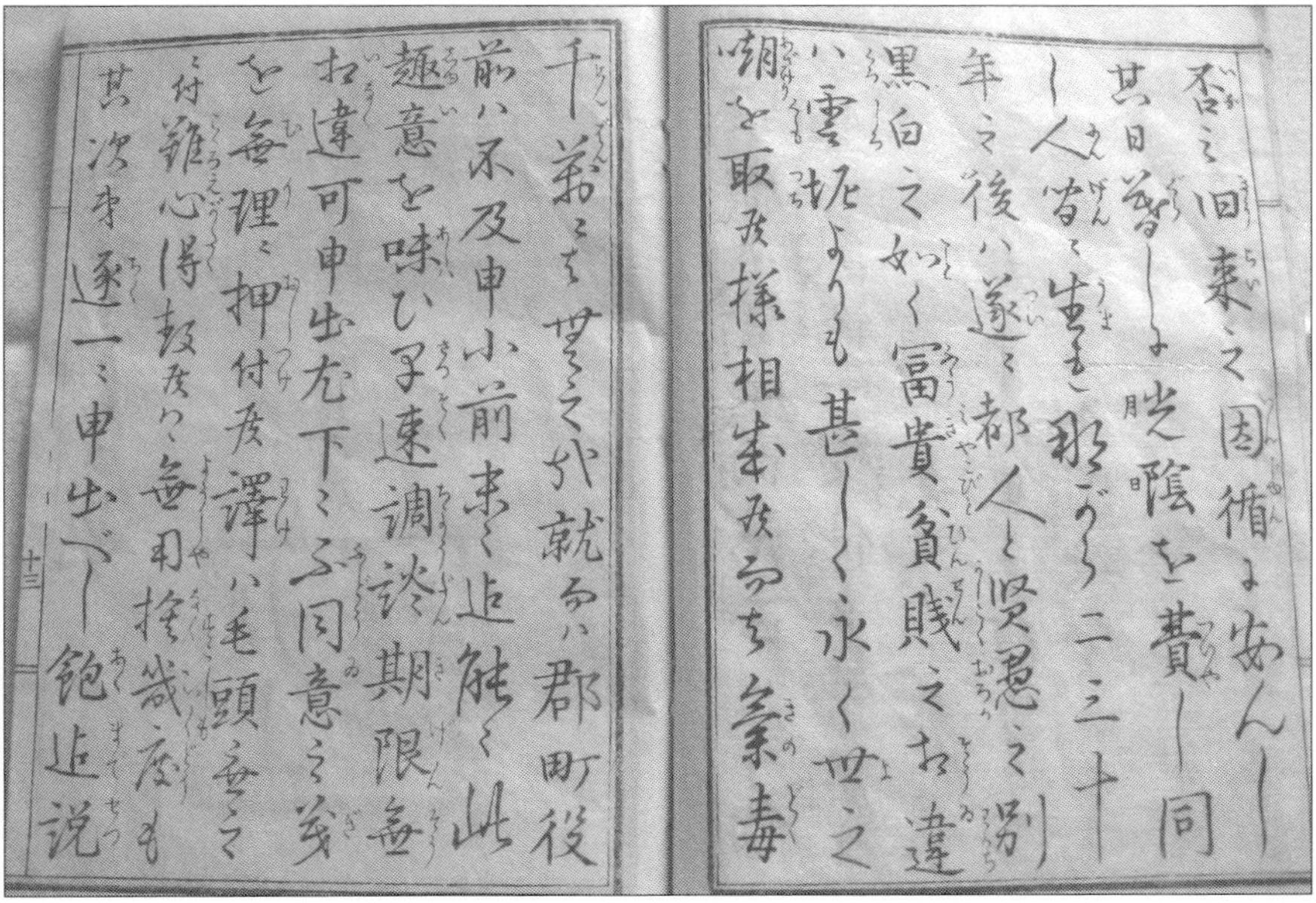

犬上県：『犬上県内小学建営説諭書』〔資 25-3〕

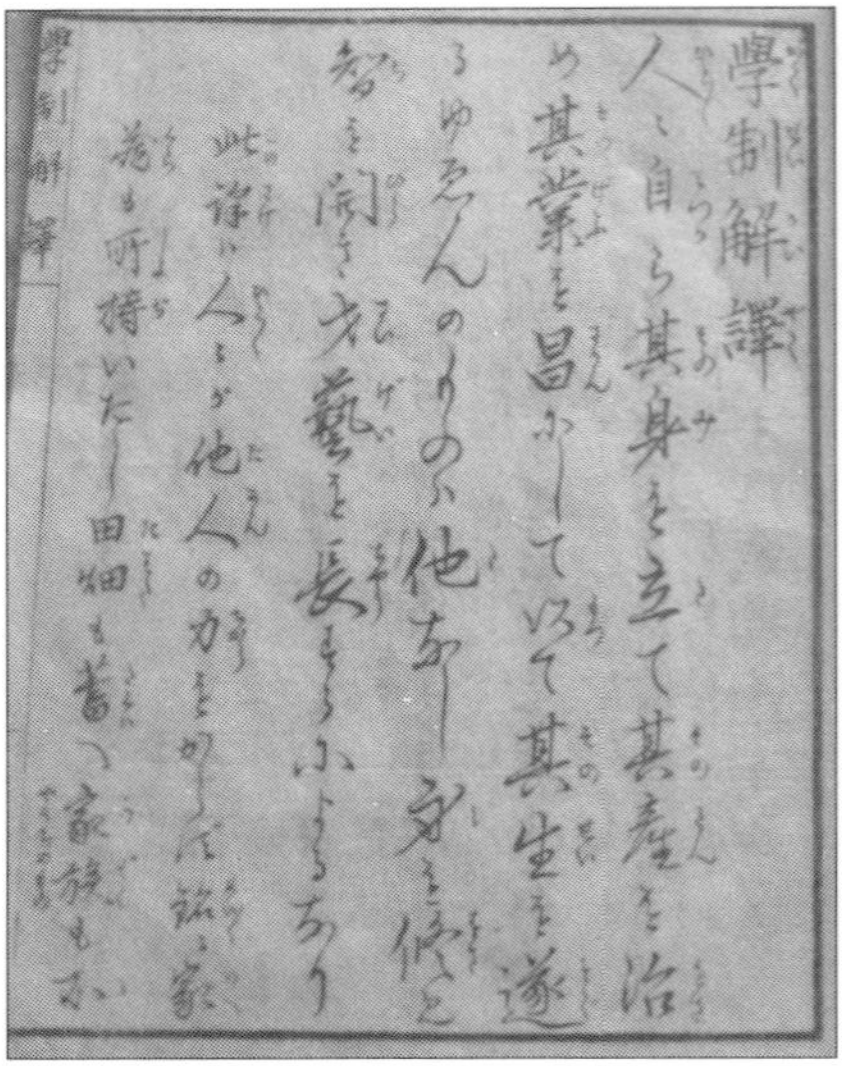

學制解譯

人〻自ら其身を立て其産を治め其業を昌にして以て其生を遂るゆゑんのものは他なし身を脩め智を開き才藝を長ずるによるなり

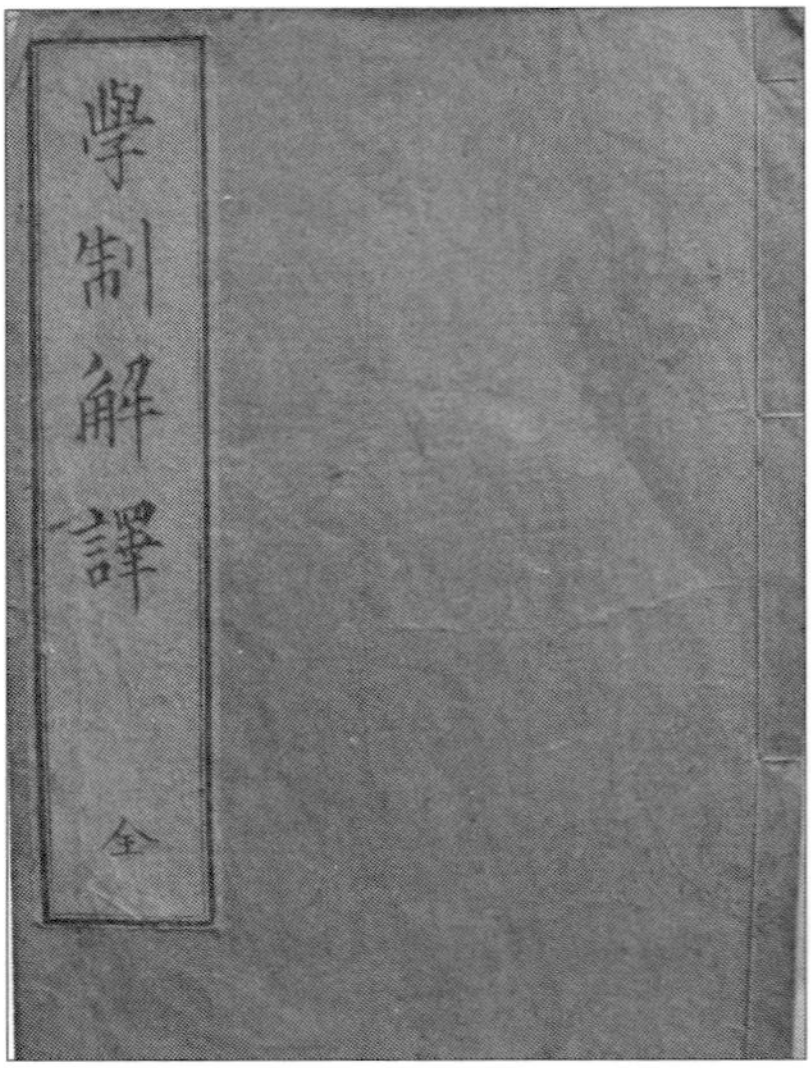

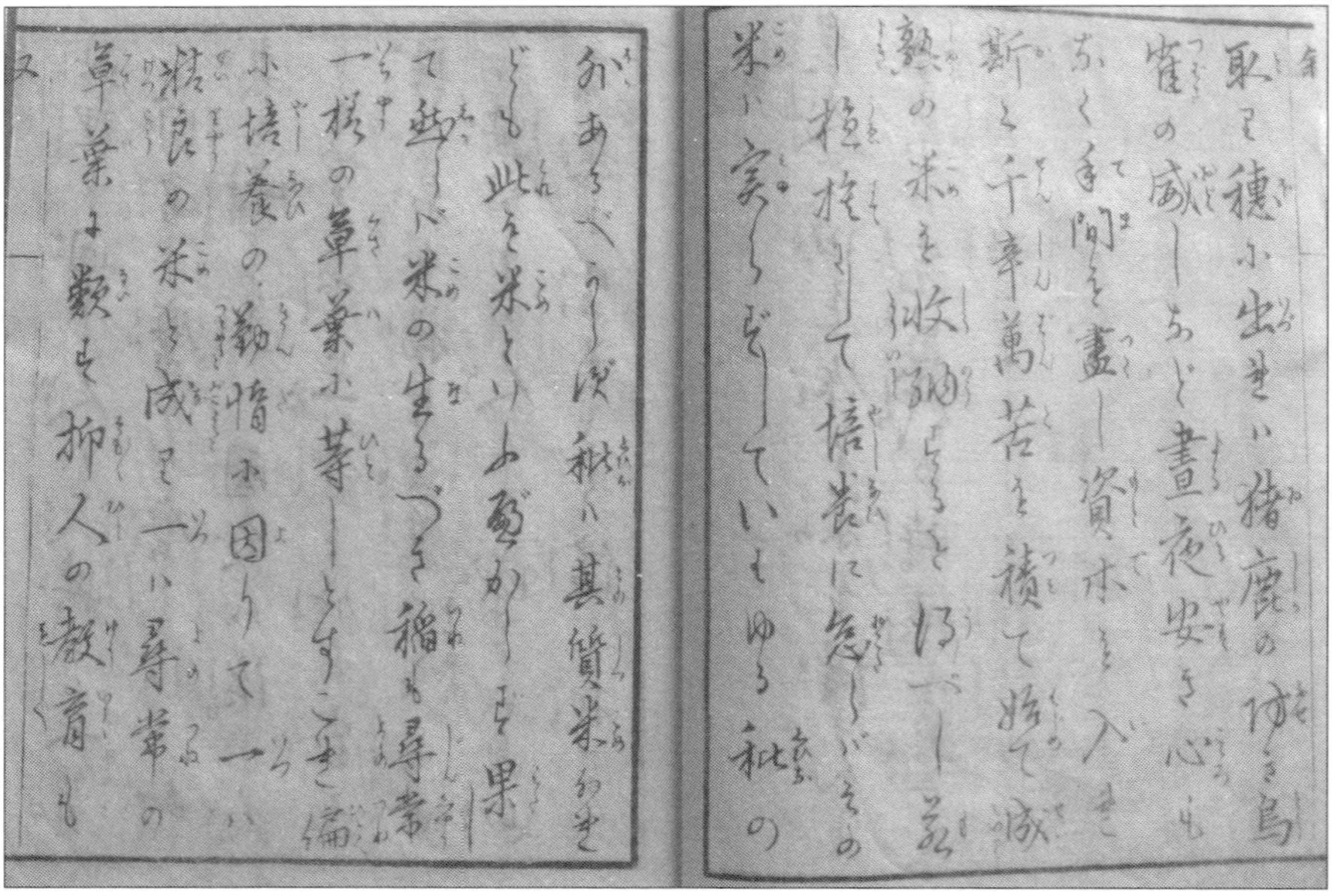

山梨県：『学制解訳』〔資 19-3〕

はしがき

本書は、明治初期において府・藩・県の地域政治指導者たちが、学問奨励・学校設立奨励のために発した言説である就学告諭を可能な限り収集し、そこで用いられた論理を分析することを目的とした共同研究の成果である。

従来の日本教育史研究において、一八七二（明治五）年の学制に関する研究は、政策史・制度史をはじめ実態史においても戦前から豊かな成果が蓄積されてきた。にもかかわらず、就学告諭は、言及ないし紹介される程度で本格的研究はなされてこなかった。しかも、稀に言及され紹介されたとしても、そこでの就学告諭とは、学制布告書を受けて地域政治指導者たちが発した学問奨励・学校設立奨励のための文書として捉えられてきたに過ぎない。本研究は、そうした把握に疑問を発するところから始まった。そして就学告諭という文書を、「幕末・維新期から学制期を経て府県統合が一段落する一八七〇年代後半までの一〇年間を対象とし、地域指導者によって発せられた学びに就くこと、学校を設立すること、学校に行くことを奨励した文書」と捉えたのである。

本共同研究の最大の特徴は、全国調査による就学告諭の大規模な収集にある。その結果、総数約四〇〇の就学告諭を収集した。本書は、論文編・資料編一覧表・資料編の三編で構成されている。収集した約四〇〇の就学告諭は、府県別に整理した資料編一覧表で全体像をみることができるようにした。それに続く資料編は、特に重要だと思われる資料を採録した。これらを活用して多面的に分析したのが論文編である。

ところで、僅か一〇年ほどの短期間の内に、地域指導者による学校設立・学問奨励の文書・言説がこれほど夥しい数で発せられた時期は、空前絶後であると言わねばならない。その理由は、明治初期における「学校」が、当時の民衆の生活世界において、馴染みのない、あるいは正体不明なるものとして登場したからだと推測できる。その点では近世の「学校」との不連続性を見ることができよう。他方、維新変革期の急激な近代化（西洋化）という未曽有の社会変革の中で、地域における近代化の課題を一身に担ったのは地域指導者たちであった。彼らは、急激な近代化を実現すべく、先ずは地域民衆自身の啓発こそ不可避の課題であることを認識していた。それゆえに彼らは、就学告諭を発して学問の重要性・学校で学ぶことの重要性を説いたのであった。しかもその内容の多くは、近世的な遺産の上に成り立っていたのである。

要するに、近世社会を通じて量的にも質的にも広がりをみせた民衆の教育要求は、就学告諭というフィルターを通して、近代的な教育要求・学校設立の基盤へと方向付けられ、明治初期の開明的啓蒙政策の心的基盤を形成したと考えられる。だとすれば、就学告諭にみられる学校を解説する論理（学校で学ぶことが何故大切か、学校で何を学ぶか等）の解明は、近代日本における学校化社会の原点を問い直す試みに連なるといえよう。

ひるがえって現在の日本の学校に目を転じてみれば、学校のその存立基盤が鋭く問われている。「何故学校にいくのか」という問いに対し、日本の教育学は充分な回答と展望を提出しえていないようにもみえる。その一つの手がかりは歴史研究に求められるのではないだろうか。この問いへの答えは、「近代日本において民衆を学校に行かせる論理がいかに用意され、表出されたのか」ということとの解明を通じて可能となると考えられるからである。就学告諭の分析こそまさにその回答を導き出しうる一つのテーマである。本共同研究を支えた課題意識はまさにこの点にある。

本書が広く活用され今後の教育史研究に貢献できること、さらに学校化社会の原点を問い直すことを通じて、今日の学校をめぐる教育学界の論議に広く参考になれば幸いである。

二〇〇七年八月

荒井　明夫

目　次／近代日本黎明期における「就学告諭」の研究

■資料編

近代日本黎明期における「就学告諭」の研究

論文編凡例

1. 用字・用語は、原則として常用漢字体・現代仮名遣いに統一した。

2. 引用文については、資料凡例と同じとした。ただし、ふりがな（右訓、左訓）等は略したところもある。

3. 1872（明治 5）年学制についてはカッコを付けずに表記した。また学制布告書も同じ。

4. 年月に関する表記は、1872（明治 5）年までは太陰暦を使用し、1873 年以後は太陽暦とした。それに伴い太陰暦使用の場合には、原則として元号で、太陽暦使用の場合には西暦表記とした。

5. 使用した数字は原則として漢数字を用いた。

6. [　]内の数字は資料編一覧表・資料編所蔵の資料番号である。

7. 序章第二節・第三節において就学告諭の統計分析をおこなったが、資料編一覧表の初期の校正段階をもとにしている。したがって資料編一覧表掲載数などとは若干数値が異なっている。

論文編

序章　就学告諭研究の課題と方法

第一節　研究の課題と方法
第二節　収集した資料の性格
第三節　就学告諭の周知方法

第一節　研究の課題と方法

一　課題の設定

本研究は、府・藩・県の地域政治指導者たちが、幕末・維新期から府県統合がほぼ今日の形になる一八七六（明治九）年までの期間において学問奨励・学校設立奨励のために発した言説である就学告諭を可能な限り収集し、そこで用いられた論理を分析することを目的としている。

一般に、就学告諭とは学制布告書末尾「右之通被仰出候条地方官ニ於テ辺隅小民ニ至迄不洩様便宜解釈ヲ加ヘ精細申諭文部省規則ニ随ヒ学問普及致候様方法ヲ設可施行事」を受けて地方官が発した文書・言説と捉えられている。今日一般にいわれる就学告諭に関する概念が最初に用いられたのは、海後宗臣の就学諭告だと思われる。海後は、『日本近代学校史』において「各府県は太政官の布告の精神を体してこの新しい学校観を管内に普及せしめ、就学を訓諭した[二]」と述べ、そのすぐ後で具体例として「群馬県の就学諭告」を紹介している。太政官の布告の精神を体した新しい学校観の管内普及、という海後の捉え方に留意したい。海後のいう就学諭告が、就学告諭となるのは、『近代日本教育史事典』の中の「就学告諭」（大田倢執筆）が最初である。ここで大田は「明治五年の『学制』を施行するに際し、学制序文（被仰出書）の趣旨を解説して学校の設立と就学の奨励のために各県で管内の人民に示した説諭[三]」と定義した。その後の研究史は、周知のとおり学制研究は飛躍的に発展するが、就学告諭そのものの研究は殆どすすんでいないのが現状である。

就学告諭を学制布告書の補足として捉え、学制布告書を受けて人民に周知徹底するものと捉えた場合、就学告諭は中央から地方へと一方的に政府の方針を徹底するための文書・言説となり、就学告諭の有する固有の意義を深めることは困難である。

そもそも就学には学問に就くことと学校に行くこと、の両義がある。また、告諭とは一般に告げ諭すことである。幕末・維新期には多様な就学を説く文書・言説が存在し、そこには実に多様な学問観や学校観がみられた。さらに一般に告げ諭すという場合の「一般」も重要な研究対象である。なぜならば、近世社会において支配階級とされた武士以外の階層が、ここでいう告諭の対象たるべき「一般」とされた時、意味する「一般」は地域によって異なると予想されるからである。

本研究は、就学告諭を従来のように学制布告書を受けた補足的な文書・言説と捉えてはいない。そうではなく、「幕末・維新期から学制期を経て府県統合が一段落する一八七〇年代後半までの一〇年間を対象とし、地域指導者によって発せられた学びに就くことを奨励した文書・言説」と捉えた。

このように捉えることによって、第一に学制を前後する時期、すなわち近世から近代への移行期における就学奨励言説の論理展開を歴史的に分析し、第二に就学告諭発布に至る地域の主体的契機をあらためて検討の俎上に乗せる。そして第三に中央政府が発した学制布告書それ自身を就学告諭の中で位置付け直し、学制布告書を捉え直す新たな視点を提出したい。

さて、本共同研究では、総数四〇〇を超える就学告諭を収集した（巻末資料編一覧表および資料編参照）。このように地域指導者による学校設立・学問奨励の文書・言説がこれほど短期間の内に夥しい数発せられた時期は空前絶後であると言わねばならない。それは一体何故であろうか。ここで就学告諭が生成してくる社会的背景を考察しておきたい。

第一に、幕藩体制下における商品・貨幣経済の発展とその政治的表現である百姓一揆の高揚である。これら体制的危機による幕藩の改革時に、欧米資本主義列強の圧力による開国が重なり国内情勢は倒幕へと展開、慶応三年の「王政復古」と徳川慶喜による「大政奉還」によって徳川幕府が崩壊、明治新政府が成立した。この政治・経済構造の変化により封建体制から近代社会へ大きく転換し、近代化＝文明化として民衆の生活世界の変化が方向付けられる。

第二に、今述べた時代の転換期において、政治・経済的背景を土台に民衆の教育要求も深化していく。幕末・維新期までに日本の民衆の教育要求がその生活に内在する形で量的にも質的にも深化していた。入江宏は「十九世紀の日本は一種の教育爆発の時代といってもよく、民衆の学習熱は高揚し、手習塾から最先端の洋学塾までさまざまの水準の私的な塾が成立し[三]」たと述べている。この学習熱の内容に関しては布川清司が多面的に述べているがここでは立ち入らない[四]。このように、民衆における教育要求の量的・質的深化の中で維新変革期を迎えることになる。この教育要求は、森川輝紀[五]やひろたまさき[六]が指摘するように、新政府の教育政策に対する拒否と受容の両側面を内包させつつ、次第に近代学校の設立を受容していくようになる。

第三に、維新変革期の「開化」の性格である。丸山真男は論文「開国」の中で、「閉ざされた社会の急激な崩壊がまず直接に人民に社会的現実として実感されるのは、経済の混乱と道徳的アナーキーである」と指摘し、「御一新」は「雨のように下る『御布告』により始まるが、それは「人民の日常的行動様式まで」及んでおり「御布告による『開化』」が命ぜられた、と述べている[七]。丸山の指摘するように、「上から」の開化政策が、一気に、「雨のように下る『御布告』」によって始まる以上、地域の実情と乖離せざるをえない。

第四に、その乖離を克服する役割が期待されたのは地域的指導者たちである。丸山のいう開国に伴う「閉じた社会から開かれた社会」への大変革の中、地域指導者たちは、中央政府が「雨のように」発する布告を地域の実情に対応させつつ実現していくことが課題であった。明治四年の廃藩置県実施と戸籍法による区長・戸長設置後、彼らがなし遂げねばならない行政事務は日毎に増大せざるをえず、経費負担も莫大であった。こうした状況下、全国画一的に実施された行政課題は、戸籍簿の編成、徴兵令の制定・実施、そして学校設置であった。

近代化の諸課題は、開国による西洋文明の流入と文明開化の諸課題であり、それへの対応は地域指導者たちの明治維新そのものであった。彼らの最大の役割は、総じて「客分」であった地域民衆を、彼らが認識した範囲内という制限においてではあるが、新時代の人間像へと育成する課題であった[八]。その時、新時代の人間像育成の課題は主観的であるが故に多様であり、様々な要因に規定されていた。しかしながら、地域指導者たちが地域における近代化・文明開化に対応するためには、先ずは学問の奨励（具体的には学校設置の強調）それ自体が最も基礎的な課題として位置付かざるをえず、それが最大の共通項であったといってよいであろう。

夥しい数の就学告諭が短期間に出現し得た背景には以上のような理由が考えられる。

要するに、就学告諭は、幕末・維新変革期の急激な近代化（西洋化）という未曽有の社会変革の中で、地域における近代化を一身に担った地域指導者たちによって発せられた。彼らは、急激な近代化を実現すべく、先ずは地域民衆自身の啓発こそ不可避の課題であることを認識していた。それ故に就学告諭を通じて、学問の重要性・学校で学ぶことの重要性を説いたのであった。他方、近世社会を通じて量的にも質的にも広がりをみせた民衆の教育要求は、就学告諭というフィルターを通して、近代的な教育要求・学校設立の基盤へと方向付けられていったと考えられる。

次に、就学告諭の多様性についても考察しておきたい。就学告諭は、その名称を「学田告諭書」〔資2-11〕「興学布達」〔資

5-6〕「農商小学大意」〔資18-3〕「学制解訳」〔資19-3〕等、本研究の資料編一覧表および資料編を参照すればわかるように、発布主体・内容の論理と使われたトピック・形式などにおいて多様である。その多様性は、幕末・維新期における政治的諸条件や地理的位置、社会経済的背景や地域指導者の啓蒙性など、地域的多様性によるものである。例えば、高知県の一八七五（明治八）年「学事奨励ニ関スル権令ノ告諭」〔資39-6〕は「外国の交際」を意識するが故に「人民の劣弱なる国は自然外国より凌辱」される危機意識を強調するが、これなどは高知県の地理的位置と関係し、愛媛県（石鉄県）の一八七三（明治六）年二月の告諭〔資38-8〕は、第四章第四節で明らかにするように、指導者内藤鳴雪の平等思想が反映している就学告諭である。このように、就学告諭は、地域の諸条件に即した形で登場した。

二　先行研究の検討

これまでの日本教育史研究において、学制に関する研究は蓄積されてきたが、就学告諭に関しては先にも述べたように言及ないし紹介程度である。ここでは言及ないし紹介されている文献・論文を取り上げ、就学告諭の位置付け・役割に関する研究史を整理しておきたい。

既に紹介したように、海後は、「太政官の布告の精神を体してこの新しい学校観を管内に普及」したと説明し、山梨県、群馬県、滋賀県の告諭を紹介している（九）。大田傑は論文「明治五年学制について」において、学制の一側面として国家の求める教育と民衆の教育との乖離を生ぜしめたことを指摘し、愛知県と山梨県の就学告諭を紹介した（一〇）。さらに土屋忠雄は、「被仰出書の末段に地方官はその趣旨を便宜解釈を加えて、『辺隅小民ニ至ル迄』洩れなく伝えるようにと述べてあるが、これにしたがって、各地で種々の告諭類が発せられている。大同小異であるが、次に掲げる神山県告諭（明治六年二月十五日）の一節は、よく学制の実学主義を伝えているものと言えるであろう。（一一）」と指摘する。その上で、「学問、教育の効果を人々の生活、人生の禍福と結びつけ」たとして佐賀県と奈良県の就学告諭を、「国家のために勉励せよという趣旨を加えて説い」たとして愛知県・堺県と愛媛県の就学告諭を、それぞれ紹介した（一二）。

海後・大田・土屋に共通している点は、第一に依拠した資料がいずれも『日本教育史資料書』にある点、第二に就学告諭を学制を受けて出されたものと把握している点、である。特に土屋は、就学告諭の類型化を試みた先駆的研究であるが、就学告諭に独自に出てきた「国家のために勉励せよ」という、学制布告書には全くない論理を、地方官の学制布告書に対する付け加えとしてしか捉えなかったため、その意味を充分考察することができなかった。

先にも指摘したように、就学告諭に関する最初の定義は大田倢執筆「就学告諭」であった。大田は先の定義に続いて「就学告諭のなかには、むしろ学制序文の趣旨に反して『学制』が富国強兵策の一環として一般人民の文明化の役割を受け持つという政府の立場を端的に伝えているものもある」と解説し、「山梨県就学告諭」と「愛知県就学告諭」、さらに筑摩県令永山盛輝の就学督励説諭を紹介した（一三）。大田が、府県の就学告諭によって内容が異なること、とりわけ「『学制序文』の趣旨に反して」出された告諭の存在も指摘していたのは重要である。

一九七三年に出された尾形裕康『学制成立史の研究』と海後宗臣『明治初年の教育』の両著とも幕末・維新期（尾形の場合、最古の例として一七六二（宝暦一二年）まで遡っている）を中心に、学制成立過程における様々な建白書に注目している。尾形は、その「資料編」には四四もの建白書を挙げているが、その中には学制以前に出された注目すべき就学告諭も含まれている。しかし、尾形は建白書と就学告諭を区分していない（一四）。建白書は個人から行政への提案文書であり、就学告諭は行政ないし地域指導者から民衆に周知する文書であって、その性格は大いに異なっており、両者を同一視できないことは明らかである。

他方、海後は「新政府は明治維新の精神に基づいて教育方針の大綱を示したのであるが、同時に各府藩県は教育振興のためその地方に布告諭達を発している。それら各地における新方針をみると、どのような思想によって教育振興の諸問題が取扱われていたかを知ることができる」と述べ、諸藩の布達類を紹介する。さらにその上で諸藩の布達を、「新しい時代に応ずる人材を教養する」方針、「藩の学校」で士庶平等に教育する方針、庶民を対象とした教育機関を設置する方針、と三区分した(一五)。海後の研究は、学制以前の就学告諭の類型化の先蹤であった。

佐藤秀夫「児童の就学」は、就学告諭を学制の補足として捉える点は変化ないものの、従来の研究で使用された『日本教育史資料書』に加えて刊行され始めていた都道府県教育史を活用し、はじめて就学告諭の類型化を試みたものであった。佐藤は「府県当局者は、その子女を小学校へ就学させる意味と必要性について民衆に説明し、啓蒙することからはじめなければならなかった。府県によっては数次にわたり、かつ内容も学校設立・その維持費負担・児童の就学と多岐にわたる場合があったが、ここでは従来からの慣行に従って、それらを『就学告諭』と概括する(一六)」と述べた。佐藤は、さらに続いて、就学告諭を次の六つに類型化した。第一に「太政官布告の『学制序文』の趣意を自己管内の一般民衆に説きあかすという方式」の例として大阪府と山梨県、第二に「『実用学への志向』が認められるもの」として奈良県と堺県、第三に「対外危機感に裏打ちされた国家意識の強調、民衆のもつ民族意識に訴えかけるもの」として前出の堺県と富山県・愛媛県、第四に「教育における封建的身分制の否定、四民共学」として愛知県・滋賀県・神山県・熊谷県・印旛県、第五に「『学問』による立身出世の可能性を喧伝するもの」として佐賀県・青森県、第六に「女性に対して特に就学を呼びかけたもの」として山梨県・島根県・茨城県、の就学告諭を分類した(一七)。

また戸田金一は、就学告諭を「諸府県の学制受け止め関係文書」と位置付けそれらを八つに分類している。第一に「学制に先行してほぼ同趣旨の理念を開陳したもの」として香川県・大分県・奈良県、第二に「学制発布の事実を知らせるもの」

として宮城県・栃木県・静岡県・長野県、第三に「被仰出書を分かり易く書いて諭したもの」として筑摩県、第四に「現状の継続を述べたもの」として京都府、第五に「地方の実情から現実的な内容を述べたもの」として埼玉県・神奈川県・相川県、第六に「学校の経費に触れたもの」として酒田県・敦賀県、第七に「従来学校廃止に触れたもの」として群馬県・小倉県・青森県・長崎県、第八に「学制の理念に抵触のおそれあるもの」として石川県と神山県、の就学告諭を分類した[一八]。

佐藤と戸田の研究の特徴は、刊行されつつあった各都道府県教育史を資料として、学制発布に関連し各府県がどのように対応したかという視点で府県が発した就学告諭（戸田の場合は「学制受け止め関係文書」）の特徴を分類した点にある。

寺崎昌男は、学校のあり方が根本的に問われている今日の日本の学校において、「なぜ学校にいくのか」という問いに対し、就学告諭研究の有効性を示した。すでに寺崎は、「就学校こそ専一的に『就学』を示すという学問観・教育観」であったことを指摘[一九]していたが、就学告諭を次のように定義付けた。「幕末から維新革命を経た直後の時点で『日本国民は何故子どもを『学校』という場所に通わせなければならないのか』という問題をめぐって、建設期にあった政治権力の側が、どのように日本の親たちを説得したのか」、そのことを示す言説・文書が就学告諭だというのである[二〇]。寺崎は、就学告諭を以下のように重層的に位置付けることによって、教育学・教育史研究の重要な課題の俎上に乗せた。すなわち「『学校に通う』という行動の前提となる国民の合意形成が、どのような論理の基に用意されてきたのかを語る文書群」[二一]と指摘、「学校に行く」国民的合意が形成される時期の論理構成に注目することで現代教育学研究にとってのアクチュアリティを示した。

さらに対象時期を「維新後廃藩置県（一八七一）に至るいわゆる『府藩県三治制期』」にまで視野を拡げたことで、学制を補足する文書としての性格を解き放ち、就学告諭を独自に研究対象とする重要性を示した。幕末・維新期から学制を経た時期が「文化伝統が色濃く残り、他方には『文明開化』の先駆をなす動きがあり、この二つが混在ないし混淆[二二]」したとして就学告諭の内容の比較考察と共通タームの検討を分析の視点として提起した。それは、同時に学制末尾（右之通被仰出候条……）に対する各地域の対応をみることで「地域の状況に応じた解釈を加えることができる[三三]」とし、就学告諭を、伝統文化と学制に代表される文明開化の相剋の中で捉える視点を提出した。

以上、研究史を整理してわかることは、学制の補足としての文書という位置付けから就学告諭を独自の研究対象として位置付けてきたこと、使用された資料としては「日本教育史資料書」から刊行された都道府県教育史へと変化していること、である。しかるに先行研究を乗り越えるためには、全国的な規模での就学告諭の悉皆調査と収集という資料収集の量的側面がまずは重要かつ有効となる。次に、資料の整理と分析である。従来の定義はもちろんのこと、学制布告書前後を通して就学告諭を位置付け直し、言説を多面的に分析すること、さらに地域事例研究として位置付けその上で従来の類型化を批判的に検討しなければならない。つまり、量的収集を基礎とした質的な分析が重要な課題なのである。

三　本研究の特徴と視点・方法

本共同研究の最大の特徴は、全国悉皆調査によって、約四〇〇の就学告諭を収集し、整理分析したことである。その内、今回の調査で新たに発見した資料および第一次資料を確認した上で初めて全文を翻刻した資料も複数ある（詳細は次節参照）。

本研究は、これらの収集した資料を次の視点・方法によって分析・考察した。

第一に、就学告諭の発布主体（発信者）と発布対象（受信者）、さらに頒布方法に関する分析である（本章第三節参照）。これらへの着目は、就学告諭の基礎的事実であるが故に当然の分析視角である。就学告諭の場合、主として府県レベルで発しているため発布主体（発信者）は多様であり、しかも彼らが就学告諭文作成者であるとは限らないため多くの事例において作成者個人を特定することは資料的に不可能である。ここでは作成者に充分留意しながら発布主体（発信者）の分析を試みた。次に、発布対象（受信者）についてだが、ここでも厳密な意味での発布対象（受信者）の特定は難しい。文書の表記などから、より地域民衆に近い指導者層（区長・戸長など）を経由して最終的には民衆を対象としたと判断したものもある。総じて、発布主体（発信者）と発布対象（受信者）自体が重層的である。頒布方法については、学制布告書に「辺隅小民ニ至ル迄不洩様便宜解釈ヲ加ヘ精細申諭」とあるにも関わらず、従来の日本教育史研究では「辺隅小民ニ至ル迄」政策が浸透していく過程とその方法は殆ど対象とされてこなかった。本研究は、資料で明らかにしうる範囲で頒布方法を明らかにした。

第二に、就学告諭の歴史的性格と言説構造を明らかにするために、就学告諭を地域の歴史的諸条件において読み解いたことである。そのため、特に以下の二点を留意した。第一に幕末・維新期の当該地域の政治・経済・社会的特質の中で位置付けること、第二に当該時期における地域の開明的啓蒙政策の特徴とその主体の中で位置付けること、である。これらの視点が重要であることは、既に上述したごとく就学告諭が生成する歴史的背景と関連しているので、詳しい説明は不要であろう。

要するに、本研究は、就学告諭を発した地域の政治・経済・社会的諸条件を明らかにし、さらに地域の開明的政策の推進主体を明確にする中で就学告諭を読み解くことを試みた。

第三に、就学告諭の言説を通じて内容を分析しようとしたことである。本研究は、収集した就学告諭の、とりわけキーワードに注目しそれらの関係性においてその内容を全体として捉えることにした。

ここで、本研究の構成について簡単に概要をまとめておきたい。

序章では、本研究の課題とその意義に関して整理し、共同研究の中で確認した全体を貫く視点と方法についてまとめた。次節においては共同研究の過程で発見した第一次資料をはじめとする収集した資料の性格について論じた。さらに第三節では就学告諭の発布主体（発信者）と発布対象（受信者）および頒布方法についてまとめた。

第一章は、就学告諭と学制布告書の関係を様々な視角から論じた。第一節は、学制布告書とそれ以前に各地で出された就学告諭との関係、さらには布告書以後の告諭との関係を考察した。第二節では、従来のように学制布告書から総てが新しく近代的に出発したものと捉え、布告書にただちに近代性を背負わせるのではなく、それが出された時期に再び置き直してその論理を探ることを試みた。

第二章は、就学告諭の中の学校構想を分析した。膨大な数の就学告諭は、どのような学校を構想したのであろうか。この課題意識の下、就学告諭にみられる学校設置の方針、就学勧奨の対象者、教育の内容とその有益性、資金調達の方法について論じた。

第三章は、就学告諭で用いられた論理とトピックの分析である。就学の勧奨で使用された論理とトピックは多様で、一方では治者の論理――「国家」意識の強調や外国を時にはモデルとして、時には脅威の対象とするような――、他方では生活者の論理――新時代到来の中、旧習がいかに弊害があるのか、親にはどのような役割が期待されるか――、が語られる。とりわけ、女子教育の重要性が様々な論理において強調されていることを指摘した。

第四章は、府県別の就学告諭研究である。特徴的な就学告諭を発した京都府・滋賀県・福井県・愛媛県を分析した。既に述べたように、地域的特性に特に視点を当ていかなる地域的諸条件下にいかなる就学告諭が登場したのか、そこにはどのような論理とトピックが展開されたのか、を分析した。

総じて、就学告諭と学制布告書の関係を論理的に捉え学制布告書に関する新たな視点を提示し（第一章）、就学告諭を学校構想という限定した枠内で考察し（第二章）、就学告諭のキーワードを「ヨコ軸」として分析し（第三章）、特徴的な就学告諭を発した四府県に限定し、地域の諸条件の中で、いわば「タテ軸」として分析を試みた（第四章）のである。

最後に、本研究において使用した用語についてまとめておく。まず年代の表記は一八七二（明治五）年までは太陰暦を使用し、一八七三年以後は太陽暦とした。次に、特に断らない限り明治五年に発布された太政官布告第二一四号「学制」は、煩雑を避けるためたんに学制と表記した。また論争（二四）となっている「学制序文」「学制布告書」の呼称については、学制布告書、続く章程を、学制章程、と呼称を統一した。

（荒井　明夫）

註

（一）海後宗臣「日本近代学校史」著作集編集委員会『海後宗臣著作集』第四巻、東京書籍、一九八〇年所収、六〇頁。

（二）大田倢執筆「就学告諭」日本近代教育史事典編集委員会『日本近代教育史事典』平凡社、一九七一年、三頁。

（三）入江宏「概説」編集委員会『講座日本教育史』第二巻、第一法規、一九八四年、二〇九頁。

（四）布川清司は当時の民衆の学習熱は、次のような生活の必要性から生じてきているという。「生きるための武器としてという物質的・実学的必要性、人間らしく生きるためという精神的・倫理的必要性、慣習や伝統を知るためという慣習的・伝統的必要性、芸能的・祭祀的必要性、信仰的・宗教的必要性、生命再生産のための必要性」（布川清司『近世民衆の生活と学習』神戸新聞出版センター、一九八八年）。

（五）森川輝紀「『学制』の民衆的受容と拒否」前掲、『講座日本教育史』第二巻所収。

（六）ひろたまさき『文明開化と民衆意識』青木書店、一九八〇年参照。

（七）丸山真男「開国」『丸山真男集』第八巻、岩波書店、一九九六年、六九〜七一頁。

（八）新しい時代をどのような時代として地域指導者が捉えていたかによって「人間」像は多様である。牧原憲夫『客分と国民のあいだ』吉川弘文館、一九九八年参照。

（九）　海後、前掲書、六〇頁。

（一〇）　大田倢「明治五年学制について」『教育学研究』第一八巻第三号、一九五〇年。

（一一）　土屋忠雄『明治前期教育政策史の研究』文教出版、一九六八年、八五頁。

（一二）　同前、八六〜八七頁。

（一三）　大田、前掲「就学告諭」三〜四頁。

（一四）　尾形裕康『学制成立史の研究』校倉書房、一九七三年。

（一五）　海後宗臣「明治初年の教育」著作集編集委員会『海後宗臣著作集』第八巻所収、東京書籍、一九八〇年、六二頁。

（一六）　佐藤秀夫「児童の就学」『日本近代教育百年史』第三巻、一九七四年、五九四頁。

（一七）　同前、五九四〜五九九頁。

（一八）　戸田金一『秋田県学制史研究』みしま書房、一九八八年、三〇〜四四頁。

（一九）　寺﨑昌男「教育令と外国教育法の摂取」日本教育法学会編『講座教育法第七巻』総合労働研究所、一九八〇年、一三七頁。

（二〇）　寺﨑昌男『日本の教育課題　第三巻　何故学校にいくのか』東京法令出版、二〇〇〇年、一五頁。

（二一）　同前、七頁。

（二二）　同前、一五頁。

（二三）　同前。

（二四）　論争については以下の論文を参照のこと。佐藤秀夫「教育史研究の検証―教育史像の改築をめざして」藤田英典他『教育史像の再構築』世織書房、一九九七年所収。竹中暉雄「『学制』に関する諸問題―公布日、頒布、序文の呼称・正文について」『桃山学院大学人間科学』第三〇号二〇〇六年一月。

第二節　収集した資料の性格

一　調査・資料収集の視点

本共同研究の目的は、内在化していた人々の教育要求を就学へと組織化する契機となった就学告諭の言説を分析することにある。

第一節において詳しく述べているように、学制研究史を整理・検討する中で、就学告諭がいわば「学制の補足」として捉えられ独自の言説として解釈されていない傾向にあること、就学告論そのものの概念が検討されていないことが明らかとなり、就学告諭の内容の比較検討、就学告諭の地域性の検討、就学告諭の作成者並びにその頒布方法の解明などが共同研究を進めていく上での課題として浮上した。就学告諭を直接の研究対象として研究を進めるために、差し当たって寺﨑昌男が提示した『学校に通う』という行動の前提となる国民の合意形成が、どのような論理の基に用意されてきたのかを語る文書群」(一)として就学告諭を位置づけ、その言説内容、論理構成、重要なタームなどの分析を進めることにした。

これらの作業の中で不可欠な点は、先行研究がなし得なかった全国悉皆調査であった。全国規模にわたる就学告諭の収集、分析を通し、はじめて就学告諭を定義できる。さらに、その内容の近似性や類似性、タームの共通性、地域性、作成者による違い、頒布方法など従来の研究の及んでいなかった点を乗り越えることができる。数多くの就学告諭を収集することが欠くことのできない作業となる。

全国調査は、先行研究を補填する作業も兼ねつつ、刊行されている都道府県史及び教育史などの二次資料による基礎的な調査から始めた。二〇〇三年度より文部科学省科学研究費補助金を得ることができたため、本格的に全都道府県の調査に入った。調査の対象については、それまでの都道府県史及び教育史に加え、市町村史、郡誌、地方新聞などのメディア、さらに一次資料にまで拡大し幅広く資料を収集することにした。調査は科研費の最終年度となる二〇〇六年度まで継続して実施した。

その結果、資料編一覧表にあるように全国の就学告諭約四〇〇を収集し、その中で代表的な就学告諭を後掲資料編に採録した。これらの中には「犬上県内小学校建営説諭書」（滋賀県）、「告諭之文」（京都府）など貴重な第一次資料も含まれている。

全国調査に際して、対象時期を①幕末より明治維新期、②明治維新期より学制公布前、③学制公布後より一八七〇年代半ばまでに設定した。この比較的長い時期を設定するに当たって、以下のように考えた。第一に先行研究において提示されているように、幕末維新期より学制公布以前にも注目されるべき就学告諭が出されている。第二に学制公布前後における言説内容の差異などを検討する必要がある。第三に学制公布後より府県統廃合が落ち着き、なおかつ学制が実質的に機能を失ってしまう時期までの就学告諭の全国的な広がりを把握したい。

次に、収集対象としたのは、ひとまず「学校へ行く、学ぶ、学校を設立する」ことを推進する内容をもつ資料と考えて、府藩県、府県権令や地方官、啓蒙知識人や教育関係者などのさまざまな人たちから発信された行政文書、学校設置文書、建言書、建白書などの中から広く収集した。これらを研究の俎上に載せ、可能性を最大限広げた中で「就学告諭とは何か」という議論を進めることにした。

調査に際して留意したことは、地域のもつ政治的・経済的諸条件を広く視野に入れ、初期県政の課題、行政組織の体制や人的配置を把握することを前提として、就学告諭の発信者と受信者を可能な限り把握することである。これは、第一に就学告諭の発信者名から作成者を推定していく作業上欠くことができないことであり、告諭の言説の中に含まれた発信者の政治的・思想的背景を推察するためである。第二に、発信者としての府県権令や地方官の異動状況と異動先で出された就学告諭の内容を比較検討する上で重要な視点ともなりえる。そして第三に、告諭の頒布方法を解明するための手がかりとするためである。

二　収集資料の検討

(一) 就学告諭の分類

告諭とは、一般的に民衆に告げ諭すものである。就学告諭を研究対象とした場合、告げ諭す内容である就学とは何を意味するのか、就学告諭の発信者と対象の捉え方、就学告諭の内容の精査、頒布方法、対象とするべき時期など定義付けのために明確にしておかなくてはならない。これらについては、収集した資料に基づいて、次のように概念整理を行った。

まず、就学については、①学問的素養のある人間を対象とした「就学問」と、②学校へ行くことによって学び始める人間を対象とする「就学校」の意があり、「学問をする」ことと「学校へ行く」という二重の意味をもつと考えられる。さらに③「学問をする」という学びの内容については、学制公布前においては和・漢・国・洋学を意図し、学制公布後は学制布告書に成文化された実学を指すものが大勢を占めた。なお、「学校に行く」という学校の指し示すものは、学制公布前は私・家塾、郷学などであり、学制後はいわゆる近代学校であることはいうまでもない（第二章第一節参照）。この三点の内容に見出すことのできる論理構造や使用されるタームをより詳細に検討・分析することから、就学告諭の地域性や発信者の民衆観、開明的政策の進め方、思想的背景の解明につながると考えられる。

対象とする時期は、幕末維新期から一八七六（明治九）年までとした。まず、収集した資料を整理する過程で、就学告諭が府藩県三治職制を経て廃藩置県に至る明治四年までの時期と学制公布を契機とする明治五年八月から一八七四（明治七）年との間に多く出されている傾向にあることが判明した。そして、一八七〇年代後半から一八八〇年代前半にかけては、就学告諭の内容が未就学者取締に関わる文書・言説へと徐々に変化していく時期にさしかかることが明らかになった。こうした実態を踏まえ、幕末維新期より府県統廃合が一定の落ち着きを見せ、学制が実質的にその機能を失っていく一八七六（明治九）年を本研究の対象時期としたのである。

最後に、就学告諭の発信者については、藩主、府藩県知事、府県権令から区戸長や学区取締などまでを含めた、幅広い意味での地域指導者層とし、告諭の対象は地域民衆とする。

以上の概念整理から、次の内容があるものを仮説的に就学告諭とした。

まず、地方において出され、学校へ行って学ぶことの意義を説くものであり、そのために学校を自弁して設立する必要性を諭している内容をもつものであること。次に発信者が府県権令や地方官、区戸長や学区取締などの地域指導者層であるもの。さらに、地域指導者層を含めた地域民衆を対象とするものであるものとした。つまり、府県権令や地方官が、地域指導者層を経由しつつ、民衆に向けて学校へ行って学ぶことの必要性や意義を説く内容をもつものとした。

この仮説をもとにして、収集した就学告諭を分析の便宜上、地域民衆に就学を促す文書・言説、直接的には就学を促すものではないが学資金や学校設立などに関係する文書・言説、建白書や建言書などのその他の文書・言説の三点に分類した。以上の分類に立って、その分類した就学告諭を主たる対象として、以下のように言説分析を行った。

(二) キーワードによる分析の試み

仮説によって分類した就学告諭を対象にしてキーワード分析を試みた(三)。本研究の特色は、言説の論理構成、タームの分析にある。この検討を進めるために、学制布告書と収集した就学告諭とを比較検討し、それらの中に頻出する傾向にあるタームをキーワードとして抜き出した。そして、抜き出したキーワードをまとめるためにカテゴリーを設定した(表一参照)。

一覧表に提示したカテゴリーとキーワードは、研究会での議論を重ねる中で出されたものである。「身を立」などというように、文節単位にしていないのは、語尾変化のありうることを前提としているためである。このキーワードをもとにして、就学告諭の論理構成や地域的特徴の中間的な分析を行った。ここで中間というのは、キーワード分析を実施した

表一　就学告諭中で使用されたキーワードとその分類カテゴリー

カテゴリー	キーワード
勧学	和学　漢学　洋学　皇学　四書五経　実学　学問　学文　高上の学
教育機関	私塾　家塾　手習塾　寺子屋　小学　中学　学校　夜学　郷学　学問所　仮学校
カリキュラム	学科　教則　学則　階梯　教方
女子教育	女児　女子　母　女学校　女子師範　愛育
身分	人々　四民　貴賎　貧富　士農　平民　人民　衆庶　男女
対外	外国　洋書　洋語　洋学校　貿易　各国　文明　開明　国辱
親	父兄　父母　兄弟
学齢	六歳　七歳
風俗	芝居　狂言　手踊　頑愚　固陋　倹約　祭　風俗　因襲　人倫　酒　博打
立身・出世	身を立　家を興　家を破　殖産　破産　人材　人才
国意識	国家　皇国　邦国　我国　邦家　朝廷　帝国　聖　朝旨　趣旨　報国
その他	恥　罪　貧困・窮

時点で収集・分析が完了し、デジタル化を終えていた九六の就学告諭を対象としたためである。

まず、学制布告書に出てくるキーワードとして、次の一六語を措定した。

学問、高上の学、小学、学校、教則、女子、愛育、人々、人民、男女、文明、父兄、身を立、家を破、破産、国家

学制布告書には、学問は五回、身を立は三回、学校・女子・人民・父兄・国家についてはそれぞれ二回使用されている。

次に、学制布告書前の就学告諭全体（資料数一九）で二回以上出現するキーワードは次の通りである。

漢学、学問、小学、学校、郷学、学問所、女子、人々、四民、貴賎、貧富、人民、男女、外国、洋語、文明、父兄、父母、兄弟、恥、罪、風俗、人倫、酒、身を立、家を興、家を破、人材、国家、朝廷

学制布告書後の就学告諭全体（資料数七七）で突出するのは次のキーワードである。

学問、小学、学校、女子、愛育、人々、四民、人民、男女、文明、父兄、身を立、家を興、国家、朝廷

以上のような傾向にあることが分かる。そして、キーワードには出現しないものもある。出現するものとしないものを分析することで、就学告諭の論理を炙り出すことができる。

学制布告書に四民、家を興、朝廷のキーワードは存在しない。そして、左の一三のキーワードは学制布告書後の就学告諭に出現しない。

高上の学、手習塾、教方、女児、女学校、洋語、洋学校、国辱、狂言、博打、殖産、邦国、邦家

この一三のキーワードのうち、学制布告書前の就学告諭に出現するのは、女児、洋語、洋学校、狂言である。学制布告書前後ともに出現しないのは、高上の学、手習塾、教方、女学校、国辱、博打、殖産、邦国、邦家となる。全体的に学制布告書後の就学告諭に出現するキーワードは、学制布告書前の就学告諭に出現するキーワードとほぼ近似していることが分かる。

キーワード分析を行った告諭の絶対数は限られているが、おおむね次のことが明らかになる。一点目は、学制布告書という理念的指標が提示されているにもかかわらず、学制布告書前と後の就学告諭に使用されているキーワードが近似していることである。このことは、学制布告書前と後の就学告諭の論理が通底している可能性を示すものとなる。二点目は、学制布告書を除いた就学告諭の多くに「学齢」、「風俗」、「その他」のカテゴリーにあるキーワードが出現していることである。学制布告書にはこの三つのカテゴリーのキーワードは存在しない。これは、就学告諭の論理構成が学校へ行って学ぶことと、文化や道徳や習慣という人々の生活世界とを同軸のものとして据えていたことをあらわすものと考えられる。

就学告諭に使用されているキーワードをその出現回数から検討していくと、言説分析を行う上で重要となるタームは、学問、小学、学校、学科、教則、女子、母、愛育、人民、外国、文明、父兄、風俗、身を立、国家、恥であることが明らかになった。

次に、県別のキーワード分析を行った結果、明らかにすることのできた特徴的な傾向について見ることにする。次頁の図は、就学告諭にあらわれるカテゴリー毎のキーワードの出現回数をグラフ化したものである。

この分析は、就学告諭に使用されるキーワードとカテゴリーの出現傾向から論理構成やタームの特徴を解明するために試行したものである。対象については次のようになる。

学制布告書前の就学告諭—青森県、福岡県、東京都、島根県、兵庫県、新潟県、岡山県

学制布告書後の就学告諭—静岡県、長崎県、福井県、三重県、愛知県、福島県、高知県、宮城県、岡山県

図全体を概観すると、分析対象とした就学告諭では「身分」、「女子教育」、「風俗」、「立身・出世」、「国意識」カテゴリーのキーワードが多く出現する傾向にあることが分かる。また、学制布告書に出現しない「対外」に関するキーワードが

図　学制布告書と主な府県の就学告諭を構成するカテゴリー区分

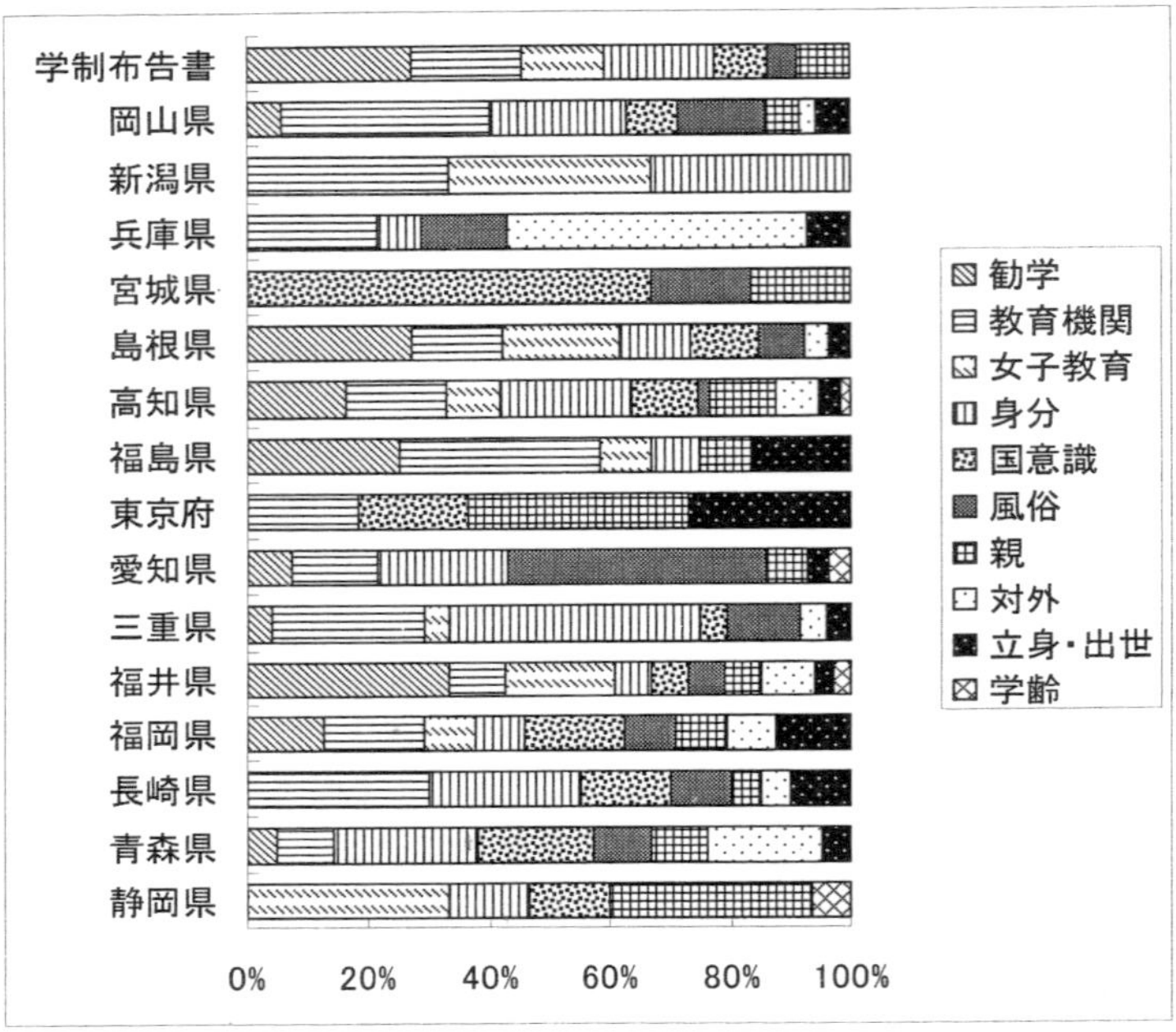

全体的な特徴として浮かび上がってくる。この傾向から、対象とした都県の就学告諭言説の力点を読み取ることが可能となる。

学制布告書公布前の事例であるが、兵庫県では「対外」に関する貿易、外国のキーワードが複数回出現している。「対外」に関する言及は、開港都市神戸を有する兵庫県の特徴をあらわしている〔資28-13〕。東京府では、「親」、「立身・出世」カテゴリーのキーワードが出現し、「教育機関」として郷学校が出現する〔資13-3〕。兵庫県と東京都では、力点の違いによる特色がグラフを見ると明らかである。

学制布告書公布後の愛知県の就学告諭では「風俗」、「身分」、「教育機関」の順にキーワードが多く出現することから、この部分に特徴のある就学告諭であることが分かる〔資23-4〕。これに対して三重県は「身分」、「教育機関」、「風俗」の順に多く出現し、この部分に特徴が現れている〔資24-8〕。また、福井県の就学告諭には「勧学」カテゴリーのキーワードが他の就学告諭より多く出現し「教育機関」は少ない傾向にあり、この部分に論理構成の特徴があることが分かる〔資 18-3〕。このように、就学告諭の特徴をグラフより読み取ることができる。

以上見てきたように、キーワードの出現回数やカテゴリーを詳細に検討することによって、就学告諭の特徴や論理の大まかな傾向を把握することが可能になる。膨大な量の就学告諭の地域的な特徴や特色あるタームを解明するためには有益な手法であると考えるが、出現キーワード数のカウントによる分析には限界があり（就学告諭の文字数や長さによって影響されるなど）、統計的な処理を含めた分析方法上の再検討が必要であって、収集した就学告諭全体の分析は、なお今後の課題となっている。

最後に、キーワード分析の成果として愛媛県と長野県の就学告諭について述べたい。

愛媛県の就学告諭では、「勧学」、「教育機関」、「身分」、「風俗」、「立身・出世」カテゴリーのキーワードが他に比べて多く出現する特徴がある。「勧学」は学問、「教育機関」は学校であり、「身分」では人々、人民の出現回数が多く、四民、貴賎、士農、衆庶がそれに続く。「風俗」では固陋、倹約、祭、風俗、因習、酒というキーワードが出現し、「立身・出世」では身を立、家を興が多く使用されている。まったく出現しないのは、「カリキュラム」、「親」、「学齢」である。「対外」についても外国、文明が一回出現するだけである。こうしたキーワードの出現状況から、学校へ行って学ぶことを奨励するために、「身分」や「風俗」カテゴリーの内容に力点を置いた告諭が出されていたことが明らかになる。発信者としての指導者は、地域民衆を啓発する過程で「身分」や「風俗」に関する課題を意識しており、その意図を反映する形で就学告諭の論理が構成されていたことが分かる。この部分に愛媛県の地域性があらわれている。

長野県では、「勧学」の学問、「教育機関」の小学、学校、「立身・出世」の身を立、家を興、「国意識」の国家がキーワードとして多く出現する。その次に出現するのは、学文、夜学、女子、母、人民、恥というキーワードである。まったく出現しないのは「カリキュラム」、「対外」、「親」、「学齢」のカテゴリーのキーワードであり、「風俗」に関しても人倫が一回出現するのみである。長野県の就学告諭は、学制布告書に見られるタームとほぼ同じタームによって構成されている傾向を読み取ることができる。また、注目すべきタームとして夜学がある。就学告諭において夜学に関する記述が見られるのは、長野県、愛知県、新潟県、島根県などである。長野県では、旧筑摩県時代に出された就学告諭が多く見られ、キーワードは学問、学校、身を立、家を興、国家が多く出現する。就学告諭の力点は学校に行き、そこで学ぶとことに置かれている。この傾向は、権知事であった永山盛輝や地方官の意図が反映されたものであると推察できるが、ここに長野県の特徴があらわれている。

右のように、愛媛県と長野県では告諭の論理構成に大きな違いが認められ、この違いが地域性をあらわすものとなっている。

キーワード分析を通して、就学告諭は学制布告書で使用されたタームを基準としつつも、地方においてはそのタームを実情に合わせて解釈し直したり、類似する概念に置き換えたりしながら作成され、指導者層が感じ取った、地域に内包される課題を新たに付け加えながら、告諭の論理が構成されていることを窺い知ることができた。もちろん、ここにあげた分析の視点となるカテゴリーやキーワードは、一種の作業仮説でもあって、それ自体妥当であるかどうかの検証を進めていく課題が残されている。しかし、この分析から、学制布告書と就学告諭の関連を検討するための視点を得るとともに、就学告諭の多様な言説の特徴を浮き彫りにすることができた。

三　就学告諭の定義

就学告諭の定義に関わる仮説を検証する作業を通して、就学告諭の定義付けを行った。前述したように共同研究の最初の段階では、就学告諭を寺﨑の指摘した文書群と位置づけ、資料の収集を行ってきた。そして、先行研究の検討、全国調査を進める段階に入り、ひとまず就学告諭を『学制』前後に関わらず一般人民に対し、広く学校設立や就学を奨励するもの」と考えた。その後、資料の蓄積が進み、収集資料の分類と整理の段階に至り、再度就学告諭の定義付けに関する議論を行った。前項で述べたように、定義付けに関わる概念を整理し仮説を立てた。この仮説を検証する作業を通して、就学告諭を「明治初期において、地域の指導者層が、地域民衆の啓蒙のために、学問の重要性・学校設置の重要性を説いた文書」[三]と考えるに至った。

この考えによって、従来の研究が提示していた学制布告書末尾二行（右之通　被仰出候条…）を受けて地方において出された文書という補足的・限定的な位置づけから就学告諭を解き放ち、幕末維新期から一八七〇年代後半に至るまでの間に通底するものとして解釈し直すことにつながった。

しかしながら、就学告諭を位置づけ直すことにつながったこの定義をめぐっても次のような課題が新たに提示された[四]。第一に、発信者の範疇である。就学告諭の発信者については、寺﨑によれば「政治権力の側」[五]であり、研究会が試みた定義では「地域の指導者層」である。区戸長や学区取締などが発した就学告諭を「政治権力の側」に位置する人間が発した文書と同等に見なしてよいかという問題が提示された。この点については、発信者を「政治権力の側」に限定することなく、それを含んだ幅広い「地域の指導者層」とすることで概念を整理した。

第二に、就学告諭の対象者である。これまで対象者を「一般人民」、「地域民衆」としてきた。しかし、収集資料の中には明らかに「士族」を対象とした就学告諭が存在している。これは、対象者が「士族」に限定された「地域民衆」ということになる。就学告諭の対象を「地域民衆」とするならば、その時代背景も勘案し、「農工商」と「士族」の両者を視野に入れた分析を進める必要がある。この点から、就学告諭の対象者を行政区域内に居住する「農工商」と「士族」の両者を想定した「地域民衆」とした。

第三に、就学告諭の文書形態や媒体である。就学告諭の多くは布達類の行政文書として発信されている。だが、滋賀県のように新聞社の刊行した就学告諭も存在する〔**資 25-5**〕。新聞という媒体を利用してはいるが、「地域の指導者」が「管下の人民」に向けて就学を説いている。このことから、媒体の如何に関わらず就学告諭の内容と発信者が明確になるものを就学告諭とすることにした。なお、発信者と受信者の関係と媒体の問題については、詳しくは序章第三節に譲ることにする。

最後に、就学告諭の内容の問題である。前項で述べたように、便宜上収集した就学告諭を時期区分に即して分類し、分析を進めてきた。内容の検討において解釈の困難を極めたものが、直接的には就学を促すものではないが学資金や学校設立などに関係する文書・言説の分類に入る就学告諭であった。それらの文書・言説は、学校設立や学資金積立、学則の伝達などに主旨があり、その主旨を実現するために間接的に学校へ行くことや学ぶことの重要性に触れるものであったり、学校建設費用を拠出するために、学校へ行くことや学ぶことの重要性を説きつつ、人々の日常の娯楽、祭り、遊興などを控え貯蓄倹約を励行することを促す内容であった。これらの言説は学校設置や人々の風俗改良に主眼があり、直接的に就学の論理との関係を見出しにくいものであった。こうした、就学告諭については、ひとまず就学を説くタームや言説が文書に少しでも含まれたものは就学告諭とみなすことにした。さらに、就学告諭の仮説を検証する中で、言説がまず「学ぶことの奨励」をし、そのために「学校を設立することの奨励」になり、そのことが「文明化・近代化を奨励」することにつながっていくという論理構成を明確にもつものを就学告諭として見なすことに落ち着いた。したがって、学校設立のみを諭す内容の言説、校則の伝達を主旨とする言説、民の立場から出された学校設立の嘆願などは、差し当たり就学告諭の範疇から外すことになった。収集した資料では、地域の士族や豪農などの有力者層から出された学校設立や資金に関する建白書や建言書の類、府県から出された学則などの類、学資金積立方法などがこれらに該当する。

以上をまとめると、就学告諭は左記の諸点をその特徴としている。

①時期…幕末維新期から府県統廃合が一段落する一八七六（明治九）年までのもの。

②意図…学ぶ要求を組織化し、あるいはその要求を就学（就学問・就学校）へとキャナライズさせたもの。

③発信者と対象…発信者は権令から区戸長までの地域指導者層であり、対象は地域民衆。

④内容…学問そのものの奨励・学校設立そのものの奨励・生活の文明化・近代化を奨励（風俗矯正を含む）する内容をもつもの。

⑤徹底方法…布達類の行政文書、掲示によるもの、読み聞かせしたもの、新聞に掲載したもの、写本により頒布したもの。

この五点を含む「明治初期において、地域の指導者層が、地域民衆の啓発のために、学問の重要性・学校設置の重要性を説いた文書」が巻末の資料編一覧表にある総数四〇〇の就学告諭である。そして、資料編には、現在の都道府県について少なくとも一点を含むように配慮し、加えて論文編で言及した就学告諭を紙幅の許す限り採録した。

四　まとめ

就学告諭の収集・分析の成果について若干述べてまとめにしたい。

まず、後掲資料編一覧表に収録した慶応四年から一八八五（明治一八）年までの総数約四〇〇の就学告諭のうち、発信

表二　明治五年と六年の月別就学告諭発信数

	一月	二月	三月	四月	五月	六月
明治五年	2	1	3	4	5	11
明治六年	15	17	17	3	7	5
	七月	八月	九月	一〇月	一一月	一二月
明治五年	5	11	17	14	16	1
明治六年	6	6	7	7	4	7

年月日の判明する三九七点を対象に、発信状況を概観したい。

就学告諭の時期別の発信状況を見ると、明治三年は二四点、明治四年は四〇点、明治五年は九二点、一八七三（明治六）年は一〇五点、一八七四（明治七）年は四〇点、一八七五（明治八）年は三三点の計三三四点となり、この六年間に発信された就学告諭は収録した就学告諭の約八〇％になる。また、明治五年と一八七三（明治六）年に発信された就学告諭は一九七点となり、収録した就学告諭の約半数となる。

多く就学告諭が発信されている明治五年と一八七三（明治六）年の月別発信数をまとめたものが上の表である。対象となる就学告諭は、明治五年で発信月日が判明する九〇点、一八七三（明治六）年で判明する一〇一点である。

明治五年の一月から七月に発信された就学告諭は計三一点、八月から一二月は計五九点になる。明治五年の資料数の六五％にあたる就学告諭が八月以降に発信されたことになる。

また、一八七三（明治六）年一月から三月の三ヶ月間に四九点もの就学告諭が出されている。四月に発信数が若干少なくなるものの、一二月までの間に計五二点が発信されている。この発信状況は、一八七四（明治七）の月別発信数と比較しても余り変わらない。一八七三（明治六）三月に文部省より「布達第二十三号」が出されるが、地方においてはその影響を余り受けることなく、県政の課題を意識した就学告諭を発信していたと推察することができる。

以上のように、就学告諭は明治三年よりその数を徐々に増やし、一八七五（明治八）年まで一定の水準を維持しながら発信し続けられていた。そして、明治五年八月から一八七三（明治六）

年三月にかけて発信のピークを迎える。就学告諭が学制布告書を契機として多く発信されていることは紛れもない事実である。しかし、発信状況から見れば就学告諭は学制によって分断されることなく、学制の前後を通底する内容をもつ言説であることが浮かびあがった。全国調査の成果として実態を確認することができた。

次に、本研究では就学告諭を「明治初期において、地域の指導者層が、地域民衆の啓蒙のために、学問の重要性・学校設置の重要性を説いた文書」として定義した。この定義により、学制布告書の補足的文書としての位置づけから解放し、就学告諭の類型化からの解釈とは異なる視点を提示することが可能になった。それは、就学告諭を従来の時期区分にとらわれない独自の文書・言説として、長い時間の流れの中で解釈し直すことにつながったのである。

また、中間的な分析として試みたキーワード分析は、学制布告書前と後の就学告諭に共通したり近似したりするタームを浮かび上がらせ、言説分析の視点を広げることにつながった。そして、県別の分析では、力点の置かれたカテゴリー・キーワードが視覚的に明確になり、就学告諭の地域的な特徴や指導者層の政治的・思想的背景を考察するための一助となった。さらに、分析対象とした就学告諭に使用されたキーワードの出現回数を丹念にカウントすることによって、就学告諭を比較検討する際に重要となるキータームを抽出することにつながった。この分析の成果は、後の章に活かされている。

キーワード分析が示した結果は、多種多様であると一括りに解釈されてきた就学告諭の内実を知らしめてくれることになった。就学告諭の言説がもつ主旨は学校へ行き学ぶことを奨励するという部分において共通性を有していると思われるが、その言説の中で繰り広げられる論理、就学への着眼点、指導者層の啓蒙観などにおいて同じものはほとんど見られなかった。就学告諭の多種多様性とは、そこで用いられているタームの多種性と論理の多様性であり、この点において就学告諭の解釈や定義が複雑で困難なものとなっていたのである。これまで述べてきた定義付けに至る議論や分析の試みは、本研究の骨子を形作る重要な作業となった。

最後に、これまでの議論を踏まえ、就学告諭の性格について仮説的に述べたい。就学告諭には次の二点の性格があると考えられる。

一点目は、学制布告書末尾二行を受けて学制の趣旨を反映させつつ、民情や文化など地方毎の実情を言説の中に含ませて出された就学を促す文書である。

二点目は、中央の学校政策を直接的に地方におろすのではなく、就学告諭という緩衝材を利用することによって、より民意に近い視点を持たせる形に変化させて政策を実現させるための文書である。

このような性格をもつものであるがゆえに、言説の中に指導者たちの問題意識、民衆意識、啓蒙観などが盛り込まれ、地方毎に独自性のある文書が作成されていったということができる。

（三木　一司）

註

(一) 寺﨑昌男「なぜ学校に行くのか」『日本の教育課題』第三巻、東京法令出版、二〇〇〇年、七頁。

(二) キーワード分析については、その成果を教育史学会第四八回大会コロキウム（「明治初期における『民衆の学び』の喚起と組織化―『就学告諭』の収集・分析・考察―」二〇〇四年一〇月一〇日）において報告した。

(三) 教育史学会第四八回大会コロキウムでの報告による。

(四) 就学告諭の定義については、定例の研究会及びニューズレター『千里の馬』において議論が繰り返されてきた。『千里の馬』は、就学告諭研究会の情報交換、資料紹介など目的に発行したニューズレターである。二〇〇三年二月一九日付に創刊号が出され、二〇〇六年六月一一日付の二二号まで発行した。『千里の馬』は主に研究会会員に向けて配布したが、本研究に関心を持つ研究者にも広く配布し

た。

（五）寺﨑、前掲書。

第三節　就学告諭の周知方法

一　就学告諭の発信者と受信者

就学告諭はどのようにして人々に周知されたのであろうか。本節ではこのことについて考えていく。周知方法について検討するにあたり、就学告諭の発信者と受信者についてあらかじめ確認しておきたい。

本共同研究の過程において収集された就学告諭は、巻末の資料編一覧表にある通り、四〇〇余りを数える。このうち、発信者が明記されているもの、あるいは明記されていないものの、それが明らかに特定できるものは一七一点あり、その内訳は表一の通りである。これをみると、発信者のほぼ半数が七等出仕以上の府県の高等官であることがわかる(二)。またおよそ三割が、府県ないしは府県庁名で出されている。

表一　就学告諭発信者の内訳

発信者名	点数
府県の高等官(七等出仕以上)	81
府県・府県庁(開墾局を含む)	49
府県の判任官・府県の部署	14
区戸長・大区区務所・学区取締・番組用掛・学校	10
藩主・藩知事・藩・藩庁・藩学校	10
その他	7
計	171

では、府県の高等官あるいは府県は、誰に向けて就学告諭を発したのであろうか。受信者が明記されているもの、ないしは特定できるもののうち、高等官発の就学告諭受信者内訳を表二に、府県発の就学告諭受信者内訳を表三に記した。これをみると、その多くが区戸長や学区取締といった地域の行政吏員に向けて発信されていることがわかる。周知のように、明治初年の地方官の主たる職務とは、明治政府の新政策を浸透させることにあり、またそのために必要な行政ルートを確保することにあった。就学告諭もまた、地方官によって整えられたルートを辿って、区戸長や学区取締らから人々に周知されたであろうことが、その発信者と受信者の傾向から窺い知れる。

表二　府県高等官発の就学告諭受信者内訳

受信者名	点数
区戸長・学区取締	28
区町市・管内	9
その他	3
計	40

表三　府県発の就学告諭受信者内訳

受信者名	点数
区戸長・町吏・年寄	9
管下・番組・村・区郷・洛中洛外	5
華士族卒社寺	2
その他	3
計	19

一方、府県の高等官以外の官吏、すなわち判任官や、地域の行政吏員である区戸長から発信された就学告諭も表一にあるように、数は少ないながら存在する。このうち、地域の行政吏員発の主な就学告諭を、表四にまとめた。

表四　地域の行政官吏らによる就学告諭

資料番号	発信年月	発信者	受信者	就学告諭の主たる目的
青森 2-4	明治六年七月	大区区長	正副戸長	「有志ノ徒ニ募リテ出金アラン事ヲ説諭有之度」
青森 2-10	明治一〇年二月	大区区務所	小区事務所	「務テ就学セシメ候様、入学期限之儀者本月十五日迄ニ必ス田名部小学ヘ申出其式可相整」
秋田 5-8	明治六年九月	副区長	特定できず	「渋滞ナク出金学校相設候様致度」
秋田 5-10	明治七年五月	副区長・学区取締兼務	伍長惣代	「各村小間居ニ至ルマテ厚ク御趣意ヲ奉体認早々入校願可申出候」
東京 13-8	明治七年一月	番組	村用掛	「子弟ヲシテ六七歳ヨリ番皆就学セシメ宜ク勉励セスンハ有ル可カラサルナリ」
新潟 15-12	明治七年一〇月	番組用掛	戸（西壱之丁・弐之丁、上原）	「小供有之もの者早々学校江差出シ可申候事」
新潟 15-13	明治八年三月	戸長	組・戸	「男子ニ而入学セサル者組内取調其父兄ノ者御趣意貫徹候様懇切申諭シ本校及最寄分校ヘ早々入校候様取計ヒ可被成候」
長野 20-17	明治九年一月	長野学校	用掛	「学務課より学齢生徒、急度就学候様厳しく達し有之候間、此意御体認被下、早急就学奨励御取計可被下候」
兵庫 28-15	明治六年三月	区長	特定できず	小学校開校の通達
兵庫 28-16	明治八年六月	学区取締	各校教員・幹事・世話掛	「不就学生徒之父母兄姉ニ諭示し来七月入校ある様取斗あることを請ふ」

これらの就学告諭の特徴として二つの点が挙げられる。まず、期限を設けて就学を促したり、学校設立の資金を募ったりと、就学告諭の主たる目的が具体的に述べられているということである。次に、就学告諭の文言に学制布告書の論理がほとんど含まれていないということである。これらの就学告諭のいずれもが学制公布後に出されたものであり、またほとんどの就学告諭が、「学事ニ付告諭布達等学制ニ照準セシム(三)」と命じた一八七三（明治六）年三月の文部省布達第二十三号布達後に出されていることを考えると、就学告諭の文言に学制布告書の論理が多少なりとも含まれていても不思議ではないはずである。しかしそうした傾向がみられないのは、同時期に府県の高等官から出された就学告諭が、しばしば学制布告書の論理を敷衍して就学を勧めていることと大きく異なる点である。

表四に掲げた就学告諭のうち〔資20-17〕は、小学校から出されているためか、「人々自ら其身を立て」といったくだりや、「学問は身を立るの財本故に」といった表現が使われるなど、学制布告書の文言を意識しつつ就学の必要性を説いている。しかし〔資13-8〕や〔資28-16〕では、学制布告書の文言を意識した論理展開はみられない。〔資13-8〕では、地域（番組）内の不就学状況を具体的に述べ、そうした状況を糾弾する内容となっており、〔資28-16〕では、就学の重要性を稲の成育に例えて訴えている。

区戸長らが発信した就学告諭は概ね以上のような特徴をもっている。これらの就学告諭は各戸やその集合体である組を対象にしたものが多い。よってそこには、地域において実際に就学を促す際に用いられた論理がよく表現されているということができる。区戸長らが発信した就学告諭からは、学制布告書の論理の伝達にとどまらず、より具体的な事例を用いるなどして就学の必要性を人々に訴えかけていた様子を、窺い知ることができる。

二　就学告諭伝達の過程

就学告諭伝達の過程を詳細に辿ることのできる資料は、現在のところ見出せていない。しかし就学告諭もまた、他の布達と同様のルートで人々に伝達されたであろうことが推察できる。ここでは、新潟県と飾磨県の布達周知の方法、ならびに筑摩県における学制布告書周知の方法を概観し、明治初年の府県における布達周知の過程を把握することとしたい[三]。

新潟県では、明治五年に「管内定便」の制が定められた。「管内定便」の制により、次のような方法で各地に布達が伝えられた。あらかじめ決められた「持込小区」に、脚夫が毎日布達類を配達する。「持込小区」の戸長は布達類を他の小区の戸長に回送し、各戸長が布達類を書き写す。書き写された布達類は、小区内各組（戸数百戸を標準とする）の用掛に渡され、町村の高札場に掲示された。さらに用掛は毎月二回、組内の人々を集めて布達類を読み聞かせた。

一八七三（明治六）年には、布達類を掲載した「県治報知」が印刷刊行されるようになり、戸長に一部、組ならびに学校に三部ずつが配布された。配布された「県治報知」は組内の三ヶ所に掲示された。一八七四（明治七）年に入ると、教員や僧侶・祠掌も「県治報知」の読み聞かせをおこなうこととなり、布達類のさらなる周知徹底が図られた[四]。

飾磨県では、一八七四（明治七）年に「民間配達方順次」が定められた。「民間配達方順次」により、次のような形で布達の徹底が図られた。県庁に詰めている「庁詰戸長」が、県下十六の大区に布達を配達し、その後、大区から小区に布達類が配布された。小区では、正副戸長のうち一人が布告掛りの任に就いた。布達の周知は各区の小学校でおこなわれ、各区の学校掛が布告説示を担当した。布告説示の日は毎月「十の日」とされ、村の保長が村民を引率して出席し、正副戸長がそれに立ち会った。布告説示には、各戸必ず一人が出席することと定められていた。また、布達は各戸に配布することとされた[五]。

一方、筑摩県における学制布告書周知の方法を、『長野県教育史』所収の資料により確認することができる。明治五年九月に筑摩県飯田出張所から出された文書（「学制御達写　第百四拾三区座光寺村　明治五壬申年十月」）では、学制布告書回覧の方法について次のように記されている。

既ニ開校相成候区ハ其校ニ而写取未開校之区ハ戸長副之内ニ而写取何月何日請取何月何日何刻次区へ差送候段相認早々順達留りより可相戻者也[六]

すなわち、小学校が開設されている区においては小学校で、開設されていない区においては正副戸長が学制布告書を書き写した後に隣区へ送り、早めに「順達留り」から飯田出張所に戻すように、と指示されている。

「順達留り」とは、先述した新潟県の「持込小区」と同様、布達の中継地点としての役割を担った場所と考えられる。また、先述した飾磨県の大区も同様の役割を担っていたといえるだろう。「順達留り」の名称は、品川県の勧学の布告〔**資13-3**〕においてもみることができる。品川県の勧学の布告ではその末文に「此廻状組下令請印早々順達留り邨より可相返者也」と記されており、飯田出張所の文書と同様、勧学の布告を早々に回覧し、「順達留り邨」から県庁に返却することを求めている。

府県により多少の違いはみられるものの、郵便制度が整備されていなかった明治初年においては、概ね以上のような形で布達類伝達のルートは確保されていたと考えられる。就学告諭も同様のルートで人々に伝達されていたことを示すくだりが、筑摩県の就学告諭のなかにみられる。筑摩県では学制の公布にあたり、学制布告書の内容を解釈した就学告諭「学問普及の為申諭し書」〔資20-6〕を県内に布達した。その末文には、就学告諭伝達の方法が次のように明示されている。

右は太政官より被　仰出候御文意を猶小民に至る迄分り易き様和らけ相示候条郷宿において写し取向〻相伝へ厚く
御趣意を心得可申もの也

「郷宿において写し取」という文言から、他の布達同様、地域の行政吏員らが就学告諭を書き写し、写本をもって人々に伝えていた様子を窺い知ることができる。

三　言説普及の方法

(一) 読み聞かせ・巡回説諭

先述した新潟県における「県治報知」刊行からも明らかなように、印刷技術の発達に伴い、布達類も翻刻出版されるようになる。筑摩県では開智学校が学制布告書を翻刻しており、各学校が翻刻を入手するようになっていたことが、次に掲げる〔資20-9〕の末文から窺える。

御布告書写県下松本本町一番小学ニ於テ翻刻毎区小校へ頒布可致筈ニ候条毎校入校金等ノ内ニテ代価差出予備置可
申事

写本から版本へという形で布達の形態が変化していくことに加えて、郵便制度の整備が進み、布達の周知は迅速かつ正確におこなわれるようになっていったものと思われる。しかし、布達の内容を実際に人々に周知する際には、読み聞かせという手法が主流であったことは、先述した新潟県における「県治報知」刊行の例からも明らかである。

新潟県のみならず飾磨県の場合も、やはり「布告説示」という形で読み聞かせることによって、人々にその周知を図っていたことは先述の通りである。明治初年における布達の周知とは、人々にそれを読み聞かせることによって図られていたといえそうである。筑摩県においては、布告の趣意徹底を求める次のような布達が、一八七三（明治六）年十二月に権令永山盛輝から出されている。

> 御布告類村吏之外末々至兎角貫徹致兼候ヨリ、方今之御政体御趣意之有所ヲ不知間々ニ誤解疑惑ヲ抱クモノモ可有之、依而村々小校ニおいて至急ものの外一ヶ月昼夜之内三度位村方便宜ヲ以会日ヲ相定、戸主ハ必其他子弟ニ至ル迄差支無之輩ハ、刻限無遅滞学校江参集拝聴致スへし、教師ハ村吏申談謹て講談いたし……速ニ末々迄貫徹ニ及候様厚尽力、至急会日ヲ確定大区長迄可届出候事[七]

特に理由がある者を除く全村民を毎月三回ほど小学校に集め、教師の講義により布告の周知を図るように、という趣旨の布達である。やはり、新潟、飾磨両県同様、読み聞かせることで布達の周知を図ろうとしている。

同じ一八七三（明治六）年に、柏崎県では布達の理解に必要な文字学びを促すため、小学校とは別に「学問所」を設置するよう、権参事が大区の正副区長と小区惣代に対し通達を出している〔**資15-10**〕。これは、冒頭の「兼テ被仰出候学制之儀ニ付テハ追々可相達次第モ有之候得共差向□人民文盲ニテハ遂次御布告之御趣意モ不相分」とのくだりから、小学校の設置が十分に進んでいない状況をふまえて出されたものと考えることができる。しかし布達の周知は不可欠のことであるため、とりあえず布達の写しを必要な箇所に掲示し、十分に周知できていないと判断した際には、句読師や生徒が布達を読み聞かせるようにと述べられている。

柏崎県の通達は、読み聞かせることにより布達の周知を図ろうとする手法とは異なり、人々に布達を読ませることによってその周知を図ろうとしたものである。しかし現実的には不可能であるため、とりあえず読み聞かせることによって周知を図ろうとしている。この通達からも、明治初年における布達の周知は読み聞かせることが主流であったことが窺える（八）。

就学告諭の周知にあたっても、以上のような他の布達類と同様、読み聞かせることによってその内容理解を図る手法が一般的であったと考えるのが妥当であろう。先行研究でも指摘されているように、学区取締のそもそもの主要な職務の一つが、就学を促すために説諭をおこなうことであった（九）。このことをふまえれば、文書としての就学告諭を用いて就学に対する理解を促す場合も、その主たる方法が読み聞かせであったであろうことは推察できる。

学区取締や区戸長らのみならず、地方官も就学を促す説諭をおこなっている。就学を促す目的で地方官がおこなった巡回説諭の状況を表五にまとめた（一〇）。

こうした巡回説諭のなかには、滋賀県令松田道之のように、就学告諭を読み上げた場合もあった（一一）。しかし、これらの地方官のいずれもが就学告諭を読み上げたわけではないであろうし、むしろ就学告諭によらずに説諭した場合が多かったかもしれない。ただ彼らは、みずからの府県が発した就学告諭の趣旨についてはよく理解していたはずであり、その趣旨にもとづいて説諭をおこなったことは疑い得ないであろう。そして、就学告諭の趣旨を人々に周知させることに努めたに違いない。そうした意味からも、就学告諭の言説普及にあたっては、その読み聞かせあるいは口頭での説諭が大きな意味をもっていたということができる。

表五　地方官による巡回説諭

府県名	巡回年月	巡回者	説諭の内容
浜田	明治五年一一月	高島典事	「小学校取建方説諭として」
宮城	明治六年	七等出仕宍戸昌 大属山県秀実	「学校設立ノ必要ヲ論ス」 「小学校建方ノ儀委細解諭シ」
宇都宮	明治六年	権少属錦織真澄	各地を巡回し、学制の趣旨の徹底をはかる。
滋賀	明治六年二月	県令松田道之	各校の開校式で県令が告諭書を朗読した。
秋田	明治六年一〇月	権令国司仙吉	「学校早々可相設事」のほか租税に関すること等を説諭
筑摩	明治七年三~五月	永山権令	勧学、勧業等を目的として(「説諭要略」)。
佐賀	明治七年一一月	藤江権中属	「此度巡回スルハ専ラ学事勧奨説諭ノ為」
島根	明治八年五月	参事	勧業や学事等について説諭。
新潟	明治九年七月	県学監原卓爾	「学校ノ形容ヲ巡検シ、一般学ニ就カシムル様致度巡検ス」
福井	明治一〇年五月	石川県権令桐山純孝	福井県消滅期間に「学事視察」のため巡視。就学児童の少ない校では説諭を加える。
沖縄	明治一四~一六年頃	県令上杉茂憲	県内巡回、学事奨励。

(二)学制布告書の配布

学制布告書については、各区ないしは各小学校に翻刻あるいは写本で配布した府県も多かったであろうことが推察される。少なくとも回覧はおこなわれたものと思われるが、詳細についてはわからない[二二]。先述したように筑摩県では学制布告書の回覧をおこない、また開智学校においてその翻刻をおこなっていた。就学告諭の調査の過程で明らかになった学制の配布ないし回覧の状況は、表六の通りである。

表六 府県における学制の配布・回覧の状況

府県名	年月	事項
栃木	明治五年九月	「学制数十部購求シ各区へ分賦ス」
筑摩	明治五年九月	各区に学制布告書を回覧
島根	明治五年一〇月	「一小区、壱冊宛相渡」
宇都宮	明治五年一一月	小区ごとに学制及び中小学規則を配布
筑摩	明治六年四月	「毎校生徒就学之節ハ……御布告書一枚ツ、相渡」「御布告書写県下松本本町一番小学ニ於テ翻刻毎区小校へ頒布可致筈ニ候」〔資 20-9〕
青森	明治七年三月	「学制弐冊、太政官御布告摺物壱枚、教則壱冊」(和徳小学校に対し)

学制布告書に書かれている文言そのものを用いて、就学を促すこともしばしばおこなわれたものと思われる。例えば栃木県や島根県では、学制布告書の文言をそのまま管内に布達している〔**資 9-2**〕〔**資 32-7**〕。また香川県の「学区取締巡村条目[一三]」(明治五年九月)では、学区取締が説諭の際に学制布告書を用いることとされている[一四]。一方、山梨県ならびに大阪府で出された「学制解訳」〔**資 19-3**〕〔**資 27-7**〕のように、学制布告書に対して地方官が独自の解釈を施したものを、就学告諭として発信することもあった。

四　まとめ

本節で取り上げた手法のほかに、就学告諭を人々に周知させることのでき得るものとして、新聞を挙げることができる。実際に、明治一〇年代の地方紙を見ると布達が掲載され、それが紙面を割く割合も相当のものであることがわかる。また、明治初年の主要な新聞が明治政府と深い関わりをもち、政府が発した布達類を紙面に掲載していたことは、先行研究においてもすでに言及されている(一五)。しかし就学告諭を収集する過程で、新聞に掲載された告諭はほとんど見つけることができなかった(一六)。

新聞が地方においても広く読まれるようになり、人々がそこから布達に関する情報を得るようになるのも、各地で自由民権運動が高まりを見せ始め、新聞が多くの購読者を獲得していく明治一〇年以降のことといえそうである。

明治一〇年代が近づく頃になると、読み聞かせが中心であった布達の周知方法も変化を見せ始める。布達の周知徹底を図る目的で、一八七六(明治九)年七月に茨城県権令から正副区戸長に向けて出された布達(第二百三十六号)には、次のような記述がみられる。

百般ノ布達ハ県下一般ノ部民へ斉シク直接シ速ニ遵奉確守セシムルハ、施政上管治保護ノ最モ緊要的切ナルモノナリ、故ニ各区区戸長ニ於テ検閲了レハ直チニ普達シ、勉メテ一戸一民モ周覧熟知セサル者ナカラシムルハ其当任ノ職務ニシテ、反復注意ス可キハ素ヨリ当然ナリ……布達配達ノ法其宜シキヲ得サル……戸主ノ不在ニ会スレハ忽チ阻滞シ、小児輩ニ齎スヲ以テ遺却ニ至ル等、是皆区戸長ノ其責任ヲ尽サス不信切ノ至ト言可シ、依テ自今各区ニ於テ、土地ノ広狭戸口ノ多寡ヲ量リ、事ノ緩急軽重ヲ分チ、若クハ廻札ニ付ス可キハ時ニ就テ数件ヲ分割シ、仮令多劇ノ際ト雖トモ互ニ到着遣行ノ時限ヲ記セシメ、該村町用掛伍長又ハ走夫ヲ分遣スルカ、或ハ隣保連合シ伝達セシムル歟、其他便宜ノ方法ヲ新設シ厳密規約ヲ定ム可シ、若クハ暁通シ難キ者ハ説諭開陳シ、僕婢雇夫ニ至ル迄一般熟知ノ効績顕レ停滞仮止ノ流弊ヲ息マシメンコトヲ要スヘシ(一七)

布達配達の方法の欠陥について言及し、各戸に遅滞なく布達を届けるよう区戸長に求めている。その一方で、読み聞かせの必要性については、「暁通シ難キ者ハ説諭開陳シ」といったくだりはあるものの、それほど意識されている様子はみられない。

布達を配布することに重きが置かれているのは、戸毎に布達を読むことでその周知が図られるようになりつつあったことの証左であろう。地域差や発信者による違いはあるかもしれないが、概ねこの頃になると、読み聞かせによる周知に代わって、文書を読ませることで周知を図ろうとする姿勢が強まってくるものと考えられる。

(軽部勝一郎)

註

(一) 明治四年一一月に太政官達として出された「県治条例」によれば、令・権令・参事・権参事・七等出仕が奏任官とされ、太政官によって任命された(府知事および開港場のある県の県令は勅任とされた)。このうち七等出仕は、「此員常ニ置カス但事務繁劇ニ渉ルカ或ハ令闕官ナレハ参事ノ職務ヲ輔クルタメ便宜ニコレヲ置ク尤此員ヲ置ント欲セハ事故ヲ詳悉具状シ太政官ニ乞ヘシ」(『法令全書』第四巻、一九七四年復刻、四二一頁)とされ、常置の官員ではなかった。その後、一八七三(明治六)年の官制改革において、権令と七等出仕が廃止された。一八七七(明治一〇)年の官制改革では、参事および権参事が廃止され、新たに権知事、大書記官、少書記官が、また再度権令が、奏任官として設けられた。本註を含め、本節における明治初年の地方行政制度については、大島美津子『明治国家と地域社会』(岩波書店、一九九四年)に、その多くを学んだ。

(二)『法令全書』第六巻‐二、一四五六頁。

(三)なお、ここでは、学制公布後に出された就学告諭の伝達過程について考えることとする。

(四)『新潟県史』通史編六近代一、一九八七年、二八二〜二八三頁。

(五)宮川秀一「飾磨県布達について」『姫路市史資料叢書一　飾磨県布達一』一九九六年。

(六)『長野県教育史』第九巻史料編三、一九七四年、九一頁。

(七)同前、一一五頁。なお、読点は引用者が付したものである。

(八)大阪府においても、小学校への就学が一般化していない状況下で布達の周知徹底を図るために、人々を集めて説諭することを指示した布達がみられる。一八七三(明治六)年六月に、大阪府権知事渡辺昇から出された「就学勧誘旨趣」〔**資 27-8**〕の末文には、「別紙之通被仰出候ニ付、管内一般相達候条、各区会議所ニ於テ区内之人民一同呼寄セ、区長ヨリ無洩可相達モノ也」との文言が記されている。

(九)坂本紀子『明治前期の小学校と地域社会』梓出版社、二〇〇三年。

(一〇)本表は、就学告諭を調査する過程で知り得たもののなかから、学制公布後におこなわれた巡回説諭を取り上げたものに過ぎず、あくまで地方官の巡回説諭の一部であることを断っておきたい。

(一一)〔**資 25-5**〕が、その際読み上げたとされる就学告諭である。

(一二)本共同研究では、学制布告書の配布あるいは回覧等の悉皆調査はおこなっていない。

(一三)「学区取締巡村条目」『愛媛県史料三十一』国立公文書館内閣文庫蔵。

(一四)「人民説得之義ハ学制御布告文福沢諭吉勧学文等ノ類ヲ以懇ニ申諭ヘク」と記されている。

(一五)稲田雅洋『自由民権の文化史』筑摩書房、二〇〇〇年。

(一六)但し本共同研究では、新聞を対象とした調査はおこなっていない。

(一七)『茨城県史料』近代政治社会編Ⅰ、一九七四年、一三〇〜一三一頁。なお、読点は引用者が付したものである。

第一章　就学告諭と学制布告書

第一節　学制以前以後の就学告諭

第二節　学制布告書の論理

第一節　学制以前以後の就学告諭

一　本節の課題

明治以降に何らかの形で権力側にある者が、一般人民を組織化された学習に向かわせるために、広く彼・彼女らに対して学習の有用性を認識させ、学習機関での学習を勧める性格の文書を作成することが、この国の各地でしばしばみられた。これら一般人民に対する〝学びの勧め〟文書は、概ね就学告諭と総称されてきている。それらは幕末維新期にあっては各地でほぼ自生的に、そして学制に伴う学制布告書の頒布以降は、学制布告書の末尾二行「辺偶小民ニ至ル迄不洩様便宜解釈ヲ加ヘ……」に地方行政担当者が対応する形で作成されたのであった。

維新変革という社会変革のただ中において多数の人民を動かそうとする場合、強制のみでそれが実現するなどとは当時の為政者も考えていなかった。為政者としては「国家富強」のための〝近代化〟にあたり、「たとえ最小限でも、国民的自主性の喚起装置を必要とした」(一)ことは間違いなかったから、実際に権力側が何を狙いとしていようと、まずは人々に学ぶこと、学校を設立・運営することを説得し、そのモティベーションを惹起しなくてはならなかった。これが全国における就学告諭作成の動機であったと推測される。

こうした就学告諭そのものは、学制に関する研究において、政策波及対象である地方行政担当者や人々が学制および学制布告書（あるいは近代学校制度）をどのように受け止めたか、読み解いたかという興味関心において研究対象にされてはきたものの、学制以前の就学告諭については十分にスポットが当てられることはなかったといってよい。まして学制前後の就学告諭を一貫して読み解くという作業はなされてこなかった。

しかし前述のような性格を持った学制前後の就学告諭を、学制布告書も含めて読み解くことは、この国および地方の政策担当者が学校および学習の必要性を、どのような戦略をもって人々に説いたかということを明らかにすることでもある。

本節の目的は学制布告書を挟んだ就学告諭に示された学習観を検討することにより、「自発的な学習を勧める」ことと「近代学校制度を実現する」という、いわば相矛盾する二つの政策課題がどのように展開されていったのかということを検討することにある。

二　維新期の学び――「学制」以前の就学告諭

慶応四年三月一四日、明治新政府の政策方針を示す「五箇条の誓文」が示された。そこには「広ク会議ヲ興」すこと、「上下心ヲ一ニ」すること、「官武一途庶民ニ至ル迄各其志ヲ遂ゲ」ること、「旧来ノ陋習ヲ破」ること、「智識ヲ世界ニ求メ」ることが説かれていた[二]。同年閏四月二一日には政体改革に伴い官中一同へ向けて「厚キ　御趣意ヲ以人材御精選無之上諸職御任用被仰付候条…万民安業国家之大基礎相建候様勉励鞠躬可　安衷旨　御沙汰候事」[三]と達した。続いて翌明治二年一月一四日には布告をもって官員の人材登用につき「官及府県ノ知事判事ニテ篤ト詮議ヲ尽シ至正公平ニ申出ハ勿論同僚或ハ他ノ官員タリトモ其任ニ不当又ハ何官ニ適当ノ確見有之ニ於テハ無忌憚可申出然ル上ハ衆議公論ヲ以夫々取捨可被」[四]ことが要求されたのであった。

このような政治体制の改編(改変)は、同時に社会変動・社会変革を遂行する人材を要請することになった。すなわち従来とは異なった人材プールを開拓する必要性から人民一般の啓蒙が求められることになる。「府県施政順序」(明治二年二月五日)中の「小学校ヲ設クル事」の註釈はそれを裏づけている(引用資料中の傍点は柏木。以下特に断らない限り同じ)。

専ラ書学素読算術ヲ習ハシメ願書書翰記牒算勘等其用ヲ闕サラシムヘシ又時々講談ヲ以テ国体時勢ヲ弁ヘ忠孝ノ道ヲ知ルヘキ様教諭シ風俗ヲ敦クスルヲ要ス最才気衆ニ秀テ学業進達ノ者ハ其志ス所ヲ遂ケシムヘシ[五]

「国体時勢ヲ弁ヘ」ること、そして「忠孝ノ道ヲ知ル」という二点が「教諭」の内容となっていることに注目したい。この両者とも士分に入らない(あるいは士分であったとしても)、いわゆる〝人民一般〟には馴染みのないものであったはずである。いわばここでは「国体時勢」「忠孝ノ道」をいまだ知らない一般人民を教化することが、政策方針として地方官に課せられているのである。

同年三月二三日、東北府県[六]に対する「布告」として「庠序ノ教不備候テハ政教難被行候ニ付今般諸道府県ニ於テ小学校被設人民教育ノ道洽ク御施行被為在度思召ニ候条間東北府県速ニ学校ヲ設ケ御趣意貫徹候様尽力可致旨被仰出候事」[七]と達せられた。そもそもこの布告は「東北諸国皇化ニ非不服然レトモ昨年ノ如ク奥羽士民方向ニ迷ヒ候モ畢竟文教未開故ニ候是ニヨリ所在府県新ニ学校ヲ設政教不岐維新之化ヲ以風習ヲ丕変可候様被遊度……」[八]という動機から政策課題として地方官に課されたものであった。それ故この布告の正当性を示す「国家」「天皇」といった維新以降の国家および支配の体制が示され、それを根拠とした「学校（小学校）」[九]の設置・普及の目的が明示される、という構成が採られていた。

こうした一連の流れに示された意図を地方の行政担当者が酌む意図を持つ限り、学制以前であったとしても学びの再編が生じたことは自然な流れであったといえる。一例を挙げれば明治二年三月一八日、西端藩（西端県、額田県を経て愛知県）は大目付・御目付に向けて次のように申し渡した。

一、人材登用ノ御布告モ有之候ニ付壮若ノ者ハ別テ学問筆算調練等出精可被致稽古候…何モ御家ノ御為筋ト存シ心得違無之様可被致候尤右ノ趣得ト相弁へ芸術等出精ノ者ハ不時ノ御選挙又ハ御褒美ノ御沙汰相成可申間追々生長致シ候子供ハ於親々モ幼年ノ内ヨリ先学問筆算稽古ヨリ厚ク世話可被致事

但右芸能ハ次等ニテモ万事篤実ニ致シ勤向第一ニ相心得候者ハ又出格ノ御沙汰相成候事

一、軽輩ノ者並百姓末々等ニ至迄行状堅固ニテ右等ノ芸能ニ志厚キ者ハ御試ノ上夫々御選挙ニ相成候事

（中略）

右之趣不洩様可被相触候

巳三月〔資23-1〕

権力側の体制転換と「末々ニ至ル迄」学びに向かわせる＝人材として認識することとは不可分の関係にあったから、ここで初めて権力側において人材開発のための学習という構造が痛切に自覚されたのであった。この時期地方官に課せられた人材課題は、大島美津子が指摘するように「藩内部で完結する忠誠体系ではなく、天皇を頂点とする忠誠体系の

形成と、それを体得した指導分子の登用＝新政府の政策遂行者の確保」[一〇]であったから、亀山藩（亀山県、安濃津県を経て三重県）知事が「事務改正ノ際人才ノ欠乏人ニシテ四肢無カ如シ」〔資24-2〕というのは恐らく誇張ではない。故に「是従来学務ノ不振故也慨嘆ノ至ニ堪ヘス仍テ更ニ学校ノ規則ヲ興起一藩上下兵士役員及ヒ市郡平民ノ子弟ニ至ル迄老若ヲ不論公私職業ノ暇出席シテ義理ヲ研究シ後来ノ職務ニ供シ闕ル所無カランコト是レ冀望ス」〔資24-2〕、「朝廷ニ於テ飽マテ人材御渇望ノ時ナレハ教官及ヒ生徒各其方向ヲ誤ラス学問勉励シテ一息ノ間モ怠慢アルコト忽レ」〔資32-3〕といった文言は、前述のような時代背景の注文に応じるための、権力側における学習させる理由が表出したものであったということができよう。

　他方、地方官および地域の有力者は、維新という革新期にあって地域に受け止められた多様な時代的要請に応えるという課題も自覚していた。慶応四年四月、兵庫の岩間屋兵右衛門は兵庫県裁判所に学校設立願を提出した。兵右衛門が学校の必要性を感じたのは「当津ノ儀ハ商人而已ニテ兎角礼譲等弁知仕者少ク、自然ト風儀モ不宜、……於当地学校御取建被為遊、当地ハ勿論在方迄モ広ク御教育相成候ハヽ、自然旧習モ一洗可仕歟、尚又外国御交際ノ折柄御国辱相醸候様御座候テハ甚以テ歎ケ敷、旁タ右様御教導等出来候ハ、自然ト御趣意柄相弁候場合ニモ立至リ可申哉ト奉存候ニ付、何卒前件学校取立ノ儀御許容被為成下候様奉願上候」[一一]という理由からであった。

　明治四年三月、兵右衛門は兵庫県から兵庫明親館幹事長を命じられ、就学を「告諭」した。その「告諭」は「学問ハ貴賤貧富ニヨラス必ラス勉ム可キ事業ニシテ……上ハ　御国恩ニ報シ下ハ己ノ家業相続子孫繁栄ノ基」と位置づけた後、「当地ハ外国交際ノ港ナレハワキテ世間ノ人ヨリ早ク事物ノ学ニモ達シ他国ノ人ニ勝ルヨフニスヘシ無学文盲ニシテ西洋ノ人ナトニオトシメ侮ラル、事アリテハ実ニ我国ノ耻辱トナリ且ハ理ニ昧ラケレバ何事モ損害ノミ多ク終ニ土地ノ衰微ノ基トモナルヘシ」〔資28-10〕と学習の理由を示すのである。

このように維新期の早い段階から、幅広い層の人々を近世期と異なった新しい論理に基づいて〝学び〟に向かわせるという認識は、この国において広く共有されつつあったといってよい。そしていずれの就学告諭も厳格な規則・命令というよりは、個々人の時代認識能力や生活態度に学習の契機を求めていることにも留意すべきだろう。近世期の行政手法として用いられた「諭」はそもそものようなものであったし[一二]、この意味で就学告諭はあくまで〝勧学〟の文書であった。

しかし権力側の権威や地域的必要性が十分な説得材料となり得ない場合、学校像そのものを創り出す必要が出てくる。例えば全国に先駆けて番組による小学校設立が行われた京都府では、まず明治元年七月、「当今御新政ノ砌町地方トモ諸御取締向成立方等精々御手ヲ着ラレ諸民各其職ヲ得一和懇親永世安堵ニ渡世致候様トノ御旨趣ヲ以テ此度町組ヲモ御改正被仰付候事ニ候」と番組改正に関する府達を発し[一三]、これによって上京上大組を四五番組に、下京下大組を四一番組に設定した。小学校設置はこの番組をもって設置区域となったのである。しかしなお「各町各組の会議に付する所ありしも、維新変革の余燼未だ消えず、物情恟々危惧百出、未だ其旨趣を諒するに至らざる」[一四]というのが人々の〝反応〟であった。こうした状況に対し、同年一〇月八日、次のような告示を行った。

先達テ小学校取建之儀ニ付衆議公論ヲ致採用度荒増仕法書ヲ以テ議事ニ差下候処間々心得違右仕法書之通申付候事ト考候向モ有之哉ニ相聞江全以其次第ニテハ無之永年児童之教諭相調一統差閊無之様ニト一応衆議ニ相掛ケ候訳ニ付此旨能々相心得存付筋並難渋之次第等有之候ハ、無遠慮可申出事

十月八日

右之趣洛中洛外へ無漏相達ルモノ也　布令書（朱書）〔**資26-1**〕

この告示に続いて翌月二〇日、府官は各町年寄、議事者を召集して以下の如き口諭を行った。

> 小学校建営之事先達テ相談ニ下タシタル処快ク承諾シタル町モアリ種々難渋申立断リ出タル町モアリ下ニ於テ不同意ナラハ押テ建営セヨトノ事ニハアラサレ共若シ上之御趣意ト下ノ心得ト行違ヒニテ不同意申タルニテモアラハ其儘ニ差置ハ何共残念之事ナリ……夫此小学校ノ搆ト云ハ学文而已之為ニアラス便利ノ地ニ建営シテ手跡算術読書ノ稽古場ナリ儒書講釈心学道話之教諭処也組町集議之会所ナリ又或時ハ布告之趣意ヲ此処ニテ委細ニ説キ聞セ多人数之呼出シモ態々当府ヘ罷リ出終日ノ手間隙ヲ費サス共府ヨリ此処ヘ出張シ申渡ス事モアルヘシ一ツ之小学校成就セハ数多之便利叶フヘシ〔**資 26-2**〕

「権力」という裏づけが説得力を持たず、学校に通うことの必要性を十分に示し得ない場合、人々に学習への親近性を惹起させるためには「夫此小学校ノ構ト云ハ、学事而已ノタメナラズ」という文言に象徴されるように、学校設立に伴う付加価値をアピールする必要があった。ドライブが作動しない以上、そこで行われる学習への親近性が生まれなければ〝就学〟は見込めない。事実、一八七〇年代の東京府では旧来の手習塾風の授業を行わないと父母が児童を退学させてしまうため、小学校においても手習塾風の授業内容を行わなくてはならないという状態があった[一五]。権力側・行政側は人々を就学させるために、時には自らの本音を封印して、学習へのチャンネル=就学告諭を発したのであった。

三　文部省「学制布告書」と地方「就学告諭」の間

明治四年七月一八日、大学校に代わって、以後この国の近代教育制度を掌る文部省が設立された(一六)。その文部省は同年一二月に、「人々学ハサルヲ得サルモノナリ」ということを方針として公にしている。すなわち同省が直轄学校を実験的に東京府に設立することとした布達(明治四年一二月二三日無号)である。

開化日ニ隆ク文明月ニ盛ニ人人其業ニ安シ其家ヲ保ツ所以ノ者各其才能技芸ヲ生長スルニ由ル之学校ノ設アル所以ニシテ人人学ハサルヲ得サル者ナリ故ニ方今東南校ヲ始処処ニ於テ学校相設ラレ教導ノ事専ラ御手入有之ト雖モ素限リ有ノ公費ヲ以テ限ナキノ人民ニ応スヘカラス然ラハ人民タル者モ亦自ヲ奮テ其才芸ヲ生長スルコトヲ務メサル可ラス依之先当府下ニ於テ共立ノ小学校並ニ洋学校ヲ開キ華族ヨリ平民ニ至ル迄志願ノ者ハ学資ヲイレテ入学セシメ幼年ノ子弟ヲ教導スル学科ノ順序ヲ定メ各其才芸ヲ生長シ文明ノ真境ニ入ラシメント欲ス父兄タル者ハ此意ヲ体シ別紙ノ箇条ヲ心得其子弟ヲ入学セシム可キ也

但右志願ノ輩ハ其最寄最寄之校へ可願出事

辛未十二月二十三日

文部省

(「小学校入門心得」略)〔**資 13-4**〕

「朝意」も地域事情による学習の必要性も示されず、ひたすら個人の生活安定を理由として(「人人其業ニ安シ其家ヲ保ツ所以ノ者」)、「学校」の必要性を説いていること、そして「素限リ有ノ公費ヲ以テ限ナキノ人民ニ応スヘカラス」と半ば居直りつつ学費の自弁を強調しているのが、同時期、すなわち学制以前の就学告諭と比して特徴的であることに留意しておきたい。この布達を経て、文部省は学制布告書を作成することとなる。

一八七二年学制はこの国が近代国家として発足するにあたり、必須事項であった地租改正・徴兵制と並ぶ三大改革の一つであった。しかし主には財政事情と、そして教育という人々の生活文化的側面にかかわる改革であったが故に、文部省としては人々の自発性に依拠した学びへの近接を期待するほかはなかった。この点は学校教育制度が国家的政策となったため、学制以前よりも圧倒的な緊迫性を持つことになる。そうした雰囲気を伴いながら人々の自発性を喚起しうるレトリックを盛り込んだ「諭し」の実現形態が学制布告書であった。

ではその学制布告書に示された自発性喚起のための論理とはどのようなものであったのか。学制布告書に示された学習の論理をまとめれば概ね次のようになる。

(a)学問は立身の財本。
(b)すべての人間のすべての営為には、学問が関わっている。
(c)学問には学校が必要である。
(d)学問を士人以上のためのもの、「国家」のためのものと捉えるのは誤りである。
(e)学制と教則を文部省が示す。
(f)性差・身分差なく全人民は学校に行かねばならない(一七)。
(g)親は愛育の情を深め、子弟を学校に行かせよ。行かせないのは親の「越度」だ。

(h)学問・学校については自弁せよ(二八)。

ところで学制布告書以前に各地で発せられた就学告諭を見て検討してみると、右の(a)〜(h)のレトリックのいくつかはすでに各地の就学告諭や郷学規則の類においてもしばしば用いられているところであった。かいつまんでみてみよう。

(a)学問は立身の在本

「学校ヲ興スハ、他人ノ為ナラス、近クハ一身一家ヲ保全シ、土地ヲ繁栄ニシ、遠キハ天下富強ノ一端ヲ補助シ」〔資27-3〕

(b)人間の営為と学問の関係性

「夫《それ》人は学せされハ父子兄弟親私の道を弁へす又家を興し産業を広むる其略に暗く只一時目前の利ニ趨《はし》り竟に其家を破り其業を失い其身を誤るに至る者不少」〔資13-2〕、「夫学《それがく》は人心《じんしん》を正《ただし》うし、人倫《じんりん》を明《あきら》かにする所以《ゆえん》にして、上王公《わうこう》より下士庶人《ししょじん》に至《いた》るまで、学《まな》ばずしては叶《かな》はざることわりなれば」〔資18-2〕、「学問ハ能ク物ノ道理ヲ弁ヘ自ラ先ツ其行ヲ正シクシコレヲ我今日務ル所ノ職業ニ及シテ不正不明ノ事ナカランコトヲ要スルノ道ニシテ」〔資28-10〕

(c)学校の必要性

「西洋各国ノ如キ余資アルモノハ之ヲ出シテ義塾ヲ設ケ人材ヲ成スヲ栄トス他府県ノ如キモ既ニ此意ヲ理会シ往々

之ニ倣フモノアリ……有志ノ輩能ク此ニ注意シ朝意ノ在ル所ヲ知リ上高島屋カ所為ニ倣ヒ各自其身分ニヨリ一力或ハ数人戮力協議費金ヲ出シテ校舎ヲ設群百ノ子弟ヲシテ大ニ知識ヲ開達シ永ク頑固ノ陋俗ヲ洗脱シ以テ天眷ニ奉酬セシメンコト」〔資2-1〕「遍ク士庶ヲシテ綱常之理ヲ弁ヒ、事業之方ヲ明ラカニシテ国家之用ニ具ヒシメンガ為広ク学校ヲ建テ之ヲ教育セント欲スト雖モ、朝造暮営ノ速ニ其全成之功ヲ奏スルヲ得ベカラザレバ先枢要之地ニ於テ幾何之小学郷校ヲ置テ件々ノ学芸御勧誘被成候条」〔資3-1〕、「今般当所ヘ郷学校設けられ候条、士農工商を論ぜず、各産業之余力之者罷出、講義聴聞致し、人倫之道知覚致可き事」〔資5-1〕

(d) 学問を士人以上のためのもの、「国家」のためのものと捉えるのは誤りである。

「学ハ人倫日用ノ道ヲ学フノミ豈ニ貴賤尊卑ノ別アランヤ……遂ニ学ハ士族卒ノ事ニシテ農工商買ハ皆学ハスシテ止ムヘキモノト思フ者モアルニ至レリ夫レ人学ハサレハ以テ人タルヘカラス豈ニ貴賤尊卑ノ別アランヤ」〔資32-4〕

(f) 男女・身分の差別のない教育開放

「管内四民一統男女ニ不拘修行せしめたく」〔資25-3〕、「四民一途人材教育之制度相立候間、孰レモ其条規ヲ守リ勉励可致事」〔資6-1〕、「母タル者正シカラザレバ、教化以テ行ハル、事ナク、女子教ヘザレバ、泊治ノ基以テ立事ナシ」〔資35-5〕、「世上ニ農工商ノ賤キ者ハ学ハストモ可ナラント説ヲ唱ル者アリ心得違ノ甚キナリ」〔資11-2〕

(g) 学校に行かせるのは親の愛情と責任

「人の父兄たるものは務て其子を教其弟を教家を興し産業を広め父子兄弟親私の道を明かにせされハ愛慈する我子

弟を傷い愛護する我家業を破ると謂べし」〔資13-2〕、「夫レ天地ノ間父母タル者其子ヲ愛セザルハナシ…今人間ノ父母トシテ其子ヲ教ヘズシテ、無智頑鈍ノ者トナラシムルハ老牛ノ愛ニ異ナラズ、真ニ其子ヲ愛スルナラバ学校ニ入レ人間ノ道ヲ学バシメ、刻苦勉強シテ開化安楽ノ境ニ至ラシムベシ」〔資33-4〕

（h）学問・学校の自弁

「学費出シ合セノ義ハ当家童児ノ有無ニ不拘家別一統公平ニ割合スヘキ事」[一九]、「各自其身分ニヨリ一力或ハ数人戮力協議費金ヲ出シテ校舎ヲ設群百ノ子弟ヲシテ大ニ知識ヲ開達シ永ク頑固ノ陋俗ヲ洗脱シ以テ天眷ニ奉酬セシメンコトヲ」〔資2-1〕

もとより学制布告書は学制以前の就学告諭とは異なり、全国レヴェルで学習を組織化するために作成されたものであったから、既存の就学告諭に見られる論理が見出せることは何等不思議なことではない[二〇]。

このような中で学制以前の就学告諭に殆ど見ることができないのは第一に（a）学問は立身の財本、第二に（d）学問を士人以上のためのもの、「国家」のためと捉えるのは誤りである、第三に（e）学制と教則を文部省が示す、第四に（h）学問・学校については自弁せよ、の四点である[二一]。（a）については先に示した大阪府は例外的なもので、学制以前における「学習」はそもそも体制組織の維持を目的とした人材養成のためのものであったから、個人の「立身」を全面に押し出す発想は生まれにくかったと考えることができる。（d）についてはそもそも士族（権力側）のシステムを庶民に開放するという意図があったから、ことさらに士分と一般の区別を批判することはなかったとみてよい。（e）はもとより想定されないし、（h）については地域全体における醵出を求め、貧富に応じた〝貢献〟を求めるものがいくつか目に付く程度である。

この四点を差し引いたとしても、学制布告書に含まれる「人民の営為と学問の関係性」「学校の必要性」「性差・身分差のない教育開放」「親の愛情と責任」については特にインパクトのあるロジックではなかった。要するに学制布告書が示した教育像・学習像は、特に目新しいものではなかったのである。

このようにみると、学制布告書がこの国の学びのありようやイメージに対して何等かのインパクトを与えたとすれば、それは「立身」「従前の学問・学校の批判」「学問・学校の自弁」の三点に絞られることになる。

留意すべきは学制布告書に言う「学問ハ身を立てるの財本」は「人能く其才のあるところに応し勉励して之に従事」することが原則となっていることである。ここにいう「立身」は「立身出世」ではなく、人それぞれの「才のあるところ」での能力発揮を求めており、その展望は「産を興し業を昌にする」ことであって、学制以前の就学告諭にしばしば示された権力体制内での人材登用のルートはどこにも示されていない(二二)。学制布告書が強調した個人の立身＝功利主義的教育観は、「もともと立身出世を望まない者にとっては、学問を学ぶ意義は相変わらず乏しい」(二三)という理由から「立身」と「出世」が結びついて作動しうるものではなかったのである。学制布告書の主眼は、権力体制への参与・従属を目的として掲げたのではなく、生活者のレヴェルで「自ら」、就学・学校設立(負担を引き受ける)まで含めて「身を立て」ることを求めたのであった。もとより明治政府は教育の近代化にそれほど重きを置いておらず、学制施行にあたっての予算も極めて少ないものであった(二四)。そのような条件下でもなお教育政策の実行・実現を展望しようとすれば、行政のバックアップを期待しないという意味での主体性の喚起が必要不可欠であった。

このように学制以前の就学告諭と学制布告書の間には、人々を従属的なキャラクターに置くか、それとも(さしあたりにもせよ)主体的・能動的な学習者と位置づけるかの違いがあった。それ故後者のロジックは「倫理的要請」(二五)ということができるのである。要するに学制布告書の本文自体は権力を背景とした強制・強迫を示す文書ではなかった。もとより財政的裏づけを保障できない教育政策であったから、呼びかけの対象に対して強制・強迫の論理も立てようがなかったのである。この意味で「立身」＝自らのための学問と、「自弁」は不可分の論理であった。

四　「学制布告書」から「就学告諭」(学制以後)へ――「精細申諭便宜解釈ヲ加へ」と「告諭布達等ノ内間間不都合ノ廉」

学制布告書はその末尾に、二行に亘って「右之通被　仰出候条地方長官ニ於テ辺偶小民ニ至ル迄不洩様便宜解釈ヲ加へ精細申諭文部省規則ニ随ヒ学問普及致候様方法ヲ設可施行事」という文言が付されていた。これを受けて、各地では学制以前よりもフォーマルな形で就学告諭が作成された。もとより「便宜解釈ヲ加へ」ることを求めたものであるから、地方官および地方の学事担当者において、学制布告書の趣旨が当該地方の実情に合う形でパラフレーズが施されることは織り込みずみであったと言ってよい。要するに学制布告書が文言そのままに人々に伝わるということは、文部省も考えていなかったということができる。このことは木版・両文体で作成された布告書(木版頒布本)においても[二六]、末尾二行のみは振り仮名なしの漢字片仮名書きで示されていることからも明白である。

このような形で、事実、各地で夥しい数の、そして様々なバリエーションを持った就学告諭が作成されることとなった。もとより地方における「解釈」を求めた文章であったから、学制布告書をベースにする、あるいはその意図を受け止めて、様々な就学告諭が生まれたのであった。そのバリエーションのあり方については本書第二章以下が明らかにするところである。

ところで学制の発布から半年を経た一八七三(明治六)年三月五日、文部省は布達第二三号をもって「各府県ニ於テ学事ニ付其管内へ告諭布達等ノ内間間不都合ノ廉モ有之哉ニ候条学制ニ照準シ齟齬不致候様厚ク注意シ告諭可致此段相達候也」[二七]と達した。この達は、学制布告書の段階では地方当局者の「便宜」に任されていた学制布告書の解釈のあり方に、実は一定の枠組みがあったことを明らかにする、注目すべき達であった。いわばこの段階で日本近代の学習について、学制布告書に続く第二のフィルターがかけられたということができよう。明治政府にしてみれば人々の自発性の喚起を期待しつつも、学習のコンセプトが無制限な志向・目的を伴ってよいものではなかったということになる。

しかしそれにもかかわらず文部省は何が「不都合」であるか、「齟齬」をきたすかということを明確にしておらず、現段階でこれを実証的に指摘しうる公文書資料は発見されていない[二八]。右の布達第二三号は学制布告書と同じく極めて抽象的な指示であった。

佐藤秀夫、戸田金一は複数の就学告諭を収集・分析した上で、これらの就学告諭を分類した。佐藤・戸田ともに全く異なった視点から就学告諭を分類しているにも拘わらず、学制布告書から逸脱するロジックが含まれている就学告諭の存在を指摘していることに留意したい。この点は学制布告書には存在しない、地方官のロジックの表出形態として注目しておいてよいだろう。

佐藤・戸田の検討結果を見ておこう。まず佐藤は「『学制序文』の枠を越え四民の『自主自由』や手放しの『立身出世』論を主張するもの、あるいは逆に『国家』目的への奉仕を一方的に強調するもの」[二九]とした。戸田はその内容について「学事奨励に関する被仰出書のなかに国家のためを否定した理念に抵触するところ」である、「国家のためを意識した学問観」、そして「特定の階層、とりわけこれまでの支配層士族に格別の勧学をさとす」ものの二点を指摘した[三〇]。

「自主自由」「(手放しの)立身出世」(佐藤)、「特定階層への勧学」(戸田)という相違点はあるものの、二人に共通する齟齬・逸脱のキイ・ワードとして「国家」が浮かび上がってくることになる[三一]。このことは先に検討した学制以前の就学告諭と学制布告書を比較しての著しい相違が学制布告書本文における権力主体の抹消と、その権力主体への「報恩」を根拠とした学習の不在であったことと合致する。

学制布告書がそもそも権力による学習の勧めであったことから、佐藤・戸田の仮説は否定されるという見方も出来る。さらに「申諭」の過程で太政官という権力主体が持ち出されたことは十分に想定できるし、事実、学制布告書の末尾（「右之通」以下）までそのまま人々に示し、「右之通御達ニ付相達候尤文部省ヨリ御達相成候学制ノ儀ハ追々可及布達候事」とした島根県のような例もある〔資32-7〕。しかし結果的に露見したとしても、文部省はあくまで呼びかけの主体を前面に押し出すつもりはなかったと判断することができる。例えば筑摩県庁は学制布告書を承けて「学問普及の申諭書」を作成したが、その末尾には「右は太政官より被　仰出候御文意を猶又小民に至る迄分り易き様和らけ相示候条郷宿において写し取向ゝ相伝へ厚く御趣意を心得可申もの也」〔資20-6〕と付していた。また「敦賀県布令書」（明治五年）に含まれている「第四号」には学制布告書が示されているが、末尾の二行は含まれていない。すなわち「小民」にまで伝える内容とされていたのは平仮名交じり両文体で書かれた学制布告書本文であって、「右之通被　仰出候条地方官ニ於テ辺隅小民ニ至ル迄…方法ヲ設可施行事」という部分、そして日付と太政官の名は想定されていないのである（「申諭」するのは「右之通」とはっきり示されている）[三三]。

こうした例と併せて学制頒布本には一般の人々に読みやすいよう工夫された両文体が本文にのみ用いられ、末尾二行は漢字仮名交じり文という構成を見れば、学制布告書の末尾二行がその本文とは分離した、政策実行者への行政文書であることは明白である[三四]。ちなみに学制と同じ年の一一月二八日に発せられた「徴兵告諭」を見てみると、「我　朝上古ノ制海内挙テ兵ナラサルハナシ。有事ノ日　天子之カ元帥トナリ、丁壮兵役ニ堪ユル者ヲ募リ……然ルニ大政維新列藩版図ヲ奉還シ、辛未ノ歳ニ及ヒ遠ク郡県ノ古ニ復ス。世襲坐食ノ士ハ其禄ヲ減シ刀剣ヲ脱スルヲ許シ、四民漸ク自由ノ権ヲ得セシメントス。是レ上下ヲ平均シ人権ヲ斉一ニスル道ニシテ、即チ兵農ヲ合一ニスル基ナリ。是ニ於テ士ハ従前ノ士ニ非ス民ハ従前ノ民ニ非ス、均シク　皇国一般ノ民ニシテ、国ニ報スルノ道モ固ヨリ其別ナカルヘシ」「国アレハ則チ兵備アリヘ兵備アレハ則チ人々其役ニ就カサルヲ得ス」[三四]というように、国家も天皇もそのためのリクルートであることも隠すことなく、むしろそれは「上下ヲ平均シ人権ヲ斉一ニスル道」の根拠と位置づけられているのであった。この点、近代国家発足にあたっての必須事項たる二大装置の〝よびかけ〟としては著しい相異を見いだすことができるのである[三五]。

もとより学制布告書が「国家」のための教育を否定したのは「学費及其衣食の用に至る迄多く官に依頼し之を給するに非されバ学さる事と思」うことを否定するためであった。人々の「自弁」なくしては作動し得ないこの国の近代学校制度は、こうして国家（権力）が示した「其身を立て」るための自発的教育（就学）を人々に本文で要請（あるいは「諭」）しつつ、人々の眼に触れないはずの末尾二行で地方行政担当者に対し、「学問普及致候様方法ヲ設可施行事」という命令を行うという二重の機能と構造を持ったのであった。布達二三号は、布告書にではなく「学制ニ照準」することを求め、自らが課せられた政策課題が破綻するが如きことがないよう「告諭可致」ことを地方行政担当者に対し確認したのであった。

五　権力体制の中の近代学校教育

布達第二三号が発せられたとはいえ、先にも触れたようにそれ自体極めて抽象的な指示であったから、「各自奮起して智識を拡充し皇国の為我身の為に勉励すべし」〔資23-7〕、「御趣意の在る所に向ひ教育の道を大事と心得世の文明を進め国の富強を助けて遂に　皇威の海外に輝かん時を期するを肝要とす」〔資19-4〕等、各地の就学告諭から権力主体が姿を消したというわけではなかった[三六]。文部省が「不都合」「齟齬」の具体的内容を示さなかったから、布達二三号に特段の効力はなかったと位置づけるほかはない。

ところで学制を人々に課した権力主体、すなわち新政府そのものは、人々にとってどのような存在だったのか。久木幸男は「世直し騒動が続発する中で、一八六七年のクーデタに成功し、翌年の戊辰戦争を勝ち抜いた天皇とその新政府は、やがて異人(alien)として民衆の前に立ち現れ」、場合によっては「天皇―天皇政府―藩知事―その属僚という支配全体が耶蘇であった」[三七]という。同時に天皇政府は人々の世直し期待を裏切っていたということもあったから、人々にとってみれば「御善政可被行ト首引テ眺望仕居候処却テ旧政ニ同飢渇ニ苦シムモノ多シ」[三八]というのが現実であった。それ故「人心或ハ未一ナラス或ハ封建或ハ攘夷頑愚之ニ雷同シ空論頗ル百端是皆大ニ　朝廷ノ目途ニ反背シテ独成功ノ順序ヲ妨ル而已ナラス動モスレハ　朝憲ヲ蔑如スル者アリ」[三九]という人民と対峙していたのであった。

もしこのような権力(権威)が学制布告書あるいは就学告諭に明示されてその権力構造の中に学習が位置づくことになれば、学習そのものは、旧来の学習と何ら変わるところはないのは明白であった。さらに権力が明確になればそこで「旧政」と同じ「飢渇」が生まれるという構図は、人々にとってはすでに江戸以前の時期において経験済みであった。学習を取り巻く道徳律、そして旧来の分限意識の打破に基づかなければ自発的学習も自己負担による学習をも望み得なかった。

他方、新しい権力体制の末端が拠って立つところは「国」や「朝旨」しかあり得なかった。例えば当時福島県知事は巡村の際、村役人に対して次のような告諭を発していた。

> 汝等幸ニ皇土ニ生レ御一新ノ御代ニ遭遇シ　勿体ナクモ天子様ノ赤子ト相成　余輩ハ天子様ノ赤子ヲ預リ奉リ　汝等ヲシテ悪心ヲ去リ善人ト成シメ　各得其所職業相励ミ安穏ニ月日ヲ渡ラセ度心ニテ　余輩昼夜ノ差別ナク汝等ノ

為筋計ヲ謀リ　其心配ハ如何許カ　折々ハ骨身ヲ砕クノ想ヲ致シ候(四〇)

こうした実態こそが「天皇の名をふりかざしての地方官の威圧というのが、人民にとっての天皇像の現実の役割であった」と遠山茂樹は喝破している(四一)。このような権威主体像が地租改正や徴兵制という、世直しの失敗を裏づける権威となったのであれば、人々の自発性を喚起する装置としては極めて心許ないといわざるをえない。ではあるけれども同時に統治の実務に就く地方行政担当者としては、自己の統治を正当化する根拠として「天子様」「皇土」は必須のアイテムであったろうことは想像に難くない。

事実、学制布告書から慎重に抹消された権力主体を復活させたのは地方行政担当者であった。学制布告書の文言そのものには強迫性や強制性は含まれなくとも、地方官にとってみれば先述した末尾二行が突きつけられているのであるから、布告内容の実現そのものが本来的に強制性・強迫性を帯びるものであったということができよう。

学制布告書のレトリックと就学告諭のロジックの相違について、中央政府のスタッフよりも地方官の方が権力者の真意を吐露していることが多いとみる位置づけと(四二)。逆に「新時代を告げる新鮮な感覚や格調」を布告文の全面に押し出した中央政府の意図を、地方官が敷衍しすぎてしまったために布告文の「真意」が「撲殺されている」と位置づける二つの見解がある(四三)。いずれにせよ学制布告書から一旦抹消されたものを、地方行政担当者が復活させたという点で一致しているのである。これらの仮説に依るならば、学制に基づく就学に国家、朝意等々といった権力を後ろ盾にして、権力的な、すなわち強迫的・強制的な告諭を行ったのは地方行政担当者であった。

そしてそれら就学告諭とともに就学督促策が学制布告書には不在の強制性・強迫性を帯びたのは、文部省から直接に強制・強迫を受けたのが地方行政担当者であり、人々に直接強制・強迫したのが文部省ではなく（そして学制布告書でもなく）地方行政担当者であったからである。だから抽象的な勧学だけではなく、それを実現するための具体的な就学督励策（例えば就学牌、フラフなど）を考案・実施したのは地方行政担当者であった。

　このようにみるとき、権力体制の重層性が浮き彫りになる。中央政府↓地方行政担当者↓人々というセクション毎に現実化してゆく強制性・強迫性は、むしろ地方行政担当者のレヴェルにおいて先鋭化されていたのであり、それが各地の就学告諭という多様性を生み出していた。そしてそれが同時に学制布告書の枠を越えた齟齬や逸脱を生み出していたのではないだろうか。現実に人々を管理・統治するのは地方官だったからである。

　この権力体制の中で実施された近代学校制度は、国家の為ではないとしつつも行政による強制を受けるという矛盾を孕む。故に人々に容易に受容されるものではなく、各地で様々な抵抗を生み出した。就学告諭に示された自主性の喚起は、人々が受け取った教育像と容易に合致はしなかったのである。

六　まとめ

　維新・開国という社会変動の只中にあって、この国の学習は、直面する国家的課題（体制構築）、地方行政体制の確立という人材ニーズを背景に、広く人々に学習の必要性を訴えた。それが学制以前の就学告諭であった。学制以前の就学告諭は、体制へのコミットメントの要件としての学習の必要性を訴えたのである。

　文部省が学制に付して作成した学制布告書は、体制へのコミットメントではなく、近代的身振りとしての近代学校制度での自発的学習を要請する。この意味で背景にどのような意図があろうと、学制布告書は人々に主体的な学習の意義の発見と、結果としての主体的な学校への就学、学校の維持を実現しようとするものであった。しかし同時に政策課題としての緊張感は、政策実現に向けての強制性・強迫性を伴う。事実、人々に対して実際に強制性・強迫性を作動させたのは地方行政担当者の直接的な働きかけであった。一例を挙げれば筑摩県において学校積立金が急激に増加するのは、権令永山盛輝が管内を巡回し、人々に直接説諭を行った年からであった（四四）。

就学告諭、学制布告書の関係を見直してみると、表面的には受け手の主体性に依存して拘束力や強制性を持たない〝学びの勧め〟が、重層的な支配構造、政治・行政構造といった権力関係の中で、〝強制性〟や〝権力性〟を強化していくという構造が浮き彫りになってゆく。そしてそこにはこの国の学校制度における「(権力主体による)タテマエはソフトに、(行政組織による)駆り立ては厳しく」というスタンスが就学告諭、学制布告書から見出せるのである。

（柏木　敦）

註

(一) 石田雄『明治政治思想史研究』未来社、一九五四年、二八頁。この点についてひろたまさきは「自発性」を「主体性」と峻別し、明治政府が進めた「文明開化」は「日本人民の主体的な近代文明創造の方向を否定し、民衆の自発的エネルギーを国家のもとに吸い上げる方向で、欧米化文明の移植をはかった」としている。ひろた『文明開化と民衆意識』青木書店、一九八〇年、四頁。

(二) 『法令全書』自慶應三年十月至明治元年十二月、六三～六四頁。「五箇条の誓文」の成立過程については大久保利謙の論考が意を尽くしている。大久保利謙「五ヶ条の誓文に関する一考察」『明治維新の政治的過程　大久保利謙歴史著作集I』吉川弘文館、一九八六年所収。なお大久保は「誓文」中の「官武一途庶民に至るまで」の文言に関する研究経過を紹介しつつ、同部分が指す「庶民」が限定的なものであったにもせよ、「旧来の陋習を打破しようとする革新性は高く評価していい」と位置づけている。前掲書、五八～六〇頁。

(三) 『法令全書』自慶應三年十月至明治元年十二月、一四六頁。

(四) 明治二年正月二十四日第七三号、『法令全書』明治二年、四一～四二頁。

(五)『法令全書』明治二年、六〇頁。

(六) ここでいわれる「東北府県」とは、すでに倉澤剛が指摘している通り、今日でいう東北諸県を指すのではなく、駿河・甲斐・伊豆・相模・武蔵・安房・上総・下総・上野・下野・陸奥・出羽の駿河以東一三州を指している。なお倉澤はその指摘に続けて「これは政府が全国人民に下した小学校設置の令と解釈すべきである」と位置づけている。倉澤剛『学制の研究』講談社、一九七三年、一一四頁。

(七)『法令全書』明治二年、一三〇頁。

(八)「公文録　昌平開成両学校之部　全　自戊辰十月至己巳五月」(「東北府県学校設立申立」)、「太政類典第一編　自慶応三年至明治四年七月　第百十七巻　学制」(「諸府県ニ小学校ヲ設ケ教育ノ道ヲ施行セシム」)国立公文書館蔵。

(九) このような形で地方官に示された「小学校」というタームであるが、当時にあってこのタームが指す小学校像は必ずしも一律ではない。「学制」以前に用いられた「小学校」というタームが二重の意味をもって流布していたことは夙に指摘される通りである。すなわち「小学校」という指示語そのものも、当初から〝人民一般〟を対象とした教育機関を指すとは限らなかった。漢学者が維新期に、唐虞《とうぐ》三代の学制を参照しつつ「小学校」の制度を紹介した際には「市中ニ小学校ヲ置キ候事、当時朝野ノ体裁ヲ転倒致シ候ノ甚シキ者ニテ、古三代ノ盛ナル延喜ノ御代ト雖モ、市井等ニ官学同様ノ小学ヲ立サセ玉フコトヲ不聞、乍併打(ママ、折カ)角造立セルハ毀ニモ不及候得共、府藩県トモ農商ノ教道ハ、之マデノ通、勝手ニ村夫子ヲ置キ候テモ事スミ可申候」(加藤有隣『大小学校建議』明治二年刊)といった具合に述べている。中央政府の施政にしても、ここまでみた「府県施政順序」や東北諸県への「布告」においてはあきらかに一般人民を対象とした「小学校」を示しつつ、しかし一方で「大学規則」とともに示された「中小学規則」では、大学に直結する選抜教育機関としての「小学校」の構想を明らかにしている。

(一〇) 大島美津子『明治国家と地域社会』岩波書店、一九九四年、五頁。

(一一)「兵庫の岩間屋兵右衛門ら学校設立願を兵庫県裁判所に提出」『兵庫県史』史料編　幕末維新二、一九九八年、六六三〜六六四頁。

(一二) 深谷克己によれば「諭」とは、幕末期に勃発した世直し一揆への対応として、「法」以外の手段で「上下民衆の「心」を獲るために」発せられた教諭教令で、「倫理を表に出し処罰規定を伴わない規則」である。こうした「諭」は東アジアの仁政徳治型法文明の土台になっているものであり、文章の他にも村役人が読み聞かせる形の教諭もあった。深谷克己『江戸時代の身分願望　見上がりと上下無し』(歴史文化ライブラリー二二〇)吉川弘文館、二〇〇六年、一九〇頁。

（一三）『京都小学三十年史』一九〇二年、四五～四六頁。
（一四）『京都小学五十年誌』一九一八年、五六頁。
（一五）『東京都教育史』通史編一、一九九四年、一四五～一四六頁（入江宏執筆部分）。
（一六）『法令全書』明治四年、二八七頁。
（一七）性に基づく差別の否定は、例えば次の出石藩の例に見る如く、女子が特別な教育の対象として認識されていたという側面があることを指摘しておかなければならない。

今般藩政御一新ニ付淫乱御厳禁被　仰出候得共、淫乱之本は多分治容誨淫ヨリ相生候儀ニ候間、淫本防遏之為女学校御取立相成、女子共御教化被遊候　思召ニ候得共、内外御多費之折柄、御財力被為届兼候ニ付、当分之間以心光院仮学上校ト被定候間、八歳以上十三歳以下之女子有之向は来ル廿二日ヨリ可差出候事〔**資 28-3**〕

この「告諭」には「但やすみのひまには、琴のひきかた、ぴすとをるのうちかたをならふへき事」との一条が含まれている。
（一八）この学習費・学校維持費自弁という論理については、従来、「受益者負担」というタームによって説明されてきた。しかし筆者は「受益者負担」というタームの意味を考える限り、明治期の、特に「学制」期における授業料徴収・学校維持費自弁の原則を「受益者負担」と呼ぶことに疑問を持っている。羽田貴史は「「受益者負担」なる概念は…一九六〇年代後半になって公共サービスの費用負担の配分原則一般として使用されるに至ったもの」であるから、「このような概念が「学制」期に授業料の性格づけとして成立していたとはいえない」と指摘しており（羽田貴史「明治前期官立学校財政政策の展開」『日本の教育史学』第三九集、一九九六年、二八頁）、この指摘は「学校」そのものの受け止め方がもとより不安定なものであった「学制」期にあっては一層留意すべきであると考える（この点については石田雄、前掲『明治政治思想史研究』五四頁の注二六をも参照）。

藤田武夫によれば「受益者負担」とは「日本では、大正八年に導入された」ものであり、「第一次世界大戦を契機とする日本資本主義の急激な発達に伴う産業・人口の都市集中によって、緊急に都市計画事業、道路整備が要請されたが、戦後の不況下に地方財政が逼迫し、その財源を求めるため受益者負担が、都市を中心に府県でも徴収された」という（藤田「「受益者負担」論の検討」大阪学院大学商経学会『大阪学院大学商経論叢』第六巻第二号、一九八〇年七月、二頁）。いわば「受益者負担」は原則的にインフラ整備のための徴収であって、負担対象に対する一定の社会的合意が得られる社会状況において成立するものといえるのではないだろうか。そのように把握すれば近代学校による教育そのものが〝社会的認知および合意〟を得ていたとは必ずしもいえない明治期において、安易に「受益者負担」という概念を使用することは留保する必要があろうし、当時の近代学校制度は人々にとって果たして「益」たりえたか、ということをも批判的に見るという視座は必要だろう。この点については井深雄二が黒崎勲、田原宏人が提出した論点について簡潔に要点をまとめている（井深「教育費政策と受益者負担論」鈴木英一編『教育改革と教育行政』勁草書房、一九九五年、四三二～四三四頁）。

(一九)「郷党仮議定・郷学校仮規則のこと」『神奈川県教育史』資料編第一巻、一九七一年、五頁。

(二〇)このような統治技術についてはメリアムのテーゼが想起される。

　統治者にとっての第一の掟は、自分の共同社会・そこにいる人物・諸集団・諸集団の利害やイデオロギィや価値・政治的可能性から見た諸集団の相対的重要性などについて知ることであり、そしてまた、自分の時代の文化水準でもっとも進歩している社会的・政治的な知性や技術を、いかに利用するかを知ることである……。

　メリアムC．E（斉藤真・有賀弘訳）『政治権力―その構造と技術―』下、東京大学出版会（UP選書）、一九七三年、二八七～二八八頁。

(二一)ただし文部省の登場に関しても秋田県が明治五年四月の段階で「学校ノ儀専ラ人才ヲ教育シ風俗ヲ正フスルノ御趣意ニ付追々文部省御規則モ御発令可相成先以学則改革諸学分局来月二日より開校相成候條」〔**資5-2**〕としていたように、学制以前から〝予告〟している例がある。

(二二)学制布告書に「出世」という意図、概念が含まれていないことについては竹中暉雄が先行研究の批判的吟味とともに検証している。竹中暉雄「『学制』（明治五年）の教育理念に関する諸問題―立身出世、単線型学校制度、『学問のすゝめ』との関係―」『桃山学院大学人間科学』第三二号、二〇〇六年一一月。竹中も引用しているように、学制布告書における「出世」の不在についてはすでに本山幸彦によって指摘されている。本山幸彦『明治国家の教育思想』思文閣出版、一九九八年、七〇頁。

(二三)木村政伸『近世地域教育史の研究』思文閣出版、二〇〇六年、三九頁（論文の初出は一九九三年）。

(二四)久木幸男「教育近代化の研究視角」下程勇吉編『日本の近代化と人間形成』法律文化社、一九八四年、三〇～三二頁。

(二五)『日本近代教育百年史』第三巻、一九七四年、五九二頁。

(二六)「公文録　文部省布達（壬申）　乾」（文書十四、「学制確定ニ付目的相立可伺出ノ条」）国立公文書館蔵。

(二七)『文部省布達全書　明治六年』、二九～三〇頁。

（二八）例えば文部省が各地の就学告諭を収集・検討したといった形跡は、管見の限り見られない。文部省サイドの公文書には唯一、一八七三（明治六）年一月一八日、山口県が管下に発した「学喩」（「太政類典　第二四三巻　第二編　自明治四年八月至同十年十二月」国立公文書館蔵）の収録が見られるのみである。なお「太政類典」所収の「学喩」は漢字片仮名書きであるが、山口県文書館に所蔵されている「学喩」（県庁戦前Ａ　教育六八）は木版刷り、漢字平仮名書き、両文体である。

（二九）前掲『日本近代教育百年史』第三巻、六〇〇頁。

（三〇）戸田金一『秋田県学制史研究』みしま書房、一九八八年、四三～四五頁。

（三一）学制布告書が否定した「国家の為」について、小松周吉は「この場合の国家とは、封建制度の下における『国家』を指しているのであって、近代国家を意味しているのではない」と、学制布告書および文部省の意図を腑分けしている（小松「明治絶対主義の教育精神―学制を中心としてみたその成立過程―」『教育学研究』第一九巻第一号、一九五二年）。本稿の立場からこの見解にコメントするならば、「国家」が包含する意味がどのようなものであろうと、学制布告書において具体像が示されなかった以上（そしてここでの「国家」に代わるタームが示されなかった以上）、人々がこの「国家の為」から何を読み取り、また「近代国家」の存在を読み取ったかどうかということは分からない。よってここでは学制布告書に示された「国家」とは、人々がイメージする「権力主体」と位置づけるほかはない。

（三二）この点、井上久雄は学制布告書における「個人主義的な教育理念の鼓吹と強制的な就学の督励、この一見矛盾するふたつの論理は、天皇の勅語として国民に「不洩様…精細申諭」されることによって一元的な構造をもつのである」と述べるが（井上『学制論考』風間書房、一九六三年、一六八頁）、井上は「不洩様」の直後に続く「便宜解釈を加へ」を全く解釈の対象としていないようである。そもそも学制布告書を素直に読めば「矛盾」は生じないし（「強制的な就学の督励」は読み取れないし、そもそも井上がそれを学制布告書から引き出すための読み解き自体無理がある）、まして学制布告書に登場もしない天皇を引き合いに出して「一元的な構造をもつものである」などと無理な（必要以上に大げさな）解釈をする必要もないのである。

（三三）竹中暉雄は文部省が漢字平仮名まじり・振り仮名付きの学制布告書は、太政官布告第二百十四号を文部省が「独自に書き直し準備したもの」であり、それは文部省が同布告の「解説」として「頒布」する意図を持っていたことにより作成された文書であるとしている。そうであるとするならば尚更に末尾二行が漢字片仮名交じり・振り仮名なしのまま残されていることは、本文と末尾二行とでは呼びかけの対象が異なっていたことの証左として受け止めるべきだろう。竹中暉雄「「学制」に関する諸問題―公布日、頒布、序文の呼称、正文について―」『桃山学院大学人間科学』第三〇号、二〇〇六年一月。

(三四)『法令全書』明治五年、四三二～四三三頁。

(三五)竹中暉雄は前掲論文において、徴兵告諭にあっても「国家ニ災害アレハ人々其災害ノ一分ヲ受サルヲ得ス是故ニ人々心力ヲ盡シ国家ノ災害ヲ防クハ則チ自己ノ災害ヲ防クノ基タルヲ知ルヘシ」という「受益者負担の説諭」により「国家ぼかし」といえる説明がなされていると指摘・評価する。竹中、前掲『「学制」(明治五年)の教育理念に関する諸問題』、一三七頁。

(三六)土屋忠雄は「学制」移行の「就学告諭」に「(「国家のための勉励」といった「学制布告書」の)敷衍が行われたことは、維新前後の風潮からすれば、人民に対する諭告としては、極めて自然であったろう。むしろ、被仰出書のように、何等天下国家の形成を論じていないのが不自然なくらいであった」としている。土屋『明治前期教育政策史の研究』講談社、一九六二年、八七頁。

(三七)久木幸男「明治期天皇制教育研究補遺」『教育学部論集』第六号、仏教大学教育学部、一九九五年三月、一二七頁。

(三八)「民政盗賊防風俗等建言書」(明治三年九月一二日)色川大吉・我部政男監修『明治建白書集成』第一巻、慶応四年～明治五年三月、筑摩書房、二〇〇〇年、四一二頁。

(三九)「国憲樹立ニ付献言」(明治三年一一月)前掲『明治建白書集成』第一巻、四三八頁。

(四〇)「明治四年県官巡村につき村長への告諭書」『福島市史』第一〇巻、近代資料Ⅰ、資料編五、一九七二年、七頁。

(四一)遠山茂樹「解説」『天皇と華族　日本近代思想体系二』岩波書店、一九八八年、四七頁。

(四二)石田、前掲書、二七頁。

(四三)土屋、前掲書、八七頁。

(四四)神津善三郎『近代日本における義務教育の就学に関する研究』銀河書房、一九七八年、八～九頁。この巡回の記録が「説諭要略」である。『長野県教育史』第九巻史料編三、一九七四年に所収。

第二節　学制布告書の論理

一　本節の課題

学制布告書はさして長くない文章である。論理と言っても格別難しい点があるようには見えない。しかもこの記念碑的文章は戦前から何回も研究の俎上にのぼらされている(一)。

しかしながらその定説的理解には疑問がある。その疑問を解明することが本節の課題となるが、まずはごく大づかみに戦後の研究史を振り返っておこう。

敗戦＝解放以後の学制の研究史は、一九五〇年代の「唯物史観」による研究開始の時代、六〇年代「近代化論」の導入と戦前の研究の「活用」、および学制公布百年「記念」研究と「大家」による大著の時代、七〇年代モノグラフ研究の時代、八〇年代の近世と近代をつなげて見る視点の提示、九〇年代以降学制期への関心の衰退の時代、といった展開を見せてきた。

これを研究の視点の移動という点から見ると、①近代学校の出発点としての高い評価から、近代そのものの懐疑へ(二)、

②国家統一のための教育に対する高い評価から、富国強兵のための教育の政治性暴露へ、③中央政策史の検討から、地方教育行政史の検討へ、④さらに政策史の検討から、民衆による学制の拒否と受容の問題の検討へと推移している[三]。モノグラフ研究への傾斜や、中央教育政策史から地方教育行政史への流れは、中央教育政策である学制の検討を改めて行うことを遠ざけており、近年は学制布告書を正面から扱った研究はほとんどない[四]。

研究史は大略右のような展開を見せているが、内容的な面から見れば学制評価に相違はあるものの、従来の学制布告書の論理のとらえ方は、意外にも論者によってそれほど大きな懸隔があるわけではない[五]。学制や学制布告書あるいは教育政策そのものの近代的な性格に関わっている記述には相違点が多いが、ほぼ共通して「個人主義」や「実学主義」、学費の「自己負担主義」（受益者負担主義という論者もいる）等が指摘されているのである[六]。

例えば一九六〇年代後半に、戦後のそれまでの研究を受けて、金子照基は学制の教育観について次のように述べている[七]。

知的開発の原理を介して、個人の立身出世主義＝人材登用の原理と国家的政治課題とが論理的に結合して、ここに新しい政治的教育観が成立し、それが学制体制の成立を推進するエネルギーになっていたと考えられる。しかしてこの政治的教育観は、いわば個人主義と国家主義との予定調和の論理に支えられ、それら二つの観念の結合の上に成立していたといえよう。

金子は立身出世主義、個人主義、国家主義という三つの主義と、知的開発原理、人材登用原理、国家的政治的課題、政治的教育観、といった概念を用いて学制を説明する。個人主義が立身出世主義とほぼ置換可能なものと把握され、民衆の立身出世を望む、あるいはそれに結果する個人主義と、国家主義政策が予定調和的に結合して学制の論理ができあがっているとし、それを明治五年の新しい教育観の成立と考えている。

右の記述は福沢諭吉を対象にした記述としても成立する。共同体から解き放たれた個人が独立し、国民主義を経由して国家を支えて行くことで、近代国家が成立すると諭吉は考えていた(八)。一身独立から一国独立への筋道である。金子の学制理解は、諭吉のこの筋道と重なって把握されていると言ってよい。学制布告書の論理と諭吉の論理の類似性とされるものである。

金子の文章は、布告書の論理と特徴とを「主義」に帰着させていて、切れ味も良く理解しやすい。その「主義」も多くの先行研究にかなり共通して見出すことができる。その点でいわば定説的理解と言ってよい。けれども、それゆえにこそ、そこに隠れている陥穽に注意が必要である。このように言うのは、そのあまりにも近代的な把握ゆえである。

一般的に言って後発近代化国では、不可避的に西洋から、そして性急に「上」から近代化はもたらされることになるが、それゆえに、そうしたところでは政治世界とは相対的に区別されるはずの経済社会を、資本を蓄積して成り上がったブルジョアジーが中心になって成立させる経験を持つことができない。個人主義の揺籃であるブルジョア社会の発達は困難である(九)。

その上明治五年という年は、その前年にクーデターまで覚悟しながらようやく廃藩置県を終わらせ、またその翌年には地租改正という経済改革と、徴兵告諭・徴兵令という兵制のスタートを切らねばならなかった、その間に挟まれた年である。廃藩置県は、封建領主による支配体制から近代中央集権的政治体制への移行であり、文部省そのものも廃藩置県の四日後に発足したばかりであった。また、地租改正は明治政府が地租という、いわば封建的地代の代用品に頼らねばならなかった経済的段階を示している。

封建領民が村落共同体から解き放たれて、二つの意味での自由な個人として析出され、他方で資本の本源的蓄積を終えていることが資本主義成立の前提であるのは言うまでもないが、松方財政の下に本源的蓄積が進むのは一八八〇年代の後半のことであり、学制から一〇年以上も先のことである。

こうした理由で、個人主義が実態としてこの時期に成立していることはあり得ないし、また国家による資本主義の主導によっても、その言葉の本来の意味で個人主義を発達させることには成功しなかった(一〇)。

以上の時代背景の中に学制布告書を置いてみると、その記述をもって個人主義と本当に言いうるのかが問題になる。よく見ると金子の把握も、立身出世に「主義」の言葉をかぶせ、さらにそれを個人主義に置き換えているに過ぎない(一一)。確かに立身出世は個人主義と無関係ではないし、共同体からの脱出という意味ではその一部を構成しうるかもしれないが、個人主義に代位することはできない。詳しくは後に見るように、布告書においては近代国家の認識という点においても疑問がある。

さらに福沢諭吉にとって明らかであったことが、政府や学制の作成者にとっても明らかであったかどうか、このことも検討しなくてはならない。表現の類似は思想の類似とは異なることが少なくない。諭吉は維新前に洋行二回、また翻訳を通じて近代と近代国家に関する諸概念に深く通じていた。それゆえにこそ彼の思想は啓蒙性を持ち得たとも言いうる。学制布告書も諭吉のような深い理解を、この時期に本当に持ち得ていたのだろうか。前節で検討したように、学制布告書の内容は、それ以前に各地で地方官等から出されていた説諭文を継承している面も少なくないのである。

ここでは直ちに社会的実態から学制布告書の思想を裁断する拙速を避け、その判断を留保し、このことの検討をもって本節の具体的な課題とする。

なお右のことは、現代から振り返ってみたときの近代と、学制で描かれようとした近代との間にはズレがある、という当たり前のことを出発点としなくてはならないことを示している。私たちは一八七二(明治五)年という時期に出された学制に、その後の近代の展開までをも読み込んだ視座を期待してはならない(一二)。その時点に書かれたものとしての学制布告書の論理を解明しなければならない(一三)。

二　学制布告書の論理

(一)学制布告書の論点と学校批判

学制布告書が注目されてきたのは、学制が単一の近代小学校の出発点を形成した法令だという認識による。そこで最初に学校に関する記述を検討しよう。

布告書は従来の「学校」を批判する。その「学校」は、士人に言及しているところからしても手習塾などではなく、藩校以上のものを指していると見て間違いないと思われる。しかしいずれにしても、江戸時代までに存在した「学校」は総て学校の体を成していないと布告書は見ている。すなわち学制による学校は、それまでの「学校」とは大きく異なることを前提としている。

では、学制による学校とそれ以前の「学校」とは、どのように違っているというのだろうか。

学制布告書の近世「学校」批判の論点は、第一に身分差別や男女差別に関係している。学問の度外に置かれる人々がいることに対する批判であり、当時の世界を見渡しても、この点では最も徹底した近代化の主張と言ってよいだろう(一四)。

第二の論点は学問の内容と方法に関係している。学制布告書は、学問は本来立身のためのものであるのに、「国家の為」にするとしながら立身のためであることを知らない、そういう学問の目的を批判する。瑣末主義、暗記主義に陥り、無駄な理屈をこね回す、そういう学問の内容を批判する。そしてそのような学問をしてきた近世の「学校」が否定されるのである。

その上で学制布告書は、総ての人が学ぶべきであること、学問の目的を誤ってはならないことを繰り返し、文部省がそのために学制を定めたこと、学問の方法として教則の改正にも着手し布告されていく予定を述べ、国民皆小学入学の原則を主張するのである。

ちなみに、学制布告書の理解を立体的にするために、『公文録』にある「文部省伺」(明治五年六月二四日付)を見ると、従来の学問について次のように記されている。

惟レハ　皇国学校ノ設アリトイヘトモ従来弊学風頗ル固陋事情ニ迂ク実用ニ疎ク遂ニ学問ヲ以テ人間中一種ノ別乾坤ニ付シ了ル於是其学フ者或ハ給スルニ衣食ヲ以テスルアリトイヘトモ其不学モノハ措テ不顧之ヲ目前ニ観ルトキハ学者或ハ比々トシテ在ルモノニ似タリトイヘトモ之ヲ一般人民ニ概スレハ誠ニ是九牛ノ一毛ノミ是ヲ以テ世ノ文明ト云フヘケンヤ

ここで従来の学校について批判されていることは、①学風が固陋であり、実用に疎いこと、②そのため、学問をした人間に一種の別世界の住人でもあるかのような感覚を持たせてしまうこと、③衣食を給して学ぶ者がいる半面、学ばない者がいることを不問に付してしまうこと、④それゆえ、学ぶ者がいてもごくわずかであること、の諸点である。これをまとめれば、従来の学問の非実用性と不平等が問題とされており、大筋で学制布告書と軌を一にしている。

他方で「皇国」という言葉を使用したり、より漢文的文体であることなど、表現はかなり異なっている。論理の点では「国家の為」に学ぶという部分の有無が違っており、これについては後にもう一度振り返ることとしたい。

（二）汎学問と道徳――朱子学的啓蒙主義

学制公布百年を記念して文部省が出版した『学制百年史』は、学制の意義について次のように述べている（一五）。

明治五年に公布された学制の中にある学校についての考え方は、徹底した近代学校の精神によるものである。学制の方策に基づいて急速に学校が設けられるにつれて、この学校精神が全国すみずみにまで達し、教育や学校に関する思想を次第に改変したのである。この新しい教育観・学校観が、その後何十年後に至るまで人々の考え方を決定し、学校の性質を規定し、国民生活の根本をも決定してきている。このようにして学制の公布は日本の教育に一時期を画することとなったのである。

この記述は、『学制七十年史』（一九四二年）の海後宗臣の記述を引き継ぐものだが、むしろ戦時中の海後のそれよりも昂揚した感情的響きを持つように見える。ともあれ学制の意義に対する極めて高い評価である。

前に見たように、学制布告書は身分制や男女の平等に関する記述において、抜きんでて近代的性格を示しているが、その「学校についての考え方」までをも「徹底した近代学校の精神」であると評しうるだろうか。前に簡単に疑問を述べたが、ここでは別の角度からより詳しく検討してみよう。

学校で行なわれる教育に関連して、学制布告書の冒頭部分に次の文章がある（一六）。

其身を脩め智を開き才芸を長ずるハ学《がく》《がくもん》にあらざれば能ハず是れ学校《がくかう》《がくもんじよ》の設あるゆゑんにして日用常行言語書算《にちようじやうこうげんぎよしよさん》《ひびのおこないことばづかひてならいそろばん》を初め士官農商百工技芸《しかんのうしようひやくこうぎげい》《やくにんひやくしようあきんどしよくにんげいにん》及び法律《ほうりつ》《おきて》政治天文《せいじてんもん》医療《いれう》《やまひいやす》等に至る迄凡人の営むところの事学《がくもん》あらさるハなし

この部分が述べていることは、日常の行いや読み書き算術といったことから始まって、上は役人から下は芸人に至るまでの総ての人々が営むことは、法律や政治から天文・医療に至るまで学問に関係しないことはない、そしてその学問というものは、学校というところにおいて行なわれるのだということである。

筆者はこれを汎学問論であると見る。ここで筆者がそう名づけるのは、「学問」があらゆる人の生活のあらゆる場面に顔を出して、人生を左右すると述べているからである。そしてそれに相当するものは、前近代において朱子学の「理」をおいて他にはない[一七]。「学問」を朱子学的「理」とすれば、それは聖も俗も、自然も人工もなく、総てのモノに内在して、そのものをそのものたらしめる。学制布告書の書き手の土台にあったのは儒学的な教養だったことは言うまでもない。それが右のような表現をとらせているのではあるまいか。

このように見れば、「法律政治天文医療」というやや不可解な学問の配列は、決して不思議なものではなくなる。これら総ての学問は、当時「ほとんど中国古典を資料として組み立てられていたから、儒学テキストと重なる部分も多」かったのであり[一八]、「日用常行言語書算」に始まり「法律政治天文医療」に至るそれは、それとして一つの宇宙(全体世界)であった。

明治維新から僅か五年で書かれた文章である学制布告書は、近代的な内容を儒学的術語で語っていると言えなくもないが、むしろ儒学的な内容を近代的に語ろうとしていると見たほうがよいだろう。それゆえに、儒学的なるものがより根底にあると考えながら読む必要があり、またその方が自然でもあると考えられる[一九]。

さて、教育に関連してその近代性を考えようとするとき、徳育に関する記述には特に注意が必要である。まず冒頭の「身を脩」む（修身）という表現は、儒学的実践道徳を思わせる表現である。ところが、続いて出てくる「日用常行」（ひびのおこない）という表現は、直前の「身を脩」とは違い、細々とした行動のしつけを意味していよう。従来は近代的なものとして読まれてきたけれども、注意してみると布告書には、イメージの異なったこの二つの言葉が用いられている。

そこで学制章程（学制本文）及び『小学教則』の中にある徳育に関する項目を見よう。

学制章程第二十七章に小学で教育される教科目が記され、そこに他の科目と並び「修身解意」がある。それを詳しく述べた『小学教則』（九月八日付）第二章には「修身口授」とあり、そこには「ギヨウギノサトシ」というフリガナが付けられ、内容は「一週二字　即二日置キニ一字　民家童蒙教草等ヲ以テ教師口ツカラ縷々之ヲ説諭ス」と説明されている。『民家童蒙教草』というテキストは翻訳教科書であって、西欧の道徳を翻案して説教を行なうことになっていたことになる。

右の二つのことが示しているのは、布告書においても、学制章程や『小学教則』においても、儒学的イメージで語られることの内容と、近代市民社会的イメージで語られることの内容とは不離一体のものであって、区別されていないということである。また、その二つを含めた徳育と知育との間にも特に区別は立てられていない。従って学校においては、特別に道徳教育を行うというよりも、右に要約したことを教育する小学の全体が行いの上でも立派な人間を作るのだという程度のことを意味しているものであろう。

以上の解釈をまとめると、このとき学制布告書において考えられた「学問」とは、総ての人々の一切のもの——知的生活から道徳的生活までの一切——を包摂するものであり、それは「学校」というところで学ばねばならないものとされたということである。

そして学校は、そういう「学問」を行う唯一の場所だという考え方が述べられている。このことが学校の基礎に据えられれば、学校は子どもたちの生活の全てを包含する性格を持たされることになる(二〇)。

従って学制布告書は、近代的な知識主義・実学主義に見えて、生活を丸ごと把捉する「学問」観に見られるように、知識主義・実学主義と徳育主義が分離される以前の段階のものであると見るべきであろう。実はそれこそが伝統的な儒学的把握であるとともに、西洋との比較で見れば、宗教戦争の伝統を欠き、宗教と政治との分離感覚に乏しいこの国の到達点を示しているものでもある。

そうしてみると学制布告書は、「徹底した近代学校の精神」を示しているのではなく、近代的な表現や考え方に影響を受けた、いわば朱子学的な啓蒙主義とでもいうものの産物であると言えるのではないだろうか。

(三) 学制布告書における国家

朱子学を意識しながら改めて学制布告書を読んでいくと、従来の読み方に疑問を感じる箇所がある。次の引用中の「国家」の解釈である(両訓省略)。

従来学校の設ありてより年を歴ること久しといへども或ハ其道を得ざるよりして人其方向を誤り学問は士人以上の事とし農工商及婦女子に至つてハ之を度外におき学問の何物たるを弁ぜず又士人以上の稀に学ぶものも動もすれハ国家の為にすと唱へ身を立るの基たるを知すして或ハ詩章記誦の末に趨り空理虚談の途に陥り其論高尚に似たりといへども之を身に行ひ事に施すこと能ざるもの少からず

右の「国家の為にす」の「国家」について従来は、藩を意味するものだと理解されてきた。例えば小松周吉は「国とは、封建制度の下における『国家』を指しているのであって、近代国家を意味しているのではない」といい、立場の異なる倉沢剛も「国家のためにするという国家は、こんにちの意味の国家ではなく、多くは藩のことである」と述べている（二二）。この理解は今日まで変化がない（二三）。

果たしてこれは藩と読むべきなのだろうか。

第一に、この「国家」は「日本」という近代国家を指しているのではない。この限りでは従来の見方は全く正しい。まず、この時期に近代国家たる日本を指し示す言葉そのものが存在しなかったわけではない。例えば、収集された就学告諭資料中には「日本帝国」という言葉が複数存在している。従って明治初年の地方官といえども、近代国家を意識できなかったと見ることはできない。またそのことを理由として、近代国家の意味での「国家」という言葉を使わなかったと結論付けることもできない。

では、ここでいう「国家」を近代国家（例えば「日本帝国」）とすれば、布告書はどういう意味になるだろうか。学制布告書は国家のためと唱えてする学問を批判しているのだから、近代国家成立以前の江戸時代に、近代国家のために行う学問が存在した、そしてそれを学制布告書の筆者は批判したということになってしまう。従ってここでの「国家」を「日本帝国」と読むことはできない。「日本」という近代国家と理解しては論理的に意味が通らないのである。それゆえに従来はこの「国家」を藩と理解してきたのであった。

第二に、これを従来のように藩と読めば、藩に従属する「学問」への批判ということになる。藩に従属するような学問は、確かに批判の対象であったかもしれない。しかしそのように理解すると、すぐ後段に述べられていることと論理的に関連がつかない。すなわち、すぐ後段で「詩章記誦の末」にはしり「空理虚談」の途に陥り「高尚」に見えるが、「身に行ひ事に施すこと」ができないと批判されることと、「学問」を藩のためにすることとの間に、論理的な関連が見出せないのである。すなわち高尚に見えるだけの学問になってしまったのは、藩のためにしたからなのだろうか。そのように考えるのは無理がある。

第三に、そもそも江戸時代の「学問」は学者（＝学習者）の道徳的な研鑽を目的としているのが一般的であり、学問を藩のために行うといった性格のものとは考えていないのが普通である。儒学を経世学的に見た場合でも、実際に江戸時代の全体を通じて、新井白石などごく少数の例外を除いては、儒学者の学問が藩政や幕政に直接の形で役立ったことはほとんどない。

ただし、幕末期に藩政の建て直しや西洋学の輸入を企図しつつ、藩校や国内留学などの手段を通じて藩士子弟に学ばせた、いわば公的な学問は、その性格としては私的なものではなく、藩のための学問であったとしてもよかろう。しかしながら、そこで学ばれたのはいわゆる「高尚」なる儒学や漢学などではなく、すぐれて実用的なる学であって、ここで批判されているような「学問」とはまさしく正反対に位置しているものであったはずである。

それでは、この「国家」をどのように理解すればよいだろうか。

筆者は、学制布告書の論述が、「国家」のための学問への批判と組み合わされて「身に行ひ事に施すこと」の重要性を提唱していることに注意しなくてはならないと考える。すなわち、この部分は『大学』の八条目、「格物致知誠意正心修身斉家治国平天下」の論理を下敷きに理解しなければならないのではないか、ということである。

八条目は朱子学が重視した復初の工夫を大づかみに示したもので、後段特に修身以下は、自分に近いところでの道徳的実践が同心円上に拡がってゆき、最終的には天下を平らかにするところまで行き着くという意味のことを述べているものである。

この八条目を下敷きに学制布告書を読めば、その「国家」は、八条目に言う「天下国家」という意味での「国家」と解すべきだと考える。

学制布告書の「国家」を「天下国家」の「国家」であると理解すると、片や「天下国家」のために「学問」していると唱えておきながら、片やそれを「身に行ひ事に施すこと」すらできない、それゆえに批判するという論理になっていることがわかる。「藩」と理解したときにつながらなかった部分が、このようにとらえることで、通して理解可能になる。

筆者の、以上のような学制布告書理解の正当性の一端を示す就学告諭資料が、滋賀県の「犬上県内小学建営説諭書」である（明治五年七月付）[三]。この資料は次のように述べている。

> 乍爾従来学者之中ニも一生涯書籍のミに心力を尽し、口に高大無辺の道理を説き、道学先生と唱へ、又ハ詩賦文章を仕事として、筆端花を翻す如く巧に綴りて風流才子と称すれど、放蕩無頼にして一身一家之上も衆人之罵言を受け、日用之事ハ庸人にも劣り、治国之道に迂遠ニして世の用に不立者も間に者有之故、学問と申セハ強ち読難き書物を読んで右様之真似する事と存るも、蒙昧之下方なれバ無理ならざることなり〔資25-3〕

右の部分は学制布告書の中の、「国家の為」とする従来の「学問」への批判に該当する部分である。

まず、ここでの「治国」はもちろん藩を治めることではない。「日用のことができず雇い人にも劣る」ことと対比されているのは藩を治めることではなく、天下国家に関して役に立つこともない、ということである。すなわち身近で小さなことと、それを同心円状に取り巻く大きなこととが対比されているのである。

さらにここでは、「一身一家」に続いて「治国」という術語が、この順序で使用されていることに注目したい。すなわち、この文章は、前掲『大学』八条目にいう「修身斉家治国平天下」を下敷きとして記述されていると考えられるのである。

これは朱子学的素養を前提とした理解であるとしてよい。

すなわちこの資料の言うところは、自分の身辺のこともできず雇い人にも劣り、そうかといって「治国」の道にも疎く、要するに世の中の役に立たない、いわゆる「道学先生」批判である。

しかし右の資料の日付は学制布告書公布の月になっているので、学制布告書よりも前に準備され、学制布告書の理解とは直接の関係を持たない可能性も排除できない。

けれども「国家」を「天下国家」の「国家」と読んでいる例はこれだけではない。


仮令十中一二稍傑出スル者アリテ業進ミ学就ルモ徒ニ浮華ニ趨リ坐上ニ治国平天下ヲ説キ或ハ高尚風流文雅ニシテ詞章ニ耽リ多クハ事務ニ疎ク日用ニ供ス可カラス〔資5-9〕

これは秋田県の告諭（一八七三年九月一三日付）であるが、全体として学制布告書に忠実に従いながらその解説をしている告諭である。これを学制布告書と比較すると、この告諭が「国家」を「天下国家」の「国家」と把握していることは、一見して右に明瞭である。この資料によって、「国家」を「藩」ではなく「天下国家」の意味での「国家」とする理解が当時にも存在していたことが客観的に示されている。

ところで学制布告書は、ひいて言えば、その「天下国家」を論じるような「学問」に対する批判と警戒を表明しているとも言えないだろうか。つまり、現代の意味での政治的なるものに口を出すような「学問」への批判が行われ、「学問」の成果はそこまでには及ばない範囲のものにすべきだと考えていたとは言えまいか（二四）。

こうした考え方は、後年教育議論争の中の「漢学生徒ノ種子」から出た「政談ノ徒」批判として引き継がれていくことになる(二五)。

政談ノ徒過多ナルハ、国民ノ幸福ニ非ス…現今ノ書生ハ、大抵漢学生徒ノ種子ニ出ツ、漢学生徒往々口ヲ開ケハ輙チ政理ヲ説キ、臂ヲ攘ケテ天下ノ事ヲ論ス

政治的言説をふりまき、政治的運動にかかわるのは漢学を学んだ連中だと言う。彼らは往々口を開けば「天下」国家を論ずるのだと言う。筆者は支配者の学問である儒学が、民衆にまで学ばれるようになると、その性格を変えることがあることを示してきた(二六)。

また教育議の筆者は次のように述べる。

宜シク工芸技術百科ノ学ヲ広メ、子弟タル者ヲシテ高等ノ学ニ就カント欲スル者ハ、専ラ実用ヲ期シ、精微密察歳月ヲ積久シ、志嚮ヲ専一ニシ、而シテ浮薄激昂ノ習ヲ暗消セシムヘシ、蓋シ科学ハ、実ニ政談ト消長ヲ相為ス者ナリ

天下国家に口を出す「政談ノ徒」を出さないためには、「工芸技術百科ノ学」＝「科学」を学ばせることだというのである。学制布告書の「実学主義」に教育議と重なる可能性があることは言うまでもない。

しかし自由民権運動の起こる前、学制布告書の段階では、学制布告書の論理を右のようにまで読み込んでしまうのには無理がないとは言えない。ここでは一方で天下国家を論じながら、他方で実生活には役立たない、そういう学問が批

判されていたと読むにとどめるべきであろう。このような人物のことを「文部省伺」は「人間中一種ノ別乾坤」と表現していたのである。

けれども、後の教育議論争で主張されることとの親和性もまた否定できない。とすれば、少なくとも学制布告書の中に、そうした主張にも連なる論理の萌芽が存在したということになる。

(四) 朱子学的世界の分解の契機

「国家」という言葉はもう一カ所、学制布告書の後段にも出てくるが、こちらも「天下国家」の「国家」と解してよい。布告書は左のように言う（両訓省略）。

> 但従来沿襲の弊学問ハ士人以上の事とし国家の為にすと唱ふるを以て学費及び衣食の用に至る迄多く官に依頼し之を給するに非されバ学ざる事と思ひ一生を自棄するもの少からず

ここで面白いのは、布告書の述べていることを、逆にひっくり返してみたときである。すなわち布告書は、天下国家のための学問であるならば学費や衣食の支弁は当然だという見方を否定していないのである[二七]。そこで布告書は、天下国家のことなどは考えなくてもいいから自分のために自費で学問せよといって、読み手を説得することになっているのである[二八]。

右のことを朱子学世界で言えば、八条目の統一的な世界を、「天下国家」を論じることを境にして、その前後で分離することになる。八条目の統一的世界の分離は、すなわち朱子学的学問世界の分離ということでもある。

先に学制布告書について、汎学問論であり、朱子学的啓蒙主義ではないかと述べたが、その世界の分解の兆候を示す論理は同じ布告書の中に含まれていたということになる。それの方向が決定的になるのは民権運動以降である[二九]。その時期を経ると朱子学的啓蒙主義の統一的学問は、「天下」や「政治」を含まないものへと分解させられる途をたどる。

布告書においてその世界の分解線はどこに引かれているのだろうか。この点をもう少し詳しく見てみよう。煩を厭わずもう一度、学問に関する先の引用に戻ることにする。両訓を外し、まとまりごとに改行を加えると左のようになる。

是れ学校の設あるゆゑんにして
日用常行言語書算を初め ……………初歩的学問
士官農商百工技芸及び ……………身分
法律政治天文医療等に至る迄 ……………高度な学問
凡人の営むところの事学あらさるハなし

右に明らかなように、「日用常行言語書算」と「法律政治天文医療等」とは、身分を示す言葉「士官農商百工技芸」を挟んで、区別されて記述されていることが注目される。

さらに、それに続いて「人能く其才のあるところに応し勉励して之に従事ししかして後初て生を治め産を興し業を昌にするを得べし」とある。すなわち学制布告書には、「日用常行言語書算」については小学における基礎的教育内容として実用主義的に教育されるが、「法律政治天文医療等」については「材能」に応じて学ぶべきものだという区別が存在していたのである。

学制布告書の末尾近くに割注で次のような文章がある。

高上の学に至てハ其人の材能に任かすといへども幼童の子弟ハ男女の別なく小学に従事せしめざるものは其父兄の越度たるべき事

「高上の学」はより高度な学問やそれを学ぶ学校を指す。具体的には小学より上の学校を意味するものと考えられる。そこへの進学は才能に任せるというのである。

学制布告書において、身分に関する問題は完全に近代的であるといってよい。しかし他方で、学制布告書は「高上の学」に進学して「法律政治」以下を学ぶものと、小学において「日用常行言語書算」を学ぶものとを区別する。身分制に関して徹底した近代論者であった布告書は、それゆえに、と言うべきであろうが、学ぶ内容については素朴な能力主義的視点とでもいうものを持っていたことになる[三〇]。

そしてその先には、天下国家を論じる学問への警戒、そうした学問を一般民衆が学ぶことへの危惧が待っており、教育議論争の、先に見た把握へとつながっていく、その萌芽があった。前述したように、民権運動がその方向性を決したものとすれば、学制布告書の素朴な能力主義は、学問内容の区分からその差別構造へと展開していく梃子ともなったと言えようか。

右に見た学問の高下による区別と、先述した「天下国家」を論じる学問批判の萌芽とが、学制布告書の中に存在しているのである。それと意識されたかはわからないが、論理的には、自らの朱子学的な世界の解体の契機である近代性を内包させていると見ることができよう。身分制や男女別の排除といった近代的性格も、そこに通じている。

最後に、「国家」という観点に関連して、先にも触れた、福沢諭吉と学制布告書の考え方との、しばしば指摘される類似性に関する問題を見ておきたい。

布告書の論理は、特に『学問のすゝめ』と類似しているといわれる。学制公布前の五月のものではあるが、愛知県のように、就学告諭の一つとして『学問のすゝめ』冒頭部分をそのまま借用したものを配付していた例もある〔資**23-3**〕。諭吉の一身独立は、国民主義を経て一国独立へとつながっていくが、その一身独立から布告書は書き始められているように見える[三一]。

先に判断を留保した個人主義について言えば、諭吉の「一身独立」は単なる「立身」を超えて、傍観的な領民から主体的な国民となることを含んでいる[三二]。彼の個人主義は、こうして啓蒙の名にふさわしい。このことこそ、彼の思想が啓蒙性をもちえた理由である、近代に対する深い理解の具体的な内容の一つである。

しかし学制布告書においては、諭吉の論理と比較してみたときに、一身独立の「個人主義」は主義として未完成であり、立身という点においては類似していても、その先、個人の独立ということの中身は生活の問題という経済的な文脈で語られているにすぎない。また近代的国家については何ら触れられるところがない。それは国家という主体の隠蔽であるとも言いうるが、学費等の負担を国家が逃れるために、それを登場させることができなかったのである。それは先に触れたように、天下国家のための学問ならば、学費等の負担を当然と考えていることの裏返しと考えられる。そして、いまだ前近代的な朱子学的普遍主義に覆われ、「学問」をいわば「理」の類推で理解しているのである。従ってそれは、個人主義でもなければ、国家主義でもないと見るべきではなかろうか[三三]。

これに対して朱子学的世界観を否定する諭吉は、それに代えて「物事の理」の精神をもってきている。これは言うまでもなく近代的精神そのものであった。

学問が単なる実用的な知識の蓄積としてあるだけではなく、近代的精神そのものとして把握されること、一身独立と一国独立が近代的精神の中で結合していること、ここが諭吉と学制布告書の論理の最も重要な相違点であろう。

三　両文体と地方官による敷衍

学制布告書は一見して分かる文体上の特徴を持つ。右訓と左訓とを備えるこの文体を両文体という。筆者は以前両文体について、より民衆に理解されやすいように記述されたものであり、それゆえに民衆の当時の理解を知るすべになると考え、民衆における学問観の転回について述べたことがある（三四）。別の角度から言えば、この両文体は江戸時代までの「二つの知」の統合を象徴する位置にあるものでもある（三五）。

ところで、学制布告書には末尾に次の文章が加わっている。

右之通被　仰出候條地方官ニ於テ辺隅小民ニ至ル迄不洩様便宜解釈ヲ加ヘ精細申諭文部省規則ニ随ヒ学問普及致候様方法ヲ設可施行事

学制布告書の、通例で言う本体部分が両文体であり、平仮名と変体仮名を用いて記されているのに対して、こちらは助詞等に専ら片仮名が用いられ、フリガナもない。文書の性格がここで大きく異なっていることがわかる。すなわち本体部分は民衆にまで行き渡ることを期待されたものであり、末尾の文章は地方官宛の命令である。

その観点から改めてこの文書を見ると、地方官にとって意味の重いのは、ほかならぬ末尾の文章である。

このことを言い換えれば、「小民」には末尾の文章は不要であり、地方官にとって、また、法令としての布告書は、末尾の文章が命令として重要だった、ということになる。要するに末尾に至る、従来布告の本体と考えられてきた部分は、実は誤解を恐れずに言えば、「便宜解釈を加へ」るための例示に過ぎないとも言いうる。法令としての布告書の性格の面から見た布告書の本体は、逆に末尾の文章であると考えねばならない[三六]。

例えば、『敦賀県布令書』(明治五年。福井県立文書館蔵)には、その第四号として学制布告書が記述されているが、末尾の文章は除かれている。この資料は九月付の布令として記録されており(周知のように学制布告書は七月付)、早ければ九月にはこの地方の民衆に向かって発せられ始めたと見られる。このように民衆にとっての「本文」が「便宜解釈を加へ」られていない場合、民衆にまで届いた学制布告書には、末尾の文章は当然必要ないものであった。

わざわざ文章を両文体で記すそもそもの意図は、両文体で記述することによって、より多くの民衆に理解させることであろう。学制布告書のみならず、文明開化の布告書など、両文体で記された文書は明治初年のものに散見される[三七]。

他面、地方官に期待されたのは、「例示」された両文体の文章を、そのままの形で民衆に下ろすことではもちろんなかった。右の敦賀県の例は、その意味では失格と言うべきである。地方官は、その土地土地の歴史、実情や民情に合致するような書き換えを期待されたのである。そして例示された文章から必要な論理を抽出し、両文体で記されていることに留意して、それを民衆に遍く知らせること、これが期待された地方官の仕事なのであった[三八]。

本論冒頭にも述べたが、布告書に言うところはそれほど難しいことではない。しかし、例えば布告書は、従来個人主義と評価されたように、個人の立身を強調する一方で、直接に近代国家や皇国を語ってはいない。この部分などは敷衍するときに特に注意を必要としたところであろう。地方官が布告書を敷衍するときに、そもそも布告書で触れていないことを述べてしまうことは大いにありうることである。しかし、その触れていないという事実が意味するところが、触れてはいけないことであるのか、それとも単に触れなかっただけであるのかの判断は難しい。

そうしてみると、敷衍のあり方までを含んで、はじめて布告書の意図の全体像が決まってくるということもできる。前節でも触れられているように、学制発令の翌年一八七三（明治六）年三月に文部省は、全国で出されている就学告諭の中には、その趣旨がふさわしくないものがあることを指摘している（布達第二三号）。しかし、簡単なこの指示の中には、何がふさわしく、何がふさわしくないのかについての記述を欠いている。ただしこのことによって、布告書の例示が単なる例示ではなく、ある種の強制力を持たせられることになったということができる。

では、地方官は何を敷衍すべきであり、何を敷衍してはならなかったのか。これは布告書の分析による論攷で明らかにされるであろう。それによって初めて、どういう論理をこそ布告書は広めようとしたのかが明確になり、学制布告書全体としての論理が明らかになろう。

四　まとめ

本節では先行研究が近代に対する立場や見方を越えて、ほぼ共通に指摘していた学制布告書の理解に対して疑問を述べ、学制布告書を今日の視点から読むのではなく、公布されたその時代に再び置いて読みつつ、その個人主義や国家主義といった性格付けを問い直した。

その結果、学制布告書は、近代学校の近代的な精神を述べた文章であるというよりも、むしろ「汎学問論」あるいは朱子学的な啓蒙主義とでも言うべき立場で書かれており、同時にその中には、朱子学の普遍的統一的世界を後に分解させていく論理と契機が含まれていることを示した。特に従来「国家の為」が「藩のため」と解釈されてきたことを再検討し、『大学』八条目の「天下国家」の「国家」であることの論証につとめた。また、福沢諭吉と学制布告書の論理の相違点を——従来言われてきたように類似点ではなく——簡単に示した。これによって本節の課題をひとまず達し得たと考えている。

最後に本節では、学制布告書の文体上の特徴や、従来触れられることの少なかった法令としての構成に関連して、就学告諭研究の中ではじめて学制布告書の論理が最終的に決定されることを指摘し、本研究全体がその解明の第一歩となることを示した。

（川村　肇）

註

(一) 二〇〇二年七月三一日と八月一日の両日、日本教育史研究会サマーセミナーが「学校化社会の原点を探る」というテーマの下、東京青山のアイビーホール青学会館で開催された。本稿はそこでの報告を基にして、日本教育史研究会会報『日本教育史往来』に寄稿した文章を下敷きにしているが、論旨を大きく変更している。

(二) 九〇年代、国民国家論の登場によって近代がトータルに否定され、近代に対して戦後に批判的であった諸研究の立場をもトータルに否定する見方もある。例えば西川長夫『［増補］国境の越え方』平凡社、二〇〇一年など。その見方が与えた歴史学への影響という点では、牧原憲夫編『〈私〉にとっての国民国家論』日本経済評論社、二〇〇三年、参照。

(三) 森川輝紀『『学制』の民衆的受容と拒否』『講座 日本教育史 2 近世Ⅰ／近世Ⅱ』第一法規出版、一九八五年、参照。

(四) この大まかな把握は、前述サマーセミナー及び第四八回教育史学会大会コロキウム（二〇〇四年）における、大矢一人、谷雅泰報告及び作成資料に負っている。

(五) 多くの研究の中でも、久木幸男は、学制などの教育事象を、教育政策の中からのみ語るのではなく、広く政策全体の中に位置付けており、その視角から「教育普及をテコにして近代化を推進することが明治国家の最高政策であったと考えられたこともあったが、後にふれるように必ずしもそうとはいえない証拠もある」、「一八七二年の文部省予算削減に際しそのシワよせが小学校に集中した事実が端的に示すとおり、初等教育が教育の近代化過程で何らかの役割を果たすことが期待されていたのかどうか、強い疑念が残る」と論じており、こうした評価は他に類例を見ない。しかし、近代や近代化研究が「流行らなくなった」ためか、この提起は充分に検討されないまま今日に至っており、本稿においても註記に留めざるを得ない。久木「教育の近代化の研究視角」下程勇吉『日本の近代化と人間形成』法律文化社、一九八四年、所収、三〇頁及び三二頁。

(六)受益者負担主義と捉えることについては羽田貴史らの批判がある。この点、前節参照。

(七)金子照基『明治前期教育行政史研究』風間書房、一九六七年、四五頁。ここで金子の研究を取り上げるのは、極めて簡潔で手際よく記述されているからである。なお、同書では「一般国民の教育意識と政治的指導者のそれとの間にズレ」が大きく「国民の生活状態そのものが、近代的教育思想を国民の間に培養し、かつ『下』から支えるほどにすすんでいなかった。そのためにも概していえば、『学制』体制を受けとめ、それを支えていくだけの教育意識は当時の国民には望めないことであった」と述べている(五二頁)。このズレの指摘は、「当時の国際水準をも越えた理想的な教育計画を実施していく」ための「国家的社会的条件にめぐまれていなかった」ことを示そうとしたものであり、学制や学制布告書の全体についてみれば金子の指摘通りであろう。しかしながら、まがりなりにも僅か五年のうちに、全国に二万五千を超える小学校が設立されたことは、「近代的教育思想」を支えることにはならなかったとしても、小学校設立という一点では、学制を根底から支持したとも言いうる。ただしここでも問題になるのは、その「支持」の質であり、意図である。言うまでもなく就学告諭研究の意義の一つは、その解明にある。

(八)ナショナリズムの本来の成立のためには、国民主義を必要とするが、この国にはそれがほとんど欠落しており、少なくとも欧米のナショナリズムと同列に論じることはできないと筆者は考えている。喧伝されているのはナショナリズムならぬ民族主義であって、そのメッキは近年ますます剥がれてゆきつつある。こうした問題に関して丸山真男は、陸羯南の国粋主義・日本主義に、国民主義を見出していた。丸山「陸羯南――人と思想」『近代日本思想大系 4 陸羯南集』筑摩書房、一九八七年。初出は『中央公論』一九四七年二月号。遠山茂樹は、その陸と福沢諭吉の思想的骨格の近似性を論じている。遠山「福沢諭吉の啓蒙主義と陸羯南の歴史主義」同前所収。初出は野原四郎他編『近代日本における歴史学の発達』上、青木書店、一九七六年。また、子安宣邦は、丸山真男の理解に強く反発しながらも、福沢諭吉の中に皇国主義に対抗するラディカルな国民主義・国家主義を見出した。子安『福沢諭吉『文明論之概略』精読』岩波書店、二〇〇五年。なお、ナショナリズムとの関連で、福沢諭吉について、日本によるアジア諸国の軍事侵略を主唱(あるいは主導)した人物であるがごとく主張されることがあるが、これについては、平山洋『福沢諭吉の真実』文芸春秋、二〇〇四年、参照。また、国家主義と共和制国家を支える市民(国民)の論理については、R・ドゥブレ、樋口陽一他『思想としての〈共和国〉』みすず書房、二〇〇六年、参照。本書は政教分離や教育と国家との関係についても深い示唆に富む。

(九) それにもかかわらず、近代の理念や理想は、後発である分だけ、より強い憧憬となって人心に刻印される。あるいはその逆に、それへの反発としてより強く忌避され、否定される。

(一〇) そればかりか学制から一二〇年以上を経た今日に至るまで成功していないと言ってもよい。今でも個人主義を説明するときに、「いい意味での個人主義は」などと語らねばならないような事態が、個人主義を、自分勝手と同義の悪いものとして理解されている言語世界を象徴していよう。それはもちろん実世界の強い反映である。

(一一) 個人主義をこのように貶めた形で理解するのは、この当時までの思想界の影響であろう。すなわち戦後の近代主義への批判に見られるように、個人主義は、ブルジョア的なものとして、克服の対象と考えられていたことがある。日高六郎「解説 戦後の『近代主義』」『現代日本思想大系 近代主義』筑摩書房、一九六四年、参照。

(一二) この点で、戦後から七〇年ころまでの大田堯以降の研究のいくつかは性急に過ぎた感がある。性急というのは、第一に、第二次大戦の悲惨を作り出した、いわば跛行的近代の病理をその始点である学制にも求めようとしたこと、第二に、教育の外側の論理を教育内在的な問題の評価に持ち込んだこと、である。近代を超えようとすれば、近代そのものの成熟が必要である。より徹底した近代の中からこそ、近代を超える契機を見出さねばならないし、そうでなければ、結局のところ近代を超えることはできない。いわんや前近代から一足飛びに近代を超えようとするのは、『近代の超克』を持ち出すまでもなく、正しいものとは言い難いのではないか。

(一三) そしてそのためにこそ、歴史を見る今日の眼が必要になるという、言わば弁証法的な関係が成立している。なお、学制布告書の本稿で論じるような読み方が、それを受け取った民衆にまで浸透したと主張するものではない。それは第三章第一節をはじめとする本書の全体を通じて明らかにされるであろう。そもそも民衆が学制布告書そのものを受け取ったか否か、ということさえも十分追求されていないし、石島庸男は、ある時期まで「県民には知らされなかった」と述べている。『山形県教育史 通史編上巻』一九九一年、三〇五頁。

(一四) 木村政伸は近世の教育を「分限教育」であると把握する立場から、学制布告書は、その分限教育論を批判したとしている。木村『近世地域教育史の研究』思文閣出版、二〇〇六年、二三頁。また、学制布告書は、「確かに身分というくびきを教育から取り払ってくれた。しかし表に書かれていないところで、実は国家というくびきを新たに取り付けたのである」としている(四一頁)。

(一五) 文部省『学制百年史』一九七二年、一二六頁。

(一六) 変体仮名については平仮名に代えた。また旧字体は新字体に改めた。

(一七) 黒住真によれば、荻生徂徠の学問も「経学、諸子学、文学はもとより、兵学、度量衡、制度、政策、医学、さらに音楽、語学、音韻、満文、将棋……と、古今東西のあらゆる分野に及」び「一種圧倒的な感を起こさせるほどの多様な諸事諸物への拡がり」によって形造られていた。黒住『近世日本社会と儒教』ぺりかん社、二〇〇三年、四二五頁。徂徠学は周知のように「理」の超越性を否定し、個別の存在の、個別の有り様を強調する。布告書の文面からは、個別の「学」が強調されるというよりは、それらが総て「学問」から発している点で、徂徠学よりも朱子学の見方に近いものと考えられる。

(一八) 高橋博巳『江戸のバロック　徂徠学の周辺』新装版、ぺりかん社、一九九七年、一三一頁。

(一九) 例えば、朱子『大学章句』序には、「俗儒の記誦、詞章の習、その功、小学に倍して用なし」などとある。儒学的教養の中でこの文書が記されていることは疑う余地がない。

(二〇) 子どもたちの生活を丸抱えする学校は、生活における子どもたちの自治を許さない。従って、子どもの自治的な学校づくりの道、すなわち学校への参加の道を閉ざしてしまう。子どもたちの自治については、敗戦=解放直後の文部省も、言下にこれを否定しており、その歴史は一九四五年をはさんで今に続いているということができる。子どもたちの生活を丸抱えする学校において、今日でも自治的な力が育てられないのは、歴史的に根が深い。一八九〇年代に「集団教育機能」をもつ学校が出現してきたとされているが、既に学制布告書の中に、その方向が示唆されていたということも可能かもしれない(佐藤秀夫「学校観　再考」同『教育の文化史 1 学校の構造』阿吽社、二〇〇四年、参照)。その意味では、本文で見たように『学制百年史』が「この新しい教育観・学校観が、その後何十年後に至るまで人々の考え方を決定し、学校の性質を規定し、国民生活の根本をも決定してきている」としているのは、一面で当を得ているかもしれない。

(二一) 小松周吉「明治絶対主義の教育精神――学制を中心として見たその成立過程――」『教育学研究』第一九巻第一号、一九五二年五月、三九頁、倉沢剛『小学校の歴史 I』ジャパンライブラリービューロー、一九六三年、二六七頁。なお、布告書の右訓も「くに」としており、この読み方が「藩」と理解させる一つの要因であったかもしれない。

(二二) 比較的近年の花井信の理解も同様である。花井「学制」『新教育学大事典』第一法規出版、一九九〇年。

（二三）この告諭は長い文章で、その後半には近代的国家の意味での「国家」という表現も出てくる。第三章第一節参照。なお、明治四年一月の岡山県の告諭「定」では「諸士八歳より入学せしめ、普く之を学ばせ各其才の長する所を磨き、忠孝の道を明かにし、以て後日の用を為さしめん事を要す、是下は一身一家のため、上は一国天下ノ為なれば敢て疎に思ふべからす」と述べられていて、学制公布前から「治国平天下」の「国」を持ち出して告諭している例がある〔**資 33-1**〕。

（二四）木村政伸は近世武士層の「学問」の質に対する批判、特にその政治指向に厳しい批判を加えたとしている。木村、前掲書、二二頁。

（二五）黒住真もこの教育議論争に触れながら、民権運動の政治思想の基盤として、儒教的なエートスを指摘している。黒住、前掲書、一七九頁。

（二六）拙著『在村知識人の儒学』思文閣出版、一九九六年、参照。

（二七）あるいは、公私の区別の導入という観点から見ることも可能であろう。学ぶ目的としての「公」（国家のための学問）と、設立主体による公私の区別（官立、公立、私立など）ということの論理的整理がどのように実態を伴いながら行なわれたのか大変興味深い。しかしこれは本稿の課題を大きく越える。

（二八）石戸谷哲夫は、経費上の問題があったがゆえに、「国家の為」の論理を否定し、個人的な立身の理屈を生み出したと指摘している。本稿と「国家」をめぐる把握は異なっているが、結論的には共通する。石戸谷『日本教員史研究』野間教育研究所、一九五八年。

（二九）牧原憲夫によれば、政府に対する建白書は、一八七四年を境にして顧みられなくなるという。この年、民選議院の設立建白が出され、八〇年の国会期成同盟設立に向けて、自由民権運動が大きく成長していくことになる。政府に対するこの対抗的な運動の成立をまって、初めて政府は近代的認識枠組みの中で、どのように民衆を考えるべきかを学んだとも言いうる。牧原『明治七年の大論争――建白書から見た近代国家と民衆』日本経済評論社、一九九〇年、参照。牧原はその中で、遠山茂樹がこの時期の政府側の議会論について「民の声を聴くという封建治者道徳が、近代法の扮装をまとって現れたにすぎない」としていることを紹介している。

（三〇）夙に指摘されているように、学制章程には貧人小学＝仁恵学校などの規定があり（第二十五章）、学制が差別と無縁であったということはそもそもできない。

（三一）荒井明夫「近代日本公教育成立過程における国家と地域の公共性に関する一考察」『教育学研究』第七二巻第四号、二〇〇五年、参照。荒井は、国家が隠蔽されたと述べている。

(三二)牧原憲夫『客分と国民のあいだ』吉川弘文館、一九九八年、参照。

(三三)花井信は、学制を取り巻く当時の情勢の分析の上に立ち、学制布告書を人々を近代国家へ組織化していく方向を隠し持ったものと理解する文脈で、「個人主義の立場を明らかにしたものということはできない」としている。花井、前掲「学制」。

(三四)拙著、前掲書、二二七頁。

(三五)江戸時代までの「二つの知」というのは、「草書・和文・生活文・手習い」に象徴される広く民衆一般の知と、「楷書・漢文・漢学等・素読」に象徴される武士の知とを指している(実際の武士の教養は、前者を包摂していることは言うまでもない)。これら二つの知は、身分制の下で分離され、幕末に至ってようやく交わりを持つことになる。それを担ったのは在村知識人であり、幕末の私塾であった。そうした二つの知の流れの末に学制布告書が位置付くと筆者は考えている。R・ドーアは「二つの知」のことを「日本文化の二重性」と述べている。同『江戸時代の教育』岩波書店、一九七〇年、一一五頁。なお、宮本常一は、近世農村の内部に「かな文化」と「漢文文化」の二系統を見出している。『宮本常一著作集 十三 民衆の文化』未来社、一九八三年、四九頁。

(三六)前節参照。なお、明治初年、政府等行政機関から発せられるこの種の文書を、そもそも何と呼ぶのか、統一的な呼称はないようだ。また、その逆に、ある呼び名で呼ばれたものの性格が均一のものであるような、そういう近代性は整っていなかったものと思われる。

(三七)深谷克己は、近世国家のあり方について、「説諭国家」という表現を用いている。深谷『百姓成立』塙書房、一九九三年。近世国家が「説諭国家」であるとすれば、明治初年の国家は「告諭国家」としてもよいだろう。もっとも告諭は、明治の初年を過ぎれば見当たらなくなっていくから、明治初年のこの国家は、近世国家の有り様を引き継いだものと考えることができる。そして、告諭が見られなくなるのと、建白書が顧みられなくなる時期はほぼ一致し、そこに支配権力の性格の変化の画期を見ることができよう。牧原、前掲『明治七年の大論争』、参照。また「説諭国家」の問題について、八鍬友広『近世民衆の教育と政治参加』校倉書房、二〇〇一年、「序論」参照。

(三八)こうした書き換えを前提として例示される類の告諭書の存在を、筆者は管見の限り他には知らない。

第二章　就学告諭にみられる学校構想

はじめに

第一節　学校建設の方針

第二節　就学推奨の対象者

第三節　教育の内容とその「有益」性

第四節　資金調達の方法

はじめに

幕末以降、各藩では人材養成を目的とした「学制改革」がすすめられ、藩校の改革、それへの就学奨励が強化されていた。明治二年には「府県施政順序」を受けて郷学校が各地域に設けられ、各府藩県の特色ある「学制改革」のもとに学校が設置されていった。明治五年に至り、明治政府は学制布告書を公布し全国に五万余の小学校設立を構想する学制を頒布した。小学校は翌年、約一万二五〇〇を数え、一八七四（明治七）年には二万有余が開校する。これまで学校とは無縁であった人びとも含め、すべての子どもたちの就学とそのための学校設置を人びとに呼びかけた就学告諭は、未曾有の学校設置を短期間に実現させた役割の一端を担っていたといえよう。

本章では、学校設置と子どもたちの就学のためにどのような学校構想を各府藩県が抱き人びとに示したのか、特に学制布告書以降に布達された就学告諭のそうした記述に着目して分析することを目的としている。それは、公立小学校設置の方針、就学の対象者、教育の内容、そして学校設置のための資金調達の方法を切り口として分析される。第一節では、学制布告書以前の府藩県の学校構想を示す就学告諭にも着目しながら、それ以降の公立小学校設置の方針、および私塾・家塾、私立学校の扱いが明らかにされる。第二節では、小学校に就学する対象者の条件をどのように人びとに説明したのかが、年齢・身分・階層・性別にわたって学制布告書以前と以後を対照しながら分析している。第三節では、学校での学びの内容がどのようなものなのか、特に学制布告書以降の就学告諭では、それがいかに有益なものとして説明されたのかを分析している。そして第四節では、人びとの費用負担を前提とする学校設置にあたり、資金調達の方法がどのように人びとに提示されその必要性が説かれたのかが明らかにされる。各節の分析をとおして、未曾有の学校設置を先導した諭しの内容が明らかにされよう。

第一節　学校建設の方針

一　本節の課題

「邑に不学の戸なく家に不学の人なからしめん事を期す」とあるように学制布告書の主張は一人一人の国民がその能力、立場に応じて「日用常行言語書算」から高上の実学までを学ぶことにあった。そしてそれを学ぶところは新しい学校である。これを受けた学制章程は全章、その新しい学校のことで埋めつくされているし、布告書を敷衍する就学告諭もまた学校設置の仕方や子どもの就学について詳細に述べている。学校こそ就学告諭の中心課題であった。

しかるに個々の就学告諭をみると学校に対する取り組みかたが違う。同一の発信者のそれが時間の経過とともに変る例もある。私塾・家塾を学校外のものとして排除するものからこれを学校の一種として取り込むものまでさまざまである。なぜこうした混乱が起るのだろう。一つには学制章程の学校に関する規定が法規として不整合でその概念がつかみにくいからであるが、一つには学制公布後に誤謬訂正が頻繁に行なわれたからである。文部省による解釈のし直し、方針の変更もしばしば行なわれ、その都度、府県に通達された。各地の就学告諭はこれらを反映している。

本節は各地の就学告諭にみえる学校の規定、学校設置を前時代の慣行と学制章程及び誤謬訂正、新規定等と照合しながら以下の項目ごとに述べてゆく。

・全国学校の国家管理
・小学と中学―小学校優先―
・民費による公立小学校本位
・私立学校・私塾・家塾

二　全国学校の国家管理

政府が全国「一般ノ人民」に対し、就学を告諭し、小学不就学者の父兄に対し「越度」とまで強迫したのは空前のことである。これまで学習は私的な行為であり、子どもを学舎に就学させるか否かは親の意志にかかっていた。幕末維新期になると藩士やその子弟に藩校への就学を強制する藩や、また各地に簇生した郷学校に一般民衆の就学を勧奨したりした地域はあったが、全国の人民全員に対し子どもの小学校就学を強制したことはなかった。政府はまた「全国ノ学政ハ之ヲ文部一省ニ統フ」（学制章程第一章）と文部省を通して全国の学校教育を政府の管理下に置くと宣言した。ここにこれまで私的、民間的営為であった教育は学校という公的な国家的事業になり、国民はこれを翼賛せねばならなくなった。

徳川幕府は軍事外交権こそ握ったが民政は各藩にまかせていた。これは府藩県三治期まで名残をとどめていたが、新政府は中央と地方府藩県を疎通する手段を打っていた。一つは明治元年一〇月の藩治職制にはじまる一連の藩制統一であり[二]、二つは明治二年の「府県施政順序」（二月五日・行政官）、「府県奉職規制」（七月二七日・輔相）である。これらによって府藩県は中央政府の指令に従う地方行政体に変化していった。これを決定的にしたのは廃藩置県である。「県」はもともと中央政府の直轄地で、派遣された代官が支配したものである。徳川領地でありながら遠隔の代官支配地を県と称したこともある[三]。版籍奉還によって名義上、土地人民を朝廷に返したと言うものの実質、藩主が支配していた藩は廃藩置県によって名実ともに中央政府の直轄するところになった。

藩主は東京に集められて華族となり、代りに県令、権令、その補佐官たる参事、権参事が太政官から派遣されて県を管理することになった（明治四年一一月二七日、太政官達六二三号県治条例）。廃藩置県直後は旧藩領をそのまま県としたので三府三〇二県であった。旧藩は百万石から一万石まで大差があり、領地も飛地があって統治しにくいので政府は県の統廃合を進めた。学制公布時には三府七二県、一八七六（明治九）年には三府三五県になって石高、人口、県域の差が廃藩置県の時よりはよほど縮まった。

県の統廃合と並行して郷村の統制も進めた。明治四年四月四日、人民保護は政府の最大の任務として「戸籍法」（太政官布告第一七〇号）を公布した。同年一一月二八日公布の「徴兵令」（太政官布告第三七九号）の伏線である。戸籍編制の単位として七、八ヶ村から数一〇ケ村をまとめて区をつくり、戸籍取扱者として県が戸長、副戸長を任命した。これらは旧来の庄屋、名主、年寄等が兼務してもよかったが両者は並存した。次いで五年四月九日、庄屋、名主をすべて廃止、戸長、副戸長と改称した（太政官布告第一一七号）。ここにおいて戸長、副戸長は単なる戸籍取扱者から郷村の土地人民に関する事務を県から委任された準官吏となり、民費から事務費として給料が支払われるようになった（明治五年一〇月一〇日・大蔵省布達第一四六号）。県行政のように郷村は全国一律に改革が進んだわけではなく、地域によって旧新の役職名が並行した。しかしながら藩制時代、年貢の村請代表として村民の側に立っていた里正（村長）たちが県の事務下請として官の支配の末端になるよう方向づけられた。ここにおいて政府の意志は県→戸長・副戸長を通して全国人民に伝わる道筋ができたのである。

廃藩置県直後の県庁は庶務、聴訟、租税、出納の四課であり学校の事務は庶務課が所轄したが（明治四年一一月二七日、太政官達六二三号県治条例）多くの県は学校掛または学務掛を置いた。学制章程一四章に「地方ニ於テハ学務専任ノ吏員一二名ヲ置キ部内ノ学事ヲ担任セシムベシ」とあるからである。就学告諭は県令、権令、参事、七等出仕（参事と同格の臨時職）の名で出ることが多いが、学校掛が連署している事もあるし、実質上、学校掛がこれに関わったと思われる場合も多い。一八七五（明治八）年四月八日、学校掛は学務課に昇格し（太政官達五三号）、同年一一月三〇日、第五課と改称した（太政官達二〇三号）。

「学制」は八大学区、二五六中学区、五万三、七六〇小学区をつくり各学区に一箇の大学、中学、小学をつくるとしている。大学区は政府が府県を合わせて区画するが、中小学区は府知事・県令が区画する（学制章程第七章）。一中学区内に一〇名乃至一二、三名の学区取締を置き、一名の取締に二〇乃至三〇の小学区を受け持たせて区内人民の就学勧誘、学校設立、保護をさせる（学制章程第八章）。これも県令→県学校掛の任務である。地域によっては学区取締の下に学校設置区域ごとに学校世話役を置いた所もあった[三]。こうして文部省→府県学務課→学区取締という、国→府県→郷村の学校担当者が形成され、政府が目指す学校設置維持の枠組ができた。こうしたことが比較的短期間にできたのはその下地が府藩県三治の時期にできていたからである。明治元年一〇月の「藩治職制」、二年七月の「職員令」、三年九月の「藩制」がそれである。この一連の命令は各藩体制の一律化を目指すとともに中央政府と藩を強い絆で結びつけようとするものであった。この時期、文部省はまだない。全国の文教を統轄する意図は政府にあったが、その部局は定まらなかった。しかし殆どの藩は、学校教育担当の役職を置いた[四]。廃藩置県後、県の庶務課に学校掛が置かれたのは明治初年の各藩に学校担当の職が置かれていたからである。

郷村には郷学校が簇生していた。郷学校には藩が保護するものや民間の有志が挙金維持するもの、両者が連携するものの等があるが、明治初年に全国的に起った郷学校は数村にまたがって学校組合をつくり庄屋名主層の有志が拠金したり、村民に維持費を呼びかけたものが多い[五]。当然、その中の有力者が学校の理事者にならなければならない。名称はまちまちであるが、こうした学校世話役的なものが存在した。学制の学区取締はこうした流れの中で容易につくられていったのである。

藩や郷村の実状を知っていた文部省は地方官に学政の諸権限を与え、地方官は中学区別に学区取締を任命し、これを各小学区に配して小学校の設置維持に当たらせたのである。とまれ藩、郷村の二つの段階で「学校」に教育をゆだねるという観念が醸成されていたので政府は県を通し全国の郷村にまで学校教育を貫き通し、国家が全国の学校を管理するという方針をたてた。「全国ノ学政ハ之ヲ文部一省ニ統フ」という学制章程第一章はこれを直截に表わしている。

就学告諭は県官吏の修辞ではあるが、朝廷、太政官の教育の趣旨を全国津々浦々にまでゆきわたらせる旨が随所に述べられている。一八七三（明治六）年六月、山梨県の「学制解訳」、同年一〇月、同県の「学問のもとする゛」、明治五年八月、堺県の「学問の心得」、同年一〇月、山口県の「学区取締心得」「学喩」、一八七三（明治六）年一月、名東県の諭達などがその例である。

此度文部省ニ於テ学問ノ仕方ヲ定メラレ教ヘカタヲ改メラレテ御布告ニナルニツキ今ヨリ後ハ華族モ士族モ百姓モ町人モ婦女子ニ至ルマテ此日本ニ生レタル者ハ皆学問ヲイタシ如何成ル田舎山奥ノ村ニテモ学問セヌ家ハ壱軒モナク〔**資 19-3**〕

今や　朝廷より学制とて学問をする次第を定めたるおきてを日本国中に播きたまひ〔資19-4〕

朝廷《てうてい》《おんかみ》厚《アツ》き御趣意《ゴシュイ》《おぼしめし》にて津々《ツ、》浦々《ウラウラ》迄《マデ》学校《ガクカウ》を設《マウ》けさせられ〔資27-5〕

今般太政官ヨリ被仰出ノ旨ヲ体認シ、文部省ノ御規則ヲ勘考致シ……興地方ノ学事ヲ担当シ学費ノ使用ヲ計リ学校ヲ保護スル等、総テ区長ノ駆引ヲ受ケ戸長副ト商議シ諸事ヲ取計フヘシ〔資35-6〕

今般太政官より被　仰出の旨尚又文部省より御達示の御規則に依り学区を分て所々便利の地へ小学校を取開くへき御沙汰は唯この防長の国のみならず日本中諸府県一統の事にて〔資35-8〕

別紙之通学校御興立学問之道行届候様朝廷ヨリ御法御触出ニ相成候ニ付テハ御趣意ヲ受ケ戴キ人々芸能成就ヲ専一ニ可心懸候〔資36-4〕

三　小学と中学　――小学校優先

明治五年八月の学制は学校を大学・中学・小学の三段階にしているが、その先蹤は明治三年二月の「大学規則」「中小学規則」にあった。

大学は「輦轂ノ下」（天子のひざ元）に一ヶ所設け、中小学は府藩県各所に設ける。小学は読書算の普通学もやるが大学で行う専門学の大意もやる。中学と大学は教科・法科・理科・医科・文科の専門学をやる所である。生徒は小学から中学に進学し、考課をへて大学に貢進される。府藩県三治の時期に全国から俊才を中央に集めようとした考案である。

学制公布以前、二府二二藩一一県が中学をたてた(六)。周防の岩国藩も「中小学規則」を受けて学校をつくった一つだが明治三年一二月の就学告諭「学制の議」では天下の状況を記した長い前文のあと次のように述べている。

方今藩治改革ノ秋ニ方リ、謹テ朝廷ノ聖意ヲ奉体シ、完ク其学制ニ遵ヒ、前日ノ旧弊ヲ一洗シテ新ニ中学小学ノ両校ヲ開キ、凡ソ藩内ノ士民子弟年七歳ニ至ルモノハ貴賤ニ拘ハラズ士農工商ヲ論セズ、悉皆同一ニ入学スルヲ得セシムベシ、而シテ其学規条例別冊ノ如ク彼ノ読ミ難ク解シ難キノ繁文空論ヲ置テ、先ツ日用切近ノ文字識リ易ク習ヒ易キモノヲ用ヒテ、専ラ親切着実ヲ旨トシ、人生普通ノ学科ト専門学科ノ端緒ヲ示教セシメ有用ノ人才ヲ成育涵養シテ上ハ天子文明ノ化ヲ宣掲シ、下ハ人々ヲシテ、己レノ公憲ヲ弁ヘ、以テ天賦ノ重器ヲ完セシメン事ヲ務ムベシ〔**資35-1**〕

岩国藩の「学校条例」は廃藩後の明治四年九月に発行されたが、前記「学制ノ議」「学校条例」をみると朝廷の意、即ち「中小学規則」を受けながらも「士農工商ノ別ナク」「繁文空論」を避けるなど明治五年の学制布告書の趣旨が表明されている。

明治五年八月の学制も「学校ハ三等ニ区別ス大学中学小学ナリ」（学制章程第二〇章）としているが、その順位は「大学規則」「中小学規則」と対蹠的である。「規則」が朝廷の大学を規準に府藩県の中小学としたのに対し、学制は全国五万三、七六〇の各小学区にたてる小学をまず示し（章程第二一～二八章）次いで二五六中学区の中学（章程第二九～三七章）、最後に八大学（第三八章）と進学進路に沿って構成され叙述されているのである。「小学校ハ教育ノ初級ニシテ人民一般必ス学ハスンハアルヘカラサルモノトス」(第二一章)と人民に熱く呼びかけているのに対し「大学ハ高尚ノ諸学ヲ教ル専門ノ学校ナリ」(第三八章)と単調である。「将来大中学ヲ設ケ」(第一〇三章)とあるように明治五年八月の学制は大学・中学は他日のこととし、小学校の設置を当面の事業とした。学制公布直前の正院への文部省伺「当今着手之順序」にも、

一、厚ク力ヲ小学校ニ可用事

一、各大区中漸次中学ヲ設クベキ事

とある(七)。こうした政府の意図は概ね正しく府県に伝わり、いずれの就学告諭も小学校の設置、小学校への就学を説いている。一八七三(明治六)年一〇月(日欠)の「青森県告諭」、同年一二月一八日の「熊谷県告諭」をみよう。

客歳

朝廷学制ヲ定メ全国ヲ大中小ノ学区ニ分ケ先ツ小学ヲ設置シ邑ニ不学ノ戸ナク家ニ不学ノ人ナカランヲ期シ委託ノ金額ヲ定メテ以テ民力ノ及ハサル所ヲ助ケタマフ聖世至仁至愛ノ意ト文運ノ隆威ナルト誰カ感戴セサランヤ是ヨリ先我カ県二十有余所ノ小学ヲ設立シ一般人民ノ男女六歳ニ至ルモノハ皆小学ニ入テ学ハシメ上ハ以テ朝廷ノ威意ヲ体認シ下ハ以テ人々人才智ヲ開テ身ヲ立テルノ基ヲ為サシメントス〔資2-6〕

昨壬申年学制ヲ御発行ニ相成有益実用ノ教則ヲ以テ一般ノ人民ヲシテ蒙昧ヲ啓キ智識ヲ発セシメ各自ラ身ヲ立家ヲ興サシム可キ厚キ御布告モ有之速ニ学セシメシ者ハ未タ数月ヲ経スト雖モ実ニ驚嘆ス可キ進歩ヲナセリ其父兄ニ於

テ熟レカ之ヲ感泣欣戴セサランヤ。其学業ヲ成就シ国器トナル年ヲ期シテ竣ツヘキナリ若シ父兄タル者子弟ヲ愛育スルノ情アル者ハ皆欣々躍々トシテ所在ニ学校ヲ興シ就学セシメサル可ケンヤ〔資 **11-11**〕

同じく小学校設置を第一と説く告諭でも小学の学習を出世の階梯と説くものもある。一八七三（明治六）年三月、秋田県の「本県小学告諭」をあげよう。

抑々幕府ノ治世ニハ才芸学徳萬人ニ超出スルモ庶人ハ庶人ナリ頑愚庸陋不学無能モ士太夫ハ士太夫タリ是封建世襲ノ弊風ナリ大政維新ノ後才芸学業傑出ノ者ハ一旦抜擢ヲ蒙リ登庸ヲ得レハ庶人モ忽高位ニ就キ大官ニ任ス功業四海ニ輝キ名誉ハ百代ニ伝フヘシ是郡県選挙ノ美事ニアラスヤ苟モ男児タルモノ此盛代ニ際会シ誰カ功名ノ志ナカランヤ功名ヲ立ルニハ必ス学ニ従事セスンハアルヘカラス学ニヨラスシテ功名望ムハ譬ヘハ舟楫ヲ不恃シテ川ヲ済リ階梯ニ不縁シテ屋ニ登ラントスルカ如シ其ノ成ラサルコト明ケシ故ニ人為者所以不可不学而シテ学校ヲ設所以不可不無也就ハ今般同志相議本町五丁目ヘ小学校ヲ設ケ文運隆興シ朝旨ヲ宣揚セント欲ス〔資 **5-7**〕

この外一八七四（明治七）年四月、埼玉県の就学告諭では、

大学ノ人才ハ中学ヨリ抜キ中学ノ人才ハ小学ヨリ出ツ故ニ小学振ハサレハ大中学興ラス然則目今ノ急務ハ小学ニ在リ〔資 **11-12**〕

と人材選抜の学校観からまず小学の普及を説くものもあった。また明治五年八月の石川県の告諭は中学から大学への進学をほのめかしつつ、それ故の小学就学を説いた。

夫レ学制ノ大綱ニ至テハ文部省ノ統轄ニシテ　皇国ヲ八大学区トシ一大学区ヲ分テ三十二中学区トシ一中学区ヲ分テ二百十小学区トス当県ハ即チ大学ヲ置カル、ノ其一ナリ既ニ有志ノ輩醵金ヲ以テ金沢毎区ニ学校ヲ設クルノ際今度一般ノ学制御布達ニ相成暗号黙契ト謂フヘシ故ニ士農工商ノ別ナク男女六歳以上ヲシテ学ニ就カシメ読書習字算術縫裁等ノ業ヲ習ハシメ追々学業進歩ニ随ヒ中学ニ進ミ中学ヨリ大学ニ升リ夫ヨリ其人ノ勤勉ニ因リ洋行モ命セラルヘシ畢竟マデ遠ノ学業ヲ窮メシムルノ御趣意ナリ……〔**資17-6**〕

石川県が第三大学区本部になったことに高揚した気分が現れている。しかし一八七三（明治六）年四月一〇日、七大学区に改まり、石川県が属する第二大学区の本部は愛知県に移ってしまった（文部省達四二号）。

この外、第五大学区の本部・広島県では明治五年一〇月一七日の各大学区本部に「外国教師ニテ教授スル中学」をたてるという文部省達（第三五号）を受けて同年一一月一〇日、「外国ノ教師御雇入近ク中学校御設立相成」から

此ノ御盛意ヲ体認シ四民男女ノ別チナク六歳以上ノ子弟アル者ハ文学手習算術ヲ始メ女子ノ手芸ニ至ル迄宜シク学校ニ就テ陶鋳《ツダツル》淬励《ハゲム》セシムヘシ〔**資料34-4**〕

とした。この中学は官立広島英語学校になるので県民の学費負担には関わりがないのだが小学→中学という進学観を折

り込みながら小学への就学を勧めたのである。

奈良県は当時、中学を置く計画があったのか。一八七三（明治六）年、同県の「小学校設立告諭」は、

兼テ公布ノ通リ男女トモ六歳ヨリ速ニ小学ニ就シメ十三歳迄ヲ其期トシ之卒業スル者ハ更ニ中学ニ進メ各其志ニ従ヒ専門ノ学科ニ入ラシムベシ〔資29-2〕

としている。これらは小学↓中学↓大学または専門学の進学階梯を認識し、かつこれを人民一般に知らせながら目下の急務である小学校の設置、小学への就学を勧告したものであった。

文部省ははじめ中学校の設置を認めなかった。明治五年八月、埼玉県が行田街に中学校をたてようとしたところ「中学設置之儀ハ小学普及ノ後（八）」と退けられた。にもかかわらず藩政期につくられた中学を継続しようとしたのが敦賀県である。敦賀県には、明治二年創立の福井藩立中学校があった。藩は英国人ルセー、米国人グリフィス、ワイコフ、マゼット等を雇って中学教師にしていた。ゆえに学制公布と同時に出された旧学校の悉皆廃止令（文部省達一三号）に抵触しなかったのだろう。「第二大学区自第二六番至第二九番連区中学」として残った（九）。一八七三（明治六）年一月七日の敦賀県布達には次のようなものがある。

先般太政官第二百十四号被仰出ニ付テハ一般ノ子弟学ニ就候ハ勿論之義、就テハ県下ヲ始各所ニ於テ速ニ御趣意奉戴、小学ヲ開キ入学ノ生徒日ニ増相進候ニ寄（ママ）リ、此上漸次数多《ぜんじあまた》ノ小学ヲ設ケ且中学モ是迄ノ通据置相成候事〔資18-7〕

美作の北条県は明治五年八月の旧学校悉皆廃止令(文部省達一三号)によって旧津山藩校修道館を一旦廃止したが同年九月七日、これを変則中学成器学校とした(一〇)。一八七三(明治六)年一月の北条県の告諭は以下の通りである。

夫レ学問ハ身ヲ立テ名ヲ揚ルノ資本ニシテ、一日モ欠クベカラザルノ義ハ嘗テ仰セ出サレ、既ニ管内稍中小学校設立ノ際、今般学事御給助ノ為メ一ヶ年金千八百円余、五ヶ年間下シ賜ハル由厚キ御沙汰アリ。就テハ管内弥以各区学校ノ設現今至急ナリ。但其費用ノ多キニ撓ミ終ニ因循ニ渉ルト雖モ、富家有志ハ勿論、貧者モ亦勉メテ一分ノ力ヲ蓋シ以テ費用ヲ助ケント欲セバ、其建設豈復タ難カランヤ。方今都下ヲ始メ諸県下開化ノ地ノ如キ、競フテ学校ノ設アリト。其勢隆盛ナルモ固ヨリ他ニ非ズ、人皆当然ノ義務ヲ弁ジテ多少集金ヲ資クル謂ナリ。抑当県下ノ如キハ山野ノ僻境、人智未ダ開ケズ、学校ノ設最モ急ニセズンバアルベカラズ、故ニ自今毎戸ニ課シテ月ニ金壱銭ヲ募リ、以テ学資ニ充テシメント欲ス、衆庶此ノ意ヲ体シ敢テ違フコトナク、以テ　朝恩ノ渥キニ報ズベキ者也〔資33-11〕

学制は学校普及のため向う五年間、官費を府県に委託することになっていたがその額は伏せられていた(学制章程九九章)。それが明治五年一一月(日欠)、小学校普及のために男女一人につき九厘の割合で下付することになった(文部省達四二号)。これを北条県では中小学設立のためと強引に解釈したのである。これだけの委託金で県域全部の学校を設置維持することはできない。当然、県民の民費に頼る。前掲、毎戸月一銭の募金がそれである。ところが「中学設立ハ小学普及ノ後」と文部省がこれを許さず、一八七三(明治六)年八月三一日を以て北条県の成器中学校は廃止となった(一一)。

こうした文部省の方針を無視し、後年の県立中学校につなげた変則中学がある。明治五年一〇月二二日の鳥取県参事三吉周亮の告諭に言う、長文なので冒頭の部分のみあげる。

　小学全備不致内ハ中学取立不相成御規則ニ候ヘドモ年頃ノ子弟徒爾消光候段不堪非嘆。今般格別ノ詮議ヲ以テ鳥取元尚徳館ヲ以テ変則中学トナシ英学生徒ヲ爰ニ遷シ厚ク有用学ヲナサシメントス[一二]

この学校は鳥取中学校として後年に続いた[一三]。

「中学設立ハ小学普及ノ後」とした文部省であったが一八七三（明治六）年三月には早くもその方針がぐらつきはじめた。同年三月一三日「神官僧侶ニ於テモ有志ノ輩ハ其社寺内ニ中小学校相開候儀不苦候」（文部省達第二七号）と達した。この時期以後、仮学校等の名で変則中学を設けた府県は少なからずある[一四]。

以上、小学のほかに中学設置の告諭があったことを述べたが、大勢は小学校設置の告諭で占められていた。一八七五（明治八）年四月の高知県の告諭では

　小学科に限らず中学大学の科にも漸々進入し傍ら諸子百家の書にも渉り度ものなれども其は余程の歳月を費す事故所詮人々に責る事は極々難事なるを今小学普通の学科は六七歳より十三四歳まで学べば大概成就する仕組なれば男女に限らず学に就け日用書等を始め天地万物の大体中外各国の形勢等をも荒増心得させ通例の事は自分丈の始末の成る様教育すべきは父兄たる者の逃れぬ責任なり〔**資39-6**〕

と述べているし、一八七八（明治一一）年一〇月一八日の長崎県達では「小学校ノ如キハ大小人民一般通用ノ事ヲ教授スル所ニシテ学校中最モ肝要ナル者ニ有之[一五]」と言っているのである。

四　民費による公立小学校本位

一八七四（明治七）年八月二九日の「文部省布達第二二号」の規定（後述）によれば民費で設置維持される学校はすべて公立学校である。しかし学制公布以後、約二年間は公立学校の意味が定まらなかった。学制章程第一四章は「官立私立ノ学校及私塾家塾」とあって「公立ノ学校」がない。また同第四七章は「公私学校私塾ヲ問ハズ」とあって「官学校」がない。四七章は督学局管下の学校を指しているから文部省直轄の官立学校を除いたと解釈できないことはないが、すべての学校を網羅しようとした第一四章に公立学校の名がないことは法規としての整合性を欠く。

公と官は同義であろうか。官廨（官衙）と公廨（公衙）は同義語とされているし、官も公も政府、役所の意味がある。対語としては官に対して民、公に対して私である[一六]。古くは官は朝廷をさし、官位相当制や官位令は律令制によっている。公にも朝廷の意味があるが「公儀」となると幕府や領主が出す命令までも含み使用範囲が拡大する[一七]。辞典類をみると、官の引用は古代律令と明治以後に多く、幕藩体制期は公儀が多く、官は少ない。官は明治の太政官政府の成立とともに頻発している。即ち本論の時期の官は太政官をさしているのである。しかしこれまで幕府や領主の命令を公としてきたから、維新期には旧慣が残って官と公を混同して使用したのであろう。官公私の扱いについてもう少し詮索しよう。

①第五二章に学力がありながら貧窮の者に学費と生活費を貸与する規定がある。そこでは「公費」と「官費」が同義語

として用いられている。

②第五八章から八八章まで海外留学生のことが書かれている。留学生に「官撰留学生」と「私願留学生」の別がある。官撰留学生の学資額は示されているが、誰が、またはどの官庁がこれを渡すのか明示されていない。ただ「私願留学生ハ官費ニ拘ラズトイヘトモ」（第七九章）とあるから官撰留学生は官費によるものと理解される。ところが突然、第八四章に「公費ノ生徒ハ」という文言が飛び出す。その学費支給法は官撰留学生より冷遇されている。つまり官撰と私願留学生の中間に「公費ノ（留学）生徒」がいたことになる。

③学制章程第八九章に官金と民費のことがある。

学事ニ関係スル官金ハ定額ニヨリ本省ニ於テ一切之ヲ管知スルコト但教育ノ設ハ人々自ラ其身ヲ立ルノ基タルヲ以テ其費用ノ如キ悉ク政府ノ正租ニ仰クヘカラサル論ヲ待タス且広ク天下ノ人々ヲシテ必ス学ニ就カシメン事ヲ期スレハ政府正租ノ悉ク給スル所ニアラス然レトモ方今ニアッテ人民ノ智ヲ開ク事極メテ急務ナレハ一切学事ヲ以テ悉ク民費ニ委スルハ時勢未タ然ル可カラサルモノアリ是ニ因テ官力ヲ計リ之ヲ助ケサルヲ得ストイヘトモ官ノ助ケアルヲ以テ従来ノ弊ニ依著ス可ラス　御布告ニヨル

官金は文部省即ち太政官の金である。これに対し人民の金である民費という語がつくられた。民費についてこれを説明する条項は学制章程にはないが、第九八章の「凡学校ヲ設立シ及之ヲ保護スルノ費用ハ中学ハ中学区ニ於テシ小学ハ小学区ニ於テ其責ヲ受クルヲ法トス」によって推察できる。同章の区ノ情態ニヨリ人口ニ平均シ毎年出金セシムルカ或ハ一時富人ヨリ出金セシムルカ或ハ地方ニテ旧来ノ積金等学校ニ費ヤシテ妨ケナキモノアルトキハ其金ヲ以テ融通セシムルカ其他幾様ノ便宜ハ土地ノ事情ニ随フヘシ

は学区内集金の方法を具体的に示している。

民費は江戸時代の町入用《まちにゆうよう》、村入用《むらにゆうよう》を形を変えて襲用したもののようである。町入用は地主と家持町人に賦課されたもので上下水道の保全、道路修理、火の見櫓普請、町火消給金等の火事対策費、自身番入用等、町の公共費に消費された。長屋住まいの小民は大家(家持)に店賃を払っているから町入用の賦課はない。家持町人の賦課は概ね間口割であった。

村入用は町入用と同じく村落共同体の事業に費やされる。即ち年貢納入の経費、用水、治水、道路、橋などの自普請の人足代や用材費、入会地などの村連合の負担、助郷役や領主が使用する中間人足などの夫銭、役人の接待費等広範で本来の村の公共費と領主への奉仕との境が曖昧である。人別割、屋敷割、間口割等、賦課の仕方も多様であった(一八)。

明治政府はこれら町入用、村入用を民衆の頭が自主的に民衆から取り立てる費用だからであろう。民費と名づけ、その使用は民にまかせた。本来、町入用も村入用も街筋や自然村の小地域ごとに徴集したものだが、のちには広域の町並や村連合を単位に徴集することもあったから郡懸、大割等(一九)、戸籍区による大区・小区ごとの民費徴集へ移行することは容易であった。小学区・中学区は大区・小区または旧来の郡を基準につくった場合が多い(二〇)。それゆえ学区内民費徴集もむずかしいことではなかった。しかし後に民費が増大し問題となる。

一方、地域民衆のための学校の設置維持費用を民衆への割当資金でまかなうことは幕末維新期、とりわけ明治初期に簇生した郷学校で行われていた(二一)。一例を神奈川県でみれば明治初年、二七ヶ所に郷学校ができた。いずれも一〇数ヶ所村から五〇数ヶ所村の組合民費でなりたっており、富者七歩、貧者三歩と基本的な民費割方が決まっていた(二二)。また備後六郡にわたって約一〇〇ヶ所つくられたと言う福山啓蒙所は民費郷校とされていた（三）。なお当時、義校、義塾等が郷学校とほぼ同義語で用いられている。この場合の義は義捐金の義で公共のためにする寄付を言う。民費はこのように地域の公共のために挙出するものである。国税も国民公共のための資金として民衆が投じたものであるが一たん政府の手が入って配分されるから民衆にとって身近なものと感じにくくなる。ましてこの時期は〝お上〟に捧げる年貢の観念が残っているから義捐の気が薄れる。これに対し民費は地域の公共事業に投じた義捐の私費という観念が顕著になる。民費と私費が同一義に用いられたり、私立学校とされたりするのはこうした事情からであろう。一八七四（明治七）年八月二九日「学校名称ノ儀、区々相成候テハ不都合候条……公立学校（地方学区ノ民費ヲ以テ設立保護スル）」（文部省布達二二号）は旧来の公――〝お上〟――を転回させた意味で画期的である。

就学告諭はこれをどうみたか。まず郷学校の学費集金が学制布告書公布以前から公布後まで継続していた例を示そう。青森県は明治四年九月、弘前、館、八戸、斗南、七戸、黒石の六県を合併して立県したが、

新県ヲ被置御改革ノ際学校ノ儀ハ追テ御規則可被仰出候得共官費ヲ不仰有志ノ者ヲ募リ設施ノ見込追々可相立旨御達モ有之〔資2-1〕

と告諭し、五年一月には「管内ヘ私立学校ヲ設ケ人民教育之儀ニ付各支庁長官ヘ相達候事」として、

義塾合成之儀及布令置候処猶又其管下貫属及村長共親シク召呼学術一日モ不可廃之理ヲ説諭シ幼男女有者ハ毎戸出銀スルカ或ハ有志之徒戮力其他生徒之人員ニ当リ学資ニ供給スルノ目途可相立〔資2-2〕

と達した。当時の所謂郷学校を青森県では私立学校、義塾と称し、学校資金を管下の民費に求めたのである。

　筑摩県や犬山県も布告書公布以前、民費による学校普及を期した。明治五年二月二〇日、同年七月二一日の筑摩県「学校創立告諭書」、同年七月の犬山県「小学校建営説諭書」には次のようにある。

今般管内各処ニ学校ヲ創立シ臣民一致勉強ノ力ヲ尽シ他ニ卒先シテ報国ノ実ヲ顕サシメント（ス）宜シク有志ノ者ハ力ヲ積ミ財ヲ出シ早ク学校ヲシテ盛大ニ到ラシメンコトヲ偏ニ期望スル所ナリ〔資 20-3〕

学校の儀は官費を仰がずなるたけ公費を募り設立の儀に付、過日相触候通り、有志の者は其身分に応じ精々加入金差出すべく候〔資 20-5〕

郷学ハ人民共立之学校ニして官費を仰くべき筋なければバ、郡惣代・町年寄・戸長其外都テ郡町役前之者共速ニ申合、有志之輩と調談し、費用一条永続之目論見をたて、来ル八月十五日迄ニ見込之筋逐一県庁江可申出、六部之申出し書面相揃候上ハ、衆議を斟酌し一定之規則方法を布告すべし〔資 25-3〕

このように学制公布以前から民費による人民共立学校の企てが各府県庁主導で起っていた。

　学制公布後、一八七三（明治六）年一〇月、青森県は、

朝廷学制ヲ定メ全国ヲ大中小ノ学区ニ分ケ先ツ小学ヲ設立シ邑ニ不学ノ戸ナク家ニ不学ノ人ナカランヲ期シ委托ノ金額ヲ定メテ以テ民力ノ及ハサル所ヲ助ケタマフ……而シテ其費用ノ如キハ自ラ其身ヲ立テ才智ヲ開クノ基タルヲ以テ官ニ仰クヘカラサル論ヲ俟タス皆人民ヨリ出スヲ以テ当然之理トス……仮令ヒ官其費用ヲ給シ皆学ニ就カシメンコトヲ期セハ全租税ヲ傾ケ給スルモ亦費ニ供スルニ足ラサルナリ〔資 2-6〕

とした。管内全人民を教育する基をつくるために官費を仰ぐが全租税を傾けても全人民の学費は出せないから人民が民費を出すのは当然だと言うのである。

埼玉県庁の言い分はこうである。

明治五年八月
此度太政官ヨリ被仰出タル御主旨ハ人民教育ノ道ヲ厚クセシメンガタメ遍ク学校ノ設ケアラシムル所ナリ…人民ヲシテ不学ノ徒ナカラシメントスルハ則チ官庁ノ責任ニアルベシトイエトモ学費ヲ弁ズルハマタ人民ノ上ニアリトス。コレ限リアルノ官財ヲモッテ限リナキ人民ニ施ス事ナレバ素ヨリ及バザルノ道理ナリ人民又タ教ニ欲シ才芸ヲ長ズレバ之ヲ償ハズンバ有ベカラス（二四）

人民を教育するのは官の責任だ。しかし人民は教育の恩恵を受けるのだから教育費を払うのは当然だという論理である。自弁は郷学校設置維持の思想でもある。しかし郷学校は学習内容も方法も、就学年齢、修学年限、学習時間もまちまちでその地域が求めるものを日常生活の範囲内で難なく学べるものであった。これに対し学制が求め、官の責任として推進する学校教育は人民が希望する学びとかけはなれたものであった。「小学教則」（明治五年九月八日・文部省布達番外）がそれである。

五 私立学校・私塾・家塾

学制は「官立私立ノ学校及私塾家塾ヲ論セス其学校限リ定ムル所ノ規則及生徒ノ増減進否等ヲ書記シ毎年二月学区取締ニ出スヘシ」（学制章程第一四章）と述べている。大学・中学・小学・師範学校等進学段階別、若くは教育目的別の学校種類でなく、設置者別に学制のすべての学校をさしたものであるが、わかりにくい。「官立私立ノ学校」と「私塾家塾」は区別している。しかしその後に「私塾家塾ヲ論ゼズ其学校限リ定ムル所ノ規則云々」としているから狭義の学校は「官立私立ノ学校」、広義の学校は私塾家塾まで含むと解釈すればわかる。

明治三年六月開校の東京府仮小学校は太政官費によったから実質官立学校であるが学制公布の時期にはすでにない（二五）。この時期の民費による学校を私立学校と呼んだことはすでに述べた。では学校と私塾家塾はどう違うか。学制章程第二三章に「小学私塾ハ小学教科ノ免状アルモノ私宅ニ於テ教ルヲ称スヘシ」とあり、同二八章に「右ノ教科順序ヲ踏マスシテ小学ノ科ヲ授ルモノ之ヲ変則小学ト云フ但私宅ニ於テ之ヲ教ルモノハ之ヲ家塾トス」とある。また「私宅ニアリテ中学ノ教科ヲ教ルモノ教師タルヘキ証書ヲ得ルモノハ中学私塾ト称スヘシ其免状ナキモノハ之ヲ家塾トス」（第三二章）となっている。即ち私塾家塾はともに私宅で授業を行うもの、別言すれば独立の教場を持たない学舎を言う。逆に言えば学校は独立の教場、校舎をもったものでなければならない。これらを勘案すると学制が求めた最善位の学校は民費による私立学校（後の公立学校）で校舎をもつもの。次善は免状ある教師が私宅で教える私塾、止むを得ない場合は無免許教師が私宅で教える家塾という順位であった。

最善位は独立校舎を持つ学校と言ったが、充分な独立校舎はそう簡単に建てられない。そのため神社寺院に暫定的に間借りするものが続出した。郷学校の場合も同様である。そこで文部省は一八七三(明治六)年三月学制二編において「神社寺院ニ於テ開ク学校ハ私宅ニアラサルヲ以テ総テ学校ト称スルヲ得ヘシ」(第一五八章)とし、同年五月一四日の改正で「宗教ノ為メニノミ設ケタル学校ニハ官ノ扶助金ヲ配当スベカラズ」(文部省達第七一号)とした。

以上みた通り学制は民費によってたつ学校の普及を本位としたが、校舎についても学校そのものについても次善、次々善の策を構じていた。しかしわかりにくいことも確かであった。学制布告書には次の文がついている。

今般被仰出候旨モ有之教育之儀ハ自今尚又厚ク御手入可有之候處従来府県ニ於テ取設候学校一途ナラズ加之其内不都合ノ儀モ不少依テ一旦悉令廃止今般定メラレタル学制ニ循ヒ其主意ヲ汲ミ更ニ学校設立可致候事(明治五年八月二日・太政官布告第二一四号)

また学制章程第四三章では

私学私塾及家塾ヲ開カント欲スル者ハ其属籍住所事歴及学校ノ位置教則等ヲ詳記シ学区取締ニ出シ地方官ヲ経テ督学局ニ出スベシ

とし、九月二日「学制中誤謬訂正」で「但家塾ハ地方官ニテ之ヲ聞届、毎年二月八月取集メテ督学局ニ出スヲ法トス」(文部省達第二四号）とした。また私学私塾は再度、「学制章程第四三章」と変わりないことを述べ（文部省達第二五号）、さらに「筆学算術素読授与之類モ家塾同様可心得候事」（明治五年九月日欠・文部省達第二七号）と達した。

旧学校は一旦悉く廃止だと言ったり、私学私塾を開業しようとするものは学区取締↓地方官↓督学局へ教師の事歴その他の書類を出せ（当然、督学局の認可がいると思っただろう。これを私学開業願と言ったり、たんに開学願書と言ったりしている）としたり、家塾は地方官の決裁でよいとしたり、旧寺子屋は家塾に属すとしたり、朝令暮改も甚だしい。これを受けた地方官は混乱した。

まず、章程第四三章は私学私塾家塾の開業願書提出↓許可と読めるから許可がおりるまで旧来の私学・私塾・家塾（寺子屋）は閉鎖または廃止と受け止めた県があった。

今般学制御確定相成、教育之道万事万般一範ニ帰候御趣意ノ処、従前私塾家塾等相開置候類教導方区々ニテ御趣意不相貫候ニ付一旦悉ク相廃止候…

明治六年三月二十日　筑摩県権令永山盛輝（二六）

学区取締心得　正副戸長

今般官立之小学開校ニ付テハ男女六歳ヨリ以上之者総テ入学致候ハ勿論之義ニ付従前之私塾家塾等一切令停止候事

……

明治六年五月二十三日　嶋根県権令　神山郡廉（二七）

先般小学建設ニ付テハ私家塾共従前ノ侭差置候儀不相成旨豫テ相達置候処、今以其侭開業罷在候者有之哉ニ相聞、以ノ外ノ事ニ候。自今右様ノ輩有之ニ於テハ厳重沙汰可及候条此旨可相心得候事、右之通管内無漏相達スル者也

明治六年十一月八日　島根県権参事　境二郎[二八]

一方、私塾・家塾の悉皆廃止は布告書の「邑ニ不学ノ戸ナク」の文言に反するとする県もあった。足羽県では明治五年一一月七日、参事村田氏寿、権参事千本久信の名で郡中総代、各区戸長、副戸長に次のように達した。

先般太政官御布告之通、自今邑《むら》ニ不学ノ戸ナク家ニ不学ノ人ナカラシメ学問普及之御趣意ニ付テハ、銘々持区内尚又《なおまた》精々申諭、従前郷学家塾等有之向ハ勿論、未タ無之向ハ最寄寺院家宅等仮ニ小学又ハ私塾ト致シ、六歳以上男女共学ニ就候様可致、右之趣早々取計之上、其次第当月二十日マテニ学区取締へ可申出事〔資**18-5**〕

こうした意見書でなく、五年九月の秋田県布達のように一旦悉皆廃止令がでた上は従前の学校は廃止とするが「学校之儀者人生一日モ不可欠事」故、文部省と掛け合うから「夫迄之処は子弟輩各其師之家塾に就き不怠勉学可有之」〔資**5-6**〕とする県もあった。

青森県は一八七三（明治六）年七月「学制ニ準ヒ官立小学設立ニ付、是迄之私塾家塾一般廃止申付候事[二九]」と布達したが一八七四（明治七）年五月一二日、次のように布令した。

壬申七月太政官第二百十四号御布告写相添触示且家塾之義許可ヲ不受シテ密ニ開業候儀ハ不相成旨相達置候処只管

家塾廃止トノミ誤認致候者モ間々有之哉ニ相聞以ノ外ノ事ニ候条官学校設置有之市村ノ外ニ於テハ学力相応之者ニハ勤テ家塾ヲ開カシメ邑ニ不学ノ戸ナク家ニ不学ノ人ナカラシメントノ深厚御主意ノ趣篤ト奉戴シ幼稚ノ子弟ヲシテ一日モ空シク消光不致様僻隅村落ヘハ別テ懇切ニ説諭ヲ加ヘ御主意行届候様取計可申由テ別紙相添此段相達候事官学校設之有市村ノ外家塾開業願出候儀モ難相成程ノ村々ニ於テ従前手習杯教授致居候者ハ村中ノ子供ヲ集メイロハヨリ人名村名国尽等都テ最易キモノ教居可申事〔資2-8〕

即ち、わずか一〇ヶ月で私塾・家塾廃止から家塾奨励に逆転したのである。

なぜこのような混乱が起るのだろう。前述したように布告書の「村ニ不学ノ戸ナク家ニ不学ノ人ナカラシメン事ヲ期ス」という名文句は心に刻まれただろう。その一方で旧学校の一旦悉皆廃止令がでた。私塾家塾は旧学校に入るか否か。学校の規定は前述の如くわかりにくい。地方官の解釈によって分かれる。次に問題になるのは私塾・家塾の認可であった。私塾は学区取締→地方官→督学局のルートで出願・認可となり、家塾は地方官で認可となる（前述）。ところが大学区本部ごとにできるはずの督学局が一八七三（明治六）年一〇月、第一大学区本部東京に一ヶ所できたが、他は一向にできず、一八七四（明治七）年四月に各督学局は東京に合併して文部省の外局になった[三〇]。私塾を認可する機関がなかったのである。家塾は地方官が認可すればよかったが、その規準が定まらなかったのだろう。家塾は変則教則でよかったし、教員資格も規定がない。教員の事歴で判断するのだから地方官の胸先三寸にあった。こうした事情が私塾家塾についての地方による差異や混乱を生んだのである。

そうしたなかにあって早くから私塾家塾を規制しなかったのは東京府であった。即ち一八七三（明治六）年二月、小学の設置と児童の就学について次の如く各区区戸長に達したのである。

差向扶助金ヲ本トシ旧六小学校取交各大区ニ三校以上取設候條男女トモ六歳以上最寄小学ニ従学為致可申。尤当分私学家塾通学為致候トモ可為勝手事(三一)

六　まとめ

幕末維新期から学校をたてよ、一般人民を就学させよという声は徐々にあがり、拡まっていた。府藩県もこれを実施に移しつつあった。しかし学制布告書のように徹底した就学の告諭や学校を具体的に示した学制章程ははじめてであったし、人民にとって唐突なものであった。

三大改革と言われる学制、徴兵令、地租改正のうち、先頭切って走り出したのは学制であり、それを担ったのは旧領主と入れ替った県令をはじめとする政府派遣の新官僚であった。多少の温度差はあったが彼等は文明開化に即応する人民の改良を目指し熱意を以て学制の推進に取り組んだ。就学告諭はこれを如実に示している。

政府の意向が人民に貫通するルートは県↓郷村を通してほぼつくられていた。ゆえに交通通信手段が未発達のわりには比較的早く学制は全国に普及した。しかし肝心の学制章程が法規として不整合な上に不備が多かったので文部省は誤謬訂正や追加をしばしば出さなければならなかった。就学告諭間にみられる差異は地方官の解釈、現地実態への適応度の外に文部省の度重なる訂正、改正指令とそれが現地に届くまでの時間的ズレがあったからである。

しかしそうした状況下にあって民費による公立小学校の建設は進んだ。そしてこれを中核本位として私立、私塾を周辺に配しつつ人民全員の就学をはかった。まさに走りながら考え、訂正し、つくっていった学校であった。全国の就学告諭の調査研究からこうしたことが読みとれる。

（神辺　靖光）

註

（一）拙論「『藩治職制』にみる『学校』」幕末維新学校研究会編『幕末維新期における「学校」の組織化』多賀出版、一九九六年、八九～一三二頁。
（二）宮武外骨『府藩県制史』名取書店、一九四一年、九八頁。
（三）仲新『明治初期の教育政策と地方への定着』講談社、一九六二年、六七八～六九四頁。
（四）拙論、前掲論文、八九～一三二頁。
（五）石川謙『概観日本教育史』東洋図書、一九四〇年、一九一～二一五頁。拙論「明治初年・武相郷学校の学習形態」『近世日本における生涯学習システムの成立と発展に関する全体論的研究Ⅰ』、幕末維新期学校研究会、二〇〇四年二月、二一～三六頁。
（六）拙著『日本における中学校形成史の研究〔明治初期編〕』多賀出版、一九九三年、八三～八六、一三四～一三五頁。
（七）太政類典第二編第二四三巻（日本近代教育史料研究会編『編集復刻　日本近代教育史料大系』第二巻）、三六頁。
（八）「文部省日誌」明治五年第四号（『明治前期文部省刊行誌集成―文部省日誌』、一八～一九頁）、「府県史料」埼玉県史料一四・政治部学校（内閣文庫、国立公文書館蔵、以下同断）。
（九）福井県立藤島高等学校『百三十年史』社団法人明新会、一九八八年、一八～三九頁。
（一〇）岡山県立津山高等学校『津山高校百年史』上、一九九五年、二四～二五頁。『岡山県史』第三〇巻　教育・文化・宗教、一九八八年、一〇頁。
（一一）前掲『津山高校百年史』上、二七頁。前掲『岡山県史』第三〇巻、一〇～一一頁。
（一二）前掲「府県史料」鳥取県史料四。
（一三）拙論「明治十年代における山陰五州の中学校」『明星大学人文学部紀要』第三三号、一九九七年三月。鳥取県立鳥取西高等学校『鳥取西校百年史』一九七三年。

(一四) 前掲『日本における中学校形成史の研究〔明治初期編〕』二二三〜二三〇頁。

(一五) 前掲「府県史料」長崎県歴史学校之部。

(一六) 『国語大辞典』(小学館、一九八一年)、官の類、官衙、公、公衙の項。『日本史用語大辞典』用語編(柏書房、一九七八年)、公の項。

(一七) 『国史大辞典・第三巻』(吉川弘文館、一九九二年)、官位相当制、官位令の項。前掲『国語大辞典』、官、公、公儀の項。『古語大辞典』(小学館、一九八三年)、公儀の項。

(一八) 『国史大辞典』第一三巻(吉川弘文館、一九九二年)、町入用、村財政の項。

(一九) 前掲『日本史用語大辞典』用語編、大割、郡懸の項。

(二〇) 拙論「明治前期における学区形成の理論と実践」兵庫教育大学学校教育研究会『教育研究論叢』創刊号、一九九三年三月。

(二一) 石川謙『日本庶民教育史』玉川大学出版部、一九七二年、一五八〜一七二頁。

(二二) 「神奈川県管轄武相両州郷学校二十七ヶ所設置の触書」、「郷党仮議定」、「郷学校仮規則」『町田市史史料集』第一集、一五〇〜一五三頁。

(二三) 「小田県史」福山城博物館鏡櫓文書館蔵。

(二四) 「埼玉県布達」埼玉県立図書館蔵。

(二五) 『東京都教育史』通史編一、一九九四年、一一一〜一一七、一二一〜一二四頁。

(二六) 「私塾・家塾開業願につき県達」『長野県教育史』九、史料編三、一九七四年、九四頁。

(二七) 『島根県近代教育史』三、資料編、一九七八年、二八頁。

(二八) 同前、四七頁。

(二九) 前掲「府県史料」青森県史料八・青森県歴史十一学校。

(三〇) 倉沢剛『小学校の歴史』Ⅰ、ジャパンライブラリービューロー、一九六三年、四四八〜四五三頁。

(三一) 前掲「府県史料」東京府史料・学校一。

第二節　就学勧奨の対象者

一　本節の課題

本節では、就学告諭に表れた就学勧奨の対象者は誰であったかを明らかにしたい。

明治新政府は、「学問は身を立てる財本である」ため、「華士族農工商及婦女子に至るまで学問を修め」、「不学の人なからしめん事を期す」（学制布告書）という方針を打ち出し、「学問は一部の人たちのもの」という旧弊を打ち破ろうとした。全国の人民全員に対し、子どもの就学の方法は、「学校」(一)に行く形のみだと示し、それまで藩校や寺子屋、また家庭内において学びに就いていた子どもたち、言い換えれば学問を独占していた層と、初めて学問に触れる子どもたちとを、ともに同じ場で学ばせることとしたのである。同時に、その就学の始期を「六歳」と、当時の藩校の平均的な年齢の八、九歳よりも早く設定したことは、従来の藩校入学以前に家庭において行っていた素読等の期間も「学校」という場で学ぶようにしたと言える。しかし、就学告諭に表れる就学勧奨の対象者の年齢は、学制の示す学齢と必ずしも一致しておらず、就学の始期についても六歳と示しているものばかりでない。その背景には、学制公布以前に政府自らが達した学齢に関する言及や地方独自の状況や方針があった。

一方、人民の皆学、学問の奨励に関する政府の考え方を反映した就学告諭からは、新しいしくみを遵守しない、または経済的諸状況などによってできない人々が浮き彫りになってくる。特に、それより先、就学を阻害されてきた人々が就学勧奨の対象者としてクローズアップされている。

そこで、就学を奨励した対象者を探っていくにあたり、まず「学齢」に着目したい（第二項）。学制布告書および学制の公布前後で、就学告諭に表れた学齢、就学の始期とする年齢に変化はあったのか、つまり学制に示された学齢（六歳から一三歳）が、どの程度遵守されるようになっていったのかを見ていく。

続く第三項では、「身分・階層・性別」に着目する。全国各地で次々と出される就学告諭を見ていくと、特に勧学奨励の対象となっているのは、貧困階層の人々や女子である。この事実からは、彼（女）らの就学率が他の人々に比べて容易に上がらなかったことが想定される。そうした人々を就学に導くための就学告諭にはどのようなものがあったのかを概観する。その際、就学告諭に示されているレトリック、すなわち説得方法やその理由、具体的な対処策にも留意したい。

なお、本節では学制に示されているように、四民および男女をいとわずに就学すべきとしている「小学校」への就学勧奨の対象者を中心に検討していく。

二　学　齢

（一）学制公布以前の学齢

明治五年八月三日に公布された学制には、「下等小学ハ六歳ヨリ九歳マテ上等小学ハ十歳ヨリ十三歳マテニ卒業セシムルヲ法則トス」（第二十七章）とあり、原則として六歳から一三歳までの八年間の就学が規定されている。いったい、「六歳から一三歳」という学齢はどのように定められたのであろうか。まず、学制公布以前の学齢を振り返っておきたい。

明治以前の状況を見よう。まず、藩校に入学する士族の子弟たちの年齢は、八歳、九歳、一〇歳とまちまちであった。ただし、入学以前に親や親戚、近隣の家塾で素読を受ける例が多かったことを勘案すると、学問を始める年齢はもう少し早かったと考えられるという(二)。一方、庶民を受け入れる寺子屋においては、入門させる時期、通わせる期間が親の希望によったため、特に寺子屋側からの明確な年齢に関する指示はない。しかしながら、長年の教育実践の中で次第に緩やかな年齢的なまとまりをもつようになったと言われている。例えば『東京都教育史』には、「入学年齢は、資料上満年齢か数え年か必ずしも区別できないが、六、七歳が多い。このことについて神田区英徴堂の調査表は、『身分柄よきものは半年若しくは一年間も家庭に就き八才にして学に入るもの多し近年は其児六才の六月六日を以て学に入るの風習多し』（調査計数年代　天保一〇年）と記している」とある(三)。また乙竹岩造は、著書『日本庶民教育史』に、天保半ばから明治初年まで行った全国の寺子屋に通う者の年齢に関する調査についての報告を行っている。それによれば、入門する年齢は、男子は八歳が最も多く、次いで九歳、七歳の順であり、女子は、九歳、八歳、七歳の順であったと言う。加えて、寺子屋に通う子どもの年齢は、五歳から一八歳と幅広かったものの、中心的な構成年齢は、男女ともに六歳から一三歳であったと述べている(四)。ちなみに、この年齢は学制に定められた学齢と偶然にも一致する。学制の草案づくりには諸外国の学校制度が参考にされたことは言うまでもないが、中でも重視されたと位置づけられている佐澤太郎訳、河津祐之閲『仏国学制』には、小学校の学齢は学制と同じく「六歳以上一三歳以下」と記述されている(五)。

明治に入ると、新政府は初めて初等教育に関する規定を公布し、学齢についても言及するようになる。それは、当時中央教育行政機関でもあった大学が明治三年二月に制定した「大学規則」であり、「学制」の項を設けて府藩県に中・

小学をおくことを示し、さらに、「中小学規則」に「子弟凡ソ八歳ニシテ小学ニ入普通学ヲ修メ兼テ大学専門五科ノ大意ヲ知ル」、「子弟凡ソ十五歳ニシテ小学ノ事訖リ中学ニ入ル」と定めたものである[六]。加えて、翌明治四年一一月一三日、東京府に直轄の小学校および洋学校をもうけた際の文部省布達（第一三号）に別紙としてつけられている「小学校入門之心得」には、「男子生徒ハ八歳ヨリ十五歳迄ノ事」、「女子生徒ハ八歳ヨリ十二歳迄ノ事」と示されている。これら二点において、いずれも就学の始期が八歳であること、男女の学齢に差があることは、後の学制とは異なり興味深い。

それより先、明治新政府の動きにさきがけて、地方では独自に小学校を開設する動きがあった。明治元年、静岡藩には、わが国最初の「小学校」と称する機関である沼津兵学校の附属小学校[七]、京都府には、同年、市内の六四の町組ごとに自主的に小学校が設立された[八]。続いて明治四年九月、名古屋県は義校を設立し[九]、備後・福山藩でも、同年、領地各地に小学校を開いた。ちなみに福山藩は、前年に啓蒙所を設立しており、「啓蒙所大意・啓蒙所大意並規則」（明治四年）には、「七才ヨリ初テ小学校ニ入リ」[一〇]と、先に触れた明治政府の提示した八歳よりも一歳早い学齢が示されている。

結局、これらの背景をもって明治五年八月二日に公布された学制には、「下等小学ハ六歳ヨリ九歳マテ上等小学ハ十歳ヨリ十三歳マテニ卒業セシムルヲ法則トス」（第二十七章）とあり、原則として六歳から一三歳までの八年間に上等（四ヶ年）、下等（四ヶ年）の二つの小学校を卒業することが想定されていた。

ところで、その学制布告書に示された学齢には、満年齢なのか数え年であるかの言及はない。ちなみに先に紹介した、寺子屋の状況ついても、「満年齢か数え年か判然としない[一一]」と指摘されている。しかし、両方ともに当時広く通用していた「数え年」と考える方が妥当であろう[一二]。なぜなら、わが国が年齢の表記を公式に「満年齢」と定めたのは、学制公布翌年の一八七三（明治六）年二月五日の太政官布告第三六号「自今年齢ヲ計算候儀幾年月ト可相数事」であり、その布告一ヶ月前の一八七三（明治六）年一月一〇日に出された「徴兵令」（陸軍省達第五）に「当年二十歳」とだけ指定されていたところ、東京鎮台という公的な機関でさえも、「当年数え年二〇歳」を同年の徴兵の対象としていたという〔一三〕。つまり、学制が公布された際には、当時の人々は当然、そこに示されている学齢を数え年として理解したと考えられる。結局、初めて学齢が満年齢によって正式に示されたのは、約二年後の一八七五（明治八）年一月八日の文部省布達第一号「小学学齢ノ儀自今満六年ヨリ満十四年マテト相定候条此皆布達候事」であった。しかし実際に各地に満年齢での年齢の扱いが浸透するまでには時間を要したと考えられる。各地の就学告諭の年齢に関する表記に「満」と付されているものいないもの、またその登場時期などにばらつきが見られ、人々が「正しく」理解したかどうかは疑わしい。

このような状況をふまえつつ、次節において、各地の学制公布前後の就学告諭に見られる就学の対象となった年齢を検討し、明治政府の意思がどのように各地に伝えられ、影響を及ぼしていくのか、年齢に関する表記の独自性が地域によってどの程度あるのか明らかにしてみたい。

（二）就学告諭にみられる学齢

就学告諭上には、就学の対象となる年齢はどのように表されているのか。学制公布以前に出された就学告諭から時系列に見ていこう。

学齢が明記してある就学告諭のうち、手にし得る資料の中で最も早い時期に出されたものは、「八歳」と示された明治三年の忍藩〔一四〕主からの布達に示された「郡中村々ノ童幼八歳ヨリ入校為致」〔**資 24-3**〕である。続いて、同年一二月、岩国藩の「学制ノ議」には、「凡ソ藩内ノ士民子弟年七歳ニ至ルモノハ貴賤ニ拘ハラズ士農工商ヲ論セズ、悉皆同一ニ入学スルヲ得セシムベシ」〔**資 35-1**〕と「七歳ニ至ルモノ」と示されている。翌明治四年三月、胆沢県（岩手県）は「郷学校ニツキ布告」において「学校御取開キニ付テハ、八歳以上農工商トモ有志ノ輩ハ罷リ出デ」〔**資 3-2**〕と述べ、同年に品川県（東京都）から出された二つの就学告諭「布田郷学校入校につき勧奨」および「品川県庁勧学の布告」でも、それぞれ「普く生徒を教導致等百姓町人ニ限らす歳八才ニ至り候ハ、必入校勧学勉励可為致もの也」〔資13-2〕、「百姓町人ニかぎらす歳八歳ニ至り候ハ、必入校勤学可為致もの也」〔資13-3〕と「八歳」と示されている。学制公布直前の明治五年七月、小倉県の「本県告諭」には、「童子七八才以上ヨリ必ス学校ニ入ルコトト定メ」〔資40-1〕と示されている。つまり、学制公布以前は、七、八歳（数え年で捉えられたとするならば、六、七歳）を、就学始期にあたる年齢と捉えていた。ちなみにこれは、先に触れたように当時の藩士の子弟が藩校入学以前に素読等の学問を始める年齢とほぼ同じである。

ところで品川県では、就学始期を「八歳」と定めているものの、終期は定めていない。先に触れた資料からは、「歳八才至候者ハ勿論壮年たり共有志之ものハ、農隙之節入校勧学可致旨厚く可相論もの也」〔資13-2〕および「歳八歳ニ至り候者ハ勿論、壮年たり共有志之ものハ農隙の節入校勤学可致旨厚ク可相論」〔資13-3〕と、農閑期に壮年たちにも就学の門戸を開いていることがわかる。同様に学齢の枠を超えた就学可能な対象者年齢を示したものとして、松江藩の「教導所学則」のように「教導所ハ七歳ヨリ入学十三歳ヲ以テ限トス十四歳以上ハ各其志ニ任ス」〔資32-4〕という、七歳から一三歳までを学齢としているものの、一四歳以上は各人の意志により学習が継続できることが示されているものもある。

この頃に出された就学告諭の例として、青森県にも触れておきたい。最も幼い「六歳」という就学始期を示したのは、「管内支庁長へ私立学校設立ノ告諭」の「貫属社寺農商ヲ不論男女六七歳ヨリ学ニ入」〔資2-2〕である。

また、時ほぼ同じ頃、斗南県（青森県）の「元斗南県学則」には、

　貴賤男女ニ不係入学セシムル者也士卒族ノ如キハ今方ニ迫乏ノ節ナレハ自家ノ生計ヲ助ケ余暇ヲ得テ出スヘシ然レドモ十四歳以下ハ必ス欠席スヘカラス〔資2-13〕

と、士族に対し特に就学を強く求めていることが示されている。維新後の士族の生活が窮迫し、学齢期にあたる子どもが家計の助けになっていることを認めはするものの、「十四歳以下ハ必ス欠席スヘカラス」と年齢を明示して就学勧奨を行っている。

以上、概観したように学制公布前の各地の就学告諭は、就学始期の違いだけでなく、期間を示すかどうかでもばらつきが見られる。その背景に藩校や郷校、寺子屋などの数、また生活状況による地域差があるとも考えられ、更なる検討は必須である。しかしながら、全国的に就学始期は「六、七、八歳」とされている。この年齢は、およそ藩士の子弟が素読等の学問を始める時期、また寺子屋の入門年齢と大きな隔たりはなく、当時の人々が学問に就いた年齢とほぼ同じである。

ところで、地方によるばらつき、同一地方における就学すべきとされる年齢の幅は学制公布以降、学制の定める「六歳から一三歳」へと収束していくのだろうか。また、上述したようにわが国において公式な年齢の表記を満年齢とした一八七三（明治六）年二月の太政官布告第三六号や、満年齢で学齢を明示した一八七五（明治八）年一月文部省布達第一号の影響はその後の就学告諭に見られるのだろうか。以下に追っていこう。

やはり、学制公布以降、就学する年齢を「六歳以上」と明記している就学告諭が多数見られるようになる。たとえば水沢県（岩手県）での一八七三（明治六）年一月に出された布達〔資3-4〕のように、文部省の規則を「急キ順達」、「学制第十三章　学区取締ハ毎年二月区内人民子弟六歳以上ナルモノ」と、そのまま写し伝えているものは当然であるものの、一八七四（明治七）年五月の青森県布令のように

学制御定ニ付一般ノ人民就学ノ儀一月モ放過スヘカラス子弟男女六歳ニ至ラバ必学ニ就カシムヘキ旨毎々相達置〔資 2-8〕

と、学制に準じて就学すべき年齢が示されているものも多い。

他方、広島県では、学齢に関する規定のある就学告諭が六件ある。それらは、明治五年一一月一〇日に出された布達、「四民男女ノ別チナク六歳以上ノ子弟アル者ハ文学手習算術ヲ始メ」〔資 34-4〕から始まり、翌一八七三（明治六）年の「六歳以上の者の就学を勧める達」における「六歳以上之者必就学之方ニ精々尽力可致」〔資 34-8〕、また一八七四（明治七）年一月の「六歳ヨリ十三歳マテノ男女必ス小学校入学可致様ニ」〔資 34-9〕、同年四月の「小学校ハ其区内惣別六歳ヨリ十三歳マテノ児女ヲ教育スルカ為ニ設タルモノニシテ有志就学ノ者ノ為ノミニ設タルモノニ無之」〔資 34-11〕などである。月日が下るにしたがって見られる変化は、「六歳以上」という表記から、「六歳から一三歳まで」と期間をも記すようになっていくことである。

また、先に触れた太政官布告第三六号の影響が見られる就学告諭として、一八七四（明治七）年一〇月の神奈川県による「就学督励と学費のため桑茶等栽培奨励」のように、

学制第十二章ニ基キ満六歳以上ノ小児ハ男女ノ別ナク必入校可為致若六歳以上之小児就学不致モノ有之候ハハ其父兄ヲ取糺其由ヲ学区取締エ届取締ヨリ県庁学務掛エ可申立候〔資 14-9〕

と、文部省布達第一号以前であるにもかかわらず、学制をひきながら満年齢で表記している就学告諭もある。

以上みてきたように、学制公布によって就学始期についてはそれ以前の七歳や八歳というものは見られなくなり、六歳で統一されるようになっていく。一方、学制公布後すぐに期間まで学制に準じて明示しているとは言い難く、学制に則って「一三歳まで」と明示している上記の広島県の就学告諭は例外的である。

さらに言えば、学制の定める学齢にあえて則らずに出された就学告諭も多い。学齢外でも就学を認めたり、促したりするものもしばしばみられる。岩手県では、一八七四（明治七）年三月の「小学校開学ニ付布達」に「六才以上何才ニ而も小学課目丈之学問致度者ハ入学差許」〔**資3-8**〕と述べられ、秋田県でも一八七四（明治七）年五月の「小学入学案内書」において、「但未タ学ニ就カサル者ハ十三歳以上ト雖モ年齢ニ不拘入校可致事」〔**資5-10**〕と、年齢上限を設けずに何歳になっても入学し、学問に就くことを奨励している。

このような年齢に関わらずに誰もが就学できる場所として、夜学校の設立を説く就学告諭もある。

> 殊ニ今度学制確定相成、一般人民ヲ教育スヘキ為市村共ニ学問所ヲ取立、八歳ヨリ壮年迄ノ者ハ勿論別ニ小児学校夜学校等ヲ設ケ、小児ハ六歳ヨリ学ニ就カシメ年長シタル者ハ職業ノ暇ニ学フベキ為ナリ。〔**資23-4**〕

これは、明治五年八月に額田県（愛知県）から出されたものであるが、職業についている者に対しても就学勧奨を行っている例である。夜学校の設立に関しては、貧困層への就学勧奨の方法として後述するが、各地において、学齢期の子どもだけでなく、さまざまな人たちにも広く就学を奨励していたことがわかる。「家に不学の人なからしめん事を期す」をという精神が的確に捉えられている。

翻って、そもそも「学齢」とされる「六から一三歳」とはどのような理由で設定されたといえるのであろうか。就学告諭にみられる年齢の表記は、満年齢、数え歳にかかわらず、学制布告書および学制章程を論拠として記載されているにすぎないため、直接的に学齢設定の根拠を読み取ることができない。ただ、幼きころより学ぶことが一生の支えとなること、すなわち、学制布告書の主旨である「学問は身を立てる財本である」ことと結び付けて学制章程に示された学齢をなぞり、それが的確であるからゆえに時期を誤ってはいけないと指摘する就学告諭がある。たとえば、若松県(福島県)では、

人々自ら其身を立て其産を治め其業を昌にして以て其生を遂るゆゑんのものは幼少より学校に入り身を修め智を開き才芸を研くにありされは学問は身を立るの財本ともいふへきなり〔**資7-1**〕

と述べている。また、同年一一月、磐前県(福島県)においては、

各自ノ子弟ヲシテ学業進歩ノ時期ヲ誤ラシメ甚以テ心得違ノ事ニ候条　兼テ相達置候通六歳以上ノ子弟速ニ入校可為致〔**資7-5**〕

と、六歳入学を踏まえた就学告諭がみられる。このような、学問は幼少期より行うことで成就する、という主旨は、学制公布以前より言われている。たとえば、明治五年六月に出された「奈良県就学告諭」には、

知識ナルモノハ学問ヨリ生シ其学問ハ幼少ノ時読書手習算術等ヨリ漸々修業致サスシテハ容易ニ成就スルコトナシ

若幼少ノ時遊戯ニソノ日ヲ送リ生長ニ及ヒ自ラ貧窮ニ苦ンテ人之富貴ヲ羨ミ或ハ童ベノ侮リヲ受ケ衆ノ屈辱ヲ蒙リテ如何ニ後悔スルトモ及フベカラズ〔**資 29-1**〕

と説かれ、学を修めることが自らの資本となるという後の学制布告書の主旨も同時に見ることができる。

なぜ六歳からか、という問いへの答えは現時点では仮説的にしか述べることができない。単に諸外国の例を参考にしたということなのかもしれない。ただ、明治以前、家庭で基礎教育を施される子どもを受け入れることを前提としていた各地の藩校は、先にも触れたように通常数え年八歳以上を受け入れることを通例としていたことにも注意が必要だろう。学校を整備していくにあたって、そのような事前の家庭学習が期待できない大多数の庶民の子どもたちにも就学（教育）を義務づけていく際には、藩校よりも就学始期を早期化していくことが必要だと考えられたのかもしれない。同時に、幕末期の寺子屋に「六才の六月六日を以て学に入るの風習多し」というように親の要望で子どもの就学が早期化しているという状況があったことにも目を向ける必要があろう。庶民の学習意欲も高まりつつある中（一五）、「学校に行く」という形の就学の年齢を早期化していくことが、それまでの実態を継承することになると言う考えがあったのかもしれない。

二　身分・階層・性別

（一）学制公布前の就学状況と学制に示された就学対象者

ここでは、性別や身分が就学状況にどのような違いをもたらしていたのかを概観したい。周知のように、幕末維新期まで、教育機会には身分・階層・性別による格差が生じていた。藩校の教育対象は原則的にはやはり一般に藩士の子弟であり、藩校への強制就学は武士の子どもの男子に限られていた。また藩校の専門学科としての女学校は明治になってから設立されたに過ぎず[一六]、就学者もごく限定された女子であったことは明らかである。寺子屋の就学者にしても、年齢集団は前述したようにある程度のまとまりができつつあったが、東京では「男子の在学女子より少きは年季奉公に出つるに因るなり」（浅草区林泉堂）という報告[一七]があると言えども、男女間の就学の仕方に格差は存在していた。

そうした中、明治新政府は、全国に学校を設置して一般人民の教育を振興することの必要性を提言し、全国的な学校計画の検討に着手した。たとえば、前項でも触れた「中小学規則」（明治三年二月）では、「子弟凡ソ八歳ニシテ小学ニ入普通学ヲ修メ」と、武士の子どもたちだけでなく、八歳になれば小学に入学することを主張している。四民平等の政策が一段落を迎えた頃の明治四年一二月二三日には、「当府下に於て共立の小学校并に洋学校を開き華族より平民に至る迄志願の者は学資をいれて入学せしめ」（文部省布達第一三号、前述）と、身分の上下に関わらず学校教育の機会を提供していることが分かる。ただし、その「別紙」の「小学校入門之心得」には、男女の区別なく就学することは規定されているものの、「男子生徒は八歳より十五歳迄の事」「女子生徒は八歳より十二歳迄の事」と、その期間には性別による格差が存在している。

文部省は創設と同時に、初等教育機関の整備に特に力を注いだ。学制布告書および学制には、四民平等思想のほかに男女に関わらず学問の機会があるべきことが素直に述べられ、「学問は士人以上」の身分の者がなすべきことであるという従来の考えを改め、「華士族農工商及婦女子」に至るまで必ず学問を修め、「不学の人」がいなくなるよう学問を推奨した。そして、「高上の学に至ては其人の才能にいかすといへども幼童の子弟は男女の別なく小学に従事せしめざるものは其父兄の越度たるべき事」であり、「小学校は教育の初級にして人民一般学ばずんばあるべからざるもの」（第二十一章）

とし、さらに、上等（四ヶ年）と下等（四ヶ年）の二つの尋常小学校を「男女共必す卒業すへきもの」（第二十七章）として、身分男女に関係なく、すべてが合計八年間の同一の小学校教育を受けることを義務づけ、子どもの小学校就学を父兄の責任とした。なお、小学校は、上記尋常小学以外に、尋常小学の教科のほかに女子の手芸を教える「女児小学」、僻遠農村の年長者を対象とした「村落小学」、富者の寄進により設置された貧者の子弟を対象とする「貧民小学」など数種類に区分されていた。

このように、身分・階層・性別の区別なく小学校に就学するしくみを作ったものの、実際の就学状況は、男女間で大きな開きがあり、男子に比して女子の就学はなかなか普及しなかった。これには、そもそも女子を学校で学ばせることが一般民衆の通念となっておらず、この傾向は農村あるいは僻地に至るほど根強いものであったという(一八)。また、旧藩城下町では、女性を蔑視ないし差別する旧来の社会慣行が根強く、男子とは別の学校を編成する例もかなり多く見られた(一九)。

次項では、女子の就学に対して、各地方がどのように勧奨していったのかを見ていくこととしたい。同時に、明治二〇年代以前において低就学率期が続いていた(二〇)ことの背景には、原則として学費が自己負担であった以上、経済的な格差による就学率の違いも当然あったと予想されることから、貧困家庭の子どもの就学勧奨策として、各府県がどのような取り組みを行っていったのかも追いたい。

(二) 就学告諭にみられる身分・階層・性別

女性や経済的困窮に陥りやすかった農商業従事者などに対し、各地方はどのような理由で就学を奨励し、またどのような対策を打ち出して就学させようとしていったのだろうか。

①職業従事者・貧困者

先の就学の対象となった年齢についての項で触れたように、学制公布の後、尋常小学の学齢を越えていても、これまで学問をしてこなかった者に対し、学に就くことを積極的に促していた県があった。このような就学告諭の中には、それらの人々が農業従事者である者や、経済的に困窮状態にある人々であることがみてとれるものもある。また農家の学齢期の子弟は、農繁期においては学校に行くことは難しい状況もあったことは想像にたやすい。そうした人々に対して、各地はどのような諭しと対策をもって、就学勧奨をおこなっていたのであろうか。

各地の不就学者を対象とした就学告諭を見ると、生活貧窮者に対する配慮をもって就学を促しているものも多数みられる。たとえば、秋田県では、一八七四（明治七）年五月の「小学入学案内書」において、「授業料貧富其分ニ応ジ十銭七銭五銭ノ三等ヲ以テ可差出事」、「貧窮ニシテ書籍ヲ購ル事能サルモノハ貸シ渡ス候事」〔資5-10〕という文言が加えられている。また、ほぼ同時期に岩手県では、困窮者に対する授業料についての細かな方策を立てていることがわかる。

授業料ハ新貨五拾銭より弐拾五銭之二等ヲ以テ取立、右にて学校諸入費匹相弁一筈之所、右にてハ難儀之者も可有之ニ付、詮議之次第有之当分之内六才以上何才に而も小学課目丈之学問致度者ハ入学差許、且授業料ハ大家弐拾五銭以上、中家拾弐銭五厘以上、小間居ハ弐銭之割合ヲ以テ月々生徒より取立可申、其中一戸に而二人以上入学之者ハ何人に而も只二人之授業料而已にて其余ハ差出に不及候。尤極窮之者に而差出兼候者有之候ハバ戸長之連印を以て学区取締役へ可申出然る上ハ授業料差許候儀も可有之〔資3-8〕

子どもの人数が多いために学費負担が大きくなる家庭や、経済的困窮を極めている家庭に対する配慮である。このような学費に対しての対策を示しながらの就学奨励は、一八七四（明治七年）ごろからさまざまな地方でみられるようになる。つまり、学制が公布されたものの就業率が上がらず、未就学者がどのような状況の人々であるか、ある程度把握できてきた頃であったのだろう。しかしそれより先、山梨県の学制公布からそう遠くない明治五年一一月の「小学校御布令」からは、生活困窮による不就学者がでることが想定されており、生活状況にも地域差があったことが表れている。

貧窮之者ニ至而者月謝ヲ入ル、能ハ春夫之為メ不学之徒有之ニ至リ御愛育之御趣意ニ悖リ候間月謝ヲ緩ニシ貧富協力同心イタシ戸数集令之法ヲ設ケ学費ニ宛衆庶ニ先シテ府中江数所之小学校ヲ設建御趣意貫徹候様末々迄懇ニ申諭出銭名簿至急取調可差出者也〔**資19-1**〕

一方、就学困難者への対策として、各地で夜学が開設されていったことも注目に値する。東京府では一八七五（明治八）年から私立夜学校を開設し始め、一八七六（明治九）年九月には、私立横山学校が「此ノ校ハ有志之輩にして昼間学フニ暇アラスシテ感嘆ニ堪エサル者ヲ集メ以テ教訓スル」という趣旨で「貧民夜学」を開校した[二二]。また同年一〇月には、水沢県（岩手県）および宮城県の両県において「夜学開設ノ儀ニ付キ仮規則御達」と題する以下の文が伝えられている。

学齢生徒中就学ヲ比較スルニ或ハ半ニ及バズ、或ハ三分ノ一ニ至ラザル校モ有之、且学齢外ノ者ト雖モ少壮ノ輩ヲシテ看々廃テ盲人トナスハ感慨ニ堪ヘザルナリ。就テハ夜学ヲ設ケ昼間就学シガタキ者ヲ誘掖習業セシメ、上ハ邑ニ戸ニ不学ノ人ナカラシメソノ朝旨ニ奉答シ、下ハ各自天賦ノ権利ヲ保全セシメント欲ス。依テ別紙仮ニ規則ヲ設候条速ニ開設可致、此段相違候事〔**資3-9**〕〔**資4-6**〕

この夜学校については、これより先にも農家や商家などの職業従事者に対する就学勧奨を支える策として示されている。筑摩県（長野県）には特に農家の状況を考慮したとみられる就学告諭が多い。その際、貧困層に対する学費調達の方法についても併せて言及されている。以下、順に紹介しよう。まず、一八七三（明治六）年一〇月に出された就学告諭は、夜学校の開設を促している。

但農商家等ニテ日中職業筋ノ助成ニ携リ即時就学相成兼候様之不得止次第モ候ハハ学区取締等ニテ精々注意シ夜学校ヲ開ラキ学芸従事候様厚世話可致此旨為心得併而相触候事〔**資 20-10**〕

さらに、約半年後の一八七四（明治七）年四月には、「農繁期の就学督励につき県達」として、当時の学齢期の子どもを抱える農家の状況を踏まえた言及がなされている。

追而耕耘之時節ニ相成候ニ付農民之子弟専ラ学ニ従事スル能ハサル無余義次第ニ候得共農事之多忙ヲ以一旦学事ヲ廃棄候テハ是迄多少勉力熟得候者モ終ニ水泡ニ属シ可申就中八九才前後ノ小童ニ至テハ左迄農事ノ扶ケニモ相成間敷候処兎角不精ノ者多有之哉ニ相聞甚以無謂事ニ候右者全ク其父兄学文ノ何事タルヲ知サル故ノ儀ニ有之候条文学ノ一日モ忽ニスヘカラサル旨意村吏初メ其筋ノモノヨリ懇切申諭一層出精候様注意可致此旨相達候事追自万々不得止儀等モ有之候ハバ更ニ夜学ノ法ヲ設ケ修学可致添而相達候事〔**資 20-13**〕

農繁期になると学校に行かない状況、学問のなにものたるを理解しない親の状況があったことも見てとれる。加えて、強く学事奨励してもどうしても就学しない場合には、夜学の仕組みを整えるべきことも述べられている。

それでも就学状況は改善されなかったのか、さらに一八七五（明治八年）、筑摩県学区取締は、生活貧窮によってやむを得なく就学ができない子どもがいる状況を踏まえ、県に対して次のような伺いを出している。

小学校令の者入校仕度内廃疾又は格別貧困にて生活相立難きに付退校仕り諸職習業仕度或は雇奉公等に遣し銭を以て生計の一助に充申度の願申出候向は退校承り届然るべき哉此段伺奉り候以上〔資20-16〕

筑摩県はその回答として以下のように、金銭の補助とともに、昼間の労働に差し支えないよう夜学を開講することを対策として再度講じている。

書面の趣成たけ説諭を加へ入学致さすべく尤も実地止むを得ざる分は兼て相達候郡委託金の内を以て幾分補助遣すべく猶実地差支候者は夜学の手当等致し後来不学の数これ無き様致すべく候事〔同前、資20-16〕

ついに、翌一八七六（明治九）年になると、授業料や教材費などの捻出に苦慮する者に対する「給貸制度」も登場するようになる。

尤生徒其家貧窮にして授業料、或ハ書籍器械等も弁する能はざる者は、其旨書面御差出有之度、左候得ば給貸も可

致候〔**資 20-17**〕

給費を行ってまで就学を促しながら、さらに続けて、「学問は身を立るの財本故に、就学するハ富貴万端之基」〔**同前、資 20-17**〕であると、学制布告書の主旨を用いて、経済的貧困者に対する直接的な勧奨理由を述べている。

こうした生活貧窮者に対する入学金や学費についての具体的な金額軽減方法を示す就学告諭は、それより先の一九七三（明治六）年三月に兵庫県からも出されているので付しておこう。

一、小学生徒並等外生共受業料左ニ
　入学之節金拾二銭五厘
右之外小学校中ニ於て何学伝習致候共、決而指出候ニは及不申候
　但、貧窮ニ而右金高出金致難義者ハ半減ニ而宜候、尚夫も迷惑致候者ハ無料ニ而宜候〔**資 28-15**〕

以上、生活困窮者に対しての勧学奨励を行っている就学告諭を総じてみると、生活が貧困であっても学問は自らの資本となりえるのだから継続して取り組まなければならないと諭した上で、具体的な救済措置を提示している。また時代が下るにつれて、夜学の設置や学費や学用品費の免除などの具体的な対策について述べられていくことがわかる。

②身　分

くりかえしになるが、学制布告書において「華士族農工商婦女子に至るまで学問を修め」ることが明言され、身分の差なくだれもが就学するべき旨が伝えられた。各地方の就学告諭には、「貴賤男女ニ不係」〔**資 2-13**〕、「貫属社寺農商ヲ不論」

〔資2-2〕、「華士族・平民ヲ論セズ」〔資2-7〕、「農工商及ビ婦女子ハ之ヲ度外ニ置キ、自ラシテ学ブモノナシ」〔資3-6〕、「士農工商貴賎男女ヲ分タス」〔資5-5〕、「貴賎ヲ論セス男女ヲ問ハス」〔資14-6〕、「四民一同男女ヲ問ハス」〔資18-9〕、「四民一般」〔資18-11〕、「華族モ士族モ百姓モ町人モ婦女子ニ至ルマテ」〔資19-3〕などといったさまざまな語句を用い、身分に違わない勧学が諭されている。その中でも特に、出身によって人は違わないことを諭し、被差別部落民への言及がみられるものがある。明治五年一〇月に福岡県から出された「告諭」には、

王政御一新万機御改正以来曩ニ国守ト唱ヘ富貴灼々タル者モ卑賎無限穢多ト称スル者モ彼我同一ノ権ヲ得セシム尚華士族農工商之名アレトモ其実ハ則一民同権ノ者ニシテ旧来ノ位階門閥ニ関セス智識才芸アル者ヲ以貴キ人ト言ヒ不学無術ナル者ヲ以テ卑キ人ト云フ人々能此旨ヲ体認シテ相競相勉各其思ヲ遂ケ其志ヲ達センコトヲ要スヘシ〔資40-4〕

と述べられ、生まれによる差なく、人は同一の権利を持っていることを主張している。一方、ちょうど同じ年月に出された山口県の「学喩」では、「人ハ士族を始め農工商元の穢多に至るまで身分相応に出金して学校ヲ助くるよし」〔資35-8〕と述べられ、身分差がないことを諭すのではなく、経済的に階層差がありながらもその状況を考慮しつつ全ての人々の手によって学校を設立すべきだとの呼びかけがなされている。

この他、被差別部落民に関する就学告諭には、神山県〔資38-3〕、石鉄県〔資38-7〕の「穢多」に対する差別を「弊習」であると位置づけたものがある。これらの就学告諭またその背景については、第四章第四節に詳述される。

③女　子

学制により「男女の別なく」就学が奨励されたが、それより先、各地において、女学校設立を促す就学告諭がみられる。そこには学齢が示されているものもある。管見の限り、最も時期が早いものは、明治三年一月の出石藩（兵庫県）による、風紀の向上を目的として「女学上校・下校」を開校するというものである。「女学上校掟」上に学齢が示され、女学上校は、「八歳よりまかり出、十四歳に至りしりそくへき事」、下校は、上校の「八歳以上ヲ十歳以上ニ」と定められている〔資28-3〕。

明治四年九月になると、四民平等を謳った上での女学校の設立が促され、岩国県学校条例中の「女学条例」には、「今設ル所ノ女学ハ、士族・卒・農・商ノ差別ナク、年七歳ヨリ十二歳ニ至ル迄、尽ク之ニ人ヲ得ベシ」と述べられている（一二）。また翌月の一〇月には、松江県（島根県）からも「女学則」に「今新ニ女学校ヲ設ケテ四民オノ々漏ル、コトナク女児ヲシテ学ニ入ラシム」〔資32-5〕と、女児さえも四民がもれなく入れる学校として設置されたことが示されている。

こうした流れの中で、文部省は、同年の明治四年一二月、「小学校入門之心得」を布達した。その中で特に女子の就学を促し、東京に直轄の女学校を設置することを示した。小学校七校のうち「場所未定追て開校」としながらも「当校は女子のみを限り、年八歳より十五歳迄の事」と定めている。続いて同月、「女学校入門之心得」を布達し、

> 人々其業を昌んにし是を能く保つ所以の者は男女を論ぜず各其職分を知るによれり。今男子の学校は設あれども女子の教は未だ備らず、故に今般西洋の女教師を雇ひ共立の女学校相開き、華族より平民に至る迄、受業料《ツケトドケ》を出し候はゞ入校差許候間、志願の者は向申正月十五日迄当省へ可願出事

華族、平民の差別のない、女子に対しても教育機会を得る場としての女学校の設立を決定している（一三）。

このように、学制公布以前に出された達類に、女学校の設立を促すものが散見され、その就学の対象年齢を見る限りにおいて、七歳から一四歳くらいまでと男子に対するそれと確かに違わないように見える。しかし、出石藩の「下校」のように「一〇歳から一四歳」と短い年限が設定された背景には、女子にとって学校教育は無用であり、有害でさえあると考えられていた当時の民衆の女性観、女子教育観への配慮があったとも考えられる。

さて、男子だけでなく、女子にも平等に教育を提供するための女学校の設立を促す就学告諭には、母となる女性だからこそ教育が必要であり、それゆえに学校に行くべきであると説くものが多い。この「母となる女性ゆえの学問」については、第三章第五節に詳述されるので、ここではそれら就学告諭を紹介することにとどめる。

明治五年六月、小倉県（福岡県）から出された「本県告諭」の別紙「小学開校ニ付告諭文」では、「人材ハ慈母ノ教ニ出ルトモ云ヘリ随テ女学校ヲモ興スヘシ」〔**資 40-1**〕と、子を養育する母として学が必要であると述べられている。学制が公布され、四民平等と女子にも学問の機会があることが明示された以後も、女子の就学の必要性の根拠として母役割の大切さは強調され続ける。たとえば山梨県は、一八七三（明治六）年六月、「学問のもとすゑ」において、北条泰時の母や孟母などを挙げながら次のように述べている。

> 中にも女学、母教とて女を学問して物乃道理に通じ其子を教しへ育つることを大事とす、されバ西国の言に世を蓋ふの功業も慈母の膝下より生ずと真なるかな北条泰時の母周の文王の母又孟母の機を断ちて孟軻を誨ふる楠母の言を悉くして正行を誡むるなど皆能く其大功徳大学術をして後世に伝はらしめたり是等はすべて其母能く世間の道理を弁へて善く其子を教へ導きし効なり〔**資 19-4**〕

また翌年五月、島根県権令井関盛良から出された以下の「女子の就学奨励のこと」においても山梨県と同様に孟母を例に挙げ、母となるための女子教育の必要性を説いている。

凡ソ女子ハ成長ノ后人ノ嫁婦トナリ而モ一家ノ内相タリ況ヤ子アリ愛護教育ニ興ルモノヲヤ然ハ則女子ニシテ教育ノ道アルハ他日吾子ノ模範タル不俁言処嘗テ聞孟母吾子ノ教育ニ心ヲ盡スノ切ナル誰カ之ヲ嘆賞セサラン果シテ孟母ヲ他日ニ見ンヤ是学ニアラスンハ得ス豈忽ニスヘケンヤ〔**資 32-12**〕

さらに、母となる女性ゆえの教育の必要性にとどまらず、妻として夫を助け、家を興すことも女性の役割であるとし、それゆえに学問の必要性を説くものもある。明治五年一〇月に出された足羽県（福井県）の例を引こう。

今般別シテ婦女子ニ学問致サスベキ義ヲ御懇諭在《あら》セラレ候御趣意ハ、人生レテ六七歳ニシテ学塾ニ入ルマデハ多分母親ノ手ニテ生長養育致シ候事ニテ、固ヨリ小児ハ無我無知ノ者ニ候ヘハ、其教育ノ道ヲ得ルト得ザルトヨリシテ善キ人物トナリ悪キ人物トナルモ、皆先入主ト為ルト申シテ、教導ニ於テ大イニ関係之アル事ナリ、其上夫婿《ふせい》ヲ助テ家ヲ興ツモ治ルモ亦《また》皆婦人ノ重任ナレハ、御一新ノ今日ニ至リテハ婦人ニ学問之ナクテハ協《カナ》ハヌ義ナリ、然ルヲ是マデ婦人ニ学問ヲサスルハ益ナクシテ却《かえっ》テ害アリ杯《など》ト心得居候ハ大ナル誤リナレハ、父兄ニ於テモ右ノ御趣意厚相弁《わきま》へ、今般別シテ幼少ノ婦女子ニハ其旨説諭致シ、男子同様ニ入学修業致サセ候様可相心得候事〔**資 18-3**〕

ここには、六、七歳の学齢に至るまで、子は無我無知であり、その間の養育がいかに母親に責任があることを指摘し、また家の繁栄も妻である女性にかかっているゆえに、女性にも男性同様の学問が必要であることが述べられている。このように女性のライフコースの特性に着目しつつ、さらにその該当年齢を具体的に示しながら就学を促しているものも見られる。先に触れた山梨県「学問のもとすゑ」には、

> 女児など身の上の急しき者はなし年十四五才の頃に至れバ養蚕、糸、機、裁、縫の工を教ふる其暇も久しからぬ内に他家に嫁すれば夫と舅姑に事へ頓て児を生み育つるの世話さへ重りて朝夕身心の安まる時もあらず、終に老ひ朽る身となるなり。されば生れて満六歳に至らバ猶予せず学校の教に従ひ十三歳に至るまでに読み書き算盤等普通の学を修めしめ物の道理世の情態を諳んじ家業を助くるの道を明らめさすべし〔資**19-4**〕

とあり、小学校と同様の「満六歳から一三歳」のうちに教育を受けることの大切さを説いている。

ところで、この幼少期に教育が重要であるというレトリックは、学制公布からしばらくして、不就学者を特に対象とした就学告諭が各地で出されるようになった際にも用いられている。一八七九（明治一二）年七月の群馬県の例をみよう。

> 女児ハ男児ト違ヒ拾四五才ニ至レハ夫々女工[二四]ニ従事シ、仮令志アルトモ男ノ様ニ勝手自由ニ学習スル事ハ出来兼、其時如何様悔悟候トモ既ニ及バサル儀ニ付、学齢ノ内勉励致シ他家ヘ嫁シ候後、母タル道ニ差支無ク世間ノ往復モ出来候様心懸ケ可為到ハ肝要ノ事ニ有之〔資**10-9**〕

このように、女子にも教育の機会を与えるべきであるという男女間の機会均等に則って就学は奨励されているといえ

ども、男子と女子のライフコースが異なることを前提とした上で、女子独自の学問の必要性を根拠にして教育機会が提供されようとしていることがわかる。

次に紹介する一八七三（明治六）二月に出された石川県の「石川県女小学校」の設立に際する就学告諭には、男子と女子の教育内容までも区別して行っていた当時の状況が表れている。

土地の方向に従ひ、風俗も亦差異あるを免れず。是を以て其年限の制、曁び学科書目教授方法の如きは、卒然一概に行はれ難きものあり。故に現今県下人心を審にし、情態を察し、以て同省教則を少しく取捨補裁し、別に県下小学校教則を編成す。其書目順序教授方法の如きは、姑く端緒を開き方向を示すものにして、敢て一定確爾の教則とするに非ず。今後気化の運行に随ひ、追々整正し、以て普通一体の教則に企及せんと欲す〔**資17-10**〕

学制では、小学校の一種として女児小学を挙げ「尋常小学教科の他に女子の手芸を教ふ」としていた。ちなみに、この当時の「手芸」とは、裁縫だけでなく女性が行っていた家事全般また婦徳涵養をも含んでいるとされる。実際の当時の風習からしても、男女同一校に通学することが嫌われ、女子の就学の妨げにもなったので、全国ほとんどの府県において上等小学を男子と分離し、女児小学を設けていたという（二五）。

時は下るが、一八七六（明治九）年一〇月の静岡県の就学告諭には、これまでに触れた女子独自の教育による女子用の学校の必要性とともに、当時の各地の女学校の人気ぶりについて述べられている。

今日先第一ニ企望スル所ハ、女学校ノ設立是ナリ、女子ハ教育ノ母ナリトハ西人ノ確言ニシテ、吾儕ノ喋々ヲ須ヒズ、然ルニ現ニ吾儕ノ所見ニ拠レバ、小学不就ノ児ニ女子多ク、十三内外ノ女子ニシテ昇校スル者甚少ナシ、是蓋故アルナリ、抑女子ノ質タル十二三年ニ至レバ自カラ天賦ノ羞辱心アリテ男子ト雑居スルヲ厭フ事甚シ、既ニ之ヲ厭エバ両親モ亦誣難キ情義アリテ、転ジテ縫織ノ業ニ就シム、是已ヲ得ザル也、既ニ已ヲ得ザレハ之ニ応ズルノ方法無ル可ラズ、乃女学校設立ノ万已ヲ得ザル所ナリ、吾儕ガ聴ク所ニ拠レバ、東京ハ論無シ、京坂地方ノ如キ女学盛ニ行ハレ、百般ノ女工学校ヨリ出ル者多ク、其他新潟小田原ノ女学校モ最盛大ナリト謂フ〔資 **22-14**〕

全国において女学校が繁栄し、共学という概念には程遠い男女別学の教育が施されていることがわかる。旧来の状況を打破した男女平等の教育といえども、女子にも学校教育を施す際には女子の性役割観や母という生き方を全面的に尊重した女性用のものであった。

三　まとめ

以上、学齢、身分・階層・性別に着目して各府県がどのように就学を促していったかをみてきた。男女間の格差だけでなく、経済的な階層格差が顕在し、それゆえ教育の不平等は存在した。女学校や夜学校の設置、学費の軽減策などによって教育機会の差別がどの程度解消されていたかどうかは不明であり、どの程度の就学率向上の効果があったかどうかは定かではない。しかしながら、女子は女子の特性、農家は農家、商家は商家の営み、といったそれぞれの生家の状況は温存される中で、全ての人々に同じ教育内容と質を提供することを最終目的としながらも、まずはどのような形にせよ「学校」という場において「学に就く」ということを定着させようとしていた状況がみてとれる。「邑に不学の戸なく」

という学制布告書の精神を徹底し、学齢内外を問わず、学習する人々が多いことほどよかったのであろうことが、各府県の就学告諭や小学規条からも読み取ることができるのである。就学告諭に表れる不就学者に対する対策内容の変化や特質を県ごとに細かにみていくことで、各時期において誰が就学勧奨の対象者として力点を置かれていたのかがわかるであろう。またそれらは地域性などとも密接にかかわっているであろう。それらを今後の第一の課題としたい。

（野坂　尊子）

註

（一）学制公布前後においての「学校」は、後の近代学校体系が成立した後の学校に比して実に多様であった。学制上の学校は、「官立私立ノ学校及私塾家塾ヲ論セス其学校」（第一四章）と、官立私立の学校と私塾家塾を指していた。しかしその当時、各府県において様々な設置形態があり、呼称をも小学、小学校、郷学、郷学校、啓蒙所、義校など多様であった。また後述するように、就学者も子どもとは限らず年齢も様々であった。本節では、地域による多様な教育機関の総称として「学校」を用いている。

（二）藩校への入学年齢、素読を始める年齢に関する研究には、武田勘治『近世日本学習方法の研究』（講談社、一九六九年、七一～七三頁）、石川謙『日本学校史の研究』（小学館、一九六〇年、二六四～二六七頁）などがある。

（三）『東京都教育史』通史編1、一九九四年、七七頁。

（四）乙竹岩造『日本庶民教育史』下巻、臨川書店、一九七〇年、九四七～九四八頁。

（五）佐澤太郎訳、河津祐之閲「仏国学制」（一八七三年九月）『明治文化全集』第一〇巻　教育編、一九二八年、所収、七〇頁。

（六）『法令全書』第三巻、一九七四年、七九～八三頁。以下、法規に関しては、『法令全書』による。

（七）「徳川家兵学校附属小学校掟書」（明治元年一二月二〇日）米山梅吉『幕末西洋文化と沼津兵学校』（「付録の二」一九三四年四月五日）所収、二一頁。
　また海後宗臣「沼津小学校の教育」『明治初年の教育』評論社、一九七三年には、同学校の詳述がある。

（八）「各町組に対し小学校建設場所および図面等差出の指示」（学政類　京都府　申渡雑記、明治元年一一月三〇日）『京都府百年の資料』五　教育編、一九七二年、所収。また註七の海後の著作中、「京都小学校の教育」にも言及されている。
(九) 義校については、『愛知県教育史』第三巻、一九七三年、二〇六〜二一八頁を参照。
(一〇) また、同大意中には、「男女学校入学修業ノ規則ハ各校中ニテ掲示ス」とある。「啓蒙所大意・啓蒙所大意並規則」(明治四年一月) 財団法人福山芸術文化振興財団 福山城博物館 付属鏡櫓文書館蔵。
(一一) 註三に同じ。
(一二) 一八七三(明治六) 年二月五日の太政官布告第三六号以前の年齢表記を、満年齢か数え年のどちらで捉えるかについては今後さらなる詳細な検討が必要と思われる。
(一三) 宮川秀一「徴兵令による最初の徴兵と臨時徴兵」『明治前期の学事と兵事』一九九二年一一月。初出は『歴史と神戸』第二六巻第二号、一九一〜一九四頁。
(一四) 当時、三重県内の一部が忍藩(現埼玉県行田市付近) の領地の一部になっていた。
(一五) 『日本近代教育百年史』第三巻、一九七四年、一四〇〜一四二頁。
(一六) 女学校は明治一〜四年の間に一八校存在した。同前、『日本近代教育百年史』、一〇一頁。
(一七) 前掲『東京都教育史』、七七頁。
(一八) 文部省『学制八十年史』一九五四年、三九頁。また、家事や育児が本分とされていた民衆の女性たち自身も、男性と共通の一般教育を与えようとした「学校」に背を向けていたという。世界教育史研究会編『女子教育史』世界教育史大系三四、講談社、一九七七年、二二五頁。
(一九) 前掲『日本近代教育百年史』、五一六〜五一七頁。
(二〇) 詳細は、藤田苑子「明治低就学率期における小学校の諸活動」一九八四年、『教育雑誌記事による授業・学習実態の歴史的検討』科学研究費補助金研究 一般研究(C) 研究代表者 有本良彦。
(二一) 前掲『東京都教育史』、一四一〜一四二頁。
(二二) 『日本教育史資料』二、七九七頁。
(二三) 『明治以降教育制度発達史』、二五二〜二五三頁、および、前掲『東京都教育史』、一八〇〜一八一頁。

（二四）ちなみに「女工」とは、裁縫を中心とした女性としての身につけておかねばならない技能全般を指しており、女子小学校における教育とされていた。福井県における「女児小学校の規則」（明治六年一月八日）には、「一入学ノ者六歳ヨリ十三歳迄ヲ正則生トシテ教則ノ科目ニ附キ、十歳以上ハ女工《ヌイハリ》ヲ兼ネ学ブベキ事」「一　十四歳以上ヲ変則生トシテ女工ヲ始メ志願ノ科目ヲ修業致サセ候事」〔**資 18-8**〕とある。

（二五）三輪田元則筆「女児小学」『近代教育史辞典』平凡社、一九七一年、四二一頁。前掲『日本近代教育百年史』、五一七頁。

第三節　教育の内容とその「有益」性

一　本節の課題

本節では資料編一覧表の就学告諭に記された学びの内容、学び方、そしてその必要性についての文言に焦点をあてる。そして、学制布告書公布以降におけるそれらの特徴を明らかにする。各府県の就学告諭に記された学びの内容や学びの必要性に関する説明は、およそ明治五年の学制布告書の公布を契機にして変容する。学制布告書以前に布達された就学告諭には、幕末から諸藩ですすめられていた「学制改革」の内容をうかがわせるものがある。また、明治二年の「府県施政順序」を受けて設置された郷学校への就学を促すものなどもあり、そこには各府藩県の実状が反映されている。これに比して学制布告書以後に布達された就学告諭の内容は、いずれも学制布告書の論理に体系づけられている。しかし学制布告書の論理に体系づけられているとはいえ、就学告諭を記したのは各地方行政を担う人びとであったから、その枠内に留まらない特徴を見出せる可能性を予想させる。学制布告書を基準にしながらも、当該時期の地方行政担当者たちは新しい学びの内容や必要性をどのように一般の人びとに説明したのだろうか。そして新しい学びの意義をどのように説き、人びとを導こうとしたのだろうか。

本節では、およそ明治五年前後の就学告諭を対照し、先ずは学制布告書公布前に布達された就学告諭の特徴を分析する。次に、学制布告書公布後に布達された就学告諭を学制布告書の内容と比較しながら分析し、地方行政担当者たちが人びとを新しい学びへ導くために活用した文言の特徴を明らかにする。明治五年前の就学告諭および学制布告書と明治五年後のそれとを対照させその相違を明らかにすることによって、学制布告書以降の就学告諭の特徴をより見出すことができると思われるからである。そこには、地方で布達される就学告諭だからこそ見いだせる特徴があると考える。そしてその特徴を明らかにすることは、同時に、当該時期の地方行政担当者たちが新しい学びを、学校教育をどのように受けとめ認識していたのかを明らかにすることにもなろう。

二　学制布告書以前の就学告諭

(一) 洋学の重視

明治維新後、諸藩では人材育成を目的とした幕末からの「学制改革」が引き継がれすすめられていた。そのため明治五年以前、特に廃藩置県実施以前に布達された各府藩県の就学告諭には、「士族卒ノ子弟」を対象に藩学校への就学を呼びかけるもの[一]と、明治二年の「府県施政順序」を受けて「平民子弟」の郷学校への就学を奨励するものとがある[二]。また、両者を同じ郷学校へ就学させようとするもの[三]や、「平民子弟」の藩学校での聴講やそれへの就学を奨励するものがあり[四]、各府藩県で実施されていた「学制改革」の実状がそこには反映されている。そのため、教育に関する記述も呼びかける対象によって異なる。

「平民子弟」を対象にして郷学校への就学を奨励する就学告諭には、岩手県のように「専ラ書学・素読・算術ヲ習イ」〔資3-2〕と、「府県施政順序」に記述されている三課の修学を奨励する内容が記述されている。地方行政担当者にとってこの時期の、主に「平民子弟」を対象にした郷学校は人びとを教化するための学校であったから[五]、就学告諭に記される教育の内容も簡易な初歩的学びにとどまっているところに特徴がある。

呼びかける対象を「平民子弟」に限定していない就学告諭では、和歌山県のように「皇学漢学洋学ノ三科ニ相通候様心掛可申」〔資30-1〕と、先ず皇(国)学・漢学・洋(西洋)学というように国別による三学問の習得を促す府藩県が多い。廃藩置県実施後は身分にかかわらず、すべての子どもたちを対象にした就学告諭が増えてくるが、教育の内容に関しては国別による学問の分類・領域表記が引き継がれている。例えば青森県が布達した明治四年一二月の就学告諭は、「夫学ハ国体ヲ明ニシ以テ漢洋各国ノ典籍ニ及ヒ」〔資2-1〕という記述から始まり、先ずは三学問の修学を掲げる。開港場となった兵庫県も「学問ノ順序ハ先ツ手近ナル我国ノ事ヲ知リ、サテ漢学ヲ修業シ、サテ西洋窮理ノ学ニモ及ホスヘシ」〔資28-10〕と、従来の国別学問分類にしたがった三学問の習得を奨励している。

この三学問については、「皇学ヲ体トシ漢洋ヲ羽翼トス」[六]と表現されているように、兵庫県のように先ず自国のことを学びそれから他国を知るという学びの順序が示され、それぞれの学問の立場、位置関係が説明されている。三学の関係を示すそれは、明治元年九月の皇学所、漢学所設置の際に出された「規則」にある、「漢土西洋ノ学は共ニ皇道の羽翼タル事」[七]に準じた表現である。天皇制国家体制の整備を背景にしながら、皇学を中心とした学科の編成が就学告諭にも表現されていたといえる。

ところで学びの順序を説明する文章は、当該時期に流布していた『西洋見聞録』などの著述も参考にされていたと推察される。『西洋見聞録』には、英国ニ於テ、学業ノ順序ハ、先ツ該童ヨリ自国ノ語法、文法、書法ヲ教旁ラ算術等ヲ学バシム。此学校ヲガランムル、スクール卜云フ。次ニ自国ノ地誌並ニ歴史ヲ研究セシメ、自国ノ地理ヲ熟諳シ歴史ノ沿革興亡等ヲ通暁シテ、後外国ノ地理歴史ヲ講究シテ古今ノ治乱興廃ノ事蹟ニ渉猟セシム。（略）故ニ児童卜雖ドモ地志歴史ヲ習熟スルヲ以テ自国王統ノ次第或ハ府県ノ民口広狭ハ固ヨリ言フヲ俟ズ、外国ニ就テモ又能ク諳スエウモノ多シ。皇国ニ於テ此学典欠ケタリ、[八]

とある。各地方の行政担当者は社会に広く行き渡っていた雑誌や著書等も参考にしながら、学びの内容と順序を説明していたと考えられよう。

就学告諭にはこのように三学問を中心にした教育内容の習得が記述されているが、では実際に各学校で実施されていた教育の内容はどのように編成されていたのだろうか。島根県の就学告諭には、

皇朝ノ書ヲ読テ国事ヲ知リ国体ヲ弁シ又漢土ノ書ヲ読テ忠孝人倫ノ教治国平天下ノ理ヲ明ニシ西洋ノ書ヲ読テ万国ノ政体事情ニ通シ天文暦算ヲ詳ニシ富強ノ術器械ノ巧ヲ究ムヘシ〔**資32-3**〕

とある。学問の内容は皇学、漢学、洋学の順序で説明されているが、欧米の学問に学びの量的比重がかけられていたことを予想させる。学校での実際の学科編成は先行研究[九]でも指摘されているように、科学的知識・技術を摂取するために欧米の学問体系による学科が三学問の下に複合的に編成されていた。

青森県の就学告諭には、

現今横浜ノ商高島屋某ナル者一力ヲ以テ洋学ヲ興立シ洋人ノ教師ヲ乞テ生徒ヲ教ヘシムルノ類可謂文明ノ教化ヲ助クト其美志実ニ可嘉賞焉〔資2-1〕

と記載されている。横浜の高島屋がここに取りあげられているのは、弘前藩が藩士の子弟を横浜に洋学修業させていたからである（一〇）。兵庫県も、

今般洋学校ヲ取設ケ有志ノ者ハ勿論四民共ニ入学セシメ、専ラ翻訳通弁ノ業ヲ教授シ速ニ開化文明ノ域ニ至ラシメ、我ヨリ船艦ヲ航シ彼ノ国地ニ至リ実地ニ就テ商法ノ利害得失ヲ考究シ盛ンニ貿易ヲ開キ大ニ商売ヲ富シ富国ノ基礎ヲ建テント欲ス〔資28-13〕

という就学告諭を布達している。兵庫県では開港場に指定されたという事情が就学告諭の内容に反映されていたと思われるが、三学問の中でも洋学の必要性が各藩県にも感得されており、医療・軍事・産業・経済等にかかわる各分野を学ぶことの重要性が就学告諭にも記述されていた。もちろん、敬神勤皇思想を基軸にして県の立て直しを行おうとした相川県のように、名実ともに皇学を最も重視したところもあったであろう（一一）。しかし各府藩県では洋学を学ぶ必要性が認識され、西欧の学問体系を受容する基盤ができていたことが就学告諭の文面からも看取できるのである。

（二）教育の必要性

就学告諭には、学校で学ぶことが何故必要なのか、ということについても説明されている。その説明は各府藩県共に概ね共通している。例えば長野県は、「国家ノ富強ヲ謀ルハ人民ノ智力ヲ磨励スルニ有之候」〔資20-3〕と述べ、学校の設立を喚起している。岩手県の明治三年の就学告諭には、

> 如今文明開化ノ運ニ応ジ、遍ク士庶ヲシテ綱常ノ理ヲ弁ヒ、事業ノ方ヲ明ラカニシテ国家ノ用ニ具ヒシメンガ為広ク学校ヲ建テ之ヲ教育セント欲スト雖モ、（略）有志ノ輩猶更奮起日夜淬精正智ヲ養ヒ実能ヲ長ジ審ラカニ夷倫ノ道ヲ講ジ博ク生計ノ術ヲ鐸ネテ必国家有用ノ大器ヲ成シ以テ国恩ヲ報ジテ天功ニ膺リ万物ノ霊タルノ名ヲ曠シクスベカラザル事〔資3-1〕

とある。これは同年二月に定められた「大学規則」にある文章、

> 道ノ体タル物トシテ在ラサルナク時トシテ存セサルナシ其理ハ則綱常其事ハ則成政刑学校ハ斯道ヲ講シ実用ヲ天下国家ニ施ス所以ノモノナリ然ラハ則孝悌人倫ノ教治国平天下ノ道格物窮理日新ノ学是皆宜シク窮スヘキ所ニシテ（一二）

を受けたものであると思われる。学校、教育の目的は「国家有用の人材を育成するため」であることがそこには明記されており、「国家のため」の教育であることが就学告諭にも記されていた。そして各府藩県の就学告諭の中で多用されているのが、「下は一身一家のため、上は一国天下の為」〔資33-1〕という文言である。、「大学規則」にもあったように教育は、

「修身斉家治国平天下」のために必要であるとされている。人倫を学ぶことによって身を修めれば、家も収まる。そしてそれは藩も治まることにつながり、天下国家も治まるとされていた。

しかし、郷学校への就学を「平民子弟」に奨励したと思われる就学告諭には、明らかにそれとは異なる理由が記述されている。「治国平天下」にかかわる部分は省略され、「修身斉家」が主に強調されることになる。秋田県が郷学校の開設に際して布達した就学告諭には、「夫《それ》修身《しゅうしん》斉家《せいか》道《みち》を正うするは学問に阿《あ》り」〔資5-4〕とある。品川県は、「夫人は学はされば父子兄弟親和の道を弁へす、また家を興し産業を広むる其方略に暗く」〔資13-3〕と述べ、郷学校で学ぶことを人びとに喚起している。また、このような郷学校への就学を奨励する就学告諭には、「学校ノ儀専ラ人才ヲ教育シ風俗ヲ正フスルノ御趣意ニ付」〔資5-2〕と、学校は「風俗教化」のためにあるとの文言が加えられている。これは、明治二年の「府県施政順序」の「小学校ヲ設ル事」に記述されている「風俗ヲ敦クスルヲ要ス」を受けて記されたものと思われる（一三）。「風俗教化」そのものを前面に掲げている就学告諭もある。三重県は、学校開校により「各人道ヲ弁ヘ孝悌ヲ尽シ人倫ノ道相立候様致度候」と呼びかけ、学校が「盛大」になれば、

郡中一般ノ風儀淳朴ニ相成村落畔争境論等自然相止ミ各礼譲ヲ旨トシ分限ヲ守万事質実ニ渉リ華美ノ習染一洗致可申候〔資24-3〕

と記述している。この時期の主に「平民子弟」を対象にした郷学校は、地方行政担当者にとって人民教化のための学校であったことが就学告諭からもうかがえよう。地域秩序を確保しようとする地方行政担当者が記す就学告諭だからこそ、人倫を学び身を修め家を収めることが強調され、それを学ぶことの重要性が説かれていたといえる。

三　新しい教育の「有益性」

(一)教育の内容説明の変容

学制布告書公布以降、各府県の就学告諭は新しい教育の内容をどのように説明したのだろうか。それ以前の就学告諭にあった、国別による学問分類表記はこの時期を契機になくなる。一八七三(明治六)年に至っても国別の分類表記を使用している県が一部あるが(一四)、ほとんどの就学告諭からそれはなくなる。学制制定にあたり従来の国別による学問分類を廃止したのは当該時期の文部大輔江藤新平であるが(一五)、欧米の科学的知識を基本とする教育の内容を、就学告諭ではどのように人びとに説明したのだろうか。

学校の教育の内容は就学告諭とは別に教則としてあるいは校則として布達されたため、それを就学告諭に詳しく記述している府県は少ない。しかし例えば、洋学校を設立した三重県は「洋学ノ儀ハ能ク実地ニ渉リ其科目モ頗ル最多ニシテ凡ソ政治ノ大ナルヨリ衣服調味ノ末ニ至迄皆学ナラサルハナシ」〔**資24-7**〕と、欧米の学問のその領域の広さを説明している。学制布告書では、「日用常行言語書算ヲ初メ士官農商百工技芸及ヒ法律政治天文医療等ニ至ル迄凡人ノ営ム所ノ事学アラサルハナシ」と記されている個所が、新しい教育の内容を説明している。山梨県はその部分を、

日用常行言語書算トテ日々片時モ捨テラレヌ身ノ行ヒマタ言葉遣ヒ書物算用ヲハシメ士官農商百工技芸ト云フテ役人ヲ勤メルニハ其道理ノ学問カアリ農業ヲ勤ムルニハ農学トテ農業ヲスルニ其道理ノ明ラカニナル学問カアリ又百工技芸トテ家ヲ造ルモ蒸気船ヲ造ルモ橋ヲ架ルモ鉄ヤ木ニテ種々ノカラクリノ道具ヲ造ルモ皆其道ノ学問カアリ又

　政治医療トテ多クノ人ノ上ニ立テ政事ヲトルニ国ノ為ニナルカナラヌカ人民ノ働キニ妨ケアルナシ又能キ物ヲ害スル悪徒ノ防キカタ悪行ヲ行フ者ノナイ仕方ナト其法ヲ立ル道理ノ学問カアリ又人ノ病ヲ治療スルニモ人ノ五体ノカラクリノ理ヲ究メ病ヲ療治スル医者ノ学問カアルナリ〔資 19-3〕

と解説した。大阪府も、

　凡ソ一人一人日日ノナス事スヘテ学問カアルニ因テ、其才ノアルトコロニ応シ、勉励シテ之ニ従事ストハ、役人ニナル器量ノアルモノハ役人ノ学問ヲナシ、商法ノ才アルモノハ商法ノ学問ヲナシ、農ハ農学、工ハ工学ヲナシ、吾器量ニ任セツトメハゲンデ学問ヲシタトコロデ、始メテ吾渡世モ安楽ニデキ、身代モ能クナリ、家業モ繁昌スルコトニナルト云御趣意ナリ〔資 27-7〕

と記述している。また滋賀県は学問とは、

　人間必要たる衣食住を離れさるものにして一端を挙げて之を謂へバ農は農事の学問工は工業の学問商は商法の学問と謂うが如く各其の職其の業に就いて必ズ其の学問あり〔資 25-5〕

と説明した。農には農の学問、工には工の学問、商には商の学問とそれぞれの職業を営むにはそのための学びがあると説明されている。これは学制章程三五章にある「小学ヲ経テ農業ヲ治メントスルモノ、為」に設けた農業学校、第三七章の商業学校、そして第三八章の工業学校の存在を説明したものであろう。小学校を終えた大多数の人びとが職業に従事したため、農学、工学、法学、政治学、商学という欧米をモデルとした新しい学びの分類と領域が紹介されている。

では、小学校の教育内容はどのように説明されたのだろうか。石川県は、「抑小学校ハ銘々ノ子弟ヲシテ言語・書算或ハ多少ノ物理ヲ研究シ、人タルモノ日用欠クヘカラサルコトヲ学ハシムル処ニ」〔資17-14〕と述べ、日用に必要な内容を与えるところであると説明している。静岡県は、

> 抑人タル者年長スレハ各自産業ニ就クヘキモノナレハ読書算ノ要用片時モ欠ヘカラサルナリ已壮年ニ至リテ之ヲ学ハント欲スルモ何ソ産業ノ間ヲ得ヘケンヤ〔資22-12〕

と記述している。大阪府は、「言語書算トハ毎日毎日人ニ交ルコトバヅカヒ手紙ノ文言算用ノ仕方、之ヲ手初メ学問ノゴクチトシテ」〔資27-7〕と、そして愛媛県は「小学の課業」を「人民普通の学問」〔資38-12〕であると説明した。小学校の教育内容は、日常生活を営むうえで人として必要な知識であり、また卒業後、専門的学問を学ぶ場合にも必要な初歩的知識、「普通学」であると説明されていた。

（二）「一生涯ヲ安楽ニ暮ス」ための教育

学ぶことが何故必要なのかという説明も、学制布告書の公布を契機に変容する。学制布告書公布直後は、多くの就学告諭がその内容を引用しながら何故学校教育が必要なのかを説明している。布告書の文をそのまま使用し布達する県もあったが、人びとの理解を助けるために、その文章を具体的に噛み砕き身近な事例をあげながら説明している県が多い。

就学告諭は、これから学校で受ける教育の「有益」性、そして逆に教育を受けない場合の「有害」性を警告するという学制布告書の文脈にそって構成されている。

新しい学問、教育の「有益」性については学制布告書の冒頭部分、

人々自ラ其身ヲ立テ其業ヲ昌ニシテ以テ其生ヲ遂ルユエンノモノハ他ナシ身ヲ修メ智ヲ開キ才芸ヲ長スルニヨルナリ而テ其身ヲ修メ智ヲ開キ才芸ヲ長スルハ学ニアラサレハ能ハス是学校ノ設アルユエンニシテ

の文章を解説したと思われる箇所に記述されている。一八七三年（明治六）に山梨県が布達した「学制解訳」には、

人々カ他人ノ力ヲカラス銘々家蔵モ所持イタシ田畑モ蓄ヘ家族モ不自由ナク養育シテ一家ヲ立身代モヨク世渡リヲ立派ニシテ生涯ヲ暮スト云フモノハ外テハナイ身ヲ修ムルトテ（略）人ノ人タル道ヲ行ヒ知恵ヲ磨キ立テ業マヘヲ上手ニスルハ生レタ儘テハ出来ルモノテナイ学問テ磨キ立テネハ能ハヌモノナリソレ故学問ヲスル場所ノ学校ト云フモノヽ設ケカアル訳ニテ〔**資19-3**〕

と説明されている。そして、各人に適した学問を習得すれば、「家産モ能クナリ暮シ方モ立派ニ何不足ナク家富ミ栄ユル事カ出来ル」と続き、「学問ト云フハ名ヲ揚ケ家ヲ起シ一生涯ヲ安楽ニ暮ス財本モ同シ道理ノモノ」であるとしている。ここには、従来のように「国家有用の人材になるため」「国家のため」に学ぶというよりも、個々人のためであるという学制布告書の理念が踏襲され強調されている。「国家のための教育」は後退し「個人のための教育」を前面に出して、就学

を奨励する文体で就学告諭も構成されていた。

しかも学問は「一生涯ヲ安楽ニ暮ス財本」であるという、学制布告書には記述されていない解釈が加えられている。学問は家業を繁昌させ富を得て、安楽に生涯を送るためには欠くことのできないものであるという説明は、他県の告諭にも多く見られる。例えば広島県は、「学問ハ身ヲ立テ家ヲ興シ安穏ニ世ヲ渡リ自主自由ノ権利ヲ得テ、開化文明ノ民タラシムル」〔資34-10〕ものであると説明している。徳島県は「学問ハ生涯ヲ安楽ニ送ルノ基タルヲ弁知シ、郡々村々速ニ学校ヲ興シ家ニ不学ノ人ナカラシムル」〔資36-5〕ようにと記述している。「一生涯ヲ安楽ニ暮ス」という、人びとの日常生活の中にあって共通にして最大の願望と教育を結びつけ、新しい教育はその願いを成就する「有益」なものであると説明した。その説明の仕方に、各府県で布達された就学告諭の特徴があるといえるだろう。

新しい教育の内容の「有益」性は、それを学ぶ人にもたらされるのであるが、学ぶ人にだけ「有益」なのではなく、地域や周りの人びとにとっても「有益」であると説明している府県が散見される。千葉県は、

御趣意ヲ奉戴シ衣食住ノ三ツヨリモ先第一ニ子弟ヲシテ学業ニ就シムベシ是則一身ヲ立テ一家ヲ興スノ急務一身立テ一家興リ各家興テ一村興リ村市相興リテ御国威漸ク盛ニ〔資12-2〕

と記している。大阪府は、「学校ヲ興スハ、他人ノ為ナラス、近クハ一身一家ヲ保全シ、土地ヲ繁栄ニシ、遠キハ天下富強ノ一端ヲ補助」〔資27-3〕するものであると説明している。また三重県の就学告諭には、

抑学ハ一人ノ為ノミナラス一般ノ風俗ヲ淳良ニシ諸業ノ繁昌ヲ致シテ土地人民各其恩沢ヲ蒙ルモノナレハ其費モ亦

人民一般ヨリ出サヾルヲ得ス〔資24-8〕

と記述されている。学問は学ぶ人にだけ「有益」なのではなくその周りにいる人びとのためにもなり、その土地を地域を繁栄させるものであると説明されている。個人のためだけでなく他の人びと、地域にも恩恵をもたらすというこのような記述は、三重県の就学告諭に記されているように、学校設置・維持の費用負担へとつなげていくための文章として記述されているのである。学校に通う子どもがいる家はもちろんであるが、そうではない家からも学校設置・維持のための費用を徴収しなければならなかった地方行政担当者にとっては、そうした記述を盛り込まざるを得ない現実があった。学校に必要な費用負担を就学する子どもがいる家に限定せず地域の人びとにも課すために、教育は周りの人びとや地域社会のためにもなるという説明を記さざるを得なかったところにも、府県で布達された就学告諭の特徴があるといえよう。

四 地域秩序のための教育と学びの系統性

（一）貧富の差と教育

教育を受ける者はその身をたて「安楽ニ暮ス」ことができるが、逆に教育を受けない者は「道路に迷ひ飢餓に陥り家を破り身を喪」うと学制布告書には記述されている。「学制解訳」を布達した大阪府はその部分を、

凡ソ事ノ道理ニ暗ケレハ、身持放蕩ニ流レ易ク、自然家業ニ怠リ、無用ノ遊芸ニ耽リ、飲酒博奕ヲ事トシ、遂ニ家

屋ヲモ典売シ、身ノ便ルヘキトコロモナク、路頭ニ迷ヒ飢ヘ凍ヘ詰リ、川沢ニ身命ヲ投スルカ、或ハ人ノ品物ヲ盗ミ御法度ニ触レ、御仕置ニ逢ヒ、父母ノ遺体ヲ失フカ〔資27-7〕

と説明し、無事に一生を送ることはできないということであると解説している。岩手県も、

凡ソ人タル者、天稟《てんぴん》ノ良材アルモ学バザレバ、其智識ヲ広メ、其才能ヲ開クコト能ワズ。故ニ天地ノ道理ニ暗ク、人倫ノ大儀ニ疎ク、或ハ恩人ニ報ユルニ凶悪ヲ以テシ、或ハ子ニテ親ヲ殺シ、或ハ強窃ニ盗ヲナシ、或ハ火ヲ放チ人家ヲ焚《や》キ、或ハ貨幣ヲ偽造シ、或ハ賭博ヲナシ〔資3-6〕

と具体的な「悪シキ行為」を羅列して、遂には身を亡ぼすことになると記している。貧富の差と教育との関係については、「賢ナルモノハ富貴ヲ到シ愚ナルモノハ貧賤ニ窮苦ス而シテ賢愚ノ別ハ何ソヤ学ブト学バザルトニアルノミ」〔資24-8〕とか、「夫レ人タル者初ヨリ貴賤貧富ノ別アルニ非ス只知識アル者ハ貴ク知識無キ者ハ賤ク」〔資29-1〕といった文言で説明している県が多くある。学制布告書には記述されていない事例も加えて、学校教育を受ける者は富を得て生涯安楽に暮らせるが、教育を受けない者は貧しく法に触れるような罪をも犯すことになる、という叙述に多くの紙幅が割かれている点も各府県の就学告諭の特徴であるといえる。県によっては、むしろ「有益」性よりも教育を受けないことの「有害」性のみを叙述しているところもある。このような文脈は、「されば賢人と愚人との別は、学ぶと学ばざるとに由って出来るものなり」、「人は生れながらにして貴賤貧富の別なし。ただ学問を勤めて物事をよく知る者は貴人となり富人となり、無学なる者は貧人となり下人となるなり」と記した、福沢諭吉の『学問のすゝめ』[一六]を参考にしていたと思われる。

福沢の著述はこの部分に限らず、実は就学告諭の随所に引用されているのである。学制布告書を基準にしながらも、日常生活に接近した表現で論述されている福沢の著述が、就学告諭に大いに活用されていたと思われる。

『学問のすゝめ』には、

凡そ世の中に無知文盲の民ほど憐れむべくまた悪むべきものはあらず。智恵なきの極は恥を知らざるに至り、己が無智をもって貧究に陥り飢寒に迫るときは、己が身を罪せずして妄に傍の富める人を怨み、甚だしきは徒党を結び強訴一揆などとて乱妨に及ぶことあり。恥を知らざるとや言わん。法を恐れずとや言わん。天下の法度を頼みてその身の安全を保ちその家の渡世をいたしながら、その頼むところのみを頼みて、己が私欲のためにはまたこれを破る、前後不都合の次第ならずや。(一七)

とも記されている。教育を受けず無学の者は、賭博・窃盗等の行為におよび法にも触れることになると就学告諭に記した府県も、同書の文を論拠にして記述していたと考えられる。

地方行政の担当者たちは治安を守り秩序を確立する立場から、生活の中にある具体的な「悪シキ行為」を取り上げ就学告諭に記していたのである。ここには、郷学校への就学を奨励した学制布告書以前の就学告諭に見られたような、人民教化の側面が色濃く表現されているといえるだろう。学制布告書公布後も教育の教化機能は引き続き重視され、地域秩序確立のための教育という認識が就学告諭の中の表現に具体化されていたのである。

(二)学びの系統性

新しい学びの「有益」性を説明する就学告諭のなかで、学びの順序、学科課程はどのように説明されていたのだろうか。各府県の就学告諭から、学科課程や教則に関して記してある文言を部分的ではあるが拾ってみよう。石川県は、「先ツ学校ニ入リ順序ヲ踏テ学ハサレハ焉ソ其業ヲ達スルヲ得ンヤ」〔資17-6〕と新しい学びには学ぶ順序があり、学校に行けばその順序にしたがって学べると説明する。高知県は、

今小学普通の学科は六七歳より十三四歳まで学べば大概成就する仕組なれば男女に限らず学に就け日用書等を始め天地万物の大体中外各国の形勢等をも荒増心得させ〔資39-6〕

と、小学校の学科課程に沿って学べば、その内容を修得できる仕組みになっていると記述している。また佐賀県は、

此度御確定の学問の仕方と言ふは旧来の仕方と大なる違ひにて、男女四民の別なく皆それぞれの教方ありて各その知識を充実せしむべき教則を御立相成たる上は、家業を失ふの憂なきは勿論、学問さへ成就せば立身出世は身につきたる者にて、悦びも楽しみも思ひのままになるべければ〔資41-3〕

と、教則にしたがって学べば知識を充分に得ることができると説明する。沖縄県も、

之ヲ研究スルノ道自ラ順序アリ直チニ其奥ヲ極メント欲スレハ徒ラニ心ヲ苦シムコト多クシテ功ヲ成スコト少シ是

学ニ大中小ノ設アリテ又等級ノ次第アル所以ナリ〔資47-2〕

と、学びの順序にしたがわなければ苦しむことになり、その順序に対応して大学・中学・小学があると説明した。新しい教育の内容は、獲得すべき知識の順序にしたがって系統的に学ばなければならない。文部省の定めた教則は系統的な学びを提供するもので、大学・中学・小学もそうした系統的に獲得される知識に対応した段階的教育機関として位置づけられ説明されたのである。そして、定められた順序に従って学べば充実した知識を得ることができるというその新しい教則は、「有益実用ノ教則」〔資11-11〕であると表現された。

新しい教育の内容が系統性を有する優れたものとして説明されるのであれば、したがって従来の内容はそうではないものとして否定される。千葉県は、

従前ノ教法ニ依リ子弟ヲ教育致シ候ハ、縦令其子弟等黽勉成業スルトモ如何シテカ治国済世ノ才ニ養フヲ得ン然則猶他日陋癡頑固ノ学ニシテ終ニ施ス処ナシ〔資12-3〕

と、従来の教育方法を批判する。また、昔から学校というものがあったが、そこでは「学問ノ仕方カ筋ノ立タヌヨリ竟ニ方角ヲ取リ違ヘ」〔資19-3〕ていたと山梨県は記述している。岡山県は、「是迄ハ寺子屋の規則正しからずして」、新しく設けられた学校は規則や「教へ方の行届し寺子屋と相心得可申」〔資33-8〕と説明した。従来の教え方では時間を費やすだけで必要な知識が蓄積されないと批判し、新しい系統的な教育方法の正当性を強調した。

しかし、従来の教え方とは異なる新しい優れた「有益実用ノ教則」ではあったが、秋田県は、

正則ノ教則ハ遽ニ施行シ易カラサルヲ以テ別紙通実地上ニ施行シ易キ簡易ノ略教則ヲ設ケ一般ニ分布シ四民ヲシテ学問ノ方向ヲ弁ヘシム〔資 5-9〕

と就学告諭に記している。また石川県は、学制にしたがい学びの課程を定めてはみたが、

然りと雖土地の方向に従ひ、風俗も亦差異あるを免れず。是を以て其年限の制、曁び学科書目教授方法の如きは、卒然一概に行はれ難きものあり。故に現今県下人心を審にし、情態を察し、以て同省教則を少しく取捨補裁し、別に県下小学校教則を編成す。〔資 17-8〕

と記している。文部省から示された「有益実用ノ教則」を実施すべきではあるが、県内の状況が未だそれを施行できる状況ではないため、とりあえず地域の実情にあった教育内容と教則を定め実施して、追々、指示された教則に近づけていきたいと記している。実践される場である地域や学校そのものが、実際には「有益実用ノ教則」を施行できる段階には至っていなかったことが記述されている。こうした地域の実情が、次の第一次教育令の公布へと繋がるのであるが、その布石を示す記述が就学告諭からも読み取れよう。

五　まとめ

学制布告書公布以前に布達された就学告諭には、「大学校規則」や「府県施政順序」の内容が引用されながら、各府藩県で実施されていた「学制改革」の実状が反映されていた。学制布告書公布以後はそれ以前と異なり、新しい学びは日常生活に実用的で「一生涯ヲ安楽ニ暮ラス」ための「有益」な内容であると説明されていた。学びは国家のためというよりも個人のためであることを学制布告書以上に強調し、人びとの日常生活における「安寧幸福」という願望に引きつけたことばを活用して、その「有益」性が説かれていた。それは国家レベルの立身という飛躍的幸運ではなく、日常における富と幸福を獲得できる学び、教育内容として説明されていたのである。しかし同時に、そこには学びに就かないことの「有害」性も説かれていた。地域の治安と秩序を確保しようとする行政担当者の立場から、教化の側面を色濃く出す内容で記述されていた。大枠は学制布告書の論理の中に位置づけられており、したがって学制布告書に忠実な就学告諭も多くはあったが、当該時期に各府県で布達された就学告諭は、新しい学びの意義を人びとの日常生活の中に位置づけてその「有益」性を説明し旧来の教化の側面も強調しながら、人びとを新しい学びに導こうとしたところに特徴があったといえる。

（坂本　紀子）

註

(一)『日本教育史資料』二、臨川書店、一九七〇年、二八〇頁。
(二)『日本教育史資料』三、臨川書店、一九七〇年、三五八頁。
(三)同前、二四五頁。
(四)同前、二九〇頁。

(五)入江宏「公議所議員の学制構想」『幕末維新期における「学校」の組織化』、多賀出版、一九九六年、一六四～一六八頁。
(六)前掲『日本教育史資料』三、二四五頁。
(七)『教育制度発達史』第一巻、龍吟社、一九三八年、九五頁。
(八)「西洋見聞録」『明治文化全集』第一六巻　外国文化編、日本評論社、一九二八年、二一四頁。
(九)入江、前掲論文(一七一頁)、および神辺靖光「『藩治職制』にみる『学校』」前掲『幕末維新期における「学校」の組織化』。
(一〇)横浜に藩士を洋学修業させようとしていた藩は弘前藩に限らず、鳥取藩、山口藩、松江藩もそうであったことは、倉澤剛の『学制の研究』(講談社、一九七三年、二〇〇～二〇一頁)によって明らかにされている。
(一一)相川県の行政機構の中枢は、北辰隊の幹部が独占していた。明治五年一一月には、「皇漢学始筆算ニ至ル迄日夜勉励可致候事」〔**資 15-7**〕との告諭を布達し、さらに翌年三月には、「皇漢学始筆算修行イタシ候者勿論別而童蒙輩ハ動作威儀ノ則ヨリ敬神愛国天理人道朝旨遵法ノ実学ヲ本トシ天稟ノ性ヲ拡充候様日夜勉励可致事」〔**資 15-10**〕と告げている。
(一二)前掲『教育制度発達史』、一三九頁。
(一三)同前、一三〇頁。
(一四)例えば、兵庫県の就学告諭〔**資 28-15**〕や秋田県の就学告諭〔**資 5-7**〕がそれに相当する。
(一五)尾形裕康『学制成立史の研究』校倉書房、一九七三年、一三二頁。
(一六)福沢諭吉「学問のすゝめ」『福沢諭吉全集』第三巻、岩波書店、一九五九年、二九～三〇頁。
(一七)同前、三三頁。

愛知県は告諭文の後に、

此文は愛知県の庁旨を以て福沢氏に述せられし書にて学問の大意をさとし専ら人民の心得を識らされたれば実に現今の急務必要書といふべし〔**資 23-3**〕

と付記している。また滋賀県の告諭では、教育の内容を説明した後、

人之人たる道を知り、身家を修斉し、職業を繁昌し、子孫を長久し、其才徳次第ニてハ屹度したる官員にも被備候様之基を養ふ為なり、其趣意ハ福沢諭吉が著せし学問のすゝめと同様の訳なれバ、今般九十一区へ右の書物二部宛及配賦候条、役前の者共熟読の上、小前末々迄心得違無之様精々誘導すへし〔**資25-3**〕

と記している。すべての子どもたちの就学を促すために、学校で学ぶ新しい教育の内容がいかに「有益」であるかを説得するために、就学告諭を作成するにあたって各地方行政担当者は、福沢諭吉の『学問のすゝめ』を引用し、人びとにとっての身近な出来事や言葉を積極的に取りあげ活用していたと考えられる。

第四節　資金調達の方法

一　本節の課題

本節では、財政に関わる問題、とりわけ資金の調達方法が就学告諭のなかでどのように構想され、あるいは提案されているのかについて扱うこととする。学制期の教育財政にふれた先行研究は許多ある(一)が、本稿はあくまでも本研究会が収集した就学告諭のなかにそれがどうあらわれているか、の検討にとどまる(二)。

就学告諭において「学資」、「学費」などの語が使われることが多いが、支出の項目と徴収方法には様々な形態があり、またそれの間に関係づけが行われる場合もあった。たとえば教師の俸給については受業料でまかなうが、学校の建設費については戸毎の賦課によって負担するという具合に(三)。また、同じく「学資」という用語が使われていても、その内実は異なる場合がある(四)。ここではとりあえずそれらすべてを「資金」として括ることにする。

学制布告書が、「学費及其衣食の用に至る迄多く官に依頼し」、支給されないならば学ばないという姿勢を「従来沿襲の弊」と批判したことはよく知られている。政府の小学校の概念が、「政府の直轄する大学校や藩学の枠」から、「それとは異質な国民大衆の教育機関へ」と次第に発展的変質を遂げたことが指摘されている(五)。しかし同時に、明治四年一二月の東京府下の小学校と洋学校の解説の布達について、「素限リ有ノ公費」で限りのない人民に応ずることは出来ない、という理由から「学資」(受業料)をとることにしたことを挙げ、政府による「官費」補助を否定したのではないとしている。むしろ国民教育の水準の維持・向上のために、「地方の学校教育費の一部を補助することを政府の義務として原則的には認めるようになっていった」(六)のである。したがって、学制においても、「学費ノ事」では教育の費用を悉く「政府正租」でまかなうべきでないし、できない、としながら、一方で悉く「民費」に委ねるのも「時勢未タ然ル可カラサルモノアリ」と述べ(第八九章但し書き)、官費と民費、及び受業料による負担を規定しているのである。

実際、就学告諭では適宜、学区毎に学資金の方法を立てよという趣旨の文章が多く見られるが、その中でも官費も民費も、という書き方になっているものが多くみられる。次の度会県のものなどはその例であり、「土地ノ貧富」により力の及ばない場合には官費で何分の一かを扶助するが、官に依存すべきではないという論理立てになっている。

近時管内各所ニ於テ有志ノ輩奮励協力シテ漸次学校ヲ設立セシモノアリト雖モ資金ノ方法一時ノ権術ニ出テ将来ノ目途アルモノ太タ尠ク豈遺憾ナラスヤ固ヨリ学校ハ人材成立ヲ後日ニ期スレハ予メ校費ノ基立ヲ設置セサルヘカラス抑学ハ一人ノ為ノミナラス一般ノ風俗ヲ淳良ニシ諸業ノ繁昌ヲ致シテ土地人民各其恩沢ヲ蒙ルモノナレハ其費モ亦人民一般ヨリ出サヾルヲ得ス尤土地ノ貧富ニヨリ現今或ハ力ノ及ヒ難キモノアレハ官其何分ノ費ヲ扶助スヘシト雖モ到底興学ノ資ハ官ニ依頼スヘカラサルノ趣意ニツキ更ニ今管内衆庶ヲ勧誘シテ其資本ヲ出サシメ以テ永久保続ノ方法ヲ確立シ大イニ学校ヲ興サントス〔**資 24-8**〕

次の静岡県の就学告諭も同様に、学校は「私費」（「民費」）で設立するべきだが、「御憐察」により学費の扶助があるので、父母は子どもを就学させるように、という内容である。

学校之私費ヲ以テ設立スヘキ所以ノモノト云ヘトモ方今民費ニ堪ヘカタキヲ御隣察アリテ御供費之際幾分之学費ヲ御扶助被成下候条父兄タルモノ宜シク朝旨ノ渥ヲ奉体シ其愛育ノ情ヲ厚クシ子弟ヲシテ必学ニ徒事セシム可ク〔資 **22-9**〕

この静岡県の就学告諭にみられるように、そもそも民費で賄われるべきだが官費による扶助がある、という書き方は、そのありがたき御趣意に応えて民費による協力を惜しまないように、という呼びかけにつながってくる。官費による扶助が民費徴収の「呼び水」として最大限利用されているのである。

一八七三（明治六）年一月には、人口一人九厘の委托金が配分されることになり、各県への配分、また県による配分が行われているが、この時以降の就学告諭は、そのような書き方になっているものが多い。例えば敦賀県の就学告諭は次のように述べている。

今般文部省ヨリ左ノ通リ年々資金御頒布相成候条人民一般一モ不学ノモノ有之テハ当人ノ不幸ノミナラス実ニ御趣意ニ背戻シ不相済義ニ付一層厚ク相心得父兄タルモノ奮思勉励子弟ヲシテ必ス学ニ就カシムヘキ様可心掛モノ也

一金千七百九十円二十九銭八厘

但管内人民一般一人九厘ノ割〔資 **18-6**〕

同県の一八七五(明治八)年の次の表現も同様の趣旨であろう。

朝廷ニ於テモ益事ヲ勧奨セラレ委託ノ金額今年ヨリ更ニ四十万円ヲ増加有之ニ付テハ人民愈々朝旨ヲ感戴シ奮ツテ開明ノ域ニ進歩スベキノ秋ナレバ〔**資 18-11**〕

この年には前年に比べて小学委託金・補助金が倍増しているので(七)、ほかにもこのような表現はみられる。例えば岡山県は次のように述べる。

然ルニ本年明治八年ハ猶一層教育ヲ拡張シ速ニ進歩セシメヨトノ厚キ御沙汰ヲ以テ、全年ニ御配賦アルベキ金額ヲ半年ニ御取縮メ、猶全国へ五萬円ヲ増加御下附相成事ニ付〔**資 33-17**〕

これらのうち「朝廷」に触れているものも、その内実は「官費」であると思われる。そして、これらと同じ働きをしたのが、朝廷による委託に触れ、その「朝旨」を強調し人民の奮励を求める趣旨のものである。高知県の次の就学告諭は、一八七五(明治八)年四月のものであり、上記の敦賀や岡山のものと同様、小学扶助金の増額について述べた後、女子教育への皇后からの「内庫金」からの「加資」について述べている。

又同省本年二月報告の中に女教の振興せざるべからざる方今に在て一大要務とす故に東京府下に於て女子師範学校

設立の挙あり此挙や夙に　皇后宮の嘉尚せらるゝ所となり本月第二日文部大輔田中不二麻呂を宮中に召し女学は幼稚教育の基礎にして忽略すべからざる者なり聞此頃女子師範学校設立の挙ありと我甚だ之を悦び内庫金五千円を加資せんとの親諭あり嗚呼世の婦女子を勧めて教育の根底を培植せしめんと欲せらるゝ特慮の懇なる邦国人民の為に祝賀せざるべけんや庶幾くは其父母たる者心を傾け此盛意を体認し女子をして此に従事せしめ其業日に就り月に将み更に得る所を推拡し遂に幼稚の教育を善美にして以て天賦の幸福を完了せむ事をとあり〔**資 39-8**〕

女子教育の奨励に関わって、皇后の上記の逸話を紹介している就学告諭には、他にも、島根県〔**資 32-14**〕、長崎県〔**資 42-10**〕がある。

小学校の設立や運営のための費用の負担方法としては、寄付・区内集金・受業料があった。本稿においては、以下、それぞれについてどのような意味を持たされながら提案されていたのかをみていくことにする。

二　寄付

まず、特に富裕層に照準をあわせて寄付を募る就学告諭が多かった。特に初期にその傾向が強い。

特に最初の頃は、まず発布の主体者も含め、県官上層部が寄付の意向を示し、人民に民費の負担をうながす就学告諭も多い。これらは、前項で述べた官費や内庫金からの出費と同様、民費徴収の「呼び水」とされようとしたのであった。それには次のようなものがある。

（青森県）

小学を設立するは方今の要務たる人々詳知する所官省しばしば告諭ありて委託の金額を定めらるゝと雖ども当県下の如き未だ其設あることなく僻村の小民に至りては学ばざる者十に七八早く之が所を為さずんば焉んぞ隆治の域に至るの期あらん故に神官村吏合同の首め此事を下問し衆論を折衷して既に其議を決し日ならずして設立の挙あらんとす実に欣躍に堪へざるなり故に今金一百円を出して学資に加へ以て余が微志を表す冀くは有志を募りて資金を増殖し遂に邑に不学の戸なく家に不学の人なからしめんことを〔資 2-3〕

（群馬県）

故ニ先当県内ノ官員ヨリモ、各自出金扶助ヲ加フ。固ヨリ職掌ヲ以テ為スニ非ズ。此ニ移住スレバ、供給ナスベキノ通義ナレバナリ。況ヤ区内ノ人民、此挙ヲ扶ケザルベカラズ。有志ノ輩、夫レ此ヲ体シ、協心戮力、費用ヲ供給シ、以テ開化進歩ノ基本ヲ創立セン事ヲ欲ス。〔資 10-2〕

（鳥取県）

然ル所莫太ノ費用相掛リ候ニ付区費或ハ寄附致サセ止ム事ヲ得ザルノ不足ハ文部省ヨリ御扶助モ下サレ候御趣意ニ候因テ成リ丈難義ニ相ナラヌ様トノ深意ヲ以テ正権両参事初メ官員ヨリ寄附イタシ候各区ニ於テモ朝廷　御趣意ヲ体認シ相応寄附致スヘキハ勿論人口ニ平均シ出金スヘク候尤モ御規則一定ニ附テハ家塾幷ニ手習子屋《てらこや》タリトモ御趣意ニ戻リ候儀ハ一切相成ラス候事〔資 31-1〕

（愛媛県）

先般学制御領布以来各所ニ学校ヲ設ケ教育ヲ普及ナラシメ以テ身ヲ立ツルノ財本ヲ得セシメントノ朝旨ヲ体認シ子弟愛育ノ至情ヲ以テ已ニ華族久松定談加藤泰令及宇和島商会社八幡浜商会社松山興産会社政府井上市兵衛等各数千金ヲ県内学校ニ寄附シ栗田典三外五名ノ者ハ各小学一校ヲ保護シ西条ニ於テハ洋学会社ヲ開業セリ其他有志輩数十百名学校ニ寄附スル所殆ト数万金ニ及フ又四神三県下ノ如キハ従前ヨリ貫属一統課出ノ法アリ実ニ教育ハ時勢ノ急務一日モ不可緩之定次第ニ有之一般ノ人民亦前輩ノ厚意ニ倣ヒ奮発協力出金シテ我学区ヲ盛大ナラシメ以テ保護ノ基ヲ立ツルハ素ヨリノ儀ニ候得共目下其運ニ難至事情モ不少候ニ付候向貫属一統ヨリ学費課出ノ方法別紙ノ通相設候条右出金前有志輩ノ出金ニ合シ松山今治西条小松所在ノ学校ヲ保護致シ子弟教育ノ道ヲシテ益拡充ナラシメ以テ朝旨ノ厚キヲ奉体可致事

別紙

貫属俸米毎戸集金方法

一俸米一石ニ付年々二銭五厘

但扶持取ノ向ハ石ニ直シ出金之事

右七月十一月両度ニ区戸長場ニ於テ取纏メ其区ノ学校ニ可差出事

但シ本年ハ半期分可差出事〔**資 38-11**〕

青森県の就学告諭にある「余」は、発布主体である権令を指すものと思われる。群馬県は、「職掌」によるものではなく、移住したからには「供給」すべきであると述べているが、「況ヤ区内ノ人民」と続くところは、やはり「呼び水」であったと考えることができる。鳥取県は文部省の委托金について述べ、「成リ丈難義ニ相ナラヌ様トノ深意ヲ以テ」官員が寄付したとあり、「各区ニ於テモ」と続くところは、典型的である。これに対して、愛媛県はいわば強制的に官員から寄付を取り立てているのであって、次に述べる区内集金とも関係し、実質的に官員からの集金もあてにされていたということになろう。

さて、官員からの寄付は額からいえばそう大きく期待できるはずもなく、実質的には富裕層からどのように寄付を集めるかが課題であった。秋田県では、受業料の必要性を述べた上で(後述)、次のように述べている。

富豪ノ者郷俗善美ニ趣ムヘキ吾産業ノ繁盛ナルヲ思フトキハ学資ヲ納メテ学校ヲ保護セサルヲ得ス故ニ学校ハ官費ヲ不仰民費ヲ以テ維持スルハ当然ノ理ナリ従来学校ハ国家才ヲ養フ士大夫以上講習ノ所トナシ一切官費ニ委セシ事ナレトモ世ノ文明ニ赴クニ従ヒ　朝庭今日ノ宜ヲ裁成アラセラレ学問ヲシテ天下ニ普及セシメ公平ノ法ヲ立ラレシコト故士民能其意ヲ体認シ其子弟ノ賢明ヲ希ヒ其郷里ノ繁盛ヲ望ム者ハ力ヲ戮セ心ヲ同フシ有志ノ者ハ人ヲ募リ有財ノ者ハ金ヲ納レ城市郷村各其大小ニ従ヒ多少小学ヲ設クヘシ〔資5-5〕

「吾産業ノ繁盛」のためには、ということは、学校による人材の輩出が寄付した者にも利益をもたらすという理由付けを思い浮かべるのだが、そのようにはっきり書いているわけでもない。次に示す和歌山県の就学告諭は、「子弟」を就学させればその「功徳」が郷里だけでなく国に及ぶであろうという理由だけで、「富裕の輩」に期待している。これなどは、単にとれるところからとる、という戦略に見える。特に富者への見返りがあるという訳ではなく、寄付を募ることは、近世の富者が貧者に施しをする責務を負わされていたという牧原憲夫の論を想起させる(八)。

先般太政官より御布告の通り、学問の旨趣ハ人々自ら其産を治め其業を昌にするの本にして、日用欠べからざるの急務なれば他人の力を仮らず自費を以て就学致すべきは勿論にこれあり、去なから即今学問の道未た普及の場に至らず一時行はれ難き事情もこれあるべくに付、学費の内幾分は官より御扶助相成るべきとの御事候条、富有の輩厚き御趣意を奉体し無益の費を省き学校を設け普く子弟をして就学せしめば其功徳ただに郷里に及ふのみならず、又国恩の万一を報するに足らん、故に有志の輩区内一家の思をなし、各心を協へ力を尽し先つ民費を以て毎区一二ヶ所の学校を取建成丈け官の扶助を仰がざる様致すべき事

右之趣管内無洩布達せしむるもの也〔**資 30-3**〕

とれるところから、ということについては、次に示す大分県の「さとしの文」の一部は、次項で述べる学区内集金を基本としながら、「先つ此度は其義なきゆえ」、有志からの寄附金で賄うとした上で、士農工商ともこれらの人から「金ヲ借用」したと思え、と述べている点で注目される。ただしこの場合は、衣食住がこと足りている程度の有志に、倹約をして寄付をすることをすすめているので、「富者」という範疇からははずれるかも知れない。なお、倹約のすすめはこの節の最後に触れるように他にも多い。

一　有志の輩より寄付せし金の高別紙　別紙ハ五日ノ部ニテ見ツヘシ　の如し先つこの金を以て相応の学校を設け尚年月を追ひ豊後全国に広く教育をおよほすの場合にいたるへし抑学問は人のためにあらす世間一般の風俗をよくし商工の繁昌を致して全国の人民各其恩沢を蒙ることなれは其費も亦人民一般より償ふへき筈なり右の次第につき

追ては管内の戸毎より学資の金を出して全国の子弟に教育をおよほすへけれとも先つ此度は其義なきゆへ末々の者に至るまて当分の間は有志の輩へ金を借用せるものと心得へきなり或は今日にても相応の身代を持ち朝夕の衣食住に差支なき者にてよく事の理を弁へ僅に一夕の酒肴を倹約し四季に一枚の衣裳を省きて此学費に寄付することあらは独豊後の人民へ徳を蒙らしむるのみならす日本国内に生きて日本国人たるの名に恥ることなかるへし〔資44-1〕

なお、この就学告諭について、「抑学問は人のためにあらす」以降のほぼ同文が、愛媛県〔資38-9〕にある。時期的に早いので大分県のものを引用したが、それを愛媛県で真似たものと思われる。それだけの妥当性があると感じられたからであろう。

寄附金は、全国の統計でみると一八七四年の一、〇八〇、八四五円、一八七五年の一、一四〇、七五七円の頃が最も多く、その後、減少していく。かわりに増額していったのが次にみる学区内集金であった(九)。

三　学区内集金

次項で述べる受業料の徴収とは別に、学区内の集金を行うにはそれなりの理由付けが必要であった。寄附金とは違い、半ば強制的に徴収するからには、その意味を納得させる必要があったからである。神奈川県は、次のように説明している。

然ルニ従前弊習ノ多キ生徒タル者概ネ半途ヨリシテ迂遠ノ学問ニ趨リ利口ニ高大無根ノ説ヲ唱ヘ畢竟実用ニ切ナラズ或ハ又貧民ノ子弟固ヨリ学資ニ乏シク且学ブベキ工夫モアラネバ無知文盲ニ一生ヲ暮シ中ニハ罪科ヲ犯ス者アル

ニ至レリ誠ニ歎カハシキ事共ナリ今ヤ生レヲ文明開化ノ昭代ニ遭値シ猶斯ク無智ヤ迂遠ニシテ空シク駒隙ヲ過ゴシナバ何ノ世ニカ国家ノ恩ニ報ヒ何ノ時カ人道ノ務ヲ為サン〔**資14-5**〕

貧民の子弟への言及が注目される。ここからは当然、次の引用の如く、子弟の有無にかかわりなく「身財多寡」にしたがって徴収することが、「貧賤富豪ノ差別」なく教育を受けさせることだということになる。それが国家の恩に報い繁栄に通じる道であるというのである。

就テハ管下市街郷村ノ各戸子弟ノ有無ヲ論ゼズ身財多寡ニ随ヒ毎戸銭鈔ヲ糾募シ其全額ヲ戸長或ハ其所管ノ課長ニテ総轄シ規則ヲ定立シテ之ヲ各地ノ習書寮ニ分付シ生徒ノ束修謝儀及ビ筆墨諸般ノ冗費ニ充ツベシ然レハ富有ノ者ハ格別カノ寒貧ノ子弟ト雖トモ聊カモ学資ノ憂慮ナク凡テ男女七歳以上ヨリハ皆入学セシメ猶余財アラハ要用ノ書籍ヲ購ヒ読マント欲スル者ニハ借覧セシムベシ此ノ如クナレバ貧賤富豪ノ差別ナク各々其知覚ヲ増進シ其志願ヲ成就シ之ヲ大ニシテ国家ノ恩ニ報ヒ富強ノ術ヲ施シ皇威ヲ万国ニ誇耀シ之ヲ小ニシテ生活ノ業ヲ理シ或ハ貿易何ニ由ラズ利益ノ道ヲ開キ其身幸福子孫栄昌ナラン是皆知力アリテ然ル後之ヲ能スベシ人ノ父母タル者誰カ其子ノ此ノ如キヲ欲セザランヤ且其子無キ者モ夫々ノ義務ニシテ苟モ国家ノ益アル事ハ必ス鞠窮シテ為スベキナレバ管下一同何レモ此旨趣ヲ認得シ勇為進取シ開化進歩ノ好機会ニ後ルヽコト勿レ

また、本来、受業料との関係を述べたものもある。群馬県〔**資10-3**〕は、学問は「人間の財本」なので受業料を納めるべきだが、「土地の風習、時勢の緩急止むを得ざるより」当分、総雑費を学区内集金で、と述べている。また同じく次の福井県も、受業料だけでは無理なので、という理屈である。

夫是入費モ不少候得共、之ヲ悉皆生徒ニ課スルヲ得ス、依之不得止事区内総戸数ニ課シ助サルヲ得ス、因テ衆力協同小ヲ積ミ大ヲ為シ、其積資ヲ以テ県下ヲ始メ各区端々マテモ普ク小学ヲ設ケ、到底邑ニ不学ノ戸ナク云々難有御旨趣行届候様相運ハセ度キ事ニ付テハ、区内集金ノ方学制第九十八章掲載ノ旨ニ基キ学区取締一同ヨリ伺出候ニ付、聞届候条、戸長ヨリ申達候ハヽ出金可致事〔**資 18-7**〕

さて、学区内からの集金には、等級制により、経済力により負担させる方法を提案したところと、一律の負担を提案したところがあった。先に引用した神奈川県は等級制をとろうとしたと見ることができようが、他にも次の木更津県のような例がある。

但戸々人々ニ貧富ノ差等アルヲ以テ一概ニ配賦シ難カルヘシ故ニ廃疾並極テ貧困等ニテ町村ノ救助ヲ請ル等ノ者ハ之ヲ現今所持高ニ比較計算シテ金穀富有ナル者ハ其力ニ応シ金穀及書籍器械等ヲ寄附シ学校完全スヘキ様心得可申事〔**資 12-4**〕

広島県では、後述するように受業料での負担を提案したが破綻し、つぎのような学資金配当方法をとるように布達している。

一学資金毎月寄附ノ員数ハ家内子弟ノ多少ヲ不論銘々分限ノ貧福ニ応シ一戸ニ付テ多キモ金五拾銭ニ不出少キモ金一銭ヨリ下ル可カラサル事
　但銘々篤志ヲ以五拾銭ヨリ多ク寄附致度輩ハ特別ニ聞届其段内務省へ上申可致事
一分限貧福ノ取究方ハ取締並ニ補助ノ者大組総代小組月番ハ不及申其町村ノ内事情ニ通スル者ヲ会合シ諸共ニ協議シ毎戸ノ貧福盛衰詳密品評シ尚情実ヲモ取糺シテ一戸金五拾銭ヨリ一銭マテノ間ヲ以至当的切ノ見込ヲ立寄附ノ員数ヲ取究メ扨一村一町ツヽニ戸主ノ姓名帳ヲ製シ其取究メタル員数ヲ夫々姓名上ニ朱書シ之ヲ其村其町ニテ一戸毎ニ回達熟覧ナサシメ若自他ニ不限配当方不都合アレハ遠慮ナク附紙シテ情実ヲ演再議ヲ乞ヒ又適意異存ナキ者ハ名下エ調印シ兎角我人互ニ不居合等ノ廉ナク協同決議得心ノ上之ヲ以テ一月ヨリ六月マテ六ヶ月間毎月寄附ノ定額ト究メ又六月中ニ前ノ作法ニテ七月ヨリ以後十二月迄ノ定額ヲ究メ年々如斯両度ツヽ必協議ヲ尽シ寄附ノ定額相改可申候事〔**資 34-12**〕

「貧福相応公平ノ方法」として、月に一銭から五〇銭の間での負担額を決めることとし、その手続きを詳しく定めている。「寄附」という表現ではあるものの、この方法をとって「協同決議得心」された定額はもはや随意のものではなく半ば強制であることはいうまでもない。子どもがない家も負担を求められることについて、その理由は次のように述べられている。

已ニ子ヲ持モノハ勿論ノ義イマタ子ヲ不持モノニテモ先キ先キ子ヲ設ケシ時ハ皆此学校ノ世話ニ不逢シテハナラサル者ナリ又縦令己レカ子ナキ者ト云トモ何レハ人ノ子ヲ囉ヒテ世継ニモ婦ニモスルコトナレハ他人ノ子ヲ好ク育テ

置ハ曽テ他人ノ為而已ニハアラス即チ己カ家ノ為身ノ為ト成事故

将来子どもを持つかもしれないし、持たない者も世継ぎや嫁をもらうとしたら他人の子どもの就学もやがて自分のためにもなるという理屈、つまり「家」存続のための考え方で、この点は後で述べる隣接する小田県の就学告諭と同旨である。

これに対し、一律負担としては、次の秋田県の就学告諭が挙げられる。

一ケ年一戸ヨリ弐拾五銭ツヽ支出候得バ別紙方法ノ通リ可ナリ相設候ニ宜敷事故多分ノ儀ニモ無之候間共ニ戮力幼童教育致シ一郷ニ一人ノ英才出ル時ハ一郷ノ幸福繁栄ノ基故貧窮ノ者モ頓テ繁栄ヲ来ス本入リト存知渋滞ナク出金学校相設候様致度〔資 5-8〕

英才を輩出することが村全体の「幸福繁栄」につながるのだから貧窮の者のためにもなるのだ、という理屈である。

また、岡山県でも年に一戸二五銭を徴収するものとされた。

寺子屋の師匠ニハ多少を論せず謝礼を致さぬものハよもあるまじく候得バ、一夕の寝酒を倹約し、一時の働きを増し、我子なければバ人ノ子のため、人の子ハ即ち我子なれバ、子あるもの子なきものゝ差別無く、此度小学校永久の入費として、一年一戸二拾五銭ヲ相課し候義、是亦謝礼と相心得可申事〔資 33-8〕

寺子屋の謝礼が引き合いに出されているためにわかりにくいが、「子あるもの子なきもの丶差別無く」とあるところをみてもここでは区内集金を指しているものと考えられる。北条県も同様である。

富家有志ハ勿論、貧者モ亦勉メテ一分ノ力ヲ蓋シ以テ費用ヲ助ケント欲セバ、其建設豈復タ難カランヤ。方今都下ヲ始メ諸県下開化ノ地ノ如キ、競フテ学校ノ設アリト。其勢隆盛ナルモ固ヨリ他ニ非ズ、人皆当然ノ義務ヲ弁ジテ多少集金ヲ資クル謂ナリ。抑当県下ノ如キハ山野ノ僻境、人智未ダ開ケズ、学校ノ設最モ急ニセズンバアルベカラズ、故ニ自今毎戸ニ課シテ月ニ金壱銭ヲ募リ、以テ学資ニ充テシメント欲ス、衆庶此ノ意ヲ体シ敢テ違フコトナク、以テ　朝恩ノ渥キニ報ズベキ者也〔資33-11〕

現岡山県域、または隣接する地域では一律負担を明示している場合が多く、社会的経済的背景が影響を及ぼしているのではないかと考えることもできる。小田県もその地域であるが、次に引用する就学告諭は、時期的には少し遡り、学制以前のものであるものの、やや詳しく理由などを述べている点で注目される。

今ヨリ啓蒙所ヲ直チニ小学校ト見ナシ只管募金社米等ノ方法ヲ設ケ学費ノ資本ヲ盛大ニシ人材輩出スルノ基礎ヲ堅固ニシ比隣ノ先鞭ヲ為サヽル可ラス基礎ヲ堅固ニ立テント欲スレハ従前啓蒙所ノ弊習ヲ除サル可カラス蓋シ啓蒙所ノ弊害タルヤ当人ノ出金スル者ト貧民ノ否ラサル者ト互ニ隔意ヲ生シ富人ノ子弟ハ出金ノ多キヲ誇リ貧民ノ子弟ニ得色ヲ示シ貧人ノ子弟ハ之ニ恥縮シテ入校セサルニ至ル由夫レ一日モ欠クヘカラサルノ教ヲ受クルヲ得サルハ豈痛マシカラス哉古人曰ク恒ノ産アル者ハ必ス恒心アリ又俚諺ニモ貧ヨリノ盗ト左スレハ貧子弟ヲシテ恒心アルニ至ラ

シムルモ亦盗心ヲ未タ萌サヽルニ防クモ皆是教化ノ然ラシムル所ナレハ勉メテ貧子弟ヲ勧メ学ニ就カシムルハ自然ト当人ノ財宝ヲ保護スル理ニモ相当ル可シ又富者ニシテ子弟ナキ者此社ニ出金スルヲ好マサル者有之由是モ亦目前ノ浅識ニシテ事理ニ暗キノ甚シト云フ可シ今我カ子弟ノ教ヲ受ル者ナケレハトテ到底養子ヲ求メテ家督ヲ譲ラサルヲ得サルヘシ他人ノ賢子弟ヲ求メテ已レカ子ニナサント懇望スル者ハ則彼ノ父母積年ノ苦心ニシテ社米募金ヲ出シ啓蒙所ノ教ヲ受ケ成立セシムル者ナルニ曾テ一金ノ資本モ出サス直ニ其子弟ヲ貰受ントハ所謂濡手ニ粟ノ諺ニ均シクナレト勝手過ク事ニハ有之間敷哉如此者ハ天ノ許サヽル処ナレハ迚モ望ニ適スル賢子ハ得難カル可シ何卒種ヲ蒔キ実ヲ獲ルノ理合ヲ考ヘ仮令今日子弟ナク共其分限ニ応シ米金ヲ出シ他人子弟ヲ教育スルノ資本ヲ助ケ他日賢子ヲ貰受クルノ幸福ヲ祈ルコソ人ノ人タル当然ナルヘシ豈貧富教ヲ異ニシ子弟ノ有無ニヨリ出金ノ可否ヲ問ノ理アランヤ〔**資 33-5**〕

この就学告諭では、貧富による差別がかなり意識されている。貧者の子弟に対しては、資金を出していないからということで学校に行かないようにならないように、ということ、また富者の子弟がない家については将来養子をもらうのであれば、その子を教育する費用を負担するのは当然であるという理屈である。この引用文のあとに、各区で「毎戸毎人ニ平賦」でも「専ハラ富裕ニ募リ」あるいは「区内旧来ノ積金学費ニ転用」という方法でも「小学基立永続ノ方法」を立てるように、という趣旨が述べられており、寄付などの方法によることもできたのだが、上記の理屈からは、等級制は奨励されておらず、学区内集金の方法をとるならば「平賦」が提案されているものと見ることができる。

さて、岡山県の隣の広島県では、「月謝」を、就学させている家からはもちろんさせていない家からも取り立てようとしたが失敗して、上記のような学資金配当方法を提案している。受業料について次に見ていきたい。

四　受業料

受業料についても、「等」が設けられることが多かった。学制では、月五〇銭が相当とされたものの、二五銭の等が設けられ、就学している子弟の数が二人であれば「下等」の受業料を払うこととし、三人以上からは支払わなくてよいとされている。また、納められない者には免除の規定もある。次の岩手県の就学告諭は、金額がかなりそれよりも減額されていること以外は、その線に沿ったものである。

且授業料ハ大家弐拾五銭以上、中家拾弐銭五厘以上、小間居ハ弐銭之割合ヲ以テ月々生徒より取立可申、其中一戸に而二人以上入学之者ハ何人に而も只二人之授業料而巳にて其余ハ差出に不及候。尤極窮之者に而差出兼候者有之候ハバ戸長之連印を以て学区取締役へ可申出然る上ハ授業料差許候儀も可有之〔資3-8〕

相川県では、月謝が学制よりも格段に易く設定されている上、「貧生」は除き、就学しやすくすると述べられている。

月謝一等　弐銭
弐等　壱銭五厘
三等　壱銭
但本文ノ向ハ生徒ノ等級ニ非ス各家ノ分限ヲ指掲スルモノトス

其他貧生ハコレヲ除キ各子弟ヲシテ学ニ就キ易カラントス依テハ従来ノ弊風ヲ脱シ各自愛育ノ情ヲ尽シ競テ学ニ就シメ家々ニ不学ノ徒ナク天賦ノ良質ヲ研候様可心得尤学資ノ儀ハ前条ノ通リ官費ヲモ御支補追テ民費ニモ課シ候条其段モ兼テ心得居可申事、〔資 **15-11**〕

受業料の免除に触れているのものに、他にも、兵庫県〔資 **28-17**〕などがある。

さて、前項で述べたように、広島県では学齢児童を就学させていない家庭からも「月謝」を取り立てようとした。次の引用からは、費用負担を嫌い就学させない保護者に対して、就学させなくても月謝をとられるのであれば就学させようという影響への期待を見ることができる。

六歳ヨリ十三歳マテノ男女必ス小学校入学可致様ニトノ儀ハ昨明治六年十月中及布達候処今以就学不致者有之趣以ノ外ノ事ニ候元来学問ハ家ヲ興シ身ヲ立ルノ基礎ニシテ一生ノ宝ヲ授ル義ナレハ等閑ニ可致訳ニ無之筈然ルニ父兄タル者頑陋ヨリ聊ノ費用ヲ厭ヒ子弟ヲ遊惰ニ陥シ入レ遂ニ其者一生ノ不幸ト相成候ヲ省ミサルハ厚キ御趣旨ヲ遵奉セサル而已ナラス夫カ為小学普及ノ障碍トモ相成甚以難相済事ニ候依之来ル二月以後ハ六歳ヨリ十三歳迄ノ子弟有之向ハ入学有無ニ不拘月謝一人ニ付十銭兄弟ニテ十五銭三人以上弐十銭宛毎月其区戸長ヨリ為取立候条其旨可相心得自然其業難叶者ハ組合連印戸長伝ヒ委詳ノ事実具状可致取糺ノ上不都合筋モ候得ハ申付方モ有之候条心得違無之様可致候事〔資 **34-9**〕

この達（一八七四年一月二九日）から約一ヵ月後（三月五日）にも、まだ学齢児童が街頭で「遊技ニ耽リ歳月ヲ費」しているとして、就学奨励の布達が出されている〔資34-10〕。さらに、二ヵ月後（四月七日）には「受業料毎月取立章程」が布達されている。その第一章では次のように述べられている。

此受業料ト云ハ元来小学校ハ其区内惣別六歳ヨリ十三歳マテノ児女ヲ教育スルカ為ニ設タルモノニシテ有志就学ノ者ノ為ノミニ設タルモノニ無之其訳ハ六歳ヨリ十三歳マテノ児女ハ智慧ノ伸立最中ナリ因テ此間ニハ必ラス善道ヲ教テ育テネハナラヌコト也夫ヲ学ニ就シメサルハ父兄ノ不慈也タトヒ今日已ムコトヲ得サル事故アリテ学ハシムルコト能ハスト雖モ其学ハシメントスル時ニ当リテ就クヘキノ学校ナクハ其レ之ヲ如何ニセン故ニ苟モ右年齢ノ児女ヲ持タル者ハ学ニ就クト就カサルノ論ナク学資ヲ納レテ学校ヲ開クヘキコトナラスヤ茲ノ趣意ヲ能ク一同エ心得シムヘキ事〔資34-11〕

その上で、第二章以下で、受業料の取り立て方、不就学者の分の受業料をどのように配分するのかが述べられている。しかし、結局その二ヵ月後（六月八日）には、前項で述べた「学資金配当方法」が布達されるに至っており、この経緯からは、受業料を就学に拘わらず負担させるという方法が、実際にはほぼ実施をみることもなく破綻していったと考えられる。

五　その他

資金捻出の具体的方法を告諭したものもある。

青森県の学田〔資2-11〕は、一八七七（明治一〇）年なので本研究の対象からいえばいささか遅れることになるのだが、その後の学校基本財産にあたるものをつくるようにうながした典型であろう。そのほかに、学費がまかなえない家庭に対して現金収入の方法を示したものを見ることができる。宮城県はその典型である。

小学校設立以来既に一个年に及と雖月謝金差出方相成兼候方より子弟を入学不為致又は入学為致候ても月謝金不差出者も往々有之父兄の義務を相欠き候のみならず地方繁栄の基を為候儀出来兼甚以不都合の至に有之候条右様月謝に差支候者は飼鶏の方を以一両人の子弟就学出来可申候間左の方法に随へ夫々尽力可致候

一　士族常禄二十俵以下並平民反別二町歩以下の者は毎戸必鶏五羽牝三牡二を飼置き右卵を売却し学資に充つべし如此なすときは可なり子弟一両人の受業料に間に合可申候

一　毎戸五羽と定むと雖も弟子多き者は右に準し数羽を増すべし

一　他に営業ありて鶏を飼を要せざる者は飼に不及と雖も子弟を学に就しめず又は受業費不差出義は屹度不相成候間貧にして子弟有之者は何を以学資に相充候見込必学区取締へ可申出候〔資4-5〕

受業料については貧窮の場合支払わなくてもよいと就学告諭で述べる例があったことは前項で触れたとおりだが、ここでは月謝を差し出さない場合は「父兄の義務」や「地方繁栄の基」という点から甚だ不都合と厳しい。その上で、極めて具体的な雛を飼うという方法が提示されていて興味深い。千葉県にも次のような例がある。この場合は、受業料ではなく村ごとに学費の方法を協議せよというなかでの提案である。

学費之儀爾来各所ノ景況ニ寄リ、農漁ハ雑穀・菜菓・魚介・雛（鶏）・豚・海草・茶緑・薪炭・縄筵等平日力作ノ余ニ弁スヘキ物品ヲ、一月乃至四季毎ニ相集メ之レヲ販売シテ其代価ヲ積ミ、工商ハ日掛ケ月掛ケ等ノ方法ヲ以テ募金候得ハ、人々容易ニ出貨シテ終ニ充分ノ学費モ貯ヘ得ヘキニ付〔資12-7〕

神奈川県のものは、宮城県と同じく受業料の対策だが、子どもが生まれた段階から桑を植えるなどをせよとあって計画的である。

一　満六歳以上ノ小児必入校為致候ニ付テハ学費為手当貧富ニ不関小児出産候ハ、土地適宜ヲ以桑茶楮漆或ハ梅桃梨柿等身分相応屋舗又ハ空地エ可植付大概桑ハ小児一人宛三十本茶ハ二十株程モ植付他之ニ準栽培致シ繁葉成実ニ随ヒ学費ニ供スレハ一般国益ヲ増自然学問修業可相成候尤海辺湖地等ニテ植付不相成場所ハ藻ヲ取リ学費ニ充ルモ又可也〔資14-9〕

なお、以上の三例は一八七四（明治七）年のものであり、学制実施当初と比べ、経費面での問題が多く出てきたことが関係しているとも考えられる。

次に、そのような積極的な資金捻出法ではなく、倹約をすすめたものはさらに多く見られる。酒肴を減らす、贅沢をつつしむなどは多くの就学告諭に触れられているし、具体的に狂言や踊り、手踊りなどを禁止したり、子どもの手習いや祭への出費をやり玉に挙げているものもまた多い。これらについては、他の節で取り上げることになる[一〇]ので、重複を避け、本節ではひとつの例として、上記の桑を植えよという神奈川県の就学告諭のなかのものを挙げておくことにしたい。

一　勧善懲悪ヲ以テ口実ト為シ地芝居手躍等興行致シ候ハ畢竟風俗ヲ乱シ財貨ヲ廃シ其土地疲弊ヲ招クニ過ス学校ノ如キハ風俗ヲ正シ才能ヲ長シ身ヲ立家ヲ興スノ基然ルヲ学校入費ヲ云ヘハ僅ノ事ニテモ苦情ヲ唱エ地芝居手躍等ニ重リテハ却テ多分ノ冗費ヲ掛ケ候族モ往々有之趣向后心得違無之学校隆盛ヲ人々企望可致候也

六　まとめ

以上、大まかに資金調達の方法について就学告諭でどのように述べられていたかを見てきた。時代的にいえば、学制期のごく初期と、二年ほどたった一八七四年頃以降を比べると、後者の方がより具体的な提案が増えているということがいえる。最後の項で述べた部分などはそれにあたるし、破綻したとはいえ、広島県の試行錯誤もそれにはいるだろう。また、本稿では必ずしも充分には分析できなかったが、岡山県の例など、地域的な特徴も見ることができるのではないかと考える。当時の社会経済的構造の地域による相違や、隣県や近県の方法を取り入れる等のことがその背景にあるのではないかと思われるが、それについては今後の課題としたい。

（谷　雅泰）

註

(一) 先行研究において財政に関して比較的詳しく触れられている研究のうち、主なものとして、註五に挙げる『日本近代教育百年史』第二巻のほか、さしあたり次の研究を挙げておきたい。尾形裕康『学制実施経緯の研究』(校倉書房、一九六三年)、倉沢剛『学制の研究』(講談社、一九七三年)。また、地方教育史の研究において、学校の設立・維持のための資金が実際にどのように調達されたかについての研究はさらに多い。例えば、籠谷次郎「明治『学制』と村落—摂津淀川右岸における学事普及の考察—」(『日本史研究』第七三号、一九六四年)、戸田金一『秋田県学制史研究』(みしま書房、一九八八年)等が挙げられ、また自治体史などで触れられていることは当然多い。本稿の課題は本文で述べたとおりであるので、実際にそれらがどのように具体化されたかについてはまったく触れることができない。また、籠谷は地租改正の影響について述べているが、そのほかにも地方制度の改正などが実際には影響を及ぼし、それがまたそのあとの時期の就学告諭に反映されていることの可能性なども考慮に入れなければならないが、本稿ではそこまで分析できなかった。

(二) なお、第二章第一節で「官費」と「民費」の区別に関わって資金に関わる問題が触れられているのでそちらも参照されたい。

(三) 「中小学校設立方法達書」(宮城県〔**資 4-3**〕)。

(四) 同じ「学資」という表現でも、文意から判断すると次のように意味が異なる。本節で紹介する就学告諭から拾ってみると、青森県〔**資 2-3**〕では学校にかかる資金、という意味で、秋田県〔**資 5-5**〕では受業料や学費とは別に富家の者が納める資金という意味で、また広島県〔**資 34-11**〕では受業料という意味で使われている。

(五) 『日本近代教育百年史』第二巻、一九七三年、一一頁。

(六) 同上、一二頁。

(七) 同上、二一頁によれば、全国の一八七三年と一八七四年の小学委託・補助金は、二七二、三三〇円と五五六、八一一円で二倍以上の伸びであり、一八七三年からの六年間でこの時が最も増額している。なお、公学費収入全体でみれば、この期間、順調に増えていっている。

(八) 牧原憲夫『客分と国民のあいだ　近代民衆の政治意識』吉川弘文館、一九九八年。

(九) 註七に同じ。

(一〇) 第三章第三節参照。

第三章　就学勧奨の論理——就学告諭の視角別分析

はじめに

一　本章の課題

本章の課題は、就学告諭が民衆に就学を勧奨するにあたって、どのような論理を使って説明したかを五つの視角から分析することである。各節ごとに一つの分析視角を設定し、その視角から、収集した全国の就学告諭を横断的に読み込み、検討する。そうすることで、単体の就学告諭からは見えなかった新たな問題点を浮かび上がらせること、そして従来とは異なった就学告諭の解釈を得ることがねらいである。ただし、各節はそれぞれ独立した課題を有しており、それを最終的に統合して何らかの結論に到達しようとは考えていない。就学告諭が民衆を学校にいかせようとした説明原理の様々な側面に着目した個別の論文が五本あると考えてもらいたい。

とはいえ、「就学告諭の内容から特質にかかわる分析視角を設定し、検討する」ことでは共通しており、そこから自ずと本章の性格が規定されるところもあろう。それを踏まえて、本章の分析が有する意義を、他の章との比較のうえに相対的に論じれば、次のようにいえるだろう。

第二章では、就学告諭の中に描かれた学校システムの諸構想を検討することにより、人々を行かせようとした「学校」の具体像を解明することがねらいである。すなわち第二章が「どのような」学校に行かせるかを明らかにしたのに対し、本章は「どのようにして」学校に行かせようとしていたのかを明らかにする。両章の成果を併せ読むことによって、近代日本黎明期の就学督励策が見えてくると思われる。

また第四章では、ある特定の地域に着目して、その地域で就学告諭が作成されたことの意味を、幅広い文脈から理解することがねらいである。このように、地域を限定して就学告諭を「深く」読み込むのが第四章の作業であるのに対し、本章の作業は、全国の就学告諭を「広く」俯瞰することが主になる。同じ資料を用いていても、その着眼は全く異なる。そうした意味では、両章の性格は対照的といえるが、就学告諭研究の可能性の幅広さを示すものでもある。

二　分析視角の設定

では、具体的にどのような分析視角を設けるかが問題となる。本章では、「国家」「外国」「旧習の否定」「親」「女子教育」という五つの視角で構成した。これらの分析視角は、いずれも本研究会が全国の就学告諭を収集し読み込んでいく過程において、特徴的な就学告諭が多く発見され、踏み込んだ分析が必要であると考えられたものである。

続いて、なぜ分析対象となったのがこの五つの視角であるのか、説明が必要になる。実はこれらの視角は、就学告諭の分析に当たって必ずしも新奇なものではない。というのは、すでに佐藤秀夫の先行研究において、こうした視角別分析の原型が示されているからである(二)。佐藤は、近代教育制度創始期の就学督励策を解説するに当たり、各府県から出された就学告諭にみられる様々な特質を紹介している。「国家」「対外危機意識」「女性」などは、そこですでに着目すべき視角として掲げられていた。しかし、佐藤によるそれぞれの視角への言及は、就学告諭の内容を明らかにするなかで、軽く、断片的に触れられた程度に過ぎない。本章では、それぞれの分析視角を一節として独立させることで、より深く詳細に迫ることにした。

さらに、佐藤によって言及されなかった「親」「旧習の否定」という二つの分析視角を設けた。そもそも実際に就学するのが子どもであるとはいえ、就学告諭で告諭する対象は子どもではなく、その親である。就学告諭の作成者が、親をどのような存在として認識していたか、それによって諭し方も変わるわけで、就学告諭を分析するにあたっては不可欠の視角であるといえる。また、就学告諭は子どもを学校に行かせればよいという単純なものではない。学校の登場によって、人々の生活習慣はがらりと様相を変えることになる。旧来の慣習をどのように認識し、新しい時代の習慣はどうあるべきと考えられたのか。「旧習の否定」は、学校と社会をめぐる転換期の時代状況を知る手がかりとなる視角である。

各節の分析方法は執筆者により様々であり、必ずしも統一されてはいない。各視角は、それぞれ異なった興味深い特質を有しており、それらを画一的な方法でまとめるよりは、執筆者独自の視点を盛り込み、記述に創意工夫をこらしたほうが意味があると判断したからである。ただし、最低限、その視角に関する先行研究の指摘、学制布告書での記述や比較、学制公布前後の変化、地域性の傾向、などについては、各節になるべく盛り込むこととした。

三　各節の概要

以上を踏まえたうえで、各節の概要を簡略に紹介しておく。

「第一節　『国家』意識の表出」で一番の問題とするのは、学制布告書と地域の就学告諭の「国家」意識の差異である。

先行研究でもすでに指摘されてきたことであるが、各府県で作成された就学告諭には「国家」意識を強調したものが多い。しかし、学制布告書では「国家」はきわめて否定的な文脈で現れているのである。多くの就学告諭が学制布告書の論理を反映しているなか、「国家」に関する記述にこのような正反対の現象が生まれたのはどういうことなのか、就学告諭が出された時期に着目して整理し、その不自然さを明らかにしている。

「第二節　モデル・脅威としての外国」では、各府県の為政者が、「文明」に関する語句も含めて「外国」に関する語をどのように使用して民衆を学校に行かせようとしていたのか、その論理を分析する。これについても先行研究で指摘されてはいるが、民衆の対外危機感を就学に結び付けようとする論理がどのようにして成立しているのか、対外危機感なるものの具体相を把握する作業を通して明らかにしたい。

「第三節　旧習の否定」では、学制布告書に見られる旧来の価値観の否定が地方の就学告諭にいかなる影響を与えたかを追う。地方では、就学勧奨と結び付けて旧来の慣習・風俗の否定をして、就学告諭に盛り込むことが行われた。それらがどのような文脈で現れるかの分析が中心となる。

「第四節　就学告諭における親概念」では、就学告諭の中で親に該当する語として、どのような言葉が使われているかから論をはじめる。就学告諭では、子どもの就学を親の義務として論じているが、その説明には強制と必要性という二つの原理が使われている。その前提には親が子どもに愛情をもっているはずだという考えがある。江戸期の子育ての書との比較で、就学告諭にみられる愛情は、どのような構造をもっているかについて検討する。

「第五節　女子教育の推奨」では、学制布告書直前に太政官から出された「当今施行ノ順序」で「小学ヲ興スノ第一義トス」とされ、小学校教育の中で最重要視された女子教育への各府県の取り組み方を就学告諭から分析した。すなわち、各府県が出した就学告諭から、どのような女性像が想定されているか、どのような目的で女子教育を推奨しているか、女子にどのような教育内容を授けることを説いているかを明らかにしている。

人が人に何かをさせようとする時の説得論理としては、様々なものがある。五つの視角は、それぞれ次のような説得原理の例だとも言える。すなわち、国家は「何々のために、こうするのですよ」という目的・メリットを説明する方法として、就学告諭に使われた。また外国は「何々しないと、かくかくしかじかになって困りますよ。怒られますよ」という脅威・デメリットを説明する方法として、旧習は「何々をすることは無駄です。そうしていると、かくかくしかじかという状況になりますよ」という無意味性や未来予測を提示して説明する方法として使われたのである。「それをしない（させない）と、だれだれの責任ですよ」という義務担当者・債務者という対象としては親が選ばれ、「何々ですら、こうすることが必要なのです」という最もマイナーな対象者として女子が選ばれた。このような五つの説得論理が、本章の五つの分析視角の背景ともなっているのである。

もちろん、これ以外の説得原理が就学告諭に含まれていないわけではない。本研究会では、「立身出世」などを目的・メリットの説得原理として分析視角にとりあげようと考えた。しかし論がまとまりきらず、本書には掲載できなかった。第一章第二節や本章第一節において、「国家」との対応関係としての「個人」に関して若干の言及をしたが、さらに深める必要がある。それも含めて、就学告諭の説得原理の研究は、まだ多くの検討すべき余地が残されているのである。

註

(一) 佐藤秀夫「児童の就学」『日本近代教育百年史』第三巻、一九七四年、五九二～六〇〇頁。

第一節　「国家」意識の表出

一　本節の課題

（一）分析視角としての「国家」

本節では、「国家」を分析視角として就学告諭の検討をおこなう。就学告諭の分析視角として「国家」を取り上げることの意義については、大枠は本章「はじめに」で触れたとおりであるが、さらに若干の補足をしたうえで、本論に入りたい。

まず、ここでいう「国家」とは、直接的には学制布告書の文中に現れる表現から採用したものであるが、検討対象は必ずしも「国家」という表現に限定されるものではなく、就学告諭中に登場する「皇国」「邦国」「我国」といった一定の類似性を有する語の象徴として包括的に使用していることを断っておく。就学告諭には、上記のみならず様々な表現形態をとりながら「国」を連想させる語が多く登場しており、それらを一つの分析視角として束ねるために、学制布告書で用いられた「国家」という語に代表させたにすぎない(一)。

就学告諭の論理のなかに、この「国家」（あるいはそれに類する語）がどのように組み込まれていたかという問題については、就学告諭に関する数少ない先行研究においても、すでに次のように言及されている。

例えば、『日本近代教育百年史』第三巻の「児童の就学」では、堺県や富山県、愛媛県の就学告諭を引用しつつ、そこに「実用学の主張が富国強兵の基盤として明確に自覚され」ることで顕現する、「対外意識に裏うちされた国家意識の強調」が見られると述べられている[二]。また森川輝紀も、学制布告書を受けて作成された各府県の就学告諭が、「『正直』に国家のための学校・教育であることを表現している」ことを指摘している[三]。

これらの先行研究によって、就学告諭のなかに「国家」意識を強調する記述が随所に盛り込まれていることが発見され、人々を学校へ行かせようとする論理と「国家」を意識させる論理とが表裏一体となって地方の就学勧奨政策を構成していたことが指摘されてきた。そしてそのような着眼自体は、本節においても基本的に継承されている。

そのうえで、本節では先行研究の指摘をさらに深めるべく、就学告諭の作成時期と「国家」記述の傾向との関係を軸に、以下のような検討を行うこととした。

まず、就学告諭にとって最大の画期と位置付けられる学制公布――この出来事と就学告諭の「国家」記述との関連性を把握するために、学制以前と以後で区分する構成をとった。さらに、学制以前では福沢諭吉の著『学問のすゝめ』の出版、学制以後では一八七三(明治六)年三月に出された文部省布達第二三号を、就学告諭における重要な転換点として着目し、その前後の「国家」記述に起きた変化を読み取ることを試みた。

また本節では、就学告諭に現れた「国家」記述の分析を通して、学制布告書の「国家」記述を見直すことも目的の一つとして考えている。学制布告書を基点として就学告諭を読み解くだけではなく、逆に就学告諭から学制布告書を見ることによって浮彫りになる問題もあるだろう。本節ではこうした往復作業を通して、就学告諭の「国家」記述をめぐって従来看過されてきた問題点を指摘したい。

なお、本文では就学告諭資料を多数引用しているが、引用文中の傍線は筆者によるものである。

(二) 学制布告書における「国家」

就学告諭の「国家」記述をめぐる興味深い問題の一つとして、学制布告書の「国家」記述との懸隔の問題がある。一般に、就学告諭の多くは学制布告書の公布を受けて作成されたという理解があり[四]、その内容には布告書の影響が色濃く、布告書の表現がそのまま採用されているものも少なくない。ところが「国家」をめぐる記述に関しては、「国家」意識が強調されたといわれる就学告諭に対し、学制布告書では全く逆に、「国家」のための学問は否定的な文脈で登場する。まずは、この点を確認しておく必要があるだろう。

学制布告書において「国家」という語は二度登場する。最初は以下の箇所である。

> 従来学校の設ありてより年を歴ること久しといへども或ハ其道を得ざるよりして人其方向を誤り学問は士人以上の事とし農工商及婦女子に至つてハ之を度外におき学問の何物たるを弁ぜず又士人以上の稀に学ふものも動もすれハ国家の為にすと唱へ身を立るの基たるを知すして或ハ詞章記誦の末に趨り空理虚談の途に陥り其論高尚に似たりといへども之を身に行ひ事に施すこと能ざるもの少からず

ここは、学問がすべての人に必要であることを説くにあたって、その学問とは従来人々がイメージしてきた学問とは異なるのだ、と旧来の学問観を否定している箇所である。学問が「身を立るの基」であることを知らずに、「国家の為にすと唱へ」て「之を身に行ひ事に施すこと能ざる」ような、日常からかけ離れた学問のあり方が非難されている。

もう一箇所は、後半の但し書きに現れる。

> 但従来沿襲の弊学問ハ士人以上の事とし国家の為にすと唱ふるを以て学費及其衣食の用に至る迄多く官に依頼し之を給するに非されバ学ざる事と思ひ一生を自棄するもの少からず是皆惑へるの甚しきもの也自今以後此等の弊を改め一般の人民他事を抛ち自ら奮て必ず学に従事せしむべき様心得べき事

こちらは、学問を「国家の為にす」と唱えて教育にかかる費用を官に依存し、それが賄われなければ学問をしない、という姿勢を批判した箇所である。教育費を人々に自己負担させることの正当性を説く文脈において、「国家の為」の学問がまたも否定的に現れている。

この二度にわたって登場した「国家」は、いずれも就学を勧奨する目的を持った文脈の中で否定的に登場している。前者は旧来の学問観の否定、後者は学資自弁の原則の強調と、論じているテーマは異なるものの、その背後にある論理性は一貫しているとみることができる。なぜ旧来の学問観（＝「国家」のためにする学問）を否定しなければならないか、なぜ教育にかかる費用を人民が負担しなければならないのか、を考えたとき、学問はあくまで自身の利益につながるものだから、という結論に達する。そのメッセージを明確に届けるために、学制布告書の中で「国家」は否定されたのである。

とはいえ、当然のことながら、学制布告書の作成元である当時の太政官政府が本当に「国家」のための学問を否定していたわけではない。それは、例えば明治五年一月四日付の、学制の基本方針が表された文書に、以下のようにあることからも明白である。

伏惟レバ国家ノ以テ富強安康ナル所以ノモノ其源必世ノ文明人ノ才芸大ニ進長スルモノアルニヨラザルハナシ是以学校之設教育之法其道ヲ不可不得依之今般学制学則ヲ一定シ無用ノ雑学ヲ淘汰シ大中小学ノ制例ヲ建立シ文芸進長ノ方向ヲ開導仕度奉存候(五)

では、なぜ学制布告書では「国家」のための学問を表面的にせよ否定したのか。『日本近代教育百年史』第一巻では、学制布告書が「国家的要請を表面に出さずに、個人主義的な立場からの学問奨励に力を入れた」理由を、『被仰出書』が封建的学問観を払拭することに重点をおいていたからであろう」と説明しているが、この説明では不十分である。なぜならば、学制布告書の内容に大きく影響を与えたといわれる福沢諭吉の『学問のすゝめ』においては、同じように封建的な学問観を否定しながらも、一方で個人の学問が「国家」の独立へとつながる道筋が示されているからである。封建的学問観を払拭するために、「国家」を否定的に論じなければならないというのは説得力に欠ける。あえて「国家」を否定的文脈で用いたのには、他に理由があったと考えるべきであろう。

学制布告書の文章を素直に読む限り、やはりその理由は、教育費自己負担の正当性を担保するため、ということに集約される。「国家富強」という目的のための教育普及政策でありながら、その遂行に十分な予算を確保し得ない財政状況が、こうした方便としての「国家」否定記述を生み出したといってよい。逆に言えば、そうでない限り、当時の時代状況において「国家」のための学問を否定しなければならない理由はないのである。

しかし、そうした理由があったにせよ、この時点で「国家」のための学問を否定する文章が為政者の側から発表されたことは、極めて不自然なことであった。以下の検討により、その不自然さが明らかになっていくであろう。

二　学制以前の就学告諭における「国家」

（一）初期の就学告諭

就学告諭の「国家」記述を検討するにあたって、まずはその全体傾向を簡単に把握しておきたい。

本書資料編に本文を収載した九四点の就学告諭を、「国家」記述の有無によって分別する。その際、「日本」「全国」「皇国」「御国法」「国体」「神州」「我国」「邦国」「一国」「宇内」「天下」「国家」「国恩」「邦家」「海内」「治国」「神国」「愛国」「国」「国政」「国益」「治国」「国賊」「富国」「国期」「国産」「御国威」「国用」「国勢」「日本国」「皇基（くにのちから）」「御国」「我邦」「本邦」「国士」、といった国を表す語を「国家」に類する語として、これらの語を含む就学告諭を「国家」記述を有する就学告諭として数えた。但し、「海外各国」「西洋各国」「外国」といった日本以外を表す語や、「皇学」「漢学」といった教育内容を表す語は除外している。また、「政府」「朝廷」「朝旨」などの語は「国家」の権威を象徴する語としてしばしば登場するが、これらの語は上掲の「国家」を表す諸語とはひとまず別に数えている。

こうした基準により分別したところ、「国家」記述を有する就学告諭は六〇点に上った。「朝廷」「朝旨」といった「国家」の権威を示す語が含まれる就学告諭を加えるならば、その数はさらに膨らむ。ここでは、文脈を全く考慮に入れていないため軽率な判断はできないが、「国家」が極めて高い割合で就学告諭の文中に登場していることは間違いない。先行研究がそうした点を就学告諭の特徴のひとつとしてとらえたことにも納得がいこう。

さて、学制以前の就学告諭についてみていきたい。資料編一覧表に掲載された全四〇一点の就学告諭のうち、学制以前に作成されたことが明らかな告諭は一二〇点、全体に占める割合としては三割に及ぶ。この時期は、各地で郷学校の設置が相次ぎ、従来武士階級にしか通うことが許されていなかった教育機関に武士以外の子弟の入学が許可されるなど、徐々に庶民へも門戸が開かれていく一方、まだ旧時代の慣習も根強く残っていた。そうした時期に出された就学告諭には、新旧さまざまの学問観が入り混じっているのが見て取れる。

例えば、学問をするのは完全に「国家」のためであるという姿勢が表れている就学告諭がある。以下は、盛岡藩から明治三年一二月に出された就学告諭である。

如今文明開化之運ニ応ジ、遍ク士庶ヲシテ綱常之理ヲ弁ヒ、事業之方ヲ明ラカニシテ国家之用ニ具ヒシメンガ為広ク学校ヲ建テ之ヲ教育セント欲スト雖モ、朝造暮営ノ速ニ其全成之功ヲ奏スルヲ得ベカラザレバ先枢要之地ニ於テ幾何之小学郷校ヲ置テ件々ノ学芸御勧誘被成候条、不論貴賎各処学校江罷出修業可致、有志之輩猶更奮起日夜淬精正智ヲ養ヒ実能ヲ長ジ審ラカニ夷倫之道ヲ講ジ博ク生計ノ術ヲ釈ネテ必国家有用之大器ヲ成シ以テ国恩ヲ報ジテ天功ニ膺リ万物之霊タルノ名ヲ眩シクスベカラザル事〔資3-1〕

また、個人（家族）と「国家」を対比的に論じながら、両者に有益な学問という側面を強調したものも多い。一例として兵庫県から明治四年三月に出された告諭を示したい。

学問ハ人倫ノ道ヲ正フセシメ各其業ヲ勉メシメテ上ハ　御国恩ニ報シ下ハ己ノ家業相続子孫繁栄ノ基ヲ立シメン為ニシテ上下忽セニス可カラサルノ事業ナリ因テ今般兵庫明親館ノ学校ニ於テ更ニ講日ヲ定メ規則ヲ立テ農工商ノ輩ニ至ル迄修業致ス可キヨフノ方法取設ケ候条厚ク其意ヲ得別紙告諭ノ趣ヲ以テ有志ノ輩ハ勿論幼童及ヒ卑賎ノ者ニ至ル迄同館ニ入学シ勉励修業致ス可キ事〔資28-10〕

上のように、学問の目的を論じる文脈において、「国家」と個人が「上」「下」・「大」「小」の対比関係のなかに位置付けられることはよくみられる光景である。ここでは学問を修めた結果として、「上」を「御国恩ニ報シ」ること、「下」を「己ノ家業相続子孫繁栄ノ基ヲ立」てること、というふうに、それぞれ果たすべき目的の設定に対比が用いられている。

同様の例は、明治四年正月に出された岡山藩の告諭にも見られる。

凡人は自然の才徳を具ふるもの也、されと教えされは其才徳あらはれす、故に此度更に学制を改め和漢西洋の学科を分ち、教官を設け諸士八歳より入学せしめ、普く之を学ばせ各其才の長する所を磨き、忠孝の道を明かにし、以て後日の用を為さしめん事を要す、是下は一身一家のため、上は一国天下ノ為なれば敢て疎に思ふべからす〔資33-1〕

これら対比形式で記述される就学告諭では、個人と「国家」が対立することなく調和的に記述される。また、学問は自身や一家の生活にとって欠くべからざるものであると強調されると同時に、学問ができることのありがたみを意識させ、その「恩ニ報シ」ることが大目的として盛り込まれることになる。

次に、松江藩から明治四年五月に出された就学告諭を紹介したい。このとき、松江藩は二つの就学告諭を出している。一つは藩校である修道館、もう一つは郷学と寺子屋を改称した教導所に対してである。

藩校修道館に対する就学告諭は、以下のようであった。

学校ハ何ノ為ニシテ設クルヤ人倫日用ノ道ヲ修メンカ為ニ設クルノミ是レ此館ニ修道ノ二字ヲ命スル所以ナリ……是ニ於テ朝廷維新ノ政ヲ布セカラレ政教一致規模恢宏天地ノ公道ニ基ツキ知識ヲ世界ニ求メ大ニ 皇基ヲ振起シ給フノ御趣意恐レナカラ実ニ希代ノ偉挙ト申スヘシ然ルニ世ニ学問ト称スル者 皇朝アリ漢土アリ西洋アリ各其学ヲ主張シ互ニ其短ヲ非議シテ相容レサル者アルニ至ルハ何事ソヤ斯ル 聖明ノ御代ニ生レテ斯ク一己ノ陋見固識ニ沈ミテ終ランコト豈ニ嘆スヘキノ至ナラスヤ然ラハ方今ノ學問ハ皇漢洋ヲ合併シ長ヲ採リ短ヲ捨テ集メテ大成スルニアラサレハ知識ヲ広メ才徳ヲ成シ以テ実功ヲ奏シテ此道ヲ修ムルコト難カルヘシ〔資 32-3〕

また、教導所に対する就学告諭は以下のようである。

其定ムル所ノ学則ハ文学算数日用欠クヘカラサル者ニシテ習ヒ易ク進ミ易ク一字ヲ学ヘハ一字ノ用ヲ成シ一事ヲ習ヘハ一事ノ用ヲ達スルヲ主トス尚学問ノ薀奥ヲ極メント欲スル者ハ修道館ニ入テ之ヲ学フヘシ其徳ヲ成シ其才ヲ達スル者ハ本朝末廷ノ有用ト為リ若シ不才ニシテ業ヲ成サヽルモ良僕良奴タルコトヲ失ハス教官及ヒ生徒能ク此意ヲ体認シテ怠慢アルコト勿レ〔資 32-4〕

「皇基ヲ振起シ給フノ御趣意」を了解したうえで、「知識ヲ世界ニ求メ」る学問が要求される修道館の就学者に対し、教導所では「国家」への意識よりも日常の生活を基盤とした学習内容が告諭されていた。「国家」を意識しつつ学問を修めるのは、修道館へ入ってからでよいということであろうか。同時期同じ出所からの就学告諭におけるこの差異は、「国家」への意識を喚起するにあたっても、就学者の年齢・能力が加味されていたことを示すものである。

(二)福沢諭吉著『学問のすゝめ』における「国家」

学制以前の就学告諭において、福沢諭吉の著書『学問のすゝめ』初編が世に出たことは一つの重要な画期であった[六]。これ以降の就学告諭、例えば明治五年五月に出された愛知県の就学告諭の添書きには、次のようにある。

此文は愛知県の庁旨を以て福沢氏に述せられし書にて学問の大意をさとし専ら人民の心得を識らされたれば実に現今の急務必要書といふべし己れ幸ひに書を商ふ業なれば今度庁に許を与得て当県の管下に限らず善く買弘めんと欲するものなり〔資23-3〕

また同年七月の「犬上県内小学建営説諭書」でも、人々が身に着けるべき学問の内容について述べた後で、以下のように述べられている。

其趣意ハ福沢諭吉が著せし学問のすゝめと同様之訳なれバ　今般九十一区へ右之書物二部宛及配賦候条、役前之者共熟読之上小前末々迄心得違無之様精々誘導すべし〔資25-3〕

このように、文章中で福沢の名前が登場するところに、就学告諭への影響力の大きさがうかがえる。この例の他にも、直接福沢や『学問のすゝめ』の書名に触れておらずとも、明らかにその影響を受けたと思われる就学告諭が複数見受けられ[七]、この時期の就学告諭を検討するにあたって『学問のすゝめ』が無視できない存在であることがわかる。

『学問のすゝめ』といえば、四民平等・旧学問の否定・実学の奨励など後の学制布告書の表現にも通じる新時代の論理が満載された書物として知られるが、その根幹には近代国家としての日本という存在が非常に強く意識されている。初編の文章中から「国家」に関連する語を抜き出してみると、「日本」「世界万国」「西洋」「天下国家」「一国」「島国」「外国」「自国」「鎖国」「西洋諸国」「国」「我国」「国民」「国法」「全日本国内」「本国」「報国」「全国」などがあり、実にさまざまな表現を交えて「国家」を説明し、読者の「国家」意識を喚起している。福沢においては、封建社会の束縛を脱し、人民一人一人が「国家」と繋がりその独立を助ける「国民」となることこそ、新時代のありかたであると考えられたのである。

福沢が『学問のすゝめ』の中で説く「国家」とは、すなわち「日本」であり、その「日本」とは、「亜細亜洲の東に離れたる一個の島国」である。福沢は、「アフリカ」「英吉利」「亜米利加」「支那」「外国人」「世界万国」など、海外諸国を意識させる語も文中に多く用い、相対的に「日本」という「国家」を浮かび上がらせる。福沢の「外国」理解は極めて合理的で、「日本とても西洋諸国とても同じ天地の間にありて、同じ日輪に照らされ、同じ月を眺め、海を共にし、空気を共にし、情合同じき人民」であると、同じ人間としての普遍性を主張し、「外国の人を見ればひとくちに夷荻々々と唱え四足にてあるく畜類のようにこれを賎しめ、これを嫌らい、自国の力をも計らずして妄に外国人を追い払わん」とするような偏屈な姿勢を批判している。

福沢がすすめる学問は、その基本は「人間普通日用に近き実学」であり、それは具体的には、まず「イロハ四十七文字を習い、手紙の文言、帳合の仕方、算盤の稽古、天秤の取扱等」を覚えることであるが、これらを修めたさらにその先には、「地理学」「究理学」「歴史」「経済学」「修身学」といった西洋の学科構成を意識した学問が続く。福沢曰く、「是等の学問をするに、何れも西洋の翻訳書を取調べ」ることが重要であり、「人たる者は貴賎上下の区別なく悉く」この学問をたしなむことによって、「身も独立し、家も独立し、天下国家も独立」するのである。

『学問のすゝめ』の骨子は、人間の価値は生まれた身分によって決まるのではなく、学問をするかしないかによって決まるのだ、というところにあるが、そうした個人の尊厳に関わる学問の奨励と同じかそれ以上に、福沢はこの書で「国家」を説くことに紙幅を割いている。そして、一身の自由を束縛してきた封建制を批判するのと同じ論理で、一国の自由・独立を妨げる外国勢力に立ち向かおうとする。

天理人道に従て互の交を結び、理のためには「アフリカ」の黒奴にも恐入り、道のためには英吉利、亜米利加の軍艦をも恐れず、国の恥辱とありては、日本国中の人民一人も残らず命を棄てゝ国の威光を落さゞるこそ、一国の自由独立と申すべきなり

このように福沢においては、一身の自由・独立を妨げる封建制を憎むのと同一線上の論理によって、「国家」の自由・独立を妨げる外国勢力と対峙することになるのであり、そのためには人民一人ひとりが「国家」を意識する「国民」となる必要があった。そのためにも学問が必要だと考えられたのである。福沢が想定した「国家」とは、従来の曖昧な「国家」観を打ち破った、近代国家としての日本であった。

(三)『学問のすゝめ』刊行後の就学告諭

福沢が『学問のすゝめ』で示した「国家」観は、その後の就学告諭にどのような影響を及ぼしたであろうか。先に紹介したように、就学告諭の中には福沢の名が文中に現れるものもいくつかある。ここではそれらの告諭を例として取り上げ、「国家」を中心とした記述に着目したい。

明治五年五月に出された愛知県の就学告諭は、文章としては非常に短い。しかし、その短い文中に、「外国の侮り」「内外の恥辱」「これを小にすれば人民一身の独立これを大にすれば大日本国の独立」など、『学問のすゝめ』の影響と思われる「国家」に関する表現がいくつか見られる〔資 23-3〕。しかし、この就学告諭が福沢の「国家」観・「国民」観を完全に継承しているかというと、そうとはいえないところもある。

今より活たる眼を開き上下力を合せて実学に志し銘々の身分に相応すべき智見徳義を備へて其名其実に称ふるやうありたきものなり

福沢は、「学問をするには分限を知る事肝要なり」と述べているが、この「分限」とは「一身の自由を達すること」であり、ひいては「我侭放蕩」と区別するためのものであり、「身分」とは異なるものだった。「身分」について福沢は、「身分重き人」と「身分軽き人」という区別を用いているが、その差は「唯その人に学問の力あるとなきとに」よるもので「天より定たる約束」ではない。すなわち、この就学告諭にあるように、先に「銘々の身分」ありきで、それに相応しい「智見徳義」を求めるという姿勢は、福沢の「身分」論——ひいては「国民」論——とは、厳密には趣を異にしているといえよう。

また、明治五年七月の犬上県の就学告諭でも、「其趣意ハ福沢諭吉が著せし学問のす丶めと同様之訳なれバ」と福沢の名が見られたが、ここでいう「其趣意」とは具体的には学問の内容を指している。それは、「手習、十露盤、請取証文之認方、日用取遣り之文通、三枚之御高札、当国郡村名・府県之名称、歴代之年号、和漢洋治乱沿革之大略」など、「日用不知して不叶廉々」として挙げられたものである。たしかに『学問のすゝめ』でも同様の学問内容が推奨されていた。

しかしその一方で、「国家」に関する記述としては、「斯る難有御代に生れながら」・「第一御上之御恩を忘却し」・「難有も今日之御政体」・「御国恩を知る有志之者」など、政府・朝廷の権威が前面に押し出され、人民に学問ができることのありがたみを強く意識させる表現が随所にちりばめられている。こうした表現による「国家」意識の強調は、『学問のすゝめ』で福沢が喚起しようとした「国家」への意識と同じであるとは言い難い。むしろ、福沢が厳しく批判している権威を笠に着た「お茶壷の通行」に近いところがある。

これらの例からうかがわれるところ、各地の就学告諭においては、『学問のすゝめ』に影響を受けながらも福沢の主張とは異なる認識に基づいてなされた記述が含まれていたようである。とくに「国家」や「国民」といった事項に関しては、就学告諭を発している主体自体が明治政府という権力構造のなかに位置付く存在であったことを考慮すると、在野の福沢と同じ姿勢で「国家」を論じるには限界がある。就学告諭という手法が有する構造的な限界であったといってよい。もっとも福沢の書を「熟読」するように告諭中で薦めていた作成者に、そうした自覚があったかは不明である。

一方で、『学問のすゝめ』が就学告諭の「国家」記述へ及ぼした多大な影響についても無視できない。「国」とは何かが具体的に説明されないまま「御国恩」に応えるよう求められていた従来の形から、その「国」とは日本であること、また海外にも同様に多くの「国」があることを叙述した就学告諭が増えていく背景には、明らかに『学問のすゝめ』の普及が一役買っていた。一身の独立と一国の独立を連続的に把握する福沢の主張は、従来から見られた「上」「下」・「大」「小」という対比で「国家」を論じる就学告諭にも受け入れられやすかったと思われる。いずれにせよ、学制以前の就学告諭においては、個人と「国家」が調和的に論じられる方式がすでに定着していたとみることができる。

三　学制公布後の就学告諭における「国家」

(一)公布直後の反応

学制布告書に表れた「国家」記述についてはすでに述べた。ここでは、その布告書を受けて全国で作成された就学告諭の傾向について明らかにする。

明治五年八月二日の学制公布を受け[八]、各府県はすばやい反応を見せた。収集した就学告諭を作成時期で並び替えたとき、学制公布からわずか数ヶ月の間に作成されたものがかなりの割合を占めている。まずは、学制布告書を受けて早々に作成されたこれらの就学告諭についてみていきたい。

府県のすばやい反応の一例として、学制(学制布告書と学制章程)を「別紙」「別冊」のような形で添付し、そのまま布達に用いた地方が多くある。たとえば、宮城県では八月に以下の「管内布告」が出されている。

> 今般、学制御改正ノ儀ニツキ別紙ノ通リ出ダサレ候間、追ツテ学校造立教則御布告相成リ候条右御含意厚奉体シ子弟ヲシテ学ニ従事セシメテ其ノ身ノ財本ヲ可相立事〔**資4-2**〕

このように、学制をそのままの形で布達した例としては、他に、茨城県〔**資8-2**〕、栃木県〔**資9-2**〕、群馬県〔**資10-2**〕、印旛県〔**資12-2**〕、山梨県〔**資19-1**〕、京都府〔**資26-7**〕、鳥取県〔**資31-1**〕、島根県〔**資32-7**〕、広島県〔**資34-3**〕、名東県〔**資36-4**〕、神山県〔**資38-2**〕、小倉県〔**資40-2**〕などが確認されるが、実際にはさらに多くの府県が学制そのままを添付したと推測される。この場合は学制そのものの下げ渡しであるから、現場での説諭状況はさておき、ともかくも「国家」記述について学制布告書のまま伝えられたということである。

ただし、上記のうち名東県のように、学制を「別紙」として付しながら、それとは別に独自の表現を交えて就学を告諭した例もある。名東県の場合、告諭の本文には、「其ノ身サヘ独リ立ツ事テキス何ヲ以テ皇国ノ御為メトナラン哉歎ハシキコトナラスヤ」とあり、「皇国ノ御為メ」になることが学問を修めた先に明確に位置付けられている。学制布告書では「国家」のための学問という記述はあえて避けられ、学問は個人のために必要であることを強調していたが、ここではそうした配慮がなされた形跡はない。

こうした事例は他にも多くある。例えば、石川県の「其業ヲ達シ其身ヲ立以テ国恩ニ報スヘク」〔資 17-6〕や、印旛県の「皇国安危ノ大事ニ関ル」〔資 12-2〕、福岡県の「日本全国をして万国と聯立文明開化の域に進ましむる基本また此にあり」〔資 40-3〕、和歌山県の「国恩の万一を報するに足らん」〔資 30-2〕、北条県の「朝恩ノ渥キニ報ズベキ」〔資 33-11〕、長崎県の「近クハ身ヲ興シ家ヲ立テ土地繁栄ノ福ヲ基イシ遠クハ世ヲ輔ケ国ヲ補ヒ天下富強ノ実ヲ開キ」〔資 42-5〕など、「国家」を学問の目的と結びつけた文言が含まれている就学告諭の例は枚挙に遑がない。興味深いのは、これらの就学告諭においても、他の部分では学制布告書の表現・論理が多く採用されていることである。すなわち、これらの就学告諭においては、学制布告書の内容を大枠においては受容しながらも、「国家」を取り上げる文脈に関してのみ、学制布告書と正反対の論理が登場するのである。

また一方で、「国家」と学問の関係について、肯定・否定いずれの文脈でも使用していない就学告諭もある。わかりやすい例としては、福島県〔資 7-1〕や入間県〔資 11-7〕がある。文面からは、明らかに学制布告書の表現をほとんどそのまま踏襲していることが確認されるにもかかわらず、布告書に見られる「国家」に関する記述の部分がすっぽりと抜け落ちているのである。こうした例は他にも散見されるが、他の部分は大きな欠漏もなく布告書そのままに記述されているのに、「国家」記述の箇所だけが抜け落ちていることにはかなりの不自然さが感じられる。

このような「国家」をめぐる学制布告書と地方の就学告諭における記述の差異は、なぜ生じたのか。学制布告書の表現を踏襲しながら「国家」について全く触れない、あるいは布告書とは異なる理解で「国家」記述をしている就学告諭が圧倒的に多いなか、わずか三例だけ、学制布告書と同じ文脈で「国家」を記述した就学告諭があった。次にそれらを検討してみたい。

(二) 学制布告書の「国家」記述を踏襲した就学告諭

学制布告書では否定の文脈で語られたはずの「国家」、これを就学告諭にそのまま反映させた例は、確認できる限りではわずか三例である。その三種の就学告諭とは、作成順に、長野県の「学問普及の為め申諭し書」(明治五年九月)〔**資 20-6**〕、大阪府の「学制解訳」(一八七三年一月一三日)〔**資 27-7**〕、山梨県の「学制解訳」(一八七三年六月二八日)〔**資 19-3**〕である。後二者にいずれも「学制解訳」という標題がつけられていることには理由がある。それは、この二つの就学告諭作成の背後に、藤村紫朗という共通の人物の影が見えるからである。藤村は、大阪府参事として、山梨県令として、いずれも府県政を主導する立場から、これら二つの就学告諭作成を指揮したと考えられる。二点の就学告諭にはいずれも序文が付されており、そこに記された名前は藤村紫朗であった。そうしたことから、この二つの就学告諭は、内容的にも非常に似通っている。

まず、時期的に最も早い長野県の「学問普及の為め申諭し書」から検討したい。これは、学制公布後約一ヶ月の、最も多くの就学告諭が集中する時期に作成されたうちの一つである。この時期の就学告諭に、学制布告書の表現からの引用が多く見られることはすでに指摘したが、この就学告諭もその例に洩れない。そして、「国家」が述べられる文脈は以下のようである。

但是迄仕来りのくせにて学問ハ士分以上の事とし国家の為にすと心得居る故学問入費及衣類食物に至る迄多く人と目当を違ひ学問ハさむらひ以上の業とし百姓職人商人及ひ婦女子ニ至てハのけ物にして学問とハ何事なるを知らす又さむらひ以上の稀ニ学ふものも動《やゝ》もすれハ国家の為ニすと申はやし其身を立るの元手なる事を知らす或ハ詩を作り文をかき物覚えの末にはしにやくにも立ぬ空言理屈はなしのみちにおち口さきはかり立派に言廻し身の上ニ行ひて其学問を用立る事出来ぬもの多し

学制布告書の表現を独自に改めてはいるものの、全体としては、「国家」の記述も含めほぼ忠実に学制布告書の内容を踏襲しているといってよい。

繰り返しになるが、学制公布以後に作成された就学告諭の多くは、学制布告書の表現から多くを採用していた。学制布告書では、「国家」のための学問を否定し、その文脈で学資自弁の結論を導き出していたから、この部分を就学告諭でも踏襲するためには「国家」のための学問については否定的に論じなければならない。学制布告書をわかりやすく解釈し告諭することを命じられた地方は、本来ならばこの長野県の就学告諭のような「国家」記述をしなければならなかったはずである。しかし実際には、「国家」記述の箇所まで布告書に忠実であった告諭はほとんどない。最も自然に学制布告書を解釈・説明した告諭が、実は最も珍しいのである。

続けて、同じように珍しい、大阪と山梨で出された二つの「学制解釈」について検討したい。この二つの就学告諭が学制布告書の「国家」記述をそのまま踏襲しているのは、その記述の形式に因る。それは、両告諭が学制布告書の文章を一々引用しながら、その後ろに解説をつけるという形式をとっているためである。すなわち、学制布告書の文章を一文あるいは二文程度で短く区切り、それを抜き出した脇に「此訳ハ……」と解説するという方式である。横に学制布告書の原文がそのまま掲載されているのであるから、原文を無視しない限り、その内容を大きく逸脱することは難しい。
では、「国家」に関する学制布告書の記述、「又士人以上ノ稀ニ学フモノモ動モスレハ国家ノ為ニ……」という箇所の脇にはどのような解釈がつけられているかみてみよう。まず、大阪の「学制解訳」では次のように述べられている。

解云、士分以上ノ者カタマタマ学問ヲスルモノモ、ヤ、モスレハ心得違ヒヲナシ、御国ノ為ニ学問スルナト云テ学問ハ元来我身ヲ仕立テ上ル根本ナルコトヲ少シモ心得ス、或ハ詩ニ耽リ文ヲ嗜ミ徒ラニ暗記誦読ニ心ヲ苦シマシメ、或ハ理屈ラシキコトヲ言ヒ其口先ハ中中及ハレヌ様立派ニアレトモ、之ヲ我身ニ行ヒ実際上ニ施ストキハ何ノ用ニモ立ヌモノ数多シ、コレハ是迄ノシキタリノワルグセト云モノニシテ、世カ開ケス学問ヲシテモ己カ才能ヲ延スコトカ出来ヌユヘ、終ニハ身代ヲツフシ家業ヲ失ヒ難渋スルモノ多シ、畢竟身ヲ立テ家ヲ興ス為ノ学問カ却テ身ト家ノ害ヲナスハ、全ク是迄ノ心得違ヒナリ、此ノ如キ学問ハセヌカ万万勝リタルコトナリ、

続けて、山梨の「学制解訳」における該当部分は以下のようである。

此訳ハ士分以上ニテタマタマ学問スルモノカアッテモ動モスレハ心得違ヲナシ国ノ為ニ学問スルナト云フテ学問ハ我身ヲ仕立テ上ケル財本トモ云フヘキ訳ナルヲ心得ス詩ヲ作リナニカシテ或ハ口先ハカリテムタ理屈ヲ云ヒ銘々思ヒ々々ノ末ニ馳セ身ニハ一ツモ行ヒ施ス事ヲセス是ハ古キ仕来ノ悪僻ト云フ者ニテ世カ開ケヌ故学問カ用ニ立スシテ家ヲ失ヒ窮乏ノ者カ多キ訳テ有ルト云フ事ナリ

傍線部分を見る限り、両告諭は表現まで非常に似通っていることがわかる。大坂と山梨という地理的には懸隔のある両告諭がここまで似通った要因としては、やはり先述した藤村紫朗の存在を抜きには考えられないだろう。「国家」の箇所の記述については、両告諭とも学制布告書に忠実に解釈している。

こうした原文(＝学制布告書)対照方式の就学告諭をみると尚更はっきりするが、やはり布告書の「国家」記述を忠実に解釈すればこのようにならざるを得ない。にもかかわらず、学制布告書を参照したはずの多くの就学告諭において、「国家」のための学問が布告書と同様に否定的に論じられていないことは、文章の上からのみ見れば極めて不自然なことであり、告諭の作成者たちが意図的に「国家」に関する学制布告書の記述を踏襲することを避けたとしか考えられないのである。たとえ学資自弁のための方便であったにせよ、「国家」のための学問を否定するという布告書の記述は、それほどに受け容れ難いものであったということであろうか。

実は、この両「学制解訳」も、「国家」のための学問を否定するだけの解釈では終わっていない。上述した「国家」記述と別の場所、布告書冒頭の「人々自ラ其身ヲ立テ其産ヲ治メ……」の部分の解釈をみると、大阪では

其身ヲ修ルトハ、第一吾身ノ行ヒヲヨクシ、親ニハ孝ヲ尽シ天子様ヲ尊敬シ奉リ、カリソメニモ御政府ノ御指揮ニ背カス

とあり、山梨でも「身ヲ修ムルトテ先ツ第一御上ヲ敬ヒ国ノ恩ヲ知リ親ニ孝養ヲ尽シ」と述べられている。「身ヲ修ル」ことを解釈する文脈において、皇上奉戴・朝旨遵守を目的とした記述が存在するのである。学問は「国家」のためにするのではない、しかし「身ヲ修ル」ということは、「天子様ヲ尊敬」し、「御政府ノ御指揮」に逆らわないようにすることである、

という説明が加えられることによって、学問が完全に利己的にならないよう牽制している。「御上ヲ敬ヒ国ノ恩ヲ知リ」というような内容は、学制布告書に直接記載されることはなかった。地方による独自の解釈ということになる。

こうしてみると、学制布告書の「国家」記述を、過不足なく忠実に就学告諭に反映させたのは、長野県の告諭一種のみといってよい。政府は、学制布告書の末尾二行で、布告書の内容を「便宜解釈ヲ加ヘ精細申諭」すよう命じていたが、その「解釈」の部分で、ほとんどの就学告諭が布告書になかった「国家」記述の文脈を加えたのである。では、こうした地方の「解釈」は、政府にとって布告書からの逸脱とはならなかったのであろうか。この点を次に検討してみたい。

(三) 一八七三年文部省布達第二三号の影響について

学制公布から約半年後の一八七三年三月五日、文部省は第二三号布達として以下のように各府県へ達している。

> 各府県ニ於テ学事ニ付其管内ヘ告諭布達等ノ内間々不都合ノ廉モ有之哉ニ候条学制ニ照準シ齟齬不致候様厚ク注意シ告諭可致此段相達候也

教育普及へ向け各地でそれぞれの取り組みが始められるなか、文部省にとって看過できない状況も現れたのであろう。ここではその「不都合」の詳細は示されていないが、先述したような各地の就学告諭における「国家」記述も、文章上では学制布告書からの逸脱ととれないことはない。文部省がここで問題とした「不都合」「齟齬」の対象が「国家」記述にも及んでいたかどうか、この布達以後に作成された就学告諭を見ることによって考察したい。

まず、文部省布達以降、学制布告書のように「国家」のための学問を否定的に論じる就学告諭が増えたか、という問いに対しては、答えは否である。先に紹介した一八七三年六月二八日付の「学制解訳」（山梨県）が確認される唯一のものであり、この告諭の「国家」記述も学制布告書との原文対照方式によってようやくもたらされたものであることは、既述のとおりである。

一方で、「国家」を学問の目的と結びつけて論じた就学告諭は相変わらず多い。いくつか例を挙げると、一八七三年五月の石川県「学問ハ国家ノ盛衰ニ関シ　人民方向ヲ定メ身ヲ立テ産ヲ治ムルノ大本ナリ」〔資17-11〕、一〇月の青森県「夫レ学ハ人ノ才智ヲ開達シ、各自生業ヲ立ツルノ本根ニシテ、小ハ一家、大ハ一国富饒ヲ致スノ基礎ナリ」〔資2-7〕、一二月の熊谷県「其学業ヲ成就シ国器トナル年ヲ期シテ」〔資11-11〕、一八七四年六月の長野県「人民ノ智識ヲ開達シ才芸ヲ成長セシメ国家保持ノ基礎タルハ更ニ云フヲ待タス」〔資20-14〕、一八七五年一一月の茨城県「教育ノ初級ハ母氏ノ責任ニシテ将来人智ノ開明富国ノ大本」〔資8-7〕、といった具合である。これらを見る限り、文部省布達第二三号がそれまでの就学告諭にみられた「国家」記述の傾向に何らかの注文をつけたとは考えにくい。学制布告書の「国家」記述と多くの就学告諭における「国家」記述のあいだには、少なくとも表面的には「齟齬」があったはずだが、文部省がこの点をとりたてて問題にした形跡は見られない。

それでも、全体傾向として就学告諭から「国家」記述は減っていった。就学告諭の中で「国家」が語られるのは、教育普及への理念を語った初期の文章である場合が多く、学制公布からある程度日月が経過すれば、就学勧奨への取り組みはより具体的にならざるを得なくなる。学校設置の方法や学資金の確保の問題、不就学への対策など、その後の就学告諭はこうした具体的問題への取り組みの中で作成されていくことになり、抽象的な理念はひとまず後方へ退かざるを得ない。もちろん具体的な施策が示される就学告諭のなかで教育と「国家」の盛衰が関連付けられて論じられることもあったが、それよりも目前に山積した課題について、より具体的な指示の記載された就学告諭が増えていったのである。

四 まとめ

以上の検討結果により明らかになったことを記し、本節のまとめとしたい。

まず学制以前の就学告諭については、『学問のすゝめ』の影響を抜きには考えられない。『学問のすゝめ』出版以前から、個人と「国家」を対比的に記述しながら就学を告諭する例はみられたが、その際の「国家」とは具体的に何を指すか、必ずしも明確ではない場合が多かった。福沢が『学問のすゝめ』で「国家」とは日本であることを説明し、個人の学問が「国家」へとつながる道筋を明確に示したことによって、その影響を受けた多くの就学告諭にも具体的な「国家」像が示されることとなった。このことは、複数の就学告諭の文章中に福沢や『学問のすゝめ』の名が登場することからも確認される。

しかしその一方で、福沢の説く「国家」観・「国民」観が必ずしも正確に理解され、就学告諭に反映されたわけでないことにも留意する必要がある。各地では、『学問のすゝめ』の内容から多くを学びつつも、一方で政府や朝廷の権威を前面に出し、そのありがたみを強調する就学告諭が多く作成された。『学問のすゝめ』の「国家」記述とその影響を受けて作成された就学告諭の「国家」記述の間には、その基盤となる「国家」観が必ずしも共有されていたわけではない。

とはいえ、学問の目的を説明するにあたって個人と「国家」を調和的に論じることは、福沢の影響とは関係なく、学制以前の就学告諭の多くに共通する方式であった。「国家」のための学問を否定的に論じる就学告諭は皆無である。

そうしたなか、「国家」のための学問を否定的に論じた学制布告書が頒布され、その内容を「解釈」した就学告諭を作成するよう求められた地方の反応は、非常に興味深い。学制公布後、あれほど多くの就学告諭が作成されながら、布告書の「国家」のくだりを忠実に再現した就学告諭がほとんど存在しないという奇妙な現象が起きたのである。学制布告書の表現を多く採用し、明らかにその影響下にあると思われる就学告諭を並べて見ても、布告書の「国家」記述の部分だけがすっぽりと抜け落ちていたり、逆に布告書で否定された「国家」のための学問を肯定的に論じていたりする就学告諭がほとんどを占めていた。学制布告書の「国家」記述を正確に反映した就学告諭は、確認された限りわずか三点である。

もちろん、政府の本心としても「国家」目的としての教育政策であることは間違いないから、地方によるこうした「解釈」があながち間違っていたとはいえない。ただ布告書作成者からしてみれば、教育費を人民各自に負担させるためにあれほど強調した個人のための学問という方便が、人民に直接届く前に就学告諭というフィルターを通して変換されてしまったことは、若干の計算違いではあったろう。しかしそれも、就学告諭の「不都合」を指摘した一八七三年三月の文部省布達第二三号以降に、就学告諭の「国家」記述にさしたる影響が認められないことからみても、さして目くじらを立てるほどのことではなかったというところか。

逆に、一連の就学告諭における「国家」記述を検討してみると、学制布告書の「国家」記述がいかに浮いた論理であったかがみえてくる。「国家」のための学問を否定する――これが学資を自弁させるための方便であることくらい、地方の官吏が理解しえなかったとは思われない。それでもその方便を就学告諭に反映させることは、結果としてできなかったのである。その原因は、何処に求められるであろうか。就学告諭の作成者が、行政機構の末端に位置付く地方官吏であるがゆえの構造上の原因か、それとも当時の強固な儒学的学問観の反映か。あるいはその両方かもしれない。本稿では、この問いに結論を導くまで論を深めることができなかった。今後の課題としたい。

（大間　敏行）

註

(一) 学制布告書の「国家」記述が意味するところについては第一章第二節を参照。また、各地の就学告諭が「国家」(あるいはそれに類する語)を記述するとき、その指し示すところは必ずしも一様ではない。幕府から新政府への権力主体の変更を意識した上で、その支配の及ぶ範囲というほどの意味で「国家」を叙述したものもあれば、そうした範囲を意識せずに抽象的に用いられる場合もあり、様々である。また、これらはいずれも文章からうかがえる限りの話であり、これによって就学告諭作成者たちの「国家」意識を把握できるものでもない。よって、本節における「国家」記述の検討は、そうした曖昧さを包含したままに行われている。

(二) 佐藤秀夫「児童の就学」『日本近代教育百年史』第三巻、一九七四年、五九五〜五九六頁。

(三) 森川輝紀『近代天皇制と教育』梓出版社、一九八七年、四四頁。

(四) もちろんこの理解が必ずしも正確なものとはいえないことは、学制以前にも各地で就学を告諭する文書が多数発せられていたことから明らかである。学制以前の就学告諭の全体像については第一章第一節を参照。

(五)「学制々定ノ伺」(「大木喬任文書」国立国会図書館憲政資料室蔵)。

(六)『学問のすゝめ』初編の刊行は明治五年二月。

(七) 例えば、「奈良県就学告諭」〔**資 29-1**〕や小田県の布達〔**資 33-5**〕(いずれも明治五年六月)など。

(八) 学制の公布・頒布をめぐる日付をめぐっては議論がある。竹中暉雄による整理を参照のこと(「「学制」に関する諸問題—公布日、頒布、序文の呼称・正文について—」『桃山学院大学人間科学』第三〇号、二〇〇六年一月)。

第二節　モデル・脅威としての外国

一　課題の設定と術語分析

(一)本節の目的

本節の目的は、全国各府県の就学告諭において、欧米を中心とする「外国」に関する記述を概観し、その論理を明らかにすることにある。就学告諭によって、府県の為政者は民衆を学校に行かせようとした。その中で、外国に関係する術語をどのように使用したか、どのように使って民衆を学校にいかせようとしたのか、その論理を分析したい。

就学告諭に関する先行研究において、外国はどのように取り扱われているのだろうか。告諭の分類を行った論として、序章で述べたように戸田金一(一)と佐藤秀夫(二)のものがあるが、戸田金一の分類には外国に関したものはない。佐藤秀夫の分類では、一つめに『学制序文』の趣意を自己管内の一般民衆に解き明かす」を挙げ、二つめに「実用学への志向」を挙げている。それに続いての三つめが外国に関係するものであり、「この実用学の主張が富国強兵の基盤として明確に自覚されれば、それは対外危機感に裏打ちされた国家意識の強調へと進むことになる」としている。この特徴をもつ例として佐藤は、二つめの分類でも引用した堺県の「学問の心得」〔資27-5〕をまず取り上げ、さらに対外危機感を「より明確に」したものとして富山県の「説諭二則」〔資16-2〕、愛媛県の「学事告諭文」〔資38-12〕を挙げている。なお、愛媛県の就学告諭においては、直接、外国に関する言及はなく、「子弟の学問なくして……一家の安危全国盛衰のよりて生する所」として、「国家意識の強調」の例として引用されている。佐藤は、四つめの分類の前に「このような民衆のもつ民族意識に訴えかける一方で」と記しており、「対外危機感に裏打ちされた国家意識の強調」を、「民衆のもつ民族意識に訴えるもの」として把握するのである。

本稿では、佐藤の論をふまえつつ、対外危機感なるものの具体相をさらに把握したい。可能な限り多くの就学告諭の中での外国に関する言及を把握し、その中でモデル・脅威として外国がどのような論理で描かれているかを把握するためである。

その方法として、巻末に掲げた資料編一覧表にある約四〇〇の就学告諭の中で、外国に関係すると思われる術語があるものを抽出した。どのような語を、外国に関係のある術語として取り上げたかを説明しつつ、本節の方法について述べる。

明治維新の「近代化」はまさに「西洋化」であったことに間違いはないだろう。とすると、西洋とはなにか、西洋がもつ知識・技術など、全体としての「文明」を就学告諭の執筆者がどうおさえていたのかが前提になろう。そのためまず取り上げたのは、「文明」「開明」「開化」といった術語である。これらの術語は以下に見るように、就学告諭の中では枕詞のように用いられている。それは、後述の学制布告書の中の「文明」と同様である。このような例は各府県の就学告諭で非常に多く、二でその内容をみることにする。さらに、文明とは何かをどのようにおさえているか、特に「文明」を「未開」の対比語として使用している場合には、「文明」をもっている国はなんという国で、どのような特色をもっており、「未開」を「文明化」するためにはどうすればよいと指摘しているか、といった点にも注意を払いたい。

続いて、「洋籍」「洋」「洋学」「洋書」などのカリキュラムと密接な関係がある術語を取り上げた。府県の就学告諭においては、実際に設立された、もしくは設立される予定の学校に行かなくてはいけないのか、学校ではどのような教育が行われるのか、どのようなカリキュラムになっているのか、について言及しているものも多い。これについては、第二章第三節において詳述したが、重複を厭わず、三において「洋学」に関するものを中心にして把握したい。

さらに、「西洋」「対外」「外国」「洋人」「五大洲」「万国」「洋行」「世界」「貿易」といった術語や外国名・外国の都市名・外国人名も取り上げた。まさに外国はどうなっているのかを説明するために使用された言葉であり、四で取り上げる。これらの多くは佐藤の指摘する「対外危機感」と関係をもつ。とはいえ、それはいくつかの層をなしていると思われる。それをここでは、モデルとしての外国、国際化への対応、対峙する相手としての外国・超えるべき対象としての外国として分析した。

（二）「外国」に関する術語の出現数

約四〇〇の就学告諭では、「外国」に関係する上記のような術語はかなり多く出現している。現在の都道府県で、外国に関する言及が全くない府県は、現在の岩手県、宮城県、長野県[三]、宮崎県、熊本県、鹿児島県、沖縄県のみである。一方、外国に関する言及が比較的目立つ県は、開港された五港（函館、下田・神奈川→横浜、新潟、兵庫、長崎）をもつ、北海道、神奈川県、新潟県、兵庫県、長崎県である。また、青森県、秋田県、埼玉県、福井県、島根県、愛媛県、高知県などにも言及されている。

就学告諭を、学制布告書公布前後の時期にわけてみても、外国に関する語の出現数にそれほど大きな変化はない。この理由を推察することは難しいが、少なくとも関係するであろうことは、学制布告書そのものに外国に関するものとみえる言及がたった一つしかないという点である。すなわち学制布告書には、「是すなはち沿襲の習弊にして文明普ねからず」という部分に、外国に関係すると考えられる「文明」という一語のみが使用されているにすぎないのである。

すでに何度も出てきているように、この部分は、学問は「士人以上」のことであり、「農工商婦女子に至つてハ之を度外にお」いている状況や、「士人以上の稀に学ぶもの」も「詞章記誦の末に趨り空理虚談の途に陥」っている者が少なくないという状況、それは「沿襲の習弊」であって、それでは文明は普ねかないことを述べている部分である。であるから、直接、外国に関して言及をしている部分ではない。こうしてみると、学制布告書には外国に関する直接の言及は全くないということになる。それにも関わらず、就学告諭に外国に関する言及が多く見られるということは、府県為政者が民衆に就学を勧めるに当たって、独自に考えて外国に関する語を使用したということになる。そしてそれを、学制布告書公布前後に関わらずに、一定程度の有効性があると判断して使用したのであろう。

二 「文明」「開明」「開化」などを使用している就学告諭

(一) 維新を象徴する枕詞

先述したように、「文明」「開明」「開化」といった明治維新期を象徴するような術語は、就学告諭の中に数多く見受けられる。そしてその多くは、枕詞のように用いられる。例えば根室支庁による「永住寄宿ヲ問ハス厚ク教諭ヲ加ヘ追々開化ノ域ニ進マン事ヲ心掛ヘシ」〔**資1-2**〕や茨城県の「教育ノ初級ハ母氏ノ責任ニシテ将来人智ノ開明富国ノ大本母氏ノ丹誠ニ基ス」〔**資8-7**〕、宇都宮県の「方今開化日ニ盛ニ文教月ニ明ナリ人此ノ盛世ニ際会シ博ク諸州ノ学ニ通シ宇宙古今ノ事理ヲ究メ……以テ文明ノ真境ニ至ラシメンと欲ス」〔資9-1〕といった例である。これらの例は、多数の府県で確認され、その総数は五十以上に及んだ（四）。

もう少しくわしく見るならば、例えば「文明に向かい」「文明日新の際」「文明開化の域に達す」といった使い方がある。敦賀県の「奮ツテ開明ノ域ニ進歩スベキノ秋ナレバ」〔資18-11〕というような、まさに枕詞として使用した言い方もあるし、子どもや人々を主語として「開化」させるというものや、「智識を開明する」といった言い回しもある。さらに、千葉県の「此分ニテハ教育普及シ真ニ開明ノ地位ニ至リ候儀ハ無覚束」〔資12-5〕といったように否定的な使い方もある。

山梨県の「学制解釈」においては、学制布告書の「是則沿襲ノ習弊ニシテ文明普ネカラス」を「世カ開ケヌ故学問カ用ニ立スシテ」〔資19-3〕と解釈している。学制布告書ではなく、「五箇条の誓文」を利用したと推察できる就学告諭もある。それは松江藩の「学則」であり、「天地ノ公道ニ基ツキ知識ヲ世界ニ求メ大ニ」〔資32-3〕と述べている部分は、「誓文」の「知識ヲ世界ニ求メ大ニ　皇道ヲ振起スヘシ」と類似している。また、佐賀藩知事鍋島直大の「告諭書」〔資41-1〕には「誓文」そのものが掲げられている。

当時の雰囲気を示す俗謡に「ざんぎり頭を叩いてみれば　文明開化の音がする」があるが、「文明」「開明」「開化」といった術語は、まさに維新期を象徴するものだったのである。

(二)「文明」とは何か

このように、明治維新期になり「文明の時代となった」「開化の世だ」といった場合、その「文明」とは何かを、就学告諭はどのように説明しているのだろうか。まず山梨県の「学問のもとする」で見てみたい。そこで文明とは「貴賤上下すべて同様に物学びして能く物事の理合を合点し人たるの道を践み家国を富して自由の権利を有ち天恩と国恩とに報ひるの仕方を明しめ人の禽獣と異なる所以を弁へ知るをいふなり」〔資19-4〕とされる。

「学問のもとする」のように、「文明」という述語と一緒に使われる術語として「進歩」「自主自由」がある。前者は、本節二の(二)の中にも「文化ノ進歩」といった事例がある。「自主自由」についても久居藩の「幼稚ヨリシテ智識ヲ拡メ天与ノ分ヲ尽シ自主自由ノ道ヲ保護スヘシ」〔資24-5〕といった例がある。「自主自由」は「権利」として把握されることも多い。山梨県の事例がそれにあたるが、そのほか、足柄県の「今ヤ文明ノ域ニ至リ於文部省已ニ定メラレタル所ノ学科教則ハ人間日用ノ実際ニ渉リ自主ノ理自由ノ権ヲ養成スルモノ」〔資14-6〕や広島県の「学問ハ身ヲ立テ家ヲ興シ安穏ニ世ヲ渡リ自主自由ノ権利ヲ得テ、開化文明ノ民タラシムル御趣意ニ出ツ」〔資34-10〕などもある。

「文明」をよりくわしく説明したものに福岡県の「告諭」がある。以下のものである。

大凡自今ノ文明開化ト称スル者ハ衣服ノ美飲食ノ盛或ハ三絃歌舞ノ流行或ハ戯場青楼ノ繁昌等都テ逸楽怠惰謡蕩奢侈ノ事ト誤リ認　朝廷ノ御盛趣ト大ニ戻レリ天真ノ文明開化ナル者ハ則然ラス人々礼義ヲ重ンシ廉恥ヲ尊ヒ百工商賈ノ隆盛兵力器械ノ充実スルヲ得テ而後億兆ノ人民モ亦各其生ヲ保チ其業ニ安ンスルノ幸福ヲ得ヘシ蓋斯ル文明モ人々ノ独立ヨリ成リ人々ノ独立モ其学問ニ成ルモノナレハ県下人民タルモノ深ク此意ヲ体認スヘシ……日本全国ヲシテ万国ト駢立文明開化ノ域ニ進マシムルノ基本亦タ此ニアリ〔資40-4〕

ここでは、まず「自今ノ文明開化」というもので「三絃歌舞」などが流行し「逸楽怠惰謡蕩奢侈」がはびこっているが、それは本当の文明開化ではないとする。「天真ノ文明開化」とは、人々が礼儀を重んじ、諸産業が活発で人々がその産業に従事して幸福な状態であり、「文明」が「人々ノ独立」によって成立するのだ、とするのである。そしてこの一人一人の文明化が全体に広がっていくとする就学告諭もある。大分県の「建校告諭ノ文」がそれであり、「一人文明ニ徒レハ其功漸ク万人ニ波及シ万人文明ニ帰スレハ終ニ隣端ノ標幟トモ相成ルヘキヤ」〔資44-2〕としている。

それでは、一人一人の文明化のためには何が必要なのだろうか。上記の「告諭」ではそれを「学問をすること」であるとしたが、佐賀藩や斗南県の就学告諭では「勉強の力」「学校へいくこと」だともいう。

人情ノ収ルハ方向ノ定ルニアリ方向ノ定ルハ文明ノ開ルニアリ文明ノ開クルハ勉強ノ力ニアリ〔資41-1〕

何ヲ以テ文明ノ域ニ進歩スルノ由有ニ乎貴賤男女ニ不係入学セシムル者也〔資2-13〕

人が学ばなければならない理由と学ぶことの効用について、外国の例をひきつつ説明した就学告諭に、権令白根多助による「埼玉県の告論」〔資11-12〕がある。この就学告諭は資料編に掲載してあるので引用はしないが、外国の例を多用している例である。まず、「実学」や「新しきもの」「洋学的なもの」を示すと思われる「正則」を厭うものに三種、すなわち「漢学癖」「習書癖」「奴隷」があるという。「漢学癖」が、「今ノ官」や「今ノ教ヲ施ス者」はみな漢学者であり、「洋書」もみな漢学で訳されているのだから、「正則」を学ぶ必要はないと難癖をつけている。同様に「習書癖」も「奴隷」も難癖をつけるので、「人民皆学ハサル得サル所以」を説明するとして、上述した「独立の権」「自由」を最初にひき、我らは「外人」ではなく「損失」をしても「外人」のせいにできず、「我日本」が「我日本」になるためには日本を保護しなくてはならず、その保護する道を得るか失うかは学ぶか学ばないかにあるとするのである。

さらに、「文明ノ化日ニ進ムトキ」には、輸出が輸入を上回るはずであるが、今はまだその段階にないとする。輸出が輸入を上回るためには学ばなくてはならないが、人の力は限りがあるので、智を用いて「功多クシテ労少」いようにしなくてはならない。それでは「労少クシテ功多キ」ようにするために、どうすればよいのか。まさに「学ノ功」ともいえるが、「先ツ少年ヨリ普通学ヲ為シ其才ノ向フ所ニ随ヒテ専門ニ入リ其智ヲ磨クニ如クハナシ」という。この箇所には、学びの順序が示されているが、これについては本節三の(二)で述べる。その後で、アメリカのウェラントが著した「経済論勉強篇」が引かれ、学問の効用について説明されている。「勉強」は「物価」を生ずるの「財本」であり、「財本」を生ずる人間には三種あるという。一つは農夫のように「物質ヲ変スル」者、二つは「匠夫」のように「物体ヲ変スル」者、三つは商人のように「物処ヲ変スル」者である。学を行う「学者」は以上のような三種の者のように何も生み出しはしないが、生み出している背景には「学」があるというのである。

就学告諭で使われる「文明」という述語は自主自由や進歩などとともに使われ、文明化するためには、学問をし、学校に行き、勉強することが必要である、と説明されたのである。

(三)「文明」と「未開」

「文明」に関連して、もう一つおさえておくべきは、「未開」と対比させて「文明」を説明する就学告諭があるということである。

例えば埼玉県の「生徒督促ヲ請フ」〔**資11-16**〕では、「貧民学バザレバ悪業ニ走リ、女子習ハザレバ貞潔ヲ知ラズ、実ニ亜仏利加州ノ野蛮ナルモ学ハザル所以、亦欧羅巴州ノ改化ナルモ学フ所以ナリ」という。文明のモデルを「欧羅巴州」とし、その反対の「未開」を「亜仏利加州」とするのである。また上述した「埼玉県の告諭」〔**資11-12**〕では「西印度ノ国」を「未開」とし「合衆国」を「文明」であるとする。さらに岡山県の「告諭」では、「文学ヲ知リ義理ヲ明カニシ人情ヲ弁へ風俗美ニシテ知識技芸ヲ研究シ勉強刻苦心ヲ同フシ力ヲ戮セ、老少男女ノ差別ナク人々報国ノ志ヲ懐ク」所を「文明開化ノ国」とし、「文字ヲ知ラズ義理人情ヲ弁ヘズ知識技能ヲ研究セズ、蠢々トシテ無智蒙禽獣蟲魚ニ異ナラ」ない所を「野蠻戎狄」としている〔資33-4〕。岡山県の「さとし」では、西洋（「文明」）との対比で「野蛮」が示されており、人の野蛮な例として「印度あふりか人」を挙げている〔資33-3〕。福山藩の「学制改革告示」では、「支那」を「不振ノ国」とし、「五大洲」のように「才智ヲ広メ」るべきであるとしている〔資34-1〕。ここには欧米を至上とし、アジア・アフリカを下に見ている有様が見て取れる。

そのうえで、「野蛮」で「未開」なものが「文明化」するためにはどうすればよいかといえば、上述したように、それは「学ぶこと」「学校へ行くこと」である。この論理は、日本国内における「文明」と「未開」の対比とも連なっている。例えば青森県の就学告諭では、「当管内之儀神洲之北陬ニ僻在シ人民頑固習俗鄙野学術之尊フ可キヲ知ラス甚シキニ至テハ已カ姓名ヲ記ス能ハス」〔資2-2〕として、地理的条件をもとにして人民の頑固さを示している。この論理をより進めると他地域との比較になる。以下の「北条県布達」のように、「都下ヲ始メ諸県」は「開化ノ地」であり、当県は「山野ノ僻境、人智未ダ開ケズ」とするのである。そのうえで、「開化の地」では競って学校を設立し、設立資金の義務を人々が負っているのであるから、当県においても「開化」するために、毎戸に月一銭を集金し学資に充てるというのである。「未開」で「野蛮」な県が「文明化」するためには、「学校」が大事という論理がここにも見られるのである（五）。

方今都下ヲ始メ諸県下開化ノ地ノ如キ、競フテ学校ノ設アリト。其勢隆盛ナルモ固ヨリ他ニ非ズ、人皆当然ノ義務ヲ弁ジテ多少集金ヲ資クル謂ナリ。抑当県下ノ如キハ山野ノ僻境、人智未ダ開ケズ、学校ノ設最モ急ニセズンバアルベカラズ、故ニ自今毎戸ニ課シテ月ニ金壱銭ヲ募リ、以テ学資ニ充テシメント欲ス〔資33-11〕

三　「洋籍」「洋」「洋学」「洋書」などを使用している就学告諭

(一) 皇漢洋学の関係性とそれを学ぶ理由

第二章第三節で、学問や学校、カリキュラム関係について就学告諭がどのように言及しているかについて述べている。本項では、若干の重複を恐れず、「洋学」に関する例を中心にして考察したい。

まず国学や漢学と洋学の関係性についてである。海後宗臣は『明治初年の教育』の第二章「府藩県の教育振興方針」の中で、「新政府は明治維新の精神に基づいて教育方針の大綱を示したのであるが、同時に各府藩県は教育振興のためにその地方に布告諭達を発している[六]」としている。その布告諭達は三種に分けることが可能であるとし、その第一は「従来より藩内教育の中心をなしていた藩士の教育を振興する」ため、「明治二年より三年にわたって各藩の教育改革が行われた際に多く現れ」たものであった。その内容は、「人材登用主義」「文武兼備」であり、「前時代の伝統を離れていないものであった。そのため、中央政府は皇学を基本とし、漢学・国学をその比翼とするような、または国学・洋学・漢学を平等に考慮しうるような教育内容の目標を明らかにしたが、「各藩の教育方針中にはほとんどこのような思想を認めることはできない」と海後は指摘している。その例外は郇岡藩（明治二年一月）であるともする。

しかし、「国学・洋学・漢学を平等に考慮しうるような」ものがほとんどないという海後の把握には疑問符をつけざるを得ない。なぜなら明治二年から三年段階において、和歌山藩の「皇学漢学洋学之三科ニ相通候様心掛可申」〔**資 30-2**〕や松江藩の「修道館内文ニテハ皇学漢学洋学」〔**資 32-2**〕などのように、三学に通じるようにとしている例がある程度存在するからである。また飫肥藩は「皇学ヲ体トシ漢洋ヲ羽翼トシ[七]」として、漢学と洋学を同等に扱っている。

明治四年段階になるとその傾向はさらに進む。洋学を漢学と同様に扱ったり、皇漢洋学とも文字は違っていてもその

「理」は同じであるとする、青森県・米沢県の次のような例がある。

夫学ハ国体ヲ明ニシ以テ漢洋各国ノ典籍ニ及ヒ知識ヲ開成シ理義ヲ究極之上天眷ニ膺対シ下父母ノ恩ニ報答シ人世百行之最第一ナルモノニシテ一日モ廃スヘカラサルハ言ヲ待タスシテ可知也矣〔資2-1〕

今般学校従前の体裁を改め、四民一途人材教育之制度相立候間、執レモ其条規ヲ守リ勉励可致事、但学体ヲ分テ五科トス、皇学・洋学・医学・筆学・数学トイフ、筆・数ハ日用不可欠ノ術、医ハ健康を保全するの業、三科各其道を究情せざるへからず、皇国普通ノ字ヲ以書スルモノヲ学フヲ皇学トス、支那学、国学洋書学ナリ、尤政教翻訳事実ヲ主トシ、和漢洋ヲ論スルコトナシ、洋字ヲ以テ書スルモノヲ学フヲ洋学トス、皇学・洋学其文字各異ナリト雖モ、其理ハ則一ナリ、其好ム所ニ従ヒ、内派ヲ標シ私党ヲ樹ルコトナク互ニ相親ミ、天地ノ公道ニ基キ、宇内ノ長所ヲ採テ己レガ知識ヲ長シ、大ニ皇国ノ用ヲ為スヲ期スヘシ〔資6-2〕

また明治五年以降では、皇漢洋の三学について、秋田県の「本県小学校告諭」で「皇漢洋ノ学何レノ道ニモ其好所ニ従事シ奮発センコト」〔資5-7〕、酒田県の「就学督励のこと」で「漢学洋学ヲ不問」〔資6-3〕、石川県の「達示」で「西洋諸国ノ学業ヲ取捨シ」〔資17-11〕、堺県の「学問の心得」では「今日学校の主本となすところハ智識を世界に求め……万国の形勢事情をも心得、皇・漢・洋共片ひずみなく」〔資27-5〕といった記述がある。「漢学洋学ヲ」問わず、「皇漢洋」そろって学問すべきだとするのである。

それでは、各々の学に何の意味があるのだろうか。各々の学で何を学べばよいのだろうか。秋田県の「本県小学校告諭」では、「皇学以て神典ヲ明ニシ漢学以テ彜倫ヲ正シ洋学以テ窮理ヲ盡シ此三学ニ通達スレハ何ノ功名カ成ラサラン」〔資5-7〕とする。さらに、松江藩の「学則」では次のようにいう。

皇朝ノ書ヲ読テ国事ヲ知リ国体ヲ弁シ又漢土ノ書ヲ読テ忠孝人倫ノ教治国平天下ノ理ヲ明ニシ西洋ノ書ヲ読テ万国ノ政体事情ニ通シ天文暦算ヲ詳ニシ富強ノ術器械ノ巧ヲ究ムヘシ然レトモ漢学ハ年久シク伝ハリ其文字ニ国訓ヲ施シテ用ル事ト為リタレハ自ラ皇学ハ合ハスヘシ洋学ニ至テハ然ラス洋文ヲ以テ之ヲ教ヘ洋語ヲ以テ之ヲ解ス故ニ今遂ニ合ハセ難シ因テ姑ク南北ニ学校ニ分ツ教場ノ別ナルヲ以テ教モ亦別ナリトスルコト勿レ医学ハ人命ノ関カル所ニシテ亦緊要ノ学タリ忽ニスヘカラス故ニ又西学校ヲ設ケテ之ヲ教フ〔資32-3〕

すなわち、皇学で「国事ヲ知リ国体ヲ弁シ」、漢学で「忠孝人倫ノ教治国平天下ノ理ヲ明ニシ」、洋学で「万国ノ政体事情ニ通シ天文暦算ヲ詳ニシ富強ノ術器械ノ巧ヲ究ム」べきとするのである。そのうえで、洋学は「年久シク」伝わっておらず、漢学のように「其文字ニ国訓ヲ施シテ用ル」ことができないので、学校を分けたとするのである。

(二) 洋学の内容と学び方の順序

さらのこのような三学、特に洋学の具体的な内容に触れている就学告諭には次のようなものがある。例えば犬神県の「犬神県内小学建営説諭書」では「和漢洋治乱沿革之大略」〔資25-3〕とされ、出石藩の「市郷校学規ヲ創定ス」では「市校掟／市学課程／……萬国都府　世界国盡／郷校掟／郷学課程／……西洋事情　萬国都府」〔資28-9〕とされている。また秋田県の「本県小学校告諭」では、「商家」の場合の例をあげて、西洋文字を「読」むことによってもたらせる効果を次のように指摘している。

今ヤ万国一般商法盛ニ行ハレ交易ノ通商専ラニスル時ナレハ商家第一西洋文字ヲ読得スシテハ大ナル商法行レス宇内ノ形勢外国ノ事情海程ノ遠近風土ノ美悪生産ノ多少諸品ノ有無物価ノ高低等ヲ詳ニスルハ洋学ニ若クハナシ此理ニ達セスシテハ大ナル損失ヲ招クヘシ此理ヲ明カニシテハ大ナル利益ヲ得ヘシ且舟車機械ノ製造生産開拓ノ捷徑皆此学ニ出サルハナシ〔資5-7〕

また西洋文字、すなわち「横文字」を学ぶ意味を「広通ずる文字は横の文字に限れり。其横文字を教へんと思ふとも、自ら之を習はざれば教ゆること能はず、因りて横文字をも兼教ゆ……／右洋学筆算の教師を学舎に置」〔資33-3〕くとする例もある。岡山県の「さとし」がそれにあたり、広く通ずる文字が横文字であり、のちに「慈母」となる女子が子供を教えるためにも「横文字」をも学ぶ必要があるのだとするのである。

次に、洋学などをどのような順序で学んでいくのかについて指摘したものに、石川県の「先づ初学の輩をして、日用言語書算の若き、甚だ浅近暁り易き事を以て誘導し、……而して国内府県名称、……万国の形勢等の類、少しく遠大の事に及ぼさん」〔資17-8〕や飾磨県の「筆算語学句読ヨリ万国普通芸能ニ至ル」〔資28-14〕のほか、福井藩、高知県の次のような例がある。

市民をして各郷学所へ出頭せしめ、子弟たる者孝悌の行を脩め素読書数の業に就くべきは勿論父兄たる者も講義を聴き是非を弁へ、何れも追々知識を開き、西洋諸洲の事情に通じ、世界の有無を交易し、上下公けの利益を興すを

以て目的となすべし〔資 **18-1**〕

小学普通の学科は六七歳より十三四歳まで学べば大概成就する仕組なれば男女に限らず学に就け日用書等を始め天地万物の大体中外各国の形勢等をも荒増心得させ〔資 **39-6**〕

これらの例からカリキュラム論として指摘できることは、まず「日用言語書算」「筆算語学句読」といういわゆる「読み・書き・そろばん」といった簡単なものから、「国内府県名称」「万国の形勢」などの難しいものへという順序があることである。また内容については、現在の社会科に見られるように、「近いもの」から「遠いところ」へという、自己を中心として近隣、国家、さらに海外へという同心円的拡大の構造をもっている。さらに、どのような内容であっても、実用に供することができる「実学」を重視している点も指摘できる。例えば愛媛県(香川県)の「其教方ハ是迄ノ如キ迂遠ノ教ニ非ス、早ク世界ノ形勢ヲ知リ物ノ理ヲ弁シ万国ノ国体人情事務ニ通シテ今日ノ活用ニ係ル事ヲ専ラニ学ハシム」〔資 **38-1**〕などである。また小倉県の「仮令高尚ノ漢洋書籍又ハ上等ノ数術ヲ修学セシムトモ其活用ナキトキハ遂ニ従前ノ学弊ト轍ヲ同スル」〔資 **40-9**〕のように、たとえ「高尚ノ漢洋書籍又ハ上等ノ数術ヲ修学」する場合であっても、「其活用」がないときには昔の「学弊」と同じ轍を踏むことになるという。なお、「修学」したあと、すなわち卒業後に、くわしい「海外各国ノ立憲政体地理物産」を学んだり、洋行するという指摘もある。さらに、「有志ノ人」が「情」をもって子どもを「留学」させている点を指摘している就学告諭もある(八)。

(三) 洋学を学ぶ場所としての学校と「外国教師」

就学告諭において、洋学を学ぶ場としての学校について言及をしているものに、秋田県の〔**資5-6**〕や新潟県の〔**資15-7**〕、静岡県の〔**資22-1〜4**〕のほか、新潟県の次のような例がある。

洋学校ヲ挙ケテ全管内ノ公共トシ資本ヲ蓄ルノ法ヲ起シ……外国教師ヲ雇招シ同六年五月開業セシメ……大学本部ニハ外国語学校ノ設ケアリ以テ洋人ニ就キ洋学ヲ講究スルノ基ヲ開クルニ至ル…外国語学ヲ修ル者皆出校……和漢英書ヲ以テ普通ノ学科ヲモ講習セシメ〔**資15-15**〕

また、洋学を学ぶ場としての学校での「学科」に言及しているものには、岩国藩の「従来ノ学科ニテハ開化ノ道モ偏リ兼ネ当世ノ時勢エモ通シ難ク候ヘハ」という「喩告」〔**資35-2**〕がある。

洋学を学ぶために、上述したように「横文字」を習得する必要があり、そのため、「外国教師」を雇う必要もある。その言及があるものは、静岡県の〔**資22-14**〕や滋賀県の〔**資25-4**〕、広島県の〔**資34-4**〕、島根県の〔**資32-3**〕のほか、鳥取県の次のような例である。

外国教師アル者ヲ存セラレル是他ナラス学事ノ広大ナルヲ以テナリ今此生徒当春以来社ヲ結シテ英学を私立シ今日マデ勉励従事セシコト殆ント賞スルニ足レル……／……小学課程ヲ経スシテ直ニ皇漢学或ハ日誌新聞ヲ読ムコトヲ欲シ是カ為ニ入学ヲ乞フ者ハ皆是ヲ許シ〔**資31-3**〕

就学告諭においては、洋学を皇学漢学と同様に扱い、それを「簡単なものから難しいものへ」「自分の周辺から遠くへ」という順序で、学校で外国人教師によって学ぶことを指摘したのである。

四　対外への危機意識

(一)モデルとしての外国

以上において、文明化のために学校・学問が必要であることを就学告諭が指摘していることを把握した。すなわち、文明化はイコール西洋化であり、西洋化のためには、学校で実学である洋学という学問を学ぶ必要があるというのである。とするならば、当然、西洋の各国でどのような学校があるのか、どのような学びが行われているのか、というモデルが就学告諭でも数多く言及されることになる。群馬県の「区内子弟ノ学費ヲ供給シ、人生天賦ノ知識ヲ発達セシメザル可ラズ。是人間交際上欠ク可カラザルノ通義ニシテ、文明各国皆然リ」〔資10-3〕や、島根県の「欧米各国ニ在テハ学校ノ隆替生徒ノ多寡ヲ以テ国ノ貧富強弱ヲ判スト聞ケリ」〔資32-16〕、岩国藩の「洋外文明ト称スルノ国、大概学校ノ数千ヲ以テ数ヘ、生徒ノ数百万ニ越ヘ、而シテ女生ノ数必ズ男生ニ下ラズ」〔資35-4〕などがその例であり、さらに京都府、岩国藩、愛媛県(香川県)の例を掲げる。

海外諸国競テ学校ヲ建テ諸種ノ学ヲ教ユ其建営多クハ人民会社ニ成リ其数或ハ千ヲ以算フ其人日ニ文明ニ進ミ其国月ニ富強ニ到宜哉……世界如何ナル景況タル哉ヲ不知……是皆教育其方ヲ得サルニヨル処ニシテ……世界ノ時勢ヲ洞観シ実地適当国家ノ大用ニ供スルノ学業勉励無之テハ不相済〔資26-5〕

宇内ノ形勢ヲ見ルニ、国ノ富強ナル事、洋外国ノ右ニ出ル者ナシ、所謂欧米文明ヲ以テ相競フノ諸国、大小学校ノ数ズ万ヲ以テ算スベシ、故ニ国民ノ内、普通ノ学科ヲ終ラザル者幾希ナリ、就中、和蘭・普魯士ノ如キハ、不学者ハ十人ニ付、二・三人ニ過キズト聞ケリ〔資 35-1〕

今世界中国々ノ人知恵ノ聞ケシハ蒸気船ニテ数千里ノ天海ヲ比隣ニ渡リ、蒸気車ニテ幾千人ヲ載セ数百里ノ陸路ヲ一日ニ通行シ、伝信器ニテ数千里ノ海山ヲ隔テタル国ト一時ノ間ニ音信ヲ通ス、……是皆人ノ知恵ヲ以工夫シ出シタル者ニシテ実ニ知恵ハ人間ノ一番道具也〔資 38-1〕

就学告諭であるから、「文明化」のために「外国では学校が多く建てられている」という論調が多い。しかし外国を引用する点は、単に学校だけではない。例えば、「母の立場」について、山梨県の「されバ西国の言に世を蓋ふの功業も慈母の膝下より生ずと真なるかな」〔資 19-4〕や、静岡県の「女子ハ教育ノ母ナリトハ西人ノ確言ニシテ……西人ハ膝下ノ教育ヲ以テ最第一ノ学校トス」〔資 22-14〕などと外国の状況を説明している。また、学校などの「文事」については未だ十分ではないが、軍事についてはイギリス式を導入しているとする広瀬藩の明治二年六月の告諭〔資 32-1〕もある。

さらに具体的に国名をあげて、「墨国ニテハ十五歳未満ノ童幼ハ仕役ニ付クト雖ドモ一年中ニ十一週間即一日ニ凡五時間就学セシメ漫リニ仕役スルヲ禁ス」〔資 26-11〕とする京都府の就学告諭も見られる。これはアメリカを例にして、いわゆる「工場法」的な子どもの労働時間制限を示したものである。なお、モデルとしてあるのは外国だけではない。当然、日本の他の地域がモデルということもある。例えば、青森県の〔資 2-1〕では、横浜で高島嘉右衛門が洋学校を建てて「文明ノ教化」を行っている事例を示している。犬上県が近隣の京都府での学校や生徒数の状況をモデルとして描いた例もある〔資 25-3〕。

(二) 国際化への対応と開港地

このような客観的なモデルとしての外国が、日本との交際を求める世の中になっており、当然これからは外国と交流していかなくてはならない。その点についてふれた就学告諭には、埼玉県の「生徒督促ヲ請フ」〔資 11-16〕のほか、足羽県の次のような例がある。

方今ニ至ツテハ五洲各国ノ交際交易等相始リ、政体・法律・学術・医道ヨリ以テ農商百工技芸ニ至ルマデ、古来未曾有ノ方法、新規大発明ノ器械物品等渡来致シ、一時文明開化ニ赴キ世界一大変革ノ時ニシテ、学問ハ方今第一ノ急務ナリハ大イニ是マテノ旧習ヲ一新致スベキ所以ナリ、サレバトテ今日農商ノ学問ト申スハ決シテ難キコトニ之ナシ、児童ノ業ト申スモ一通リ皇国日用普通ノ言語文字旁ラ西洋文字ヲモ習ヒ、及ヒ算術・筆道ヲ学ビ、人ノ人タル所以ノ道理ヲ始メ事ニ処シ物ニ接ハルノ要領ヲ会得シ、太政官日誌・御布令文・新聞雑誌ノ類ヲ読テ今日朝廷御趣意ノ在ル処及ヒ時世ノ然ル所以ヲ知リ、翻訳ノ洋書類ヲ読テ外国ノ事情ヲ察シ、且商法物産ノ損益得失ノ道理ヲ悟リ、智ヲ開キ才ヲ興シ業ヲ昌ニスル所以ノ財本ニシテ、之ヲ終リニシテハ家財富ニ国用タリ、上下文明、庁ニ争訟ノ声ナク家ニ和楽ノ色アルニ至ラシメントナリ、若シ夫レ学生ノ天性才質ニ由リ、博学多芸ニシテ或ハ学士トナリ官員トナリ医師トモナルベキモノハ大中学ニ入リ、ソノ科目ニ就テ別ニ習学致スベキナリ〔資 18-3〕

ここでは、「方今ニ至ツテハ五洲各国ノ交際交易等相始リ」と国際化への対応を述べた後、あらゆるものや考え方が日本に到来しているとする。まさに世界は「一大変革」の時であるから、「学問」をすべきとし、その学問の内容について列挙している。

否応もなく「国際化」に巻き込まれた地域として開港地がある。函館、横浜、新潟、兵庫である。それぞれの地域の就学告諭は、開港地としての意味をどのように把握しているのだろうか。以下、江戸時代に唯一開港していた長崎も含めて見てみたい。

まず函館である。「管内説諭書」では「当所之如キハ日本五港ノ一ニシテ他ノ府県ノ上ニ位シ如斯寥々トシテ有志ノ者無之ハ実ニ各県ノ官民ニ対シ恥ヘキノ至ナラスヤ」〔資1-3〕としている。すなわち、日本における函館港の位置を強調して、学業不振の恥をそそぐために、官民一体となって就学にはげむよう説諭しているのである。また、他府県を意識させ開港場としてプライドを煽って説諭している。

続いて横浜である。以下の「告諭文」に見るように、「各国交際ノ親睦ナル」時であるので、「勉励」する必要があるとしている。「貿易」といった開港地ならではの術語も見える。

今ヤ生レテ文明開化ノ昭代ニ遭値シ猶斯ク無智ヤ迂遠ニシテ空シク駒隙ヲ過ゴシナバ何ノ世ニカ国家ノ恩ニ報ヒ何ノ時カ人道ノ務ヲ為サシ況シテ各国交際ノ親睦ナル時ナレバ我国ノ民トシテ今日ノ急務ニ勉励セザルヲ得ンヤ……貧賤富豪ノ差別ナク各々其知覚ヲ増進シ其志願ヲ成就シ之ヲ大ニシテ国家ノ恩ニ報ヒ富強ノ術ヲ施シ皇威ヲ万国ニ誇耀シ之ヲ小ニシテハ生活ノ業ヲ理シ或ハ貿易何ニ由ラズ利益ノ道ヲ開キ其身幸福子孫栄昌ナラン是皆知力アリテ然ル後之ヲ能スベシ人ノ父母タル者誰カ其子ノ此ノ如キヲ欲セザランヤ且其子無キ者モ夫々ノ義務ニシテ苟モ国家

ノ益アル事ハ必ス鞠窮シテ為スベキナレバ管下一同何レモ此旨趣ヲ認得シ勇為進取シ開化進歩ノ好機会ニ後ルヽコト勿レ〔資 **14-5**〕

新潟については就学告諭ではないが、以下の資料を掲げる。函館と同様に、新潟でもまだ「未開」の状態にあるとしつつ、開港して「夷港繋船場」となったのであるから、「語学」を勉強していると述べている。

洋学ハ未開ニ候得トモ、新潟御開港、夷港繋船場ニ相成候ニ付、少属川合美成、通弁専務出張致居候ニ付、有志ノモノ同人ニ随従、語学致候儀ニ有之……元来、絶海孤嶋、文化未開ニ付学開業ヲモ致度配慮仕居候処(九)

外国との関係について、最も多くを言及しているのが、兵庫である。何種かあるうち(一〇)、ここでは「兵庫県、兵庫名主神田兵右衛門に幹事長を命じ、就学奨励を告諭す」と「洋学校設置により生徒の入学勧誘につき神戸・兵庫両港の町吏に達す」のみ掲げる。

一国学・漢学ハ勿論西洋ノ学ヲモ広ク学フヘシ当地ハ外国交際ノ港ナレハワキテ世間ノ人ヨリ早ク事物ノ学ニモ達シ他国ノ人ニ勝ルヨフニスヘシ無学文盲ニシテ西洋ノ人ナトニオトシメ侮ラル、事アリテハ実ニ我国ノ恥辱トナリ……サレハ農商ノ輩ト雖モ必ラス学問ハス可キナリ

一学問ノ順序ハ先ツ手近ナル我国ノ事ヲ知リサテ漢学ヲ修業シサテ西洋窮理ノ学ニモ及ホスヘシ詩文章ハ学問ノ傍ニス可シ詩文章ノミニ耽リテ身ヲ修メ家ヲ斉フル学問ノ本意ヲ忘ルヘカラス〔資 **28-10**〕

今般仮洋学校ヲ相開、彼我言語相通シ令得便利貿易売買場ニ於テモ懸引錯雑無之事ヲ要ス、依テ市民蒼生有志ノ輩勝手ニ入学差許候条、外務局洋学校掛ヘ可申出者也〔資28-11〕

そのほか〔資28-13〕では、「未タ洋語ニ熟練博達ノ者稀ニシテ、彼我交際ノ事情貫徹」していない状況を述べている。その点では客観的な外国把握といえる。しかし次の(三)で示すことになる対外危機意識にふれている就学告諭もある。上述の〔資28-10〕の「当地ハ外国交際ノ港ナレハワキテ世間ノ人ヨリ早ク事物ノ学ニ達シ、他国ノ人ニ勝ルヨフニスヘシ、無学文盲ニシテ西洋ノ人ナトニオトシメ侮ラル、事アリテハ、実ニ我国ノ恥辱トナリ」といった部分である。この部分は告諭文全体の内では末尾部分に位置しており、主な論点として位置づけられるとは考えられないかもしれない。一方同じ明親館から示されたとされる「告諭」にはこのような文言は見いだせない。むしろ逆に維新以来の諸々の変化は「皆自然の理に適ヒ弁理至極の事斗り」であり、「沈深にしてしかも怜悧なる西客等か千百年間討論改定してためしきたる事なるを孤疑するとはいといと嗚呼かまし」〔資28-17〕としている。このことから兵庫では「対外危機意識」を煽ることは、就学告諭として十分に説得力を持たなかったのではないかとも考えられる。兵庫は一つの教育機関に関わって学制前後の双方に示された就学告諭を比較検討・検証できる珍しい事例ではあるが、これ以上のコメントをする資料はない。ただ、筆者としては、危機意識を煽る方法が民衆を就学させるロジックの一つであったことは確かであるとおさえたい。以下に見るように、危機意識を煽る就学告諭が、ある程度の数で出されていることから、その方法は一定程度の有効性をもっていると府県為政者が判断したのではないかと推察するのである。

最後に長崎である。長崎からも多くの就学告諭が出ているが、開港場であることに言及しているのは、明治六年に出された就学告諭の中の「当港ハ古来開港場ニシテ却テ開化進歩ノ魁タルヲ得ス之ヲ他ノ府県ニ譲ル豈愧ツ可キニ非スヤ」〔資42-4〕である。ここでも、函館・新潟と同様の論理が見受けられる。開港地でありながら、それゆえかえって開化進歩のさきがけになれず、他府県に負けていることは大変残念だと言うのである。

(三) 対峙するための外国、超えるべき対象としての外国

このようなモデルとしての外国、交際する相手としての対外という論理を基に、その外国と並立し、対峙しなくてはならないという点を指摘した就学告諭がある。秋田県の就学告諭では「万国ト并立ント欲シ」〔資5-9〕、京都府では「海外諸国ニ譲ル事ナキ」〔資26-5〕、小田県では「開明ノ国ト為シ地球萬国ト肩ヲ並ヘ」〔資33-14〕、さらに広島県では「皇国の億兆をして欧亜各国文明の民に対峙し慙愧なからしめん」〔資34-5〕といった文が見られる。そのほか、高知藩、長崎県の次のものもある。

近頃普仏ノ戦争ニ仏国屡敗ヲ取ルト雖トモ其民挙国憤興シ愈報国ノ志強ク其都府長圓ヲ受ケテ猶屈セサル由是亦人ヲ重ンスル制度ノ善ナルヲ観ルニ足ル故ニ皇国ヲシテ万国ニ対抗シ富強ノ大業ヲ興サンニハ全国億兆ヲシテ各自ニ報国ノ責ヲ懐カシメ人民平均制度ヲ創立スルニ若クハナシ〔資39-2〕

大ニ学校ヲ興シ衆庶各其知識ヲ開暢シ万国並馳ノ基礎ヲ立ルノ秋也……怠ルコトナク各其業ヲ成スニ至テハ則近クハ身ヲ興シ家ヲ立テ土地繁栄ノ福ヲ基イシ遠クハ世ヲ輔ケ国ヲ補ヒ天下富強ノ実ヲ開キ万姓至治ノ沢ヲ蒙リ四海来テ法ヲ取ルノ勢ニ至ラン〔資42-5〕

また、印旛県の「御国威漸ク盛ンニ各国誰カ凌侮スルコトヲ得ン」〔資11-4〕のように、外国に「凌侮」されることへの危機意識をもち、このままだと「外国」に「軽侮」され「国の恥」となり「大害」を蒙ってしまうので勉強すべしという就学告諭がいくつかある。愛知県と堺県、高知県の例を引用する。

我等官員　朝廷の御趣意を奉じて当県を支配するものなれば諸氏の安穏を祈り外国の侮りを防がんと欲するは固より論を俟ず　諸民もし寛大の政を見て内外の恥辱に遠ざからんとする固より申迄もなき事なれども今より活たる眼を開き上下力を合せて実学に志し〔資23-3〕

我神国ハ世界に冠たる国なれバ、学びの道さへ昌ならバ、果して智識の開化も早かるべきハ言をまたざるなり……夷狄と唱れし各国も、近来ハ諸科日新の学昌にして大に教化行はれ、其学校のまうけいよいよ佩びたましく、殊に欧羅巴の内フランスなどハ、天下の人口三人につき学校生徒一人の割合にまなび居とのこと、我　皇国いまだ人口三千人に一人の生徒もあるまじと思はる、智識と産業と二つのもの昌ならざれバ国体堅牢ならず、益外国の為に辱しめらるゝに至るべし〔資27-5〕

皇国は近く二十年前鎖国して外国の軽侮をも受けず泰平無事なりし故世の中はいつも安静なるものと心得自ら懶惰の風にうつりしなるべし是迄は何事も内国にて済しなれ共近来は外国の交際も開け万里の遠きも比隣の如く往来する事となりし故人民の劣弱なる国は自然外国より凌辱せらるゝ事故其国の民となりては面々勉強して世上の開化を

進め富強の基を開き自国を保護する様心掛べき事也西洋人の話にも邦国の隆盛は人民各自勉強の力と正直の行と総合せるものなり我国の衰退は人民各自懶惰にして自ら私し及び穢悪の行の集合せる者なり〔資39-6〕

これをより強調したのが、「外国の下に置かれてしまう」「見下されてしまう」という論理である。新川県と名東県の就学告諭がそれにあたる。

我日ノ外、西洋各国ノ強クシテ富メルト云ハ、人ノ知識が開ケタレバナリ、知識ノ開ケタル原ハ学問盛ナレバナリ。蒸気船、蒸気車、電信機、其外人ノ知レル利口発明ノ事ヲ工夫スルハ皆西洋ナリ。西洋人モ神ヤ仏ニハ非ズ。只、学問シテ知識ノ開ケタル人ノ多キ故、便利ノ事ヲ工夫シテ斯ク盛ニナレルナリ。各方モ油断セバ、前ニ云ヘリ通リ人ヨリ笑ハルルノミナラズ外国人ノ下人ニ使ハルルコトトナレルモ計リ難シ。其時ハ、我一身ノ恥ナラズ、親先祖ノ恥ナラズ、御国ノ御恥トナルコトニテ不忠不幸ノ限リナリ。〔資16-2〕

外国人渡来以後世ハ追々ニ形勢替リ西洋諸国トノ交リ文明日進ト云フハ今此時諸県我先ニト学問ヲ開クニアタリ当県ハカリ無学文盲ニテハ我邦同士ノ付合モ出来ヌ位猶西洋人ニハ見下サレ終ニ人ノ如クハ思ハレサルヘシ士族平民残ラスケ様ノ有様ニテハ其ノ身サヘ独リ立ツ事テキス何ヲ以テ皇国ノ御為メトナラン哉〔資36-4〕

前者の「説諭二則」は、佐藤秀夫が先行研究で示していた例であり、「西洋各国」をモデルにし、「西洋人」も神や仏ではなく学問を行って「知識ノ開ケタル人」が多いから「盛」になっている、とするものである。そのうえで「外国人ノ下人ニ使ハルルコト」になるかもしれず、それは自分・親・先祖だけではなく、国の恥であるとして対外危機意識を煽っている。また「名東県の諭達」においても「西洋人ニ見下サレ終ニハ人」として扱われなくなるという「脅かし」の論理を用いている。

また、開化し文明化した日本は、他の国より「卓越」したすばらしい国となるべき、という就学告諭がある。福山藩の「啓蒙社大意並規則」がそれであり、「人々其才分ヲ尽シ其区域ニ安シ政教一致至其方向ノ極ヲ立テ吾カ　皇国五大洲中ノ一大楽土ト為ルコト疑ヒ有ル可カラス」〔資34-2〕と述べている。

すばらしい国になるためには、一人一人の民衆が「日本国人」として生きる必要がある。佐藤秀夫のいう「国家意識の強調」をしている就学告諭であり、例えば神山県の就学告諭には「学費ニ寄附スルコトアラハ独リ管内ノ人民ヘ徳ヲ蒙ラシムルノミナラス日本国内ニ生レテ日本国人タルノ名ニ恥ツルコトナカルヘシ」〔資38-9〕とあり、大分県の就学告諭には「日本国内に生きて日本国人たるの名に恥ることなかるへし」〔資44-1〕とある。

そしてこの論理は最終的にどのようになるのだろうか。当然の帰結として、愛知県の「就学論言」のように「闔国の全力を以て国威を海外に輝かす」〔資23-7〕必要があるのだという論理となる。そのほか、山梨県、滋賀県の例をあげる。

> 其間千万年の親みあることにて世界万国と国は多けれども其国々の懸ても及ぶべき所に非ずかゝる結構なる日本に生れたる者は如何にも……富強の基を固くして他国の侮を防ぎ、遂には　皇威を海外に輝かすべく誰も我も心懸くべし……御趣意の在る所に向ひ教育の道を大事と心得世の文明を進め国の富強を助けて遂に　皇威の海外に輝かん時を期するを肝要とす是れ女子の学問をも大切として勧め励まさゞるを得ざる所以なり〔資19-4〕

彼の智識を研き方法を究メ一身一家の事より国家の公益世界の有用を謀るの大事業を起こし遂に万世に美名を揚くるに至るなり況んや当今文明進歩世界万国と比隣の交わりを為し凡ソ百の学事日新月盛の時に際せり実に学ふへきハ正に此の時なり〔資 25-5〕

〔資 19-4〕は、万世一系の天皇のありがたさを説き、これを海外へという論理である。もちろん、ここに見られる「皇威を海外に輝かす」などを、一五年戦争期のウルトラ・ナショナリズムと同一視する必要はないだろう。なぜなら「天朝の御旨趣」「御趣旨」「皇威」などは、「文明開化」と同様に、明治維新期の枕詞のようなものだったと思われるからである。しかし、「後進発展国」である日本が、外国に侮られないように、つまり「征服」されないように民衆を叱咤激励し、そこから外国へ「国威」を「輝かし」、ひいては「征服」するという論理が明治維新期から見られた、ということはおさえておきたい。なお、天皇制を含めて就学告諭にみられる国家主義の論理については、本章第一節に委ねる。

五　まとめ

以上、就学告諭にみられる外国に関する語について分析した。これらは次の三点にまとめられる。

第一に、学制布告書においては対外に関連した言及は「文明普ねからず」しかないが、就学告諭では多くの県が外国の事例を用いて、民衆を説得しようとした。学制布告書公布前後において、語の出現数において大きな変化はなく、外国に言及する就学告諭が各府県で発布された。さらに、その内容にも大きな変化がなく、一八七三（明治六）年三月五日の布達第二三号「各府県ニ於テ学事ニ付其管内へ告諭布達等ノ内間間不都合ノ廉モ有之哉ニ候条学制ニ照準シ齟齬不致候様厚ク注意シ告諭可致此段相達候也」という、いわゆる「逸脱した告諭除外」の件が布達されたあともそのまま外国について言及され続けている。すなわち、外国に関する言及は、時期を問わず、府県の為政者によって一貫して続いたのである。

第二に、「文明開化」や「洋学」などに関する術語についてである。府県の為政者は枕詞のように「文明開化」を使用した。「阿弗利加」「印度」や「支那」を「未開」「半開」として対比させながら、「文明開化」のためには、学問をすること、そしてイコール学校に行くことであると説諭した。とくに「洋学」は「実学」として重視され、学問としての「洋学」の位置づけや、その内容や学ぶ順序なども就学告諭で説明された。

第三に、就学告諭に示された外国そのものについてである。そこでの外国は、現状の日本にとって学ぶべきモデルであり、そのため、就学告諭は外国の事例を引用して民衆に紹介した。また開国し、維新を迎えた日本は国際社会に否応もなく巻き込まれていたので、その意識を民衆にもたせようとした。外国は、開港地で意識されていたように、国際化の波の中では、どうしても交渉せざるを得ない相手だったのである。一方で外国は、まさに畏怖されるべき「脅威」「恐怖」であり、それゆえいつかのり超えるべき存在、逆に言えば負かすべき「敵」として対峙した。

以上のような外国に関する論理を就学告諭で説明して、府県為政者は民衆を学校に向かわせようとしたのである。

最後に、本節の課題についてふれたい。

一つめは、このような論理はなぜ生まれたのかという点についてであり、若干の私論を述べる。これには、府県為政者の「愚民観」が関係すると思われる。名東県の就学告諭では、学校一揆について「西讃ノ暴挙ハ実ニ当今ノ時勢ヲ弁サル愚民ノ所為」〔**資 36-5**〕と述べる。また石鉄県の就学告諭には、「中ニハ十三歳以下ノ者ハ追々外国へ御差遣相成様風説ヲ唱ヘ致疑懼候者モ有之哉ニ相聞右ハ全ク無謂流言ニテ決シテ右様ノ義無之訳ニ付孰レモ致安堵子弟ヲシテ就学セシメ候様」〔資38-5〕という文がある。学校に行っている子供は外国へつれていかれてしまうという風説に、驚き恐れおののいている民衆を描写しているのである。ここでの民衆は、まさに「愚民」「未開な人間」として把握されている。そうであるなら、脅かせばよいということになるのが必然だろう。脅かすには何がよいか。「おまえは動物と一緒だ」「国の恥になる」など、様々な脅かし方があると思われるが、「西洋」や「外国」は立派な脅かし文句であった。府県為政者は、「愚か」で「未開」なものとして把握した民衆を、「対外」という脅かし文句で、学校に行かせようとしたのである。

二つめは、モデルであった外国はどうして「敵」になってしまうのか、という点である。これはナショナリズムと関係があろう。「外国を見習って日本を良い国にする」という日本を大切にする、良くしようとするナショナリズムが、いつしか、乗り越えるべき外国、さらに統治すべき「敵」としての外国という形の、排他的なナショナリズムになってしまっている。これが、国家という存在がそもそももつ論理なのか、「後進発展国」に特有なものなのか、さらに日本に特有なものなのか、今後の検討課題となる。

（大矢 一人）

註

（一）戸田金一『秋田県学制史研究』みしま書房、一九八八年、二八～四五頁。
（二）佐藤秀夫「児童の就学」『日本近代教育百年史』第三巻、一九七四年、五九二～六〇〇頁。
（三）県令永山盛輝による「説諭要略」（筑摩県学務掛権少属長尾無墨筆記、一八七四年六月著述）の中には、「第一回 西洋各国ノ富ヤ。学校ノ盛ナルニ因ル」がある。
（四）煩雑になるため、主なものについて府県名と資料編一覧表の資料番号を掲げる。

青森県〔**資 2-1**〕〔**資 2-11**〕・秋田県〔**資 5-4**〕〔**資 5-7**〕〔**資 5-8**〕〔**資 5-9**〕・福島県〔**資 7-2**〕〔**資 7-3**〕・茨城県〔**資 8-4**〕〔**資 8-7**〕・埼玉県〔**資 11-3**〕〔**資 11-7**〕〔**資 11-12**〕・千葉県〔**資 12-3**〕・東京都〔**資 13-8**〕・新潟県〔**資 15-3**〕〔**資 15-8**〕・石川県〔**資 17-7**〕・山梨県〔**資 19-4**〕・静岡県〔**資 22-13**〕・三重県〔**資 24-5**〕〔**資 24-8**〕・滋賀県〔**資 25-2**〕〔**資 25-5**〕・京都府〔**資 26-11**〕・大阪府〔**資 27-5**〕・兵庫県〔**資 28-16**〕・奈良県〔**資 29-1**〕・島根県〔**資 32-11**〕・岡山県〔**資 33-3**〕〔**資 33-4**〕〔**資 33-5**〕〔**資 33-6**〕〔**資 33-10**〕〔**資 33-12**〕〔**資 33-16**〕・山口県〔**資 35-1**〕〔**資 35-9**〕・愛媛県〔**資 38-1**〕〔**資 38-8**〕〔**資 38-10**〕〔**資 38-12**〕・高知県〔**資 39-2**〕〔**資 39-6**〕・福岡県〔**資 40-1**〕〔**資 40-4**〕・長崎県〔**資 42-5**〕・大分県〔**資 44-2**〕〔**資 44-4**〕〔**資 44-7**〕

（五） 国内の「文明」「未開」の対比に関する告諭には、青森県〔**資 2-1**〕〔**資 2-7**〕・秋田県〔**資 5-9**〕・新潟県〔**資 15-11**〕などもある。

（六） 海後宗臣『明治初年の教育』評論社、一九七三年、六二頁。

（七） 飫肥藩「明治三年十二月ノ達シ」（明治三年一二月）『日本教育史資料』三、一九七〇年、二四五頁。

（八） 例えば、石川県〔**資 17-6**〕や長崎県〔**資 42-5**〕などである。

（九） 相川県「相川県管内学校ノ儀ニ付申上候書付」（明治五年三月）『新潟県史』資料編一四近代二、一九八三年、二二三頁。

（一〇） 「有志の醵金を以て学校費用にあてるため、その醵金方法につき神戸・兵庫両港へ布達」〔**資 28-13**〕では貿易に必要な言葉の習得の重要性を指摘している。また「小学校開校の通達」〔**資 28-15**〕では、学ぶべき内容について示している。

第三節　旧習の否定

一　本節の課題

就学告諭には、就学奨励のみならず、学問そのものの奨励や、学校設立の奨励を主旨としているものがある。そうした奨励を行い、人々を説得するための論理の一つとして、伝統的慣習の批判を就学告諭のなかにみることができる。すなわち、従来の人々の生活スタイルや余暇の過ごし方、子どもの教育に関する親の認識などを批判し、近代学校の設立や就学を促すというものである。本節では、そうした就学告諭における旧習の否定の論理を分析することを目的とし、地域共同体の伝統的慣習がどのように否定され、またそれが近代学校教育の推進にどのように結びつくのかを見ていくこととする。

学制に基づく近代学校教育制度が、明治維新以降進められた「文明開化」の諸政策の中に位置づくことは改めて論じるまでもない。新しい時代の学びのあり方を示した学制布告書のなかに、次のような伝統的慣習の批判を見ることができる。

第一に、旧来の学問に対する人々の価値観を否定する内容を確認することができる。次の引用部分から理解されるように、「農工商」の人々や「婦女子」が、学問は士族以上が学ぶものであって、自分たちには関係のないものとしてとらえ、学問の重要性を認識していないことを批判する内容が見られる。かつ、士族の学問の学び方についても、「空理虚談ノ途陥リ」やすく、実用的な学びではないとしており、従来の士族のそうした学びを「習弊」と呼び、批判的に表現している。

学問ハ士人以上ノ事トシ農工商及婦女子ニ至ツテハ之ヲ度外ニヲキ学問ノ何物タルヲ弁セス又士人以上ノ稀ニ学フ者モ動モスレハ国家ノ為ニスト唱ヘ身ヲ立ルノ基タルヲ知ラスシテ或ハ詞章記誦ノ末ニ趨リ空理虚談ノ途ニ陥リ其論高尚ニ似タリト雖トモ之ヲ身ニ行ヒ事ニ施スコト能ハサルモノ少カラス是即チ沿襲ノ習弊ニシテ

第二に、学制布告書には、次の引用に見られるように、これまで士族が学費や衣食の費用を官費に頼ってきたことを「沿襲の弊」として批判する内容を見ることができる。

従来沿襲ノ弊学問ハ士人以上ノ事トシ国家ノ為ニスト唱フルヲ以テ学費及衣食ノ用ニ至ル迄多ク官ニ依頼シ

このように学制布告書では、「農工商」の人々及び士族における従来の学問観を批判する内容をみることができる。とりわけ士族については学資の官費依存についての批判もみられる。

では、就学告諭においては、旧習の否定はどのように見られるのだろうか。すでに第三章一節において、「文明」や「開化」が維新を象徴する語として就学告諭に登場していること、またこれと関連して「文明」を説明する際、「未開」・「野蛮」と対比させている例が就学告諭に見られることが指摘された。「文明」と「未開」の対比は、海外においては「欧羅巴州」と「亜仏利加州」の例を以って論じられ、日本国内においては競って学校を設立する人々と学術の尊さを知らない頑固な人々の例を以って論じられている。本節では、このような「未開」を否定しつつ、「文明」を推進する論理を具体的にみていくこととする。

その際注意したいことは、就学告諭によって推進されようとした「文明開化」が、庶民にとってどのような意味を持っていたのかという点である。ひろたまさきによれば、「文明開化」は農村にも波及したが、それは地域の共同体の指導的立場にあった豪農商層による摂取と「底辺民衆」の受け止め方には相違があったという。すなわち、豪農商層は、「あらたな権力である明治政府が村落秩序の安定化（つまりは自己の支配の安定）をはかりうるほどに強力であることにたいする期待」を持つと同時に、「『文明』なるものの優越性に彼らも依拠していこう」とし、明治政府による開化政策の展開に自己を同化していったという。従って、「豪農商層の立場に立つ限り『文明開化』はしばしば上からの強権の侵入ではあったけれども、また彼らがこれまでになく自由に活動することができ、優越的先進『文明』を『野蛮』な農村に摂取し、彼らの指導のもとに農村を『開化』していく時代の到来をも意味した」としている(二)。

このような「文明開化」の構図からすれば、就学告諭は、単に中央政府の推進する教育における「文明開化」をストレートに伝えたというだけではなく、共同体の秩序を維持・回復するという地域指導層のねらいを包含していたとみることができよう。このことは第二章第三節でも触れられた。そのようなねらいは、旧習の否定のなかに明確に見出すことができる。

本節では、資料編に採録されている就学告諭から、分析視角である旧習の否定に関する語や内容を含む就学告諭を抽出し、その内容や論理の分析を行うこととする。そのため、以下のような二つの方法で、就学告諭の抽出を行った。

第一に、旧来の慣習や風習を否定的に表現する語として、「因襲」「因循」、「旧習」、「旧染」、「旧俗」、「旧弊」、「習弊」、「俗襲」、「弊習」、「弊風」、「陋習」、「陋俗」の一二語を取り上げ、これらの語を含む就学告諭を抽出した。上記の語は、単独で慣習や習俗を否定する意味を持つ。資料編に採録されている就学告諭からこれらの語をピックアップした。これらの語を含む就学告諭を抽出し、どのように慣習や風習の批判が行われ、さらにその批判がどのように就学勧奨につながるのかを見ることとする。

第二に、人々の習俗に関する語を取り上げる。そうした語として、「芝居」、「演劇」、「狂言」、「三弦(絃)」、「絃管」、「絃歌」、「糸(絲)竹」、「歌舞」、「踊(躍)」、「活花」、「煎茶」、「祭」、「酒」、「煙草(喫煙)」、「博奕」、「賭博」、「節句」、「遊芸」の一八語を取り上げた。これらの語についても、資料編に採録されている就学告諭からピックアップした。これらの具体的な習俗に関する語を含む就学告諭のほとんどは、上記の習俗を批判的に論じている。第一に取り上げた「因襲」、「因循」などの旧来の慣習を否定的に表す語による抽出だけでは、旧習の否定の論理を含む就学告諭を網羅できないため、上記のような具体的な習俗に関する語を含む就学告諭を抽出することとした。これらの就学告諭における習俗に対する批判が、就学勧奨といかに結びつくのか見ることとしたい。

本節では、まず、これら二種類の語の出現数や分布を整理し、次にそれぞれの内容について分析を行うこととする。

二　語の出現数と語を含む就学告諭

旧来の慣習や風習を批判する表現の語および具体的な人々の習俗に関する語の出現数とその語を含む就学告諭は以下の表に示したとおりである。

表一 旧来の慣習や風習を批判する表現の語の出現数および語を含む就学告諭

語	出現数	語を含む就学告諭
旧習	13	石川〔資17-9〕〔資17-10〕〔資17-11〕、福井〔資18-3〕、山梨〔資19-4〕、長野〔資20-9〕、滋賀〔資25-4〕〔資25-5〕、愛媛〔資38-1〕〔資38-8〕、大分〔資44-2〕〔資44-4〕〔資44-5〕
弊風	12	北海道〔資1-3〕、岩手〔資3-6〕、秋田〔資5-7〕〔資5-8〕、福島〔資7-1〕、茨城〔資8-3〕、埼玉〔資11-11〕、東京〔資13-8〕、新潟〔資15-11〕、山梨〔資19-3〕、愛媛〔資38-13〕、長崎〔資42-5〕
弊習	11	茨城〔資8-5〕、神奈川〔資14-5〕、福井〔資18-3〕、山梨〔資19-4〕、三重〔資24-8〕、岡山〔資33-3〕〔資33-5〕、愛媛〔資38-7〕(2)〔資38-8〕、大分〔資44-2〕
旧弊	9	北海道〔資1-3〕、青森〔資2-2〕、茨城〔資8-4〕、千葉〔資12-2〕〔資12-3〕、新潟〔資15-12〕、三重〔資24-1〕、山口〔資35-1〕(2)
習弊	7	北海道〔資1-2〕、神奈川〔資14-6〕、山梨〔資19-3〕、静岡〔資22-5〕、三重〔資24-7〕、滋賀〔資25-4〕、大阪〔資27-7〕
因循	6	滋賀〔資25-3〕、島根〔資32-16〕、岡山〔資33-11〕、山口〔資35-7〕、福岡〔資40-4〕、大分〔資44-7〕
因襲	5	青森〔資2-11〕、三重〔資24-8〕、徳島〔資36-4〕、愛媛〔資38-10〕、長崎〔資42-5〕
旧染	5	北海道〔資1-3〕、福井〔資18-2〕〔資18-3〕、愛媛〔資38-8〕、大分〔資44-4〕
旧俗	2	島根〔資32-12〕、高知〔資39-6〕
陋習	2	秋田〔資5-7〕、佐賀〔資41-1〕
俗習	1	島根〔資32-8〕
陋俗	1	青森〔資2-1〕
	合計74	

(註一)県名は資料編に従い、現在の県名で表記した。
(註二)語は出現数が多いものから順に表記した。
(註三)同一資料に語が複数出現した場合は、( )内に数字で示した。

表二　具体的な人々の習俗に関する語の出現数および語を含む就学告諭

語	出現数	語を含む就学告諭
踊（躍）	11	神奈川〔資 14-9〕(2)、愛知〔資 23-4〕(4)、三重〔資 24-9〕(3)、徳島〔資 36-4〕、佐賀〔資 41-3〕
歌舞	10	茨城〔資 8-7〕、埼玉〔資 11-11〕、山梨〔資 19-3〕、大阪〔資 27-7〕、山口〔資 35-4〕(2)、徳島〔資 36-4〕、愛媛〔資 38-13〕(2)、福岡〔資 40-4〕
酒	9	山梨〔資 19-3〕〔資 19-4〕、滋賀〔資 25-3〕、大阪〔資 27-7〕、岡山〔資 33-8〕、愛媛〔資 38-3〕〔資 38-9〕、福岡〔資 40-1〕、大分〔資 44-1〕
遊芸	8	山梨〔資 19-3〕、山梨〔資 19-4〕(3)、滋賀〔資 25-4〕〔資 25-5〕、大阪〔資 27-7〕、長崎〔資 42-4〕
芝居	7	神奈川〔資 14-9〕(2)、山梨〔資 19-3〕、愛知〔資 23-4〕、三重〔資 24-9〕(3)
狂言	7	山梨〔資 19-3〕、愛知〔資 23-4〕(6)
演劇	3	埼玉〔資 11-11〕、愛媛〔資 38-13〕(2)
博奕	4	東京〔資 13-8〕、山梨〔資 19-3〕、大阪〔資 27-7〕、福岡〔資 40-1〕
節句	3	愛媛〔資 38-10〕(3)
祭祀、祭礼、祭典	3	愛知〔資 23-4〕、三重〔資 24-9〕、愛媛〔資 38-13〕
活花	2	山梨〔資 19-3〕、大阪〔資 27-7〕
糸（絲）竹	2	山梨〔資 19-3〕、大阪〔資 27-7〕
煎茶	2	山梨〔資 19-3〕、大阪〔資 27-7〕
煙草	2	愛媛〔資 38-10〕(2)
喫煙	1	愛媛〔資 38-10〕
三弦（絃）	2	茨城〔資 8-7〕、福岡〔資 40-4〕
絃管、絃歌	3	山口〔資 35-4〕(2)、佐賀〔資 41-3〕
賭博	1	岩手〔資 3-6〕
	合計80	

（註一）県名は資料編に従い、現在の県名で表記した。

（註二）語は出現数が多いものから順に表記した。

（註三）同一資料に語が複数出現した場合は、（　）内に数字で示した。

表一に示されたように、旧来の慣習や風習を批判する表現の語の出現数の合計は、七四であった。最も多く見られた語は、「旧習」と「弊風」であった。地域を見てみると、北海道から、青森、岩手などの東北、東京、神奈川などの関東、滋賀、大阪の関西、香川、愛媛などの四国、さらに佐賀、福岡、大分などの九州まで幅広い分布で確認することができる。

表二についてみてみると、具体的な人々の習俗に関する語の出現数の合計は、八〇であった。最も多く見られた語は、「踊(躍)」と「歌舞」であった。続いて「酒」、「芝居」、「遊芸」が多くみられる。これらの語を多く含む山梨〔**資 19-3**〕及び大阪〔**資 27-7**〕は、歌舞、酒、遊芸、博奕、活花、糸竹、煎茶の七つの語を共通して含む就学告諭であることが分かる。その内容については、次項で詳しく見ていくこととしたい。

表一に対して、具体的な人々の習俗に関する語を含む就学告諭は、関東以南の地域に多く見ることができる。北海道および東北の地域では、「賭博」を含む就学告諭がある岩手県の一件のみしか見ることができなかった。

次に、表一および表二で抽出された就学告諭の内容の分析を行うこととする。

三 旧来の慣習や風習を批判する語を含む就学告諭の内容分析

(一)学制布告書に見られる旧習の否定を踏襲しているもの

はじめに触れたように、学制布告書には、「農工商」の人々や「婦女子」が学問の重要性を知らないことを批判する内容や士族の学びの様式を批判する内容が見られた。表一で整理した「旧習」、「弊風」、「弊習」などの旧来の慣習を否定的に表現する語を含む就学告諭には、そうした学制布告書の内容を忠実に伝えようとするものを多く見ることができる。

一八七三(明治六)年二月に出された若松県(福島)の就学告諭では、学制布告書の文言を引用しながら「農工商」の人々や「婦女子」の学びの意識について論じている。以下、引用資料中の傍線は筆者によるものである。

従前の弊風にて学問の儀は士人以上の事とし農工商及婦女子に至ては之を度外におき学問の何物たるを弁せさるものあり右は大なる誤りにて日用の言行書算を初め士官農商百工より政治天文医療等の道に至るまで凡人の営むところの事皆学にあらさるはなし〔資 **7-1**〕

この就学告諭は、学制布告書の論理を踏襲しつつ、多少異なる文言を用いながら従来の人々の学びの批判と学問の奨励をしている。すなわち、「政治天文医療等の道に至るまで凡人の営むところの事皆学にあらさるはなし」の部分についても、ほぼ学制布告書と同様の内容となっている。ちなみにこの就学告諭では、士族の学びそのものについては明確に触れられていない。

これと同時期の一八七三（明治六）年二月の神奈川県の就学告諭では、以下のように、士族の学びと「貧民ノ子弟」の学びの状況が並列して論じられている。

従前弊習ノ多キ生徒タル者概ネ半途ヨリシテ迂遠ノ学問ニ趨リ利口ニ高大無根ノ説ヲ唱ヘ畢竟実用ニ切ナラズ或ハ又貧民ノ子弟固ヨリ学資ニ乏シク且学ブベキ工夫モアラネバ無知文盲ニ一生ヲ暮シ中ニハ罪科ヲ犯ス者アルニ至レリ誠ニ歎カハシキ事共ナリ〔資 **14-5**〕

このように独自の表現を加えつつ、士族の学びと「貧民ノ子弟」の学びの「弊習」を論じている。つまり、士族の子弟たちが「迂遠ノ学問ニ趨リ」、実用的な学びをしていないことを批判し、他方、「貧民ノ子弟」たちは「無知文盲ニ一生ヲ暮シ中ニハ罪科ヲ犯ス者アル」としている。学制布告書においても、実用の学問を学ばなければ「貧乏破産喪家」を招くとする内容を見ることができるが、神奈川県の就学告諭では、さらに一歩進んで、「無知文盲」が犯罪につながるとする内容を付け加えている。

同様の例は、これより後の時期となる一八七八(明治一一)年二月の大分県の就学告諭にも見る事ができる。

況ヤ我国従来ノ如キハ武門ノ専政ニシテ門閥ノ風習アリ所謂教育ナル者ハ概子士人以上ニ止マリ他ノ人民ニ至ツテハ脳底嘗テ学問ノ二字無ク因循ノ久シキ今日ノ盛猶其何物タルヲ解セザルモノアルヲ致ス〔資44-7〕

この大分県の就学告諭でも、「士人」の学び方と「人民」の学びに対する姿勢を「因循」と呼び、独自の表現を加えながら批判している。

また、学制布告書に見られるように、学資を官費に依存することを「因襲」と呼び、批判している例が、一八七三(明治六)年一月の名東県(徳島)の就学告諭である。

別紙之通学校御興立学問之道行届候様朝廷ヨリ御法御触出シニ相成候ニ付テハ御趣意ヲ受ケ戴キ人々芸能成就ヲ専一ニ可心懸候乍併別紙ニモ御諭之通入学中ノ諸雑費　上ヨリ賜フヲ当然ト心得候ハ謂ハレナキ因襲ニ候得者左ニ其ノ訳ヲ説キ聞セ候〔資36-4〕

この就学告諭は、「入学御諭之通入学中ノ諸雑費　上ヨリ賜フヲ当然ト心得候ハ謂ハレナキ因襲ニ候」といった独自の表現を使いながら、学資を官費に依存することを否定し、学制布告書と同様の内容を伝えようとしている。

これまで見てきたいくつかの例から理解されるように、「弊風」「弊習」などの旧来の慣習や風習を批判する表現の語を含む就学告諭には、学制布告書の文言を引用したり、あるいは独自の表現を加えたりしながら、学制布告書の趣旨に則って旧来の学問観を批判するものを見ることができる。

(二) 具体的・現実的な事例を加えているもの、学制布告書の趣旨を発展させているもの

他方、学制布告書の趣旨を説明する際、具体的・現実的な事例を付け加えたり、あるいは学制布告書の趣旨を発展させたりしている就学告諭を確認することができる。

例えば、士族の従来の学びを詳細に論じ、これを批判する就学告諭がある。表一で示した語を含む就学告諭ではないが、士族の従来の学びを「固陋ノ学風」と呼び、痛烈に批判しているのが、一八七三(明治六) 年九月に出された秋田県の就学告諭である。

近世ニ至テ学問ハ唯士族以上ノ所業トナレリ且痛ク人民ヲ抑制拘束シ所謂黔首ヲ愚ニスルノ風習ニテ人民ハ絶テ学ニ徒事スルコトナシ且其学タルヤ学ヒ難ク成リ難ク英才ノ人ト雖モ数歳数月ノ学ヒ得ヘキニ非ス児童六七歳乃至八九歳ヨリ四書五経文選等ノ句読ヲ受ケ梵僧ノ経ヲ諷スル如クシ十四五歳ニ至ル迄八九年ノ力ヲ費スモ漠然トシテ通スル所ナク中道ニシテ厭棄スルモノ大抵十ノ八九仮令十中一二稍傑出スル者アリテ業進ミ学就ルモ徒ニ浮華ニ趨リ坐上ニ治国平天下ヲ説キ或ハ高尚風流文雅ニシテ詞章ニ耽リ多クハ事務ニ疎ク日用ニ供ス可カラス実地上ニ於テ

画キタル餅ノ終ニ啗フ可カラサルカ如シ今日全世界開明ノ時運ニ際会シ斯ク睡魔ニ犯サレ学ニ志スモノハ固陋ノ学風ヲ守株シ学ヒサルモノハ一丁字モ知ラス方向ヲモ弁マヘス夢中ニ在テ一世ヲ終ル慨嘆ス可キノ甚キナラスヤ〔資5-9〕

このように、士族の従来の学びのあり方を詳細に記述するとともに、「十中一二稍傑出スル者」でも、「多クハ事務ニ疎ク日用ニ供ス可カラス実地上ニ於テ画キタル餅」と厳しい表現をもって否定されている。

また、庶民の子どもが就学しない様を詳しく描写している就学告諭がある。一八七四(明治七)年一月の東京府の就学告諭である。

夫レ小学校ヲ設立シ小童ヲシテ就学セシメ知識ヲ開明シ村力ヲ発達シ独立ナサシムルノ至仁ニシテ人民ノ大幸福ト謂ツベシ、然ルニ当番組ニヲイテハ旧時ノ弊風未タ全ク解散セス、嗟嘆スベキノ至リハ村戸ニ六七歳ノ小男女方サニ入校セシム可キ年齢ノ者頃日農上街上ヲ徘徊スルニ充塞漫ニ遊戯ス、就中遊里射利ノ地ニ於ケル少年輩ノ光陰ヲ消スルヤ曽テ学業ニ従事セス人倫ノ道ニ由ラス、放蕩懶惰博奕ニ類スルノ具ヲ以テ徒ラニ街上農上ニ遊戯スルトモ其父兄タル者厳ニ教育ノ道ヲ加ヘス、倫安姑息父兄タル所以ヲ尽サス〔資13-8〕

この就学告諭では、「六七歳ノ小男女」が就学をせずに「農上街上ヲ徘徊」している様が描かれている。また、そうした状況を「旧時ノ弊風」と呼び、その要因として子どもに対して学校に行くよう厳しく指導しない父兄の教育観があることを指摘している。

このような父兄の教育観自体を旧習として否定する就学告諭を次にみてみよう。一八七四(明治七)年五月の島根県の就学告諭は、とりわけ女子の教育についての父兄の責任について論じている。

男児ニシテ就学ノ者幾ント七千人其女子ニ於ルヤ尚十分ノ一ニ過ス抑県官学区取締戸長等ノ説諭尽力ノ至ラサル歟将タ父兄タル者ノ旧俗ヲ改メサルアツテ然ル歟凡ソ女子ハ成長ノ后人ノ嫁婦トナリ而モ一家ノ内相タリ況ヤ子アリ愛護教育ニ興ルモノヲヤ然ハ則女子ニシテ教育ノ道アルハ他日吾子ノ模範タル不俣言処嘗テ聞孟母吾子ノ教育ニ心ヲ尽スノ切ナル誰カ之ヲ嘆賞セサラン……父兄タル者定省以テ此学興起ノ美典ニ従ヒ児女教育ノ機ヲ不誤ルヘシ依テ速ニ就学セシメ将来吾子ノ教育一家ノ良相タランヲ欲シ共生ヲ遂ケシメンコト是専要ナリ〔資 32-12〕

すなわち、女性には教育が必要ないとする従来の意識を「父兄タル者ノ旧俗」と呼び、これを改めるべきであると論じており、「速ニ就学セシメ将来吾子ノ教育一家ノ良相タラン」ことを説いている。

他方、学問観に限らず、身分制そのものにまつわる価値観を否定する就学告諭もいくつかみることができる。たとえば、士族の「平民」に対する蔑視を批判する就学告諭がある。大分県では、明治五年一〇月に以下のような就学告諭を出している。

当管下士族卒ノ子弟未夕旧習ヲ守株シ自ラ身ヲ尊大ニ置キ平民ノ子弟ヲ凌侮蔑視スル奴隷ノ如クスルノミナラス動スレハ其子弟ノ通路ヲ妨ケ一時ノ快ヲ以テ戯ルヽ族モ有之哉ニ相聞ヘ甚タ以テ無謂事ニ候是レ畢竟県庁告諭ノ尽サヽルニ由ルト雖モ亦其父兄善導ノ道ヲ尽サヽルノ責ヲ免ルヽヲ得ス自今協心戮力子弟タル者各学ニ就キ識ヲ開キ天賦ノ職掌ヲ尽シ旧染ノ汚習一洗致シ善良ノ風ニ日又一日進歩候様懇々説論ヲ加ヘ可申此旨相達候事〔資 44-4〕

「士族卒ノ子弟」の「平民ノ子弟」に対する蔑視を「旧習」と呼び、そうした「旧習」を改め、知識を開き「善良ノ風」に進歩するよう就学するよう諭している。つまり、風俗の改善のために学校で学ぶ知識が役立つというのである。

また、一八七三（明治六）年二月の石鉄県（愛媛）の就学告諭には、従来からある被差別部落への蔑視を「未開ノ弊習」と呼び批判する内容の就学告諭を見ることができる。

夫ノ一様ノ人民ナルヲ強チニ穢多ト斥ソケ視テ猫狗ヨリモ賎シメシハ全ク未開ノ弊習ナレハ既ニ其称ヲ廃セラレ且平民ト共ニ歯スルヲ得セシメ玉ヘリサレハ同シク入学シテ互ニ講習ノ益ヲ取ルヘシ学校盛大ヲ致スノ基全ク此等ノ上ニアリ家塾ヲ開キ人師タルモノ最モ宜シク生徒ノ旧習ヲ洗除セシメ開化ノ道ヲ開通スヘシ万一朝旨ニ背ムクアラハ禁業ノ沙汰ニ及フヘキナリ〔**資38-8**〕

このように、「同シク入学シテ互ニ講習ノ益ヲ取ルヘシ」として、被差別部落の子どもたちと共に学校で学ぶよう諭している。このように被差別部落に対する蔑視を非難し、さらには共に学ぶことが「学校盛大ヲ致スノ基全ク此等ノ上ニアリ」としている就学告諭は稀である。

これまでみてきたように、「旧習」、「弊風」、「弊習」などの旧来の慣習を否定的に表現する語を含む就学告諭には、旧来の身分制やジェンダーに基づく学問観を否定するものをみることができた。学制布告書の趣旨を伝えることが就学告諭の役割であったから、全国の就学告諭にこうした内容が確認できるのは当然であろう。しかし、学制布告書の内容を忠実に伝えるものばかりではなく、その趣旨をその地域の人々に説得的に説明するため、具体的・現実的な事例を加えている就学告諭や、学制布告書では触れられていない旧習を否定するものも確認することができた。それは、学制布告書に「便宜解釈ヲ加ヘ」諭すように、と記されている通りに、それぞれの地域の実情を鑑みて、地域住民を説得しようとした地域指導層の工夫・努力の表れということができる。また、そうした工夫・努力の裏側には、単に子どもを就学させるというねらいに限らず、学校や教育によって「文明開化」をもたらし、風俗を改善し、秩序を回復させようという地域指導層のねらいが就学告諭に含まれているとみることもできよう。

四　具体的な人々の習俗に言及した就学告諭の内容分析

「芝居」、「歌舞」、「酒」、「煙草」等のような習俗を示す就学告諭は、すでに表二で示した。これらの語を含む就学告諭の多くは、その習俗を控えるよう諭すものである。このような内容は就学告諭のモデルである学制布告書には見られない。

(一) 旧来の習俗は風俗を乱すという認識

具体的な習俗に言及した就学告諭には、旧来の習俗は風俗を乱すものであり、学校はそれを改善するものであるという認識が表れているものがある。一八七四(明治七)年一〇月の神奈川県の就学告諭では、以下のように、「地芝居手躍等興行」は風俗を乱すものであり、学校は風俗を正しくするものであるという認識が示されている。

勧善懲悪ヲ以テ口実ト為シ地芝居手躍等興行致シ候ハ畢竟風俗ヲ乱シ財貨ヲ廃シ其土地疲弊ヲ招クニ過ス学校ノ如キハ風俗ヲ正シ才能ヲ長シ身ヲ立家ヲ興スノ基然ルヲ学校入費ヲ云ヘハ僅ノ事ニテモ苦情ヲ唱エ地芝居手躍等ニ重

リテハ却テ多分ノ冗費ヲ掛ケ侯族モ往々有之趣向后心得違無之学校隆盛ヲ人々企望可致候也〔資14-9〕

一八七三（明治六）年一二月の熊谷県（埼玉）の就学告諭でも同様に、習俗と学校教育を対置している。

若シ父兄タル者子弟ヲ愛育スルノ情アル者ハ皆欣〃躍々トシテ所在ニ学校ヲ興シ就学セシメサル可ケンヤ然ルニ此際ニアタリ演劇歌舞妓ニ耽溺シ興ス可キ学校ヲモ興サス教フ可キ子弟ヲモ教ヘス至仁ノ　朝旨ヲ奉戴セス一時ノ遊観ヲ貪リ許多ノ資財ヲ浪費シ却テ興学ノ盛挙ヲ誹謗スルノ聞ヱアリ何ソ其愚ノ甚シキヤ〔資11-11〕

このように、「子弟ヲ愛育スルノ情アル者ハ」、学校を興し、子どもを就学させるべきであることと対比しつつ、「演劇歌舞」に没頭し、「一時ノ遊観ヲ貪リ、許多ノ資材ヲ浪費」する父兄の現状を厳しく批判する内容となっている。同様の例は、女子教育についても見ることができる。学制公布以前の明治四年九月に岩国県（山口）が出した女子教育に関する就学告諭では、「絃管」や「歌舞」を女児に習わせることを「文明開化」であると勘違いしてはならないと説いている。

近頃聞ク、西京ノ中小学校具数六十六、生徒ノ数二万五千七百四十七人、就中、女性ノ数最モ多ク大低男子ノ数ト匹敵ス、或ハ女子却テ多キ所アリト、夫レ西京ノ女、其容儀ノ美、天下ニ冠タルヲ以テ、コレニ絃管ヲ教ヘ、歌舞ヲ習セバ、忽チ侯伯ニ配スルヲ得、因テ従来ノ俗夫ハ妻ヲ売リ、父ハ女ヲ売リ、女ハ姿ヲ売リテ己ノ生産ヲ成シ、曽テ恥ルヲ知ラズ、淫蕩醜穢世人ノ知ル所ナリ、……衣食需用ノ品ヨリ絃管歌舞ノ戯ニ至リ、美ヲ尽シ奢ヲ極メ家ゴトニ伝ヘ、戸ゴトニ唱ヘ、是ヲ以テ文明開化ノ様ト思ヒ、流弊ノ甚シキ、男ハ厳父ノ教戒ニ悖リ、女ハ慈母ノ庭訓ニ離レ、敢テ忌憚スル所ナク、転顛相依リ、放蕩淫褻風ヲ害シ、俗ヲ壊ルニ至ル、各県ノ弊ヘ概ネ然ラザルナシ、当県幸ニ斯ル弊ヘナシト雖モ、人間家族ノ交リ其弊ヘ全クナシト言フベカラズ、伝ニ言、機ヲ知ル其レ神カ、此機ニ乗ジ痛ク禁ジ堅ク拒カズンバ、嚮ノイハユル西京ト其形勢ヲ顛倒スルニ至ルモ、亦計ルベカラザルニ似タリ、然ラバ則チ　預(ママ・予か)防ノ術如何セン、日ク此レ学校ヲ設ケ男女ヲ教導スルノミ、夫レ男校已ニ起シ、女校未ダ設ケズ、夙《はや》ク之ヲ設ケ以テ女児ヲ教導スベシ〔資35-4〕

このように「文明開化」を勘違いし、「絃管歌舞」を子どもに習わせることは、「放蕩淫褒風ヲ害シ、俗ヲ壊ルニ至ル」という。これを予防するためには、「学校ヲ設ケ男女ヲ教導スルノミ」としている。

(二) 学校教育こそが「真」の教育であるという認識

旧来の習俗と学校教育とを対比させる構図のなかで、学校教育こそが「文明開化」に基づく「真」の教育であり、「歌舞」や「演劇」は教育ではないとの明確な認識を見ることができる。

明治五年一〇月の福岡県の就学告諭では、「三弦歌舞」が流行しているが、これは「文明開化」が華やかなものであるという誤った認識によるものだと戒める内容となっている。

大凡目今ノ文明開化ト称スル者ハ衣服ノ美飲食ノ盛或ハ三絃歌舞ノ流行或ハ戯場青楼ノ繁昌等都テ逸楽怠惰謡蕩奢侈ノ事ト誤リ認　朝廷ノ御盛趣ト大ニ戻レリ天真ノ文明開化ナル者ハ則然ラス人々礼義ヲ重ンシ廉恥ヲ尊ヒ百工商買ノ隆盛兵力器械ノ充実スルヲ得テ而後億兆ノ人民モ亦各其生ヲ保チ其業ニ安ンスルノ幸福ヲ得ヘシ蓋シ斯ル文明

モ人々ノ独立ヨリ成リ人々ノ独立モ其学問ニナルモノナレハ県下人民タルモノ深ク此意ヲ体認スヘシ抑モ当県学校ノ設ケナキハ大ニ上下ノ欠典ト言フベシ…是ニ因テ御定学校費ノ外廣ク興設ノ財ヲ民間ニ募ラント欲ス人々宜シク前件ノ旨趣ヲ服膺シ倹約ヲ重ンシ冗費ヲ去リ飲食ヲ節シ衣服ヲ倹シ各其志ス所ニ随テ金銭ヲ納メ上下ノ力ヲ協合シ以テ学校ヲ興立スヘシ〔**資 40-4**〕

ここでは、「三絃歌舞」は本当の「文明開化」ではないとし、学校における学問こそが本当の「文明開化」であるという認識が示されている。

一八七三（明治六）年六月の山梨県の就学告諭では、以下のように、「活花煎茶歌舞絲竹」は「真ノ教育」ではないとしている。即ち、学校で行われる教育こそ「真ノ教育」であるという認識を示している。

幼児アレハ活花煎茶歌舞絲竹ノ技芸ヲ教ヘテ真ノ教育ヲ誤リ或ハ眼前ノ愛ニ溺レ幼児ヲシテ膝下ヲ離レシメス又ハ学資ヲ厭フテ子弟ノ成立ヲ思ハサルモノアリ如斯ニシテ父兄ノ愛情其レ何クニアルヤ希クハ父兄タルモノ此意ヲ会得シ朝廷至仁ノ大旨ニ背カス身ヲ責テ学費ヲ資ケ姑息ノ愛ヲ捨テ学路ノ等級ヲ踏マシメ子弟ヲ成立シ一家ノ栄エ子孫ノ幸福ヲ来サン事管下一般ノ人民其レ之ヲ思ヘ〔**資 19-3**〕

また、次に紹介する一八七五（明治八）年一一月の茨城県の就学告においても、「歌舞三弦」を習わせることは「教育ノ大本ヲ誤ル」こととなるとし、学校教育を受けさせるよう、説得する内容となっている。学校教育こそが正しい教育であるとする認識を見ることができる。

動スレハ市街人烟稠密商売繁盛ノ地ハ早ク浮華遊惰ノ弊ヲ醸シ良家女児ヲシテ歌舞三弦ニ従事セシメ妙年貴重ノ歳月ヲ徒ラニ遊消スルノミナラス夙ニ就学ノ児モ之カ為メニ屢々学科ヲ廃スルニ至ル而シテ是カ母父タル者恰然自ラ恥ヂズ競テ其事ニ従ハシメ粉状雑費周年ノ学費ニ倍スル者モ父兄其費ヲ厭ハス却テ華奢ヲ極メ自得スルノ風アルニ至ル豈慨嘆ノ至ナラスヤ自今以後戯謔ノ為メ教育ノ大本ヲ誤ル者ハ父母タル者ノ罪責ニシテ畢竟愛育ノ情ヲ失ヒ一般風化ノ弊害ヲ来タシ候〔資8-7〕

また、これまで紹介した就学告諭において注目すべきことは、具体的な習俗に言及する際、人々が習俗にかける費用を批判している点である。具体的な習俗に言及した多くの就学告諭には、それらの習俗に費やされる費用を学校設立資金や維持費に充てるよう促す意図を、程度の違いこそあれ確認することができる。

(三) 明確に学校設立・維持のための資金収集をねらいとするもの

学校設立・維持の資金収集の意図を明確に示している就学告諭を挙げてみよう。

例えば、明治五年八月の額田県(愛知)の就学告諭では、狂言や手踊は風俗を乱すものであるとしつつ、その費用を「子弟上学ノ資」とするよう達している。

今日ノ狂言手踊ノ如キ風ヲ紊シ俗ヲ破リ害アリテ益ナキノ技ニアタリ日月ヲ曠フスルトキハ、学問スヘキ時ヲ誤チ数年ノ後ニハ無芸無能ノ廃人トナリ交モ出來ヌヨウ成行ヘシ。且村々困窮ノ基ニモ相成事故、人ノ父兄タルモノハ此辺ニ注意シ、狂言手踊ニ費ス金銀ヲ以テ子弟上学ノ資トシ或ハ後来産業ノ資本トナサハ、家ヲ興シ富ヲ致ス基本トナリ彼此ノ得失論ヲ俟タサルナリ〔**資 23-4**〕

一八七三（明治六）年五月の佐賀県の就学告諭では、「舞踊絃歌」が取り上げられている。

此度御確定の学問の仕方と言ふは旧来の仕方と大なるに違ひにて、男女四民の別なく皆それぞれの教方ありて各その知識を充実せしむべき教則を御立相成たる上は、家業を失ふの憂なきは勿論、学問さへ成就せば立身出世は身につきたる者にて、悦びも楽しみも思ひのままになるべければ、面々御趣意の程を篤く相考へ、舞踊絃歌等無用の費を省きて人の上たらんことを思ふべし。学問有益の費を惜んで長く奴僕となるなかれ〔**資 41-3**〕

やはり、「舞踊絃歌等」にかかる費用は、「無用の費」であるとし、教育にかかる費用を惜しまないよう諭している。このように資金収集の手段として具体的な習俗が取り上げられる訳であるが、そこには、地域的な特色を見ることもできる。例えば、一八七三（明治六）年四月の愛媛県の就学告諭では、四国遍路への接待の風習を批判している。

人ノ世ニアル廃疾不具ナル之ヲ貧民ト称ス貧民救助ノ儀ハ人間交際ノ節目ニシテ其仁恵ノ心人ニ無カル可カラスサレトモ所謂遍路順礼ナルモノハ畢竟貧民ト申訳ナク徒ニ大師観音ヲ念シ来世ノ禍福ヲ祈リ甚シキハ座食日ヲ送リ一生ノ世帯ヲ辛苦セス方俗之ヲ救助スヘキ者ト思ヒ接待等ノ名目ヲ仮リ家産ノ貧富ヲ問ハス競テ米金財物ヲ投与スル習慣トナリ右ハ仁恵ノ心ニ出ルト雖トモ却テ独立自主ノ道ヲ妨ケ其人ヲシテ暴棄ノ悪習ニ陥ラシム自今学区取設ケ

候上ハ全ク斯ル仕来リヲ廃シ遍路順礼ヲ愛スル情合ヲ以テ我子弟ヲ愛育シ毎日一二文ノ救助銭ヲ引除区内ノ教育費用ニ加ヘナハ子弟タルモノヲシテ他人ノ救助ヲ仰カサルヘキニ庶幾カランカ〔**38-10**〕

このように、接待と呼ばれる遍路に対する援助を「廃シ」、「遍路順礼ヲ愛スル情愛ヲ以テ我子弟ヲ愛育シ毎日一二文ノ救助銭ヲ引除区内ノ教育費用ニ加ヘ」るよう説く内容となっている。このような四国遍路についての言及を含む就学告諭は、現在のところ、この愛媛県の就学告諭のみとなっている。

さらに、興味深い事例としては、芝居手踊を禁止した一八七五（明治八）年一〇月の度会県（三重）の就学告諭がある。

今や当県下にも追々学校の設あり、夫々有志の輩も出でて学事稍く隆盛に至るべきの萌しありといへども未だ充分なるを得ず、これ費金に乏しき故にして全く彼の心得違の者の多く費金を募るに方りて種々苦情を申立る故、費用多端の折柄、区戸長にも強て如何にともなしがたく已むを得ず思ひながら時日を送るに似たり、然るに近頃管内村町に於て神社祭礼等に事を寄せ芝居手踊等興行の願日に増加し中には活計を名とするものもあれと、其実何れも活計の為にはあらずして家ごとに入費を募り又は村内富豪のものより出さしめ金銭と時日を徒らに費して少しも厭はさる由、游戯の事も一時心を慰むる為なれば全く捨つべきにもあらざれど、学校の利益に比ぶれば日を同して語るべからざるものなるに游戯のためには猥りに費して怪しまず学校の費金には一銭をも惜みて苦情を述るは甚謂れなき事にあらずや、依て自今各所に於て学校を設け子弟為もの学に就き追々学業の進むに至る迄は芝居手踊等の興行一切差止る間其旨相心得、父兄たるものは子弟お勧めて学に就かしむるを己の責とし、子弟は学に就て知識を磨くを勤とし、邑に不学の戸なく家に不学の人無からしめじとの御趣意を篤く奉戴すべし〔**資 24-9**〕

この就学告諭では、学校設立資金や維持費を収集する苦労が切々と述べられ、芝居手踊にかかる費用や時間を教育のために費やすよう説得をしている。学校教育が盛んになるまで芝居等の興行を中止するとしている[三]。

(四) 衣食等の倹約を求めるもの

これまで見てきたような、狂言や手踊などにかかる費用を批判する就学告諭のほかに、衣食に関する倹約を求める就学告諭を確認することができる。例えば、学制が公布される前の明治五年六月に出された大分県の就学告諭を挙げてみよう。

> 抑学問は人のためにあらす世間一般の風俗をよくし商工の繁昌を致して全国の人民各其恩沢を蒙ることなれは其費も亦人民一般より償ふへき筈なり右の次第につき追ては管内の戸毎より学資の金を出して全国の子弟に教育をおよほすへけれとも先つ此度は其義なきゆへ末々の者に至るまて当分の間は有志の輩へ金を借用せるものと心得へきなり或は今日にても相応の身代を持ち朝夕の衣食住に差支なき者にてよく事の理を弁へ僅に一夕の酒肴を倹約し四季に一枚の衣裳を省きて此学費に寄付することあらは独豊後の人民へ徳を蒙らしむるのみならす日本国内に生きて日本国人たるの名に恥ることなかるへし〔資44-1〕

このように、「一夕の酒肴を倹約し四季に一枚の衣裳を省きて此学費に寄付する」よう、人々に求める内容となっている。これとほぼ同一内容の就学告諭を神山県（愛媛）で見ることができる。学制公布後の一八七三（明治六）年二月の神山県の就学告諭がどのような経緯で大分県の就学告諭を模倣するに至ったのかについては不明である。

抑学問ハ人ノ為ニアラス世間一般ノ風俗ヲ能シ商工ノ繁昌ヲ致シテ全国ノ人民各其恩沢ヲ蒙ルコトナレハ其費モ亦人民一般ヨリ償フヘキ筈ナリ右ノ次第進ンテハ管内ノ戸毎ニ割付ケ学費ノ金ヲ出サシムル筈ナレトモ目今其位置ニ至兼無拠有志ノ寄附金ニテ取設タレハ士農工商トモ此等ノ人ニヨリ金ヲ借用セルモノト心得ヘキナリ或ハ今日ニテモ相応ノ身代ヲ持チ朝夕ノ衣食住差支ナキ者ニテ能ク事ノ理ヲ弁ヘ僅ニ一夕ノ酒肴ヲ倹約シ四季ニ一枚ノ衣裳ヲ省テ此学費ニ寄附スルコトアラハ独リ管内ノ人民ヘ徳ヲ蒙ラシムルノミナラス日本国内ニ生レテ日本国人タルノ名ニ恥ツルコトナカルヘシ〔**資 38-9**〕

このように、先述の大分県の就学告諭とほぼ同一内容となっており、「夕ノ酒肴ヲ倹約シ四季ニ一枚ノ衣裳ヲ省テ此学費ニ寄附スル」よう諭すものとなっている。

（五）教育を受けない者の行く末を描いたもの

「博奕」あるいは「賭博」という語を含む就学告諭は、これまで紹介した就学告諭とは異なった性格を持っている。これらの語は、教育を受けない者の行く末を描く際に登場する。

まず、学制が公布される前の明治五年七月に出された小倉県（福岡）の就学告諭を見てみよう。

夫父母ノ道ハ子ヲ教ユルヲ以テ肝要トス我父祖ノ跡ヲ継キ今日ヲ出精シ其子ニ至リ教ナクシテ財ヲ失ヒ家ヲ破リテ

ハ父祖ニ対シ申訳立サルノミナラス今日出精シタル甲斐モナク老テ頼ムヘキ子ヲ失ナヒ難義ニ及フヘシ此故ニ人々其利害ヲ考ヘ今日ノ慾ヲ去リ目前ノ愛ニ惑ハス子ヲ教フルコトヲ忽ニスベカラス誠ニ今日ノ形勢ヲ見聞スヘシ才能アリテ学問スル人ハ草莽卑賤ノ間ニ起リ　朝廷ノ官員ニ列シ大ニ国家ノ補トナリ家名ヲ顕ハシ或ハ豪富農商トナリ其幸福ヲ国家ニ及スモノ不少又其学問ヲ好マス気随我侭スルモノハ酒色ニ耽リ博奕杯ヲ好ミ終ニハ国憲ヲ犯シ刑戮ニ罹リ父母親族ニ恥辱ヲ与フルモ甚タ多シ〔**資 40-1**〕

このように、教育をおろそかにした者の行く末として、「酒色ニ耽リ博奕杯ヲ好ミ終ニハ国憲ヲ犯シ刑戮ニ罹リ父母親族ニ恥辱」を与へるものとなってしまう、という警告を与える内容となっている。同様の事例は、具体的な習俗に関する語を含む就学告諭を出した唯一の東北地区の県である岩手県に見る事ができる。一八七三（明治六）年四月二日の水沢県（岩手）就学告諭は以下のような内容となっている。

凡ソ人タル者、天稟ノ良材アルモ学バザレバ、其智識ヲ広メ、其才能ヲ開クコト能ワズ。故ニ天地ノ道理ニ暗ク、人倫ノ大義ニ疎ク、或ハ恩人ニ報ユルニ凶悪ヲ以テシ、或ハ子ニテ親ヲ殺シ、或ハ強窃ニ盗ヲナシ、或ハ火ヲ放チ人家ヲ焚キ、或ハ貨幣ヲ偽造シ、或ハ賭博ヲナシ、或ハ産ヲ破リテ家ヲ滅シ、或ハ生国ヲ逃亡シテ他邦ニ因ミ、流離艱難シテ不良心ヨリ遂ニ身ヲ亡スニ至ル。実ニ憫ムベシ。〔**資 3-6**〕

この就学告諭も、教育を受けないものがたどる行く末として、「賭博」をするという事例を挙げている。

これまで見てきたように、具体的な習俗に関する語が含まれる就学告諭では、ほとんどの場合、そうした習俗を否定的に取り上げている。その際、「文明開化」の象徴としての学校と対比させ、学校は風俗を改良するものだとの認識を見ることができる。そこには風俗の改良への期待を学校に寄せていた地域指導者層のねらいが反映されていると考えられよう。そうした意味において、地域指導者層にとって学校設置は推進されなければならない重要課題の一つであったと言える。

従って、当然のことながら学校設立・維持にかかる費用の捻出は大きな問題であった。そのため、習俗にかかる費用を「冗費」であるとし、それを学校設立資金や維持費に充てるよう説いた就学告諭を複数見ることができた。東北地区で唯一習俗に関する語を含む岩手県の場合は、そうした論理ではなく、教育を受けないものの行く末を示す事例として「賭博」を挙げているのみであった。つまり、北海道や東北地区で出された就学告諭には、具体的な習俗を人々の暮らしの余剰としてとらえ、これを抑制・禁止し、そこから学校設立資金や維持費を捻出しようという内容が、見られなかったということになろう。

ちなみに、東北地区の興味深い資金の捻出方法を挙げてみると、例えば、宮城県の就学告諭では、「毎戸必鶏五羽牝三牡二を飼置き右卵を売却し学資に」〔**資 4-5**〕充てるという方法が見られ、青森県の就学告諭では、「学田興利の方法を開設し其収成の贏利を用て学校の費用に填充」〔**資 2-11**〕するという方法が見られる。これらの方法は、余剰から捻出するのではなく、新たな生産活動から費用を捻出しようとする方法である。それぞれの地域における環境や経済状況によって、費用の捻出方法は異なっていたという背景が、就学告諭に反映されたものと考えられよう。

五　まとめ

これまで見てきたことを整理すると以下のようにまとめられる。

(一)就学告諭において、「旧習」、「弊風」、「弊習」などの旧来の慣習を否定的に表現する語を含む就学告諭には、身分制やジェンダーに基づく旧来の学問観を否定するものが多く見られた。それは、主として学制布告書の趣旨に沿っているが、地域によっては、特定の論点を強調・誇張する例がみられ、地域的な特色をみることができた。

(二)就学告諭において人々の習俗に関する語は、近代的な学校教育に対置される形で見られ、否定的に論じられていた。主としてそうした就学告諭は、学校による地域の秩序の維持・回復をねらいとし、かつ手踊や歌舞等にかかる費用を学校設立資金や維持費に充てることをねらいとしていた。また、こうした就学告諭が北海道や東北では見られない点は大変興味深いものであり、学資金の捻出方法が地域の実情によって異なっていたことを窺わせる。今後さらなる実態の研究が求められる。

(三)前記の二点は、学制布告書では触れられていない内容のものがあり、そこにそれぞれの地域の指導層の工夫・努力の表れをみることができる。これまで紹介した就学告諭にみられた人々の旧来の慣習に対する厳しい批判には、共同体の秩序を維持すると同時に、「文明開化」を自ら推進しようとする地域指導層の意図をみることができよう。

（高瀬　幸恵）

註

(一)ひろたまさき『文明開化と民衆意識』青木書店、一九八〇年、九四頁。

(二)三潴県では、税を滞納している村と、学校を設置していない区は歌舞伎や芝居などの余興を許可しないとする県の達があり、これに対する反発の願書が民衆から出された例が木村政伸によって紹介されている。この願書では、「学校ノ如キハ誘導奨励ノ一義務トハ申ナカラ区内賦課ヲ以テ設立スルアリ有志ノ寄附ヲ以テ設立スルアリ、全ク人民ノ興気力ニ因リテ設立スルモノニ御座候ハヽ、諸上納ノ淹滞ト学校ノ不設立トヲ同視シ人民ノ義務ヲ欠クトシテ情願ヲ圧抑スルハ恐ラクハ開化ノ今日ニ適スヤ否ヤ。人民一同疑惑ノ至ニ御座候。」とあり、学校の設立は「人民ノ興気力」によるものだから、税の滞納と同一視して余興を不許可とすることに対して反発をしている。

権力側からの「文明開化」の推進と旧来の習俗の否定を人々は従順に受け入れたわけではなかったことを示す一つの事例である（木村政伸『資料にみる近世教育の発展と展開』東京法令出版、一九九五年、五二～五三頁）。

第四節　就学告諭における親概念

一　本節の課題

本節の課題は、本共同研究の過程において収集された就学告諭において、子どもの養育主体である親（保護者）がどのように位置づけられてきたのかを明らかにすることである。ここでは具体的に、就学告諭の中で、親がどのように語られているかを把握することを作業課題とする。就学が強調される明治の最初期の語りから、親の使命と役割、期待などが浮かび上がると考えるからだ。

実際に親が言及される場合、学資金の拠出、子どもの就学への義務や責任、親（とりわけ母親）の果たす役割、などに大別される。たしかに就学告諭の地域性を念頭に置いた場合、地域差を考慮することは重要なことであることは論を俟たないが、問題の性格上、むしろ大切なことは明治初期、国民皆学・就学という差し迫った課題に対する親の語られ方の全体像の把握にあると考える。

そこで、本節では、以下親の役割を、学資金の拠出と子どもの就学への義務と責任という視点から考察し（以下二）、次に就学告諭の中で親が如何に語られたか(同三)、最後に、子どもの養育・教育に直接責任を負うとされた母親がどのように論じられているか(同四)を紹介・整理する。

二　親の役割

(一)学資金の拠出主体として親(二)

はじめに、本節の対象とする親について、どの言葉が該当するのか確認しておきたい。実際の就学告諭の中で親の意味で用いられている語として、「父母」・「父兄」・「母」といった言葉が挙げられる(以下、用語のみの引用は煩雑なので「」を省略)。その中で用いられる語は、学制布告書で用いられている父兄が圧倒的に多い。しかし、父母も青森・岩手・神奈川・新潟・岡山・愛媛・佐賀県等で用いられている。やや特殊な例としては、埼玉・愛媛県の親、埼玉県の父、兵庫県の父母兄姉などの使用が見られる。これらの使用は学制布告書の前後に関わらない。

しかし中には、たとえば北海道〔資1-3〕のように、人民や民という言葉で呼びかける就学告諭も存在する。

学制布告書では父兄も人民も共に用いられている。父兄は二箇所で「人ノ父兄タル者宜シク此意ヲ體認シ其愛育ノ情ヲ厚クシ其子弟ヲシテ必ス學ニ従事セシメサルヘカラサルモノナリ」と、「幼童ノ子弟ハ男女ノ別ナク小學ニ従事セシメサルモノハ其父兄ノ越度タルヘキ事」で用いられている。また人民も二箇所で「自今以後一般ノ人民 華士族卒農工商及婦女子必ス邑ニ不學ノ戸ナク家ニ不學ノ人ナカラシメン事ヲ期ス」と、「一般ノ人民他事ヲ抛チ自ラ奮テ必ス學ニ従事セシムヘキ様心得ヘキ事」で用いられている。

父兄は児童の保護者という限定があるが、人民はより広範囲である。学制布告書において、父兄だけでなくわざわざ人民を用いた意図はなんであろうか。筆者は、ここに「（自分の子どもだけでなく）村全体が皆就学を達成するためには、親だけの学資金出資では不十分だから」という意識を感じる。実際、このことを群馬県と福井県の就学告諭では次のように説明している。

尤学問は人間の財本なれば、就学者より相当の受業料可為ニ相納筈なれども、土地の風習、時勢の緩急止むを得ざるより当分総雑費を県下の士民毎戸に賦課し、以て就学生を助けしむ、依ては社寺と雖も県下に住するものは各其力を計り此挙を助け〔資 10-4〕

此上漸次数多ノ小学ヲ設ケ且中学モ是迄ノ通据置相成候事故、夫是入費モ不少候得共、之ヲ悉皆生徒ニ課スルヲ得ス、依之不得止事区内総戸数ニ課シ助サルヲ得ス〔資 18-7〕

上の二県は現状を率直に述べたものといえよう。そもそも学制布告書で新たに提示された新しい学問観「学問は国家の為ではなく、個人の為のもの」は、すなわち、「だから官には資金を仰がず」という論理へと繋がっていく。

先般太政官より御布告の通り、学問の旨趣ハ人々自ら其産を治め其業を昌にするの本にして、日用欠べからざるの急務なれば他人の力を仮らず（ママ）自費を以て就学致すべきは勿論にこれあり〔資 30-3〕

これは和歌山県の告諭であるが、同様の主張は北海道〔資 1-3〕や秋田県〔資 5-5〕、茨城県〔資 8-2〕および〔資 8-3〕にもみられる。県は文部省からの補助金も不十分なので、学制布告書の趣旨に則り、民力による学校設置維持を行う方針だったと思われる。しかし実際には民力の資金拠出は父兄だけでは不十分で、先の二県で見たような人民も巻き込んだ告諭になったと推測しうる。

この出資対象者拡大の経緯が、まさしく朝令暮改の出資金の名称変更となってあらわれるのが広島県である。そしてその経緯は、学資金拠出主体として親から人民へと変化していく過程を示している。

一八七四（明治七）年三月五日、「県第十三号ヲ以、生徒勧誘ノ為メ入学ノ有無ニ不拘其区戸長ヨリ月謝取立テサセ」ることを指示した〔**資 34-10**〕。しかし翌四月には「月謝ト称侯テハ諸人気取違侯者モ有之趣」だったため、「受業料ト改称」した〔**資 34-11**〕。更に六月には「貧福相応公平ノ配当ヲ以毎戸ヨリ学資金寄附ノ義申付候」となる〔**資 34-12**〕。月謝や授業料という名称では、父兄ではない人々からは、自分たちは対象者ではないと誤解され、十分な協力が得られなかったのではないか。最終的に広島県では、このように学資金という名称で、学齢児童の有無に関わらず一律の協力を求めることで落ち着く。そして学齢児童のいない家庭への協力の必要性を九月に次のように説明している。

> 幾人子ヲ持テモ無謝義ニテ学フコトヲ得セシメ又子ヲ不持者トテモ何レ将来家ノ為身ノ為ト成ルヲ期スルノ法ニシテ（中略）殊ニ此資金ハ聊官ノ益ニ供スルモノニハ無之皆以其区々民庶ノ為ニ福田ヲ買フ本手ヲ与フル趣意〔**資 34-13**〕

結局、出資を求める以上、利益があると説く必要があった。ここでは「何レ将来家ノ為身ノ為ト成ルヲ期スル」ことが強調された。

更に、将来の家など個人的な利益の枠を超えて、学問は世間一般のためのものであるから人民の拠出は当然だという論理の告諭もある。時期も地域も異なるのに、不思議なことに全く同じ告諭文を出した大分県〔資 44-1〕と愛媛県の告諭である。

抑学問ハ人ノ為ニアラス世間一般ノ風俗ヲ能シ商工ノ繁昌ヲ致シテ全国ノ人民各其恩沢ヲ蒙ルコトナレハ其費モ亦人民一般ヨリ償フヘキ筈ナリ〔資 38-9〕

最後に、人民からの出資に関連して、単に各家からの出資金を期待するだけでなく、農作物等を共同で運営し殖産に励むことを奨励する告諭もあったことを紹介しておく。例えば、青森県の「学田告諭書」がそうである。ここでは、「其財本たる学費は各自父兄が担任して供給せざるべからざるの義務あるは今更言を俟ざるなり」だが、それでは少額なので「学資金及び授業料に換ふるに農家所長の力役を以て大に学田興利の方法を開設し其収成の羸利を用て学校の費用に填充せば毎月出銭の労なく後来望む所の隆盛期して俟つべきなり」〔資 2-11〕とされる。同様の試みは神奈川県などいくつかの地域で散見できる。

以上、本項では、本来親が学資金の拠出主体として担うべき役割を負うとする論理が原則ながら、実際には地域における学資金全体を賄いきれないため、人民へと拡大していく様子を就学告諭の中から考察した。

(二) 子どもの就学への義務・責任主体としての親

前項で先に人民について取り上げたが、次に父兄がどのように説かれたか検討する。学制布告書の一文「小學ニ従事セシメサルモノハ其父兄ノ越度タルヘキ事」にある「越度」は、学制布告文を要約・解釈する形式の告諭以外では以下の二例を除いては使用されていない[三]。ここではその二例を取り上げるが、前者は長野県、後者は愛知県の告諭（布告書以前）のものである。

夫々学校相立候上ハ受持学区内ニ生徒無クハ取締ノ落度村ニ生徒無クハ戸長世話可方ノ落度、家ニ小学校生徒年齢ノ者有テ就学セザレバ戸主ノ落ド、各職掌ニ依テ勉強セサレバ落度有之也、〔資 **20-18**〕

前年来大中小学校創建の制あり小児六歳以上にして就学せざるは其父兄の越度たるべしとの御布告あり〔資 **23-7**〕

このように強い言葉を用いた告諭は少数なので、別の表現で不就学児童の父兄に強制的な言葉を用いている告諭を挙げてみよう。

（被仰出候学制に）苦情（を唱えるなどもってのほかであり）（中略）是レ全ク父兄トシテ子弟ヲ捨ツルニ異ナラス〔資 **10-5**〕

朝旨ヲ奉戴セス一時ノ遊観ヲ貪リ許多ノ資財ヲ浪費シ却テ興学ノ盛挙ヲ誹謗スルノ聞ヱアリ何ソ其愚ノ甚シキヤ禽獣スラ尚其予ヲ愛養スルヲ知ル父兄トシテ子弟ヲ教育スルヲ知ラス禽獣ニモ不及コト遠シト謂フ可シ〔資 **11-11**〕

子弟をして人民普通の学問たる小学の課業を出精せしめさるへからす子弟の学問なくして愚かなるは独り其子弟の

恥のみならす則其父兄の恥はいふもさらなり我全国の父母たる　朝廷の御恥辱にして〔資38-12〕

子弟を就学させない親は、子捨て、禽獣に劣る、朝廷の恥にも繋がる大罪であるかのように描かれているが、数量は全体のごく少数でしかない。

京都府では一八七六（明治九）年に「御省雑誌明治八年第十号米国教育寮報告書抄訳ニ諸州強促就学法」に倣って罰金を含む「就学法略則」を作成している〔資26-13〕。これにより、就労不就学児童の雇主（父兄も含）への罰金、巡査による徘徊児童の取調べ、学区取締即区長からの説諭、などが示された。このような法的手段が言及されている告諭には、他に青森県〔資2-10〕、神奈川県〔資14-9〕、福井県〔資18-14〕で見られるが、これらも少数だといえよう。

それに対し、子弟を就学させることが親の責任・義務とする就学告諭も見られる。この言葉は学制布告書にはないものであるため、これらを用いている就学告諭はどれも独創的で興味深い(三)。少し長くなるが、県別に指摘してみたい。

まず青森県は「男女ニ限ラズ幼稚ヲ教育スルハ其父兄ノ任ニ候条」〔資2-5〕と「子女ヲシテ文盲之域ニ陥ラセ候様ニテハ、父兄タル者ノ義務不相立」〔資2-10〕に見られる。男女に限らずに幼児を教育することが「其父兄ノ任」であり父兄の義務であることが強調されている。

以下、宮城県〔資4-5〕、福井県〔資18-9〕および〔資18-11〕、静岡県〔資22-8〕、岡山県〔資33-18〕、滋賀県〔資25-5〕、高知県〔資39-6〕、三重県〔資24-9〕、最後に沖縄県〔資47-2〕において、父兄に対し子を就学させる責任や義務といった文言や、就学は子どもの権利という言葉が用いられている。就学を親の義務や責任であるとする内容の就学告諭は、地域的にも広範に亘り、先の強制的な就学告諭よりは広い地域にみられる。

さらに、次のように、不就学が単に父兄だけの責任ではなく、学校設置主体である官や行政の責任も指摘する就学告諭もある。

民ハ国ノ本、其安不安ハ皇運隆替ノ関係スル所ニシテ億兆父母ノ天職夙夜御怵惕遊サレ知藩事ハ其赤子ヲ撫育スル重任ニツキ〔資41-1〕

人民ヲシテ不学ノ徒ナカラシメントスルハ則チ官庁ノ責任ニアルベシ〔資11-3〕

（不就学が多いのは）畢竟県庁告諭ノ尽サルニ由ルト雖モ　亦其父兄善導ノ道ヲ尽サヽルノ責ヲ免ルヽヲ得ス〔資44-4〕

以上、就学告諭において、子どもに対する養育・教育に対する親の位置づけを考察した。青森県の事例にみられるように、子どもに対する教育が「父兄の任」であり「責任」であるとするとらえ方、あるいは佐賀県の事例のように行政当局にその責任主体を求める考え方が登場していたことは注目すべきである。

これまで見てきたように、強制的な告諭が少数で留まった理由は前節でも確認したように学資金が地方に任されていたことなのだろう。そのため就学を説得するに当たっても、強制的な表現が実際の告諭ではあまり用いられず、義務・責任というもう少し拘束性の弱い言葉が多用されたのではないか。出資という点では官が部外者的態度をとり、その結果として条件整備が不十分である以上、就学という行為だけを強制するわけにはいかなかったのだろう。

なお、直接親に言及するものではないため本節では十分触れられなかったが、「父兄の責任」を果たすための措置として、夜学の提案が就学告諭においてみられることは注目してよい。夜学に関しては当時の実態との関係で今後の重要な課題である。差し当たって以下の各府県の就学告諭を参照されたい。岩手県〔**資3-9**〕、宮城県〔**資4-6**〕、長野県〔**資20-10**〕および〔**資20-13**〕、〔**資20-16**〕、京都府〔**資26-11**〕。これらの地域では、更に就学を容易にするため、夜学の構想が示されていたことを最後に指摘しておきたい。

三　親に説かれた学問の必要性

前項では、子どもの養育・教育における父兄の役割を、義務・責任であるとする就学告諭を紹介し、そこでの論理を考察した。本項では、就学という行為における親の位置づけを考察しておきたい。すなわち、前項が、子どもの就学に対する父兄・親の位置づけ・役割を分析したのに対し、本項は、就学の説明論理において、親がいかなる役割を果したのか、という点の解明である。

(一) 学制布告書以前

親に期待された役割には、学資金出資と子どもの就学の責任の二点にあったことが確認できた。

就学は、後に国民の三大義務という語られ方が存在したように、納税・兵役と並んで明治政府により推進された近代化に不可欠な制度である。ただ、就学の場合、納税・兵役と比較すると、その対象者の位置づけが異なっていることが特徴といえる。つまり、納税、兵役の義務においては、強制（法令）の対象者がその主体自身であるのに対し、就学告諭（学制）においては、語りかける対象は親を想定しており、就学する子ども本人に対してではない。語りかけの対象が子どもではないため、告諭の対象者である親から子への働きかけというもう一段階のステップが必要になってくる。

その際の有効な手段として二つ考えられる。一つは罰則を含む強力な強制力であり、もう一つは主体的に就学行為に関わる説明論理である。勿論この二つは、まったくお互いが相反するというわけではなく、補完の関係も当然あり得る。実際学制布告書でも、「其愛育ノ情ヲ厚クシ其子弟ヲシテ必ス學ニ従事セシメサルヘカラサルモノナリ」と語ると同時に「小學ニ従事セシメサルモノハ其父兄ノ越度タルヘキ事」と諭している。

前節でみたように、実際の就学告諭の場合、強制的な内容を有する就学告諭は少数派であった。そこで、本項では、説明論理に注目してみたい。いったい就学の必要性はどのような理由付けで語られてきたのだろうか。時代の推移をみるために、学制布告書前後で区切って検討してみたい。

学制布告書以前に出された就学告諭は、数量的に限られたものでしかないが、その中で学問の必要性と親を絡めた論理がみられるものとして、次の資料が挙げられる。

夫学ハ（中略）上天眷ニ膺対シ下父母ノ恩ニ報答シ人世百行之最第一ナルモノニシテ（中略）学ハサレハ孝敬ノ道ヲ知ラスコレ罔極ノ恩ニ背キ其罪又鮮少ナラス矣〔**資 2-1**〕

夫人は学はされば父子兄弟親和の道を弁へす（中略）人の父兄たるものは務めて其子を教ひ其弟を教ひ家を興し、産業を広メ、父子兄弟親和之意を明かにせされは愛慈する我我子弟を傷ひ、愛護ヲする我家業を破るといふべし〔**資 13-3**〕

夫学は人心を正うし、人倫を明かにする所以にして（中略）人心自正しく人倫明かに、父たる者は慈を本として子を訓へ、子たる者は孝を尽して父に仕へ、夫は外向の務を第一にし、婦は専ら家室の事をのみ治めて夫を助け、長は幼を憐み、幼は長を敬ひ、朋友は実意を以て相交る様になりて風俗淳厚に至るべし。これ即ち学問実効の顕るゝ処にして〔**資 18-2**〕

ここでは学問は、父母の恩に報いることや父子兄弟の親和という人としての生き方（人道）を実現するためのものと位置づけられている。直接親を示す言葉こそ用いられていないが、学制布告書以前に出された就学告諭においては同様に、「学問の道は（中略）永く富を保つ事を旨とすべし。是則身を守り家を保つの道」〔**資 18-2**〕や「學校ハ何ノ為ニシテ設クルヤ人倫日用ノ道ヲ修メンカ為ニ設クルノミ」〔**資 32-3**〕のように、学問を人倫のための手段とする論理が見られるのが特徴である。

（二）学制布告書以降

これに対し、学制布告書においては「學問ハ身ヲ立ルノ財本トモ云フヘキモノニシテ」に代表されるように個人の実益と直結するという考えである。この学制布告書以降に出された告諭では、布告文の一部等を引用している形式の文書が多く、それらは当然この論理を踏襲している。例えば「人ノ父母タル者、必ズ此意ヲ体認シ、早ク子弟ヲシテ学ニ就キ一生ヲ誤ラシムルコト勿レ」〔**資 3-6**〕である。

さらに学制布告書において、上記のように学問＝実益という図式が提示されたが、これは江戸時代までの学問を「空理虚談ノ途ニ陥リ」と厳しく否定した上のものであった。そしてその学問の目的は、自己の立身のためであって「国家の為」が学制布告書において二度も否定の文脈で語られているのである。ところが、実際の就学告諭ではその反例となる事例が多くみられるのである(四)。

まずは青森県「夫レ学ハ人ノ才智ヲ開達シ、各自生業ヲ立ツルノ本根ニシテ、小ハ一家、大ハ一国富饒ヲ致スノ基礎ナリ」〔資 2-7〕に代表されるように、学制布告書の一部を引きながら、個人の立身が最終的には国家の富へと繋がるという論理を用いるものである。同様の趣旨をもつ就学告諭として、例えば、

父兄タル者能々後趣意ヲ了解シ其子弟ヲシテ寸分ノ光陰ヲ愛シ怠惰ニ陥ラシムルコトナク其業ヲ達シ其身ヲ立以テ国恩ニ報スへク此旨厚ク可心得者也〔資 17-6〕

貧賎富豪ノ差別ナリ各々其知覚ヲ増進シ其志願ヲ成就シ之ヲ大ニシテ国家ノ恩ニ報ヒ富強ノ術ヲ施シ皇威ヲ萬国ニ誇耀シ之ヲ小ニシテ生活ノ業ヲ理シ或ハ貿易何ニ由ラズ利益ノ道ヲ開キ其身幸福子孫栄昌ナラン是皆知力アリテ然ル後之ヲ能スベシ〔資 14-5〕

抑人ノ教育モ此理ト同シ人ハ天与ノ美質ヲ固有シ磨ケハ磨クホト智恵ヲ長シ上ハ国家ヲ治ル人トモナリ下ハ一身ヲ修メ家ヲ興シ名ヲ揚ケテ其俊才ト世ニ呼ハルル人ニモ成ルモノ也〔資 19-3〕

などがある。

ここで問題とすべきは、これらの就学告諭が、その内容において父兄等親を示す用語は必ずしも使用されているわけではないが、立身の先に、国家と個人を媒介する概念として家が登場している点である。そしてそこでの言説が、個人

と国家を媒介する家の主体として家のあるじを想定することは想像に難くない。本共同研究においては特に家を分析の視点として設定していない。しかし、ここで述べたように、個人と国家を媒介する概念と捉えた時、家は重要な分析視点となり得るであろう。そして本節の課題である親もそのコロラリーにおいて再分析し直す必要があるが、それは今後の課題としたい。

四　母親の役割

最後に、特に幼少期の家庭教育における母の役割に注目している就学告諭を紹介しておく〔五〕。

少子ハ常ニ婦人ノ手ニ育シ頑陋ナレハ其子陋愚ニ成長スル故ニ婦人ハ殊更実功ニ学フヘシ〔資 **2-13**〕

幼童ヲ勧奨シテ就学セシムルノ際父兄タル者ハ勿論母人ノ関スル所モ亦居多ナリ　万一其母人ニシテ学文ノ欠ク可ラサルヲ解セス目下姑息ノ愛ニ溺レ膝下ヲ離スニ忍ヒサルノ情アルトキハ其子弟豈自カラ進ンテ就学スルノ理アランヤ〔資 **20-15**〕

夫女子ノ教育ハ男子ヨリモ一層重シトス、何トナレハ凡人生レテ八九歳迄ニ多ク母ノ手ニ養育セラレ一言一行母ニ慣フモノナリ、斯ヲ以テ女子ニ教ナケレハ純白ノ児子ヲシテ間色ニ染シムルニ同シ、然レハ男女ノ別ナク教ニツカシムルハ皇国皆然ラシムル処也〔資 **22-8**〕

小児ヲ生育スルハ母ノ教訓ノ関カル所ニテ其功最モ大ナリ然ハアレトモ女学ノ制立サルヲ以テ事理ニ暗キ婦女マヽ多カルハ惜イカナ〔資32-5〕

ここで見られるように、母（婦人）を幼児教育の担い手と想定し重要視し、女子のための学校設立が計画される場合もある。ここに取り上げた以外も含めて、母の重要性や女子教育の必要性を説いた告諭が発せられた県は、青森、茨城〔資8-7〕、石川〔資17-10〕、福井〔資18-3〕、山梨〔資19-4〕、長野、静岡、大阪〔資27-7〕、島根、岡山〔資33-4〕、山口〔資35-4〕、福岡県〔資40-1〕である。

五　まとめ

本節において、学資金出資は原則として親が負担すべきものであったが、現実には人民を対象としながら、その対象が拡大されていったこと、それと関連して、就学については強制的な文言があまり用いられず、むしろ権利・義務が広く用いられたこと、国家の為の教育を否定している学制布告書以降に出された就学告諭において、国家の為とする論理が用いられている事例があり、その際、国家と個人を媒介する概念として家が登場していること、等があきらかになった。

はじめに述べたように、本節は言説研究である。今回の考察において、明治初期の就学に関するいくつかの論理の傾向が明らかになったことは興味深い。このように、当時の論理を一度概観した上で、実際には語りの地域差が、その後の現実化の違いへと向かっていくのかどうか、の考察をつなげることで、より当時の状況がよく理解できるのではないだろうか。例えば、最終項で明らかになった、女学校構想のある地域は女子の就学率が実際に高かったのか、なども今後の課題としたい。

（小林［重栖］啓子）

註

（一）本節では、親が学資金の拠出主体である、という立場に注目し、親の役割の一環として論じている。学資金自体については、本書第二章第一節と四節を参照。

（二）越度は、現在では落度を一般に用いるが、『大字泉』によると、二つの意味を持つ言葉である。一つは「おちど」と読み、意味は現在と同じように「過失、過ち」である。もう一つは「おつど」と読み、律令制下では「関所破り」、日葡辞書（一六〇三年刊）では「法に反すること」であったとされる。上で挙げた強い調子の諌めの解釈は、「おつど」の流れを汲んだ解釈である。

（三）ここでは、学制布告書において「責任」「義務」という言葉が用いられていない、ということを指摘している。学制布告書においてその概念が存在していないかどうかは、実態研究とあわせて、今後検討すべき課題であると考える。

（四）本書第一章の各論文と第三章第一節を参照。

（五）本節では、親の役割のなかで特に母親に言及している就学告諭を取り上げて紹介した。女子教育など具体的には本書第三章第五節を参照。

第五節　女子教育の推奨

一　本節の課題

学制布告書は、「一般の人民華士族農工商及婦女子必ず邑に不学の戸なく家に不学の人なからしめん事を期す」「幼童の子弟は男女の別なく小学に従事せしめざるものハ其父兄の越度たるべき事」と、小学教育における機会の男女平等・同等を謳った。また、学制公布直前の明治五年六月二四日、文部省が提出した「学制発行ノ儀伺」に対して太政官が回答した文書、「当今着手之順序」(一)の第三項では、「一般ノ女子男子ト均シク教育ヲ被ラシムヘキ事」とされた。続いて「女子不学ノ幣ヲ洗ヒ之ヲ学ハシムルノ務ヲ男子ト並行セシメルヲ期ス是小学ヲ興スニ就テ第一義トス」と、小学校教育創始の第一義が男女平等の教育であることを明言している。これは、女子教育に対する明治政府の並々ならぬ意欲を示すものである。この男女平等教育の考え方は、幕末から明治初期に既に福沢諭吉、森有礼等の欧米の影響を受けた開明的な啓蒙家達によって主唱され、彼らの思想により導かれたものであった。大林と湯川は、幕末明治初期に女子教育に影響を与えた西洋教育情報についてまとめ、それが実際には一般民衆に受け入れられず、修正を迫られたと指摘している(二)。

女子就学率は一八七三（明治六）年当時一三％で、学制布告書における男女平等教育論は、あまり「現実味のないもの」だったとされ（三）、「男女の別なく」といっても、「当今着手之順序」にも「其子ノ才不才其母ノ賢不賢ニヨリ既己ニ其分ヲ素定スト云フヘシ」と記されているように、女子教育の目的は、「将来子どもを育てる母として教養をもつこと」であった。この目的は、当事新たに登場した国家のための賢母論に基づいていたと小山静子は指摘している（四）。

本節では、各府県で出された就学告諭から、女子教育に関する記述が、どのような女性を対象として、どのような目的で、どのような内容を教えるように説諭していたのかを読み取り、分析する。

二　就学告諭から想定される当時の女性像

ここでは、各府県から出された就学告諭から読み取れる女性像および女性のライフサイクルをできるだけ具体的に示したい。尚、就学のための告諭であるから往々にして女子が想定されていると思われがちであるが、就学告諭からは「女性の一生における就学の必要性」が読み取れるため、ここでは女性像とする。

まず、学齢期前の女子については、茨城県では、「別シテ女児ニ至ツテハ一層出校ヲ迷惑ニ心得」〔資8-8〕、石川県でも「従来女子ニ至リテハ之ヲ度外ニ置キ、其父兄タル者ヲ責ムルニ学ヲ以テセズ、不学文盲ヲ以テ女子ノ常トシテ自ラ怪シマズ」〔資17-10〕と述べられ、女子を学校に行かせないのは当然と保護者が考えている当時の世相が読み取れる。福井県では、

家ニノミ在テ母親ノ手元ニ生《オ》ヒ育《ソダ》チ、別段師傅《シシヤウ》ノ厳キ訓《おし》ヘモナク世間模様ヲモ弁《わきま》ヘサルヨリ、兎ニ角ニ器局編小《キキョクヘンセウ》《ムネノウチセバクチイサク》ニシテ自ラ人ノ小善ヲモ妬《ネタ》ミ猜《ソネ》ムノ心アリ〔資18-8〕

と、女子が母親という限られた人によって教育されている弊害が指摘されている。

滋賀県では、「女の子へは専ら遊芸のみを教へ、動モすれバ淫哇の風儀に陥らしむる等の悪弊間々之有り」〔資 **25-5**〕と、女子は学校へ行かせないで遊芸だけを教えられるため、操行を乱す傾向があったと述べられている。島根県・茨城県でも

従来女子ノ養育タル婉柔目下ノ愛ニ口レ一室内ニ長シ学問ノ何タルヲ知ラス素ヨリ時勢ノ然ラシムル所ト雖トモ今日猶其道俗ヲ存シ偶旧教就学ノ志アルモ父母之ヲ允サス徒ニ容貌ヲ飾リ衣服ヲ美ニスルノ宿習ニ固着シ其志ヲ呑ンテ果サヽル等何ソ時勢ニ応セサルノ甚シキヤ〔**資 32-11　島根県**〕

小学普及ノ際専ラ女児就学ヲ奨励スル者ハ他年所生ノ児ヲシテ良美ナル初級ノ教育ヲ受ケシメンコトヲ欲シテ也然ニ動スレハ市街人烟稠密商売繁盛ノ地ハ早ク浮華遊惰ノ幣ヲ醸シ良家女児ヲシテ歌舞三弦ニ従事セシメ妙年貴重ノ歳月ヲ徒ラニ遊消スルノミナラス夙ニ就学ノ児モ之カ為メニ屢々学科ヲ廃スルニ至ル〔**資 8-7　茨城県**〕

と、同様の弊害が特に市街地や人口密度が高い商売繁盛の地域で生ずるとしている。

女子は、生まれてから母親を中心とした狭い環境の中に育ち、広い視野や経験・知識を学ぶ機会に恵まれず、さらに学校へ行くことも親に迷惑がられている。そして、「淫哇」「容貌修飾ノ幣」等の言葉に表されているように、成長すると、ともすると容貌を気にして、淫行に陥るようになってしまうと指摘されている。その後は、山口県では、「因テ従来ノ

俗夫ハ妻ヲ売リ、父ハ女ヲ売リ、女ハ姿ヲ売リテ己ノ生産ヲ成シ、曽テ恥ルヲ知ラズ」〔資35-4〕と、父が娘を、夫が妻を売ることもあるとされている。山梨県では、

女児を育てて六七才にも及べば唄、浄瑠璃、三味線、生花茶の湯など今日の用にも立ざる遊芸を学ばせ又は身分に過ぐる衣装髪飾を装はするなど徒らに成人して後の遊惰、淫風の媒となさしむ〔資19-4〕

と、女子は、学齢に達しても学校へ行かせてもらえず、唄、浄瑠璃、三味線、生花、茶の湯などの遊芸を学ばせられ、その後身を持崩す傾向があると描かれている。あるいは、

女児など身の上の急しき者はなし。年十四五才の頃に至れば養蚕、糸、機、裁、縫の工を教ふる其暇も久しからぬ内に他家に嫁すれば夫と舅姑に事へ頓て児を生み育つるの世話さへ重りて朝夕身心の安まる時もあらず、終に老ひ朽る身となるなり。されば生きて満六歳に至らば猶予せず学校の教に従ひ十三歳に至るまでに読み書き算盤等普通の学を修めしめ、物の道理世の情態を諳んじ家業を助くるの道を明らめさすべし。〔資19-4〕

のように、女子は、一四、五歳にもなると養蚕、糸、機織裁縫等の技能を教える暇も無いうちに、結婚して夫と舅姑に仕えなくてはならない人生を歩むことになり、勉強するひまもないほど忙しいと述べられている。府県による違いも多少はあるだろうが、おおむね以上のような女性のライフサイクルに添った内容で女子教育の必要性が説かれている。

すなわち、就学告諭から想定される女性像は、生まれてからは母親にのみ育てられ、学齢期に達しても学校へ行くの

ではなく遊芸を習わせられ、一四、五歳になると養蚕、糸、機織裁縫等の技能である「女工」（後述）を身につけ、結婚するか、身売りされるか、淫行に陥るように描かれている。以上のことから、女子教育の必要性の根拠は、第一に、女子教育の主な担い手が母親に限られているため、女子をその狭い環境から解放し、将来よき母になれるような教養を身に付けること、第二に女子が遊芸を学ばせられ、身売りされ、身を持崩す傾向に対する批判、と捉えることができる。全体的には女子教育を推奨する言説が、「良家」といった、どちらかといえば比較的高い社会階層を対象にして説かれていたといえそうである。

三　女子教育推奨の目的

（一）学制公布以前の就学告諭にみられる女子教育推奨の目的

女子教育に関して特別な告諭を出した県は、明治二年兵庫県「出石藩女学上校・下校を開校、校則を制定し教員を任命」〔**資 28-3**〕、明治四年山口県「女校ノ議」〔**資 35-4**〕、島根県「女学則」〔**資 32-5**〕、愛知県「女子教育奨励の布告」〔**資 23-2**〕、明治五年岡山県「さとし」〔**資 33-3**〕、一八七三（明治六）年石川県「女児就学に関する布達」〔**資 17-10**〕、福井県「女児小学校の規則」〔**資 18-8**〕、山梨県『学問のもとする』〔**資 19-4**〕、一八七四（明治七）年島根県「女子の就学奨励のこと」〔**資 32-12**〕、一八七五（明治八）年茨城県「子女就学奨励の件達」〔**資 8-7**〕、長崎県「第一五四号」〔**資 42-10**〕、一八七六（明治九）年静岡県「静岡県に女学校を設立すべし」〔**資 22-14**〕、年不明岡山県「女学校設立願」〔**資 33-10**〕と一一県（一二点）あり、決して少なくない。このことは、当時府県の教育を構想していた人々が女子教育に対して高い関心を抱いていたことを示している。

特に兵庫県、島根県、山口県が学制頒布以前から女子教育の重要性を説いていた点は注目すべきだろう。このように明治維新から明治四年七月の廃藩置県に至るまでの間に女子教育を奨励する動きがみられたことは、既に「出石、豊岡、福山、佐土原、名古屋、松江の六藩で女学校が設置され、また岩国藩では女学校の計画が立てられていた」と指摘されている(五)。本調査で発掘された就学告諭として、出石藩(兵庫県)では「淫本防遏之為女学校御取立相成、女子共御教化被遊候」〔資28-3〕と淫らな傾向の悪影響をもとから防ぐために女学校を設立すると説き、岩国県(山口県)では「従来ノ俗夫ハ妻ヲ売リ、父ハ女ヲ売リ、女ハ姿ヲ売リテ己ノ生産ヲ成シ、曽テ恥ルヲ知ラズ、淫蕩醜獄世人ノ知ル所ナリ」と、やはり女性に遊芸を習わせ身売りをさせていた従来の弊習を非難し、女子教育の必要性を説いている。大半の就学告諭は、学制頒布以前について「女子には農工商同様学問は必要ない」とされていたと述べている。

島根県、山口県は、よい母親となるために教育を受ける重要性を説き、

女子ハ成長シテ人ノ婦トナリ一家ニ内相トシテ其子ヲ愛護教育スルノ責アル者ナレハ争テ学ハサルノ理アランヤ〔資32-12 島根県〕(傍線部執筆者、以下同。)

人ニ母タル者正シカラザレバ、教化以テ行ハルヽコトナク、女子教ヘザレバ、治国ノ基以テ立事ナシ、此レ女校ノ設ケ人生ニ闕ベカラザル所ナリ〔資35-4 山口県〕

と学制の意図を先取りしている。

この中で、明治四年一〇月五日に出された松江県(島根県)の「女学則」は、

小児ヲ生育スルハ母ノ教訓ノ関カル所ニテ其功最モ大ナリ然ハアレトモ女学ノ制立サルヲ以テ事理ニ暗キ婦女マ、多カルハ惜イカナ今ヤ文学盛ニ行ハル、新大御代ニ当リテ女子ヲ教フルノ規則無クテハ得アラヌ業ナリケリ故今新ニ女学校ヲ設ケテ四民オノ〳〵漏ル、コトナク女児ヲシテ学ニ入ラシム今ヨリ以後此学則ニ随ヒテ勉メ学ハ、紫女清女ノ上ニ出ルモノモナトカ有ラサラン〔資32-5〕

と、女子教育は、確かに武士が政権を握る時代には軽視されてきたがこれから制度的に確立していけば、紫式部や清少納言以上の才女が出現することも不可能ではないと説き、女子教育に大きな期待を寄せている。もともとは「小児ヲ生育スルハ母ノ教訓ノ関カル所ニテ其功最モ大ナリ」と「将来母になった時のための教養を身につけること」がこの就学告諭の主旨であろうが、それに付随して才女の出現をも期待しているとも読める。この告諭には少なくとも女子教育に関して学制が意図したものを越える期待感が感じられる。

(二)学制公布以後の就学告諭にみる女子教育推奨の論理

ここでは、学制公布以後に出された就学告諭が、女子教育の必要性をどのような論理によって説いているかを、次の項目に分類して紹介する。その項目は、①「男女の別なく」論、②「母となって子どもを教育するため」の賢母論、③「男は外、女は内」の教育論、④「女工」を学ぶため、⑤「良い結婚相手を得るため」女性のための教育論、⑥「職業婦人となる端緒を開くため」の教育論、である。

①「男女の別なく」論

学制布告書にある「男女の別なく」という論理は、多くの県でみられる。それらは、大半が青森県の「男女ニ限ラス幼稚ヲ教育スルハ其父兄ノ任ニ候」〔資 2-5〕のように学制布告書に似て短い（〔資 2-5,6〕、〔資 5-5〕、〔資 6-3〕、〔資 8-3〕、〔資 10-10〕、〔資 12-5〕、〔資 13-7,8〕、〔資 14-6〕〔資 17-6〕、〔資 18-3,9〕、〔資 19-4〕、〔資 20-6〕、〔資 25-3,4〕、〔資 27-5〕、〔資 28-3〕、〔資 29-2〕、〔資 32-5,16〕、〔資 33-4〕、〔資 35-5〕、〔資 38-7,8〕、〔資 41-3〕、〔資 42-4〕等）。

その一方で、教育の男女平等論を独自に展開している県もある。岡山県は、

文明の国に於て女子の学校を設けしは、実に天地の公道に基き人間普通の自由を得せしむと云べし。夫世教は慈母より出るものにして孟母三遷の教、皆人しる所なり。是まで女子の学校なくして女子をば頑愚の者と軽しめしハ、実にいやしき風俗といふべし。〔資 33-3〕

と説き、続いて女子にも「横文字」を教えるように説いている。この就学告諭からは、「人間普通の自由」を得るのに男女の別は無いという西洋思想と「孟母三遷」という儒教思想の影響を読み取れる。このように男女に関わらず天賦の才能の発揮させるために、幼少期の教育の重要性を説く就学告諭は、水沢県「人民婦女子ニ至ルマデ、容易ニ入学ナサシメ、各天性固有ノ才能ヲ磨キ」〔資 3-6〕にも見られる。福井県では、従来の女子教育は女性の「天性ノ聡明ヲ塞キ候様ノ事少ナカラス」〔資 18-8〕と指摘し、婦女子は先に示したように、学校へ通うことによって視野の広い嫉妬心の無い人間になると論されている。広島県では「子者ハ男女ニ限ラス幼稚ノ間ニ教育シ人々持前ノ智識ヲ開カセ天理人道ヲ弁ヘテ」〔資 34-12〕と、天賦の才を発揮することの男女によらない重要性が説かれ、島根県でも教育により女子の「幼穉ノ教育ヲ善美ニシ以天賦ノ幸福ヲ完了センコトヲ」〔資 32-14〕と結ばれている。女性が先天的に男性よりも劣っているという考え方

はみられない。

②「母となって子どもを教育するため」の賢母論

学制布告書にみられる女子教育論には、男女平等教育論のほかにもうひとつ賢母論があったことは前述の通りである。この論理は就学告諭に用いられる頻度が「男女の別なく」の次に高く、内容としては、幼児期における母親の重要性を説いたものが多い。この論理は佐藤秀夫により「女子天分論」と解釈され(六)、小山は、これを明治維新後に初めて登場した「国家的視点からの賢母養成」論だとしている(註4参照)。たとえば、茨城県では

人ノ初メテ生ルヤ軟弱自ラ活ス能ハス飲食起居概ネ母氏ノ手ニ成リ以テ長スル事ヲ得ルニ至ル然則教育ノ初級ハ母氏ノ責任ニシテ将来人智ノ開明富国ノ大本母氏ノ丹誠ニ基ス是以テ女児教育ノ義ハ素ヨリ軽忽ス可カラサル〔資8-7〕

と、母の教育を「開明布告ノ大本」と説いている。国家のための賢母論を説いている就学告諭は、ほかに山梨県〔資19-4〕がある。

一方、賢母教育と国家を結び付けていない就学告諭を出した岐阜県、福井県では、

子タル者気質ハ父ニ受クルト雖幼時ニアリテハ母徳ノ感化頻力アリトスソレ然リ若シ母ニシテ智識ニ乏シク事理ニ暗ク家庭ノ教訓ヲシテ整粛ナラサシメハ安ソ階庭ノ芝蘭玉樹ヲ望マンヤ況ヤ家庭ノ教訓ヲ欠クノミナラス撫養其道ヲ得ス才智ノ萌芽ヲ挫傷スルノ事アラシメハ其児ノ畢生ヲ誤ラサル者幾布ナリ〔資料21-3岐阜県〕

今般別シテ婦女子ニ学問致サスベキ義ヲ御懇諭在《あら》セラレ候御趣意ハ、人生レテ六七歳ニシテ学塾ニ入ルマデハ多分母親ノ手ニテ生長養育致シ候事ニテ、固ヨリ小児ハ無我無知ノ者ニ候ヘハ、其教育ノ道ヲ得ルト得ザルトヨリシテ善キ人物トナリ悪キ人物トナルモ、皆先入主ト為ル〔**資料 18-3 福井県**〕

と、子どもが小さい時の影響は、父親よりも母親の方が強いと説いている（他に〔**資 2-1**〕、〔**資 20-15**〕、〔**資 22-12,14**〕、〔**資 32-5,11,14**〕、〔**資 33-3**〕）。島根県では、「吾子ノ教育一家ノ良相タランヲ欲シ」〔**資 32-12**〕と「家のための」女子教育が説かれている。

③「男は外、女は内」の教育論

学制布告書の「男女の別なく」は教育機会の平等であって、教育内容および目的は男女で異なっているとする就学告諭も少なからずみられた。松江県（島根県）では、

天先成テ地後ニ定リ陰陽並立テ万物ヲ生スル事天地ノ初ヨリ定マレル理リニテ男子ハ外ヲ治メ女子ハ内ヲ守ルモノ也〔**資 32-5**〕

と「男は外、女は内」であることが自然の理に適っているように説かれている。福井県では、「夫婿ヲ助テ家ヲ興ツモ治ルモ亦皆婦人ノ重任ナレハ、御一新ノ今日ニ至リテハ婦人ニ学問之ナクテハ協ハヌ義ナリ」〔**資 18-3**〕と、女性が夫を「助ける」重要性が説かれている。島根も福井も女子のための就学告諭を特別に発布している県である。施政者の女子教育構想が男女平等とは異なっていたことを示していて興味深い。「夫婿を助けて家を興す」ための女子教育という論理は、

山梨県の就学告諭『学問のもとする』にも見られるが、商業等女性の知的労働力が産業構造の中に組み込まれているか、養蚕業のように女性の労働力が重視されている地域の特徴とも考えられる。

④「女工」を学ぶため

坂本清泉・坂本智恵子によれば、「女工」は、「女子の行う紡織・裁縫・刺繍などの手仕事およびその製品を意味し、『女紅』とも書く。また古くは『女功』とも書かれた。」[七]とされている。そして「このような、うみ紡ぎ・機織・裁ち縫いの一連の衣類生産の手仕事―女紅―の技能の伝承と、そのきびしい作業をとおしての人格形成、それが民衆の伝統的な女子教育の中核をなすものであったと思う。」と指摘している[八]。また、明治の初年、近代教育の成立期においては、明治政府は、「民衆の女子教育に対する要求や其伝統を考慮せざるをえなかった。」とし、女紅の教育は、「『習俗としての教育』と『制度としての』教育の、接点にあたる性格をもつもの」であり、「『一人前』の女性としていきぬく主体的な力量を育てるという点で、長年にわたる民衆の子育ての伝統を受け継いだものであった。」と捉えている[九]。「女工」という言説が就学告諭にみられたこと自体、施政者が、民衆の女子教育要求を配慮していたことの顕れと考えられる。

たとえば、一八七三(明治六)年に福井県で出された「女児小学校の規則」には、

> 今ヨリ奮フテ女工ハ勿論読ミ書キ算術《サンジュツ》《ソロバン》ニ至ルマデ、朝廷ノ御趣意ヲ厚ク遵奉《ジュンポウ》《ウケマモリ》シ今般御改正ノ教則ニ従ヒ勉励《ベンレイ》《ツトメハゲンデ》修行可致候事〔資18-8〕

とあり、「これからは紡織・裁縫・刺繍などの手仕事は勿論、読み書き算術を学ぶ必要がある」という主旨が説かれている。

「女工」という言葉は、群馬県が一八七九(明治一二)年に出した「達第四十七号」にも見られる。そこでは、

女児ハ男児ト違ヒ拾四五才ニ至レハ夫々女工ニ従事シ、仮令志アルトモ男ノ様ニ勝手自由ニ学習スル事ハ出来兼、其時如何様悔悟候トモ既ニ及バサル儀ニ付、学齢ノ内勉励致シ他家へ嫁シ候後、母タル道ニ差支無ク世間ノ往復モ出来候様心懸ケ可為致ハ肝要ノ事ニ有之〔資10-8〕

と、「女子の場合は一四、五歳にもなれば女工に従事しなければならないから、たとえ勉強したいと思っても男のように学習することは出来ないので、学齢期に勉強するように」という主旨のことが説かれている。静岡県が出した就学告諭には、東京、京都、大阪、新潟、小田原では女学が盛んで、「百般ノ女工学校ヨリ出ル者多ク」と、女子に必要なありとあらゆる技術は学校で学ぶことができるので、静岡では「女子ノ風習」が悪くなっているため、東京や京阪に倣って一日も早く女学校を設立する必要があると説かれている。

東京ハ論無シ、京坂地方ノ如キ女学盛ニ行ハレ、百般ノ女工学校ヨリ出ル者多ク、其他新潟小田原ノ女学校モ最盛大ナリト謂フ、豈忽諸ス可ン哉、我静岡地方ノ如キ女子ノ風習善乎悪乎、処女群ヲ為シテ市街ニ放歌シ、夏日袒裼裸シテ店頭ニ出没スル者比々皆ナリ（近来市街ノ女子此習慣ヲ脱スルガ如シト雖トモ、畢竟巡羅ノ厳ナルニ圧セラル、耳）、又況ンヤ三五ノ春ニシテ野合ノ醜アリ、二八ノ秋ニシテ陰妊ノ辱アルニ於テヲヤ、之ヲ日本国中ノ婬乱郷ト称スルモ決シテ苛酷ニ非ル可キナリ、是等ノ女子成長シテ妻ト成リ母ト成リ、其児ヲ教育スルニ至リ、果シテ何等ノ方法ヲ以テ之ヲ膝下ニ教ユル耶、稚児ノ脳髄ハ清潔ナル秋水ノ如シ、善ヲ教ユレハ善ニ染ミ、悪ヲ示セバ悪ニ感ズ、磁針ノ鉄ヲ吸フガ如シ、此故ニ西人ハ膝下ノ教育ヲ以テ最第一ノ学校トス、嗚于此母ノ膝下ニ在リテ感染スル小児ヲ以テ、他年ノ成立ヲ望マントス抑亦難ヒ哉、右ノ次第ナルガ故ニ、吾儕ハ一日モ早ク静岡浜松三島ノ如キ繁華ノ地ニ就キ、先三四ノ女学校ヲ設立シ漸次之ヲ拡張シ、読書算術縫織ニ至迄教化ノ術ヲ施サン事ヲ企望スル所ナリ〔資22-14〕

「女工」という言葉が就学告諭に出現しているのは、福井県、群馬県、静岡県、山梨県である。

⑤「良い結婚相手を得るため」女性のための教育論

山梨県で出された『学問のもとすゑ』は、県学務課員小野泉[10]が執筆し、一八七三（明治六）年一〇月に刊行された。その末尾に「多くは女子を入学勧むるを以てすさるは世の人女の学問は要なきものとのみ心得る旧習を破らん為なり」と記されているように、女子教育振興のための就学告諭であり、女子に学問は不要とする「旧習を破」ろうとして考案され、小野の母校西野学校の開校式で講演されたものである。

婦を娶らんとする人は、徒に顔貌遊芸に俊れたるをバ覓めじ必ず学校盛んの近傍に於て尋ぬるならん富める家の女なりとて物学びに疎けれバ縁遠くして終には貧しき者にも嫁入らざるを得ず貧き者の女なりとも教をうけて行ひ修らば必ず良き婿取するを得べしされば学ぶとまなばざるとによりて眼前に幸を得ると失ふとあり〔資19-4〕

と説き、女性はよい教育を受ければよい相手と結婚でき、教育の有無は「眼前の幸」を得られるか得られないかを決定すると主張しているかのように読める。この告諭は、まず、『日本教育史資料書第五輯』にこの部分が引用され[11]、佐藤秀夫は、前述の「よい母になるための女子教育論」を「女子天分論」と評価し、それと対比させてこの告諭を「世俗的な功利論」と批判的に言及している[一二]。この告諭はまた、桜井が「実利主義」、秋枝が「将来の嫁入り条件にも学のあることが重んじられる」ことを主張した就学告諭と解釈している[一三]。

しかし、『学問のもとすゑ』は、上記の文章の後に以下のように続いている。

> 教を受けたる女子は啻に眼前の幸を見るのみならず夫の業を助けて内の事を治め年々に身代は栄えゆき其児其女を善くをしへ育つるの道を弁へたればその児女を必ず才能多き人とならんされば老年の後は其福を受ること更に大なるべし人皆眼前の差支と仕来りの習ひとを言はず思ハず時運の移る所に眼を着けて御趣意の在る所に向ひ教育の道を大事と心得世の文明を進め国の富強を助けて遂に　皇威の海外に輝かん時を期するを肝要とす是れ女子の学問をも大切として勧め励まさゞるを得ざる所以なり

すなわち、『学問のもとすゑ』の「もとすゑ」とは、本と末の意味であり、幼少期に教育を受けることは「眼前の幸」だけではなく、本人の老後のため、ひいては国家のためになるというのがこの告諭の本当の主張である。山梨県就学告諭は、『日本教育史資料書』に引用された部分によって一面的な解釈をされてしまったのではないか。この告諭は、長文で女子教育の重要性を様々な角度から説諭している。上記の最初の引用文も、「婿」という言葉に家同士の関係という意味が含まれているかもしれないが、逆に「良い家の女性よりも貧しくても教育を受けた女性を嫁に選ぶ」という、家よりも個人の能力を重視する考え方も読みとれる。夫にとってのよい妻としてではなく、女性にとってよい夫を得るために教育を受けた方がよいとする（女性サイドの「家のため」という論理も含めた）「女性のための教育論」を主張している点で他の県には見られない特徴がある。他の就学告諭にみられる女子教育の目的の多くが女性のためではなく他者への貢献を目的とした女子就学論理であるのに対し、『学問のもとする』が女性サイドから教育の目的を説いていることは、女子就学のひとつの主体的な契機として注目に値する。

⑥「職業婦人となる端緒を開くため」の教育論

石川県では、「今般更ニ操行丹精ナル女子ヲ選ビ、女学校取締トシ、金沢市中ニ一小学校ヲ興シ、管内女子ノ学業アル者ヲ選ビ教官トシ、以テ其端緒ヲ開ク」〔資17-10〕とする「女児就学に関する布達」がある。この布達は、既に高野俊によって紹介され、石川県の女児小学は、士族層の子女を対象とし、初期の教員層に「上級士族の妻や子女」を採用した他県にみられない特徴があるとされている(一四)。女児小学という女子だけのための小学校という限定があるが、女子教員としての職業の道を開くことと併せて女子就学を説いている。

(三)女子教育推奨の論理の地域性について

図一は、女子教育推奨の論理で比較的多数を占めた「男女の別なく」論と「良い母になるため」論を説諭した県、また、女子教育について特別な告諭を出した県を図示したものである。「男女の別なく」論を説諭に用いた県は全国的に分布しているといえるが、「良い母になるため」論は、岩手県を除いては関東以西の県に多い。おしなべて女子教育を推奨する言説の多い県は、関東以西の府県に多いといえる。ただし、この傾向は、あくまで就学告諭に表出された言説に基づき得られた結果であって、実際の女子教育振興の程度を示すものではない。

大林・湯川は、前述のような藩で女子教育奨励の動きが見られたのは、「西洋の女子教育に倣った女学校計画」であったとしている(一五)。確かに、出石、松江、岩国の諸藩は、海外の情報を受容しやすい環境にあった。その点を女子教育推奨の政策の根拠として認めた上で、本稿ではさらに、「女工」という江戸時代からの女子に必須とされた教育内容を女

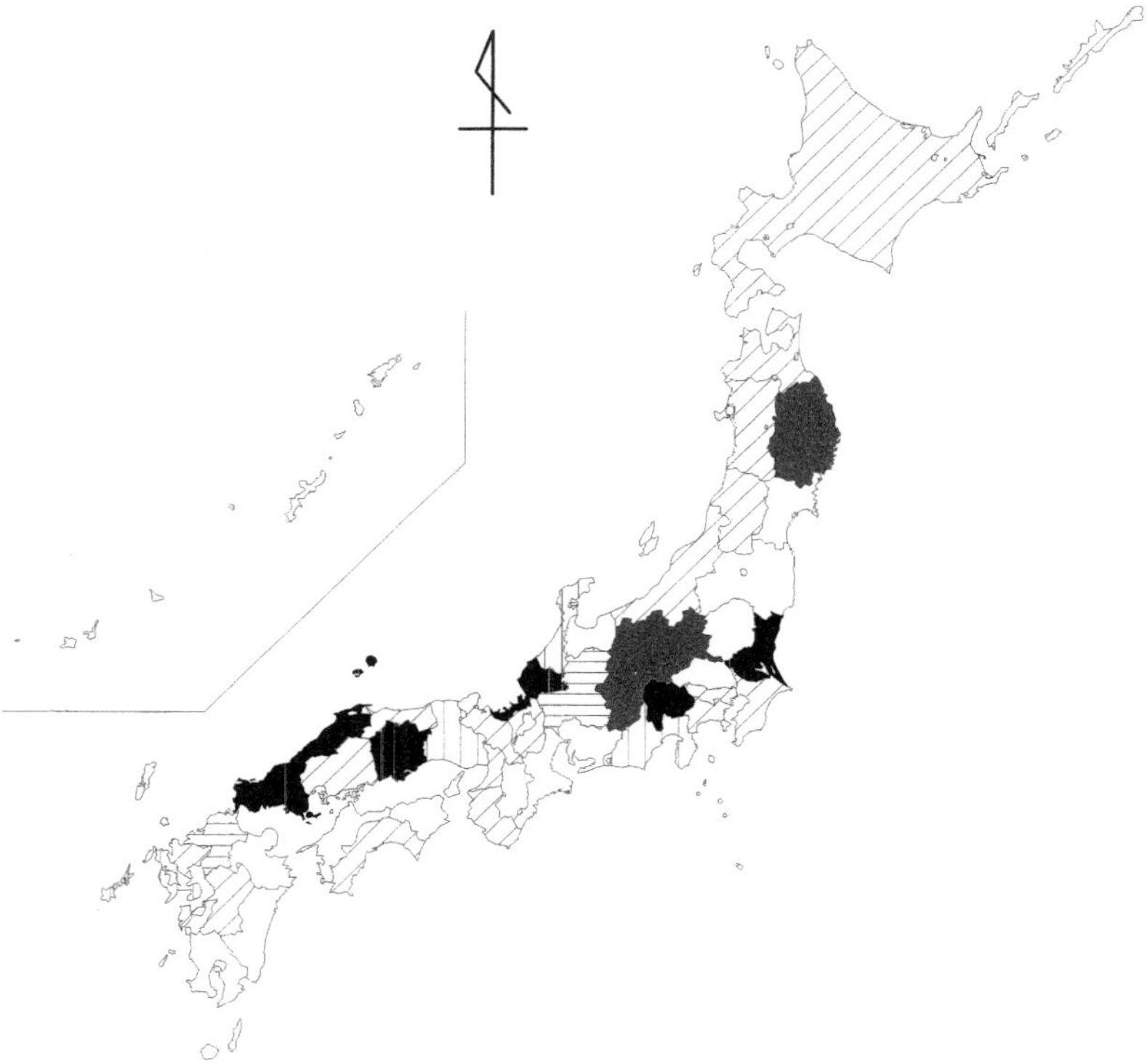

図１ 女子就学推奨の論理の府県分布図

〔濃い黒〕「男女の別なく」「よき母になるため」両説を説き、かつ女子のための就学告諭がある府県（茨城・福井・山梨・島根・岡山・山口）、

〔縦線〕「男女の別なく」論を説き、女子のための就学告諭がある府県（石川・静岡・兵庫・長崎）、

〔薄い黒〕「よき母になるため」と「男女の別なく」の両説（岩手・群馬・長野）、

〔横線〕「よき母になるため」説（岐阜・福岡）、

〔斜線〕「男女の別なく」だけを説いた府県（北海道、青森、秋田、山形、千葉、東京、神奈川、新潟、滋賀、大阪、和歌山、鳥取、広島、高知、佐賀、熊本）

〔白〕女子教育に関する言説がみられない府県

子教育勧奨の論理として用いている就学告諭があった点を指摘した。「女工」という言葉が就学告諭に出現しているのは、前述のように福井県、群馬県、山梨県、静岡県である。これらの県には、養蚕業や織物業が盛んであった傾向が認められる。しかし、「女工」の教育内容が女子の伝統的教養全般を指していることを考えれば、地域の産業と単純に関係付けることはできないだろう。

四　女子教育の内容

ここでは、各府県の就学告諭から女子教育の内容を読み取る。福井県では、一八七五（明治八）年「公学規則」で、左記のように女子教育には、手芸裁縫が必要不可欠であると規定している。

> 裁縫ノ義ハ女児ニ於テ欠ク可カラサルノ手芸ナレハ完備ノ小学ハ裁縫ノ一科ヲ増加シ凡ソ満十二年以上ノ女児ニ適宜授業スルヲ要ス〔**資 18-13**〕

山梨県では、前述のように『学問のもとすゝ』で女子に「養蚕、糸、裁、縫の工」を教える暇もないと嘆いているので、執筆者小野はこの四項目、すなわち、「女工」を女子に教えるべきだと考えていると思われる。静岡では、女子に「読書算術縫織ニ至迄教化ノ術ヲ施サン」〔**資 22-9**〕と説いている。大阪府では、

> 男女共《ナンニヨトモ》六、七歳より日用常行《ニチヤウジヤウコウ》《みのおこなひ》・言語《ゲンギヨ》《ことばづかひ》・筆算《ヒツサン》《てならびそろばん》を始《ハジ》めとして、一通《ヒトトホ》りハ天地万物大体《テンチバンブツダイタイ》《なにごとのうへの》の理合《リアヒ》《すぢあひ》をも合点《ガテン》《こころへ》し、万国《バンコク》《よろづのくに》の

形勢事情《ケイセイジジヤウ》《むかしよりのありさま》をも心得《ココロエ》、皇《クワウ》《わがくに》・漢《カン》《よそぐに》・洋共片《ヤウトモカタ》ひずみなく、人間《ニンゲン》の心得《ココロウ》べき丈一通《タケヒトトホ》り知《シ》るを以《モツ》て、普通学《フツウガク》《ゆきわたりたるまなび》と云《イフ》なれバ、十四、五歳迄にハ自分丈《ジブンダ》けの始末《シマツ》を出来《デク》るほどにして〔資 **27-5**〕

と、「行い」「言語」「筆算」をはじめとして「天地万物大体の理合」を理解し、世界情勢を心得、国内のことにも一通り精通することが「普通学」であり、男女ともに学ぶべきだとしている。また、大阪府の「学制解訳」は、従来は、

女ヲ生メハ必ス糸竹歌舞ノ業ヲ教へ、男ヲ生メハ必ス活花煎茶ノ技ヲ習ハシメ、遊冶風流ニ歳月ヲ費シ、一小技中ニ一生ヲ終ル〔資 **27-7**〕

と指摘しており、女子には「糸竹歌舞」を習わせるのが普通であったが、これは「天与ノ美質ヲ全成欧スルモノ」ではないと説いている。

兵庫県では、「七字より十字まてハ心得かた読書を学ひ、十一字よりにたき・ぬいつむきを学ふへき事」〔資 **28-3**〕と、出石藩女学校の校則として、女子に煮炊き・縫い紡ぎを教えることを規定している。これは、同じ兵庫県がおそらく男子に対して

国学・漢学ハ勿論西洋ノ学ヲモ広ク学フヘシ、当地ハ外国交際ノ港ナレハワキテ世間ノ人ヨリ早ク事物ノ学ニモ達シ、他国ノ人ニ勝ルヨフニスヘシ……学問ノ順序ハ先ツ手近ナル我国ノ事ヲ知リ、サテ漢学ヲ修業シ、サテ西洋窮理ノ学ニモ及ホスヘシ、詩文章ハ学問ノ傍ニス可シ、詩文章ノミニ耽リテ身ヲ修メ家ヲ斉フル学問ノ本意ヲ忘ルへ

カラス〔資 28-10〕

と要求しているのとは異なっており、男女の教育内容に差異があったことを示している。

岡山県の「さとし」〔資料 33-3〕は、女子にはまず「柔和にして節操を失はざる」ことが第一で「行儀を正うし風俗をおとなしくする事」を教え、さらに、「当用の事を読み書きすること」、また、「世教は慈母より出る」という諺通り子どもに現在広く用いられている「横文字」を教えようと思うならば、母親となる女性に「横文字」を教え、また、「数学」も必要であると説いている(一六)。このほか岩国県が出した告諭ではないが「女学条例」(一七)は、「男女字句文章ヲ異ニスルハ、唯我邦中世以後ノ通弊ニシテ」と、男性の記した文章や字句が女性のそれと異なるのは日本文化の「通弊」だと批判している。高知県が一八七五(明治八)年に出した「学事奨励ニ関スル権令ノ告諭」では、「男女に限らず学に就け日用書等を始め天地万物の大体中外各国の形勢等をも荒増心得させ通例の事は自分丈の始末の成る様教育すべき」〔資 39-8〕と男女平等の教育内容を主張している。

以上のように、学制頒布当時女子に特に男子とは異なる裁縫や「行い」を学ばせることを説いた就学告諭は少なくないが、大阪府、岩国県、高知県等では教育内容の男女平等が説かれていた。すなわち、「女子固有教育」への傾斜が全国一律ではなかったと考えられる。

五　まとめ

就学告諭を女子教育の視点から分析した結果をまとめる。

まず、就学告諭から読み取れる就学奨励の対象とした女性像については、特に女子教育の必要性を説いた就学告諭に関していえば、比較的裕福な商家等に生まれて遊芸を習わされた女性に対し、教育がないために身売りや淫行に陥ることを阻止しようとして学問の必要性を説いたものと、普通一般の家庭も含めて、うみ紡ぎ・機織・裁ち縫いの一連の衣類生産の手仕事＝「女工」を身に付ける必要性のある女性に向けられたものとがあった。

女子教育の目的としては、学制公布以前は、島根、兵庫、山口県といった極少数の県を除き、女子教育不要論が大勢を占めていたようである。しかし、学制により初等教育機会の男女平等が唱えられると、府県教育行政担当者は、あまり偏見にとらわれずに国家のための女子教育の必要性に共鳴し、それを説いたように思われる。本節では、女子教育の目的を①「男女の別なく」論、②「母となって子どもを教育するため」の賢母論、③「男は外、女は内」の教育論、④「女工」を学ぶため、⑤「良い結婚相手を得るため」女性のための教育論、⑥「職業婦人となる端緒を開くため」の教育論、に分類した。①を説く府県が最も多かったが、④や⑤の論理が存在したことは、女子教育の目的が西洋近代の影響のみではなく、江戸時代からの伝統との両者の流れを汲んだものであったことを示唆している。従来女子教育がなおざりにされていたのは武家社会だったためで、朝廷が権力を奪回したからには、古の女傑の再登場も有り得ると説く就学告諭もある。これは、現代社会が創出したジェンダー概念「男女の差異は社会的に構築されたもので本質的なものではない」とする考え方に似ている。

女子教育の内容としては、女子には裁縫が必要と説く就学告諭が多かったが、男女の教育内容の完全な平等を説くものもみられた。女子教育の内容として必要とされるものには、養蚕や紡ぎ方あるいは横文字等、女子教育の目的のところで述べたのと同様に、西洋近代の女子教育思想と江戸時代からの伝統的な女子教育思想に基づく内容が折衷的に説かれている就学告諭もみられた。

総じて、女子教育に関する言説が多い府県は関東以西に多い。この現象は、日本の開国が幕末九州山陰地方から始まっていたことの影響によるものであろう。しかし、本節では、女子教育推奨の思想が西洋の影響であることを認めつつ、それだけではなく民衆の教育要求を取り入れた「女工」を学ばせることを説いて、女子就学を促していた告諭がみられた点を指摘した。

明治初期の女子教育についての研究には、まだ、学ぶ女子の主体性を描き出すという課題が残されている。この点については稿を改めて論じたい。

（河田　敦子）

註

(一)「学制発行ノ儀伺」（国立公文書館蔵）の中に収録されている文書のひとつである。「当今着手之順序」という呼称はこの文書の冒頭にある「従来ノ目的ヲ期シ当今着手之順序」からとったもので、略称であり正式な文書名ではない。倉沢剛等によって用いられている（『学制の研究』講談社、一九七三年　四三六頁）。

(二) 大林正昭・湯川嘉津美「幕末・明治初期における西洋女子教育情報の受容」『広島大学教育学部紀要』第一部　第三五号、一九八六年。

(三) 片山清一『近代日本の女子教育』（建帛社、一九八四年、二～三頁）、千住克己『明治の女子教育』（国土社、一九六七年、一一～二一頁）、秋枝蕭子『森有礼とホーレス・マンの比較研究試論』（梓書院、二〇〇四年、五三～五六頁）、高野俊『明治初期女児小学の研究』（大月書店、二〇〇二年、一七～二六頁）等。

(四) 小山静子『良妻賢母という規範』勁草書房、一九九一年、三五～四一頁。

(五) 大林・湯川、前掲論文、三四頁。

(六) 佐藤秀夫「児童の就学」『日本近代教育百年史』第三巻、一九七四年、五九八～五九九頁。

(七) 坂本清泉・坂本智恵子『近代女子教育の成立と女紅場』あゆみ出版、一九八三年、二頁。尚、高野は、料理・裁縫に加え「女紅」を「女性として身に付けなければならぬ徳や態度、身だしなみや言葉使い、礼儀作法を表す」としている(高野前掲書　四四頁)。
(八) 坂本清泉・坂本智恵子、前掲書、一九頁。
(九) 同前、一四、二三頁。
(一〇) 小野泉は、一八三〇年北巨摩郡浅尾新田の医師小野通仙の長男に生まれた。一二歳の時、中巨摩郡にある西野学校で松井渙斎に学び、その後江戸で戸塚静海に師事し、一八四九年から京都で蘭方医広瀬元恭の門下生となった。
(一一)『日本教育史資料書』第五輯、一九七三年、九九〜一〇〇頁。
(一二) 前掲『日本近代教育百年史』、五九八〜五九九頁。
(一三) 桜井役『女子教育史』日本図書センター、一九四七年、二二頁。
(一四) 高野、前掲書、一一八〜一三八頁。
(一五) 大林・湯川、前掲論文、三四頁。
(一六) 女子に英語を教える学校は京都にもみられ、京都の新英学校及女紅場は英語教育と女工教育が女子教育に必須な内容として結び付けられていた(坂本清泉・坂本智恵子、前掲書、三二〜五八頁)。
(一七)『日本教育史資料 2』、七九七頁。

尚、本節のみならず本著資料編に掲載した山梨県就学告諭『学問のもとすゑ』の翻刻は安原徹也さん(東京大学大学院人文社会系研究科日本文化研究専攻日本史学)にご協力頂きました。ここに心からお礼申し上げます。

第四章　就学告諭の地域的事例研究

はじめに
第一節　京都府の就学告諭
第二節　滋賀県の就学告諭
第三節　福井県の就学告諭
第四節　愛媛県の就学告諭

はじめに

本章では、京都府、滋賀県、福井県、愛媛県の一府三県を取り上げ、それぞれの地域において発された就学告諭が、どのような特徴ないし差異を持つかを検証する。すなわち、子どもたちを就学させること、学校を建設すること、彼等の学習を保障すること、そしてどのような学習をさせるか、またその学習を地域はどのように保障するかということ、それらの論点に関し就学告諭はどのような特徴を示し、差異を持つか、それはなぜかということを検証するのが、本章の役割である。

もちろん、検証には、言説としての就学告諭の分析がまず必要である。しかしそれに止まらず、その背景を確かめ、就学告諭との関連を考察することが求められる。

ここに「背景」というものの中には、当該地域そのものの特質と告諭発布の時期や主体が含まれる。

①寺子屋、私塾など近世以来の教育機会の普及の違い

②廃藩置県直後という時点における当該地域の行政構造の特質や事情

③農業をはじめとする主要産業のあり方
④伝統的風習・習慣の違い
⑤府県のおかれている地理的特徴
といった、様々な要因が考えられる。
そのほか、特に重要ではないかと見られるのが、
⑥行政責任者の政治的バックグラウンドや経歴の違い
である。これらを総合的に検討することが、求められる。それらの要因が複雑に絡まるなかで、学制の受容から就学告諭までの経過が導かれ、また就学告諭の特徴や違いが生みだされたと思われる。その実態を可能な限り明らかにし、いわば「就学告諭の地域性」について仮説的な見通しを得たいというのが本章の趣旨である。

振り返ってみれば、学制公布という事業自体、まさに廃藩置県の翌年に行われたものであった。就学告諭を発した行政当局にとって、学制布告書の「解説」や「敷衍」といった作業は、一面で中央政府によって命じられた行政行為の一つであった。しかし同時に、一八七二年夏以降という時点でその作業を行うには、先にあげたさまざまな背景を考慮した上での政治的判断を必要としたはずであり、事実、以下の節で取り上げるすべての例において、それを指摘することができる。

他方、廃藩置県の一年後の一八七二年夏の学制公布、そしてその年の後半から翌年以降に各地で進められた就学告諭の布告という時期を考えると、濃厚に残っていたのは、府藩県三治制期以降の行政区画の残存という背景であった。廃藩置県当時の三府三〇二県から同年末の三府七二県へ、そして激しい統廃合を経てようやく三府四三県に纏まるのはのちのことである。

言いかえれば、学制公布と就学告諭の時期は、三新法（一八七八・明治一一年）に至る統一的地方制度の形成期だったというよりも、むしろその初期、すなわち府藩県三治制の解体期だったと見るほうが正確であろう。このことは、これまでの学制およびその施行に関するおびただしい先行研究で指摘されて来たことであった。だが、就学告諭の布告とその内容という視点に立ってみると、さらに大きな影響を与えるものではなかったろうか。

以下の各節の筆者たちは、それぞれの地域に即して府県の来歴と当時の現況を記しているが、それは右の時期的特徴を明らかにするためである。就学の「説き方」の背景に、各「府県」の特質と（明治政府および任命知事等から見れば）「遺制」の強力な残存があった。学校づくりの財政負担問題とも絡みながら、それとの妥協や対応の中に、民衆や学区取締に対して「就学」を奨励して行く作業が行われたことになる。

今さら言うまでもなく、そもそも学制の公布自体が、一方で統治における藩セクショナリズムの解体をおこなう作業の一環として進められたものであった。学制布告書のいう「人学ばずして可ならんや」の「人」とは、藩民・領民ではなく日本国という統一国家の国民であったということを前提とすれば、その学制が示す学校システムの建設とそこへ子どもたちを誘導する作業や、学校建設に人々を駆り立てる作業などが、現に目の前にあった「遺制」の解体作業と一致していたのも当然である。

以下の諸節の「地域」の範囲は、いずれも三府四三県（北海道を別とする）が成立してから後の府県名に従っている。しかし就学告諭頻発の時期にその府県群が決して単純な構成でなかったことは、諸節で述べられるとおりである。本章の趣旨からしても不可欠の叙述であると考えた。

序章にも記されているように、就学告諭そのものについては、古くは国民精神文化研究所による『日本教育史資料書』が最も多くの地方例を集めたし、その解説を集成した海後宗臣他による『綜合日本教育史』（いずれも一九三八年刊）が最も詳しく解説を加えた。

戦後発表の研究で注目されるものに佐藤秀夫による分析(『日本近代教育百年史』第三巻、国立教育研究所、一九七四年)がある。同書第二編「創始期」の第一章「初等教育」において佐藤は、「各地域での教育行政の責に当たった府県当局」の採用した「就学普及方策」の第一に「就学告諭」があることを指摘し、正面から論じている。

特に就学告諭が「学制序文」(佐藤の用語による。本書では学制布告書)の単なる解説を行ったものもあるものの、「独自の表現と形式」を持つものがそれより多くあったことを明確に指摘している。それらは「画一性にとらわれないさまざまな特徴が認められる」というのである。さすがに資料の博捜を基礎にした本格的論究である。

ただし、佐藤の場合、それらの多様性や特徴を、地域の社会的・歴史的背景と往還させつつ考察するには至っていない。視点は専ら「当時の地方教育行政当局がどのような『就学』観を持っていたか」という点に注がれていた。その結果、「実用学への志向」「対外危機感に裏打ちされた国家意識の強調」「四民共学」「教育・学問における封建的身分制の否定」「学問による立身出世の可能性の喧伝」「女性への就学の強調」などを指摘し、これらの類型へと分類可能な就学告諭群は、「封建体制下の教学に対する否定意識」「身分制秩序の教育＝学問による解体を志向している点」などにおいて、維新期の改革動向を明瞭に反映する資料だった、というのである。

この論究は、就学告諭の思想史的分析の優れた例と見るべきであろう。しかし、資料としての就学告諭そのものをその生成基盤から考察し、そこに現れた教育観を地域的背景との有機的な関連のもとにとらえようとする私どもの共同研究とは距離がある。本研究で明らかにしたいのは、就学告諭の政治的役割や政治理念ではなく、民衆の教育要求と上からの教育の組織化が就学告諭を結節点としてどのように結合され、また方向付けられていったかを、歴史的に、またダイナミックにとらえることである。

最後に一つ断っておかなければならないことがある。

それは、本章で取り上げた一府三県は、決して就学告諭の内容や論理、レトリック等の典型性に基づくのではないということである。言葉を換えると、共同研究で取り上げたり調査を終わったりしたすべての府県について本章の諸節のような研究をおこなわなければなるまいが、それは人数的にも力量的にも今回の共同メンバーの範囲で簡単に実現できることではない。むしろ限定された本章の例を参考として、今後各地で編集されるであろう地域教育史の編集や執筆にあたられる方々が、就学告諭の資料的価値を再認識され、今後に生かされることを望みたいと願っている。

（寺﨑　昌男）

第一節　京都府の就学告諭

一　本節の課題

京都府は、学制公布に先立ち、いちはやく市中小学校の設立をみた地域である。すなわち、明治二年五月二一日に上京第二七番組小学校（後の柳池校）が開校されたのを皮切りに、年内に市中六四校が開校した。また、町組ぐるみの小学校会社が発足するなど、他府県では例をみない試みが実現された。本節では、このように京都府が先駆的に小学校を確立した背後には、どのような教育の現実や、人々の「学び」への要求があり、それらを背景として、就学告諭がいかに発せられ、頒布されたのか、その実態を明らかにし、そこにみられる地域的特色を考察したい。

京都府の就学告諭に関する先行研究としては、『京都府教育史』上[一]や、『京都の歴史』七[二]などが挙げられるが、いずれも部分的な紹介に留まっている。京都府の就学告諭の大半は、『京都府百年の資料』五　教育編[三]に収録されている。今回、京都府立総合資料館における調査で、そのもとになる一次資料を確認するとともに、「郡中小学校記」の中から新たに就学告諭を収集した。本稿では、この資料の紹介も含め、京都府における就学告諭の全体像を明らかにする。

二　京都府の成立

京都は長らく幕府の直轄都市であったが、慶応三年一二月一三日、京都町奉行所が廃止され、かわって市中取締所が開設された。翌慶応四年二月一九日、新政府はこれを京都裁判所と改め、三月三日府下に布告、さらに同年閏四月二九日、京都府と改称し、公卿出身の長谷信篤（大津裁判所総督）が府判事（府知事）として着任した(四)。長谷は京都府出身で、それまでに刑法事務総督などを歴任していた(五)。長谷が府判事となった翌年の明治二年二月には、新政府が明治天皇の東京下向（車駕東幸）により太政官を東京へ移すことを決定した。

当初の京都府の管轄は山城一国で、それも京都市中および北山城が主であり、南山城の大部分はまだ淀藩などの支配地域であった。その後、図一にあるように、明治四年七月の廃藩置県により、淀、亀岡、園部、綾部、山家、福知山、舞鶴、宮津、峰山の各県が置かれ、同年一一月二二日の府県統廃合により、京都府の管轄区域が新たに設定された。すなわち、山城国全郡（愛宕、葛野、紀伊、乙訓、久世、宇治、綴喜、相楽の八郡）に、丹波の桑田、船井、何鹿の三郡が加わった範囲が府の管轄地域となった(六)。

府知事には引き続き長谷信篤、大参事には槇村正直が任命された。府政の実権は長州藩出身で木戸孝允に近かった槇村が握ったといわれる(七)。槇村は、明治元年に議政官吏官試補に任命され、同年に京都府に出仕、翌年には権弁事、京都府権大参事を歴任した人物である(八)。一八七六（明治九）年八月二一日には、豊岡県の廃止により、丹後全域および丹波天田郡という広い郡部地域が京都府の管轄となった(九)。京都府権知事には槇村が任命され、翌年には槇村が京都府知事となった。

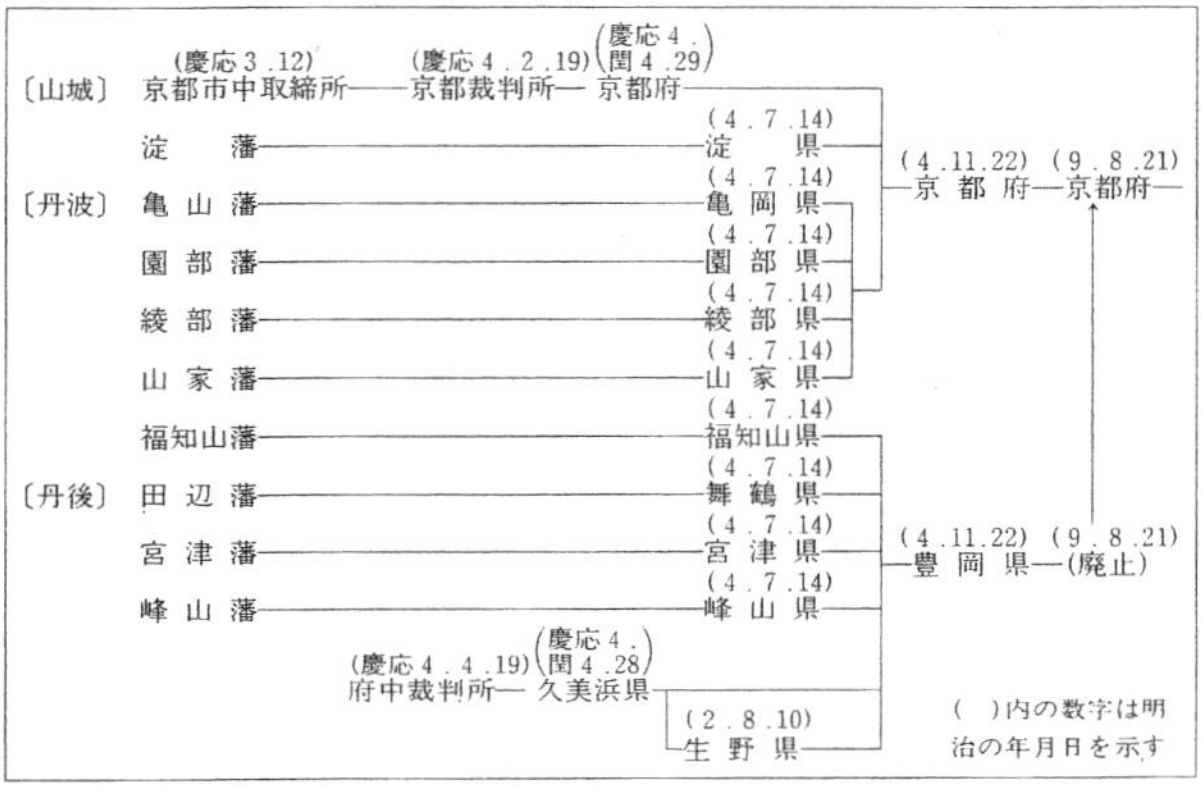

図一　京都府の成立

出典：井々田良治・原田久美子編著『京都府の百年』県民百年史二六 、山川出版社、一九九三年、三三頁。

図二　京都府の地図（明治二十年代）

出典：井々田良治・原田久美子編著『京都府の百年』県民百年史二六 、山川出版社、一九九三年、九一頁。

明治二年二月、新政府が太政官を東京へ移すことを決定したのにともない、京都府は、千年におよぶ首都としての地位を失った。そこで衰微におもむく京都を急速に活性化させることが、誕生して間もない府の第一義的な課題となったといわれる（一〇）。

三　学制前の就学告諭

（一）幕末における町民レベルでの小学校設立の建議（一一）

先述のように、京都府は学制の公布に先駆けて小学校を設立したが、そもそも京都府の小学校建営はどのようにして案出されたのであろうか。遡ること慶応三年五月、手跡指南所篤志軒の当主西谷良圃（淇水）は、「幼童教導之弁」と題して「教導所」を設ける必要を町奉行に建白した。西谷は、安永の頃から続く篤志軒第八代の当主で、三百〜四百人の子弟をもって、市中でも指折りの家塾を営んでいた。男子には「四書」、「孝経」などを講じ、女子には「女大学」、「女訓三つの道」などを教えていた（一二）。西谷は、「学問の道」は難字古字を覚えることではなく、「人ト生レテ人タル者ノ大道ノ要ヲ求ムル」にあるとして、子弟を教導し「生涯身ヲ全クシ、家事ヲ脩ムルコト」を教育の目的と考えた。そして、「広大無偏ノ法制」をもって市中に教学所を建営し、貧富の別なく、父兄の負担もなく、子弟が教育を受けられるよう提言した（一三）。

翌年には、西谷、画家森寛斎、鳩居堂当主熊谷直行、画家で後に京都府立画学校の教師となる幸野楳嶺らが集まり、小学校設立に向けて協議をかさね、同年八月、西谷が京都府に「口上書」を提出し、学校建設の急務を訴えた。彼らは、長州藩士広沢兵助を招いて指導を受け、小学校設立の建議をなすべく計画をねっていたのであった（一四）。「口上書」では、市中に小学校を一〇ヶ所から一二ヶ所、一校に学童数千人から千二百人を収容するよう提案した。「口上書」ではさらに、学校の組織から経費支弁の方法まで詳しい試案を建言している。また、同時期に書林主遠藤茂平も「小学校創立制法之論」ならびに「用途見込之弁」と題する建白書を出していたのであった(一五)。

(二) 小学校設立に関する府の口諭と番組小学校の建営

明治元年九月、京都府は町組の改正とともに、市政「御一新」の大事業として、小学校創設の勧奨を行った。『京都小学三十年史』には、当時の状況について「維新更革ノ新政ヲ施行セラレントスルニ際シ府議実ニ従来ノ習慣ヲ一掃シ大ニ人智ヲ発達シ以テ開明ノ新化承ケシムルニ在リ之ヲ要スルニ学問ノ目的教育ノ方針ヲ一新シ人々ヲシテ自主自立ノ精神ヲ発達セシムルヲ第一トスルヲ以テ学校ヲ興シ以テ教育ヲ普及セシメ」(一六)と記されており、明治維新に伴い、府議が中心となって教育の普及に努めたことが窺われる。

この勧奨は大年寄から各町々に回付されたが、小学校御開拓につき、仕法規則を町中衆評の上、気付いたことを町々議事者から中年寄、大年寄へと上申せよというものであった。この勧奨の内実は、七、八歳から一五、六歳の童子に読書・習字・算術の「三事稽古」をさせる小学校を、二年間で市中に一〇ヶ所から一二ヶ所建設するというもので、「西谷らの『口上書』の内容に非常に近いものであった」(一七)とされる。当時は議政官吏官試補であった槙村正直が京都府へ出仕していて、小学校の建設は衆議にかけて、「難渋之次第」を聞く姿勢をとりながら、強力に勧奨を進めていたようである(一八)。

同年の一一月二〇日には、各町年寄、議事者が府庁へ集められ、府官から直接、小学校建営の趣旨が口諭された〔**資26-2**〕。その主な内容は、①「一竈ヲ構へ朝夕ノ煙ヲ起ルモノハ」すべて半季一分を出金し、それで小学校の費用を賄うこと。②小学校は一組町に一カ所建設すること。③小学校は手跡・算術・読書の稽古場であるとともに、心学道話の教諭所、町組集議の会所、布告の趣意を伝達する役所の出張所を兼ねること、というものであった。民間有志の者もこれに呼応し、村上勘兵衛ら一〇名の書林も学校設立のための献金を申し出た。そして、一一月三〇日には上京で一七、下京で一六の町組が小学校建設を承諾し、翌明治二年五月二一日には、上京二七番組（柳池）小学校が落成開業式を行った。この小学校は、熊谷直孝（香具屋久右衛門）が中心となり、府の下付金も辞退して、建てられたのであった（一九）。そして、以後六四校の番組小学校が開校したのであった。

こうした番組小学校の建営において、小学校は、教諭所、会所、役所の出張所を兼ねる、というのは、組中からの出金も納得させやすかったようであるが、府からの下賜金は有り難い恩力であったという。府は人々の反感を恐れ、たびたびの布告でもって小学校の建営入用は残らず府より下賜すること、軒別集金は割り戻すこと、寄付金は受け取るようにと指導した。その上、京都府は、東京遷都問題の御見舞のため産業引き立てという名目で御下げ米の下賜を達した。この御下米が学校建営をいっそう成功に導いたようである（二〇）。

しかし、府からの下付金を受けたとはいえ、その金額は必要額の半分から三分の一にあたるもので、あとは個人や町中の寄付で賄わざるをえなかった。こうした状況の中で、大きな騒ぎを起こすこともなく番組小学校の建営が実現した理由について、辻ミチ子は、主に以下の三点を挙げている。すなわち第一に、町民の中で教育の必要性を痛切に感じ取っている階層の幅が、比較的広かったこと。第二に、西谷良圃のようなとりわけ教育に熱心な層があったこと。第三に、江戸時代に盛んになり、相互扶助的な役割を果たした「講」の伝統があったからではないかと指摘している（二一）。

こうして建営された番組小学校を明治五年に見学した福沢諭吉は、著書『京都学校の記』（二二）において、番組小学校の現状をこと細かに記し、賞賛している。同書によって番組小学校の実体、経営方法などが各府県へ知れわたり、反響を呼んだようである（二三）。

(三) 廃藩置県以後の就学告諭

京都府では、士族卒以上の子弟を市人と共に小学校に入学させることを快しとしなかったため、特別に官に申請し、府中学を開いて小学以上の高等な学科を授け、その中に小学舎を開き、華士族卒の子弟の入学を許可していた[二四]。しかし、廃藩置県直後の明治四年九月、京都府は、同年九月、華士族、卒、社寺に向けた告諭を発し、庶人と同学することを嫌って小学校で修業しようとせず、直接中学に入学しようとする華士族、卒、社寺の子弟に対し、衆庶と同じ小学校に入学するよう命じた。告諭の内容は以下の通りである。

華族士族卒及ヒ社寺等ハ或ハ是迄当府ノ貫属タラサルヲ以小学校ノ事ニ関係セス随テ其学業進達ノ定法ナク其智見識量開進ノ楷梯ナシ動モスレハ門閥ノ為ニ小学校ニテ修業スルヲ嫌ヒ直ニ中学ニ入ルトイヘトモ其実ハ未タ小学普通学ノ半ニ到ラス啻ニ其業ノ不進ノミナラス学校法則ニ障碍ス抑学術修業ハ何ノ為ナル哉小ハ以テ其身テ修メ其家ヲ斉ヘ今日日用之間生計自由ノ権ヲ守ラン為メ大ハ以テ官途ニ従事シ富強ノ
御基礎ヲ裨益シ国ヲ治メ天下ヲ平ニシ給フ御用ニ供セン為ナリ然ルニ庶人ト同学スルヲ嫌ヒ自ラ尊大ニ居テ日用実地ノ学ヲ勤メサルハ其弊タル下情ニ不通時勢ニ迂闊ニシテ終身民間何ノ疾苦アル哉世界如何ナル景況タル哉ヲ不知官ニ従事センカ其為ス所下情ニ迂ニシテ時勢ニ戻ル豈能国家ニ稗益セン哉家ニ在ルモ又自ラ修ル事ヲ不知終ニ其禄ヲ蠧食失亡生活ノ道ヲ失フニ致ラン甚シキハ
王政ノ御趣意ヲ誤リ認メ浮説ニ惑乱シ其身ヲ誤リ世ノ妨害ヲ成スモノナキニシモアラス是皆教育其方ヲ得サルニヨル処ニシテ可慨歎之到リナリ今ヤ華族以下都テ当府貫属タル上ハ一人モ

御趣意ヲ誤リ其身ヲ残フ事ナク速ニ旧来ノ弊習ヲ去リ修身斉家日用ノ学ヲ始トシ上下ノ事情ニ貫通シ世界ノ時勢ヲ洞観シ実地適当国家ノ大用ニ供スルノ学業勉励無之テハ不相済当府ニオ井テモ人民御保全ノ御趣意国家富強ノ御大策之旨ヲ奉シ是ヲ勧奨セサル事ヲ不得因茲自今市中住居之地不残六十六組之区分ニ編入シ学童ハ門閥貴賤ヲ不論斉シク各組小学校ニテ先ツ普通学ヲ修業シ其才ニ応シ中学ニ抜擢シ彌進テ貢進ノ員ニ加ヘ弘ク人材教育ノ道ヲ開キ盛世之

御趣意ヲ貫徹シ文明富強敢テ海外諸国ニ譲ル事ナキヲ冀フナリ銘々御趣意ヲ体認シ勉励肝要タルヘシ仍テ小学校費用出金之儀別紙之通リ候事

右之通山城国中華族士族卒社寺へ無漏相達ルモノ也

辛未九月　　　　京　都　府〔資26-5〕

この告諭では、華士族、卒、社寺の子弟も門閥貴賤の別なく、等しく六六組の区分に編入し、各組小学校で普通学を修業し、その才能に応じて中学に抜擢することが、広く人材教育の道を開き文明富強につながると説いている。士族を対象とした告諭は愛媛県等にもみられるが〔資38-3〕、この告諭は華族や卒、社寺の子弟も対象に含めていて、注目される。

(四) 郡部における就学告諭

先述のように、京都は明治四年七月の廃藩置県をへて、同年一一月二二日の府県統廃合により、山城国全郡(愛宕、葛野、紀伊、乙訓、久世、宇治、綴喜、相楽の八郡)に、元豊岡県管轄の丹波の桑田、船井、何鹿の三郡が加わった範囲が府の管轄地域となった。その後、一八七六(明治九)年八月二一日には、豊岡県の廃止により、丹後全域および丹波天田郡を加え、山城三区八郡、丹波五郡(南桑田、北桑田、船井、何鹿、天田)、丹後五郡(與謝、加佐、中、熊野、竹野)の三区一八郡という広い地域が京都府の管轄となった。元来、郡部には学者や大庄屋らによって寺子屋や郷学等が設置されていたようである。

こうした中、明治四年一〇月には、長谷川小十郎らが、小学校建設について、亀岡支庁へ建言を行っている。この頃から、郡部有志からの小学校設立願いが始まったといわれている。同年一一月、京都府は、「府下各郡小学校建営心得告示」を示し、出張庁(淀、山家、綾部、亀岡、園部)近くの便利な土地に小学校を建営するよう命じ、郡部に吏員を派出し、小学校設立を勧奨して回らせた。

その結果、早くも翌明治五年二月には、宇治郡第二区醍醐、日野、南小栗栖、石田四ヶ村の小学校が新建開業の式を挙げた。式は、午前一〇時にはじまり、府から督学廣瀬範治、小監察藤原省吾と同郡出張庁付属官員沢野敬二郎および中学教官等が出席し、村から大庄屋、庄屋、年寄、勧農方ならびに伏見の学者で三道教師の奥野精一以下、生徒九六人中七五人が出席し、式典を挙げた。また督学から京都府下人民告論大意、小学規則、同課業表を授け、学体を朗読し、続いて、奥野精一教師が孝経宗明義之章を講じて郡中制法懇話之章を説いた。最後に、督学から学校大意を説諭し、午後一時に終わり、三時に退校した(二五)。

京都府立総合資料館に所蔵されている「郡中小学校記」には、こうした宇治郡第二区の小学校開業式の記録の他、相楽郡の北稲八妻村を始めとする組合七ヶ村、宇治郡の三宝村を始めとする組合七ヶ村、淀新町、葛野郡第二区および第八区、相楽郡綺田村、紀伊郡第四区、愛宕郡吉田村を始めとする組合五ヶ村、何鹿郡第二区、乙訓郡向日町を始めとする組合八ヶ村、船井郡第一区、第二区、第五区、第八区などにおける小学校の開校式式次第が収録されている。また、それらとともに、開校式で説諭されたと思われる二つの告諭が収録されている。そのうちの一つは和語を交えた文体で、もう一つは漢文書き下し調の文体である。長文ではあるが、新たに収集した就学告諭であるため、以下に全文を挙げる。

告諭之文

習ひ性となるとは幼少の習ワせが生れつきのごとくになるといふことにて人の親たり子たるものゝ能く心得て服膺すへきいましめならすや馬の蹴るもむまのとかならずやむちや手綱もてすきまなくのりいれて足に隙のなきゆへにける事ならす故に馬の善意ハ馭御の道によるものなり幼童や少年に物学ひさするもまたこのことワりに近かるへし心や手足にひまあるゆへ遊興に増長し終にならひか性となりよからぬ心日ゝに月ゝに熾んになり折檻異見たひかさなれと固より文字をまなひされハ事の道理をしるよしなく却て親をののしるなとし月親の苦辛していつくしミ育てたるその子ハ稍くひとゝなれと一群の禽獣と類を同しくするのミならす無筆無学文盲にて今日の用も辨し難く学業のつとめハ懶くて事ニ不自由の心となりゆき人を騙しあさむきてはては
御法度を背犯し心の置處もなくなりて父母兄弟に恥辱をあたへ家をやふるにいたるなりかかる悪道にふミ入るハ教なきならワせのあらたまらさる過ちならすやゆへに幼少の時よりして読書算筆すき間なく日夜朝暮に学はせて其餘暇にハ洒掃や進退給使のわさをならい心手足の隙なけれハ自然とならひ性となりとく長するに従ひて事ニ忍耐つよく成ゆき終に家も繁昌し先祖父母への孝行と人に敬ひ尊ひらる親たるものかかる道理を覚知して教の道に導くことそ子を愛するとハいふそかしこれを教へる方法ハ小学校より他に道なしかほと人間喫緊の一大重事に心付す《カ》酔生夢死の衆庶人に
御憐ミをたれ給ひ先つ第一区の小学校を営業あり読書算筆の教場を置き普く子弟を教育あり其稟賦の心をうしなワ

す悪き岐に迷ひなく上

国恩の深きをしり下ハ五倫の階梯にのほる一家は和らき栄へ始て人の人たる道に入ん事をねかふへし

上野直右衛門謹識〔資 26-15〕

告諭

今般学校ヲ立テ諸生ヲ誘進セラルル所以ハ徒人材放失スル而已ナラス文教濶疎ナレハ幼稚ノ時ヨリ遊惰ノ風ニ流レ文明ノ化ニ沐浴スレドモ其旨趣ヲ弁ヘス惰慢放逸ノ習ヒ性トナリ末技ヲ好ミ農桑ヲ務メス親ニ事テ孝ナラス人ニ興シテ信ナラス遂ニ不道ヲ侵シ禁獄ニ赴クニ至ルモノアリ深ク慨歎スベキコト也為ニ教官ヲ設ケ置ルルノ間其ノ民タルモノ綱領之旨意ヲ遵奉シ子弟ヲシテ必学ニ就キ孳々セシメント欲セラルル御仁愛之情態銘々体認シ富者ハ銭ヲ出シ貧者ハ力ヲ以テ費ヲ助クルモ亦美ナリトス彼規則ノ如キ府下既ニ刊行セリ求メテ見ルヘシ

脇屋平右衛門謹誌〔資 26-16〕

前者の就学告諭では、無筆無学文盲では人を騙し欺き、遂には御法度を犯して父母兄弟に恥辱を与え、家の破滅にいたる。ゆえに子どもに幼少時から読書算筆を日夜学ばせれば「ならひ性」となり、成長するにしたがって忍耐強くなり、家も繁昌する。親たる者はこの道理を自覚すべきであり、子どもを教え導く方法は小学校より他にはないと諭し、就学を勧奨している。

一方、後者の就学告諭では、学問や教育がなければ怠惰な習性、すなわち「習ヒ性」となり、遂に道を外れて禁獄に入る者もいるため、必ず子弟を就学させるよう説いている。そして子弟を就学させるのは「御仁愛之情態」であることを銘々が体認し、富者は資金を出し、貧者は労働力を以て学校の設置に貢献することを勧めている。

このように、「郡中小学校記」に記された就学告諭は、府が布達した告諭に比べ、就学しないとどのような結末に至るのかを、漢文書き下し調の文体だけでなく、和語を交えた文体も用いて、具体的に説諭している点が特徴であるといえよう。

こうして郡部では、明治五年以来、小学校の建設が順調に進み、一八七四（明治七）年一二月には、その数一一八校となり、翌一八七五（明治八）年六月には一九八校に上った。しかし、小学校の建設を具体化する際には、村々の折り合い、通学区域の遠近、新築に関する入費などについて種々の紛議を生じた所が少なくなかったようである。また、新築の出費に怯え、従来の寺子屋になっていた寺院をそのまま流用したり、村内の旧家を借用してこれを代用することを願い出た所もあった。例えば、船井郡西高屋村外一四ヶ村の学校組合では、神宮寺が神仏引き分けで廃止されたため、小学校として使用したいと願い出て許可されている[二六]。各小学校は、各村の組合で維持されたため、地域住民の経済的負担は大変なものであったと考えられる[二七]。

このような点が、府から建営資金を下付された市内との大きな相違であって、郡部（新市外）に苦情が多かったのも、こうした府との相違点に起因するようである。また、教師も従来の寺子屋の師匠が採用されるよう願い出て、実際に採用された者が多かったようである[二八]。

四　学制後の就学告諭

（一）学制公布に伴う告示

明治五年八月二日に学制が公布されたことを受け、同年一〇月、京都府知事長谷信篤は、管内に以下の布達を出した。

第二百四十七号
今般学制之儀別紙之通御布告有之候処当管下之儀ハ近年来各処建営規則等稍相立候事ニ付先ツ従前之通据置漸次ニ
別紙学制ニ傚更正之可及差図候条夫迄ハ従前之通可相心得事
右之通管内江無洩相達する者也
壬申十月　　京都府知事　長谷信篤〔**資 26-7**〕

この布達では、京都府においてはすでに小学校の設立が進んでいるため、文部省から指図があるまでは、従前のまま据え置くよう指示されている。

(二) 一八七四(明治七)年一月における就学奨励の達し

一八七四(明治七)年一月、京都府は文部省の小学教則に倣い、京都府下小学校則、小学教則を定め、明治七年一月第九号を以て就学を奨励する布達を出した。その全文は、以下の通りである。

第九号
身ヲ修メ智ヲ開キ才芸ヲ長シ家産ヲ興隆スルハ学ニ非レハ能ハス故ニ海内ニ遍ク学校ヲ設ケ邑ニ不学ノ戸ナク家ニ
不学ノ人ナカラシムヘキ旨去ル明治五年太政官ヨリ御布令アリ然ルニ当府管下ニ於テハ右御布令ニ先タチ学校建築

生徒ノ多キ現今凡三万八千八百余人其内壬申以来年々ノ検査ヲ経入等ノ生徒凡四千五百余人ニ及ヘリ然レドモ未タ学ニ就カサル童児猶五万八百余人アリ今般詮議ノ次第有之文部省定正ノ学制教則ニ基キ更ニ校則教則課業表ヲ立テ幼童ヲシテ学ヒ易カラシメ且生徒中已ニ進歩シ上等小学ノ課業ヲ終ル者ハ別ニ旧来課業ノ制則ヲ斟酌セル高等ノ課業ヲモ設置候間父兄タル者宜ク朝旨ヲ体認シ身家ヨリ終ニ天下ノ用ニ供スルハ従学ヲ以テ初歩ト為スノ旨ニ遵行シ子弟ヲ勧誘奨励可致其校則等ノ如キハ各校エ頒布セリ速ニ就テ見ルヘシ

右之通管内無洩相達者也

知事長谷信篤代理

明治七年一月　京都府七等出仕国重正文〔資 26-9〕

この布達では、京都府管下において未だに就学していない児童が五万八百人余りに上っていることから、文部省の小学教則に基づいて京都府下小学校則、小学教則、課業表を定め、児童が学びやすくし、且つ上等小学を終えた者のために高等の課業も設置する予定であり、その間、父兄たる者は朝旨を体認し、子弟に就学を奨励するよう指示している。

(三)不就学児の就学督励の布告

京都府では、明治七、八年になると、官立師範学校卒業生も増え、新教授法が伝習されるようになったため、到底それまでの体制のままでは対応できなくなった。そこで、一八七五(明治八)年には、更に学校を建設し、就学を督励し、教師を講習するという気運が生じ、府ではこれに全力を注ぐこととなったようである(二九)。

そこで同年一月、まず府下一般に、番外第二号達を以て、府知事から各区戸長への長文の告諭を発した。この布達は督学廣瀬範治が草稿したといわれる(三〇)。その全文は以下の通りである。

管内区戸長江布告

昨甲戌三月当管内之児童六歳より十三歳迄のもの取調候処就学者三万七千四百廿七人不就学のもの四万二千八百六十二人其後就学者追々増加昨今ハ四万以上ニ相成候得共いまた半ハ不就学者有之方今全国一般小学を建設し競ふて普通学科を興隆之折柄右之通不就学者過半有之候而ハ一昨秋朝廷御頒布之旨趣ニ奉対候而も不相済次第ニ付区内之児童一人たりとも不学之者無之様致し度就而ハ是迄分校或ハ分教所と唱へ又ハ名称無之とも教場ニ相用ひ候分ハ其儘一校と致し未開校ハ速ニ開校可致又山村等ニ而一区数里ニ渉リ候処ハ地理ニ随ひ幾小校を設ケ候而も不苦尤寺院又ハ明き屋等を用ひ失費を省き候儀ハ可為勝手置校難致情実も有之候ハヽ精細ニ取調可伺出畢竟一人たりとも文字を不知算術を不学もの無之様可致候

但貧戸之童男女ハ平日幼児を負ひ東西へ遊歩いたし候もの往々有之右等之者も以後学校地内ニ遊歩シ沙書等ニ而も為致候工夫有之候ハヽ自然ト仮名文字等を覚へ可申且見聞之益も不少事と被相考候其他奨励之一端と可相成儀気付之廉ハ可申出精々心思を用ひ教育方行届き候様可致候

右之趣区戸長へ無漏相達候もの也

明治八年一月　京都府知事　長谷信篤〔資 26-10〕

この布達では、「畢竟一人たりとも文字を不知算術を不学もの無之様可致候」という精神のもと、それまで分校や分教所であったり、特に名称がなくても教場として用いていた所はそのまま一校とするよう、また未開校の所は速やかに開校し、山村など一区が数里にわたるところは小さい学校を設けるよう指示している。また、以後は貧戸の子女が子守をするにも、学校地内に遊歩させて砂書でも指導するようにすれば、自然と仮名文字などを覚えるようになると説き、非常に熱心に就学を勧奨している。

(四) 夜学課業表の告諭

一八七五(明治八)年五月、府知事長谷信篤は、教育奨励策の一つとして、昼間働かざるをえない生徒のために夜学を設けるよう、課業表を添えた長文の告諭を発した。告諭文には、「老壮幼稚ノ論ナク文学算術ヲ学ヒ知量ノ開拡ヲ求メ文明ノ俗タルニ負カサランヲ要ス」と記され、一生勉強することが人間の務めだという見地に立ち、熱心に夜学を勧奨している。夜学の課業は初等・中等・上等の三級に分けられ、毎夜七時から一〇時まで、一時間ずつ読物、算術、習字の三科目を学ぶこととされた。さらに、夜学の就業時間、校則などを厳守して生徒が遊蕩に落ちることがないよう、戸区長は朝廷育民の聖旨を体認し、その職に務めるよう諭している。最後に、アメリカ合衆国では、一五歳未満の童幼が仕役される場合は一年間に最低一一週、すなわち一日に約五時間就学させており、違反者には罰金を科していると述べ、同国を参考に夜学に通う生徒が増えるよう勧奨している〔**資 26-11**〕。

このような熱心な府当局の勧奨は、地方にも反響を呼んだようである。例えば、一八七六(明治九)年一月には、桑田郡の士族授産会社が府知事の認可を得て第一番夜学校を設立している。続いて、船井郡第一区および第三区も第二夜学校の開設についての伺いを出している。その伺いから夜学開設には、常に学務委員あるいは巡回教師が臨席したことが察せられる(三二)。

（五）権知事槙村正直による強促就学法の申稟

一八七三（明治六）年に学監として招聘されたダビッド・モルレーは、当時の京都府の教育状況を次のように報告した。すなわち、「余等巡回中最も心に感じたるは京都府なり」という書き出しで、京都が山紫水明の古都にして車駕東遷の後も市民が気力を失わず、諸工業に努めて繁栄を維持していること、そしてそれは参事槙村正直の尽力によるところが大きく、槙村が学校を我が家のように扱い、教員生徒一人としてその尽力を知らない者はいないと賞賛している[三二]。

先述のように、槙村は、明治元年に議政官史官試補に任命され、同年に京都府に出仕、一二月には、学校維持費の安定のため「竃別出金仕法」が崩れないよう告示し、推進した労をねぎらわれて、京都府から刀具三種（三所物）を賜り表彰された。京都府の教育の普及に腐心する槙村は、京都の小学校制度創設に大きな関心を寄せていた木戸孝允から励ましを受けていたようである[三三]。表彰を受けた翌年には権弁事、京都府権大参事を歴任し、一八七五（明治八）年七月に権知事、一八七七（明治一〇）年一月に知事に昇進した。モルレーが賞賛したように、この間、府の勧業所を旧長州藩邸に設け、舎密局、授産所、養蚕所、製革場、牧畜場等を管理して諸産業の振興を計り、また学校・図書館・病院の設立、種痘等の医事着手など、新文化の輸入に積極的に努力した[三四]。

槙村は、一八七六（明治九）年四月には、米国諸州の強促就学法に準じ、新しく就学法略則九ヶ条を定めて、その実施方を文部省に願い出た。その前文のみを以下に挙げる。

強促就学法之儀伺

御省雑誌明治八年第十号米国数育寮報告書抄訳ニ諸州強促就学法有之ニ依り別紙畧則相設管下一般へ致施行其罰金

ノ如キハ機ニ臨ミ宜ニ適シ小ク懲シテ大ニ勧メ教育ノ御趣意速ニ普及候様致度此段伺出候宜敷御指令被下度候也

明治九年四月廿九日　　京都府権知事槇村正直

大輔田中不二麿殿代理　　　文部省御達留（朱書）

文部大丞九鬼隆一殿〔**資26-13**〕

槇村が願い出た就学法略則九ヶ条には、①児童六歳以上一四歳の者は必ず学に就くべきこと、②学齢中一年に三ヶ月以上教育を受けない者は、一〇銭以上五〇円以下の罰金に処すること、③雇人は雇主に就学せしめる義務があること、④学齢者が授業時間中、市街を徘徊する時は、巡査がその住所姓名を質し、警務課を経て学務課に通知することなどの規定が示されていた。

この就学法略則九ヶ条は、その前文によれば、「御省雑誌明治八年第十号米国教育寮報告書抄訳」に掲載された「諸州強促就学法」、すなわち一八七五（明治八）年六月四日付『文部省雑誌』第一〇号に掲載された米国教育寮報告書抄訳「コンネクチカット州強促就学法、ニューハヴン府不就学ノ景況、インジアナ州強促就学法説、メーン州強促就学法、マサチュセット州強促就学法、ミシガン州強促就学法」の記事に準じて作成されたという。この「米国教育寮報告書」には、アメリカにおける就学強制の前提条件や問題点などについても示されていたが、京都府はこうした指摘は考慮せず、罰金や警察官による就学督促の制度のみを性急に導入しようとしたといわれる[三五]。

これに対し、文部省は八年間にわたり一年に三ヶ月以上の教育を受けること自体、「頗ル難事」ではないのか、そもそも全学齢児童を受け入れるだけの学校の用意はあるのか、などと反問した。これに対し、槇村は翌一八七七（明治一〇）年四月二〇日に事情説明の上申をするが、文部省は「伺之趣ハ目下施行難相成偽ト可心得候事」と指令し、認可を与えなかった。こうして、槙村知事の熱心な教育普及令は実現せずに終わった。

しかし、槙村は、この論難の中でも教育普及の意を撓めず、一八七六（明治九）年九月には教員並びに生徒の勤惰表を学務課に提出するよう命じ、一〇月には、各学校に就学者と不就学者の増減比較表の提出を命じたのであった。そして、その結果が学区取締等を通じて、府の方針による種々の就学督励案となって現れたといわれる[三六]。

五　まとめ

以上、本節では、学制公布前後の京都府における就学告諭の全体像を明らかにしてきた。京都府の就学告諭の特色としては、主に以下の三点が挙げられる。

第一に、幕末においてすでに西谷良圃らの教育に熱心な開明派の知識人が、小学校設立を訴えた「口上書」を府当局に提出しており、府当局がそうした建白を採用したようにして、明治元年九月という他府県に比べて非常に早い時期に、小学校創設の勧奨を行った点が挙げられる。同時期に書林主遠藤茂平や郡部の長谷川小十郎らも小学校建設について建言を行っており、京都府における黎明期の就学告諭は、人々の「学び」への要求と結びつく形で実現したといえよう。

第二に、京都府は府議が中心となって市政「御一新」の大事業として小学校を創設し、就学の勧奨を行ったが、府当局の強力な勧奨の背後には、当初から後に京都府知事となる槙村正直が関与していた点が挙げられる。上述の明治元年九月の府当局による小学校創設の勧奨も、当時は議政官史官試補であった槙村正直が強力に進めていた。その後、一八七六（明治九）年四月の強促就学法の申稟に至るまで、アメリカの就学強制に関する情報等を参考にしながら、「畢竟一人たりとも文字を不知算術を不学もの無之様可致候」という精神のもと、五回にわたる京都府の熱心な就学告諭頒布が続いた。その背後には、槇村の教育普及令実現への意欲があったと考えられる。

第三に、郡部においても、明治五年二月以降に行われた各小学校開校式において、就学告諭の説諭がなされていたと推察されることが挙げられる。「郡中小学校記」には、小学校の開校式の記録とともに、文体が異なる二つの就学告諭が収録されており、就学を勧奨するこうした告諭が、早い時期に開校式で説諭されていたと考えられる。これら二つの就学告諭の特徴としては、府が布達した告諭に比べ、就学しないとどのような結末に至るのかを、人々により身近な問題としてわかりやすく説諭している点が挙げられる。

（杉村　美佳）

註

(一)『京都府教育史』上、一九八三年、四一八～四三二頁。
(二)林屋辰三郎編『京都の歴史』七　維新の激動、学芸書林、一九七四年、五〇一～五〇六頁。
(三)『京都府百年の資料』五　教育編、一九七二年。
(四)井々田良治・原田久美子編著『京都府の百年』県民百年史二六、山川出版社、一九九三年、三二頁。
(五)『百官履歴一』日本史籍協会叢書一七五、一九七三年、二七四～二七五頁。
(六)『京都府市町村合併史』一九六八年、一二頁。
(七)朝尾直弘・吉川真司『京都府の歴史』山川出版社、一九九九年、二七八頁。
(八)『百官履歴』二、日本史籍協会叢書一七六、一九七三年、三八～三九頁。
(九)『地方沿革略譜』一九六三年、九～一六頁。前掲『京都府の百年』三二頁。
(一〇)前掲『京都府の百年』三二頁。

（一一）衣笠安喜編著『京都府の教育史』思文閣出版、一九八三年、二四四頁に詳しい。なお、当時の「小学校」という呼称が、近代学校体系が成立して以降の「小学校」と同じ意味で用いられているかについては、今後詳細な検討が必要であろう。
（一二）前掲『京都府教育史』上、二三〇頁。
（一三）前掲『京都の歴史』七　維新の激動、五〇一頁。
（一四）同前。
（一五）同前。
（一六）『京都小学三十年史』一九八一年、序、一～二頁。
（一七）前掲『京都の歴史』七　維新の激動、五〇三頁。
（一八）同前。
（一九）同前、五〇六頁。
（二〇）前掲『京都府教育史』上、二六三頁。
（二一）辻ミチ子『町組と小学校』季刊論叢　日本文化八、角川書店、一九七七年、一三四～一三六頁。町組の改正と小学校の建営の詳細については、同書を参照されたい。
（二二）前掲『京都府百年の資料』五　教育編、三一～三三頁。
（二三）辻、前掲書、一五五頁。
（二四）前掲『京都小学三十年史』九～一〇頁。
（二五）「郡中小学校記」（京都府立総合資料館蔵）。
（二六）前掲『京都府教育史』上、三〇四頁。
（二七）『新修　亀岡市史』本文編第三巻、二〇〇四年、九七～九八頁。
（二八）前掲『京都府教育史』上、三〇二頁。
（二九）同前、四一九頁。

(三〇) 同前。
(三一) 前掲『京都府教育史』上、四三〇頁。
(三二) 同前、三六七頁。
(三三) 竹中暉雄『囲われた学校―一九〇〇年　近代日本教育史論』勁草書房、一九九四年、一八頁。
(三四) 『明治維新人名辞典』一九八二年、九〇三～九〇四頁。
(三五) 竹中、前掲書、三九頁。
(三六) 前掲『京都府教育史』上、四二八頁。

第二節　滋賀県の就学告諭

一　本節の課題

滋賀県は、古都京都に隣接し、学制公布に先立ち、早くから小学校が設立され、就学告諭が頒布された地域である。本稿では、滋賀県において、就学告諭がいかなる目的をもって発せられ、頒布したのかその実態を明らかにし、そこに見られる地域的特色について考察をしたい。

滋賀県の就学告諭に関する資料は、県史では、触れられておらず(一)、各自治体史や学校史(二)の中で部分的に紹介され、その全体像が必ずしも明らかにされてこなかった。また、現在、県教育史が戦前戦後を通じて刊行が確認されていないのは、滋賀県だけであり、就学告諭に関する研究は進められていない(三)。さらに、個人では、滋賀大学の木全清博が、丹念な資料調査を重ね、『滋賀の学校史』(文理閣　二〇〇四年)を刊行しているが、就学告諭については部分的な紹介に留まっている。

こうした先行研究の状況に立脚しながら、本共同研究を進めていく過程の中で、今回、就学告諭の一次資料を収集することができた。これらの資料を分析し、滋賀県における就学告諭の全体像を明らかにする(四)。

二　滋賀県の成立

明治元年一月一六日、政府は大津代官所支配地を接収して直轄地とし、近江、若狭両国を支配するため、大津裁判所を置いた。この裁判所は、今日のような司法機関ではなく、地方行政機関であった。同年閏四月二五日、この大津裁判所が廃止となり、閏四月二八日、大津県が設置された。

その後、大津県は、公家領・社寺領・旧旗本領などを接収していったが、明治四年七月一四日、廃藩置県が断行され、それまでの大津県に加えて、膳所、水口、西大路、山上、彦根、宮川、朝日山の七藩が県となった。また、同年一一月二二日には、湖南が大津県、湖北が長浜県に統合された。

翌明治五年一月一九日、大津県は滋賀県に、二月二七日には、長浜県が犬上県にそれぞれ改称され、同年九月二八日、滋賀県と犬上県が合併して、現在の滋賀県が成立した。その後、一八七六(明治九)年八月二一日、敦賀県の三方、遠敷、大飯、敦賀の四郡が、滋賀県に編入されたが、一八八一(明治一四)年二月七日、再び福井県に分離された(五)。

三　旧金沢藩今津小学所の設置

近江の中で、いち早く小学が設けられたのは、旧金沢藩今津村である。当時、琵琶湖の湖西にあった今津村は、旧金沢藩の飛地であった。明治四年二月、金沢藩から今津役所に派遣されていた黒川平二は、旧金沢藩の飛地であった今津村で小学所を開いている(六)。

黒川は、金沢藩士黒川半左衛門の嫡男として生まれ、馬廻役をふりだしに、近代兵学教育のために藩が設立した壮猶館へ横目役として勤務した人物である。明治以降、京都にあった商法局から藩の会計掛を経て、明治三年、史生として今津役所へ遣わされた。

この黒川が、小学所開設に尽力し、翌明治四年二月一一日、今津藩は、一六日から今津役所があった八郎左衛門宅において小学所を開き、肝煎・組合頭に対して、七歳以上の男女の幼児は、身元(身分)にかかわらず入学するように通達した。男子は、朝五ッ時(午前八時)から九ッ時(正午)まで読書を学び、午後は、九ッ半(午後一時)から七ッ半(午後四時)まで手習いを学び、女子は、五ッ時から九ッ時まで手習いのみを学んだことが伝えられている。

同年五月一九日、黒川は、金沢藩庁へ「人民教育開化ヲ勧ルハ緊要之急務」であり、今津小学所を開いたことを伝えた。当時の今津村は、「偏俾固陋の所柄」であり、学に志す者もほとんどなく、布令の文字すら通じがたい状態であったため、黒川は、四書五経や孝狭小学など書籍の寄贈や町屋の借上料を金沢藩庁へ要請している。

前年の一一月、金沢藩が、全国に先駆けて、四民教導の基礎とした六つの小学所を開設していたが、黒川は、これらの小学所をモデルに今津小学所の設置を考えたものと思われる。

明治四年七月、廃藩置県が断行され、一一月には、近江国が大津県と長浜県に統合され、金沢藩(県)の飛地であった今津村は、金沢藩(県)の支配を離れた。金沢県から長浜県に引き継がれる直前の明治五年二月、村方が、新たな支配になっても小学所を維持していくことができるように、金沢県今津出張所にお願いをし、今津出張所が「小学所規則」を定めた。しかし、今津村が、金沢県から長浜県に、さらに三月に犬上県に移行したため、今津村は、長浜、犬上の両県に補助金を嘆願したが支給されなかった。そのため、小学所は、廃止されたといわれている。

四　廃藩置県以後の県下最初の小学校

明治四年九月九日、廃藩置県以後、坂田郡長浜神戸町において、県下で最初の小学校が設立され、同年一二月、滋賀県令松田道之が「滋賀県第一小学校」と命名した(七)。

この学校の設立を主導したのが、長浜町域の坂田郡第一六・一七区の総戸長を務めていた浅見又蔵である。彼は、「終身の計は人を樹うるに如しは莫し」として、資金を募り、小学校を開設した。また、越後屋と呼ばれた寺子屋の師匠であった佐藤文平をはじめ、商人の西川徳重郎、川侍重平、吉田長作、土田藤平の五名が「学校用係」を務めた。彦根出身の上川良平が校長となり、教員数四名で漢学(四書五経、和漢の歴史など)を教授した。児童数約百名であり、第一小学校を本校とし、町内五つの寺子屋(心酔亭、無量館、鷲群堂、竹林堂、越後屋)を支校としている。校舎は、当初、西本町(元浜町)の下村藤右衛門宅を充て、建坪二五坪であった。

その後、一八七四(明治七)年には、同校は、神戸町の米川河畔・徳元橋付近に校舎を新築し、支校と本校をあわせて校名を「開智学校」と改称した。校舎は、町民からの寄付金約四千円でまかない、洋風三階建ての建築で、三階の楼上には、時報に使用する太鼓櫓があった。

また、明治五年四月、犬上郡高宮村「第二小学校」(のち「先鳴学校」)が、同年五月、坂田郡柏原村の郷学校(のち「開文学校」)が、一〇月には高島郡海津村の「興化学校」が、それぞれ地域住民の決意と経済的な負担力によって設立されるなど、長浜の周辺の地域で、学校設立の気運が見られた。

五　県令松田道之（八）と「小学校御建営勧諭之大意」

一方、京都に近い狭義の滋賀県（当時は滋賀県と長浜県に分離していた）でも、小学校設立の動きが起こった。明治五年一月、初代滋賀県令に松田道之が就任した。松田といえば、鳥取藩出身の士族であり、幕末には、京都で尊王攘夷運動の志士となり、明治維新以後、内務卿大久保利通の信頼も厚く、内務大丞に抜擢されて、地方自治に関する政策や法令の制定に携わり、地方三新法の起草や京都府の小学校建営を手がけた開明的な人物である。

松田は、同年一月、大津県が滋賀県となると、滋賀県令に任命され、同県の勧業政策と学校政策に積極的に取り組んだ。なかでも、彼は、全国に先駆けた地方議会の萌芽というべき「議事所」を開く一方、小学校の建営に熱意を傾け、学校の建設を議題とし、各地の地元の事情に応じた小学校建設の準備をさせた。

同年三月、松田は、財政不足の折から、「小学校御建営勧諭之大意」を発し、寺院から寄付金を集める方策をたて、山門執行代・園城寺学頭代や大津町の善通寺・青龍寺・伝光寺（院）・本福寺・真常寺・常円寺・常徳寺・大専寺・膳所の敬願寺など、主だった寺院を勧諭者にして寄付を募らせた。その結果、賛同寺院は、一七三六ヶ寺、寄付金七九六九両余に達した。

しかし、この寄付金は、勧業社に渡され、一〇月、松田の指示により建てた大津欧学校の建営に回された。この大津欧学校は、エミール・レーベンシュタイン夫妻によって創立された学校であり、英語・仏語・独語・蘭語と商業を教えたが、一八七四（明治七）年、外国人教師の給与が高額であったこともあり、閉校となった。

現在、滋賀県立図書館には、『学校起立記』という和綴、二二〇丁からなる簿冊が残されているが、その中に、県令松田道之が出した「小学校御建営勧諭之大意」が収められている。後年、刊行された『新修大津市史　中部地域』第八巻（大

津市役所　一八八七年）には、同資料が復刻されているが、誤植が見られるため、修正を加えて掲載した。

小学校御建営勧諭之大意(九)

方今文明日新ノ世ニ生レ難有政体ヲ奉戴シ国家公益ノ事ヲ勧メテ以テ天恩ヲ奉以テ報スルハ人民今日ノ当務タリ然レハ方外ノ僧侶タリトモ只功徳ヲ勤修シ戒律ヲ篤守シ未来ヲ説誘スル而已ニシテ現世人民ヲ済度セシムルニ利用厚生ノ事ニ注意セザルハ抑モ亦僧家ノ本意ニアラズ仍ツテ文明ノ政体ヲ体認し周ク慈悲ヲ以テ万民ヲ弘済シ国家ヲ福利シ政化ヲ翼賛シ率ルハ是吾ガ仏門ノ本分ニ適スルト謂フベキ乎故ニ今般官許ヲ蒙リ当県御管轄下ノ諸寺院ヲ勧誘シ小学校御建営ノ御盛挙ヲ謀ル是県庁ノ御美事ノミニアラズ庶民ノ幸福就中仏門ノ功徳於乎是著シキ也庶幾ハ各宗ノ僧侶従来ノ固執ヲ露キ仏法ノ大海ニ一掃シ同心勁力益国利民ノ志ヲ専ラニセンコトヲ欲ス是勧諭ノ大意ナリ

明治五年壬申三月　　　勧諭者

勧諭規則

第一　御県下ニ於テ勧諭集会所ヲ可設事

第二　勧諭者ハ県庁御指図ノ人員タルベキ事

第三　四民ニ於イテ　御一新以来夫々御国役ヲ務ムルコト故ニ檀家等ニ勧財致ス間敷事
　　但シ寺院ノ外有志ノ者之有ル時ハ其ノ姓名ヲ標出シ伺イ　官許別段献納可令致事

第四　巡諭中倹約質素ヲ旨トシ空論虚喝ノ事不可有之事

第五　衆評ヲ不経一己ノ名利不可謀事
右ノ条々伺　官許規定ノ上ハ堅可相守事
勧誘者人名
（三二ヵ寺院名略）
総計三拾弐箇寺
〔資 25-2〕

このように、寺院に対して、庶民の幸福のため小学校建営費用の寄付を勧めることも仏門の本分であるとした文書は、全国的にも珍しいと思われる。

六　犬上県の就学告諭と外村省吾（一〇）

一方、犬上県は、明治五年七月、県内に小学校建設維持を奨励する就学告諭を出した。現在、彦根市立図書館に所蔵されている外村省吾の文書の中に、「犬上県内　小学校建営説諭書」が残されているが、外村が、この「説諭書」を作成したといわれている（一一）。

外村省吾は、文政四年四月、旧彦根藩士族並江重太郎の子として生れた。九歳の時、母を失い、一五歳の時、彦根藩銃卒外村一郎の養子となった。養父の死後、足軽に抱えられ、二二俵四扶持を給せられている。九歳の時、飯島介三郎に就いて学び、二二歳で中川禄郎の門に入った。最初、朱子学を学び、後に陽明学を修め、天保一四年、家塾を開いている。以後、ペリー来航の折の警備の役をはじめ、勘定方下調べや彦根藩の外交などに尽力した。慶應三年五月、弘道館教授となり、翌明治元年、徴士として明治新政府に出仕し、刑法判事試補となり、『新律綱領』制定に従事した。明治二年九月、病のため、彦根に帰り、一一月、藩庁の大属、翌明治三年七月には、権少参事に進んだ。明治五年一月、長浜県十等官として出仕し、小学校用掛を兼ねた。二月、長浜県は、犬上県となったが、外村は、継続して県庁に勤めている。

明治五年三月、犬上県は、旧本陣に仮学校を設置し、この仮学校を単に小学校と称し、上野耕一郎を句読教官に、竹村賢七を算術習字の教官とし、北川長衛をはじめ、小林正策、小林他造、馬場新三、塩谷予四郎、大堀正平、小林嘉十郎ら数名を句読算術習字三科の兼助教とし、生徒を募集して四月一日開校した。ちなみに、上野耕一郎と竹村賢七の両名は、外村が開いた家塾の門下生であった。また、生徒の募集方法は、毎月一回、寺子屋の男女子弟に試験を行い、俊秀の児童を選抜し、本校の生徒とした。外村は、時折、この小学校（現高宮小学校）に顔を見せ、父母に対して就学を働きかけていたといわれる。

同年七月、外村は、県庁の名で「犬上県内　小学校建営説諭書　完」を発し、小学校の建営を説いた。

その後、外村は、明治五年一一月、陸軍省裁判所八等となったが、翌七三（明治六）年四月、再び病にて辞職した。同年一一月、滋賀県第一一番中学区の学区取締人頭取に就任し、管轄の神崎郡・愛知郡・犬上郡の第一番〜第一七三番の小学区の小学校を巡視し、同学区内の教育会議を開催して教育振興を図っている。以後、彦根学校（現彦根東高等学校）の開校準備にあたり、八月、初代校長に就任した。一八七七（明治一〇）年一月五日に逝去、享年五七歳であった。

このように、外村は、犬上県の就学告諭作成に深く関わった経歴の人物である。以下、長文ではあるが、原文を忠実に紹介しながら、「説諭書」の内容を見ていきたい。

犬上

県内　小学校建営説諭書　完

斯《か丶》る難有御代《ありがたきミよ》に生《うま》れながら游情《あそびおこす》に安んじ　無智文盲《むちもんもふ》ニして空《むな》しく月日を送《おく》るハ第一御上《だいいちおかミ》之御恩《ごおん》を忘却《わすれ》し　剰《あまつさへ》家業繁昌《かぎやうはんしよう》　子孫《しそん》長久之道に暗《くら》き訳《わけ》ニて　人と生れたる甲斐《かひ》も無之　歎《なげ》かハしき事ニ付　追々《おひ〱》告諭《さとし》せし通　此度小学郷校取設《きやうこうとりもふけ》　管内《しはいうち》四民《士農工商》一統《いつとう》　男女ニ不拘修業《かかわらずしゆきやう》せしめたく　就《つい》ては毎区一校《くごとにいつこふ》　県下《けんか》九十一小学建営致し度候得共即今《たゞいま》手始《てはじめ》之事なれバ　俄《にわか》に此十分ニ至り難《がた》き場合《ばやい》も可有之ニ付　当分毎郡《とうぶんこふりごとに》小学本校《ほんこう》《もとのがくもんじょ》一ヶ所　支校《しこう》《でばりがくもん所》二三ヶ所乃至《ないし》四五ヶ所斗り地方《ぢかた》之便宜《べんり》を以て取設《とりもう》くべし　尤即今より本校《ほんこう》数ヶ所致建営《たてととのへいたし》度願出候向ハ　評議《ひやうぎ》之上達《たつ》し及《およ》び候品も可有之候然《しか》る処郷学《ところきやうがく》ハ人民共立《力を合せたつる》之学校《がくこう》ニして官費《おかミのおしむけ》を仰《もうしたつ》ぐべき筋《すじ》なければ　郡惣代町年寄戸長其外都《こふりそうだいまちとしよりこちようそのほかすべ》て郡町役前《ぐんちようやくまえ》之者共速《すみやか》ニ申合有志《あわしゆうし》之輩《ともがら》と調談《てうだん》し　費用《ひよふ》一条《じよう》永続《ながくつゞく》之目論見《もくろミ》をたて　来ル八月十五日迄に見込《ミこミ》之筋逐一県庁《すじちくいちけんちよう》え可申出　六郡《ぐん》之申出し書面《しよめん》相揃《そろひ》候上ハ衆議《もうしたて》を斟酌《くみとり》し　一定《いつてい》之規則《きそく》方法《しほうだて》を布告《ふこく》すべし　右郷校取設《きやうこうとりもうけ》ニ付てハ長浜高宮のごときは速《すミやか》ニ庁旨《やくしよのごしゆい》を躰《はまりこミ》し既《すで》に其端緒《こぐち》をひらき　其他追々《そのほかおひ〱》目論見《もくろミ》等差出《さしいだ》したる村方も有之候得共　此度一定《このたびいつてい》之方法《ほうほう》相定《さだめ》候ニ付ては　尚又見込之筋精細《こまかに》相認《したゝめ》　一区《いつく》限《かぎ》り更《さら》ニ可申出候　然処　是迄仕来《これまでしきたり》之家業《かぎやう》さへ勤《つと》め候へば相済《すむ》事ニいらぬ学問《がくもん》せよとハ第一家業《かぎやう》の妨《さまたげ》のみならず　万一学問上達《まんいちがくもんじようたつ》之子供《こども》出来せバ　忽身代《たちまちしんだい》を持崩《もちくづ》し　一家《か》一族《ぞく》之厄害不容易《やくがいよふいならず》　然るに上より学問おせよとは実《じつ》に無理《むり》なることなり　其上右ニ付出金《しゆつきん》とは此上も無き非道杯《ひどうなど》と動《やゝ》もすれハ庁旨《やくしよのこしゆい》を誤《あやま》る愚昧頑陋《おろかかたくな》之徒《ともがら》も有之哉ニ相聞《きこへ》　扨ゝ《さて〱》歎《なげ》かハしき事共ニ候　乍爾《しかしながら》従来《まへ〱より》学者《がくしや》之中ニも一生涯《しようがひ》

書籍《しよもつ》のみに心力を尽《つく》し　口に高大無辺《こうだいむへん》の道理《どうり》を説《と》き　道学《どうがく》先生と唱《とな》へ　又は詩賦《しさく》文章《ふんしよう》を仕事《しごと》として筆端《ふでさき》花を翻《ひるがへ》す如く巧《たくミ》に綴《かきたて》りて風流才子《ふうりゆうさいし》と称《となへ》すれど　放蕩無頼《ふらちもの》にして一身一家之上も衆人之罵言《そしり》を受け　日用《にちよふ》之事ハ庸人《なミのひと》にも劣《おと》り　治国《くにをおさむる》之道《ミち》に迂遠《まハりとふ》にして世《よ》の用《よう》に不立《ただざる》者も間《ま》には有之故《ゆえ》　学問《がくもん》と申せハ　強ち読難《よミがた》き書物《しよもつ》を読んで　右様《ミぎよふ》之

真似《まね》する事と致事も蒙昧《ミちにくらき》之下方なれバ　無理《むり》ならざることなり　乍爾此度取設《しかしながらこのたびとりもうけ》之学校《がくもんじやう》は右等《ミぎら》之事を学《まな》ばせ候義は絶《たえ》て無之《これなく》　課程規則《かぎやうほうと》ハ追《おっ》て可相達候得ども　差当《さしあた》り申せバ　手習十露盤請取証文《てならひそろばんうけとりしょうもん》之認方《したためかた》日用取遣《にちよふとりや》り之文通《ぶんつう》三枚《さんまい》之御高札当国郡村名府県《おんこうさつとうごくぐんそんめいふけん》之名称歴代《れきだい》之年号《ねんごう》和漢洋《日本かんせいよう》治乱《ちらん》沿革《うつりかはり》之大畧其外日用不知《たいりやくそのほかにちようしらず》して不叶廉々《かなはざるかど〳〵》より人之人たる道《みち》を知り　身家を修斉《おさめ》し　職業《しょくぎやう》《もちまへのわざ》を繁昌《はんじやう》し　子孫《しそん》を長久し　其才徳次第《さいとくしだい》にては屹度《きつと》したる官員《やくにん》にも被備《そなへられ》候様之基《もとい》を養《やしな》ふ為《ため》なり　其趣意《そのしゆゐ》ハ福沢諭吉《ふくざはゆきち》が著《あらハ》せし学問《がくもん》のすゝめと同様《どうよう》之訳《わけ》なれバ　今般《こんぱん》九十一区《く》へ右之書物《しょもつ》二部宛及配賦候条《じやう》　役前《やくまい》之者共《ものども》熟読《とっくりよむ》之上小前末々迄《こまひすへ〳〵まで》心得違無之様精々《こころへちがひこれなきようせい〳〵》誘導すべし　尚又郷校取設《なをまたきやうこうとりもうけ》ニ付取立《とりたて》候米金《べいきん》ハ勿論僅《もちろんわづか》一銭《いっせん》たり共上之費《ついへ》用に相用候義は更《さら》ニ無之候間　其区内役前《くだいやくまい》ニ於て万端取締致《ばんたんとりしまりいた》し　請払《うけはらひ》ハ勿論《もちろん》　貸付方《かしつけかた》等も規則《きそく》を立《たて》　永続《ゑいぞく》之手段《てだて》を尽《つく》すべし　右積立米金《つみたてべいきん》之内を以追々《おひ〳〵》にハ鰥寡孤独廃疾《やもをやもめミなしごながやミかたは》等都《すべ》て区《く》内之窮民《なんじゆうもの》を賑恤《めぐミ》し　又ハ天災地妖《てんのわざはいちのあやしき》非常《ひじやう》救育《すくい》之手当《てあて》となし　又ハ隣区隣郡《となりくとなりこうり》に難差置難渋《さしおきかたくなんじふ》有之節《せつ》ハ互《たがひ》に有無《あるなき》を通《つう》し　憂楽《うれいたのしミ》を共《とも》にし　子《し》孫《そん》永久《ゑいきゆう》睦《むつま》じく暮《くら》し方相成候様一種之良法《よきみち》を設くべし　畢竟民間共立《ひっきやうみんかんきようりつ》之便《へん》を以各《もっておの〳〵》其所《そのところ》を得《ゑ》て共《とも》ゝ全国《ぜんこく》之太平《たいへい》を保護《まもり》し奉らんと欲《ほっ》する也　尚又　小学開校《しようかくかいこう》之上ハ役前《やくまい》之者申合《あはし》　時々罷出《とき〳〵まかりいで》　子弟《してい》之成立方《なりたちかた》ハ勿論《もちろん》　都《すべ》て村方《むらかた》之利害得失を考《かんが》へ　御上之為能《ためよ》く万事《ばんじ》集議《まうしあわせ》之場所《ばしょ》ともなし　且又県庁《かつまたけんちょう》より布告《ふこく》等も同所へ相達べくニ付　会得難致《ゑとくいたしがたき》事ハ教官《きやうかん》へ相尋《あいたづね》　又ハ区内《くだい》身持不束《ミもちふつゝか》之者ハ郷校《きやうこう》江呼《よび》出し　役前《やくまへ》より申諭《さとし》　尚《なを》も合点致し兼《かね》候ハヽ教官《きやうくわん》より懇切《ねんごろ》に誘導《ミちひき》せしむべし　又有時《あるとき》ハ県庁《けんちょう》之官員出張《くわんいんでばり》　下々之情実《じやうじつ》を聞取《きゝとり》　子弟之勤怠を考《かんが》へ　村方《むらかた》江告諭《こくゆ》等も此場所《このばしょ》ニて取扱《とりあつかふ》事も可有之就てハ一之郷校《きやうこう》出来して万事都合《ばんじつごう》よく村方之仕合《しあわせ》も多《おほ》かるべし　熟見《つくゝミ》よ　御一新前《ごいっしんまへ》之景況《ありさま》華族士族《だいみやうさむらい》之家に生るれバ　不才無智《ふさいむち》にして役義勤《やくぎつとま》り兼《かね》　病身弱体《びやうしんじやくたい》にして戦場《せんじやう》之働《はたらき》も不叶《かなわず》　治乱《ちらん》共職掌不立《しょくしやうたたざる》者も矢張高禄《やばりこうろく》を食《はん》て　游戯《あそびたわむれ》酒色《しゅしょく》ニ日を送《おく》り　中ニ侭《まゝ》廉恥《はづかしい》を知り　退て農商《しりぞいのうしょう》之業《わざ》を営《いとな》むと欲《ほっ》するも法度《ほうど》ありて自由《じゆう》なり難し　又ハ農商《のうしょう》之内ニ才智勝《さいちすぐ》れて天晴《あっぱれ》なる人物《じんぶつ》ありとも　表立《おもてだち》たる役人《やくにん》ニも難成《なりがたき》ければ　志《こころざし》を呑《のん》で朽果《くちはつ》る外手段《ほかしゅだん》

も無《なか》りしが　難有《ありがたく》も今日之御政体《せいたい》ニ相成てハ　華族士族《くはぞくしぞく》之身分たりとも　其器量《そのきりやう》なけれバ　自分存付《ぞんじつき》之侭《まゝ》農商《のうしやう》
之業勝手《わざかって》ニ営《いとな》まれ　如何程《いかほど》下賤《いやしき》之匹夫《ひっぷ》たり共　天質《うまれつき》正直《しょうじき》にして学問《がくもん》に達《たっ》し　世之益《ゑき》になる人なれバ　何時《なんとき》も
朝廷《ちょうてい》之官員《くはんいん》となれ勅任奏任等《ちょくにんそうにんとう》尊貴《たつとき》之御役《やく》も其才徳次第《さいとくしだい》　匹夫《ひっぷ》より被登道《のぼらるゝみち》を被開《ひらかれ》たるハ誠《まこと》ニ前代未聞《これまできかぬ》之難有《ありかたき》事ニは
無之哉　斯《かゝ》る難逢御代《あひかたきみよ》に生れながら学問《がくもん》せざるハ禽獣《とりけだもの》ニも劣《おと》るべしと考《かんが》へて　御国恩《ごこくおん》を知る有志《ゆうし》之者下に於て申合
取設《とりもうけ》たる共立《ちからを合わせたてる》之学校《がくこう》他之府県諸所《ふけんしょしょ》に出来《しゅったい》せり　近《ちか》く京都府《きゃうとふ》之如き既《すで》に先年取設《せんねんとりもうけ》し上下両京え小学校惣計《そうけい》六十四
校　学生《がくせい》男女合て壱万五千百六十八人　尚《なを》又当節《とうせつ》其管下《しばいした》十一郡江遍《あまね》く創建《とりたて》ニ及べり　実に盛《さかんなり》といふべし　往々《さき〴〵》
屹度有用《きっとゆうよう》之人才輩出《たくさん二いで》　遂《つい》に匹夫《ひっぷ》より尊き官員《くわんいん》に登《のぼ》る者も有之べく　たとへ官員《くわんいん》と不成《ならざる》も銘ゝ《めい〳〵》道理《どうり》を弁《わきま》へ　家職《かしょく》に
賢《かしこ》く　商法正路《しょうほうしょうろ》に相成　都《みやこ》之風俗《ふうぞく》一変《ひとかはり》　他日繁昌《たじつはんじゃう》之有様《ありさま》　今より想《おも》ひ見るべし　然るに当県《とうけん》は　纔《わづか》十八里之隔《へだた》り
にて人情好悪《ひとのこころすききらひ》之不同《おなじからざる》歟今日に至り候ても　尚《なを》学校《がくもん所》之取設《とりもふけ》を無益《むゑき》と存《ぞん》じ　県庁之説諭《せつゆ》を否《いな》み　旧来《きうらい》之因循《いんじゅん》に安んじ
其日暮《くら》しに光陰《月日》を費《ついや》し　同し人間《にんげん》に生《うま》れながら　二三十年之後は遂《つい》に都人《みやこびと》と賢愚《かしこくおろか》之別《わかち》　黒白《くろしろ》之如《こと》く　富貴貧賤《ふうきひんせん》
之相違《そうゐ》は雲泥《くもつち》よりも甚しく　永く世《よ》之嘲《あざけ》りを取候様相成候ては　気毒千万《きのどくせんばん》ニは無之哉　就てハ郡町役前は不及申
小前末々迄能ゝ此趣意《しゅい》を味《あじは》ひ　早速調談《さっそくちょうだん》　期限無相違《きげんそういなく》可申出　尤下々不同意《ふどうい》之義《ぎ》を無理《むり》ニ押付《おしつけ》候訳《わけ》ハ毛頭《すこしも》無之に
付難心得《こころえがたく》存候はゞ無用捨幾度《ようしやなくいくどに》も其次第逐《ちく》一に申出べし　飽迄説諭《あくまでせつゆ》すべきもの也

明治五年壬申七月　　　　犬上県庁　印

〔資25-3〕

「説諭書」は、木版刷・和綴、本文二六丁の冊子として残されている。また、『高宮小学校百年史』（高宮小学校改築後援会・高宮小学校同窓会、一九七二年、一七〜二〇頁）や『新修彦根市史』第八巻　史料編　近代一（二〇〇三年）にも、全文が復刻されているが、若干の誤植が見られたため、今回修正して掲載した。

同書は、第一に、犬上県が、管内の四民、男女にかかわらず修行させるため、県下の九十一地区に小学校を建営することを目標に、郡ごとに本校一校と分校を建設しようと説諭している。

第二に、学校は、人の人たる道を知り、身家を修斉し、職業を繁昌し、子孫を長久し、その才徳次第にては官員にも備えられるように基を養うためとしている。その趣意は、福沢諭吉が著した『学問のすゝめ』と同様の考えであるとし、県内九十一地区に福沢の『学問のすゝめ』を各二部ずつ配布するから「役前之者共熟読之上小前末々迄心得違無之様精々誘導すべし」と述べている。また、時代が変わり学問の意味が変わったことを強調し、教育が生活の足しになることを説いている。さらに、住民が郷校のために支出した米金は、お上に流用せず、管理は地域に一任する、積立金は、将来窮民救済にも役に立つし、校舎は末端行政機関として利用することができると、資金・施設が教育以外にも役立つことを強調している。

第三に、京都の番組小学校の設立の例を引いて、各町村の人民自らが小学校を設立、開校させることが急務であり、学校において学ばせることは、新しい社会において必要な知識を得て、財を得て、身を立てることにつながると指摘している。

この犬上県の「建営説諭書」や八月に出された学制などに基づき、小学校の設立が進められ、明治五年九月二八日高宮小学校は、県から正式に認められ、同日から校名を「滋賀県第二小学校」と称した。

翌七三(明治六)年一月一一日、始業式を行い、学校の形も整ってきたので、二月二三日、県令松田道之を迎えて開校式を挙げた。

同年三月、小学校開設にあたり、在来の寺子屋を廃業させ、そこに就学していた男女の寺子をすべて小学校の生徒とした。その結果、児童数が増加したため、男女を二分し、男子は本校で、女子は旧寺子屋の一つである中山太内宅を分校として授業を行った。また、旧寺子屋の師匠であった石田永蔵・中嶋丈太郎・中山太内の三名を助手とし、上野耕一郎と竹村賢七がそれぞれ正式な教員となった。

七　犬上県の経済的・文化的土壌

次に、「犬上県内　小学校建営説諭書」が出され、小学校設立が進められた背景について記しておこう。

小学校が設立された高宮は、江戸時代初期から、滋賀郡坂本村に次いで石高が多い地域であった。また、中仙道の宿駅として知られ、宿駅の事務である伝馬、つまり輸送と宿泊関係の本陣役がいた地域である。加えて、井原西鶴の「西鶴織留」に収められている「本町町人鑑」をはじめ、十返舎一九の「続膝栗毛」や「木曽名所図絵」などに出てくる高宮布（高宮嶋とも呼ばれている）は、有名であり、この地に布座があり、彦根藩領になってからも、藩が収納した一ヵ年の高宮布の織物税は、相当な額であったといわれる。また、犬上・愛知・神崎の諸郡の農家の女子の手工業として栄え、高宮商人が買い集め、街道筋には、問屋が軒を並べ、高宮布を各地に送った。

さらに、寛保二年、彦根藩は、藩が発行した藩札としての米札の引替所を彦根と長浜に置いたが、享和三年には、近江商人の発祥地である八日市と湖北の中心の木の本、ならびに高宮にも小引替所を増設した。

このように、高宮は、彦根領内で城下に近く、街道筋の商業の中心として、経済的にも信用される重要な地点であった。

一方、彦根領下にあった高宮には、江戸時代から文化的伝統が豊かな地域であった。

文部省が、一八八三（明治一六）年から数年にかけて全国的に調査した『日本教育史資料』によると、明治初年を含め、近江には四五〇の寺子屋があったことが報告されているが、なかでも、彦根が最も多かった。ちなみに、天保期、彦根の寺子屋数は、四三であり、大津は三二であった。

また、高宮の隣の平田村には、山崎闇斎の門下生の三傑の第一といわれる浅見絅斎の後継者である若林強斎がいた。若林は、父の代に京都に出て勉学に励み、浅見絅斎没後、享保三年、堺町筋に私塾「望楠軒」を開いた。塾頭に梅田雲浜を向かえ、京都堀川にあった伊藤仁斎の古義堂と肩を並べるほど隆盛し、幕末まで存続した。また、若林強斎は、毎年一月と七月、京都の講義を休み、高宮に出張講義をしたともいわれている。ちなみに、この若林強斎の門下生に小学校創立の有志の一人であった小林正策がいる。

さらに、高宮は、都の近く、京都とは、一六里一四町（約六六キロ）の距離にあり、往来の激しい街道筋であったため、新しい時代の情報が入りやすい土壌であった。

このように、彦根領下にあった高宮が、商業の中心ばかりでなく学問的にも優れた地域であったため、学制に先駆けて小学校設立の動きが高まったものと推察される。

八　学制公布と滋賀県県令の「告諭」(二)

続いて、学制公布以降の「告諭」について見てみよう。

明治五年八月、文部省は学制を公布し、近代公教育制度を発足させた。この「学制」頒布を受けて、犬上県は「小学校取設目論見心得」を学制とともに村々に配布した。

「小学校取設目論見心得」は、①学制の趣旨を理解しおろそかにしないで、村役たちは早々に集まって学校の開設を相談すること、②学校は区ごとに一校ずつ開設することが前提で、たとえすぐに開校できなくても、その計画書は一区ごとに指出すこと、③今すぐ開設できなくても費用の取立ては九十一区残らず、今年より取立て開校まで区内で積み立てて、村役人が管理しておくことなど、小学校の早期開設を説いた文書であった。

翌一八七三（明治六）年二月八日、県令松田道之は、学制施行のため、「告諭管下人民書」を出し、県下に小学校の設立を告諭した。

以下、同年二月八日、県令松田道之が出した「告諭」を紹介しよう。

告諭管下人民書

凡ソ人天地ノ間ニ生レ抑モ万物之霊タルノ天爵ヲ有スレハ必ス其天恩ニ答ヘスンハアルヘカラス何ニヲカ其天恩ニ答フト謂フ能ク其人タルノ道ヲ尽ス也何ヲカ能其人タルノ道ヲ尽スト謂フ各其職業ヲ勉励シ小ハ一身一家ノ事ヲ謀リ大ハ国家ノ公益世界ノ有用ヲ謀ルナリ而テ之ヲ為ス皆其智識ヲ研キ其方法ヲ究メサレハ難シ其智識ヲ研キ其方法ヲ究ハムルハ則チ学問ニアルナリ自古和漢此民ヲ教ユル必ス此道ヲ以テス恐レ多クモ本朝　歴帝ノ遺法漢大聖賢ノ教ニ就キ考フルハ其古ノ教ノ人事世態ニ切ニシテ其天地ノ化育ヲ助クルノ至大ナル歴々観ルヘシ然ルニ後世ニ至リ腐儒迂生出テ漫ニ高尚迂遠ノ説ヲ附会シ或ハ文華ノ流弊ニ陥リ徒ラニ詩ヲ賦シ文ヲ作ル等ノ事ヲ是務メ世ニ向テ慠然則チ曰是学問ノ為也聖賢ノ教也ト甚シキ哉歴帝ノ遺法聖賢ノ教ニ背ク也所謂学問ハ則否ラス人間必要タル衣食住ヲ離レサルモノニシテ一端ヲ挙テ之ヲ謂ヘハ農ハ農事ノ学問工ハ工業之学問商ハ商法ノ学問ト謂カ如ク各其職其業ニ就テ必ス其学問アリ則チ彼ノ智識ヲ研キ方法ヲ究メ一身一家ノ事ヨリ国家ノ公益世界ノ有用ヲ謀ル乃大事業ヲ起シ遂ニ万世ニ美名ヲ揚ルニ至ル也況ヤ当今文明進歩世界万国ト比隣ノ交リヲ為シ凡ソ百ノ学事日新月盛ノ時ニ際セリ学フヘキハ正ニ此時也然ルニ今ノ父兄タル者眼前ノ愛ニ溺レ其子弟タル者ヲシテ遊惰ニ日月ヲ送ラセ或ハ之ヲ教

ユルモ不文明不開化ノ職業ニ従事イタサセ就中女ノ子ヘハ専ラ遊芸ノミヲ教ヘ動モスレハ演哇ノ風儀ニ陥ラシムル等ノ悪弊間々有之開明ノ時節ニ不適ノミナラス結局終身ノ損害トナル也実ニ可恐可慎故ニ之ヲ教ユルハ父兄ノ責也之ヲ監督保護スルハ官ノ責也此三ノ責共ニ免ルヘカラス為ニ今数百ノ言ヲ述ヘ懇々告示ス凡ソ父兄子弟タル者此意ヲ体シ前日ノ旧習ヲ去リ日新ノ事業ニ注意シ専ラ実用ノ学問ニ従事シ一日モ怠ルコトナカレ是管下一般各所ニ小学校ヲ設クル所以也

明治六年二月

滋賀県令　松田　道之〔**資 25-5**〕

この県令松田道之の「告諭管下人民書」は、木版刷り、和綴、一二丁の冊子として滋賀新聞会社から刊行され、現在、滋賀県立図書館や高宮小学校に所蔵されている。

「告諭」の中で注目される点は、人の道を説き学問の必要を述べ、「文明進歩世界万国ト比隣ノ交リヲ為シ凡ソ百ノ学事日新月盛ノ時ニ際セリ学フヘキハ正ニ此時也」と主張し、「之ヲ教ルハ父兄ノ責也之ヲ学フハ子弟ノ責也之ヲ監督保護スルハ官ノ責也此三ノ責共ニ免ルヘカラス」と説き、教育を三者ノ責務としていることである。

松田は、この「告諭」と同時に、以下の「立校方法概略」(一三)を布達し、学区を編成、県下を四中学校区とした。

一　人家稠密幾町村接続之土地ハ一区ニ一校可取設事

一　人家　離彼之町ヨリ此村迄之間格別遠隔不便利之土地ハ一区ニ必ス一校ヲ設クルニ不及候一町内一村内ニテ相応之教授者相雇私学私塾等相設候様見込可相立事

一　学校入費備エ方ハ戸別割リニシテ一戸一ヶ年ニ宛何程出金ト定メ上ニ分尤モ中下ニ分チ貧富ニ応シテ相当ニ割

賦シ極貧窮之者除之等之方法取設候事
一　同断又ハ積申合町内村講取結候乎等之方法取設候事
一　同断又ハ町内村内従来無用之入費ヲ省略シ相当積金出金等之方法取設候事
一　教授者ハ相応ノ人物相撰ミ其区総戸長ヨリ申出候エハ一応試検之上可差許時宜ニヨリ県庁ヨリ差向ケ候儀モ可有之事
一　場所ハ新ニ建立候ヘハ此上モナキ儀ニ候得共入費相懸リ迷惑ニ可有之依而当分之所相応之家屋敷借入候乎又ハ寺院借入候乎何レニテモ不苦候事
一　立校願出候節ハ其区内之絵図面並戸数人口学校入費備方之方法相添エ区内各町村戸長連印総戸長奥印シテ可申立事
但シ之一町一村私学私塾モ同様之振合ヲ以可願出尤モ活計之為メ一分一箇ニテ私□相開候分ハ此例ニ非ス兼而布達之文部省規則ニ照準スヘキ事
一　開校之節ハ県庁官員出張開校式可執行行儀ト可心得事
但私学私塾相開候節ハ官員出張不致儀ト可心得事
一　年々一度或ハ両度県庁官員出張各校生徒検査致候事
但私学私塾生徒モ同様検査致候事
一　教則ハ県庁ヨリ可相渡事
一　追々ハ篤志寺院□金之内勧業社利益金之内其他県庁別額方法之金等ヲ以各所学校入費之何歩分ヲ助力致遣候儀モ可有之事

右之條々可相心得事
右管内へ無洩相達スル者也

上記資料の中で、①人家稠密な町村一学区に一小学校とすること、②人家の少ない交通の不便な村落は適当な教授を雇い私学・私塾を設けること、③学校経費は戸別割りに貧富に応じて割賦すること、④または、町内村内で講を結ぶか会社を立て、学校経費をまかなうこと、⑤学校は当分は民家や寺院を借用してもよいこと、⑥教師は相応の人物を選んでその区の総戸長から申し出れば、一応試験のうえで免許し、場合により県庁からも派遣すること、⑦年に一度は県庁官員が出張して、生徒の学力を検査すること、⑧教則は県庁から渡すこと、⑨学校経費の一部は、篤志寺院の献金や勧業社の利益金の内から出し、また県庁で補助することもありうることなどを示した。

当時、県の財政も厳しく、小学校の設立は急務であっても、財政的な裏づけはできなかった。そのため、学校の経費は、地域住民の手で行うように勧めていたことがわかる。

その後、同年一一月には、県令松田道之は、県下を七四七の小学区に分け、小学校を設けるように通達した。

滋賀県では、学制公布の段階で開校していた公立小学校は、先に触れた「開智学校」をはじめ、僅か五校であったが、三年後の一八七五(明治八)年には、六三七校に急増した。

九　開校式と「告諭」

大津では、一八七三(明治六)年二月九日、打出浜小学校(現大津市立小学校)をはじめ、九校の開校式が行われた。

打出浜小学校をはじめ、各学校の開校式には、県令松田道之をはじめ、参事榊原豊、桑田源之丞（のちの籠手田安定）が烏帽子直垂姿で、学務委員をともなって参列し、地元の正副戸長、区内各町の篤志金出金者、教員などが裃に身を正し、生徒の多くは羽織袴で集合した。式典は、学務官員による生徒の氏名点呼ではじまり、次に県令が開校式に尽力した篤志者に表彰状を授与し、学校へは世界地図・本朝（日本）地図の軸を渡し、一同が熨斗（武士の礼服）をいただいた。続いて、県令が、「告諭書」を朗読し、学務官員が「学体」を朗読、句読教師が「孝経」の一章を講じて式を閉じた(一四)。

また、一八七四（明治七）年四月に開校式を行った草津村の知新学校においても、学校の開校式は、盛大に行われ、県令から世界地図と日本地図の各一軸が付与され、当日、県参事学務課員、当区正副総戸長、当区内各町村正副戸長、篤志出金者、教官等が私服で、生徒が平服で出席し、功労者に褒詞書が渡され、県令の「告諭書」および「学体」が読まれ、本校教師によって『孝経』が講じられ、式を終えている。また、当日県属は旅宿で晩餐を行い村吏員を饗応し、教師二名に各二〇〇疋、助教に一〇〇疋の金を与え、各生徒には赤飯と煮しめを竹皮に包んで渡したといわれている(一五)。

このように、第一節の京都府郡部の小学校でも取り上げたように、滋賀県の小学校の開校式でも、県令の「告諭」が読まれ、披露されていたことがわかる。

一〇　農村部の小学校

農村部では、小学校の設立は、一村だけの力では難しかったため、複数の村が連合してひとつの小学校を建設する方法を取っていた。

例えば、湖西の滋賀郡や栗太郡の農村部では、一八七三（明治六）年から一八七六（明治九）年にかけて小学校が建設されているが、一村に一校というよりも、二～四ヵ村が組み合い一校を建てる所が多く見られる。校名の由来や選定方法は、詳らかでないが、たとえば花園学校（現志賀小学校）は、はじめ「故郷」「勧学」「花園」の3つを候補に選んで上申し、古歌にちなむ「花園」とするように指令を受けた。

湖南に位置する甲南地域においても、一八七四（明治七）年より二～三年の間に各村あるいは数ヵ村連合して、晩成・映雪・至徳・闡明・開新・新治・要精・稗谷・明要・昇道・耕誦の一一学校が創設されている。これらの多くの学校は、嘉永元年以降に設けられた寺子屋が廃止されて創設された学校である(二六)。

一一　まとめ

以上、滋賀県の就学告諭について考察してきた。最後に、滋賀県の就学告諭の特徴についてまとめておきたい。

第一に、滋賀県は、飛地であった旧金沢藩今津村の小学所をはじめ、長浜の県下最初の小学校創設、大津の小学校、犬上県の小学校設置などに見られるように、明治五年の学制公布前から、県令松田道之や外村省吾など、開明的な人物が中心となり、小学校を建設し、就学告諭が出される動きが見られた。

第二に、就学告諭を出した犬上県と大津県は、近世以来、近江の中で最も寺子屋の数が多く、文化的・経済的にも比較的豊かな地域であった。こうした文化的・経済的伝統を背景として、京都府の番組小学校や福沢諭吉の『学問のすゝめ』などの影響を受けながら、学問の必要性や教育の重要性を説く就学告諭が、小学校の入学式などで披露されたものと思われる。

第三は、滋賀県では、街道を中心とした文化的・経済的土壌の比較的豊かな地域を中心として、小学校建設が急速に進められ、就学告諭が出されていく一方、農村部では、一村だけの力では、小学校の設立や維持運営も難しかったため、村々が連合や分合を重ねて就学を進めていった。しかし、その実態は、地域社会に負担をかけ、子どもたちの労働力を奪うものになっていた(二七)。

（小熊　伸一）

註

(一)『滋賀県史』第一巻、概説、一九二八年ならびに同書、第四巻、最近世、一九二八年においても触れられていない。

(二)『高宮小学校百年史』高宮小学校改築後援会・高宮小学校同窓会、一九七二年。『彦根東高百二十年史』滋賀県立彦根東高等学校、一九九六年。

(三)上沼八郎は、「地方教育史の課題と方法」(『講座日本教育史』第五巻、研究の動向と問題点／方法と課題、一九八四年、三六五頁)の中で、「戦前・戦後を通じて(官製府県教育史として)刊行が確認されないのは、滋賀・和歌山の両県にすぎない。」と指摘しているが、その後、和歌山県教育史の刊行がはじまっているため、現在、滋賀県教育史だけが刊行されていない。今後、滋賀県教育史の刊行が待たれる。

(四)滋賀県の資料調査は、共同研究者である寺﨑昌男とともに、彦根市立図書館を訪ねて所蔵調査を行ってきた。なかでも、同図書館に所蔵されている外村省吾文書の中から「犬上県内　小学校建営説諭書　完」を閲覧することができた。同時に、その後、福井県の古書店を通じて、同じ内容の告諭を見つけ、口絵に収録した。また、滋賀県立図書館所蔵文書の中から、県令松田道之が出した「小学校御建営勧諭之大意」ならびに「小学必読県令告諭書」を閲覧することに恵まれた。

(五)『滋賀県市町村沿革史』第一巻、第一法規出版株式会社、一九六七年、一三四～一三六頁。『滋賀県の歴史』山川出版社、一九九七年、二八七～二九〇頁。

(六)『今津町史』第三巻　近代・現代、二〇〇一年、六〇～六五頁。

(七)『長浜市史』四　市民の台頭、二〇〇〇年、三八～四二頁。

(八)「松田道之」『明治維新人名辞典』吉川弘文館、一九八一年。寺尾宏二「松田道之の顕彰碑にことよせて」『新修大津市史』近代　第五巻、一九八二年、一〜四頁など。

（九）「小学校御建営勧諭之大意」『学校起立記』（明治五年三月）滋賀県立図書館蔵。

（一〇）「外村省吾」前掲『明治維新人名辞典』。木全清博「第五部　外村省吾文書—明治初期の彦根の学校史　学区取締関係文書」『滋賀県教育史資料目録』（8）、一九九八年、六七〜六九頁。

（一一）「犬上県内　小学校建営説諭書　完」（明治五年七月　外村文書）彦根市立図書館蔵。

（一二）『小学必読　県令告諭書』滋賀新聞会社、一八七三年二月。滋賀県立図書館蔵。

（一三）佐藤秀夫編『府県史料　教育』第一四巻　滋賀県、ゆまに書房、一九八六年。

（一四）『新修大津市史』近代　第五巻、一九八二年、九九頁。

（一五）『草津市史』第三巻、一九八六年、一七七〜一七八頁。

（一六）『甲南町史』一九六七年、二八五〜二八七頁。

（一七）国民皆学の理念のもとに始められた小学校の設立は、地域社会にとってかなりの経済的重荷を課し、親の手助けや家業の見習いとしてあてにしていた子弟の労働力を奪うことでもあった。以下、その証左を示す史料を提示しておこう。

例えば、一八七四（明治七）年、栗太郡第四区の六地蔵村、林村、伊勢落村、大橋村四村の「満六歳から一五歳までの入校成り難き者御届書」によれば、村のすべての子どもの氏名、年齢、不就学の子どもについての理由を記している。当時の修斉学校（現葉山小学校）の不就学生徒数は、一三二名（男三九名、女九三名）であり、農業手伝い三五名、奉公二四名、子守り三〇名、病気三〇名、家業手伝い四名、その他九名となっている。

このように、地域により、かなりの学齢該当児童が小学校に通っていなかった状態があったと思われる。

第三節　福井県の就学告諭

一　本節の課題

福井県は、県北の嶺北地方と県南の嶺南地方の大きく二つに分けられる。前者は福井市（旧福井藩）を中心とした文化圏であり、後者は京都府や滋賀県と関係の深い文化圏である。この嶺北・嶺南の人々の言語や生活、人的交流などは、現在に至るまで受け継がれている。本稿では、このような地域性を踏まえ[一]、福井県の就学告諭について、その実態を明らかにしたい。

福井県の就学告諭については、近年では『福井県史』の調査・研究などから、各地域の就学状況の実態が解明されつつある[二]。本研究では、近年の研究成果も踏まえ、①『福井県教育百年史』第三巻史料編（一）（一九七五年）、②福井県立図書館所蔵の各郡市町村誌（通史編）、③福井県文書館採録の古文書、「敦賀県布令書」、④福井市立図書館・大野市立図書館・小浜市立図書館・越前市立図書館・東京大学の藩政資料などから、就学奨励に関する記述を抜粋し、考察をおこなった[三]。その結果、②の市町村史の分析では、九四誌のうち二三誌に就学奨励の記述が認められ、うち二〇誌は嶺北地方に属しているという特徴が浮かび上がった。

二　福井県の成立過程と地域性

現在の福井県は、廃藩置県後四回にわたる県域の変更を経て、一八八一（明治一四）年二月七日に成立した。福井県置県に至るまでの県域変遷は、次の図の通りである(四)。

(一) 福井県の成立過程

福井県域は、明治四年七月一四日の廃藩置県により、福井県・丸岡県・大野県・勝山県・鯖江県・小浜県・本保県・群上県・西尾県・加知山県の一〇県となった。これは、旧幕時代の福井藩、丸岡藩、大野藩、勝山藩、小浜藩、鯖江藩の若越六藩と幕府直轄本保領、美濃郡上領、西尾領、安房加知山領他の領地を基本に成立したもので、本保県には旧幕臣に代わり、新政府から多くの役人が派遣されている(五)。

しかし、これら一〇県は半年もたたない一一月二〇日に廃止となり、福井県（坂井・吉田・足羽・大野・丹生郡）と敦賀県（若狭三郡・

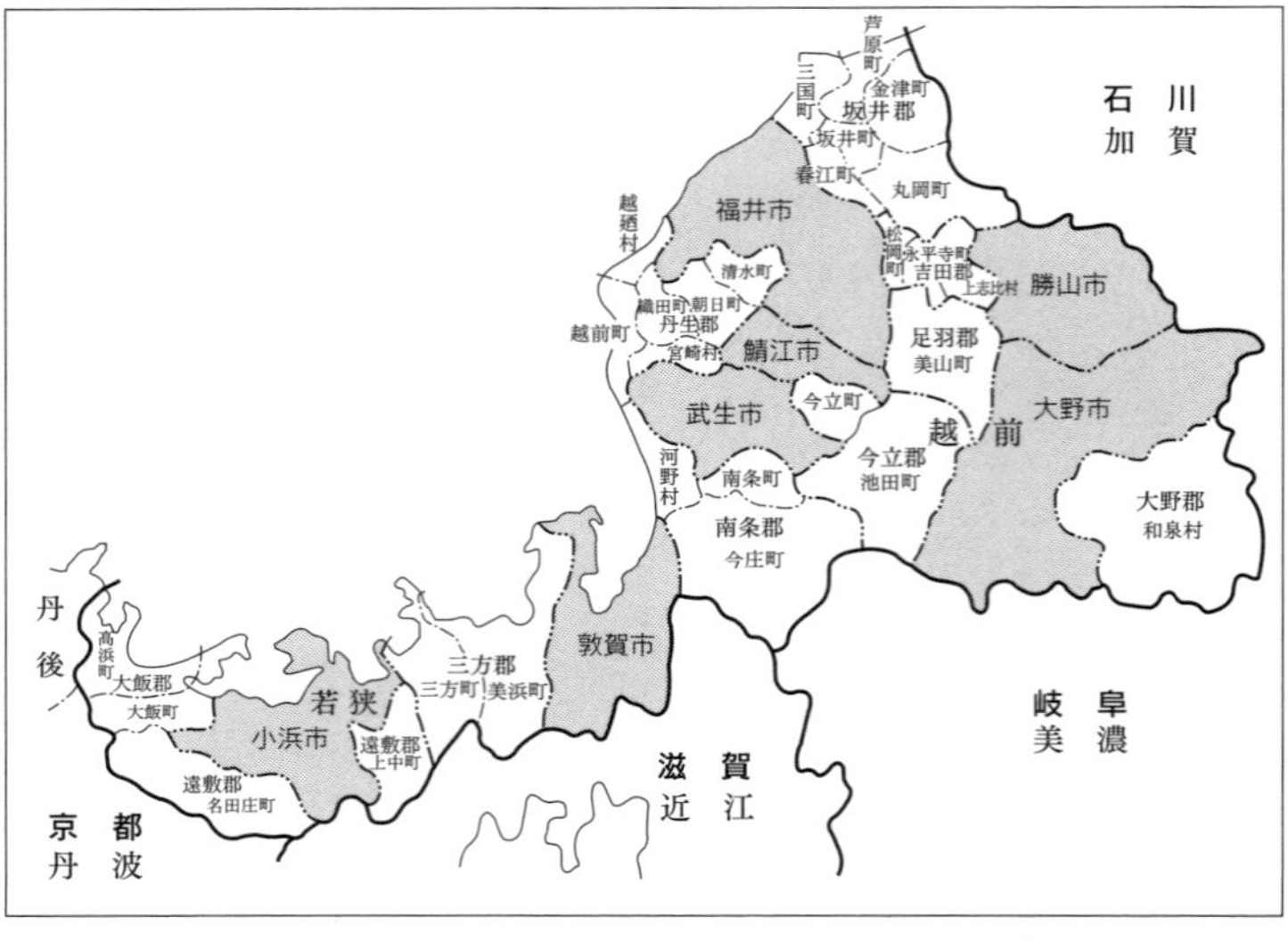

出典：『福井県大百科事典』附録

福井県の地図

今立・南条・敦賀郡）の二県に整理統合された。翌一二月には、福井県は足羽県と改称し、旧福井藩の領地である元足羽県に県庁が置かれた。県庁職員も参事村田氏寿、権参事千本久信をはじめ、旧福井藩士が大勢を占めた[六]。一方、敦賀県職員は、鯖江藩・小浜藩の出身者は少なく、旧本保県職員からの任用がほとんどであった[七]。二県への統合は、「江戸時代の細分化した領地支配の枠組みを取り払い、地域的にまとまりをもった新しい統治体制が築かれた[八]」象徴的な政策であると位置づけられている。しかし、一方の足羽県職員が、親藩の旧福井藩出身者で占められていたことを思えば、江戸時代の領地支配の枠組みを一新するような置県の導入は、段階を踏まずしては困難であったといえよう。

一八七三（明治六）年一月一四日に、敦賀県参事藤井勉三が提出した福井県併合の建白書が政府に採用され、福井県が廃止となり敦賀県に統合された（以下、統一敦賀県と称す）。統一敦賀県では、藤井勉三が権令に任命され、次席である参事には村田氏寿が就任した。敦賀県の県庁は敦賀に置かれ、足羽県庁は福井支庁となった。敦賀県の職員のうち大半を旧敦賀県職員が占め、足羽県出身者を上回った[九]。この統合に、新しい政策を地域に定着させようとする政府の思惑があったことは大方予想がつく。事実、統合により足羽県職員の大部分が県庁を去り、名実ともに福井藩は解体されたのである。敦賀県誕生に際し、県庁を敦賀に設置したことは、「越の大山」とも呼ばれた木ノ芽嶺を挟んで、嶺北・嶺南という地域対立を生み出した。この背景には福井藩と小浜藩の対抗意識があり、府県の成立が新しい地域呼称を生んだ典型的な事例であると言われている[一〇]。

このような地域対立に加え、敦賀県発足直後の一八七三（明治六）年三月に大野郡で真宗門徒を中心とする大騒動が発生し今立郡、坂井郡へ波及した。大野・今立・坂井三郡は、福井県下でも真宗地帯として知られており、欧化策をはじめとする政府の強引な政策に民衆の不満や怒りが表出した。大野郡下で起こった「壬申地券」厭棄事件は、七月の地租改正条例後に全国で勃発した地租軽減運動の先駆的な役割を果たすものとされる。政府の政策に断固反対し、県令を更迭にまで追い込んだ「徹底的不服村」は、坂井・吉田・丹生・今立・南条の五郡下で計二八カ村にものぼった[一一]。このような民衆の激しい抵抗に対して、政府は一八七六（明治九）年八月二一日に敦賀県を廃止し、越前七郡を石川県に、若狭三郡と越前敦賀郡を地域的な結びつきが深い滋賀県に編入した。

石川県に編入された越前七郡では、越前自由民権運動の主導者杉田定一を中心に地租軽減運動が続けられ、一八七九（明治一二）年には「越前七郡地租改正再調査」を勝ち取った[一二]。明治一〇年代、福井は北陸地方における自由民権運動の中心であり、政府はその対応に苦慮することとなった[一三]。政府はこの地租軽減運動が一段落した段階で、石川県令千阪高雅の建言を受け、一八八一（明治一四）年二月七日に、福井県を置県した[一四]。これにより、現在の福井県域が成立する。ちなみに福井県域の確定は、現行の四七都道府県のうちで四〇番目であり、全国的に見ても五年ほど遅いものであった。県庁は福井に置かれた。旧福井藩出身者は福井県成立を歓迎したが、嶺南四郡にとっては不本意な結果であり、滋賀県への復県を求める運動が遠敷郡を中心に起こった。福井県の初代県令石黒務は、嶺北と嶺南の対立緩和のために腐心したと言われている[一五]。

このような福井県の成立過程および嶺北・嶺南の地域性と対立という特別な事情を視野に入れながら、当該地域の就学について検討する必要がある。

（二）嶺北・嶺南の地域性

福井県は前出地図から明らかなように、敦賀市を境に嶺北七郡と嶺南四郡に分けられる。江戸時代の福井県域の藩校には、小浜藩の順造館（安永三年創設）、丸岡藩の平章館（文化元年）、鯖江藩の進徳館（文化一一年）、福井藩の正義堂・明道館・明新館（文政二年）、勝山藩の成器堂・読書堂（天保一二年）、大野藩の明倫館・教授所（天保一四年）、越前府中の立教館・進修黌（嘉永六年）があり、小浜藩を除く六校が嶺北に位置している。なかでも親藩福井藩の藩校は、一六代藩主松平慶永の治世に横井小楠を師に迎え「政教一致・文武不岐」というスローガンの下に藩校改革を行い、自然科学系の学問修得を奨励した。維新後は新たな文武学校への再編制を行い、米国人理化学教師グリフィスの着任後、明治四年二月の藩校改革では、四民一途を唱えて近代的な学校への道を模索した。福井藩では、維新後の家格廃止により、個人の能力により役職に就けるというシステムがほぼ確立し、学問による立身出世がすでに定着していた点に大きな特色がある。この他、大野藩も洋学に優れた人材を養成し、幕末には貿易で利益を上げている。また、福井藩領の越前府中（武生）は、後に東京帝国大学総長になった渡邊洪基や法学博士斉藤修一郎らを輩出し、明治一〇年代には自由民権運動も活発であった。

藩校が盛んであった嶺北に比べ、若狭湾を臨む嶺南では小浜藩校が開設されていたが、その内容は取り立てて際立ったものはない。小浜藩は国学者伴信友を輩出しているが、伴が本居宣長に師事したように京都・大坂へ出向いて学問修業につとめる者が多かった。また、東大寺二月堂へお水を送る神事に代表されるような伝統行事も多く、古代から奈良・京都との文化的な結びつきが強い地域といえよう。

ところで、各郡市町村誌九四誌の調査によると、就学告諭に関する記述は圧倒的に嶺北に多い。これは藩校が当該地域に多かったことと相矛盾するように見える。後述のように、例えば福井藩域では民衆の郷校入学が奨励されるなど、学制以前に町村レベルでの就学が奨励されており、廃藩置県後も既存の教育施設に通い、学制布告書により新たに就学を奨励される必要性がない地域も多々あった。しかし、前述のような嶺北地方における政府への根強い抵抗と自律性を考えれば、このような既存の教育に対しても、新たに政府の学制布告書を発布し、就学を徹底することにより、旧藩勢力の一掃を図ったのである。旧藩時代の教育との断絶を民衆に意識させ、政府の政策の浸透を狙ったといえよう。

また、これら政治的事情に加えて、嶺北地方は山間部も広く、就学困難あるいは無関心な人々も多く、就学告諭を改めて布達した要因として、「地域差」もあったことを把握する必要がある。

いずれにせよ、政府は、度重なる県域の変更とそれに伴う県職員の任用により、藩政時代のシステムと人材を地域から一掃し、新しい社会秩序を定着させようとしたのである。嶺南と嶺北の就学告諭に関する数的な違いも、このような地域差によるところが大きい。

福井県では、これら地域的な事情をどう克服し、どのように就学率を上げるかが、各県権令・参事の手腕に委ねられたのである。

三　足羽県・敦賀県の就学告諭

（一）足羽県

①足羽県参事・敦賀県参事　村田氏寿

廃藩置県の福井藩域を中心とした若越五郡をとりまとめたのは、足羽県参事に就任した元福井藩士村田氏寿（文政四～明治三二年＝一八二一～一八九九年）である。村田は敦賀県参事も併せて、一八七三（明治六）年一二月まで、参事職をつとめた。福井藩では、藩校明道館助訓導師に任ぜられ、橋本左内とともに教育改革を推進し、横井小楠招聘のために熊本藩へも赴いた。維新後は、福井藩大参事をつとめ、藩政改革の第一線で活躍した。廃藩置県後、一八七三（明治六）年一月まで足羽県参事を務め、足羽県が廃され敦賀県に合併後は敦賀県参事に就任し、敦賀へ赴任した。同年一二月、岐阜県令に任命されたが、同月内務大丞に任命され上京した（一六）。村田は藩政時代には藩校改革の実績があり、学問のみならず学校行政にも明るかった。村田の足羽県参事時代は、旧福井藩出身者が県職員の大多数を占めており、県政をはじめ教育政策に関しても旧福井藩の延長線上にあったと考えられる。

②学制以前の就学告諭

福井藩は、明治四年二月の学制改革により四民平等を謳った小学校・中学校を設立した。これに先立ち、明治三年九月には、藩内へ広く郷学を設け、民衆子弟を入学させよという藩文書を配布している。足羽郡足羽郡椙谷村（現、福井市椙谷町）の上田重兵衛家文書(一七)に、藩民政局作成の文書三点が収められている。三点とも、藩内配布を前提として刷物の形で作成されているが、書肆を通して販売された形跡はない。

椙谷村は、足羽川中流に位置し、村高は二七七石余で、上田家は朝倉時代から郷士、頭百姓と伝えられている。学制期には戸長をつとめた。「封内告諭の大意」（明治二年三月）、「坊長肆長心得書」（明治三年九月）、「郷学教諭大意」（明治三年九月）、の三点が上田重兵衛に下賜されたのは、里長をつとめた明治三年ではないかと考える。里長は、郷長の下に置かれ、村長の上の役職であった。

「封内告諭の大意」は、「惣会所并商法会所御取立」のために「封内の民」、「万民」が「朝早く起き職業を励ミ物産を仕出」すなど、農商ともそれぞれの職分を尽すことを告げ諭したものである。商法会所は民間に設けられた施設であり、由利公正らによる藩政改革と連動して民政局から出されたものである。

「坊長肆長心得書」では、冒頭で「夫れ坊長肆長《ほうちやうしちやう》等の市民《みん》に於《おけ》る、猶士官《なほしくわん》の卒伍《そつご》におけるが如し。之《これ》を視《み》ること皆己《おのれ》が子弟のごとく憂苦《ゆうく》《うれひくるしみ》を分ち、歓楽《くわんらく》《よろこびたのしみ》を共にすべきは固《もと》より論《ろん》ずるを待《また》たず」と、「市民」に対する「坊長、肆長」の責務を説いた。坊長は旧町年寄、肆長は旧町庄屋の呼称とされる(一八)。地域の責任者は、五箇条の御誓文をはじめとする朝廷の御趣意を受け、藩内に郷学所を開設し、「市民」教育を行うことを求められた。

新《あらた》に郷学所をも御取建に相なり、広《ひろ》く教化《けうくわ》《をしへ》を布せらるゝ折柄なれば、市民をして各郷学所へ出頭せしめ、子弟たる者孝悌の行を脩《おさ》め素読書数《そどくしよすう》の業《げう》に就《つ》くべきは勿論《もちろん》父兄たる者も講義《こうしやく》を聴き是非《ぜひ》《よきとあしきと》を弁へ、何れも追々知識《ちしき》を開き、西洋諸洲の事情《じぜう》《ことがら》に通じ、世界《せかい》の有無を交易し、上下公《おほや》けの利益《りやく》を興《おこ》すを以て目的《もくてき》《めあて》となすべし。乍去《ながらさり》今日俄《にわか》に其家の貧富《ひんぷ》に拘《かかは》らず悉《ことごと》く其業に就かしめんも亦其宜《よろしき》に非《あら》ざれば、今暫《しばら》く市民を三等《さんとう》に分《わか》ち、最《もっとも》富る者を以て上戸《じょうこ》とし、其次を中戸《ちゅうこ》とし、又其次を下戸《げこ》とし、中戸以上の子弟は勿論父兄たる者も職業の暇《いとま》には精々《せい〳〵》郷学所へ出席《しゅっせき》せしめ、下戸の分は其志願《しぐわん》《こころざしねがい》にまかせ、勝手《かって》に出席致さしむ様、其々《それ〳〵》心を用《もち》ひ取計可申。如此《かくのごとく》なれば漸々《ぜん〳〵》御趣意も貫徹《くわんてつ》《つらぬき》し、民人《みんじん》自ら善道に趣き、商買の術《じゅつ》《みち》に於ても萬国《ばんこく》の公法《こうほう》に帰《き》し、風俗敦厚開化文明《ふうぞくとんこうかいかぶんめい》《ならはしあつくひらきあきらか》に到るべし。猶又其教導《けふどう》《をしへみちびく》の大意は郷学教諭《ゆ》の篇《へん》にも荒増《あらまし》記したれば、其旨をも相心得勉励尽力《べんれいじんりよく》《つとめてちからをつくす》いたすべく候事〔**資 18-1**〕

入学の対象となるのは「市民」の子弟であり、「孝悌の行」、つまり修身と読書算を学ぶ。父兄の聴講も許され、物事の善悪を弁え、知識を習得することが目的とされた。前出の「封内告諭の大意」の「惣会所弁商法会所御取立」を意識してか、西洋との商業貿易、つまり殖産興業、富国を目標に掲げ、文明開化による「市民」の育成を期待したのである。「市民」の構想は、横井小楠の政治思想を背景としたものであり、横井の「公共」の思想は、由利をはじめ、明治初年の藩政改革の根本思想と捉えられる（一九）。子弟を一律に就学させるのではなく、各家の貧富の差により出席を考慮するなどの便宜を図った。貧富の差により「市民」を上戸・中戸・下戸の三等に分ける法は、福井藩の特色の一つでもある。愚民としての差別ではなく、就学を徹底させるための配慮であったと考える。

最後の一文に「教導の大意ハ郷学教諭の篇にも荒増記」〔**資 18-1**〕と記されていることから、この「心得書」が、「郷学教論大意」とセットで配布されたことが裏付けられる。『福井県教育百年史』では、坂井郷長野村勘左衛門から下森田里長鈴木勘兵衛に宛てた「坊長肆長心得書」・「郷学教諭大意」を引用しており（二〇）、同文書が里長レベルで広く流布したであろうことを裏付けている。

「郷学教諭大意」は、「坊長肆長心得書」にある「市民」教育について、さらに具体的に解説している。

今般王政《わうせい》御復古《ふくこ》《天子のごせいじむかしにかへる》の折柄、郷学所御取建《けうがくしよおんとりたて》に相成、普《あまね》く子弟を御教《をしえそだて》育有之候《いくこれあり》上は、如何《いか》なる卑賤《ひせん》《いやしき》の者といえども志願《しぐわん》《こころざしねがひ》の輩《ともがら》は入学差許《にうがくさしゆるし》候間、厚《あつ》く御趣意《しゆい》を奉戴《ほうたい》《うけ》して、産業《さんげふ》《すぎはい》の暇《いとま》には懈《おこた》らず就学聴講《しうがくちやうこう》《つきまなびこうしやくをきく》等いたし、其聴受《ちやうじゆ》《きくうけ》したる処を巳が身に引当《ひきあて》て、互《たがひ》に討論《たうろん》《はなしあい》し能々《よくく》義理《ぎり》を明にし、吾《われ》と吾実行《わがじつかう》の研究《けんきう》《みきはめ》を致《いた》す様にすべし〔資料18-2〕

とあり、郷学所で「普く子弟」を対象とした教育を実施することを謳っている。学習内容については「博識《はくしき》に誇《ほこ》るなどの念《ねん》は努々《ゆめく》起《おこ》らぬ様に心掛《が》くべし」と述べ、「日用切近《にちやうせつきん》《てぢかき》農商必要《ひつえう》《かんじん》の書類《しよるい》を読」むことを勧めた。

農家にては耕作《こうさく》の道は勿論《もちろん》、水利を興《おこ》し荒蕪《くはうぶ》《あれたるとち》を拓《ひら》き、菓菜桑楮《くわさいさうちよ》《くだものなくわかふど》の類、風土《とち》の宜に随ひ培植《ばいしよく》《つちかいうえ》する事などを発明《はつめい》し、商家にては商法を明らめ、産業を広め、総《そう》じて信義《しんぎ》を本とし姦曲私利《かんきよくしり》《よこしまにゆがむみがつて》に陥《おちい》らず、永く富《とみ》を保《たも》つ事を旨《むね》とすべし〔資料18-2〕

と、その職業に応じ、実用に役立つ学問の必要性を具体的に易しく説いた。教育の目的は「身を守り家を保つの道」であり、王政復古の御趣意とも一致するのである。

福井藩の郷学所は幕末にも構想があったとされるが、具体化したのは明治に入ってからで、明治四年五月には、棗村で郷学所が開校している(二一)。この他福井市域では、六校が確認できる。郷学所の設立奨励の方針は廃藩置県後も受け継がれた。その多くは教育施設の未発達な農村に設けられ、学制発布後の小学校の前身となったことが指摘されている(二二)。

③学制期の就学告諭「農商小学大意」

福井県史・市町村史の調査では、学制布告書そのものは未だに見つかっていない(二三)が、明治五年一〇月に足羽県参事村田氏寿により布達された「農商小学大意」は、学制布告書に代わる告諭書として戸長レベルに配布されたものと考えられる。「農商」に限定した点に、足羽県の実態がうかがえる。

冒頭の文章から、この大意が学制布告書を受けて書かれたものであることが判明する。「大意」では、学制が「邑《むら》ニ不学ノ戸ナク家ニ不学ノ人ナカラシメンコト」を目的とし、四民平等、万人を対象としたものであることを確認し、旧来の教育対象、教育方法、教育内容を「平民一般ノ学問ニハアラス」と批判した。また、今日の国際的な環境において「学問ハ方今第一の急務ナレハ大イニ是マテノ旧習ヲ一新スベキ所以《ゆえん》ナリ」と、教育が国是であることを強調している。

是マテ学問ハ士人以上ノ事ニテ農工商及ヒ婦女子ニハ必用ニ之ナキ事ト心得居候族《やから》モ之アリ候、右様相心得候モ一応ハ尤《もっとも》ノ義ニテ、旧来ノ学問ト申セバ只管《ひたすら》漢学ノミノ甚難教道ヲ設ケ、幼稚ノ者ニモ人ノ材不材ヲ問ハス四書五経ヨリ史記漢書等ノ書ヲ習読致サセ候事ニテ、義理末タ解セサルニ文字ニ圧倒セラレ多分ハ中道ニテ廃止候故、畢竟《ひっきょう》右様ノ業ヲ成就致候トモ農商ニハ益ナキコトト一概ニ相心得候ナリ〔資**18-3**〕

旧来の教育内容は、農商には何の役にも立たないが、学制に基づく現在の農商の学問は日常生活に役立つ内容である

と人々を諭している。すなわち、

児童ノ業ト申スモ一通リ皇国日用普通ノ言語文字旁《かたわ》ラ西洋文字ヲモ習ヒ、及ヒ算術・筆道ヲ学ビ、人ノ人タル所以ノ道理ヲ始メ事ニ処シ物ニ接《まじ》ハルノ要領ヲ会得シ、太政官日誌・御布令文・新聞雑誌ノ類ヲ読テ今日朝廷御趣意ノ在ル処及ヒ時世ノ然ル所以ヲ知リ、翻訳《ホンヤク》ノ洋書類ヲ読テ外国ノ事情ヲ察シ、且商法物産ノ損益得失ノ道理ヲ悟リ、智ヲ開キ才ヲ興シ業ヲ昌《さかん》ニスル所以ノ財本ニシテ、之ヲ終リニシテハ家財富ニ国用タリ、上下文明、庁ニ争訟ノ声ナク家ニ和楽ノ色アルニ至ラシメントナリ、若シ夫レ学生ノ天性才質ニ由り、博学多芸ニシテ或ハ学士トナリ官員トナリ医師トモナルベキモノハ大中学ニ入リ、ソノ科目ニ就テ別ニ習学致スベキナリ〔資18-3〕

と、農商でも一通りの基礎教育と道徳を習得し、新聞を読み朝廷の意向や時務を知り、翻訳書等を読み外国事情に通じ、商業などの仕組みを理解し、知識を開き才能を伸ばし生活を豊かにする元手とすることができると説いた。また、農商でも資質により学士や官僚、医者となることも可能であり、才能のある者は小学の上の中学・大学に入って必要な科目を習得すべきであるとした。

「農商小学大意」の後半部分では、婦女子についても学問の必要性を諭している。

人生レテ六七歳ニシテ学塾ニ入ルマデハ多分母親ノ手ニテ生長養育致シ候事ニテ、固ヨリ小児ハ無我無知ノ者ニ候ヘハ、其教育ノ道ヲ得ルト得ザルトヨリシテ善キ人物トナリ悪キ人物トナルモ、皆先入主ト為ルト申シテ、教導ニ於テ大イニ関係之アル事ナリ、其上夫婿《ふせい》ヲ助テ家ヲ興ツモ治ルモ亦《また》皆婦人ノ重任ナレハ、御一新ノ今日ニ至リテハ婦人ニ学問之ナクテハ協《カナ》ハヌ義ナリ、然ルヲ是マデ婦人ニ学問ヲサスルハ益ナクシテ却《かえつ》テ害アリ抔《など》ト心得居候ハ大ナル誤リナレハ、父兄ニ於テモ右ノ御趣意厚相弁《わきま》ヘ、今般別シテ幼少ノ婦女子ニハ其旨説諭致シ、男子同様ニ入学修業致サセ候様可相心得候事〔資 18-3〕

就学前の家庭教育において賢母であること、また夫を助け家を守るための良妻であることなど、婦人への学問の必要性を説き、従来言われていた「婦人に学問をさせるのは益なくして却って害になる」という説を否定した。また、父兄へもこの趣旨を理解し、女子を男子と同じく小学校へ入学・就学させることを促した。

足羽県参事村田氏寿が、「農商」に対して就学告諭を出した目的は何か。「農商小学大意」からひと月後の一一月の布達にその理由をうかがい知ることができる。

壬申十一月廿日

今般文部省学制ニ基キ管内一般教則致改正ニ就テハ、士族社寺農商ノ内、従前読書習字等致授業候儀ハ一切可致廃止候、尤右御趣意ヲ奉シ改メテ致授業度望之者ハ其段中学校エ可申立事

壬申(明治五年)十一月八日　足羽県参事　村田氏寿

足羽県権参事　千本久信

郡中総代(原文一段書)　各区戸長　副戸長

先般太政官御布告之通、自今邑《むら》ニ不学ノ戸ナク家ニ不学ノ人ナカラシメ学問普及之御趣意ニ付テハ、銘々持区内

尚又《なおまた》精々申諭、従前郷学家塾等有之向ハ勿論、未夕無之向ハ最寄寺院家宅等仮ニ小学又ハ私塾ト致シ、六歳以上男女共学ニ就候様可致、右之趣早々取計之上、其次第当月二十日マテニ学区取締へ可申出事、

但、学区取締ハ当分、足羽郡・吉田郡・丹生郡ハ第一番中学区中学県下、大野郡ハ大野郡第一番小学大野、第二番小学勝山、其摸（最）寄次第申出、阪井郡ハ第一番小学丸岡、第二番小学阪井港其摸寄次第可申出事、

壬申十一月七日　足羽県参事　村田氏寿

足羽県権参事　千本久信〔資18-5〕

この文書は、学制布告書の趣旨を受け、まず、戸長らの管轄区内における就学の奨励を申し渡している。郷学所・家塾をはじめとし、施設がない箇所には寺院や家宅を小学校または私塾にするなどして、全員を就学させるように命じた。そして、区内の就学調査の結果を一一月二〇日までに各学区取締まで提出するよう求めた。学区取締として、中学・小学が指定されているが、当該地域に中学区が設置されたのは、敦賀県に併合された一八七三（明治六）年四月で、しかも第三中学区に区分されたこと、また、文書中、足羽郡など三郡を担う第一番中学区中学は、福井藩校明新館の後身中学校を指すと考えられることから、旧藩の組織がいまだに活用されていたことがわかる。翌八日には、学制に基づいて教則改正が実施されることが明らかにされ、従来の個人経営の寺子屋・塾などにおける授業の一旦中止の措置が取られた。これは個人経営の寺子屋・塾が、学制で規定された学習内容および方法を満たしていなかったためである。就学調査の結果が指定期日までに十分集らなかったこともあり、この二通は再通達された。

足羽県は、旧福井藩域のように四民平等が浸透し、郷学所が農村部にも開校した地域だけではなく、多くの後進地域を抱えていた。農商と婦女子に向けた「農商学大意」を敢えて出さなければならない理由はここにあったのである。

（二）敦賀県

①敦賀県参事・敦賀県権令　藤井勉三

明治五年四月から八年一月まで約三年間敦賀県参事・敦賀県権令をつとめた藤井勉三（天保一三頃～明治一四年＝一八四二頃～一八八一年）は、山口藩の出身で、山口藩出納署会計権少参事、同藩会計大属を経て、明治五年四月敦賀県参事となった。翌年一月足羽県の合併に伴い同県権令（県令欠員）に昇任し、一八七五年（明治八）広島県権令に転任した。足羽県が敦賀県に併合される以前の明治五年一一月に敦賀県参事として、敦賀港の重要性を強調し、両県を統合して県庁を敦賀に置くことを大蔵省に建言し[二四]、翌年一月に足羽県は敦賀県に編入されている。藤井は一八七五（明治七）年一月には実母病気看病のために敦賀を一ヶ月離れ、七月には自身の病気療養のために京都へ出かけるなど不在が多く、その職務は千葉小宮川藩出身の権参事寺島直が務めたと言われている。

②敦賀県の就学告論

敦賀県では、明治五年一一月、地域の実情に即した変則的な内容に小学規則を改正し[二五]、人々に就学を促した。第一則にその趣旨が記されている。

一　勉メテ文部省ノ学制ニ倣《なら》フヘシト雖モ、寒村僻土普及スヘカラサルモノアリ、故ニ変則ノ制ヲ設ク、通シテ之ヲ変則小学ト称ス〔資18-4〕

寒村や僻地には学制の普及はそのままでは覚束ず、改正はやむを得ない措置であると述べた。また第六則では、

一　貧窶《ひんく》困乏ノ民其子弟タルモノ、其父兄ト手足ノ労及ヒ生計ヲ与《とも》ニ共ニスルモノ、仮令《たとい》小学ノ童児小学ノ童児トハ総テ六才ヨリ十三才迄ヲ云と雖トモ富家《ふうか》ノ児孫ト同シク校中ニ消日スルヲ得ス、固ヨリ必然ノ理ナルヲ以テ、極富極貧ヲ四等ニ分チ別ニ左ノ方法ヲ立ツヘシ、

一等生徒　朝第八字(ママ)ニ出テ午後第五字ニ終ル、之ヲ九字生徒ト云フ、

二等生徒　朝第八字ニ出テ第十二字ニ終ル、之ヲ四字生徒ト云フ、

三等生徒　朝第七字ニ出テ午後第十字ニ終ル、之ヲ三字生徒ト云フ、

四等生徒　昼間業ヲ受ルノ暇ナク夜ノミ出校スルモノ、之ヲ夜学生徒ト云フ、

右疾病・事故・情実不得已《やむをえず》シテ準允《じゅんいん》ヲ得ルモノ、外、仮令貧窶困乏ノ小民タリト雖トモ定限中必ス出校受業セサルヲ免《ゆる》サス、又定限ノ外在校受業ヲ望ムモノハ素ヨリ妨ケ無カルヘシ〔**資18-4**〕

と定め、貧困家庭での児童労働に理解を示し、児童を学業成績ではなく貧富の差により四等に分け、就学への便宜を図った。フルタイムで就学する生徒を「九字生徒」、午前中だけの生徒を「四字生徒」、夜のみ出席する生徒を「夜学生徒」と呼び、事情にかかわらず所定の時間は必ず出席することを義務付けた。また、所定の時間以外にも希望者には授業を受けさせるなど、柔軟な対応を示し、児童の就学を徹底した。

しかし、貧困による不就学児童への対応策とはいえ、貧富の差による就学の区分、小学校での夜間就学や不規則な授業参加の承認など、学制布告書の理念からはかけ離れた規定が見られる。政府の新しい政策を普及させるために派遣された敦賀県参事藤井勉三であったが、敦賀県の小学規則は義務教育の理念は薄れ、就学優先の規定となっている。

四　統一敦賀県の就学告諭

(一)統一敦賀県(前期)

①一八七三(明治六)年六月　敦賀県令藤井勉三の就学告諭

一八七三(明治六)年一月五日、藤井勉三は文部省からの学校資金頒布を伝えるとともに、「学校《カクカウ》ノ義ハ人民一般教育《キヨウイク》ノ本」であり、「不学ノモノ有之テハ当人ノ不幸《フコウ》ノミナラス実ニ御趣意ニ背戻《ハイレイ》シ不相済義」〔資18-6〕と就学を諭した。同年六月には再度、学制布達の趣旨と就学奨励について布告を行った。

学問之急務タルハ既ニ昨壬申年大政官第二百十四号公布並文部省第十三号ヲ以学制布達有之候通ニテ人民各智ヲ開キ材ヲ遂ケ生ヲ治メ産ヲ興シ活業繁昌ニ可及基礎ニ候ヘハ四民一同男女ヲ問ハス先幼年之時ニ当リ小学ノ業ニ就キ後来ノ成業ヲ期シ奮発勉励可致儀ニ付昨年来追々小学設置ノ挙有之事ニ候ヘ共永久保護之方法未タ完全ニ至ラス依之今般更ニ別冊ノ通伺ノ上相定候条学区取締ハ勿論区戸長ニ於テ深ク御趣意ノ在ル所ヲ体認シ各家父兄ヲ懇諭シ各家父兄ニ於テモ学事ノ忽ニスヘカラサル所以ヲ会得シ常々学校保護ノ任ヲ負ヒ其子弟ヲ督責勧奨シ愈学事隆盛即今設置候小学ノ外尚追々増置シ邑ニ不学ノ戸ナク戸ニ不学ノ子弟ナク普及ノ御趣意行届候様篤ク注意可致者也

〔資18-9〕

学制布告書を引用し、各区の学区取締と戸長が父兄に子弟の就学を奨励するよう強く要請した。「就学督責」は学区取締の重要職務と規定されていたが、統一敦賀県（後期）の明治九年に「巡査学齢児童就学に協力のこと」〔**資18-14**〕を定め、授業時間中に徘徊している児童を見つけた巡査は、事情聴取し説諭するとともに、学区取締・戸長へ通報し、注意を重ねても聞かない場合はその旨県へ報告するよう定めている。

このように数度の就学告諭にもかかわらず、学制初期（明治六年〜八年）の就学率は五〇パーセントに満たなかった〔二六〕。またこの頃、政府に対する民衆の不満はピークに達し、明治六年三月に大野郡で真宗門徒を中心とした郷民騒動が発生し、今立・坂井郡に波及した。まもなく騒動は鎮圧されたが、政府に対する人々の反発は根強く、厳しい取り締まりにもかかわらず、就学告諭はさほど効果を発揮しなかった。

（二）統一敦賀県時代（後期）

①敦賀県権令　山田武甫

山田武甫（天保二〜明治二六年＝一八三一〜一八九三年）は熊本藩出身で、二〇歳で横井小楠に入門した。熊本県では現在も横井門下の四天王三秀才の一人として人々に親しまれている。熊本藩の会計権判事、小参事、熊本県参事を経て、明治五年内務省に出仕し、病気がちな藤井勉三の転出にともない、一八七五（明治八）年二月に敦賀県権令（県令欠員）となり、翌年八月の敦賀県廃止迄その職を務めた。敦賀県権令在任中には、後述する「議員規則」や「公学規則」など人民の利益に供するための県法制度を整備し、地方議会の充実に力を入れた。これは、幕末の横井小楠来福以来の「公論」重視の気風に加えて、山田自身が横井門人として学んだ「公共」の思想に支えられたことによろう。一八七五（明治八）年一〇月に太政大臣三条実美へ提出した建白書はその一例である〔二七〕。建白では政府の特権は認めながらも、「民心ニ感覚スル所」を察して、「公然不平ヲ唱フルノ権利アルコト」、すなわち人民の意見表明の権利について述べ、「公正」性を重視した主張を展開した。これは小楠の「公議論」を踏襲した思想であり(二八)、自由民権運動にも繋がる人民の「権利」思想を唱えた点に山田の特色がうかがえる。熊本へ帰郷後は、蚕業会社社長となり、また共立学舎を起こして後進の指導に当たり、熊本師範学校長も務めた。立憲自由党を結成し、自由民権運動にも奔走した。一八九〇(明治二三)年衆議院議員に当選し、弥生倶楽部に属したという異色の経歴である(二九)。

②学校の近代化と就学奨励

山田武甫は在任中に「議員規則」(明治八年三月一五日、全一二条)を設け、議論と多数決による議会を実現するなど、県制度の近代化を図った。学校に関しても、学校環境の整備を実施することにより、就学を促進しようとした。敦賀県布令書三十七号に、

一　小学授業法改正着手ノ条……

一　校舎器械追々完備ヲ要スベキノ条

校舎ハ幾間ニモ限界ヲ立テ凡ソ一間毎トニ同級ノ生徒ヲ集メ同級ノ業ヲ授クベキヲ要ス別ニ休息処ヲ置キ放課中ハ生徒ノ教場ニ在ラサルヲ良トス且ツ構営勉メテ善美ナルコトヲ要スルハ温涼子弟ノ体ニ適シ清潔子弟ノ目ヲ楽シマシメ学齢ノ童児日々学堂ニ昇ルヲ以テ無上ノ楽事ト思ハシメ不知不識学問ノ道ニ入ラシメンコトヲ期スルナリ若シ校舎隘汚ニシテ器械亦欠損シ教師ノ授業方モ懇親ナラズ一モ生徒ノ意ニ適スルモノ無キトキハ日々ノ登校ハ生徒ニ取テ獄舎ニ入ルノ思ヒヲナシ、終ニ倦怠ノ念ヲ生スヘケレハ各父兄ニ於テ時々子弟ト共ニ該区ノ校舎ニ登リ子弟受業ノ際ニ書籍器械童幼ニ適宜ナルヤ校舎ノ広狭授業ニ便利ナルヤ否ヤニ注目シ其足ラザル所ハ共ニ謀テ之ヲ補ヒ該区ノ小学ハ人物ヲ養成スルノ田畑ニシテ真ニ子弟ノ平居正室ト心得万般完備ニ至ルヲ要スヘシ

……

一　教員ノ善良ヲ撰ムヘキノ条

教員ハ我子弟ヲ教育シテ人タルノ道ヲ教ユル者ナレハ全ク父兄ノ重事ヲ委託セシ代理人ト相心得勉メテ善良ナル者ヲ撰ムヘシ教師善ナレハ子弟成立モ亦善良ニシテ且ツ速カナルベケレハ兼テ区会所へ申込置キ懇到ニ授業セル善良ノ教師ヲ乞ヒ受クベシ、之ヲ方今ノ急務トス〔資18-11〕

という規定が掲載されており、授業法の改善とともに、校舎を綺麗にし、生徒が「日々学堂ニ昇ルヲ以テ無上ノ楽事ト思ハシメ不知不識学問ノ道ニ入ラシメン事」とし、教材・器械（教具）なども欠損なく整備することが求められた。また、教員は父兄から教育を委託された代理人として「善良なる者」が就任することが期待された。

山田は、就学の責任を父兄・生徒にだけ負わせるのではなく、学区ならびに教員にも児童が喜んで登校する環境整備を行うよう、発想の転換を促したのである。

③一八七五（明治八）年三月二三日　敦賀県権令山田武甫の就学告諭

学校環境を整備する一方で、山田は県民に対し就学を諭した。敦賀県の学事隆盛を急務として、朝廷からの委託金により「人民愈々朝旨ヲ感戴シ奮ツテ開明ノ域ニ進歩スベキ」時期であり、父兄の職分は子弟を教育することであり、他県民に遅れを取らないように奮起を促した。また、「実地興学ノ景況監視トシテ追々官員巡視致サスヘク候条此旨相心得ヘキモノ也」〔資18-11〕とし、後日学校の進捗状況を監視するために官員が巡視する旨を付け加えた。

④「公学規則」の設置

権令山田武甫の政策として、際立っているのは、一八七五（明治八）年一二月四日付の敦賀県布達百三十三号で布告された「公学規則」である。

本年三月廿三日県第三十七号相達シ候通リ子弟教育拡張ノ為今般県庁下ニ於テ区長学区取締校長等会議ノ上其衆議ヲ参酌シ別冊之通リ公学一般ノ規則ヲ仮定候条爾来此規則ヲ遵守シ学事振興候様普ク告知ニ及フモノ也

但シ学齢就学不就学ノ規則ハ追テ相達スヘクモノ也〔資18-13〕

とあり、全三二章から成る「公学規則」が定められた。各章の内容は以下の通りである。

第一章〜第五章　小学訓導／給料、第六章〜第一〇章　予科試験手続／正科授業法伝習手続、第一一章〜第一四章給料、第一五章　訓導員数、第一七章〜第一八章　校舎／教場／器械、第一九章　学資＊、第二〇章　私学開業、第二一章　小学ハ裁縫ノ一科ヲ増加／満十二年以上ノ女児、第二二章　貧民＊、第二三章〜第二四章　小学事務、第二五章　村学ノ訓導＊、第二六章　受業料、第二七章〜第三一章　公学ノ権利＊（＊印は、詳細を後述したもの）

「公学規則」では、不就学の原因である貧困家庭に配慮した規定を設けた。例えば、第一九章では、

学資ハ実際ノ費用ヲ戸別ニ賦課スルモノトス然レトモ其課額ハ三拾七銭五厘ヨリ少ナカル可ラス尤内三銭ハ伝習所ノ学費ヲ支償スルコト従前ノ如シ　但従来醵金ノ名義ヲ廃シ実際課金割賦ノ方法ハ従前ノ通リ其土地慣習ノ式ニ拠リ処分スヘシト雖トモ概メ富ハ貧ヲ扶クルノ意ヲ失ハサルヲ要ス〔資18-13〕

とし、学費は戸別負担ではあるが、その土地の慣習に基き相互扶助が許された。第二二章では、「貧民ヲ教ユルハ半日

学校ノ体ニ倣ヒ多数ノ生徒ハ幾組ニモ之部分シ一組毎トニ二時間ツ、最下級ノ業ヲ授ケ直チニ放課スルモ妨ケナシ」とし、貧民の子弟は半日の就学、あるいは最下級の授業のみで下校を許した。

また第二五章では「村学ノ訓導ハ毎月一二回ノ日曜日ヲ撰ミ毎戸ノ父兄ヲ集メ其校内ニ於テ官省ノ公布及ヒ本県ノ布達等ヲ講読スヘシ　但撰日召集ノ手続ハ該区正副戸長ト議定スヘシ」と、休日を利用して地域の人々の啓蒙を図った。第二七章〜第三一章で定められた公学の権利では、学校設立の義務を怠れば、その学区は公学の権利を失うことになり、国の補助を受けることができず、関係町村は娯楽行事や祭式までも制限または禁止されるという厳しいものである。山田は、貧民に対する融和策を提示する一方で、学区に対しては公学としての権利と義務の遂行を強く求めたのである。

「公学」および「権利」の思想は、横井小楠の「公共」思想を基礎に、熊本洋学校の教師ジェーンズ、マンスフィールドらと交流により発展・構築したものとも考えられるが、推測の域を出ない。この時期、すでに岩倉使節団により、西洋の「公学規則」が政府に報告されており、その影響も否めないが、さらなる検討が必要である。

不就学に対して敦賀県は、一八七五（明治八）年一二月に「改正学区取締職制并事務取扱章程」を布令し、父兄・子弟に対する「説諭」を徹底した。第二条で「学区内ノ子弟ハ男女ヲ論セス満六歳ヨリ満十四歳ニ至ル迄ハ悉ク勧奨督責シテ学ニ就カシムヘシ」と学区取締の職務を確認し、第六条で「巡回先各地ノ正副戸長及ヒ父兄ニ学事ヲ説諭スル為メ該地ニ於テ他ニ差閊ナキトキハ臨時之ヲ召集スル事ヲ得ヘシ」と説諭の重要性を認識させ、第七条で「受持学区内ニ於テ一般ノ規則ヲ遵守セサル者アレハ再三説諭誨督ヲ加ヘ尚了解セサルニ於テハ本県ハ子細具状シテ処分ヲ乞フヘシ」［資**18-12**］と、最終的な処罰を県に任せることを規定した。

一八七六（明治九）年七月一〇日には、小学校則、小学教則、生徒出席行状点数規則、生徒試験規則、男女教授法区別、

小学校生徒心得、貧民教授規則、女児裁縫教授法、標旗標柱規則などを定めた「敦賀県教育規則別冊」が布告され、学事に関する制度はほぼ整えられた。

⑤学事会議における不就学論議

「公学規則」の規定は、学区取締も参加した県学事会議において決定された。大野地区の学区取締吉田拙蔵の日記によると、県議会開催後の議場を利用し、学区取締も参加した「学事会議方策」が一八七五(明治八)年一一月から全八回にわたり開催されている。「公学規則」の各章ごとに討議、議決された。不就学については、第五回目の会議で論議されている。

已ニ受業料ヲ定ムル時ハ又就学ヲ厳ニセサレハ不就学ノ者多キニ至ラントス、今其法ヲ設ル左ノ如シ

第一章　一般学齢ノ男女トモ不就学ノ者アラハ厳ニ之ヲ督責シ普ク就学セシムヘシ

但極貧ニシテ就学スル能ハサルモノハ隣家并ニ親戚ノ者及正副戸長其情状ヲ証スルニ於テハ当分就学ヲ猶予スル事モアルヘシ

第二章　一旦入学ストイヘトモ二ケ月ヲ連ネテ故ナク休業スル者ハ同シク不就学ト見做スヘシ

と、不就学の定義についても討議を重ねた。第六回目の会議では、就学困難な貧民の就学について、議論されている。

已ニ就学ヲ厳ニスルヘキハ別ニ貧民ヲ処スル法ナカルヘカラス、其法ヲ設ル左ノ如シ

第一章　貧民ヲ教ルハ半日学校ノ体ニ倣ヒ多数ノ生徒ハ幾組ニモ之ヲ部分シ、一組コトニ二時間ツヽ、最下級ノ業ヲ

授ケ、直チニ放課スルモ妨ナシ

とあり、第一章では、貧民への就学時間と教育内容が討議され、決議については、後日回しとなった。第二章では、不就学者に対する処分が検討され、次の案文が衆議された。

第二章　一般学齢ノ男女普ク就学ヲ要ストイヘトモ、尚学ニ就カサルモノアラハ其処置如何

管下学齢男女凡ソ七万余人、内就学スルモノ四万余人、之レヲ方今ノ民度ニ考フルニ貧民ヲ除キ其他一般子女ハ概ネ就学スルモノト看做ス、□□（不鮮明）レテ方今其残年不就学ヲ督責セントスルヘキハ其労多クシテ其功少ナク、然レトモ又督責ヲ要セスト決スレハ其害シ方尠ナカラス、因テ今日ハ只漸次勧奨ノミヲ以テセハ如何

但父兄ヲ責ムルニ左ノ法ヲ設ケハ如何

一　子弟ヲシテ学ニ就カシメサル父兄ハ公私二権ノ一部分ヲ欠クモノトス

一　学齢男女ヲ傭使スルモノハ子弟就学ノ権利ヲ妨クルモノト見做シ、壱人ニ付一ヶ年二十五銭ノ税金ヲ課シテ貧民生徒ノ学資ヲ扶クヘシ

最後に掲げられた不就学者に対する罰則二点、つまり、子弟を就学させない父兄から権利を取り上げること、学齢男女を雇用している者は就学の権利を妨げるものとみなし税金を科して、それを貧民生徒の学資に当てること、という案が出されたが、重い罰則のため、今回は廃案とし、後日会議にかけることになった。完成した「公学規則」と照合すると、罰則にある父兄の「公私二権」は娯楽行事・祭式であり、罰金の不就学児童一人に付き年二五銭は高額であることがわ

かる。学齢男女を雇用した側を「子弟の就学の権利を妨げるもの」とみなす考え方は、これまでにない視点であり、新しい「市民」としての権利を保障するものとして注目できよう。

権令山田武甫は、このように県議会、学区取締ら地域の代表を巻き込み、討議、決議を繰返しながら公学の普及に努めた。就学の権利を確保するために、罰則を設けた点が当該地域の特色でもある。学事会議については、一八七六(明治九)年から「教育県会」「中学区会」を年二回、「大区訓導会」を隔月で開催することが決定した。

五　まとめ

福井県の就学告諭は、置県による県域の変遷と権令・参事の性格により、その内容が大きく左右された。政府は廃藩置県以後四度の置県による県域の変更と県職員の任免により旧藩時代のシステムから新体制への転換を図ったが、地域の実情に合わず、就学率も伸び悩んだ。嶺北地方は福井藩を筆頭に藩政時代から「公論」を重んずる気風があったことから、政府は統一敦賀県の権令として、横井小楠に師事した山田武甫を任命する。権令山田による学校環境の整備そして「公学規則」の制定や教育会議の設置といった教育法制度の整備は、就学奨励策の一貫として有効的に機能した。「公学規則」で「就学する権利」を奪う者に対する罰則が厳しく規定されたことも、国や他県に先んじた大きな特色である。これら「公論」による議事進行・決定は先駆的なものであったが、権令山田の転出により後退を余儀なくされた。

福井県では、一八八一年(明治一四)年の置県以後、たび重なる布達により就学告諭が徹底され、就学率は上昇した。しかし、この一方で、嶺北地方で幕末に芽生え、明治維新で具現化した「下からの改革」による教育の系譜は断ち切られ、政府の中央集権化が進められたのである。

（熊澤恵里子）

註

（一）三上一夫は社会経済史的視角からの地域類型論、すなわち、「近世末期から近代にかけての農村商品生産の進展度のうえで、後進的な「東北型」地域と先進的な「近畿型」地域、それに双方の間に介在する「中間型」地域の三類型を考えた場合、福井県は、中部日本海沿岸の北陸諸県とともに、『中間型』としての地域性がはっきり認められる」と述べた。また、福井県下の諸地域について、「厳密には全地域を一括して同質の『中間型』とみなすことはできず」、「かなり農民層のブルジョア的分解が進む『近畿型』の様相を呈するものがあるのに対して、農民層がいちずに『貧窮分解』の窮乏傾向をたどる『東北型』的な地域も見出される」と指摘した。三上は「現福井市域を構成する大部分の旧足羽・吉田、一部の旧坂井・丹生の四郡」を『中間型』に分類している（『福井市史』資料編一〇近現代、解説Ⅱ、一九九一年、九〇〇～九〇一頁）。

（二）柳沢芙美子「学制期教育関係資料について―学制の布達と学校の開設―」『県史資料』第八号、一九九八年、六八～七九頁。

（三）①は、福井県内に布達された主要な就学奨励が掲載されている。旧福井藩域の資料を収集した『福井市史』（資料編一〇近現代）と併せると、二次資料はほぼ網羅される。

②は、一九〇九年刊行の『今立郡誌』から二〇〇四年刊行の『福井市史』（通史編三近現代）までの九四誌を閲覧した。各郡市町村誌の刊行が始まった一九〇九年は、福井県の就学率が九八パーセントに達した年である。不就学の理由として「子守・雇・住学等」があり、女児は裁縫学校に通学しているケースも少なくない。農村部では貧困を理由とした不就学も多く、明治三〇年代から四〇年代にかけて、貧困児童の経済的援助を目的として「学童保護会」の設置が相次いでいる。

南条郡鯖波村の戸長であった石倉家文書（福井県文書館蔵）にある一八七七（明治一〇）年の「中道小学」の不就学名簿には、生徒の不就学理由として「子守・極貧」などが目立つ。

③・④の調査では、県史および各郡市町村誌に記載された資料も含め、福井県内の家・団体・個人が所蔵する古文書（撮影）から対象となる一次史料を閲覧・収集した。前述③の調査では、近隣の各郡市町村誌や既刊本の記述を引用した形跡があるものや史料の所在が現在確認できないものなど、問題のあるものも少なからず含まれていたため、原史料を検討する必要性があった。特に家文書に関しては、『福井県文書館資料目録』（第一集　古文書一資料群）により、「組織歴および履歴」、「資料群の概要」などが詳細に紹介されており、就学告諭を把握する上で貴重な手がかりとなった。

④の調査では、学制以前の就学告諭については、既知のもの以外には見出せなかった。

学制期については、新史料として、大野の学区取締吉田拙蔵の日記「静斎日記」（大野市歴史民俗資料館蔵）にある「学事会議方策」を紹介する。「静斎日記」の初出は、吉田健・武澤雅子「明治期福井『県会』関係史料につい

就学不就学者名簿（明治10年・中道小学）②別所村

	続柄	年齢		続柄	年齢	不就学理由
1	長男	6.3	1	三女	11.9	病身
2	長女	8.12	2	四女	12.10	子守
3	五男	10.5	3	長女	6.4	子守
4	六女	6.6	4	長女	12.0	子守
5	二男	5.1	5	四女	13.6	子守
6	三女	8.10	6	四女	13.2	子守
7	長男	10.6	7	長女	8.9	子守
8	五男	9.7	8	三女	10.10	子守
9	長男	14.1	9	二男	12.4	農業中休校仕候
10	二女	9.2	10	三男	8.8	子守
11	四男	6.9	11	三女	12.9	針ノ校ニ遣す
12	四男	5.9	12	二女	6.2	子守
13	長女	9.0	13	四女	6.1	幼弱
14	長女	9.4	14	四女	9.1	子守
15	三男	9.3	15	二男	8.9	—
16	五男	6.3	16	四女	9.4	—
17	三男	5.6	17	長女	12.10	—
18	四男	9.3	18	二女	8.10	—
19	三男	6.7	19	五女	6.2	幼弱

明治十年「中道小学就学不就学名簿」（石倉家文書から作成）

不就学者名簿（明治10年・中道小学）①阿久和村

	続柄	年齢	不就学理由
1	二女	13.9	雇
2	三女	9.9	極貧
3	二女	10.0	雇
4	嫡男	11.8	雇
5	長男	12.4	極貧
6	二女	10.0	雇
7	長女	10.11	雇
8	二女	7.3	極貧
9	二女	8.6	極貧
10	二男	13.10	雇
11	三女	11.10	雇
12	嫡男	12.11	極貧
13	三女	11.10	雇
14	長男	8.6	極貧
15	妹	14.0	雇
16	四女	7.11	極貧
17	長女	10.11	極貧
18	三女	9.0	雇

明治十年『中道小学生不熟《ママ》簿』
（石倉家文書から作成）
年齢は、「年．ヵ月で表記」

て」(『県史資料』第七号、一九九七年、五二～六四頁)である。「静斎日記」の所在は、福井県文書館の吉田健氏からご教示いただいた。

(四)福井県域の変遷に関しては、『図説　福井県史』(一九九八年)に詳しい。

(五)吉田健「明治初期福井県の職員関係資料」『県史資料』第二号、一九九二年、八四～八六頁。

(六)前掲『図説　福井県史』一八八頁。

(七)前掲「明治初期福井県の職員関係資料」八四～八六頁。

(八)前掲『図説　福井県史』一八八頁。

(九)前掲「明治初期福井県の職員関係資料」八四～八六頁。

(一〇)前掲『図説　福井県史』、一九四～一九五頁。

(一一)前掲『福井市史』資料編一〇近現代、解説Ⅱ、九〇五頁。

(一二)同前。

(一三)三上一夫は「旧福井藩政治支配層が示した、『公議輿論』尊重の『公議路線』の立場から

不就学者名簿(明治10年・中道小学)③

	続柄	年齢	不就学理由
1	長女	7.3	子守
2	長女	11.6	奉公
3	二女	8.2	子守
4	二女	9.6	子守
5	三女	11.8	子守
6	三女	8.7	病身
7	二女	13.2	武生針校
8	長女	12.2	子守
9	二女	13.7	池ノ上村口針校
10	三女	11.8	子守
11	長女	5.9	子守
12	長男	8.2	子守
13	長女	13.2	金粗村針校
14	二女	11.8	奉公
15	三男	10.0	奉公
16	長男	—	奉公
17	二女	7.7	子守
18	長女	11.3	福井針校

「第13番中道小学不就学の部」(石倉家文書から作成)

する明治政権の藩閥化・専制化に対する厳しい批判的動向、加えて、被支配層の『民衆＝農民・町民コース』による越前護法大一揆、および地租軽減運動、さらにそれに連係する越前自由民権運動へと続く一連の動きこそ、まさしく「下からの近代化＝真の近代化」を志向するものであった」と述べている（同前、九〇七頁）。

（一四） 同前、一九五頁。

（一五） 同前。

（一六） 村田氏寿『関西巡回記』一九四〇年、非売品、早稲田大学中央図書館蔵。

（一七） 前掲『福井県文書館資料目録第一集』古文書一資料群、二四四頁。

（一八） 前掲『福井県教育百年史』第一巻通史編（一）、一九九頁。

（一九） 横井小楠の「公共」思想については、志村正昭「横井小楠における国家構想の考察―『人情』『交易』『公共』―」（『横井小楠研究年報』第二号、二〇〇四年、二一～五〇頁）、斉藤一史「横井小楠における『公共』思想と実践」（同前、第三・四合併号、二〇〇七年、二九～五〇頁）を参照のこと。

（二〇） 同前。

（二一） 棗村誌刊行委員会『棗村誌』前編、一九六六年、七八四頁。

（二二） 『福井市史』通史編三近現代、二〇〇四年、一五五頁。

（二三） 前掲「学制期教育関係資料について―学制の布達と学校の開設―」。

（二四） 「明治五年一一月大蔵大輔井上馨宛書簡」公文録、国立公文書館蔵。

（二五） 前掲『福井市史』資料編一〇、五二八～五三一頁。

（二六） 「明治初期における学事統計」同前、二七〇頁。

（二七） 「金禄ノ議建白」国立公文書館蔵。

（二八） 山田武甫が県会を開設し、「できるだけ民意をくみ込んだ県政に力を注いだ」ことは、三上一夫により指摘されている（「明治前期、越前・熊本の自由民権運動にみる横井小楠路線」『福井工業大学研究紀要』第二六号第二部、一九九六年、七三～七四頁）。

（二九） 山田武甫に関する論考は管見の限り、花立三郎「山田武甫―熊本実学派の人々」（日本思想史懇話会編『季刊　日本思想史』第三七号、一九九一年、二六～四五頁）のみである。

第四節　愛媛県の就学告諭

一　本節の課題

本節で取り扱う愛媛県は、維新期から学制期にかけて比較的数多くの就学告諭を出した県の一つである。またその内容には、他府県では見られない特徴をみることができる。本節では、愛媛県の就学告諭を紹介し、地域的な特色がどのように反映されているのか見ていくこととしたい。

愛媛県の就学告諭に触れた先行研究としては、愛媛県史編さん委員会編『愛媛県史』、愛媛県教育センター内教育史編集室編『愛媛県教育史』などが挙げられる。ただし、就学告諭についての言及は部分的なものに限られており、その全体像を整理し、全体的な傾向や特徴を明らかにした研究は見られない。

愛媛県の就学告諭の一次資料として挙げられるのは、神山県、石鉄県、愛媛県それぞれの布達達書のほか、『府県史料』の稿本である神山県紀、石鉄県紀、愛媛県紀などがあり、これらは愛媛県立図書館に所蔵されている。また、その他国立公文書館所蔵の『府県史料』(『愛媛県史料』)がある。

本節では、神山県・石鉄県期に出された就学告諭を取り上げた後、愛媛県成立後における就学告諭について整理していくこととする。それぞれの就学告諭に見られる特徴的論点や、愛媛県政におけるキーパーソンに着目しながら、就学告諭を紹介していく。

二　愛媛県の成立

明治四年の廃藩置県により、伊予国では八藩が廃止となり、宇和島、大洲、吉田、新谷、松山、今治、西条、小松の八県が設置された。その数ヶ月後には、県の統廃合が行われ、同年一一月に松山県以東の四県と旧幕領(丸山県管轄)は松山県に統合され、大洲県以南の四県は宇和島県に統合された。明治五年には、松山県を石鉄県に、宇和島県を神山県に改称した。明治六(一八七三)年、神山県と石鉄県が合併され、愛媛県が成立した。

こうしたあわただしい旧藩領域の統合中で、愛媛県では各地で農民騒動が起こっている。明治三年には、貢租の減免などを要求した野村騒動(宇和島藩)、明治四年には、旧藩知事の留任を求めた大洲騒動、久万山・久米騒動(松山藩)があった。明治二年の凶

図　伊予八藩分布図(幕末)

出典:『愛媛県史』資料編　近世　上、九三五頁。

作により貧困にあえいでいた農民層は、明治維新後の新政府の諸政策に不安と反感を抱いていた[一]。そうした諸政策の中の一つが近代学校教育制度の施行であったことは言うまでもない。後述するように、そうした地域住民の動揺から学校教育についての風説が生じたことが、就学告諭の内容に見る事ができる。

一八七三(明治六)年の愛媛県設置にともない、旧神山県権参事の江木康直が愛媛県参事となった。政府は参事、権参事、七等出仕などは旧神山県から横滑りさせて任命した[二]。翌年一一月には岩村高俊が権令に任命された。岩村は五年半の間、愛媛県の県政を担い、「平民長官」あるいは「民権々令」などと謳われた人物である[三]。

愛媛県における就学告諭は、学制公布後に出された神山県と石鉄県の時期から、その後愛媛県成立後の岩村県政にかけて見ることができる。

三　愛媛県成立前の就学告諭

(一)学制公布前後の教育状況

近世における伊予の蘭学受容の中心的な役割を果したといわれる宇和島藩では、シーボルトに蘭医学を学んだ二宮敬作がその中心人物であった。天保元年に長崎より帰藩し、東宇和郡卯之町で蘭学や蘭医学を門下生に授けた。この二宮の招きで嘉永元年に、高野長英が宇和島に来着しており、訳業と講義を行った[四]。しかし、高野の門下生として蘭学を学んだ大野昌三郎は、その後蘭学より英学を重視するに至っている。このことに示されるように、宇和島藩では蘭学受容から英学受容への移行があったと見られている[五]。

このような学問の転換が見られる幕末維新期において、藩校が士庶共学へと改革され、郷校が設立されるなど教育の近代化が進みつつあった。

宇和島藩の藩校明倫館は、明治元年校則改正によって洋学を開設し、翌年には卒や市郷の者にも入学を認めた。朱子学を教学の方針としていた松山藩の明教館においても、明治二年に皇学、漢学、洋学、医学を置いた。また、以前は徒士以上の子弟に限り入学を認められていた規則を変更し、庶民にも入学を許した。その他、今治藩の克明館も同様の改革を行っている(六)。

維新期には郷校の設立も盛んに行われた。今治藩は、明治二年に越智郡郷校、今治郷校、宇摩郡郷校を設立した。同年に今治藩が出した領民に出精を求める告諭の中で、以下のように、郷校入学を勧奨している。

今般郷学校ヲ開キ、各タチニ徒ニ遊食致シ候テハ不相済ノ筋、其職分ヲ守リ奉公致ス之道、上を尊ミ人ヲ敬ヒ、互ニ相親ミ喧嘩口論等ヲ不致ス、素直ニ附合、安穏ニ立渡リ候儀ヲ教へ導申候間、職業之暇ニハ必ズ学校ニ入リ、謹テ教戒ヲ相受ケ候様可致候、其内衆人ニ抜シテ、相顕レ候者ハ士分ニモ取立可申候(七)

上記のように、飲食にふけらず、職の隙に郷校に必ず入るよう諭し、優秀な者は士分に取り立てるとしている(八)。宇和島藩宇和郡では、すでに文久三年に申義堂が設けられている。これは、「漢学塾と習字塾の合わせられた、いわゆる幕末から明治維新にかけて急速に発達した私塾の一つ」(九)とされており、明治三年、宇和郡卯之町の有志によって宇和郷校と改称した。宇和郷校は、学制後は開明学校として学制に基づく小学校となった。

明治五年八月、学制が公布されると、神山県、石鉄県はそれぞれ小学校の設立と就学勧奨に取り掛かった。

(二) 神山県の就学告諭

神山県では、学制が公布される三ヶ月前に、「普通之学科」に基づく教育を進めようとしていた。明治五年五月に以下のような布達をしている。

今此学校ノ如キハ不日、皇国内一般之学則文部省ヨリ御発令あるへしと雖、童蒙之輩講習一日モ廃ス可ラス、故ニ暫ク適宜ヲ以テ学制を立童蒙ニ教ゆルニ普通之学科を以てし、普く天下之情態をならしめ、是を専門学科にとるの階梯となし、文明駸々の路を闢き天下の材用ニ供スルを主とす類也(一〇)

つまり、神山県では「不日」に文部省が学制を定めることを把握しており、それに先立って学則を設け「童蒙」を対象として普通教育を行おうとした。さらに、「普通之学科」が「専門学科」の階梯として理解されている。この布達では、学則を定めた部分で、「士族卒平民ニ不拘」入学を許可し、開業は六月五日と記されている。

明治五年八月に学制が公布されると、同年九月に父兄に対して子弟を学業に従事させるよう以下のような就学告諭を出した。

一統御主意柄厚ク奉体シ貧福貴賤ヲ不論凡父兄タル者ハ其子弟ヲ勧誘シ同心協力シテ追々一般学業ニ致従事候様可相心得候尤施設ノ緩急ニ至リテハ速成ヲ期セス漸次大成候様追々相達候儀モ可有之候得共先此段相達候也〔資38-2〕

「速成ヲ期セス漸次大成候様」という部分から、当時学校を開設することが困難な状況にあったことが読み取れる。

そうした状況の一つの要因は、学校設立・維持費の捻出であったと想像される。

同月に定められた「小学規則・学費捻出方法」（二二）では、「小学ハ本校支校ノ二等ニ区別」することとし、「本校」を宇和島と大洲に設置し、「支校」は「漸次ニ各所ニ設クヘシ」と定めている。「支校」には男女六歳以上一三歳または一四歳以下の児童の入学を許可している。他方「本校」においては、「支校」での学科を修了した男女一四歳以上の者の入学を許可していることから、「本校」は中等教育に相当するものとして構想されていたことが分かる。「支校」の設立維持費としては、生徒から徴収する授業料のほか、寄付や集金によって賄うよう定めている。とりわけ、貫属士族については、家禄に応じて集金の金額を定められ、士族層からの支出が期待されていた。

さらに神山県は、明治五年一〇月に、貫属士族に向けて学業に励むよう就学告諭（「士族産業等ヲ営ムヘクノ件」）を出している。

　今ヤ士族ト云フモノハ若干ノ俸禄ヲ費シ放食逸居学ヲ修メス業ヲ勉メス温飽自安シ絶テ事トスル所ナシ士族ノ各偶以テ遊惰無用ノ人タルヲ顕ハスノミ今朝廷百弊ヲ除革シ諸事ヲ更張シ天地ノ間一モ遊民ナカラシメントノ御主意ニ付今日ニ当リ豈予メ前途ノ目的ヲ定メサルヘケンヤ今県内士族ノ情態察スルニ少壮ノ者間ニハ学業ヲ修メス又活計ヲ営マス酒色ニ沈湎シ放蕩懶惰以テ自カラ是トスル者アリ蓋シ朝廷大ニ学校ヲ設ケ天下ノ人ヲシテ皆学業ニ従事セシメ以テ他日ノ用ニ供セントス一日ト雖トモ士族ノ名ニ居リ若干ノ俸禄ヲ受ケナカラ其事トスル所反テ諸民ノ下ニ出ツ豈恥ツヘキノ甚シキニアラスヤ願クハ向後上朝廷ノ御主意ヲ奉体シ下ハ一身一家ノ計ヲ思ヒ独立自主ノ人トナルヲ期スヘシ〔**資38-3**〕。

上記のように、県内の士族には「学業ヲ修メス又活計ヲ営マス酒色ニ沈湎シ放蕩懶惰以テ自ラ是トスル者」があるとの現状認識が示され、今後は「朝廷ノ御主意ヲ奉体シ下ハ一身一家ノ計ヲ思ニ独立自立ノ人トナルヲ期ス」ことが述べられている。

神山県では、上記のように就学告諭によって士族に対する学業の奨励を行う一方、他方では学区取締が「市郷」を回り、地域住民に学校設立を促した。(□は判読不能箇所を示す)

先般学制被　仰出及布告候通追々市郷へモ設立ニ相成津島御庄方ニ於テモ過日来学区取締出張申付有志之者協力既ニ□之校ハ設立之方向モ略相立候猶此上成功ヲ期し役方之者ハ勿論有志之者□勉励小前末々迄モ御主意柄篤と説諭致ス□□漸次大成候様尽力可致猶又別紙相添及布達候也(二二)

上記の資料(「学校設立スヘキ様説諭ノ件」)は、明治五年一一月一一日の布達であるが、ここには、旧宇和島藩の津島と御庄に学区取締が出張し、これに有志の者の協力があって、学校設立の方向に向かっていることが示されている。

しかし、順調に学校設立が進められた訳ではなかった。先述のように、神山県は、士族層に対して学資金の支出と学業の奨励を行ってきたが、学資金は充分集まらなかったようである。後で詳しく触れるが、愛媛県成立直後の一八七三(明治六)年二月二八日に、寄付を求める就学告諭(「学費寄附ノ儀ニ付告諭」)をだしている。学校設立維持のための資金の収集については、愛媛県が成立した後も、大きな課題として残されることとなった。

(三)石鉄県の就学告諭

石鉄県では、学制を受け、小学校設立や就学勧奨を行うため、明治五年九月に「学区取締規条」を定めた。この「規条」では、「各受持処ノ区内学ニ就クヘキ者ヲ精検シテ詳ラカニ名簿ヲ作リ、且ツ之ヲ勧誘シテ以テ学ニ就カシムヘシ」ことなどを学区取締に命じている(一三)。しかし、資金難のため、学校開設は順調には進まなかった(一四)上に、学校教育に対する地域住民の不安に由来する風説によって、「子弟」の就学が妨げられていた。石鉄県は、一八七三(明治六)年に「就学ノ儀ニ付無謂流言ヲ信セサルノ件」と題して、以下のような就学告諭を出し、一三歳以下の者が外国へ行かされるというような風説があるが、そのようなことはないので、安心して児童を就学させるよう説いている。

学校設立ノ儀ハ厚キ御趣意ニ付就レモ致勉励子弟ヲシテ各就学セシムヘキ筈ノ処中ニハ十三歳以下ノ者ハ追々外国へ御差遣相成様風説ヲ唱ヘ致疑懼候者モ有之哉ニ相聞右ハ全ク無謂流言ニテ決シテ右様ノ義無之訳ニ付就レモ致安堵子弟ヲシテ就学セシメ候様勉励可致若或ハ流言ヲ信シ御趣意ニ戻リ候者有之ハ屹度可申付候事〔資38-5〕

さらに翌月にも就学を督促する内容の就学告諭（「父兄タル者各々子弟ヲシテ就学セシムヘキ等ノ件」）を出している。

昨年御布告モ有之候通リ人民ノ営業治産報国ハ身ヲ修メ智ヲ開キ才芸ヲ長スルヨリ外ナルハナシ而テ其本ハ皆是学ニ非レハ能ハス於是カ新ニ学制ヲ被設四民ノ男女トモ人々不学ノ徒ナカラシムル御趣意ニテ当県ニ於テモ朝旨ヲ体認シ漸々学校ヲ盛大ナラシメントス然ルニ人民未開ニシテ未タ学業ノ要務ナルコトヲ弁セス亦タ憫スヘキモノト言ベシ依テ就レモ御趣意ヲ奉戴シ父兄タル者ハ各々子弟ヲシテ勉メテ就学セシムヘシ且ツ今日ニアツテハ一般ノ人民

ニ有之トコロ古来ノ弊習ニ固着シ旧穢多ト唱へ之レヲ軽蔑シ殆ント歯ヒセサルニ至ルヤ以ノ外ノ事ニ付右等ノ義有之候テハ畢竟学校ノ盛ナラサル基ヒナレハ自今一般交際イタシ其々入学致へク候家塾開業ノ面々ニヲイテモ就レモ右様ノ弊習無之様相心得可申候若シ違背ノ者於有之ハ開業差止メ可及沙汰候事〔資38-7〕

ここでは、「四民ノ男女トモ人々不学ノ徒ナカラシムル御趣意」をよく理解し、「父兄タル者は各々子弟ヲシテ勉メテ就学セシムヘシ」としている。さらに、注目されるのは、被差別部落に対する差別を「古来ノ弊習」として戒め、「自今一般交際イタシ其々入学致」すよう諭す内容となっている。

さらに同月に出された就学告諭では、「父兄タル者……」と同様に被差別部落についての言及がなされ、「同シク入学シテ互ニ講習ノ益ヲ取ルヘシ」こと、「旧習ヲ洗除セシメ開化ノ道ヲ開通スヘシ」ことが説かれている。

管内頑固ノ人民開化ノ朝旨ヲ疑怪シテ曽テ学校ノ何者ナルヲ知ラス誠ニ憫嘆ニ耐ヘサルナリ斯ル維新ノ秋ニ遇ヒ旧染ノ汚俗ニ安ス可カラス其父母兄長タルモノ其児女子弟成長ノ后専ラ産業ノ昌盛ヲ欲セハ能々朝旨感戴シ速ニ入学セシメテ良知ヲ開発シ良能ヲ長進セシムルニ若クハナシ且夫ノ一様ノ人民ナルヲ強チニ穢多ト斥ソケ視テ猫狗ヨリモ賎シメシハ全ク未開ノ弊習ナレハ既ニ其称ヲ廃セラレ且平民ト共ニ歯スルヲ得セシメ玉ヘリサレハ同シク入学シテ互ニ講習ノ益ヲ取ルヘシ学校盛大ヲ致スノ基全ク此等ノ上ニアリ家塾ヲ開キ人師タルモノ最モ宜シク生徒ノ旧習ヲ洗除セシメ開化ノ道ヲ開通スヘシ万一朝旨ニ背ムクアラハ禁業ノ沙汰ニ及フヘキナリ〔資38-8〕

こうした被差別部落についての言及がなされている就学告諭は、愛媛県のほか、山口県〔資35-8〕「士族を始め農工商元の穢多に至るまで身分相應に出金して学校ヲ助くるよし」と、福岡県（〔資40-4〕「穢多ト称スル者モ彼我同一ノ権ヲ得セシム尚華士族農工商之名アレトモ其実ハ則一民同権ノ者」）で出されている。しかし、愛媛県のように被差別部落への差別をやめるよう諭じ、かつ「同シク入学シテ互ニ講習ノ益ヲ取ルヘシ」として被差別部落の児童の就学を促しているものは他に見られない。

上記のように「同シク入学」するよう告諭した背景には、石鉄県下において、多くの衝突が起こっていたことがある。明治四年八月に政府によって差別称号が廃止された直後、愛媛県下の被差別部落の人々は、各村々の神社の氏子となること、庄屋役宅や茶屋などへの自由な出入りなど様々な権利を求め始め、さらに「道後では、大挙して温泉に入浴した被差別部落の人々を、町中総出で打ちすえるという事件にまで発展した」（一五）という。

こうした状況の中で石鉄県は、以下のような通達をし、「昨日迄の身分を顧ミ」るよう諭している。

旧穢多共動すれハ元平民と争端を生候儀不少、双方心得方不宜より件之次第ニ立至リ可申候得共、畢竟旧穢多共非常之御仕訳に乗じ前日之身分を不顧、礼儀を不弁より紛情を引起し御情態に可有之甚不心得之儀ニ候、銘々昨日迄の身分を顧ミ万事平民の先連不申様可致、若違背之者ハ此《ママ》度可申付候事（一六）

こうした状況において、被差別部落民の「共学」（一七）に取り組んだのが、学区取締であった内藤素行（鳴雪、一八四七〜一九二六年）であった。内藤は、松山藩士の長男として生まれ、藩校の明教館で学んだ後、明治二年には上京し、昌平黌に学んだ。翌年には、藩政改革により、権少参事学校掛となり、明教館に慶応義塾出身の教官を雇うなど西洋の学問を積極的に取り入れたことでも知られている。明治五年九月に石鉄県学区取締となった。

内藤の自伝『鳴雪自叙伝』によれば、石鉄県で学区取締の仕事について以下のように振り返っている。

これまでに例のない小学校というものを創設するのだから、なかなか困難であった。尤も松山は、士族仲間に従来子弟を学問させた習慣もあるので別にやかましい事もなかったが、それも町家となり、更に郡部の農家となると、僅に習字を教える寺子屋位の外学問をさせるという例がないので、全く余計の干渉をして農商業の妨げをすると思い、随分不平を述べた。それを大区や小区の役員と共に私は説諭を加えて、是非とも学制の如く小学校を創設し児童を就学せしめねばならなぬのだから、骨が折れる訳なのだ。……更に一ツの困難に出会ったのは、旧穢多を就学せしめるという事である。維新の最初に穢多も一般の人民と同様に見做さるるという事は政府の御沙汰に出ている事であるが、久しき間の習慣は彼らを全く人間以下の畜生同様と見ていた。しかるに学制の上ではこの旧穢多もまた普通の人民であるから是非とも就学させねばならない、旧穢多を就学させるという事になれば、さなきだに、児童を学校へ出す事を厭がる父兄は、穢多と一緒に習わせるのは御免蒙るといって、いよいよ命に従わぬ、そして、穢多の方では、もう朝廷から平等に見られているのだから、児童を小学校へ入れたいという、つまり私どもは、この中間に板挟みとなったのだから堪らぬ。(一八)

上記のように、内藤は、学区取締として苦難したことは、町屋や農家の人々の学校教育への理解が得られないこと、また被差別部落の児童を就学させることであったと述懐している。こうした困難の中で、内藤は、「まず同じ小学校でも、旧穢多の子弟は、本堂や拝殿の縁側に薄べり敷いて、そこで学ばせた」という。さらに、「松山の士族学校へは第一にこの旧穢多の子弟を入れて、それを郡部一般の説諭の種にもしたいと思い、……十幾人かの児童をその通り通学せしむる事になった」と記している(一九)。

しかし、この問題はすぐに解決した訳ではなかった。一八七五(明治八)年にも、愛媛県は、以下のような告諭を出し、「混同一和」を求めると同時に、被差別部落の人々に対しても「子弟の教育等は尤も厚く注意」をするよう促したのである。

朝廷穢多の呼称を廃せられ一般平民同様たる旨公布相成、忽ち千載固着の淤泥を出新に良民に什伍するを得候上は速に旧染を洗除し各自から権利を保護し衣食住を始め諸般一層清潔を加へ子弟の教育等は尤厚く注意を為し旧来の農商に対しては爾来の身分を顧み謙遜を主とし稍々として町村に伍入候儀は固より論を待さる儀に候(二〇)

ここに見られるように、被差別部落の人々に対して、子弟への教育の奨励をしているものの、それと同時に「爾来の身分を顧み謙遜を主」するよう諭している。安川寿之輔が指摘しているように、内藤による『共学』にむけた取り組みは、全国的にみて例外的であったが、愛媛県内においても、「旧染を洗除」したとは言い難い状況にあった。事実、被差別部落民のための部落学校は明治中期に至っても存在していたという(二一)。

四 愛媛県成立後の就学告諭

(一)愛媛県の教育状況

愛媛県が設置されると、神山県参事であった江木康直が愛媛県参事に任命された。しかし、江木は就任後二年を経ずして病死し、その後愛媛県権令として任命されたのが、岩村高俊(一八四五〜一九〇六年)であった。岩村は、土佐藩家老の家臣の三男として生まれ、長兄は開拓使判官、農商務大臣などを歴任した岩村通俊、次兄は自由民権運動で活躍した林有三である。

岩村は、一六歳の時に宇和島で洋学を学んだ経歴がある。万延元年、父英俊の療養に付き添い宇和島に一ヶ月程滞在した折、大野昌三郎のもとで洋学を学んだ[二二]。大野は、嘉永元年より宇和島に滞在していた高野長英の門下生の一人で、その後設けられた蘭学稽古場の中心人物となった。しかし、英学への転換の必要性を認識した大野は、安政二年に江戸で英学修行をしている[二三]。岩村は、英学を学び帰藩した大野のもとで短期間ではあるが学んだようだ。その後土佐藩に帰った岩村は、細川順次郎に洋学を、吉村賢次郎らに西洋兵学を学んだ[二四]。

その後岩村は宇都宮県権参事、神奈川県権参事を経て、一八七四（明治七）年一月佐賀県権令となり、佐賀の乱の鎮圧にあたった。同年一一月、愛媛県権令に任命されると、翌年の一八七五（明治八）年には、愛媛県英学所を設立して慶応義塾出身の草間時福を招き、洋書を用いた教育や、演説討論会を開催させるなどした。こうした岩村の施策において、先述の学習歴が背景にあると思われる。石鉄県から愛媛県の学区取締となった内藤素行の自伝によれば、「夙に平民主義を持っていたから、普通教育には最も意を注いで、従って私どもの学区取締にも、度々直接して諮問せらるる事もあった」[二五]という。

しかし、愛媛県成立後も小学校設立・維持が順調に進められた訳ではなかった。就学告諭には、学資金の調達をねらいとしたものが引き続き見られる。

（二）学資金の調達をねらいとした就学告諭

一八七三（明治六）年二月二〇日に愛媛県が成立すると、愛媛県は同月二八日に学資金調達をねらいとした就学告諭

（「学費寄附ノ儀ニ付告諭」）を出している。

抑学問ハ人ノ為ニアラス世間一般ノ風俗ヲ能シ商工ノ繁昌ヲ致シテ全国ノ人民各其恩沢ヲ蒙ルコトナレハ其費モ亦人民一般ヨリ償フヘキ筈ナリ右ノ次第進ンテハ管内ノ戸毎ニ割付ケ学費ノ金ヲ出サシムル筈ナレトモ目今其位置ニ至兼無拠有志ノ寄附金ニテ取設タレハ士農工商トモ此等ノ人ニヨリ金ヲ借用セルモノト心得ヘキナリ或ハ今日ニテモ相応ノ身代ヲ持チ朝夕ノ衣食住差支ナキ者ニテ能ク事ノ理ヲ弁ヘ僅ニ一夕ノ酒肴ヲ倹約シ四季ニ一枚ノ衣裳ヲ省テ此学費ニ寄附スルコトアラハ独リ管内ノ人民ヘ徳ヲ蒙ラシムルノミナラス日本国内ニ生レテ日本国人タルノ名ニ恥ツルコトナカルヘシ

学問トハ唯六ケ敷字ヲ読ムハカリノ趣意ニアラス博ク事物ノ理ヲ知リ近ク日用ノ便利ヲ達スル為ノ者ナリ士農工商ノ差別ナク手習算盤ヲ稽古シ地理究理天文歴史経済修身ノ書ヲ読ミ商買モ農業モ漁猟モ物産モ人ノ家ニ奉公スルニモ政府ニ仕官スルニモ皆コノ学問ヲ拠トナシテ一事一物モ其実ヲ押ヘ平常学ヒ得シ処ヲ活用スルノ趣意ニテ彼漢学者ノ詩ヲ作リ和学者歌ヲ読ミ古文ニ溺テ世事ニ拙キ杯ノ類ニハアラサルナリ〔資38-9〕

ここには、学問にかかる費用は、「人民一般ヨリ償フヘキ筈」であることが説かれ、「一夕ノ酒肴ヲ倹約シ四季ニ一枚ノ衣裳ヲ省テ此学費ニ寄附スルコト」が求められている。さらに、学問が「日用ノ便利ヲ達スルタメノモノ」であり、「詩ヲ作リ和学者ノ歌ヲ読ミ古文ニ溺テ世事ニ拙キ杯ノ類」ではないことが説明されている。地域住民に学問の有意性を理解させ、節約して寄付するよう求める内容となっている。

さらに、同年四月には、「諭言三則」を含む就学告諭（「学校保護ノ儀ニ付諭達ノ件」）が出される。この就学告諭も地域住民に対して節約を求める内容となっているが、その際、旧来からの慣習を厳しく批判している。

論言三則

人ノ世ニアル廃疾不具ナル之ヲ貧民ト称ス貧民救助ノ儀ハ人間交際ノ節目ニシテ其仁恵ノ心人ニ無カル可カラスサレトモ所謂遍路順礼ナルモノハ畢竟貧民ト申訳ナク徒ニ大師観音ヲ念シ来世ノ禍福ヲ祈リ甚シキハ座食日ヲ送リ一生ノ世帯ヲ辛苦セス方俗之ヲ救助スヘキ者ト思ヒ接待等ノ名目ヲ仮リ家産ノ貧富ヲ問ハス競テ米金財物ヲ投与スル習慣トナリ右ハ仁恵ノ心ニ出ルト雖トモ却テ独立自主ノ道ヲ妨ケ其人ヲシテ暴棄ノ悪習ニ陥ラシム自今学区取設ケ候上ハ全ク斯ル仕来リヲ廃シ遍路順礼ヲ愛スル情合ヲ以テ我子弟ヲ愛育シ毎日一二文ノ救助銭ヲ引除区内ノ教育費用ニ加ヘナハ子弟タルモノヲシテ他人ノ救助ヲ仰カサルヘキニ庶幾カランカ

飲食衣服ハ人生一日モ欠クヘカラサルモノニシテ人々饑寒ノ為メ心ヲ労シ思ヲ焦シ種々渡世ヲ営ムハ世上一般ノ情態ナレトモ労焦シテ得ル所ノ金銭其消費スル所ヲ尋ヌレハ必スシモ人生必用ノ為ナラサルモノ甚多シ就中煙草ノ物タル寒ヲ凌クヘカラス又饑ニ充ツヘカラス而シテ之ヲ植ル地力ヲ尽シ之ヲ製スル人力ヲ労シ之ヲ喫スル時間ヲ費ス可シ惟其消閑遣欝ノ具タルヲ以テ衆庶ノ嗜好スル所一日モ欠クヘカラサルニ至ル今夫五口ノ家ナレハ之ヲ嗜好スルモノ必ス三口アランサレハ一日労焦シテ得ル所ノモノ幾分ヲ煙草ニ用ユ可シ管内七十七万余人ノ人口モ平均シ毎月之カ為数十百金ヲ消費セサルヲ得ス無益ヲ去リ実用ヲ務ムル時合当リ豈莫大之冗費ナラスヤサレトモ一般ノ嗜好スル所ナレハ敢テ是ヲ禁止セシムルニ非スト雖トモ亦少シク減省スル所ヲ思ハサルヘカラス冀クハ自今人民毎日半時之喫煙ヲ節制シ区内ノ学費ニ当ツレハ毎戸出金其難渋ナラサルヲ覚ルヘシ

先般五節句廃セラレ此上ハ上巳端午ノ雛幟ハ無用ニ属スヘシ従来上巳ノ雛端午ノ幟ハ専ラ出生ノ小児ノ為名誉ヲ挙

張セントノ婆心ヨリ起リ終ニ初節句ト称シ盛宴ヲ設ケ高金ノ雛幟ヲ飾リ立之カ為メ家産ノ消耗ヲ招ク者アリ最早五節句廃止ノ折ナレハ頑固ノ因襲ヲ改メ文明ノ風化ニ靡キ雛幟ハ勿論其他伊勢講観音講ノ名目ヲ用ヒ毎家銭嚢ヲ傾ケ無益ノ所為ニ消費スルノ類ハ一切之ヲ廃止シ其幾分ヲ残シ学区ヘ納メ児童ヲシテ往々教育ニ預リ問学《（ママ）》ニ従事セシムルコソ子弟ノ名誉ヲ挙張シ是真ニ区内繁栄富饒ニススムノ基本ナラスヤ〔資38-10〕

「諭言三則」のうち最初の段落では、遍路巡礼への接待の習慣を批判する内容となっている。四国遍路に見られる特有の習俗として、遍路に食料や金銭などを渡す「お接待」や、無料で宿を提供する「善根宿」があった。個人的に行われる場合、一般的に近親者の供養などを目的としているという[二六]。この告諭では、来世の幸福や家の幸福を願い、「接待等ノ名目ヲ仮リ家産ノ貧富ヲ問ハス競テ米金財物ヲ投与スル習慣」を廃し、「遍路順礼ヲ愛スル情愛ヲ以テ我子弟ヲ愛育シ毎日一二文ノ救助銭ヲ引除区内ノ教育費用ニ加ヘ」るよう説いている。

次の段落では、嗜好品を批判する内容となっている。即ち、煙草というものは、寒さを凌ぐことも、飢えを凌ぐこともできないものであり、「之ヲ製スル人力ヲ労シ之ヲ喫スル時間ヲ費ス」ものであるとしている。従って、煙草を節約し、学資金に充てるよう諭している。

最後の段落では、五節句及び講に対する批判である。すでに近世より三月、五月の節句は華美になる傾向があったと言われている[二七]。「諭言三則」ではこうした傾向を指摘し、五節句は、「小児ノ為名誉ヲ挙張セントノ婆心ヨリ起リ」、「盛宴ヲ設ケ高金ノ雛幟ヲ飾リ立之カ為メ家産ノ消耗ヲ招ク」とし、浪費であると批判している。そして、最早五節句は政府によって廃止されたのであるから、「頑固ノ因襲ヲ改メ」るよう説いた。

さらにそうした「頑固ノ因襲」として、伊勢講と観音講を挙げている。愛媛県下で最も普及した講の一つが、伊勢講であったという[二八]。こうした講への出費は、「無益ノ所為」であり、「一切之ヲ廃止シ」、「其幾分ヲ残シ学区へ納メ」るよう説得している。

　このような具体的な節約方法を説いた就学告諭が出されているにも関わらず、一八七六（明治九）年に至っても、学資金の調達は困難であったようだ。祭典に際して、幼少男女に歌舞や演劇を習わせる慣習を批判し、学資金に充てるよう促す就学告諭（「各社祭典ノ砌期ニ先チ幼少男女ニ歌舞等ヲ習ハシムル弊風ヲ改メ就学ニ注意之件」）を出している。

　従来市郷各社祭典ノ砌期ニ先タツ数旬幼少男女ヲ募集シ或ハ歌舞ヲ教ヘ或ハ演劇ヲ習ハシ若干ノ金銭ヲ払ツテ毫モ愛惜セス奔競ノ態恰モ狂人ノ如キ者往々有之趣右ハ僅ニ一二日歓楽ノ為メ無益ノ時日ト財用トヲ費スノミカ到底少年ヲシテ淫治放蕩ノ気風ヲ養成セシメ其弊害誠ニ小々ナラス候條自今父兄タル者ハ宜シク是非得失ノ在ル所ヲ詳弁シ斯歌舞ヲ競フノ熱心之ヲ就学ノ督促ニ移シ演劇ニ供スルノ金銭之ヲ学資ノ寄附ニ易ヘ務メテ愛子愛弟終身ノ利益ヲ謀図可致此段諭達候事〔**資38-13**〕

（三）岩村高俊就任後の学事奨励

　先述のように岩村高俊は、一八七四（明治七）年一一月から五年半の間、愛媛県の県政を担い、「平民長官」あるいは「民権々令」などと謳われた人物であった[二九]。その在任中、先述のような学資金の徴収をねらいとせず、教育の重要性を説くことを主眼とした就学告諭を出している。

　愛媛県は、一八七五（明治八）年四月に学務課を設置し、初代課長には、神山県以来学制掛の責任者であった権大属肝付兼弘が就任し、課長心得には、内藤素行が就任している。その約一ヵ月後の五月一五日、以下のような「学事告諭文」

を達した。

人々其好める所の貴く賢からん事を欲せは子弟をして人民普通の学問たる小学の課業を出精せしめさるへからす子弟の学問なくして愚かなるは独り其子弟の恥のみならす則其父兄の恥はいふもさらなり我全国人民の父母たる　朝廷の御恥辱にして一家の安危全国盛衰のよりて生する所なり爰を以て御維新以来学制を頒布し大中小学校を設立し委托金を増加し今又府県に学務課を置き玉ひ主任の役人を置かれ学問筋の事一切同課に於て取扱候様被仰出全国一般教育行届候様との厚き　朝旨に候へは人々此儀を能々相弁へ子弟をして必す学校に入り出精せしむへく此旨告諭候事〔資 **38-12**〕

この「学事告諭文」では、「子弟の学問なくして愚かなるは独り其子弟の恥のみならす則其父兄の恥はいふもさらなり」とし、子どもが愚かであることは、父兄の恥でもあるとしている。その上で、「朝廷」を「我全国人民の父母」として位置づけ、子どもの教育が「全国衰弱」に関わることであると論じられている。つまり、教育は私事ではなく、国家全体に関わる問題であるから、就学するよう説かれている。

この「学事告諭文」には、各区の区長、戸長、学区取締にあてて、以下のような布達が付されている。

抑邦国の富強は人民の智識と品行とによる所にして人民の智識と品行とは其就学に原由せさるなし故に一人の利に暗き或は全州の汚辱を胚胎し一家の学ある忽闔邦の開化を振興するの道理なれは畢竟子弟の教育は家々の私事人々の随意する所に非す即ち我　日本帝国富強の基本なり伏て惟みるに前日文部委托の金額を倍し以て学資の欠乏を助

け今日県官に主任を置き以て学務の挙らさるを責らる嗚呼　朝旨の在る所此の如し苟も人民たる者尚学事を度外に置き一日も猶予する條理万々無之固より人々報国の義務に候條精々厚く説諭を加へ教育急務たるの　朝旨速に貫徹候様各尽力可有之依て別紙告諭文相添此段相達候事〔**資 38-12**〕

この布達では、明確に「抑邦国の富強は人民の智識と品行とによる」ことが示され、そうした「人民の智識と品行とは其就学に原由」することが述べられている。また「学事告諭文」と同様に、「子弟の教育は家々の私事人々の随意する所に非す」とし、「日本帝国富強の基本」であることが強調されている。さらに、人々が子どもに教育を受けさせることは「報国の義務」であるとしている。「民権々令」と呼ばれた岩村県政下において、「自主自由ノ権」（岩手県〔**資 3-3**〕、愛知県〔**資 23-7**〕、三重県〔**資 24-7**〕、岡山県〔**資 33-5**〕、広島県〔**資 34-5**〕〔**34-10**〕などに見られる）が主張されることなく、「報国の義務」に主眼を置いている告諭が出されたことは興味深い。

この二年後、一八七七（明治一〇）年八月にも「学事奨励ノ件」が出されている。

茲ニ本県明治九年学事ノ成績ヲ考フルニ全管ノ大勢ニアツテハ之ヲ前年ニ比較スルニ唯其増加スルヲ見テ未其減少スルヲ見ス且豫讃両国ニ就キテ各其前年ニ比較スルモ亦然ラサルナシ然ルニ之ヲ各大区ニ徴スルニ至ツテハ則伊豫国ノ如キ其盛衰ノ前年ニ異ナルアル一ニ紙上ニ掲クルカ如シ讃岐国ニ在ツテハ明治八年各区学事ノ景況今得テ審ニス可カラスト云ヘトモ又必進否ノ異ナル者アラン就中豫讃両国学齢就学生徒ノ如キ六千六百余人ヲ増加スト云ヘトモ日ニ出席平均数ノ統計ニ至ツテハ実ニ千三百有余人ヲ減少シタリ凡此事件ヲ始其他各区内ニ於テ退歩ノ景況ヲ醸シ来レル者ナキニ非ス是何ニ由テ然ルヤ或ハ守成ノ易キニ流レ鼓舞奨励ノ前日ニ及カサルヨリシテ此ノ影響ヲ顕ハ

スニ非ルナカランヤ〔資38-14〕

ここでは、明治九年度の学事の成績を考察し、就学児童の数は増加したものの、一日の出席平均数が減少していることが指摘されている。つまり、継続的な就学が達成されていないのである。こうした状況を打破するために、「各区学事担任ノ者及ヒ一般人民」に対して一層の力を学事に尽くすよう求めている。就学数の増加を目指しての就学奨励から、継続的な就学を目指しての就学奨励への移行を見ることができる。

五　まとめ

これまで見てきたように、愛媛県の就学告諭には他府県に見られない特徴的論点がいくつか見られた。すなわち、被差別部落の児童との「共学」についての言及と、四国特有の慣習である遍路巡礼についての言及である。

被差別部落の児童の就学に関する言及については、それが社会情勢の反映であると同時に、その地域のキーパーソンとなる人物が、就学告諭の内容に強く影響を与えていることを示している。内藤素行は、自伝の中で、学区取締となる前に京都に遊学した折、被差別部落で牛鍋を食べて友人を驚かせたというエピソードを紹介している。こうしたことから、就学告諭の中に被差別部落の児童との「共学」についての言及が登場した背景には内藤の存在が影響していたものと推察される。

また、愛媛県の就学告諭の内容に大きな影響を与えたと思われる人物として忘れてはならないのは岩村高俊である。民権派と呼ばれた岩村の県政時代の就学告諭が「報国の義務」に主眼を置いている点も興味深い。当時の民権思想が、必ずしも一般の人々から湧き上がってきた権利の要求に基づくものではなく、上からの啓蒙という性格を多分に持っていたという側面を表しているものと見る事ができるのではないだろうか。

そして、四国の伝統的な慣習である遍路巡礼への「お接待」を禁止した就学告諭は、全国的に見て特徴的である。愛媛県では「お接待」に限らず、人々の伝統的慣習の節制や禁止について言及している就学告諭が多く見られた。それらは単に児童の就学勧奨をねらいとしていたのではなく、主として学校設立維持費の徴収にそのねらいがあった。愛媛県の場合、人々に対して倹約を求め、家産の余剰から学校設立維持のための資金を徴収しようと試みた傾向があったことが理解されよう。しかし、その方法は必ずしも全国的な傾向ではなく、「毎戸必鶏五羽牝三牡二を飼置き右卵を売却し学資に」充てよという宮城県の例〔**資4-5**〕や、「学田興利の方法を開設し其収成の嬴利を用て学校の費用に填充」するという青森県〔**資2-11**〕などの例も見られる。こうした学資金の徴収方法には、地域の環境や財政状況が反映されていると考えられよう。

（高瀬　幸恵）

註

（一）『愛媛県史』近代　上、一九八六年。
（二）同前、三六頁。
（三）『【復刻】戻橋堂主人自伝』戻橋堂子孫有志、一九九七年、一〇七頁。海南新聞社記者であった柳原極堂（一八六七〜一九五七年）の述懐録。
（四）影山昇『愛媛県の教育史』思文閣出版、一九八三年、二三一〜二三二頁。
（五）同前、二三九頁。
（六）『愛媛県史』近世　下、一九八七年、八三四〜八三五頁。

(七)『愛媛県史』資料編　幕末維新、一九八七年、二四八～二四九頁。
(八)前掲『愛媛県史』近世　下、八三六頁。
(九)藤川英子『明治初年にみる宇和の初等教育』宇和郷土文化保存会、一九八七年。
(一〇)『愛媛県史』資料編　近代一、一九八四年、一〇一～一〇二頁。
(一一)同前、一〇二～一〇四頁。
(一二)「学校設立スヘキ様説諭ノ件」『自明治五年至明治六年神山県布達達書　無号　全』。
(一三)前掲『愛媛県史』資料編　近代一、三八頁。
(一四)前掲『愛媛県史』近代　上、二八八頁。
(一五)島津豊幸『愛媛県の百年』山川出版社、一九八八年。
(一六)前掲『愛媛県史』資料編　近代一、四八～四九頁。
(一七)安川寿之輔編著『日本近代教育と差別―部落問題の教育史的研究―』明石書店、一九九八年、九四頁。安川は、「例外的な『学制』期の『共学』実現」の例として愛媛県の事例を紹介している。
(一八)内藤鳴雪『鳴雪自叙伝』岩波書店、二〇〇二年、二六四～二六六頁。底本は岡村書店、一九二二年。
(一九)同前、二六六～二六七頁。
(二〇)前掲『愛媛県史』資料編　近代一、四一四頁。
(二一)前掲『日本近代教育と差別―部落問題の教育史的研究―』、九六頁。
(二二)前掲『【復刻】戻橋堂主人自伝』七頁。
(二三)前掲『愛媛県の教育史』二三二、二三九頁。
(二四)前掲『【復刻】戻橋堂主人自伝』七頁。
(二五)前掲『鳴雪自叙伝』二七一～二七二頁。
(二六)『愛媛県史』民俗　下、一九八四年、七六～八一頁。

(二七) 同前、四九四、五〇〇頁。
(二八)『愛媛県史』民俗　上、六〇〇頁。
(二九) 前掲『【復刻】戻橋堂主人自伝』一〇七頁。

終　章　本研究の総括と今後の課題

第一節　本研究の総括

第二節　今後の課題

第一節　本研究の総括

本研究の特徴と成果を確認することで、本研究のまとめをおこないたい。

本研究の第一の特徴と成果は、就学告諭を全府県にわたって収集したことである。収集した就学告諭の数は約四〇〇であり、巻末の資料編一覧表に全体像を示した。その中で特徴的なものについては、資料編に全文を採録した。収集した資料と資料編に採録した資料数は、これまでの教育史研究で扱われてきた就学告諭の量をはるかに凌駕するものである。例えば、初期にある程度の量の就学告諭を集めたものとして『日本教育史資料書』第五輯（一九三七年）がある。ここにまとめられた就学告諭等の資料数は二二である。序章で指摘したように、就学告諭の分類を試みた佐藤秀夫の場合、一四の就学告諭を扱い六つに分類、戸田金一は二七の就学告諭を紹介し八つに分類した。寺﨑昌男編『日本の教育課題3　なぜ学校にいくのか』の場合、建白書などを含めて一三の「学びの勧め」をまとめた。

これらに比して本共同研究では、全国悉皆調査を実施し、約四〇〇の就学告諭を収集、分析・考察した。その中には今回の調査で初めて発掘された告諭書も含まれている。例えば、犬上県の「犬上県内小学校建営説諭書」〔資 25-3〕や愛媛県「学校設立スヘキ様説諭ノ件」〔資 38-4〕、宮城県「第四十九号」〔資 4-5〕、京都府「告諭之文」〔資 26-15〕などその例である。

また、全文が活字化されていなかった函館支庁の「管内説諭書」〔資1-3〕なども掲載することができた。このように、収集した数において先行研究を乗り越えることができたと考える（序章第二節参照）。

全国調査による資料の大規模な収集の、もう一つの成果は、頒布方法の解明である。就学告諭の発布主体（発信者）と発布対象（受信者）、伝達方法の概要を示すことができた。就学告諭は、各県の県令・権令が市町村の下級官吏を通して民衆に向けた文書であり、彼ら下級官吏は高札・掲示や説諭、新聞掲載など様々な方法で伝達した（序章第三節）。従来、全く見過ごされていたこうした頒布方法・告諭の情報伝達ルートの解明は全国調査によってのみ初めて可能となったと考える。

第二の特徴と成果は、大規模な全国調査と膨大な資料の収集によって、近代日本黎明期における「学びの勧奨」の論理が初めて概観できたことである。すなわち、学制布告書以前に約一二〇もの就学告諭が確認でき、学制布告書公布直後の一八七二（明治五）年と一八七三（明治六）年の両年に約一八〇、一八七四（明治七）年以降では約一〇〇の、就学告諭が確認された。従来の研究の基本的立場は、序章でも確認したように、学制布告書にもとづいた、すなわち一八七二（明治五）年八月以降に出された府県為政者の「学びの勧め」であると解されていた。

しかし本研究は、就学告諭を、幕末・維新期から一八七六（明治九）年頃までの時期に就学を一般に告げ諭した文書・言説、と捉え、近代日本の黎明期におけるその論理に着目したため、従来の就学告諭概念を大きく拡張したことになった。その結果、学制布告書以前の就学告諭→学制布告書→学制布告書以後の就学告諭、という時期区分が成立、その論理の展開・変化を考察することが可能となった（第一章第一節）。他方、その結果、学制布告書を同時期の就学告諭の中で捉え直す視点が浮き彫りになった（同第二節）。学制布告書を前後する時期に就学告諭の論理がいかに変化したのかという点は、本研究の個々の論文に委ねるほかないが、当時の民衆に対し学校に行って勉強するよう諭した内容には、後述するような多様性と共通性が見られる。

第三の特徴と成果は、就学告諭で展開された民衆への「学びの勧奨」を多角的に分析したことである。その分析視角は大別すると次のようになろう。

第一は、就学告諭と学制布告書と関係についてである。繰り返し論じたように、文明開化を推進する地域の指導者たちが、幕末・維新期から民衆への「学びの勧奨」を積極的に展開してきたことは、すでに学制布告書以前の就学告諭に典型的に示された。それをある意味で集大成したものが学制布告書であり、その理念が地域的諸条件の下バリエーションをもって学制布告書以後の就学告諭として民衆に伝えられた。このように捉えた場合、就学告諭の内容が学制布告書に反映されたのではないかと仮説が成り立つ。この仮説は、従来の研究において、その精神と理念が仏国学制との関係において考察されてきた学制布告書に対する新たな視点になりうると考える。もうひとつの仮説は、学制布告書以前の就学告諭が学制布告書を経て、就学告諭に継承されたのではないかという仮説である。これらは本研究を進める過程において新たに明確になった課題であり、今後の重要な研究課題であるといわねばなるまい。

第二は、学制布告書と就学告諭が「学問は学校で」と説いた学校像の解明である。

学校建築方針は全国の学校を国が管理することに重点あったが、現実には地域と時期によって規定され、地域的諸条件の実情に合わせて、家塾・私塾も学校に含める場合も見られた。就学告諭で言及された対象の学校は小学校が多いが、中学校、さらにその上級学校への接続についても言及されている（第二章第一節）。学校に行くべき対象者は、学制に示された学齢年齢が順守されず、多様な年代を対象とした。性別・身分差や経済的な格差が存在する中、先ずは「学に就く」ことが最優先された（同第二節）。教育方法・内容では、方法は強調されず内容が重視された。皇漢洋の三学が示されていたが、実際には実学である洋学が重視された。学制布告書前には学びの「必要性」から、学制布告書後には学びの「有効性」から教育内容が論じられた(同第三節)。学校建設のための資金調達という財政問題は、告諭の中では多いトピックであった。就学告諭では官費は朝廷の慈悲である、すなわち官費を用いてさらに民費を出させる論理である。民費を徴収するためには、寄附・区内集金・受業料など、考えられる資金の徴収方法すべてが使われた(同第四節)。

第三は、就学告諭が「学問は学校で」と説いたその説明論理の分析である。なぜ学校に行かなくてはいけないのかという説明を「国家」「外国」「親」「旧習の否定」「女子教育」という五つの視角から考察した。学制布告書で明示されなかった国家意識は、学制布告書以前の就学告諭では、「家」概念を用いて民衆を学校に向かわせようとした。しかし福沢諭吉の『学問のすすめ』出版以降の就学告諭では「一身独立して一国独立する」という国家と個人を結ぶ論理を利用している。さらに、学制布告書後には、国家を明示しない就学告諭もあるものの、学資金調達の内容を切り離した就学告諭においては、国家が明示された(第三章第一節)。近代化イコール西洋化・国際化であった当時の日本の状況下、文明や外国は一つのモデルであった。文明化するため、外国に追いつくために学校に行けという論理である。他方で外国は脅威としても用いられる。そのうえで「対峙」し、いつか越えるべき「敵」として説明に利用された(同第二節)。学校に行く時間や学校建築の資金を調達させるために、民衆の間に定着してきた風俗・風習は身分制や旧来の学問観を否定する就学告諭の中では旧習・弊習として否定された。府県為政者は、その否定を本気で考えていたわけではなく、学校資金調達のための方便としての風習否定であった(同第三節)。子どもを学校にいかせるため、就学告諭はその保護者である親を重視した。親を示す用語としては「父兄」・「父母」と一部で「親」「父」「父母兄姉」が用いられており、経済面・生活面を支配する男親を家長とする考え方がみてとれる。こうした親に対し江戸期より日本にあった子育て概念をも用いて、愛情、時には脅迫さえ用いて子どもを就学させるよう説得した(同第四節)。学制布告書では女子は男子同様に学校に行く対象である。学制布告書前の就学告諭では女子教育不要論が大勢を占めていたが、学制布告書公布後一変して「別ナク」論を展開した。現実には男女差が存在し男女差別論が根強い中、例えば山梨県の「学問のもとすゑ」〔資19-4〕などは、教育が女性の身を根本的に助けるものであるという認識と希望を女性に与えるものであった。そこには女子教育の主体的な契機の萌芽がみえる(同第五節)。

第四は、就学告諭の地域性である。隣接する三県である京都府・福井県・滋賀県と愛媛県を取り上げた。最も早い時期から就学告諭を出した京都府は、開明派の知識人が小学校設立の要請を府に行い府当局がそれを利用した。郡部でも維新直後から就学を勧奨している。町人などの学びの要求をうまく利用しそれに対する抵抗はあまりみられていない(第四章第一節)。滋賀県では、一八七二(明治五)年以前から開明的な人物を中心に学校が建設され、就学告諭が出された。これは当時の犬上県・大津県が最も寺子屋の数が多く、文化的・経済的に比較的豊かな地域であったこととも関係がある。しかし郡部では経済力が弱く、地域社会の負担をもとに学校が建築された(同第二節)。嶺北・嶺南に大きく分けることができる福井県では、廃藩置県後の四回に及ぶ県域の変更と権令・参事の性格により、就学告諭の内容が大きく左右された。例えば嶺北地方では、藩政時代から「公論」を重んじる風潮があったことから騒動・一揆が頻発しており、就学告諭が非常に多く出された(同第三節)。これらの三県は隣県ながら内容も異なる就学告諭を発した。他方、愛媛県は、最も数多い就学告諭を発した県である。地域指導者の教育意識が就学告諭に見られ、「被差別部落民」にまでその目が注がれているのは注目すべきである。また遍路巡礼への「接待」の禁止など、他の地域には見られない学資金調達の方法がとられた(同第四節)。

以上、就学告諭で展開された民衆への「学びの勧奨」を多角的に分析したが、総じて言えることは、まさに就学告諭の多様性である。近代化を促進せねばならない内外の情勢下、各地域で様々な「学びの勧め」を府県為政者が示しあらゆる手段・方法を用いて、民衆を学校に向かわせた。時として府県為政者は、夢や理想を語り(アメ)、また時として強迫する（ムチ）、様々な方便を用いて学校へと方向付けた。他方、民衆の学習観・教育観は、初期には抵抗と反発がみられるものの、一〇年から二〇年という比較的短期間の内に近代学校を受容していったのである。

最後に、本研究をふまえた就学告諭の歴史的性格をまとめておきたい。就学告諭とは、幕末・維新期から一八七二（明治五）年学制を経て府県の統合がおおよそ今日の枠組みとなる一八七六（明治九）年までの間に、権令などの府県為政者が、区長・戸長などの下級官吏を経て民衆に発した就学に関する言説・文書である。その内容は、学問の奨励・学校設立の奨励・生活の文明化・近代化を奨励（風俗矯正を含む）するものに大別される。就学告諭の頒布方法は地域により多様で、高札・掲示、民衆を一同に集めて読み聞かせる、新聞に掲載する、写本により頒布する、などがあった。就学告諭は、近世社会における民衆の学習要求を近代的な就学（就学問・就学校）へとキャナライズさせた文章・言説であった。

（荒井　明夫）

第二節　今後の課題

本研究が残した課題について指摘しておきたい。

第一は、引き続く就学告諭の収集である。全国的悉皆調査を実施したとはいえ見落としが予想される。また第一次資料まで確認できなかった資料も多い。就学告諭の多様性と地域との関係は本研究の要点なので資料調査は継続すべき重要課題である。

第二は、まさにその点と関わる。つまり愛媛県のように数多くの就学告諭を発した県がある一方で、就学告諭を発していない県（鹿児島県や熊本県）があると思われる点である。鹿児島県や熊本県の場合、就学告諭が見い出せなかったのであるが、この場合次のような問題が考えられる。すなわち、資料上の問題として出したにも関わらず我々が発見し得ていない場合と、最初から出さなかった場合である。後者の場合、「学びの勧奨」ともいうべき就学告諭を出さなかったとすれば、その県の論理とは一体何なのか、本研究に関連する重要な課題であると言わねばなるまい。さしあたって、士族の学びの様式が定着し四民への開かれた学びへの転換に対応しきれなかった、あるいは四民へ開かれた学びへの転換それ自体が理解しえなかった、さらに藩政上の何らかの理由から出さなかった、などの仮説が考えられる。いずれにしても今後の研究の課題である。

第三は、前節総括で指摘したが、就学告諭と学制布告書との関係についての仮説の論証である。就学告諭研究を深化させる中で、常に学制布告書を捉え直す作業の重要性については繰り返さない。

第四は、本研究が採用した方法である歴史研究としての言説分析の方法である。研究の過程において、様々なアプローチを試みたが言説分析の有効な方法論の確立を含めて深めねばならない。前節総括で指摘した課題とも関係するが、就学告諭研究は言説研究であるだけに重要な課題を提起していると思われる。すなわち学制布告書以前・以後の就学告諭のターム（キーワード）と学制布告書のそれとの関係である。学制布告書を含めた学制の論理は、通常、立身出世主義・個人主義・国家主義と把握される。しかしこの時点ではこれらのタームはまだ未分化のままに存在しており、多様な解釈が成立する。一例を上げると学制布告書のなかで用いられている「国家」に関しては共同研究者内部でも捉え方が異なっている（第一章第二節）。問題はこうした言説分析の方法を確立することにある。

第五は、地域事例研究の蓄積と深化である。本研究第四章において、四府県の事例で就学告諭のもつ地域性を検証し、地域の諸条件の中で就学告諭を位置付けて分析を試みた。今後さらに多くの地域事例研究を進める必要がある。例えば、地域が離れているにも関わらず共通タームを利用した就学告諭を出した地域や政治経済社会的諸条件の違いによって就学告諭がどのように異なるかなど、課題は多く、しかもその研究は豊かな成果が予想される。

このように多くの課題が依然として残っていることは確かである。しかし本共同研究の、これまでの成果をまとめることはやはり意義があると考える。

近代日本黎明期に為政者たちが民衆を学校に行かせるため非常な努力を重ねたことは確かである。その努力は、言説と説明論理、情報伝達の方法においてみられる。そこで発せられた就学告諭は、その言説と説明論理において、当時の「民衆の学び」とある程度合致するものであったからこそ、実際に民衆が学校へ行くという行動をとった。すなわち、就学告諭とは、その意味で学校という用語すら馴染みのなかった近代日本黎明期において、民衆を学校にいかせる装置であった。そして、近代日本においてやがて短期間の内に学校化社会を成立させる上で不可欠な役割を果したのであった。

（荒井　明夫）

資料編

資料編一覧表凡例

1. 都道府県番号は、JISX0401（都道府県コード）に準じた。
2. 資料編一覧表には都道府県番号と資料番号を付している。例えば、本文中〔資１－１〕とある場合は、北海道の一番目の資料という意である。また、この番号は資料編とも対応している。
3. 旧藩府県名は資料により確認できるものを記載している。また、旧藩府県域が現在の都道府県域と異なったり複数県にまたがる場合は、出典に記載している資料、刊行物の自治体を基準にして都道府県と旧藩府県を配列した。
4. 資料編一覧表に掲載している資料は、基本的に時系列に配列している。但し、年代が特定できない場合には、その限りではない。
5. 年号は、資料に記載されているままとし、和暦年とした。
6. 資料件名は出典１を基本にし、確認できない場合には出典２とした。
7. 資料件名時、出典に記載している資料、刊行物に付されている名称を使用することを原則とした。出典に記載している刊行物に資料件名が付されていない場合には、出典記載の資料の冒頭を引用した。
8. 出典１には、府県史料、県庁文書、私家文書等の名前を記し、出典２は各自治体史等の刊行物名を記した。
9. 備考欄には資料件名の根拠を示し、その他必要となる事項を記載している。
10. 出典１及び出典２に記載している資料、刊行物は、編集上の便宜から括弧を使用せずそのまま表記した。また、日付、巻・号数についても原典の情報を損なわないと判断した場合にはアラビア数字を使用することを原則とした。
11. 発信者と受信者は、資料中に明記されていない場合でも、資料前後の記述等から想定できる場合には記入した。
12. 一覧表左端の＊は、資料本文を本書に収録したものを示す。

資料編一覧表

受信	出典1	出典2	備考
対雁村　札幌　苗穂　丘珠　篠路　円山　琴似　手稲　発寒　平岸　月寒　白石	明治5年壬申9月 市在諸達留 民事局	北海道教育史 全道編1	
	開拓使事業報告附録 布令類聚 下編	北海道教育史 全道編1	出典2では「奨学告諭」（根室支庁）とある。
管内	函館支庁日誌 明治8年自1号至3号	北海道教育史 全道編1 北海道教育沿革誌	出典2にそのほかのタイトルあり。
各支庁長官		青森県史 第6巻	
各支庁長官		青森県史 第6巻	
学校掛		三沢市史 下巻	本告諭に続いて、岡田七等出仕他3名による告諭あり。
正副戸長		黒石市史 通史編Ⅱ	
	青森県史料8		
管内	青森県史料8		
		新編弘前市史 資料編4	
官学校設置無之市村		青森県史 第7巻	
各大区区長		青森県史 第7巻	
一小区事務所		田名部町誌	
		青森県教育史 第3巻	
郡長		七戸町史 第4巻	
		青森県史 第6巻	明治5年3月に大蔵省へ提出の「管内学校従来入費伺」所収。
		岩手県教育史資料 第2集	
		岩手近代教育史 第1巻	
	水沢県治類聚附録 自辛未10月起筆至壬申12月止		
学区取締		岩手県史 第7巻	
正副区長 同戸長		岩手県教育史資料 第2集	
各区戸長		岩手県教育史 第1巻	
		岩手県教育史 第1巻	
正副区長		岩手県教育史資料 第2集	
区長兼学区取締 専任学区取締		岩手県教育史資料 第3集	
旧仙台城下の区長・戸長	明治5年 学校諸綴	宮城県教育百年史（113～115頁）	
19区1等戸長	県限布達2月より 庶務課	宮城県教育百年史（565頁）	
各大区区長	御布告文集 明治6年2、3月分	小牛田町史	
区長 戸長	御布告文集 明治6年7、8月分		
区長 戸長 学区取締	布告文集 明治7年6月	宮城県教育百年史（577頁）	
		宮城県教育百年史	
毛馬内町 市長 大湯町 市長		鹿角市史 第3巻 上	
区		秋田県教育史 第1巻	研究』による。

	都道府県番号	資料番号	都道府県名	旧藩府県名	資料件名	年月日	発信
	1	1	北海道	開墾局	奨学告諭（北海道開墾局）	明治5年11月18日	開墾局
		2	北海道	根室支庁	五月達	明治7年5月	根室支庁
*		3	北海道	函館支庁	管内説諭書	明治8年3月5日	函館支庁
*	2	1	青森県	青森県	私立学校設立ニ関スル告諭	明治4年12月21日	
*		2	青森県	青森県	管内支庁長へ私立学校設立ノ告諭	明治5年1月	青森県
		3	青森県	青森県	小学を設立するは方今の要務たる	明治6年5月25日	県権令 菱田重禧
		4	青森県	青森県	黒石小学設立の資金募集の説諭	明治6年7月	第二大区区長 唐牛桃里
		5	青森県	青森県	青森町正覚寺へ仮小学校ヲ設ケ左之通相達候事	明治6年7月	
*		6	青森県	青森県	学資募金之儀ニ付左之通管内へ告諭候事	明治6年10月	青森県
		7	青森県	青森県	小学校則	明治6年10月	青森県
		8	青森県	青森県	私塾開学ノ者へ布令	明治7年5月12日	
		9	青森県	青森県	小学課程卒業精励ノ令	明治8年9月14日	
		10	青森県	青森県	方今厚キ御世話ヲ以テ学事御引立之儀	明治10年2月6日	第六大区区務所
*		11	青森県	青森県	学田告諭書	明治10年9月	県令 山田秀典
		12	青森県	弘前県	郡長江	不明（明治4年9月か）	弘前県七戸庁
*		13	青森県	斗南県	元斗南県学則	不明（明治5年3月以前か）	
	3	1	岩手県	盛岡県	県庁目録	明治3年12月	
		2	岩手県	胆沢県	郷学校ニツキ布告	明治4年3月	審理局
		3	岩手県	水沢県	郷学ヲ勧ム	明治5年6月	県参事 増田繁幸
		4	岩手県	水沢県	急キ順達	明治6年1月4日	学校監督 伊藤敬
		5	岩手県	岩手県	小学校開校ニ付布達	明治6年3月20日	県権令 島惟精 県権大属 清田直清
*		6	岩手県	水沢県	水沢県の小学校設立に関する布達	明治6年4月2日	七等出仕 岡谷繁実
		7	岩手県	水沢県	学校設立ニ付布達	明治6年5月	
		8	岩手県	岩手県	小学校開学ニ付布達	明治7年3月29日	県令 島惟精
		9	岩手県	水沢県	夜学開設ノ義ニ付仮規則御達	明治8年10月14日	県権令 増田繁幸
	4	1	宮城県	宮城県	学校全社取立ノ法	明治5年7月	宮城県
		2	宮城県	宮城県	宮城県就学告諭	明治5年8月2日	宮城県
		3	宮城県	宮城県	中小学校設立方法達書	明治6年2月	県参事 遠藤温
		4	宮城県	宮城県	宮城時亮県参事赴任に際しての布告	明治6年8月	県参事 宮城時亮
*		5	宮城県	宮城県	第四十九号	明治7年6月20日	県権参事 遠藤温 県参事 宮城時亮代理
		6	宮城県	宮城県	夜学開設ノ義ニ付キ仮規則御達	明治8年10月	宮城県
	5	1	秋田県	江刺県	明治四歳辛未夏六月	明治4年6月	教頭補
		2	秋田県	秋田県	第廿一番（興学ノ令）	明治5年4月	秋田県庁

受信	出典1	出典2	備考
		秋田県教育史 第1巻	
		鹿角市史 第3巻 上	
		秋田県教育史 第1巻	
		秋田県教育史 第1巻	
		秋田県教育史 第1巻	
		秋田県学制史研究	
		秋田県教育史 第1巻	
伍長惣代		秋田県教育史 第1巻	
		酒田市史 改訂版下巻	
	日本教育史資料1(729頁)	山形県史 資料編19 近現代史料1	資料件名は出典2による。
		山形県教育資料 第1巻 大山町史	
	山形県史料11		
	山形県史料11		
	山形県史料11		
		山形県教育史資料 第1巻	
	若松県管内布告	福島県教育史 第1巻	
	福島県史料17		
磐前県権令 村上光雄	福島県史料18		
	福島県史料18		
正副戸長並用係	福島県史料19		
		下妻市史(下)	
		茨城県史料 近代政治社会編I	
		茨城県史料 近代政治社会編I	
		阿見町史	
	茨城県史料7		
中小学区取締 各区三長		茨城県史料 近代政治社会編I	
区戸長		茨城県史料 近代政治社会編I	
	茨城県史料4		
	栃木県史料60		
管内	栃木県史料49		
	日本教育史資料1(598～599頁)		
	群馬県史料16	群馬県史4	
	群馬県史料16	群馬県史4	
区々内社寺	宮田御用留	横野村誌	
区長戸長		伊勢崎市史 資料編4 近現代I	
	日本教育史資料書5	群馬県史4	
		太田市教育史 上巻	
		沼田市史 資料編3 近現代	
岩氷村 水沼村 戸長役場 戸長 保護役		倉渕村誌	
御役所		三郷市史 第4巻 近代資料編	

	都道府県番号	資料番号	都道府県名	旧藩府県名	資料件名	年月日	発信
		3	秋田県	秋田県	矢島郷学校開設の布達	明治５年６月	郷校　郷舎長
		4	秋田県	秋田県	花輪郷学校開設の布達	明治５年６月	
*		5	秋田県	秋田県	告諭（興学告諭）	明治５年９月	
		6	秋田県	秋田県	第百拾一番（興学布達）	明治５年９月	秋田県
*		7	秋田県	秋田県	本県小学校告諭	明治６年３月	秋田県
*		8	秋田県	秋田県	布令	明治６年９月	副区長 鵜沼国蒙
*		9	秋田県	秋田県	告諭（就学についての告諭）	明治６年９月13日	
*		10	秋田県	秋田県	小学入学案内書	明治７年５月７日	副区長学区取締兼務 神澤繁
	6	1	山形県	坂田県	酒田港において学校相建てたく候間	明治２年６月	酒田民政局
*		2	山形県	米沢県	学校革制大旨	明治４年９月	米沢県庁
		3	山形県	酒田県	就学督励のこと	明治６年９月	県参事 松平親懐
		4	山形県	置賜県	向後小学校ニ於テ官省ノ御布達本県ノ触達告諭	明治６年11月11日	
		5	山形県	置賜県	教導職の説諭について	明治６年12月13日	
		6	山形県	置賜県	各区巡回趣意書取	明治７年１月７日	
		7	山形県	置賜県	明治八年置賜県第八十四号（女子教育振興のこと）	明治８年２月20日	県権令 新荘厚信
*	7	1	福島県	若松県	第三一号	明治６年２月	県令 鷲尾隆聚
		2	福島県	磐前県	学区取締の建言	明治６年７月	
		3	福島県	磐前県	戸長の建言	明治６年８月	戸長　副戸長
		4	福島県	磐前県	学資金について達	明治６年８月８日	県権令 村上光雄
		5	福島県	磐前県	学資金について管内布達	明治６年11月10日	県権令 村上光雄
	8	1	茨城県	下妻県	勤学ノ義 士卒へ布令	明治４年10月	下妻県庁
		2	茨城県	茨城県	小学校設立奨励の件達	明治５年８月	
		3	茨城県	茨城県	第四十一号	明治５年10月	県参事 渡辺徹
		4	茨城県	新治県	先般仮学校ヲ設立シ	明治５年11月	県参事 中山信安 県権参事 大木
		5	茨城県	新治県	凡ソ人共身ヲ立テ	明治６年３月	
		6	茨城県	茨城県	士族の教育関与の件告諭	明治７年１月	県参事 関新平
*		7	茨城県	茨城県	子女就学奨励の件達	明治８年11月29日	県権令 中山信安
		8	茨城県	茨城県	人民奨励の方	明治９年３月	
	9	1	栃木県	宇都宮県	仮学校設立の意旨を告諭	明治５年６月２日	
*		2	栃木県	栃木県	学制序文を管内に布達し、朝旨のあるところを示す	明治５年９月３日	栃木県
	10	1	群馬県	館林藩	在町へ達書	明治２年５月	
		2	群馬県	群馬県	夫レ人タル者	明治５年10月	
*		3	群馬県	群馬県	学校ノ要具タル	明治５年10月	
		4	群馬県	群馬県	今般学制御改定相成	明治５年10月24日	県令 青山 貞 七等出仕 加藤祖一
		5	群馬県	群馬県	第十七号	明治６年２月	県令 河瀬秀治
		6	群馬県	群馬県	群馬県就学告諭	明治６年12月18日	
		7	群馬県	栃木県	『備忘録』に記された就学督励の達	明治６年12月	県学務掛
		8	群馬県		不就学説諭	明治９年10月７日	第十八大区三小区 利根郡下久屋村惣役人 上久屋村惣役人 横塚村惣役人
		9	群馬県	群馬県	達第四十七号	明治12年７月	碓井郡長 古川浩平
	11	1	埼玉県	小菅県	小菅県仮学校の設立	明治２年６月25日	小菅県

受信	出典1	出典2	備考
領内一般	日本教育史資料3(329～330頁)		
	埼玉県史料 政治部 学校	埼玉県教育史 第3巻	資料件名は出典2による。
		埼玉県教育史 第3巻	
各区戸長副		寄居町史 近・現代資料編	
		埼玉県教育史 第3巻	
		埼玉県教育史 第3巻	
	埼玉県史料 政治部 学校	埼玉県史料叢書2	
第五大区各小区 戸長副 村々役人		坂戸市史 近代資料編	
南第四大区 副区長 正副戸長		鶴ヶ島町史 近現代資料編	
各区戸長他		埼玉県教育史 第3巻	
教員 区長 学区取締		埼玉県教育史 第3巻	
		埼玉県教育史 第3巻	
	埼玉県史料14		
各区正副戸長	県行政文書(明190号)		
学校保護		東松山市史 資料編 第4巻	
		新編 埼玉県史 資料編25	
		千葉県教育史 第2巻	
		千葉県教育百年史 第3巻 史料編(明治)	
正副戸長		千葉県教育百年史 第3巻 史料編(明治)	
正副戸長		千葉県教育百年史 第3巻 史料編(明治)	
学区取締 区長	千葉県史料15		
	千葉県史料15		
	太政類典第1編 自慶応3年至明治4年7月 第117巻		
		行政史料に見る 調布の近代	
三番組 四番組 五番組 二十一番組 二十三番組		世田谷区教育史 資料編1	
	太政類典第2編 自明治4年8月至明治10年12月 第245巻		
各区戸長	東京府史料26		
各区戸長	東京府史料26		
	法令類纂巻之86	東京都教育史資料総覧 第2巻	
村用掛		世田谷区教育史 資料編2	
	日本教育史資料3(358頁)		
	日本教育史資料3(359頁)		
	神奈川県史 附録 旧足柄県之部　学校附医務取締局		
	神奈川県史 附録 旧足柄県之部　学校附医務取締局		

	都道府県番号	資料番号	都道府県名	旧藩府県名	資料件名	年月日	発信
		2	埼玉県	伊勢国朝明郡忍藩領	今般学校御開校ニ相成候	明治3年	藩主
		3	埼玉県	埼玉県	埼玉県布達及び告諭	明治5年8月	埼玉県庁
		4	埼玉県	印旛県	印旛県布達	明治5年9月	印旛県
		5	埼玉県	入間県	告諭 （学校設立につき入間県告諭）	明治5年11月	学事務
		6	埼玉県	埼玉県	埼玉県告諭	明治5年11月	埼玉県庁
		7	埼玉県	入間県	入間県説諭	明治5年11月5日	入間県庁
		8	埼玉県	埼玉県	告諭	明治5年12月	
		9	埼玉県	入間県	学校設立ノ義ニ付御布告	明治6年1月	入間県
		10	埼玉県		学校設立に尽力可致達	明治6年8月10日	暢発学校 学務掛
*		11	埼玉県	熊谷県	熊谷県の告諭	明治6年12月18日	県令 河瀬秀治
*		12	埼玉県	埼玉県	埼玉県の告諭	明治7年4月	県権令 白根多助
		13	埼玉県	埼玉県	一六小学規則	明治7年8月19日	庶務課
		14	埼玉県	埼玉県	中学校の設置・生徒募集に関する論達	明治8年2月14日	
		15	埼玉県	熊谷県	熊谷県の告諭	明治8年11月14日	県権令 揖取素彦
		16	埼玉県		生徒督促ヲ請フ	明治9年12月	小林謙介
		17	埼玉県	埼玉県	就学督励告諭	明治11年1月7日	県令 白根多助
	12	1	千葉県	木更津県	管下達書	明治5年8月	木更津県
*		2	千葉県	印旛県	学制施行ニツキ	明治5年9月	印旛県
*		3	千葉県	新治県	就学勧奨ニツキ	明治5年11月	新治県
		4	千葉県	木更津県	学資金戸別人別配賦ノ概方	明治5年11月15日	
		5	千葉県	千葉県	学資積金ノ儀学区取締等へ達	明治7年5月19日	県令柴原和代理 県権参事 岩佐為春
		6	千葉県	千葉県	学資規則ノ儀ニ付人民へ演達	明治7年11月9日	
	13	1	東京都	東京府	東京府下ニ算学稽古所ヲ設ケ市民ノ子弟ヲ教導ス	明治元年7月	東京府
*		2	東京都	品川県	布田郷学校入校につき勧奨	明治4年3月29日	品川県庁
*		3	東京都	品川県	品川県庁勧学の布告	明治4年5月25日	品川県庁
		4	東京都	東京府	府下ニ於テ共立小学校並洋学校ヲ開キ志願ノ者ハ学資ヲ入レ入学セシム	明治4年12月23日	文部省
		5	東京都	東京府	中小学校の名称について戸長へ達	明治6年1月	
		6	東京都	東京府	小学校の設立について戸長へ達	明治6年2月	
		7	東京都	東京府	坤十八号	明治6年2月7日	府知事 大久保一翁
*		8	東京都		就学につき説諭	明治7年1月4日	拾番組
	14	1	神奈川県	神奈川県	方今人才養育急務ノ秋	明治4年7月	
		2	神奈川県	神奈川県	郷党議定	明治4年8月	
		3	神奈川県	足柄県	方今国勢皇張百度維新	明治5年4月	足柄県
		4	神奈川県	足柄県	学問ハ倫理綱常ヲ明ニシ	明治5年7月	足柄県

受信	出典1	出典2	備考
管下一同	神奈川県誌 政治之部 学校(自明治元年至七年)	神奈川県教育史通史編上巻	
正副区長 正副戸長	神奈川県史 附録 旧足柄県之部　学校附医務取締局	神奈川県教育史通史編上巻	
区長副区長		神奈川県教育史 資料編 第1巻	
各区 正副区長 学区取締 正副戸長		行政史料に見る 調布の近代	ほぼ確実に「就学の督励と学費のため桑茶等栽培奨励のこと」と同一資料(日付・発信者・受け取り側、文言が同じ)。ただし『調布の近代』は「庶第54号」となっている(神奈川県教育史は「庶第57号」)。
各区 正副区長 学区取締 正副戸長		神奈川県教育史 資料編 第1巻	
	神奈川県史 附録 旧足柄県之部　学校附医務取締局		
各大区 正副区長 学区取締 戸長副		神奈川県教育史 資料編 第1巻	
		柏崎市史 資料集 近現代2	
藩中	日本教育史資料2(280頁)		
		長岡市史 資料編4 近代1	
		新潟県史 資料編14 近代2	
		柏崎市史 資料集 近現代2	
		新潟県史 資料編14 近代2	
	新潟県史料		
	相川県史 政治部学校1，2		
	新潟県史料		
大区長副併小区総代	新潟県史料		
相川町々	新潟県史料		
西壱之丁弐之丁 上原　戸前中		十日町市史 資料編6 近・現代1	
		水原町編年史 第2巻	
戸長 用掛		十日町市史 資料編6 近・現代1	
	新潟県史 政治部学校1ノ1, 2, 3，4		
管下正副戸長 学区取締		越中史料4	
		富山県の教育史	発信者名にかかわらず、出典2によれば、新川県とされている。
婦負射水砺波三郡正副区長 第十一十二十三中学区学区取締		富山県史 資料編5	
	日本教育史資料2(156頁)		
		石川県史 第4編	
		石川県教育史 第1巻	
		輪島市史	

	都道府県番号	資料番号	都道府県名	旧藩府県名	資料件名	年月日	発信
*		5	神奈川県	神奈川県	告諭文	明治6年2月	神奈川県
*		6	神奈川県	足柄県	先般学制御確定相成	明治6年3月	足柄県
		7	神奈川県	神奈川県	小学舎設立につき督励のこと	明治6年5月5日	県権令 大江卓
		8	神奈川県	神奈川県	小学校への就学促進	明治7年10月17日	県令 中島信行
*		9	神奈川県	神奈川県	就学の督励と学費のため桑茶等栽培奨励のこと	明治7年10月17日	県令 中島信行
		10	神奈川県	足柄県	小学校	明治8年2月22日	足柄県
		11	神奈川県	神奈川県	夜学規則制定のこと	明治8年2月24日	県令中島信行代理 県参事 山東直砥
	15	1	新潟県		学校規則	明治元年	
		2	新潟県	新発田藩	明治二年九月藩中へ	明治2年9月	
		3	新潟県		国漢学校制度私議	明治3年5月	田中春回
		4	新潟県	柏崎県	学事について意見具状を求める柏崎県の達	明治3年6月13日	柏崎県庁
		5	新潟県	柏崎県	身を修め　智を開くべし	明治3年12月	柏崎県庁
		6	新潟県	相川県	相川県管内学校ノ儀ニ付申上候書付	明治5年3月	相川県参事
		7	新潟県	相川県	新町村山本半蔵始五人之者共儀	明治5年11月	相川県
		8	新潟県	相川県	西洋学之儀者開化進歩之捷径	明治6年2月	県権参事 加藤敬頼
		9	新潟県	相川県	今般笹川十八牧村金子勘三郎	明治6年3月	県参事 鈴木重嶺
		10	新潟県	柏崎県	大区長副併小区総代江	明治6年5月	県権参事 石川昌三郎
*		11	新潟県	相川県	学問思弁之効者今更縷陳ニ不及候へトモ	明治6年11月	県参事 鈴木重嶺 県権参事 磯部最信
		12	新潟県	柏崎県	身元・職業などの別なく就学させるよう小九区戸長から達示	明治7年10月1日	三番組用掛
		13	新潟県	新潟県	一八七五年明治八年乙亥学校教育趣旨順達	明治8年3月31日	戸長
		14	新潟県	柏崎県	書生勤怠簿	明治8年5月	九番小学
		15	新潟県	新潟県	第二百八十三号(甲)	明治9年7月	県令 永山盛輝
	16	1	富山県	新川県	第百四十二番	明治6年7月13日	権令 山田秀典
*		2	富山県	新川県	説諭二則	明治7年	富山県学務係
		3	富山県	富山県	凡学問芸術ハ厚生利用ノ基礎特ニ小学ハ	明治9年4月15日	県令 山田秀典
	17	1	石川県	金沢藩	今般学政改革更ニ	明治3年11月	
		2	石川県	金沢県	金沢藩小学規則布達による小学所を県の管轄に	明治4年10月	
		3	石川県	石川県	区学校設立の布告	明治5年5月	
		4	石川県	石川県	布告	明治5年5月	

受信	出典1	出典2	備考
		金沢市史 資料編 15 学芸	
	石川県史料 21、75	石川県史料 第 2 巻	資料件名は出典 2 による。
	石川県史料 90	富山県史 資料編 6 近代上	
		石川県史 第 4 編	
		稿本金沢市史 学事篇 第 3	
		稿本金沢市史 学事篇 第 3	
		石川県志雄町史	
		石川県志雄町史	
	岡部七松家文書	羽咋市史 現代編	
	岡部七松家文書	羽咋市史 現代編	
	鈴木家文書 上田家文書	福井県教育百年史 第 3 巻 史料編 1	
	鈴木家文書 上田家文書	福井県教育百年史 第 3 巻 史料編 1	
	足羽県期布達写帳	福井市史 資料編 10	
	敦賀県布令書	福井市史 資料編 10	
郡中惣代 各区戸長 副戸長	足羽県期布達写帳	福井市史 資料編 10	
各小区	敦賀県布令書	福井県教育百年史 第 3 巻 史料編 1	
管内	敦賀県歴史 政治部 学校 11	福井市史 資料編 10	
	撮要新聞 第 9 号附録	福井市史 資料編 10、福井県教育百年史 第 3 巻 史料編 1	
	敦賀県布令書	福井県教育百年史 第 3 巻 史料編 1	
	敦賀県布令書	福井県教育百年史 第 3 巻 史料編 1	
	敦賀県布令書	福井県教育百年史 第 3 巻 史料編 1	
	敦賀県布令書		
	敦賀県布令書		
各地出張の巡査	学事備忘記録	福井県教育百年史 第 3 巻 史料編 1	
各戸長へ演達（鯖江）	郡達	福井県教育百年史 第 3 巻 史料編 1	
郡役所 戸長役場	訓示内訓書	福井県教育百年史 第 3 巻 史料編 1	
第一区 第二区戸長副戸長	甲州文庫		
区長 戸長	山梨県史料 13	山梨県史 第 3 巻（115-116 頁）	
区戸長	甲州文庫	山梨県史 第 3 巻（453 頁） 甲府新聞 第 23 号 明治 6 年第 8 月	
	甲州文庫	甲府教育百年史（12 頁）（部分）	
		高森町史 下巻　豊丘村誌	
	長野県史料 4		
		長野県教育史 7 巻他	
	長野県史料 4		
		豊平村誌	
正副戸長		長野県教育史 9 史料編 3	
		長野県教育史 9 史料編 3	

	都道府県番号	資料番号	都道府県名	旧藩府県名	資料件名	年月日	発信
		5	石川県	石川県	石川県区学校規則・学科課程表布達	明治5年8月	
*		6	石川県	石川県	布達	明治5年8月	
		7	石川県	石川県	今般学制ヲ発行シ普ク子弟ヲシテ	明治6年1月	
*		8	石川県	石川県	石川県下小学校教則大意	明治6年2月	
		9	石川県	石川県	勧学の布達	明治6年2月5日	県権令 内田政風
		10	石川県	石川県	女児就学に関する布達	明治6年2月5日	県権令 内田政風
		11	石川県	石川県	達示	明治6年5月	
		12	石川県	石川県	家塾の取扱についての布達	明治6年12月	
		13	石川県	石川県	触書	明治9年(か)	
		14	石川県	石川県	県による触書	明治9年	
	18	1	福井県	福井藩	坊長肆長心得書	明治3年9月	
*		2	福井県	福井藩	郷学教諭大意	明治3年9月	
*		3	福井県	足羽県	農商小学大意	明治5年10月	県参事 村田氏寿
		4	福井県	敦賀県	敦賀県の小学規則	明治5年11月	
		5	福井県	足羽県	学制公布、学校設置につき県達二件	明治5年11月7日	県参事 村田氏寿 県権参事 千本久信
		6	福井県	敦賀県	父兄は必ず子弟を就学せしむること	明治6年1月5日	県参事 藤井勉三 県権参事 寺島直
		7	福井県	敦賀県	学校費用と授業料の負担につき県達	明治6年1月7日	
*		8	福井県	敦賀県	女児小学校の規則	明治6年1月8日	県学校掛
		9	福井県	敦賀県	学制布達の趣旨と就学奨励	明治6年6月	県権令 藤井勉三
		10	福井県	敦賀県	小学教育充実のための課金とその取扱並に心得方	明治8年2月22日	県権令 山田武甫
*		11	福井県	敦賀県	県三十七号(学事充実隆盛について訓示)	明治8年3月23日	県権令 山田武甫
		12	福井県	敦賀県	改正学区取締職制并事務取扱章程	明治8年12月	
		13	福井県		公学規則	明治8年12月4日	県権令 山田武甫
		14	福井県	敦賀県	巡査学齢児童就学に協力のこと	明治9年5月17日	長官
		15	福井県	福井県	知事より教育の振興について戸長へ要望のこと	明治18年	県令 石黒務
		16	福井県	福井県	教育令改正布告の趣意徹底のこと	明治18年9月8日	県令 石黒務
*	19	1	山梨県	山梨県	小学校御布令	明治5年11月24日	山梨県庁
		2	山梨県	山梨県	小学校設立ノ儀	明治6年3月30日	県権令 藤村紫朗
*		3	山梨県	山梨県	学制解訳	明治6年6月28日	県権令 藤村紫朗 学務官 三谷恒
*		4	山梨県	山梨県	学問のもとすゑ	明治6年10月	学務課員 小野泉
	20	1	長野県	伊那県	学校御取建	明治3年10月6日	伊那県御役所
		2	長野県	長野県	追日学校を振起することを予め布達	明治4年9月27日	
		3	長野県	筑摩県	学校創立告諭書	明治5年2月20日	筑摩県庁
		4	長野県	長野県	不参の学校生徒の勧奨について達	明治5年5月23日	
		5	長野県	筑摩県	筑摩県の回状	明治5年7月21日	筑摩県庁
*		6	長野県	筑摩県	学問普及の為申諭し書	明治5年9月	筑摩県庁
		7	長野県	筑摩県	学事軽視の者糾弾につき県達	明治6年3月3日	県参事 永山盛輝

受信	出典1	出典2	備考
		木曽福島町史 2 現代 1	
		長野県教育史 9 史料編 3	
		長野県教育史 9 史料編 3	
		永田村誌	
		永田村誌　豊平村誌	
		長野県教育史 9 巻	
		長野県教育史 9 巻	
大区長 学区取締 正副戸長		長野県教育史 9 巻	
		豊平村誌	
		長野郷土史	
		豊田村誌	
		飯山市公民館 岡山支館	
		永田村誌	
	岐阜県史料 16		
	岐阜県史料 16		
	岐阜県史料 16		
	岐阜県史料 15		
	岐阜県史料 15		
	日本教育史資料 1 (183 頁)		
	日本教育史資料 1 (183 頁)		
大目付御勘定頭郡奉行町奉行社寺取扱懸御目付		静岡県史 資料編 16 近現代 1	
	日本教育史資料 1 (183 頁)		
末島村より浦川村迄		静岡県史 資料編 16 近現代 1	
		静岡県史 資料編 16 近現代 1	
		静岡県史 資料編 16 近現代 1	
		静岡県教育史 資料編 上巻	
	静岡県資料 8		
	西浦・久料　久保田敬男文書		
		掛川市史 資料編 近現代	
	静岡県資料 8		
	静岡県資料 8		
	重新静岡新聞 41 号	静岡県史 資料編 16 近現代 1	
静岡県令 大迫貞清		沼津市史 史料編 近代 I	
	愛知県史料 16		
		愛知県教育史 第 3 巻	
各区戸長里正年寄等		愛知県発行	

	都道府県番号	資料番号	都道府県名	旧藩府県名	資料件名	年月日	発信
		8	長野県	筑摩県	布達	明治6年3月24日	
		9	長野県	筑摩県	学制布告書教諭につき県達	明治6年4月	県権令 永山盛輝
		10	長野県	筑摩県	就学勧奨につき県達	明治6年10月29日	県権令 永山盛輝
		11	長野県	長野県(第1次)	諭告一	明治6年12月	
		12	長野県	筑摩県	筑摩県布達	明治6年3月(長野) 明治7年8月22日(筑摩)	県権令 永山盛輝
		13	長野県	筑摩県	農繁期の就学督励につき県達	明治7年4月27日	永山県令代理 県参事 高木維矩
		14	長野県	筑摩県	学区取締事務仮章程	明治7年6月29日	県権令 永山盛輝
*		15	長野県	筑摩県	第百十六号(就学説諭につき県達)	明治7年9月7日	県権令 永山盛輝
		16	長野県	筑摩県	学区取締の就学督励	明治8年	筑摩県
		17	長野県	長野県	就学のすすめ	明治9年1月28日	長野学校
		18	長野県	長野県	各区へ就学奨励	不明	
*		19	長野県	長野県	人々に学文を励ましむる文	不明	佐藤実成
		20	長野県	長野県	諭告二	不明	
	21	1	岐阜県	岐阜県	御達ノ旨ヲ遵奉管下遍ク	明治5年	
		2	岐阜県	岐阜県	民心向学ノ状況	明治7年	
*		3	岐阜県	岐阜県	将来学事進歩ニ付須要ノ件	明治11年	
		4	岐阜県	岐阜県	学齢児童ヲ事故理由ナク就学セシメサル者処分方ヲ布達	明治15年9月13日	
		5	岐阜県	岐阜県	学齢児童にして俳優観察を受け教育上の障碍とならないよう説諭	明治15年10月2日	
	22	1	静岡県	静岡藩	明治元年八月十五日徳川家達本地到着其九月八日左ノ布令アリ	明治元年8月15日	
		2	静岡県	静岡藩	十月十二日学校移転ニ付左ノ布令アリ	明治元年10月12日	
		3	静岡県		学問所にて洋学教授開始に付達	明治元年11月	
		4	静岡県	静岡藩	十一月五日洋学開校ニ付左ノ布令アリ	明治元年11月5日	
		5	静岡県	静岡藩	中泉表西岸寺に仮小学校開設方達	明治2年6月23日	中泉奉行所
		6	静岡県	静岡藩	沼津兵学校生徒募集方達	明治2年11月17日	
		7	静岡県	静岡藩	乍恐以書付奉願上候	明治2年11月	駿州志多郡中惣代
		8	静岡県	浜松県	女子教育趣意書	明治6年3月	県令 林厚徳
		9	静岡県	静岡県	先般学制御確定相成リ第貳百拾四号御布令ニ付則致頒布候通	明治6年3月	静岡県
		10	静岡県	足柄県	学校業規則書	明治6年3月	豆州君沢郡久料村 戸長 副戸長 百姓代
		11	静岡県	浜松県	第百二十五号	明治6年6月10日	県権参事 石黒務
		12	静岡県	静岡県	明治七年十月布達	明治7年10月	静岡県
		13	静岡県	足柄県	各地学事ノ日ニ進ミ月ニ奨ムハ人々已ニ聞見スル処ニシテ	明治8年11月14日	足柄県
*		14	静岡県	静岡県	静岡県に女学校を設立すべし	明治9年10月7日	
		15	静岡県	静岡県	夜学建設願書	明治11年10月19日	区長兼学区取締 末吉孫蔵 副区長兼学区取締 山形敬雄
	23	1	愛知県		人材登用の布告を受けて学問奨励	明治2年3月	
		2	愛知県	名古屋県	女子教育奨励の布告	明治4年9月	名古屋県
*		3	愛知県	愛知県	学問の沙登志	明治5年5月	愛知県

受信	出典1	出典2	備考
戸長及学校幹事等		明治初期に於ける豊橋地方の初等教育	
		東書文庫目録 1655	井関盛良著
		愛知県教育史 第3巻	
	日本教育史資料書 第5輯(88～89頁)		
		三重県教育史 第1巻	
	三重県史料 8		
領内一般	日本教育史資料 第3巻	『三重県史』資料編近代 4	資料件名は出典2による。
親々	日本教育史資料 第1巻		
各村	日本教育史資料 第1巻		
区郷		三重県教育史 第1巻	
		明治初期における三重県の外語学校	
各区区戸長	旧度会県達　明治6年	『三重県教育史』第1巻	資料件名は出典2による。
正副区戸長		三重県史 資料編 近代 4	
	日本教育史資料 1(458頁)		
		新修大津市史 中部地域 第8巻	
	外村文書		第4章第2節(369頁以下)に掲載。
管内	滋賀県史 19		
	滋賀県史 19	新修大津市史 中部地域 第8巻	
洛中洛外	京都府史 学政類	京都府百年の資料 5 教育編(2頁)	資料件名は出典2による。
町役	京都府史 学政類	京都府百年の資料 5 教育編(3頁)	資料件名は出典2による。
洛中洛外	府庁文書 布令書	京都府百年の資料 5 教育編(6頁)	資料件名は出典2による。
	久美浜県庁各藩集会議事一件誌稿		
山城国中華族士族卒社寺	京都府史料 24 京都府史 学政類	京都府百年の資料 5 教育編(21～22頁)	資料件名は出典1の冒頭および出典2による。
郡中	京都府史 学政類	京都府百年の資料 5 教育編(36頁)	資料件名は出典2による。
管内	府庁文書 布令書	京都府百年の資料 5 教育編(58頁)	資料件名は出典1の冒頭および出典2による。
	京都府史料 24		
管内	京都府史料 24 府庁文書 丹後一圓丹波天田布令原書	京都府百年の資料 5 教育編(66～67頁)	資料件名は出典1の冒頭および出典2による。
管内区戸長	京都府史料 25 府庁文書 布令書	京都府百年の資料 5 教育編(68頁)	
管内	京都府史 学政類	京都府百年の資料 5 教育編(105～110頁)	資料件名は出典1の冒頭による。
京都府知事 長谷信篤	京都府史 学政類	京都府百年の資料 5 教育編(110～112頁)	資料件名は出典1の冒頭による。
文部大輔田中不二麿殿代理 文部大丞 九鬼隆一	京都府史料 25 府庁文書 布令書	京都府百年の資料 5 教育編(83頁)	資料件名は出典1の冒頭による。
管内区戸長	京都府史 学政類	京都府百年の資料 5 教育編(86頁)	資料件名は出典2による。
	郡中小学校記		第4章第1節(348頁以下)に掲載。
	郡中小学校記		

	都道府県番号	資料番号	都道府県名	旧藩府県名	資料件名	年月日	発信
*		4	愛知県	額田県	告諭	明治５年８月	
		5	愛知県	愛知県	愛知県児童就学ニツキ触書	明治６年	
		6	愛知県	愛知県	学齢児童の就学奨励	明治７年１月	
		7	愛知県		就学諭言	不明	
	24	1	三重県	度会府	今般太政御一新ニ付	明治元年 10 月	度会府
		2	三重県	亀山藩	亀山藩知事諭達	明治２年 10 月	藩知事 石川成之
		3	三重県	忍藩	忍藩興譲学校につき藩主布達	明治３年	藩主
		4	三重県	鳥羽藩	小学校建設ノ事	明治３年 10 月５日	藩学校
		5	三重県	久居藩	諭達	明治４年２月	久居藩庁
		6	三重県	久居県	区郷エ布告	明治４年 11 月	久居県庁
		7	三重県	度会県	先般宇治山田市中仮戸長以下有志之者	明治５年８月	度会県庁
*		8	三重県	度会県	度会県の告諭	明治６年９月	参事 平川光伸
*		9	三重県	度会県	芝居手踊禁止の告諭	明治８年 10 月 30 日	県権令 久保断三
	25	1	滋賀県	山上藩	今般文武館設置	明治２年	
		2	滋賀県	滋賀県	小学校御建営勧諭之大意	明治５年３月	勧諭者
*		3	滋賀県	犬上県	犬上県内小学校建営説諭書	明治５年７月	犬上県庁
*		4	滋賀県	滋賀県	凡ソ子弟之有者眼前ノ愛ニ　(欧学校設立の趣旨)	明治５年９月	滋賀県
*		5	滋賀県	滋賀県	管下人民に告諭するの書	明治６年２月	県令 松田道之
	26	1	京都府	京都府	小学校建営につき告示	明治元年 10 月８日	京都府
		2	京都府	京都府	小学校設立に関する府の口諭	明治元年 11 月 20 日	学務課
		3	京都府	京都府	かまど別小学校建営出金の達し	明治元年 12 月 18 日	京都府
		4	京都府	久美浜県	三丹会議	明治２年	政務局
		5	京都府	京都府	華士族、卒、社寺の子弟の小学校入学に関する告諭	明治４年９月	京都府
		6	京都府	京都府	府下各郡小学校建営心得告示	明治４年 11 月	京都府
		7	京都府	京都府	学制発布に伴う告示	明治５年 10 月	府知事 長谷信篤
		8	京都府	京都府	就学について告示	明治６年 12 月 20 日	
		9	京都府	京都府	第九号	明治７年１月	府知事 長谷信篤代理 府七等出仕 國重正文
		10	京都府	京都府	府知事より区戸長あて就学奨励の達	明治８年１月	府知事 長谷信篤
		11	京都府	京都府	告諭	明治８年５月	府知事 長谷信篤
		12	京都府	京都府	小民豹馬ノ心ヲ以テ井蛙ノ愚慮ヲ顧ズ	明治８年６月	算師 清水栄造
		13	京都府	京都府	学第五十四号　強促就学法ノ儀	明治９年４月 29 日	府権知事 槇村正直
		14	京都府	京都府	小学校就学奨励のため就学児童の戸籍帳に學印押捺の布達	明治９年７月１日	府権知事 槇村正直
*		15	京都府	京都府	告諭之文	不明	
		16	京都府	京都府	告諭	不明	

受信	出典1	出典2	備考
村々		羽曳野市史 6 史料編 4	
村々役人		大阪府教育百年史 2 史料編 1	
大年寄 中年寄 少年寄		大阪府布令集 1 大阪府教育百年史 2 史料編 1 西区史 3	
		四条畷市史	
		岸和田市史 8	
		大阪府教育百年史 2 史料編 1	
		大阪府教育百年史 2 史料編 1	
		大阪府教育百年史 2 史料編 1	
	大阪府史料 47		
市中学区取締		大阪府教育百年史 2 史料編 1	
		大阪府教育百年史 2 史料編 1	
	兵庫県史料 学校		
家老共	日本教育史資料 1(47 ～ 48 頁)		
市中江	出石藩日誌		
	日本教育史資料 2(378 頁)		
	日本教育史資料 2(320 ～ 321 頁)		
		兵庫県教育史	
	日本教育史資料 2(399 頁)		
中市長	日本教育史資料 2(398 ～ 399 頁)		
	日本教育史資料 2(389 ～ 390 頁)		
名主 庄屋 年寄 頭立候共	兵庫県史 学校 第一編		
	兵庫県史 学校 第一編		
	兵庫県史 学校 第一編		
	兵庫県史 学校 第一編		
		姫路市史資料叢書 I 飾磨県布達 1	
	前田淑信文書	伊丹教育史料 伊丹資料叢書 7	
各校教員 幹事 世話掛	上之島文書	伊丹教育史料 伊丹資料叢書 7	
		創立六拾周年記念 沿革史 明親小学校	
		創立六拾周年記念 沿革史 明親小学校	
	奈良県布達 第 48 号(明治 5 年)	奈良県教育百二十年史 資料編(48 ～ 49 頁)	資料件名は出典 2 による。
		奈良県教育百二十年史 資料編(52 頁)	
	和歌山県史料 1		

	都道府県番号	資料番号	都道府県名	旧藩府県名	資料件名	年月日	発信
	27	1	大阪府	堺県	小学校設立につき廻状	明治４年３月	野中村庄屋 林猪七郎
		2	大阪府	堺県	今般其郡・・・・・小学校建営	明治４年６月	堺県学校懸
		3	大阪府	大阪府	国家ノ富強ハ	明治５年４月	大阪府
		4	大阪府	堺県	規則	明治５年６月	
*		5	大阪府	堺県	学問の心得	明治５年８月	堺県学
		6	大阪府	堺県	河内国十八区郷学校規則	明治５年９月	区長
*		7	大阪府	大阪府	学制解訳	明治６年１月13日	府参事 藤村紫朗
		8	大阪府	大阪府	就学勧誘旨趣	明治６年６月８日	府権知事 渡辺昇
		9	大阪府	堺県	学校設立資金・就学奨励についての堺県庁よりの達	明治６年７月	堺県庁
		10	大阪府	大阪府	小学校ハ書算筆ヲ兼習セシメ	明治６年９月	府権知事 渡辺昇
		11	大阪府	大阪府	此度各小学校内之便宜ニ随ヒ	明治７年１月	府権知事 渡辺昇
	28	1	兵庫県		兵庫県、学校を管内に開設することを布達	慶応４年６月２日	兵庫県
		2	兵庫県	尼ヶ崎藩	明治元年九月　家老共	明治元年９月	
		3	兵庫県	出石藩	出石藩女学上校・下校を開校、校則を制定し教員を任命	明治３年１月18日	小川少参事
		4	兵庫県	出石藩	女学 上 士族徒士以上 下 足軽以下平民 校開設ノ事ヲ布告ス１	明治３年１月	
		5	兵庫県	篠山藩	明治三年三月布令	明治３年３月	
		6	兵庫県	豊岡藩	豊岡藩布告	明治３年６月27日	豊岡藩
		7	兵庫県	豊岡藩	藩庁布令	明治３年６月２日	
		8	兵庫県	豊岡藩	司民局ヨリ市街へ達	明治３年６月27日	司民局
		9	兵庫県	出石藩	市郷校学規ヲ創定ス	明治３年11月	
*		10	兵庫県	兵庫県	兵庫県、兵庫名主神田兵右衛門に幹事長を命じ、就学奨励を告諭す	明治４年３月16日	兵庫県庁・兵庫県学校掛
		11	兵庫県	兵庫県	洋学校設置により生徒の入学勧誘につき神戸・兵庫両港の町吏に達す	明治４年５月16日	兵庫県庁
		12	兵庫県	兵庫県	開饗社法記	明治４年６月	
		13	兵庫県	兵庫県	有志の醵金を以て学校費用にあてるため、その購金方法につき神戸・兵庫両港へ布達	明治４年８月	兵庫県洋学校掛
		14	兵庫県	飾磨県	諭告	明治５年８月	飾磨県
*		15	兵庫県	兵庫県	小学校開校の通達	明治６年３月	区長
		16	兵庫県	兵庫県	学区取締より不就学江説諭写し書	明治８(?)年６月	学区取締 久保松照英
		17	兵庫県		明親館の告諭	学制以後	山岸松堂
		18	兵庫県		明親館学則	不明	
*	29	1	奈良県	奈良県	奈良県就学告諭	明治５年６月	奈良県
		2	奈良県	奈良県	奈良県小学校設立告諭	明治６年	
	30	1	和歌山県	和歌山藩	学制ヲ改定スルニ付左ノ旨ヲ藩中及郷市へ布達ス	明治２年(以降)	

受信	出典1	出典2	備考
	和歌山県史料 1		
		和歌山県史 近現代史料 4	出典２に「明治五年四月より同六年十二月迄廻達扣」の記載あり。
	鳥取県歴史	鳥取県歴史 5	資料件名は出典２による。
管下	鳥取県史料 4		変則中学校設立についての告諭。
変則中学の生徒	鳥取県史料 4		変則中学校設立について、再び告諭。
	島根県史料 1		藩校を振起するための歓学告諭。
	島根県歴史	島根県近代教育史 3	資料件名は出典２による。
	島根県歴史	島根県近代教育史 3	資料件名は出典２による。
	島根県歴史	島根県近代教育史 3	資料件名は出典２による。
	島根県歴史	島根県近代教育史 3	資料件名は出典２による。
邇摩郡詰 神埜大属 美濃郡詰 長埜大属 邑智郡詰 塩屋大属 那賀郡詰 神田権大属 鹿足郡詰 小柴権大属	浜田県資料	島根県近代教育史 3	資料件名は出典２による。
		島根県近代教育史 3	
	島根県歴史	島根県近代教育史 3	資料件名は出典２による。
各部正副戸長	浜田県史料	島根県近代教育史 3	資料件名は出典２による。
正副戸長		旭町誌	
	島根県史料 2		女子の就学に関する告諭。
		島根県近代教育史 3	32-11 とほぼ同文。
	島根県史料 2		教員伝習所の生徒募集。
	島根県史料 2		
		島根県近代教育史 1	
	島根県史料 2		学校資金について告諭。
武士		岡山県教育史 中巻 (6 頁)	
	阿部家文書写		
	岡山県史料 45 県治紀事補遺	岡山県教育史 中巻 (7 ～ 8 頁)	
		岡山県教育史 中巻 (34 ～ 35 頁)	
	旧小田県歴史 禁令布達		
区戸長	玉置文書		
		岡山県教育史	
		和気郡史 資料編 上巻 (1079-1081 頁)	
第十七大区小四区人民		金光町史 史料編 (775-776 頁)	
	玉置文書		
		岡山県教育史 中巻	
		西阿知町史 (164-166 頁)	
	旧小田県歴史 禁令布達		太政官布告の写しと小田県小学校規条
	旧小田県歴史 禁令布達		
		岡山県史 30 巻	
副区長中	岡山県史料学校 17 1	岡山県教育史 中巻 (46-47 頁)	
		岡山県史 教育文化 (38-41 頁)	

	都道府県番号	資料番号	都道府県名	旧藩府県名	資料件名	年月日	発信
		2	和歌山県	和歌山藩	此度御政体御改革人材教育ニ付	明治２年４月	
＊		3	和歌山県	和歌山県	民費による学校設立の勧告	明治５年11月	県権令 北嶋秀朝
＊	31	1	鳥取県	鳥取県	「学制」にともなう県布告	明治５年９月	
		2	鳥取県	鳥取県	小学校全備不致内ハ	明治６年10月22日	県参事 三吉周亮
		3	鳥取県	鳥取県	告諭	明治６年10月28日	県参事 三吉周亮
	32	1	島根県	広瀬藩	先是時勢ノ急ニ因リテ	明治２年６月	
		2	島根県	松江藩	松江藩における学制概要のこと	明治２年８月６日	
＊		3	島根県	松江藩	学則	明治４年５月４日	松江藩
＊		4	島根県	松江藩	松江藩教導所学則制定のこと	明治４年５月４日	松江藩
＊		5	島根県	松江県	女学則	明治４年10月５日	松江県
		6	島根県	浜田県	子弟の入学に関し父兄へ説諭勧奨すべきのこと	明治５年７月25日	権参事官 渡辺
＊		7	島根県	島根県	御達（学事奨励に関する被仰出書のこと）	明治５年９月	島根県
		8	島根県	島根県	修身開智は学よりのこと	明治５年９月15日	島根県
		9	島根県	浜田県	小学校建設督促のこと	明治６年５月15日	
		10	島根県	浜田県	学校建設ノ御趣旨	明治６年６月２日	県権令 佐藤信寛
		11	島根県	島根県	夫父母ノ其子ヲ愛育スルヤ	明治７年４月29日	
＊		12	島根県	島根県	第二百八十四号（女子の就学奨励のこと）	明治７年５月30日	県権令 井関盛良
		13	島根県	島根県	夫国ノ貧富強弱ハ	明治７年７月18日	
＊		14	島根県	島根県	女子就学ノ事	明治８年１月28日	
		15	島根県	島根県	参事による巡回説諭	明治８年５月～６月	
		16	島根県	島根県	凡人ノ世ニアルヤ	明治８年10月10日	
	33	1	岡山県	岡山県	定	明治４年正月	岡山藩
		2		小田県	啓蒙社大意	明治４年１月	
＊		3	岡山県	岡山県	さとし	明治５年	
＊		4	岡山県	岡山県	告諭	明治５年１月	
		5	岡山県	小田県	夫レ人ノ世ニ生ルヽヤ国冨家栄ヘ	明治５年６月15日	
		6	岡山県	北条県	論達（北条県）	明治５年８月18日	北条県
		7	岡山県	小田県	小田県布達	明治５年10月15日	
＊		8	岡山県	岡山県	小学校取建之趣意	明治５年11月	和気郡他３郡有志
		9	岡山県	小田県	廻文留（就学児童調査）	明治６年	妹尾一三郎
		10	岡山県	北条県	女学校設立願	明治６年１月（前か）	
＊		11	岡山県	北条県	北条県布達	明治６年１月	北条県
		12	岡山県	小田県	論達（啓蒙所規則）	明治６年１月	
		13	岡山県	小田県	人々自ラ其身ヲ立テ	明治６年１月	
		14	岡山県	小田県	御一新以来学問ヲ興シ風俗ヲ改メ	明治６年２月３日	
		15	岡山県	北条県	小学校設立の儀	明治６年７年24日	県参事 小野立誠 県七等出仕 樺山資之
		16	岡山県	岡山県	学事勧奨達文	明治８年４月12日	県参事 石部誠中
		17	岡山県	岡山県	説諭之要旨	明治10年８月	県令 高崎五六代理 第五課長一等属兼師範学校長 太田卓之述

受信	出典1	出典2	備考
	日本教育史資料 4 (331 ～ 332 頁)		
	日本教育史資料 4 (338 頁)		
各区	広島県報 (69) 布告帳 (明治 5 年 4 月～ 6 年 1 月)	広島県史 近代現代資料編Ⅲ	
各大区	広島県報 (69) 布告帳 (明治 5 年 4 月～ 6 年 1 月)	広島県史 近代現代資料編Ⅲ 新修広島市史 第 7 巻 資料編その 2 大竹市史 史料編 第 3 巻	広島県史近代現代資料編Ⅲ (S51) では「学事奨励の達」、新修広島市史第 7 巻資料編その 2 (S35) では「学校設立をすすめる布達」、大竹市史史料編第 3 巻 (S33) では「学校設立をすゝめる布達」。
各大区	広島県報 (69) 布告帳 (明治 5 年 4 月～ 6 年 1 月)		
	広島県報 布告帳	広島県史 近代現代資料編Ⅲ	
	広島県報 布告帳	広島県史 近代現代資料編Ⅲ	
用係	御布告書 (三原町)	三原市史 第 6 巻 資料編 3	
	広島県史料 16	広島県史 近代現代資料編Ⅲ	
	広島県布達集 (明治 7 年)	新修広島市史 第 7 巻 資料編その 2	資料件名は出典 2 による。
区長 戸長 学区取締 同補助	広島県報 布告帳	広島県史 近代現代資料編Ⅲ	
区長	広島県報 布告帳	広島県史 近代現代資料編Ⅲ	
区長	広島県報 布告帳	広島県史 近代現代資料編Ⅲ	
	日本教育史資料 2 (781 ～ 783 頁)	岩国市史 史料編 2 近世	
	日本教育史資料 2 (781 頁)		
		岩国市史 史料編 2 近世	
	日本教育史資料 2 (796 ～ 797 頁)	山口県教育史 下 岩国市史 史料編 2 近世	
	明治期山口県布達類 6	山口県史 史料編 近代Ⅰ	資料件名は出典 2 による。
学区取締 岩国豊浦各部共壱人宛ニシテ以上二十人	明治期山口県布達類 6	山口県史 史料編 近代Ⅰ	
	明治期山口県布達類 6	山口県史 史料編 近代Ⅰ	資料件名は出典 2 による。
	山口県文書館所蔵		原本には年月日の記載はないが、研究書類で特定されている。
	山口県史料 20		
	山口県史料 20		
郡代	日本教育史資料 3 (479 頁)		
組頭庄屋	日本教育史資料 3 (479 頁)		
	日本教育史資料 2 (259 頁)		
		徳島県教育八十年史	
	御布告綴簿		
		香川県史 第 11 巻 資料編 近代・現代史料Ⅰ (584 − 5 頁)	
		新修財田町誌 (740 頁)	資料件名は出典 2 による。ただし全文は未確認。「村中の有志者は勿論富家豪戸爰に奮発して財嚢を繙き潤沢に資金を献納し小民に至りては竹木縄薪夫刀をも寄付し……」とある。

	都道府県番号	資料番号	都道府県名	旧藩府県名	資料件名	年月日	発信
	34	1	広島県	福山藩	学制改革告示	明治3年8月	
		2	広島県	福山藩	啓蒙所大意並規則	明治4年1月	
		3	広島県	広島県	十月二十三日　各区へ布令	明治5年10月23日	県権令 伊達宗興
*		4	広島県	広島県	布第六十九号	明治5年11月10日	県権令 伊達宗興
*		5	広島県	広島県	布第百四号	明治5年11月29日	県権令 伊達宗興
		6	広島県	広島県	小学普及委託金上納につき達(布第百四十八号)	明治6年1月	県権令 伊達宗興
		7	広島県	広島県	小学普及委託金取立中止の達(布第二百六号)	明治6年3月	県権参事 白浜貫礼
		8	広島県	広島県	六歳以上の者の就学を勧める達	明治6年3月19日	石井成亮
		9	広島県	広島県	月謝取立につき達(県第十三号)	明治7年1月29日	
*		10	広島県	広島県	就学奨励の布達	明治7年3月5日	県権令 伊達宗興
		11	広島県	広島県	授業料毎月取立章程	明治7年4月7日	県権令 伊達宗興
		12	広島県	広島県	学資金配当方法(県第九拾八号)	明治7年6月8日	県権令 伊達宗興代理 県権参事 白浜貫礼
		13	広島県	広島県	小学資金毎戸寄付につき達	明治7年9月27日	県権令 伊達宗興代理 県権参事 白浜貫礼
*	35	1	山口県	岩国藩	学制ノ議	明治3年12月	岩国藩学校
		2	山口県	岩国藩	喩告	明治4年1月	知事
		3	山口県	岩国藩	書岩国藩学制改正議後	明治4年2月6日	民部権大丞 玉乃世履
*		4	山口県	岩国県	女校ノ議	明治4年9月	岩国県学校
		5	山口県	山口県	学制施行にあたっての県内への通知	明治5年9月	山口県
		6	山口県	山口県	心得書	明治5年10月	山口県
		7	山口県	山口県	小学校を設置するにあたっての注意	明治5年10月20日	山口県
*		8	山口県	山口県	学喩	明治5年10月	山口県
		9	山口県	山口県	諭達書	明治11年3月27日	山口県
		10	山口県	山口県	諭達書	明治11年11月11日	山口県
	36	1	徳島県	徳島藩	百姓町人末々ノ者ニ至ル迄	明治元年9月18日	藩主
		2	徳島県	徳島藩	申触覚	明治元年11月5日	
		3	徳島県	徳島藩	西民政所ヨリ諸宗寺院へ達	明治4年4月15日	
*		4	徳島県	名東県	名東県の諭達	明治6年1月	名東県
		5	徳島県	名東県	第四百三十一号	明治6年8月31日	権令 林茂平
	37	1	香川県	名東県	速やかに学校を興すべきの達	明治6年8月31日	県権令 林茂平
		2	香川県	愛媛県	学校新築を勧むる諭言	明治9年12月	

受信	出典1	出典2	備考
	愛媛県史料31	香川県史 第11巻 資料編 近代・現代史料Ⅰ(577－8頁)	資料件名は出典1の冒頭を引用した。
	神山県紀	愛媛県史 資料編 近代Ⅰ	資料件名は出典2による。
	神山県紀　神山県布達達書 愛媛県史料45	愛媛県史 資料編 近代Ⅰ	
	神山県布達達書		
	石鉄県布達達	愛媛県史 資料編 近代Ⅰ	
	愛媛県史料31		
	石鉄県布達達	愛媛県史 資料編 近代Ⅰ	
	石鉄県紀 愛媛県史料43	愛媛県史 資料編 近代Ⅰ	
	神山県紀　神山県布達達書 愛媛県史料45	愛媛県史 資料編 近代Ⅰ	
	愛媛県紀　愛媛県布達達書 愛媛県史料48	愛媛県史 資料編 近代Ⅰ	
	愛媛県紀　愛媛県史料48	愛媛県史 資料編 近代Ⅰ	
	愛媛県布達達書　国史稿本第三次　愛媛県史料4	愛媛県史 資料編 近代Ⅰ	資料中の「坤第八十八号」には「学務課設置ノ件」との表題が付されている。
	愛媛県布達達書	愛媛県史 資料編 近代Ⅰ	
	愛媛県布達達書		
	高知県史料23		
	日本教育史資料2(905頁)		
	日本教育史資料3(496頁)		
戸長		皆山集 巻61	
	高知県史料9		
戸長	高知県史料9	近代高知県教育史	
企救郡区長	福岡県史料17	福岡県教育百年史 第1巻 資料編	発信・受信は出典2による。
	福岡県史料17		
		久留米市史 第10巻 資料編 近代	
	福岡県史料15	福岡県教育史	発信は出典2による。
		久留米市史 第10巻 資料編 近代	
		久留米市史 第10巻 資料編 近代	
	福岡県史料17		
	福岡県史料17		
市在区戸長		福岡県教育百年史 第1巻 資料編	
各区 区戸長		福岡県史 近代資料編 三潴県行政	
		武雄市史 中巻	
		武雄市史 中巻	
	日本教育史資料書 第5輯	佐賀県教育史 第4巻	

	都道府県番号	資料番号	都道府県名	旧藩府県名	資料件名	年月日	発信
	38	1	愛媛県	香川県	夫人ハ万物ノ霊也	明治5年4月	
		2	愛媛県	神山県	学制頒布に付勧学告諭	明治5年9月	
*		3	愛媛県	神山県	士族産業等ヲ営ムヘクノ件	明治5年10月	
		4	愛媛県	神山県	学校設立スヘキ様説諭ノ件	明治5年11月11日	
		5	愛媛県	石鉄県	就学ノ儀ニ付無謂流言ヲ信セサルノ件	明治6年1月	
		6	愛媛県	香川県	勧学ノ朝旨ヲ奉体シ	明治6年1月27日	
*		7	愛媛県	石鉄県	第三十六号(父兄タル者各々子弟ヲシテ就学セシムヘキ等ノ件)	明治6年2月	
*		8	愛媛県	石鉄県	学事奨励の告諭	明治6年2月	
*		9	愛媛県	神山県	学費寄附ノ儀ニ付告諭	明治6年2月28日	
*		10	愛媛県	愛媛県	学校保護ノ儀ニ付諭達ノ件	明治6年4月25日	
		11	愛媛県	愛媛県	先般学制御頒布以来	明治6年9月	
*		12	愛媛県	愛媛県	学事告諭文	明治8年5月15日	県権令 岩村高俊
*		13	愛媛県	愛媛県	各社祭典ノ砌期ニ先チ幼少男女ニ歌舞等ヲ習ハシムル弊風ヲ改メ就学ニ注意之件	明治9年9月21日	県権令 岩村高俊
		14	愛媛県	愛媛県	学事奨励ノ件	明治10年8月14日	県権令 岩村高俊
	39	1	高知県		勧学の達	明治元年4月21日	
		2	高知県	高知藩	夫人間ハ天地間活動物	明治3年12月	
		3	高知県	高知藩	明治四年八月布告	明治4年8月	
		4	高知県		「学制」改革ニ付布令	明治5年9月14日	
		5	高知県	高知県	告諭(旧習を改めるよう告諭)	明治8年1月4日	高知県庁
*		6	高知県	高知県	第百一号(学事奨励ニ関スル権令ノ告諭)	明治8年4月	県権令 岩崎長武
*	40	1	福岡県	小倉県	本県告諭	明治5年7月9日	小倉県
		2	福岡県	小倉県	本県達	明治5年9月	
		3	福岡県	三潴県	勤勉ノ告諭	明治5年9月4日	三潴県庁
*		4	福岡県	福岡県	告諭	明治5年10月	県参事 塩谷処 県権参事 水野千波 七等出仕 團 尚静
		5	福岡県	三潴県	学制改正ニ付、学校設置ノ事	明治5年10月8日	三潴県庁
		6	福岡県	三潴県	勤勉ノ告諭	明治6年11月5日	県参事 水原久雄
		7	福岡県	小倉県	本県達	明治7年6月22日	
		8	福岡県	小倉県	本県達	明治7年10月12日	
		9	福岡県	小倉県	小倉県第百三十六号(小学校教則改正につき父兄を説諭のこと)	明治7年11月7日	権令 小幡高政
		10	福岡県	三潴県	甲百拾一号　女児就学ニ付注意	明治8年2月28日	県権令 岡村義昌代理 参事 水原久雄
	41	1	佐賀県	佐賀藩	佐賀藩知事鍋島直大からの告諭書	明治4年7月17日	藩知事
		2	佐賀県		告諭書	明治4年7月24日	前佐賀藩知事
*		3	佐賀県	佐賀県	佐賀県就学告諭	明治6年5月	

受信	出典1	出典2	備考
		佐賀県教育史 第1巻 資料編1	
	日本教育史資料3（163頁）		
		波佐見史 下巻	
	日本教育史資料3（290頁）		
長崎市中戸長	長崎県史料1		
各区戸長		長崎県教育史 上巻	
戸長	長崎県史料1		
各大区 区戸長		長崎県教育史 上巻	
第一大区学区取締		長崎県教育史 上巻	
小頭		琴海町史	
区長 学区取締 戸長 教員		長崎県教育史 上巻	
	大分県史料26	大分県教育百年史	
	大分県史料26	大分県教育百年史	
	大分県史料26		
	大分県史料26	大分県教育百年史	
		大分県教育百年史	
区戸長 学区取締		大分県教育百年史	
区戸長 学区取締	大分県史料16	大分県教育百年史	発信・受信者は出典2による。
	日本教育史資料3（245頁）		
		宮崎県史 史料編 近・現代2	
		宮崎県史 史料編 近・現代2	
宮崎県参事 福山健偉		宮崎県史 史料編 近・現代2	
各区小学	宮崎県史料45		
		沖縄県史 第4巻 各論編3	
		沖縄県史 第4巻 各論編3	

	都道府県番号	資料番号	都道府県名	旧藩府県名	資料件名	年月日	発信
		4	佐賀県	長崎県	学校に対する恣意妄説を戒める告諭のこと	明治11年10月18日	県令 内海忠勝
	42	1	長崎県	島原藩	明治三年一月 学校建設ノ時 布令	明治3年1月	
		2	長崎県	大村藩	国ノ学校アルハ	明治3年11月	大村藩
		3	長崎県	厳原藩	四民ヲ論セス入校就学セシムルコトヲ令ス	明治4年2月	
*		4	長崎県	長崎県	各府県ノ士民競テ社ヲ結ヒ	明治6年	
*		5	長崎県	長崎県	長崎県小学校創立告論	明治6年2月10日	県令 宮川房之
		6	長崎県	長崎県	賢愚智案ハ平素ノ学業ニ関スル	明治6年3月15日	
		7	長崎県	長崎県	第七十九号	明治6年9月22日	県令 宮川房之
		8	長崎県	長崎県	小学教則ハ幼童ノ必ス	明治7年5月	県令 宮川房之
		9	長崎県	長崎県	先般及説諭候小学校	明治7年6月4日	会所
		10	長崎県	長崎県	第百五十四号	明治8年5月24日	県令 宮川房之代理 参事 渡辺 徹
	43		熊本県				
*	44	1	大分県	大分県	さとしの文	明治5年6月4日	
		2	大分県	大分県	建校告諭ノ文	明治5年6月5日	
		3	大分県	大分県	学資出金願書並ニ指令文	明治5年6月9日	
*		4	大分県	大分県	管内士族卒へ達	明治5年10月23日	
		5	大分県	大分県	甲第三〇号（各自立身治産昌業就学の必要布達）	明治7年5月7日	権令 森下景端
		6	大分県	大分県	学第三三号（教育は治国の大本）	明治9年11月13日	県令
*		7	大分県	大分県	学事ノ論達	明治11年2月1日	県令
	45	1	宮崎県	飫肥藩	明治三年十二月ノ達	明治3年12月	
		2	宮崎県	宮崎県	文部省規則に依り教育の普及に努力すべき布達	明治6年3月	県参事 福山健偉 県権参事 上村行徵
		3	宮崎県	宮崎県	小学校則並びに課業表	明治6年10月11日	県参事 福山健偉 県権参事 上村行徵
		4	宮崎県	宮崎県	夜学開業届	明治8年3月31日	第二大区在勤学区取締 野村彦四郎
*		5	宮崎県	鹿児島県	学事ノ重キハ	明治9年9月26日	県令 大山綱良代理 参事 田畑常秋
	46		鹿児島県				
	47	1	沖縄県	沖縄県	教育ノ忽ニ可カラザルハ	明治12年7月	県令 鍋島直彬
*		2	沖縄県	沖縄県	就学告諭	明治12年12月20日	県令 鍋島直彬

資料凡例

1. 採録資料について

　ここに採録した就学告諭資料は、若干の一次資料の他、都道府県教育史等に収録されている二次資料と、多くその原本となっている『府県史料』とから採っている。収録の順序は、資料編一覧表に従った。

　本研究会が収集した就学告諭総てを採録することは紙幅の関係で不可能であり、論文編に言及のある就学告諭資料を採録した。しかし、言及されている資料総てを収録することもできなかったため、言及頻度の多いものから採録した。また、就学告諭を発していないと思われる県（香川県、熊本県、鹿児島県）の他は、現県域において発せられた就学告諭を少なくとも一点以上採録した。

　現在の県は、旧県の単純な統合ではなく、旧県が現在から見ると、時期によって異なった県に入っていることがある。また、一時的に消滅し、その後に復活した県もある。そのため、現在の県域に入っている地域で出された就学告諭は、その当時の県域にかかわらず、現県域の就学告諭として扱うことにした。二つの県の二次資料に、同一の就学告諭が掲載されている場合は、現県域に従ってその県の就学告諭として収録した。

2. 表記原則について

・資料には下記の表題を付与した。

　〔資料編一覧表番号〕旧藩・県名（現県名）

作成年月日 ㊵……　㊶…… 「告諭表題」（その他の呼称）

・日付の表記は統一し明治六年以降は西暦を併せ記した。一八七三（明治六）年一一月二〇日など。

・㊵は告諭の発信者、㊶はその受信者を示すが、資料中に明記されているものを記すにとどめ、発信者等が想定できる場合であっても、明記されていない場合には省いた。そのため、資料編一覧表と異なる場合がある。

・「告諭表題」は実際の表題、または告諭一行目等に記されている文章等とした。明らかに二次資料作成者らが付けたものと考えられる表題は、（　）内に収録した。

・前記表題に収録された部分（日付や発信者、表題等）は、資料本文から削除した。

・旧漢字は常用漢字に改めた。

・変体仮名等は平仮名やカタカナに置き換えた。

・句読点、右訓と左訓および割り注は二次資料のままとした。

・闕字、擡頭も二次資料のままとした。

・返り点は削除した。

・明らかな間違いと思われる場合でも、一次資料にある誤りとも考えられるため、資料編作成時点で一次資料の確認がとれないものは、そのままとした。

・都道府県教育史等に収録されているもので、『府県史料』が原本となっている場合には、『府県史料』に従った。

資料

〔1-3〕 函館支庁（北海道）

一八七五（明治八）年三月五日
函館支庁 → （不明）
「管内説諭書」

去ル壬申七月学制御創定以来全国之学事皆此制ニ拠ラサルナク各府県之如キ駸々トシテ進ミ今日小学設立之盛ナル一県ニ五百余所ニ及フモノアリ是皆人民ノ人トシテ一日モ学ナカルベカラサルヲ知ル所以ニシテ又学費納金ノ夥シキ一県ニ六七万ヨリ其最多キハ殆ト五十万円ニ至ルモノアリ是皆人民協同之心ヲ以テ其義務ヲ履ムモノニシテ固ヨリ当然ノ道ナリ全体学業之義ハ御布告ニモ有之通リ人々立身治産昌業遂生之道ニテ夫ノ道路ニ迷ヒ夫ノ飢餓ニ陥リ家ヲ破リ身ヲ喪フノ患ヲ防ノ為ナレハ全ク吾一身上之務ナルヲ以テ費用悉ク民間ニ課シ政府之務只其為学ノ方向ヲ誤ラシメサルニ在ルノミ然ルニ当今之事情未タ茲ニ至ラス而シテ人民ノ智ヲ開クコト極メテ急ナルヲ以テ府県ニ於テモ官ヨリ学費ヲ充若干之金額ヲ給付スルアリト雖モ固学区之力足ラサルヲ助救スルマデノ事ニ候ヘバ官ノ助ケヲ以テ古今ノ当然ト心得ベカラズ将当地之人民従来学事ニ心掛ケ厚カラス故ヲ以テ学費ヲ献納スルモノ学校ノ不振ヲ憤ルモノ地ヲ掃テ無之只従前ノ弊風ニ依著シ教育之事ハ官ニ依頼スルノミ偶師家ニ少年ヲ集メ筆算等之業ヲ授ルアリト雖概皆旧染ニ泥ミ往々汚俗ニ陥リ将来之大成万不可期然ルニ当所之如キハ日本五港ノ一ニシテ他ノ府県ノ上ニ位シ如斯寥々トシテ有志ノ者無之ハ実ニ各県ノ官民ニ対シ恥ヘキノ至ナラスヤ官ニヲイテモ従前教育之方法或ハ其宜ヲ得サルモノアリ既往ハ暫ク束閣ニ付シ自今以後一層注意ヲ加ヘ其適宜ヲ考ヘ悉旧弊之害アルモノヲ除却シ専ラ学制之旨趣ニ基キ順次施設可致候然ル処差向ノ設立書器ノ購求ニ付テハ許多ノ金額ヲ要スル事ニ候得共之ヲ一切民間ニ課シカタク候得共人々協同ノ心ヲ以テ其義務ヲ履ミ各自貧富之分限ニ応シ金員ノ多寡ヲ不論醵金致各府県ノ人民ニ恥サル様可心掛候新創ノ際資金不足ヲ生スル分ハ官ニ於テ助力可致候得共之ヲ以テ決テ当然ト心得ヘカラス前文之旨趣潜心細読シテ篤ト相弁ヘ人民一層奮発之気ヲ起シ候様可致候仍壬申二百十四号御布告更ニ注釈ヲ加ヘ再右相添略之此旨相達候条管内不洩様戸々懇切ニ説諭可致事

〔2-1〕 青森県（青森県）

明治四年一二月二一日
（不明） → （不明）
「私立学校設立ニ関スル告諭」

夫学ハ国体ヲ明ニシ以テ漢洋各国ノ典籍ニ及ヒ知識ヲ開成シ理義ヲ究極之上天眷ニ膺対シ下父母ノ恩ニ報答シ人世百行之最第一ナルモノニシテ一日モ廃スヘカラサルハ言ヲ待タスシテ可知也矣故ニソノ勤メ勉ムルニ至テハ前賢猶寸陰ヲ惜ム矣今也県治維新之政ヲ施シ玉フニ当テ他府県ノ人々学術ヲ研磨シ開化ノ域ニ進歩スル日月ニ新ニシテ殆ンド西洋各国ト頡頏スルニ至ルコレ皆ソノ勉励ニヨラザルハナシ曩者朝廷弘前館八戸斗南七戸黒石ノ六県合併ノ後元県被廃更ニ新県ヲ被置御改革ノ際学校之儀ハ追テ御規則可被仰出候得共官費ヲ不仰有志ノ者ヲ募リ設施之見込追々可相立旨御達モ有之新旧交換之際暫ク旧県所設ノ校舎ヲ鎖ス啻

ニ光陰ノ可惜ノミニアラス亦焉ソ人性貴重ノ責ヲ尽シテ天地父母ノ恩ニ酬ルニアランヤ西洋各国ノ如キ余資アルモノハ之ヲ出シテ義塾ヲ設ケ人材ヲ成スヲ栄トス他府県ノ如キモ既ニ此意ヲ理会シ往々之ニ倣フモノアリ現今横浜ノ商高島屋某ナル者一力ヲ以テ洋学ヲ興立シ洋人ノ教師ヲ乞テ生徒ヲ教ヘシムルノ類可謂文明ノ教化ヲ助クト其美志実ニ可嘉賞焉当管地ノ如キ神州之北陬ニ僻在シ人民頑固習俗鄙野学術ノ貴フヘキヲ知ルモノ鮮シ夫レ人ノ父トナリ兄トナリ子弟ヲシテ学ハサラシム是子弟ヲ犬彘視スルナリ或ハ人ノ子トナリ弟トナリ学ハサレハ孝敬ノ道ヲ知ラスコレ罔極ノ恩ニ背キ其罪又鮮少ナラス矣望ムラクハ有志ノ輩能ク此ニ注意シ朝意ノ在ル所ヲ知リ上高島屋カ所為ニ倣ヒ各自其身分ニヨリ一力或ハ数人戮力協議費金ヲ出シテ校舎ヲ設群百ノ子弟ヲシテ大ニ知識ヲ開達シ永ク頑固ノ陋俗ヲ洗脱シ以テ天眷ニ奉酬セシメンコトヲソレ此ノ如ニシテ始テ不負照代ノ人ト云フヘシ嗚呼有志ノ輩其理ヲ心得其事業ヲ施サントスル者ハ速ニ県庁ニ白スヘシ即チ之ヲ朝廷ニ桑シテ其美事ヲ称揚セントス冀クハ衆庶此旨ヲ体セン事ヲ

〔2-2〕 青森県(青森県)

明治五年一月
青森県 → 各支庁長官
「管内支庁長へ私立学校設立ノ告諭」

当管内之儀神洲之北陬ニ僻在シ人民頑固習俗鄙野学術之尊フ可キヲ知ラス甚シキニ至テハ己カ姓名ヲ記ス能ハス日用楮幣之銖両ヲ分タサル者アルニ至ル窮陬僻邑ニ至テハ平生ノ所為禽獣ニ異ナル所ノ者幾希依之各支庁下各一小校ヲ設貫属社寺農商ヲ不論男女六七歳ヨリ学ニ入国体ヲ明ニシ倫理ヲ悟ラシメ日月ニ開化之域ニ趣カシメントス既ニ義塾合成之儀及布令置候処猶又其管下貫属及村長共親シク召呼学術一日モ不可廃之理ヲ説諭シ幼男女有者ハ毎戸出銀スルカ或ハ有志之徒戮力其他生徒之人員ニ当リ学資ニ供給スルノ目途可相立其他学則及試業科目等従来偏陋迂濶之旧弊ヲ一洗スルノ方其管下博学宏識之者ヲ撰ヒ所見童蒙読書順叙ヲ始メ辞言記向ニ偏セス有名無実ニ渉ラス卑近ニシテ実用ニ切ニ年月ヲ費サスシテ人ノ人タル所ヲシラシムルノ教法及ヒ試業科目等速ニ建言候様申聞取束ネ急速可差出而後設施之方法ハ確定之上相達候事

但懸隔之村落ヘハ当分寺院等借受貫属之内人撰寄寓申付窮陬僻邑ト云トモ治教ニ不洩之方法トモニ取調小校及各村落教授人員月俸漢学洋学習字算術生徒男六七歳ヨリ十八歳迄女六七歳より十五歳迄総人員諸入費管下書籍ノ有高等着実検査ノ上適宜之見込詳細可ト申出候事

〔2-6〕 青森県(青森県)

一八七三(明治六)年一〇月
青森県 → (不明)
「学資募金之儀ニ付左之通管内へ告諭候事」

我国古ヨリ士農工商ノ別アリト雖トモ王政丕新ノ今日ニ至リ大ニソノ限制ヲ殺キ唯学ニテ才智アル者ハ農商モ貴官トナリ冨人トナリ学ハスシテ才智ナキ者ハ士

モ賎奴トナリ貧者トナル嗚呼人々学ノ勤メスンハアル可カラサルソレ此ノ如シ学校教育ノ至重ニシテ且急務ナル亦此ノ如シ故ニ客歳

朝廷学制ヲ定メ全国ヲ大中小ノ学区ニ分ケ先ツ小学ヲ設立シ邑ニ不学ノ戸ナク家ニ不学ノ人ナカランヲ期シ委托ノ金額ヲ定メテ以テ民力ノ及ハサル所ヲ助ケタマフ聖世至仁至愛ノ意ト文運ノ隆威ナルト誰カ感載セサランヤ是ヨリ先我カ県二十有余所ノ小学ヲ設立シ一般人民ノ男女六歳ニ至ルモノハ皆小学ニ入テ学ハシメ上ハ以テ

朝廷ノ威意ヲ体認シ下ハ以テ人々才智ヲ開テ身ヲ立テルノ基ヲ為サシメントス而シテ其費用ノ如キハ自ラ其身ヲ立テ才智ヲ開クノ基タルヲ以テ官ニ仰クヘカラサル論ヲ俟タス皆人民ヨリ出スヲ以テ当然之理トス且我管内人民之数四十七万余ノ多キニ居ル仮令ヒ官其費用ヲ給シ皆学ニ就カシメンコトヲ期セハ全租税ヲ傾ケ給スルモ亦費ニ供スルニ足ラサルナリ而ルニ人々悉皆委托之金ヲ以テ其費用ニ充ンコトヲ欲ス是惑ヘルノ甚シキモノト云フヘシ今我カ県委托ノ金額四千六百有余円有ト雖モ今歳小学設立之分ニ当リ下付スル所ハ全額十二分ノ五ニシテ凡ソ其金弐千円弱ナリ今試ミニ此ヲ二十余校ニ分賦スル時ハ一校八十三円余ニシテ又教員ノ月俸ヲタニ支給スルニ足ラス何ソ其他ノ費用ヲ需ツニ足ラン夫レ人ノ世ニ在ル互ニ愛恤シ互ニ扶助スルヲ第一ノ義務ト為ス苟モコノ心ヲ存セサル者ハ人ニシテ人ニ非ス管内ノ人民士農商ヲ問ハス祠官僧侶ヲ論セス

朝廷至仁至愛ノ威意ヲ体認シ人々ト学業ヲ勤ムルノ急務タルヲ知リ人ノ人タル義務ヲ尽シテ務テ冗費ヲ省キ金穀ノ多寡ヲ論セス其区内ノ小学に納レテ永ク人民教育ノ地ヲナサハ数年ヲ出スシテ大ハ邦国ニ裨益アル人材ヲ薫陶シ小ハ産ヲ興シ身ヲ立ル者ヲ育成センコト必セリ然ルトキハ其恩ノ生霊ニ及フ処実ニ鴻大無究ニシテ永ク子孫ニ至ル迄其幸福ヲ来サンコト信予各人ノ為ニ疑ヲ容レサル所ナリ各人ソレコノ意ヲ了シ金穀ヲ小学ニ納レテ自家ノ幸福ト学校ノ永遠ナランコトヲ謀レ

〔2-11〕 青森県（青森県）

一八七七（明治一〇）年九月
県令山田秀典　↓　（不明）
「学田告諭書」

子女教育の緊要たること学制御頒布以来度々県庁より致諭達置候次第も有之特に春来学務課長を派出し縷々為及説示候通各自子弟が緊要なる普通の教育を拡張して厚生利用の根本を培養繁茂せしめんとするは当務の忽諸すべからざる所にして其財本たる学費は各自父兄が担任して供給せざるべからざるの義務あるは今更言を俟ざるなり故に各自に月賦の学資金あり又生徒に規定の授業料ありと雖も之を毎校に平分すれば一校一ケ年の資金は僅かに三十五六円に過ぎず安ぞ之を用て賢良の教師を聘し活潑の教育を施すを得ん徒に能く校舎を維持するに過ぎざるのみ然り而して現今学齢子女の就学する者は学齢全員五分の一にて其四分に在るものは即ち後来尚無学曚昧にして遂に一己独立の権を得ざるの人たるを免れず今日の如くんば何の年何の月を俟て厚生利用の進路を得て他県人民と比肩同一の権利を占有するの地位に至るを得んや況や開明の美風を望むに於てをや是に由て大に資金を徴し盛に子女をして就学せしめ其緊要なる教育を振起せんとすれば則ち頻年地租改正山林原野の測量等不得已の費用多端に民力の疲弊年一年より甚しく加之従来土地の物産津軽に米田ありと雖も動もすれば蟊賊跋扈して其収成を減縮し僻邑輸出の不便なるあり其価も亦卑賤を極め又南部の地方は産馬ありと雖牧草地券改租に因て復た昔日の如く無価にして刈ることを得ず剰へ耕地

の租税は前日に倍蓰する所あり是亦各県の租税を平均するの理にして如何とも為すべからずと雖ども今日の生活上殆んど無告を嘆ずるの情態なしとせず実に憫察すべきなり此際に方て尚学資を増課するに忍びざるのみならず是迄（去年四月以来）賦課し来りしものと雖も速に中止して暫く焦眉の急を免れしむるは必然なりとす然りと雖も日月は荏苒逝て還らず子女教育の時は失ふべからず今若し一時姑息の情に牽かれ折角緒に就くの学校を廃せば千日の労苦も一朝水泡に属し将来に期する所ある各自慈愛の子女は尚曚昧無智の野人たるのみ各父兄豈其れ之を甘心せんや是亦痛恨大息の至なり仍て深長をして説かしめたる如く今より学資金及び授業料に換ふるに農家所長の力役を以て大に学田興利の方法を開設し其収成の贏利を用て学校の費用に塡充せば毎月出銭の労なく後来望む所の隆盛期して俟つべきなり抑県内各般の事情を察するに土地広く人家疎にして生産の遺利夥多北海道を除くの外全国中其比を見ざる所然して山を鋳海を煑るの利は暫く措き先づ農家生業の遺利を挙げんに農具器械の粗にして耕種培養の拙なるは勿論肥料及び樹芸牧畜等民業上遺失するは枚挙に遑あらず就中稼穡貴重の人尿は捨てて顧みず堆糞料の丘陵を為すも一掬だに用いることあるなし然して戸々皆肥料の不足に苦しみ地力瘠せて豊沃ならざるを歎き眼前の遺利を悟らずして愁情煩囂す鳴呼何ぞ思はざるの甚しきや然り而して適ま人あり遺利を説示するも肯て省みず自ら以て作業の至れるものと確信するが如く然り是れ然る所以のものは徒に旧慣因襲の法を墨守し改良進歩の方法を講ぜざるに因てなり故に今洽く学田を興し山隈となく水涯となく漸次便捷なる利用の器械を施し従来廃棄する肥料を必用と為し其宜しきに投ずるあらば原野は変じて良田となり瘠土は化して沃圃となるべし然して尚造化の秘伝を察し各物の利害を弁じて撰種培殖に力を励し精を竭さば忽ち意外の収穫を見る疑を容れざるなり如此んば人々稼穡の妙理を知覚して自己進取の利を興し戸々其利沢を得て凍餒の憂を免れ学校は隆盛を極めて邑に不学の戸なく家に無学の人なきに至らん於是か一村一区繁昌の基を開き厚生利用の途確立して終に開明の良民たるに恥ざる可し然らば則文明の美風を望むも亦遠きにあらざるなり是に由て之を観れば学田興設の事業たる直接上単に学資出途の得策なるのみならず亦間接の一大事業たるや明けしの理合一同篤と了解致し決して等閑の心得なく別冊方法書の通一小学区即ち大凡百戸の地方に於て一町歩程を学田と定め一ケ年一戸多きは六日少きは二日の労役を厭はず協力同心励精従事し相互に他学区他村に劣らざる様致すべし決して他人の為県庁の為に非ず是皆各自各村各家生業繁昌の基礎にして転た後来文明の域に進むは一に此点に冀望するなり

右県庁に於ても世話致すべき筈に付追々第五課吏員派出候条此旨告諭候事

但方法書は追て可相達候事

〔2-13〕　斗南県（青森県）

（明治五年三月以前か）
（不明）　→　（不明）
「元斗南県学則」

右学科ノ書目ハ講義ヲ開キ書ニ就キ或ハ会読ヲ励シ講習ヲ勤メ早ク卒業セン事ヲ務ムルハ生徒ノ最専注意セサルヘカラサル処ナリ卒業ノ後ハ和漢洋各適意之学ニ従事勉強スヘシ雖然皇国ノ令律地理ハ勿論書算作文仮名遣ヒ延テ海外各国ノ立憲政体地理物産之大略ヲ請シ日新開化ノ候ニ不後様心得ヘシ尤少子ハ常ニ婦人ノ手ニ育シ頑陋ナレハ其子陋愚ニ成長スル故ニ婦人ハ殊更実功ニ学フヘシ農商工杯モ学ナケレハ其子弟モ亦従テ無学ナリ何ヲ以テ文明ノ域ニ進歩スルノ由有ニ

乎貴賤男女ニ不係入学セシムル者也士卒族ノ如キハ今方ニ迫乏ノ節ナレハ自家ノ生計ヲ助ケ余暇ヲ得テ出スヘシ然レドモ十四歳以下ハ必ス欠席スヘカラス舎中袴着用スルハ随意タルヘシ士卒族庶人ヲ軽侮スルハ厳ニ禁スヘキ者ナリ
生徒隔遠ニ住居シテ日々往還シ難キ者ヲ寄宿セシム三合持チ扶持タルヘシ

〔3–6〕 水沢県（岩手県）

一八七三（明治六）年四月二日
七等出仕岡谷繁実 ↓ 各区戸長
「水沢県の小学校設立に関する布達」

今般一小区毎ニ小学校ヲ創立スル原由ハ、旧来沿襲ノ弊風ニテ学問ハ士族、僧侶或ハ医生等ニ限ル事ニ思イ、農工商及ビ婦女子ハ之ヲ度外ニ置キ、自ラシテ学ブモノナシ。凡ソ人タル者、天稟《てんぴん》ノ良材アルモ学バザレバ、其智識ヲ広メ、其才能ヲ開クコト能ワズ。故ニ天地ノ道理ニ暗ク、人倫ノ大義ニ疎ク、或ハ恩人ニ報ユルニ凶悪ヲ以テシ、或ハ子ニテ親ヲ殺シ、或ハ強窃ニ盗ヲナシ、或ハ火ヲ放チ人家ヲ焚《や》キ、或ハ貨幣ヲ偽造シ、或ハ賭博ヲナシ、或ハ産ヲ破リテ家ヲ滅シ、或ハ生国ヲ逃亡シテ他邦ニ困ミ、流離艱難《かんなん》シテ不良心ヨリ遂ニ身ヲ亡スニ至ル。実ニ憫《あわれ》ムベシ。
今般厚キ御趣意ヲ以テ、天下一般学校ヲ設ケサセラレ、寒村僻邑残ル限ナク、人民婦女子ニ至ルマデ、容易ニ入学ナサシメ、各天性固有ノ才能ヲ磨キ、智識ヲ開キ、其家ヲ興シ、其身ヲ修メ、其産業ヲ昌ニナサシメ、村ニ不学ノ戸ナク、家ニ不学ノ人ナカラシメン事ヲ期ス。人ノ父母タル者、必ズ此意ヲ体認シ、早ク子弟ヲシテ学ニ就キ一生ヲ誤ラシムルコト勿レ。因テ、管内有志ノ輩、速ニ同心協力シテ、学校建設費用、各身分ニ応ジ、之ヲ献納スルコトヲ許ス者也。

〔4–5〕 宮城県（宮城県）

一八七四（明治七）年六月二〇日
権参事遠藤温参事宮城時亮代理 ↓ 区長／戸長／学区取締
「第四十九号」

小学校設立以来既に一个年に及と雖月謝金差出方相成兼候方より子弟を入学不為致又は入学為致候ても月謝金不差出者も往々有之父兄の義務を相欠き候のみならず地方繁栄の基を為候儀出来兼甚以不都合の至に有之候条右様月謝に差支候者は飼鶏の方を以一両人の子弟就学出来可申候間左の方法に随へ夫々尽力可致候
一 士族常禄二十俵以下並平民反別二町歩以下の者は毎戸必鶏五羽牝三牡二を飼置き右卵を売却し学資に充つべし如此なすときは可なり子弟一両人の受業料に間に合可申候
一 毎戸五羽と定むと雖も弟子多き者は右に準し数羽を増すべし
一 他に営業ありて鶏を飼を要せざる者は飼に不及と雖も子弟を学に就しめず又は受業費不差出義は屹度不相成候間貧にして子弟有之者は何を以学資に相充候

見込必学区取締へ可申出候
右之通毎区区戸長等より厚く説諭可相加候此旨相達候事

〔5-5〕　秋田県（秋田県）

明治五年九月
（不明）　→　（不明）
「告諭」（興学告諭）

学問ハ士農工商貴賤男女ヲ分タス各日用常行ノ務家職産業ヲ治ル事ヲ学フ為ナレハ人タル者誰カ学ニ就カサルヘキ故ニ今般文部省ニ於テ学制ヲ更張セラレ全国ヲ八大区ニ分チ其中ニ二百五十六ノ中学区五万三千七百六十ノ小学区ヲ設クルノ制ヲ立テ僻邑遐陬ニ至ルマテ学校アラサル所ナク窮民賤隷ニ至ルマテ学問セサル者ナカラシム然レハ其学校ナル者ハ衆人ノ為ニ立タル者ナリ今人其子弟ヲ師家或ハ私塾ヘ依託シテ其教育ヲ受クルトキハ則謝金塾費ヲ出シテ其師ニ報スルハ必然ノ事ナリ学校ハ唯公ケニ置キ広ク設ケタルノミニテ師家私塾ト其理二致アルニ非ス生徒教授ヲ蒙リ啓蒙ヲ受クルノ恩ヲ思フトキハ受業料ヲ出シテ其労ニ報セサルヲ得ス士人我子弟ヲシテ知識ヲ開キ才芸ヲ長セシムルヲ思フトキハ学費ヲ出シテ後生ヲ勤メサルヲ得ス富豪ノ者郷俗善美ニ趣ムヘキ吾産業ノ繁盛ナルヲ思フトキハ学資ヲ納メテ学校ヲ保護セサルヲ得ス故ニ学校ハ官費ヲ不仰民費ヲ以テ維持スルハ当然ノ理ナリ従来学校ハ国家才ヲ養フ士大夫以上講習ノ所トナシ一切官費ニ委セシ事ナレトモ世ノ文明ニ赴クニ従ヒ　朝　庭（ママ）今日ノ宜ヲ裁成アラセラレ学問ヲシテ天下ニ普及セシメ公平ノ法ヲ立ラレシコト故士民能其意ヲ体認シ其子弟ノ賢明ヲ希ヒ其郷里ノ繁盛ヲ望ム者ハ力ヲ戮セ心ヲ同フシ有志ノ者ハ人ヲ募リ有財ノ者ハ金ヲ納レ城市郷村各其大小ニ従ヒ多少小学ヲ設クヘシ其力ノ及ハサル所及ヒ規則方法等ヲ定ムルカ如キハ申出ルニ向ヒ県庁ヨリモ沙汰ニ及フヘキ故相共ニ勤勉奨励シテ今日文明隆昌ノ化ヲ賛成スルヲ要スヘシ依テ此旨告諭ニ及フ者也

〔5-7〕　秋田県（秋田県）

一八七三（明治六）年三月
秋田県　→　（不明）
「本県小学校告諭」

方今天朝ニ於テ海内ノ府県ヘ五万三千有余ノ諸学校ヲ設ケ荒僻遐陬ノ地、田夫野童ニ至ルマテ学ヲ識リ書ヲ読マシメ文明ノ治ニ浴シ開化ノ域ニ進マセントノ朝旨感戴スルニ余アリ然ラハ則チ人ノ父兄タルモノ厚ク御趣意ヲ遵奉シ速ニ子弟ヲシテ学ニ従事セシムヘキコトナラスヤ殊ニ当市街ハ旧来ノ陋習ニ泥ミ子弟ニ教ヘサル故学芸ノ道暗昧ニシテ今日天朝ノ御布告又ハ御告諭ノ文ヲ了解スルコト能ハサル故御仁恤ノ深意ヲ貫徹スル者ナク篤キ御趣意ヲ空フスルハ誠ニ恐レ多キコトナリ今ヤ万国一般商法盛ニ行ハレ交易ノ通商専ラニスル時ナレハ商家第一西洋文字ヲ読得スシテハ大ナル商法行レス宇内ノ形勢外国ノ事情海程ノ遠近風土ノ美悪生産ノ多少諸品ノ有無物価ノ高低等ヲ詳ニスルハ洋学ニ若クハナシ此理ニ達セスシテハ大ナル損失ヲ招クヘシ此理ヲ明カニシテハ大ナル利益ヲ得ヘシ且舟車機械ノ製造生産開拓ノ捷徑皆此学ニ出サルハナシ

夫皇学以て神典ヲ明ニシ漢学以テ彝倫ヲ正シ洋学以テ窮理ヲ尽シ此三学ニ通達スレハ何ノ功名カ成ラサラン、一日学ヘハ一日タケノ益アリ一月学ヘハ一月タケノ徳アリ況ヤ数年ノ星霜ヲ積ミ勉励研精スルニ於テヲヤ群聚ノ中ニハ必ス英敏特達ノ人材出ルヘシ抑々幕府ノ治世ニハ才芸学徳万人ニ超出スルモ庶人ハ庶人ナリ頑愚庸陋不学無能モ士太夫ハ士太夫タリ是封建世襲ノ弊風ナリ大政維新ノ後才芸学業傑出ノ者ハ一旦抜擢ヲ蒙リ登庸ヲ得レハ庶人モ忽高位ニ就キ大官ニ任ス功業四海ニ輝キ名誉ハ百代ニ伝フヘシ是群県選挙ノ美事ニアラスヤ苟モ男児タルモノ此盛代ニ際会シ誰カ功名ノ志ナカランヤ功名ヲ立ルニハ必ス学ニ従事セスンハアルヘカラス学ニヨラスシテ功名望ムハ譬ヘハ舟楫ヲ不恃シテ川ヲ済リ階梯ニ不縁シテ屋ニ登ラントスルカ如シ其ノ成ラサルコト明ケシ故ニ人為者所以不可不学、而シテ学校ヲ設所以不可不無也就テハ今般同志相議本町五丁目へ小学校ヲ設ケ文運隆興シ朝旨ヲ宣揚セント欲ス官ニ請フテ許可ヲ得且御庁ニ於テ御威令ヲ被為下候故不日ニ開校スヘシ先般御取調ノ六歳ヨリ十三歳マテノ童子ヲ入学セシメ左ニ揚ル所皇漢洋ノ学何レノ道ニモ其好所ニ従事シ憤発センコト我輩深ク希フ所ナリ朝聞夕死ノ語モ有之老タリトテ自棄スヘカラス、況ヤ少年ノ者各々斯文ニ志ノ徒婦女子ニ至ル迄来テ教誨ヲ受ヘシ固陋寡聞ノ誇リヲマヌカレ宏覧博達ノ教師トナルコトハ各々ノ努力励精ニヨルヘシ豫ガ輩繁務多端ノ折柄ナレハ毎戸ニ説キ毎人ニ諭スコトモナラサル故姑ク告文ヲ以申達候也

[5-8] 秋田県(秋田県)

一八七三(明治六)年九月
副区長鵜沼国蒙 → (不明)
「布令」

夫レ人ノ父母タルモノ其子孫ノ聡明ニシテ繁栄ナルヲ希ハザルハナシ其聡明繁栄ノ道ハ勉テ学ブニアリ人タル者一郷ノ繁栄ニシテ安穏ナルヲ欲セサルハナシ是レ又学テ人タル道ヲ知リ事々物々ノ理ヲ究メ生業ヲ興スニアリ学校ハ則チ人ノ人タル道ヲ教ヘ物ノ物タル理ヲ究メ商買ノ仕方器械ノ製造生産ノ利害活計ノ得失等ヲ導ク場所ナル故其ノ最モ至重ナル所ニシテ一日モ欠クベカラサルナリ従来ノ弊風遊惰ニシテ一日ノ安キヲ偸ミ或ハ財本アルモ眼前ノ愛情ニ溺レ恣ニ育テ教ヘ学バシムル厳ナラズ僅ニ勉強スル者アルモ教ヘ方疎漏ニシテ十年ニシテ猶業ヲ成サズ学ブ者ノ罪ニアラズシテ教フノ罪ナリ遂ニ無学無能ニシテ黒白ヲ弁セズ空ク終ル者多シ歎ズベキノ至リナリ人性中人多シ学ブ時ハ上智トナリ下智モ中人ニ至ルベシ此度小学教則授業トシテ一大区中ヨリ十人ツ、県下学校ヘ入学被仰付候官費ヲ以テ教師御仕立被下小区毎ニ小学校開設相成候ニ付私塾家塾タリトモ右規則ニ触ル、教ヘ方ハ不相成候趣意柄故是非学齢男女共出席修行無之候テハ不相成是迄ノ如ク長セ学ビタリトモ成就ノ者尠キ様ニテハ無之事ニテ六歳ヨリ十三歳迄ニハ成業候様ノ教育法ニテ難有御趣意柄故一ケ年一戸ヨリ弐拾五銭ツ、支出候得バ別紙方法ノ通リ可ナリ相設候ニ宜敷事故多分ノ儀ニモ無之候間共ニ戮力幼童教育致シ一郷ニ一人ノ英才出ル時ハ一郷ノ幸福繁栄ノ基故貧窮ノ者モ頓テ繁栄ヲ来ス本入リト存知渋滞ナク出金学校相設候様致度今ヤ士農工商共遊惰ニテハ中々以テ一日モ世ニ並ヒ立チ難キ勢ニ至リテ幼童ヨリ能々勉強セシメサレバ不相成幼童ハ世間同輩勉強ナレバ自ラ競テ勉強スルモノナリ然ルヲ以テ学齢男女ハ無残学校ニテ育ツハヨロシカルベシ世界一般文明ニ至リ初テ心付俄ニ学ヒ度モ一年半年ニ成業スルモノニモ無之故教師帰郷次第速ニ開業致候様只今ヨリ方法相設置候而可然ニ付及御相談候也

〔5–9〕 秋田県（秋田県）

一八七三（明治六）年九月一三日
（不明） → （不明）
「告諭」（就学についての告諭）

世運ノ変移スル昼夜已ムコトナシ人文ノ漸ク開ケ文明ニ趨クモ豈際期アランヤ智者ハ其理ヲ知リ益智力ヲ尽シ愚者ハ此理ヲ知ラス頑然トシテ他念ナク固陋ヲ守株スルコト夢中ニ在テ他ノ人事ヲ省セサルカ如シ傍人ノ呼ヒ醒スナケレハ今日ノ文明アルヲ知ラサルモ怪ムニ足サルナリ今学校ノ設アルハ夢中ノ人ヲ呼ヒ醒マシ其睡魔ヲ駆リ勉強力ヲ起シ知識ヲ開キ鈍ヲシテ鋭ナラシメ愚ヲシテ智ナラシメンカ為ナリ夫漢土ノ闢クル諸国ニ先タチタル故其学近傍諸国ニ入リ其益ヲ蒙ルモノ浅少ニ非ス然トモ世運ノ移リ人文ノ盛ナル日ニ開ケ月ニ化シ今日ノ文明アルヲ知ラス又其学ノ流弊ヲモ弁セス徒ニ固陋ノ学風ヲ守リ金科玉条トナスハ迂遠ノ甚ト謂フヘシ皇国固ヨリ漢学ヲ奉シ其益ヲ得ルモ亦少カラス然トモ中古以来自然封建ノ勢ヲナセシヨリ兵農相分レ士民別種ノ如ク近世ニ至テ学問ハ唯士族以上ノ所業トナレリ且痛ク人民ヲ抑制拘束シ所謂黔首ヲ愚ニスルノ風習ニテ人民ハ絶テ学ニ徒事スルコトナシ且其学タルヤ学ヒ難ク成リ難ク英才ノ人ト雖モ数歳数月ノ学ヒ得ヘキニ非ス児童六七歳乃至八九歳ヨリ四書五経文選等ノ句読ヲ受ケ梵僧ノ経ヲ諷スル如クシ十四五歳ニ至ル迄八九年ノ力ヲ費スモ漠然トシテ通スル所ナク中道ニシテ厭棄スルモノ大抵十ノ八九仮令十中一二稍傑出スル者アリテ業進ミ学就ルモ徒ニ浮華ニ趨リ坐上ニ治国平天下ヲ説キ或ハ高尚風流文雅ニシテ詞章ニ耽リ多クハ事務ニ疎ク日用ニ供ス可カラス実地上ニ於テ画キタル餅ノ終ニ啗フ可カラサルカ如シ今日全世界開明ノ時運ニ際会シ斯ク睡魔ニ犯サレ学ニ志スモノハ固陋ノ学風ヲ守株シ学ヒサルモノハ一丁字モ知ラス方向ヲモ弁マヘス夢中ニ在テ一世ヲ終ル慨嘆ス可キノ甚キナラスヤ維新以来　朝庭《ママ》深ク其如此ナルヲ憂ヘ給ヒ封建ノ制ヲ廃シ郡県ノ旧ニ復シ士民一視其拘束ヲ解キ又文部省ヲ置キ海内大中小区ヲ分チ各区大中学ヲ設ケ学制ヲ作リ教則ヲ示シ又資金ヲ分配委托シ費用ニ給セシメ猶其全備セサランコトヲ恐レ官員ヲ諸学区ニ派出シ其事ヲ督責セシメ海内人民ヲシテ各学ニ就キ勉強知識ヲ開キ万国ト并立ント欲シ給ヘリ当県管内ノ如キハ東北ノ一隅ニ偏シ人文ノ開クル最遅シ今日ノ急務学校ヨリ先キナルハナシ曩ニ管内一般ニ諭スルニ此旨ヲ以テシ雑税免除ノ内金若干ヲ出シ其費用ニ給セシム人民皆其旨ニ従ヒ金ヲ出スコトヲ肯ンス今　朝庭《ママ》ノ御趣意ヲ奉遵シ其募金ヲ御委托ノ金ニ併セ校費ノ資本トシテ各区ニ小学ヲ置キ管内一般遐陬僻地山間孤島ニ至ル迄学ナキノ区ナク学ヒサルノ人ナク学ニ入ラサルノ児童ナカラシメント欲ス然トモ正則ノ教則ハ遽ニ施行シ易カラサルヲ以テ別紙通実地上ニ施行シ易キ簡易ノ略教則ヲ設ケ一般ニ分布シ四民ヲシテ学問ノ方向ヲ弁ヘシム故ニ其学問タルヤ学ヒ易ク成リ易ク文字算数ヨリ事物ノ理日用事務各其職業ニ切ナル科ヲ設ケ男女ヲ問ハス農ヤ商ヤ工ヤ六歳七歳ノ児童ト雖モ一日学ヘハ一日ノ用ヲナシ一年学ヘハ一年ノ知識ヲ開キ且従来ノ拘束ヲ解キ自由ノ権利アルコトヲ知ラシメ浮華無用画餅ノ如キ学問ヲ掃除シ夢中ノ人ヲ呼ヒ醒シ実地上ニ施行シ漸次開明ノ域ニ進歩セシメント欲ス一般ノ四民父兄輩能ク此意ヲ体認シ深ク　朝庭《ママ》愛育ノ御趣意ヲ奉シ東北一隅未開ノ地ト他ニ指笑セラレンコトヲ恥チ子弟輩ヲシテ悉ク学ニ就カシメヨ因テ以テ告諭ス

〔5−10〕 **秋田県（秋田県）**

一八七四（明治七）年五月七日
副区長学区取締兼務神澤繁 ↓ 伍長惣代
「小学入学案内書」

今般当区五十目村ニ小学校設立許可ニ相成候ニ付左ノ教員ヲ置キ当四月下旬ヨリ開校相成候条男女六歳ヨリ十三歳迄入校願戸主ヨリ可申出事
但未タ学ニ就カサル者ハ十三歳以上ト雖モ年齢ニ不拘入校可致事
教員　県下士族　平野貞幹
一　授業料貧富其分ニ応ジ十銭七銭五銭ノ三等ヲ以テ可差出事
一　貧窮ニシテ書籍ヲ購ル事能サルモノハ貸シ渡ス候事
一　生徒昇降本県学校々則ニ拠リ午前九時出席午後第三時退散ノ事
但校則数ケ条ニ候間追テ入校生徒ニ可相示事
一　学問ノ儀ハ毎々御告諭有之候通日用常行昌業起産ノ基ニシテ一日モ欠ク可ラサルノ事務ニ候条各村小間居ニ至ルマテ厚ク御趣意ヲ奉体認早々入校願可申出候
右之趣無相違候間至急回達可有之候也

〔6−2〕 **米沢県（山形県）**

明治四年九月
米沢県庁 ↓ （不明）
「学校革制大旨」

今般学校従前の体裁を改め、四民一途人材教育之制度相立候間、執レモ其条規ヲ守リ勉励可致事、但学体ヲ分テ五科トス、皇学・洋学・医学・筆学・数学トイフ、筆・数ハ日用不可欠ノ術、医ハ健康を保全するの業、三科各其道を究情せざるへからず、皇国普通ノ字ヲ以書スルモノヲ学フヲ皇学トス、支那学、国学洋書学ナリ、尤政教翻訳事実ヲ主トシ、和漢洋ヲ論スルコトナシ、洋字ヲ以テ書スルモノヲ学フヲ洋学トス、皇学・洋学其文字各異ナリト雖モ、其理ハ則一ナリ、其好ム所ニ従ヒ、内派ヲ標シ私党ヲ樹ルコトナク互ニ相親ミ、天地ノ公道ニ基キ、宇内ノ長所ヲ探テ己レガ知識ヲ長シ、大ニ皇国ノ用ヲ為スヲ期スヘシ

〔7-1〕 若松県（福島県）

一八七三（明治六）年二月

若松県令鷲尾隆聚　↓　（不明）

「第三十一号」

人々自《みつか》ら其身を立て其産《さん》《しんだい》を治《をさ》め其業《げふ》《とせい》を昌《さかん》にして以て其生《いっしょう》を遂《とぐ》るゆゑんのものは幼少より学校《がくこう》に入り身を修《をさ》め智《ち》を開《ひら》き才芸《さいげい》を研《みが》くにありされは学問は身を立るの財本《ざいほん》《もとで》ともいふへきなり然るに従前の弊風にて学問の儀は士人《さむらひ》以上の事とし農工商及婦女子《をんなこども》に至ては之を度外《どぐはい》《のけもの》におき学問の何物たるを弁《べん》せさるものあり右は大なる誤《あやま》りにて日用《ひび》の言行書算《げんこうしよさん》《ことばおこなひ》を初め士官《やくにん》農商百工《しよくにん》より政治天文医療等《いりようとう》《やまひいやす》の道に至るまて凡人の営《いとな》むところの事皆学にあらさるはなし斯緊要《かくきんよう》《たいせつ》なるものを無用のものとし曾《かつ》て心に懸《かけ》さるは子孫を残《そこな》ふ焉《これ》より大なるはなし夫《か》の道路に迷ひ飢餓《きが》《くひものなき》に陥《おちい》り家を破《やぶ》り身を喪《うしな》ふの徒《と》《ともから》の如きは畢竟不学《ひつきようふがく》《つまり》よりしてかゝる過《あやま》ちを生する事なれは凡人の父兄たるものよくよく此辺《へん》を勘弁《かんべん》し子孫をして学ばしめすして可《か》ならんや因茲《これによつて》今般学校設立《せつりつ》《もふけ》の法左の通相定め候事

一毎小区中央《まんなか》便利の地に就《つ》き必す一の小学校を立つへし

　但出費《ひ》の儀は身元相応割《わり》合尚不足の分は追々便宜消却《よきしはうをたてうづめる》の仕法を立つへし

一校内読書習字算術局《しうじさんじゆつきよく》《てならひそろばん》の外教師村役及小使詰《つめ》席等も設《もふ》け置くへし

　附たり火防器械《きかい》《ひけしどうぐ》一通りは校内へ備へ置くへし

一学校門外へ掲榜場《けつばう》《はりだしば》を設け置き布告するものは必す爰《ここ》に掲示《はりおき》し生徒及衆人の縦観《かつてにみる》に供《きよう》すへし

　附たり布告書は必す壱部《ひととふり》つゝ学校へ備《そな》へ置くへし

一句読算術習字教師の儀は区々において人撰申出すへし生員《まなぶもの》の多少により三教師相兼て苦《くる》しからす

一三教師給料及学則《そく》《まなびかた》課《くわ》表等の儀は追て相達すへし

一区内議すへき事ある時は其学校において公議すへし仍て学校は会議所兼用のものとも相心得へし

一戸長副の内必す壱人つゝ学校へ相詰め諸取締を為へし

一学校は身を立て家を興《おこ》し其処を繁栄《はんえい》《にきやか》せしむるの基《もとひ》なれは衆心一致《ひと〳〵こころをあわせ》し成丈け美麗《びれい》《りつぱ》広大に仕繕《しつくろ》ひ後来《こうらい》《ゆく〳〵》のものをして長く其建営《けんえい》《とりたてる》するものの恩《おん》を蒙《かふむ》らしむへし

右之通管下無洩可触達者也

〔8-7〕 **茨城県（茨城県）**

一八七五（明治八）年一一月二九日
茨城県権令中山信安　↓　区戸長
「子女就学奨励の件達」

第弐百八拾九号
教育ノ儀ハ至大ノ事業ニシテ一朝一夕ノ能ク養成スル者ニアラス必ス久遠不速ノ光陰ヲ経サレハ其幸福ヲ得ル能ハス蓋シ人ノ初メテ生ルヤ軟弱自ラ活ス能ハス飲食起居概ネ母氏ノ手ニ成リ以テ長スル事ヲ得ルニ至ル然則教育ノ初級ハ母氏ノ責任ニシテ将来人智ノ開明富国ノ大本母氏ノ丹誠ニ基ス是以テ女児教育ノ義ハ素ヨリ軽忽ス可カラサル要務ニ付学制頒布小学普及ノ際専ラ女児就学ヲ奨励スル者ハ他年所生ノ児ヲシテ良美ナル初級ノ教育ヲ受ケシメンコトヲ欲シテ也然ニ動スレハ市街人烟稠密商売繁盛ノ地ハ早ク浮華遊惰ノ弊ヲ醸シ良家女児ヲシテ歌舞三弦ニ従事セシメ妙年貴重ノ歳月ヲ徒ラニ遊消スルノミナラス夙ニ就学ノ児モ之カ為メニ屢々学科ヲ廃スルニ至ル而シテ是カ母父タル者恰然自ラ恥ヂズ競テ其事ニ従ハシメ粉状雑費周年ノ学費ニ倍スル者モ父兄其費ヲ厭ハス却テ華奢ヲ極メ自得スルノ風アルニ至ル豈慨嘆ノ至ナラスヤ自今以後戯謔ノ為メ教育ノ大本ヲ誤ル者ハ父母タル者ノ罪責ニシテ畢竟愛育ノ情ヲ失ヒ一般風化ノ弊害ヲ来タシ候義ニ付区戸長ニ於テ厚ク教諭ヲ加ヒ心得違ノ者無之様注意可致此旨布達候事

〔9-2〕 **栃木県（栃木県）**

明治五年九月三日
栃木県　↓　（不明）
「学制序文を管内に布達し、朝旨のあるところを示す」

右之通（御告諭文ヲ指ス）被仰出候ニ付而ハ施設方法追々可及布達候得共区内宿村小前末々迄無洩落篤ト御旨意相弁候様懇切ニ訓諭可致且学舎設立等見込有之者ハ可申出此旨相達候也

〔10-3〕 **群馬県（群馬県）**

明治五年一〇月
（不明）　↓　（不明）
「学校ノ要具タル」

学校ノ要具タル此程相達候御布告ノ如ナレハ今更論ヲ待タス故ニ今般当県下各小区ヲ合セ先一小学校ヲ設ケ子弟教育ノ道ヲ開キ漸次管内一般エ普及セント

ス其授業料ハ御規則ニ基キ毎戸ニ分課スト雖トモ従来ノ学校古制ニシテ其頽廃用ユル能ハス器械亦其用ニ供スルナシ固ヨリ小学ハ人民自費タルヘキノ道理ナレトモ之ヲ毎戸ニ賦課シ創立セントスレハ貧富同シカラス或ハ行ハレ難カル可シ依テ其情実ヲ陳シ政府ニ請求シテ扶助金若干ヲ賜フ然レトモ有限ノ金ヲ以テ無涯費用ニ供ス其不足勿論ナルハ宜ク察知ス可シ此ニ於テヤ有無ヲ通シ区内子弟ノ学費ヲ供救シ人生天賦ノ知識ヲ発達セシメサル可ラス是人間交際上最欠ク可カラサルノ通義ニシテ文明各国皆然リ故ニ先当県内外ノ官員ヨリモ各自出金扶助ヲ加フ固ヨリ職掌ヲ以テ為スニ非ス此ニ移住スレハ供給ナス可キノ通義ナレハナリ況ヤ区内ノ人民此挙ヲ扶ケサルヘカラス有志ノ輩夫レ此ヲ体シ協心戮力費用ヲ供給シ以テ開化進歩ノ基本ヲ創立セン事ヲ欲ス此段及告諭候也

〔11-11〕 熊谷県（埼玉県）

一八七三（明治六）年一二月一八日
県令河瀬秀治　→　各区戸長他
「熊谷県の告諭」

近古ノ弊風ニテ学問ハ士以上ノ事ニテ農工商ニ於テハ徒ラニ驕慢ヲ生シ産業ヲ破リ全ク無益ノ事ト看做セシハ其教授ニ順序法則ナキカ故ナリ　御維新以来百般ノ習御釐正ニテ四民ノ差別ナク智識秀絶ノ者ハ名ヲ揚ケ家ヲ興ス可ク今ノ四民ハ昔時ノ四民ニ非サルハ皆人ノ知ル所ナラスヤ然レトモ学問ニ勉励スルニ非サレハ其天賦ノ智識ヲ啓発スルコト決シテ能ハサルナリ故ニ昨壬申年学制ヲ御発行ニ相成有益実用ノ教則ヲ以テ一般ノ人民ヲシテ蒙昧ヲ啓キ智識ヲ発セシメ各自ラ身ヲ立家ヲ興サシム可キ厚キ御布告モ有之速ニ学セシメシ者ハ未タ数月ヲ経スト雖モ実ニ驚嘆ス可キ進歩ヲナセリ其父兄ニ於テ熟レカ之ヲ感泣欣戴セサランヤ其学業ヲ成就シ国器トナル年ヲ期シテ竢ツヘキナリ若シ父兄タル者子弟ヲ愛育スルノ情アル者ハ皆欣〃躍々トシテ所在ニ学校ヲ興シ就学セシメサル可ケンヤ然ルニ此際ニアタリ演劇歌舞妓ニ耽溺シ興ス可キ学校ヲモ興サス教フ可キ子弟ヲモ教ヘス至仁ノ　朝旨ヲ奉戴セス一時ノ遊観ヲ貪リ許多ノ資財ヲ浪費シ却テ興学ノ盛挙ヲ誹謗スルノ聞ヱアリ何ソ其愚ノ甚シキヤ禽獣スラ尚其子ヲ愛養スルヲ知ル父兄トシテ子弟ヲ教育スルヲ知ラス禽獣ニモ不及コト遠シト謂フ可シ天然ノ良知ヲ固有セシ子弟ヲシテ教育スヘキ期節ヲ誤リ終ニ無学蒙昧ノ一廃人トナシ瓦礫ト倶ニ朽腐セシメントス之レヲ人ノ父兄ト謂フ可キヤ実ニ見聞ニモ堪ヘ忍ヒサル事ナリ故ニ追テ可及布達旨モ候得共予メ申諭シ置キ候条各区戸長ハ勿論重立候者能々此意ヲ体認シ毎戸無洩懇切ニ可告諭者也

〔11-12〕 埼玉県（埼玉県）

一八七四（明治七）年四月
埼玉県権令白根多助　→　教員／区長／学区取締
「埼玉県の告諭」

盛哉文明ノ化ヤ八大学二百五十六中学五万三千七百六十小学実ニ古今未曾有ノ一大事業ト謂フ可シ然而大学ノ人才ハ中学ヨリ抜キ中学ノ人才ハ小学ヨリ出ツ故

ニ小学振ハサレハ大中学興ラス然則目今ノ急務ハ小学ニ在リ夫天ノ物ヲ生スル人ノ手ヲ仮ラスシテ用ヲ為スモノ無シ器ハ工ノ手ヲ仮リ穀ハ農ノ手ヲ仮リ人生レテ親ノ手ヲ仮リテ生長シ師ノ手ヲ仮リテ教諭セサレハ真ノ人ト為リ難シ親ノ子ニ於ルヤ思フテ至ラサル所ナシ夏ハ其涼ヲ欲シ冬ハ其暖ヲ欲シ又其富ヲ欲セサル者ナク其貴ヲ欲セサル者ナシ然リト雖トモ人皆己レカ欲スル所ト己レカ好ム所トヲ以テ善ト為サ丶ル者ナク必ス其子ヲシテ己レカ欲スル所ヲ為サシメ己レカ好ム所ヲ習ハシメ而テ己レカ業ヲ嗣カシメントス故ニ士ハ必ス士農ハ必ス農商工ハ則商工数十百年経ルト難トモ其為ス所習フ所終始異ラス士農商工世襲シテ子孫ニ伝フ是レ商工ノ子ニ農ナク農ノ子ニ士ナキ所以ナリ西印度ノ国タルヤ其土人智ヲ磨カス力ヲ労セス飽ケハ臥シ猟シ古モ今ニ減スル事ナク今モ古ニ増ス事ナク祖父ヨリ父ニ至リ父ヨリ子ニ至リ伝フル者ハ唯弓ト矢ト而已然而合衆国ハ纔ニ二百年ヲ経スシテ其富強ナル天下ニ比ナキ者ハ抑何ソヤ天赤人ヲ恵ム薄クシテ白人ヲ幸スル厚キニ非ス其本ヲ論スルトキハ唯学フト学ハサルトニ在ル而夫善ヲ善トシ美ヲ美ト為サルハ人ニ非ス悪ヲ悪トシ醜ヲ醜ト為サルモ亦人ニ非ス譬ハ金ト石ト孰若レ誰カ金ヲ舎ヲ石ヲ取ランヤ然トモ嬰児ハ必シモ然ラス是石ノ金ヨリ美ナルニ非ス金ノ石ヨリ醜ナルニ非ス美ノ美タルト醜ノ醜タルトヲ知ラサル也今ノ正則ヲ厭フ者モ亦何ソ是ト異ナラン固ヨリ知ラサルノ罪ナリ知ラサルノ罪ハ罪スヘカラス必ス之ヲ諭サ丶ルヲ得ス諭シテ聴カサル者是ヲ自暴自棄ト云フ自暴自棄ノ者ハ必ス之ヲ罪セザルヲ得サル也正則ヲ厭フ者三アリ其一ハ漢学癖其二ハ習書癖其三ハ唯奴隷ヲ以テ自甘ンスル者也漢学癖者ノ曰ク今ノ官ニ在ル者今ノ教ヲ施ス者モ亦漢学者多シ漢学ニ非サレハ洋書モ之ヲ訳スル能ハス布告ノ文モ読ム能ハス又作ル能ハス正則ノ書ハ読ミ易キ而已解シ易キノミマタ何ソ我子ヲシテ学ハシムルニ足ランヤ習書癖者ノ曰ク文学ニ長スル者ハ俗事ヲ厭ヒ家産ヲ破リ却テ予孫ノ害ヲ招ク多シ農商ハ金銀ノ貸借何両何匁何月何日何所何名ヲ記スノ外益ナシ算術ハ和法加減乗除ニシテ足レリ正則豈ニ学ハシム可ケンヤ奴隷ヲ甘ンスル者ノ曰ク我ニ貸ス可キノ金ナシ故ニ文字ヲ学フモ記ス可キナシ我ニ取ル可キノ息ナシ故ニ算術ヲ熟スルモ用フル所ナシ租税ノ取立書ハ戸長アリ質ノ利息算ハ店主アリ我親ハ我ヲ奴隷ト為シ我ハ我子ヲ奴隷トナス固ヨリ其分ノミ官汲々我子ノ就学ヲ促カス又何ソ好事ナルヤ嗚呼管内ノ人民漢学癖ナラサル者ハ習書癖ナリ習書癖ナラサル者ハ奴隷ヲ以テ自甘ンスル者ナリ実ニ愍察スヘシ漢学癖者ハ文字ノ功用ヲ知ラスシテ徒ニ文字ノ難易ヲ論シ少年ヲ教フル所以ト大人ヲ教フル所以トヲ弁セスシテ徒ニ高尚ノ説ニ泥ミ実理ヲ履マス今ノ官ニ在ル者今ノ教ヲ施ス者ハ固ヨリ漢学者多シト雖トモ是レ其已ムヲ得サル者ニシテ唯官ニ在ル者教ヲ施ス者而已ナラス撃剣客ハ兵卒ト為リ和船ノ水手ハ汽船ノマトロスト為リ結髪ヲ職トスル者ハ断髪ヲ職トシ履ヲ製スル者ハ靴ヲ製スルモ皆是類ナリ亦何ソ怪ムニ足ラン然リト雖トモ目今年少先撃剣ヲ学ンテ而後兵卒トナリ和船ノ水手ヲ熟シテ而後汽船ノマトロスト為リ結髪ヨリシテ断髪ヲ為シ履工ヨリシテ靴工ト為ラント欲スト云ハ丶誰カ其愚ヲ笑ハサル者有ランヤ習書癖ト奴隷ヲ甘ンスル者トハ其分ニ安シテ懶惰ニ狎レ身ヲ立テ道ヲ行フ能ハス因テ先ツ当今ノ人民皆学ハサルヲ得サル所以ト学ノ功用トヲ挙テ之ヲ論セン今也人民皆独立ノ権ヲ持シ自由ニ利ヲ得ル故ニ我体ハ外人ノ体ニ外ス我所有モ亦外人ノ所有ニ非ス外人ノ所有ニ非サルトキハ之ヲ損失スルモ外人ノ罪ニ非ス外人ノ体ニ非サルトキハ之ヲ飢餓スルモ外人ノ罪ニ非ス我体ト我所有トハ固ヨリ我体ト我所有ナルヲ知ルトキハ則我住ム所ノ地ハ外国ノ地ニ非スシテ我国ノ地ナルモ亦瞭然タリ其民皆独立スルトキハ其国モ亦独立セサルヲ得ス既ニ我日本ハ我日本ナルトキハ人々自奮テ之ヲ保護セサルヲ得ス自ラ之ヲ富強ニセサルヲ得ス之ヲ富強ニセント欲スルトキハ則之ヲ富強ニスル所以ノ法ヲ行ハサル可ラス之ヲ保護セント欲スルトキハ則之ヲ保護スル所以ノ道ヲ求メサル可ラス其法其道ノ得失モ亦他ナラス学フト学ハサルトニ在ル而已文明ノ化日ニ進ムトキハ短褐ヲ衣ル者管笠ヲ戴ク者紙傘ヲ携ル者草履ヲ着ル者等漸々少カラン然シテ我邦農ノ粟工ノ器未タ帽靴絹傘時計羅氈等ニ易フルニ足ラス是レ輸入ノ輸出ニ倍スル所以ナリ故ニ国産ヲ倍セサレハ之ヲ償フ能ハス夫人力ハ限リ有リ人智ハ尽ルナシ力ヲ用ル者ハ労多クシテ功少ク智ヲ用ル者ハ功多クシテ労少シ労少クシテ功多キ者ヲ為サント欲セハ先ツ少年ヨリ普通学ヲ為シ其才ノ向フ所ニ随ヒテ専門ニ入リ其智ヲ磨クニ如クハナシ乃チ米国ウェラント著ス所ノ経済論勉強篇ヲ摘訳シテ其略ヲ示サン夫勉強ハ物価ヲ生スルノ財本ナリ其財本ヲ生スル所以ノ者三アリ一ニ曰ク農夫ハ種ヲ布キ空

気日光水土糞苴ヨリ変シテ穀物ト為ス之ヲ物質ヲ変スルト云フ二ニ曰ク鍛工ハ鉄塊ヲ釘ト為シ刀トナシ匠夫ハ板ヲ机ト為シ織工ハ綿ヲ糸ト為シ衣ト為ス是ヲ物体ヲ変スルト云フ三ニ曰ク舟夫車夫ハ彼ヨリ此ニ運ヒ此ヨリ彼ニ輸ス之ヲ物処ヲ変スルト云フ是故ニ農ハ我ニ食ヲ与ヘ工ハ我ニ器械ヲ給シ商ハ我ニ運輸売買ノ利ヲ達シ一日モ欠ク可ラサル所以ノ者ナリ然ルニ此ニ人アリ彼何人ソヤ我ニ食ヲ与フルニ非ス器械ヲ給スルニ非ス運輸売買ノ利ヲ達スルニ非ス書ノ如キ者ヲ学者ト云フ彼等ナシト雖トモ衣食住ニ於テ一欠事ナシ然ト雖トモ近世舟工ノ船ヲ作ル歴山翁思佐留ノ世ヨリ其術遠ク其右ニ出ルハ器械学ノ発明ニヨルニ非スヤ太平洋中茫々タル水天ノ外陸地ヲ見サルコト月余而テ帆檣ノ方向ヲ誤ラサルハ地理天文学ナリ刑罰ヲ正シ人民ノ自由ヲ有タシムルハ法律学ナリ疾病ヲ防キ身体ノ健康ヲ得シムルハ医学ナリ其他実学ノ功用記スニ暇アラス嗚呼人トシテ学ハサルトキハ農モ地味ヲ察シ原野ヲ拓スル能ハス工モ器械ノ機巧ヲ尽ス能ハス商モ貿易ノ利ヲ得ル能ハス是レ学風ノ一変スル所以ナリ教員ハ此意ヲ以テ能ク導キ区長取締ハ此意ヲ以テ能ク諭シ人民皆此意ヲ体認シテ朝旨ヲ奉スルトキハ上ハ宸襟ヲ安ンシ下ハ文明ノ化ニ浴スル亦大ナラン乎

〔12-2〕 印旛県（千葉県）

明治五年九月
印旛県　↓　（不明）
「学制施行ニツキ」

今般別冊之通学制被為定追次教則御発行相成候ニ付従前学校学則且私宅等ニテ教授セシムル寺小屋ト唱候類ニ至ル迄本月限リ都テ廃止更ニ御趣意ニ基キ幼童教育愈勧誘可致事

但小学授教之手順書面ニテハ意得ナシ難キ向モ可有之ニ付差向葛飾流山常与寺ニ於テ今般被仰出候御趣意ニ基キ官員協力官費ニ頼ラス仮ニ小学校ヲ設ケ来ル廿三日開校候条従前寺小屋ノ類幼童教育厚志ノ面々ハ早速罷越実地ニ於テ教授ノ順序一応見聞更ニ教育方尽力可有之事

一　追々可相達条々モ有之候得共第一別冊大政官被仰出ノ条殊更叮嚀反復御趣意ニ不洩貫徹候様専ラ尽力可有之事

一　人生一般学業ノ離ル可ラサル今更言ヲ待ス然ニ従前ノ習風当時貫属ト唱フルモノ而已殊ニ厚ク是ヲ遇シ農民等ノ頁租ヲ採テ給禄セシメ加之貢租ヲ費用ニ供シ以テ学業ニ就シメ農工商等ノ平民ニ於テハ棄テ問ハス真ニ不公不平ノ処置今般至公至仁ノ聖旨断然右等旧弊御改正四民同一一般ノ学制ヲ被為定殊ニ空理虚談ノ学風ヲ破リ士農工商着実有益ノ教則ヲ以テ御愛育被為成候ハ真ニ千歳未曾有ノ隆時人民ノ幸福又奚ソ是レニ加フアラン宜ク御趣意ヲ奉戴シ衣食住ノ三ツヨリモ先第一ニ子弟ヲシテ学業ニ就シムベシ是則一身ヲ立テ一家ヲ興スノ急務一身立テ一家興リ各家興テ一村興リ村市相興リテ御国威漸ク盛ニ誰カ凌侮スルコトヲ得ン爰ニ於テヤ聊カ　宸襟ヲ安シ奉ナルヘシ抑即今子弟教育ノ四字ニ起リ結句　皇国安危ノ大事ニ関ル父兄タルモノ且富家ノ面々豈奮起シテ勉メ励マサル可ンヤ

〔12-3〕 **新治県（千葉県）**

明治五年一一月
新治県　↓　正副戸長
「就学勧奨ニツキ」

先般仮学校ヲ設立シ夫ニ子弟ヲシテ入校進学セシメ候様布達致シ置候ヘトモ更ニ憤発入校致ス者モ相聞ヘス却テ異議異論ヲ醸シ他ノ開化進学ノ徒ヲ誹議致シ候者モ有之哉ニ相聞ヘ甚タ不都合之至ニ候若シ其父兄等固陋姑息旧弊ニ泥ミ目前ノ不利ヲ顧ミ他日ノ功ヲ期セズ依然トシテ従前ノ教法ニ依リ子弟ヲ教育致シ候ハ、縦令其子弟等黽勉成業スルトモ如何シテカ治国済世之才ニ養フヲ得ン然則猶他日陋癡頑固ノ学ニシテ終ニ施ス処ナシ況ンヤ教サルニ於テヲヤ自棄自暴野蛮ノ醜俗ニ滔リ無知無業破産無頼彼ノ轎奴車夫ノ徒トナルハ必然ニシテ実ニ可憫ナリ依テ此等ノ処ヘ能〻注意致シ如今ノ形勢時務ヲ洞察シ陋弊ヲ一洗シ其父兄等別冊学制ノ旨趣方法ニ基キ子弟ヲシテ開化日新ノ学ニ進達セシメ候様示論可致旨正副戸長ヨリ県下一般不洩様可触知者也

〔13-2〕 **品川県（東京都）**

明治四年三月二九日
品川県庁　↓　（不明）
「布田郷学校入校につき勧奨」

夫《それ》人は学せされハ父子兄弟親私の道を弁へす又家を興し産業を広むる其略に暗く只一時目前の利ニ趨《はし》り竟に其家を破り其業を失い其身を誤るに至る者不少、故に人の父兄たるものは務て其子を教其弟を教家を興し産業を広め父子兄弟親私の道を明かにせされハ愛慈する我子弟を傷い愛護する我家業を破ると謂べし、依而今般布田宿原泰介入外拾弐人協力之上同宿栄法寺を郷学校所ニ取設、普く生徒を教導致等百姓町人ニ限らす歳八才ニ至り候ハ、必入校勧学勉励可為致もの也
但有志之者は老少ニ不拘入校致し筆学算術等可相学、且五六四九ノ日ハ講義有之間銘々聴聞ニ可罷出事
右之趣得其意小前末々迄不洩様申聞、歳八才至候者ハ勿論壮年たり共有志之ものハ農隙之節入校勤学可致旨厚く可相諭もの也

〔13-3〕 **品川県（東京都）**

明治四年五月二五日
品川県庁　↓　三番組／四番組／五番組／二十一番組／二十三番組
「品川県庁勧学の布告」

夫人は学はされば父子兄弟親和の道を弁へす、また家を興し産業を広むる其方略に暗く只一時目前の利に趨竟《シュキャウ》《ハヤシツイニ》に其家を破リ、其業を失ひ、其身を誤るに至ルもの

不少、故に人の父兄たるものは務めて其子を教ひ其弟を教ひ家を興し、産業を広メ、父子兄弟親和之意を明かにせされは愛慈する我我子弟を傷ひ、愛護ヲする我家業を破るといふべし、依而今般中馬引沢村来住人斎藤寛斎・上目黒村元名主加藤平次発意いたし、等々力村豊田平左衛門・代田村斎田平太郎・上北沢村年寄榎本平造外拾人協力《ケフリキ》《アハスチカラ》之上、同郡太子堂邨へ郷学校所相設《モフケ》普く生徒ヲ教導いたす間、百姓町人ニかぎらす歳八歳ニ至リ候ハ、必入校勤学可為致もの也

但有志之ものハ老少ニ不拘入校いたし筆学・算術等可相学事

右之趣得其意、小前末々迄不洩様申聞、歳八歳ニ至リ候者ハ勿論、壮年たり共有志之ものは農隙の節入校勤学可致旨厚ク可相論、此廻状組下令請印早々順達留り邨より可相返者也

〔13–8〕 **不詳(東京都)**

> 一八七四(明治七)年一月四日
> 拾番組　→　村用掛
> 「就学につき説諭」

夫レ小学校ヲ設立シ小童ヲシテ就学セシメ知識ヲ開明シ村力ヲ発達シ独立ナササシムルノ至仁ニシテ人民ノ大幸福ト謂ツベシ、然ルニ当番組ニヲイテハ旧時ノ弊風未タ全ク解散セス、嗟嘆スベキノ至リハ村戸ニ六七歳ノ小男女方サニ入校セシム可キ年齢ノ者頃日農上街上ヲ徘徊スルニ充塞漫ニ遊戯ス、就中遊里射利ノ地ニ於ケル少年輩ノ光陰ヲ消スルヤ曽テ学業ニ従事セス人倫ノ道ニ由ラス、放蕩懶惰博奕ニ類スルノ具ヲ以テ徒ラニ街上農上ニ遊戯スルトモ其父兄タル者厳ニ教育ノ道ヲ加ヘス、偷安姑息父兄タル所以ヲ尽サス、終ニ懶惰甚シクニ至リテ我見聞ニ忍ヒジ是ニ由テ毎ニ入学之儀逐一諭諭(ママ)ニ及ヒ(ママ)雖モ父兄答テ余等男女共未タ稚弱ニシテ往復モ心元ナク、且暴雨ノ日ハ独行モ出来難ク、人ヲ以テ看護(ルカ)スベキ力ナク故ニ今両三年ヲ過ゴシテノ後ト何レモ大同小異ノ返答夥多アリ、父兄ノ情愛配意モ其理有リト雖モ一時千金之機会ヲ遅緩シ懶惰ノ弊害ヲ醸成シ、而シ後ニ就学セシニハ怠慢既ニ長シ且晩学ト成ナリ、意ニハ小学ノ課業モ学フヲ得ス、然ル時ハ至仁ノ美政モ貫徹セス遺憾量リナリ、就テハ此幣(弊)ヲ洗雪シ父兄タル者確ク　御趣意ヲ奉戴シ厳ニ子弟ヲシテ六七歳ヨリ番(悉)皆就学セシメ宜ク勉励セスンハ有ル可カラサルナリ、実ニ右躰ノ徒有之テハ開化ノ障碍特ニ御規則ニ戻リ、以之外之儀ニ付以来厚ク天意ヲ感戴シ速ニ入校頗ル文学ニ就近セシムル様各村ニ於テモ厚ク御注意被下度、此段及御達候也

〔14–5〕 **神奈川県(神奈川県)**

> 一八七三(明治六)年二月
> 神奈川県　→　(不明)
> 「告諭文」

人ノ生ル、ヤ無知ナリ父母之ヲ教育シ其知覚ノ稍々開クルニ及ンデハ之ガ師ヲ撰ミ文字ヲ習ハシメザルベカラズ文字ナル者ハ名称ヲ記シ言辞ヲ叙ベ事物ノ道理ヲ著明シ之ニ依リ倫常ノ重キヲ知リ是非ノ別チモ出テ自ラ知覚ヲ増進スル者ニシテ家業ヲ営ムモ交際ヲ能スルモ皆之ヲ仮ラザルハナシ其必用タル此ノ如シ故ニ通邑大都ヨリ彼辺陬窮郷ニ至ルマデ習書師アリテ童蒙ニ教授セリ抑モ此業ヤ浅近ノ事ニ似タレドモ実ハ天下ノ子弟タル者ノ賢愚智闇ニ関係スル所万民教育ノ基礎トナル処ナレバ其責タル極メテ重大ト謂ツベシ然ルニ従前弊習ノ多キ生徒タル者概ネ半途ヨリシテ迂遠ノ学問ニ趨リ利口ニ高大無根ノ説ヲ唱ヘ畢竟実用ニ切ナラズ或ハ又貧民ノ子弟固ヨリ学資ニ乏シク且学ブベキ工夫モアラネバ無知文盲ニ一生ヲ暮シ中ニハ罪科ヲ犯ス者アルニ至レリ誠ニ歎カハシキ事共ナリ今ヤ生レテ文明開化ノ昭代ニ遭値シ猶斯ク無智ヤ迂遠ニシテ空シク駒隙ヲ過ゴシナバ何ノ世ニカ国家ノ恩ニ報ヒ何ノ時カ人道ノ務ヲ為サン況シテ各国交際ノ親睦ナル時ナレバ我国ノ民トシテ今日ノ急務ニ勉励セザルヲ得ンヤ是ニ於テ今般当県管下普ク習書師ニ告示シテ文部省小学ノ規則ニ模範シ以テ子弟ヲ教導シ人材ヲ長育スル基本ヲ為サシメントス従来生徒ノ謝義等甚菲薄ニシテ其師タル者活計モ不利ナレバ間々廃業セル者アリ是等ハ最モ注意周旋セズンバアル可カラズ就テハ管下市街郷村ノ各戸子弟ノ有無ヲ論ゼズ身財多寡ニ随ヒ毎戸銭鈔ヲ糾募シ其全額ヲ戸長或ハ其所管ノ課長ニテ総轄シ規則ヲ定立シテ之ヲ各地ノ習書寮ニ分付シ生徒ノ束修謝儀及ビ筆墨諸般ノ冗費ニ充ツベシ然レハ富有ノ者ハ格別カノ寒貧ノ子弟ト雖トモ聊カモ学資ノ憂慮ナク凡テ男女七歳以上ヨリハ皆入学セシメ猶余財アラハ要用ノ書籍ヲ購ヒ読マント欲スル者ニハ借覧セシムベシ此ノ如クナレバ貧賤富豪ノ差別ナク各々其知覚ヲ増進シ其志願ヲ成就シ之ヲ大ニシテ国家ノ恩ニ報ヒ富強ノ術ヲ施シ皇威ヲ万国ニ誇耀シ之ヲ小ニシテハ生活ノ業ヲ理シ或ハ貿易何ニ由ラズ利益ノ道ヲ開キ其身幸福子孫栄昌ナラン是皆智力アリテ然ル後之ヲ能スベシ人ノ父母タル者誰カ其子ノ此ノ如キヲ欲セザランヤ且其子無キ者モ夫々ノ義務ニシテ苟モ国家ノ益アル事ハ必ス鞠窮シテ為スベキナレバ管下一同何レモ此旨趣ヲ認得シ勇為進取シ開化進歩ノ好機会ニ後ル、コト勿レ

〔14-6〕 足柄県(神奈川県)

一八七三(明治六)年三月
足柄県 ↓ 正副区長/正副戸長
「先般学制御確定相成」

先般学制御確定相成第二百十四号御布令ニ付則致頒布置候通学問ハ身ヲ立テ産ヲ治メ業ヲ昌ンニシ以テ其生ヲ逐クル所以ノモノニシテ人タルモノ暫モ不可欠モノナリ然而産ヲ破リ家ヲ喪ヒ飢餓ニ陥ル徒ノ如キハ到底不文不智ヨリ生シ自ラ其禍ヲ招ク豈慨然ノ至ナラスヤ抑従来伝ハル所ノ学問或ハ其道ヲ得サルヨリ人其方向ヲ誤リ詞章記誦ノ末ニ趨リ空理虚談ノ途ニ陥リ其論高尚ニ似タルモ身ニ行ヒ事ニ施スコト能ハサルモノ少カラス故ニ学問ノ何物タルヲ弁セス或ハ之ヲ蔑視シ或ハ之ヲ誹議ス是沿襲ノ習弊ニシテ人々信セサル所以ナリ今ヤ文明ノ域ニ至リ於文部省已ニ定メラレタル所ノ学科教則ハ人間日用ノ実際ニ渉リ自主ノ理自由ノ権ヲ養成スルモノナレハ貴賤ヲ論セス男女ヲ問ハス日夜勉励之ニ従事シ以テ智ヲ開キ才ヲ長シ生ヲ治ムル所以ノモノニシテ実ニ身ヲ立ルノ財本トモイフヘキモノナレハ人タルモノ誰カ学ハスシテ可ナランヤ依テ御布告ノ学制ニ因リ教則ニ従ヒ管下ヲ三中区ニ分チ予テ地方官設クル所ノ毎小区ニ先ツ一小学ヲ仮設シ凡人ノ営ムヘキ所ノ事業ヲ普ク慣習セシメ以テ人材ヲ教育シ天下有用ノ器トナサシメントス小学区分ニ至テハ地理ノ便宜ヲ問ヒ戸口ノ疎密ヲ謀リ之ヲ一定シ漸々許多ノ本数ニ充タシムヘク且学校ハ私費ヲ以テ設立スヘキ所以ノモノト雖モ方今民費ニ堪ヘカタキヲ御憐察アリテ御洪費ノ際幾分ノ学資ヲ御扶助被成下候条父兄

タルモノ宜ク

朝旨ノ渥キヲ奉体シ其愛育ノ情ヲ厚クシ子弟ヲシテ必学ニ従事セシムヘク仍之先ツ別記条件及宣布候委詳ハ学区取締ヨリ可相違候事

右ノ趣相達候条区々無洩触示シ正副区長及同戸長ニ於テ厚ク注意シ協力以テ勧誘セシムヘキモノナリ

〔14–9〕 神奈川県（神奈川県）

一八七四（明治七）年一〇月一七日
県令中島信行 ↓ 各区正副区長／学区取締／正副戸長
「就学の督励と学費のため桑茶等栽培奨励のこと」

小学校之儀ニ付テハ度々太政官文部省ヨリ御布告之趣モ有之学舎隆盛生徒進歩之方法追々相立度就テハ向后学制第十二章ニ基キ満六歳以上ノ小児ハ男女ノ別ナク必入校可為致若六歳以上之小児就学不致モノ有之候ハヽ其父兄ヲ取糺其由ヲ学区取締ヱ届取締ヨリ県庁学務掛ヱ可申立候

一　満六歳以上ノ小児必入校為致候ニ付テハ学費為手当貧富ニ不関小児出産候ハヽ土地適宜ヲ以桑茶楮漆或ハ梅桃梨柿等身分相応屋舗又ハ空地ヱ可植付大概桑ハ小児一人宛三十本茶ハ二十株程モ植付他之ニ準栽培致シ繁葉成実ニ随ヒ学費ニ供スレハ一般国益ヲ増自然学問修業可相成候尤海辺湖地等ニテ植付不相成場所ハ藻ヲ取リ学費ニ充ルモ又可也

一　勧善懲悪ヲ以テ口実ト為シ地芝居手躍等興行致シ候ハ畢竟風俗ヲ乱シ財貨ヲ廃シ其土地疲弊ヲ招クニ過ス学校ノ如キハ風俗ヲ正シ才能ヲ長シ身ヲ立家ヲ興スノ基然ルヲ学校入費ヲ云ヘハ僅ノ事ニテモ苦情ヲ唱ヱ地芝居手躍等ニ至リテハ却テ多分ノ冗費ヲ掛ケ候族モ往々有之趣向后心得違無之学校隆盛ヲ人々企望可致候也

右之通布達候条深致注意戸前末々迄無洩落可相達候事

〔15–11〕 相川県（新潟県）

一八七三（明治六）年一一月
県参事鈴木重嶺／県権参事磯部最信 ↓ 相川町々
「学問思弁之効者今更縷陳ニ不及候ヘトモ」

学問思弁ノ効ハ今更縷陳ニ不及候ヘトモ昨壬申太政官二百十四号御布告ノ通リ人々身ヲ立産ヲ治メ業ヲ昌盛スルノ基礎ニシテ開智長才生涯ヲ遂終スルノ要務ナレバ人生一日モ欠クヘカラス然ルニコレヲ度外ニ置一字隻句弁知セス空ク消光スルヨリオノツカラ無益ノ嗜好ニ耽リ終ニハ粗暴ノ挙動ニ至リ家ヲ喪ヒ身ヲ亡シ親子ヲシテ道路ニ凍餒セシムルモ畢竟不学ヨリ生スルナレハ幼稚ノ時ヨリ学問シ其根元ヲ陪養スルコソ今日ノ急務ナレハ父兄タルモノ自奮テ協力シ学校創設ハ可致ハ固ヨリノ儀ナルヲ朝廷至仁ノ御盛挙ニテ既ニ学制御頒布相成官費ヲモ御支補ノ上追々着手施行可相成処本州ノ儀ハ僻陬未開ノ地ニ候ヘハ一時ニ

矯正イタシ候テハ苦情モ不尠因テ学区取締始教師等ヲ命シ先ツ相川ヨリ手ヲ下シ追々郷中端々迄モ無洩小学校取建御定則ヲ権略シ受業料等ハ格別省略方法ヲ設

月謝

一等　弐銭

二等　壱銭五厘

三等　壱銭

但本文ノ向ハ生徒ノ等級ニ非ス各家ノ分限ヲ指掲スルモノトス

其他貧生ハコレヲ除キ各子弟ヲシテ学ニ就キ易カラントス依テハ従来ノ弊風ヲ脱シ各自愛育ノ情ヲ尽シ競テ学ニ就シメ家々ニ不学ノ徒ナク天賦ノ良質ヲ研候様可心得尤学資ノ儀ハ前条ノ通リ官費ヲモ御支補追テ民費ニモ課シ候条其段モ兼テ心得居可申事

右ノ趣市郷端々迄不洩様可触示モノ也

〔16–2〕 新川県（富山県）

一八七四（明治七）年
富山県学務係　↓　（不明）
「説諭二則」

我日本ノ外、西洋各国ノ強クシテ富メルト云《いう》ハ、人ノ知識ガ開ケタレバナリ、知識ノ開ケタル原（ママ）ハ学問盛ナレバナリ。蒸気船、蒸気車、電信機、其外《そのほか》人ノ知レル利口発明ノ事ヲ工夫《くふう》スルハ皆西洋ナリ。西洋人モ神ヤ仏ニハ非《あら》ズ。只《ただ》、学問シテ知識ノ開ケタル人ノ多キ故、便利ノ事ヲ工夫シテ斯ク盛ニナレルナリ。各方油断セバ、前ニ云ヘル通リ人ヨリ笑ハルルノミナラズ外国人ノ下人ニ使ハルルコトトナレルモ計リ難シ。其時ハ、我一身ノ恥ナラズ、親先祖ノ恥ナラズ、御国ノ御恥トナルコトニテ不忠不孝ノ限リナリ。

〔17–6〕 石川県（石川県）

明治五年八月
石川県　↓　（不明）
「布達」

今般　皇国一般ノ学制御確立相成リ邑ニ不学ノ戸ナク家ニ不学ノ人ナカラシメントノ御趣旨各篤ク体認シ四民一同学事勉励致スヘシ夫レ学制ノ大綱ニ至テハ文部省ノ統轄ニシテ　皇国ヲ八大学区トシ一大学ヲ分テ三十二中学区トシ一中学ヲ分テ二百十小学区トス当県ハ即チ大学ヲ置カル、其一ナリ既ニ有志ノ輩醵金ヲ以テ金沢毎区ニ学校ヲ設クルノ際今度一般ノ学制御布達ト相成暗合黙契ト謂フヘシ故ニ士農工商ノ別ナク男女六才以上ヲ以テ学ニ就カシメ読書習字算術縫裁等ノ業ヲ習ハシメ追々学業ノ進歩ニ随ヒ中学ニ進ミ中学ヨリ大学ニ升リ夫ヨリ其人ノ勤勉ニ因リ洋行モ命セラルヘシ畢竟宏遠ノ学業ヲ窮メシムルノ御趣意ナリ仮令天性穎敏タリトモ先ツ学校ニ入リ順序ヲ踏テ学ハサレハ焉ソ其業ヲ達スルヲ得ンヤ故ニ御規則ニ於テ六才以上ノ男女学ニ就カサル者ハ其仔細ヲ地方官ヨリ文部省へ可届出トナリケ様ニ学事勧奨セラル、御趣意亦難有事ナラスヤ然ルヲ僻遠ノ地ニ至ツテハ動モスレバ学問ハ読ミ難キ書ヲ読ミ詩ヲ賦シ文ヲ作ル事ト心得誤解ノ者少カラス唯学問ハ日用欠クヘカラサルノ事業ヲ教ユルモノナルカ故父兄タル者能々御趣意ヲ了解シ其子弟ヲシテ寸分ノ光陰ヲ愛ミ怠惰ニ陥ラシムル事ナク其業ヲ達シ其身ヲ立以テ国恩ニ報スヘク此旨厚ク可心得者也

〔17–8〕 石川県（石川県）

一八七三（明治六）年二月
石川県 → （不明）
「石川県下小学校教則大意」

文部省学制の義は、海内一班貴賤上下を論ぜず、右学制に基づき、子弟の輩をして、幼稚の比より、尽く学術に従事せしめ、精研勉励段を逐ひ等を踏み、偏見陋聞の患を脱し、粗暴軽躁の弊を去り、以て其才識を養成せしめんと欲す。依之右学制に循ひ、速に旧制を一変し、先づ初学の輩をして、目用言語書算の若き、甚だ浅近暁り易き事を以て誘導し、漸次事物窮理陰陽変災に渉り、而して国内府県名称、山河邦土位置、曁び古今沿革、地理全体、万国の形勢等の類、少しく遠大の事に及ぼさんと欲するの主意なり。然りと雖土地の方向に従ひ、風俗も亦差異あるを免れず。是を以て其年限の制、曁び学科書目教授方法の如きは、卒然一概に行はれ難きものあり。故に現今県下人心を審にし、情態を察し、以て同省教則を少しく取捨補裁し、別に県下小学校教則を編成す。其書目順序教授方法の如きは、姑く端緒を開き方向を示すものにして、敢て一定確爾の教則とするに非ず。今後気化の運行に随ひ、追々整正し、以て普通一体の教則に企及せんと欲す

〔18–2〕 福井藩（福井県）

明治三年九月
（不明） → （不明）
「郷学教諭大意」

夫学《それがく》は人心《じんしん》を正《ただし》うし、人倫《じんりん》を明《あきら》かにする所以《ゆえん》にして、上王公《わうこう》より下士庶人《ししよじん》《さむらいひとびと》に至《いた》るまで、学《まな》ばずしては叶《かな》はざることわりなれば、朝廷《てうてい》には古《いにし》へよりこの道《みち》を重《おも》んじたまひて、大ひに学校《がくかう》を設け御《もう》世話《おんせわ》あらせられ候へ共、政権武門《せいけんぶもん》《せいじぶけ》に移《うつ》りてより其聞えもなく、民間《みんかん》にては学問《がくもん》は入らぬ事と心得《こころえ》学問すれば必《かならず》商売《しようばい》に疎《うと》く家業《かげう》に怠《おこた》る物《もの》とのみ思ひ、僅《はづ》かに志《こころざ》す者《もの》あれば故《こと》さらに擯斥《ひんせき》《しりぞけ》して、歯《よはい》《つきあひ》せざる様に成り候は、痛恨《つうこん》《ざんねん》に堪《たへ》ざる事に候。依之《これによりて》今般王政《わうせい》御復古《ふくこ》《天子のごせいじむかしにかへる》の折柄、郷学所御取建《けうがくしよおんとりたて》に相成、普《あまね》く子弟を御教育《をしへそだて》有之《いくこれあり》候上は、如何《いか》なる卑賤《ひせん》《いやしき》の者といえども志願《しぐわん》《こころざしねがひ》の輩《ともがら》は入学差許《にうがくさしゆるし》候間、厚《あつ》く御趣意《しゆい》を奉戴《ほうたい》《うけ》して、産業《さんげふ》《すぎはい》の暇《いとま》には懈《おこた》らず就学聴講《しうがくちやうこう》《つきまなびこうしやくをきく》等いたし、

其聴受《ちやうじゆ》《きくうけ》したる処を已が身に引当《ひきあて》て、互《たがひ》に討論《たうろん》《はなしあひ》し能々《よく〳〵》義理《ぎり》を明にし、吾《われ》と吾実行《わがじつかう》の研究《けんきう》《みぎはめ》を致《いた》す様にすべし。斯《かく》する時は、我平日《へいじつ》の心得方《こころえかた》の邪正《じやしやう》《よこしまたゞしき》、鑑《かゞみ》にかけて見る如く瞭然《れうぜん》《あきらかに》と分《わか》る物なれば、其正《そのただし》き事《こと》を行《おこな》ひ、邪《よこしま》なりと思《おも》ふ事は断然之《だんぜんこれ》《きつぱり》を改る様に専《もつぱ》ら心掛、旧染《きうぜん》《もとからしみこみし》の汚《けがれ》を滌《あら》ひ、次第《しだい》に善に進み、軽薄遊惰《けいはくゆうだ》《かるはずみあそびゆだん》の習を去り孝悌忠信の道に趣《おもむ》かしむべきとの御規条《きぜう》《をきて》にも協《かな》ふ事なり。扨《さて》不善の改《あらた》むべきは誰《たれ》も能知《しり》たる事《こと》なれど、是《これ》を改る時は吾勝手《かつて》の私欲《しよく》に差支《さしつかへ》ある故《ゆゑ》に、誰にても改る事を憚《はばかり》り姑息偸安《こそくとうあん》《いつすんおくりにあんおんをたのしむ》に日を渉《わた》り、遂《つひ》に神罰《ばつ》をも受け後悔《こうくわい》すといへども、及びがたきは口惜《くちをし》き事ならずや。此理《このり》を学問して能々考《かんが》へ、不善をなすは禍《わざはい》を招《まね》くの道なるを悟《さと》る時は、悪しき事は改るに吝《やぶさ》かならず、人心自《おのづから》正しく人倫明かに、父たる者は慈《ぢ》を本として子を訓《をし》へ、子たる者は孝を尽《つく》して父に仕へ、夫《をつと》は外向《とむき》の務《つとめ》を第一にし、婦《をんな》は専ら家室《かしつ》の事をのみ治《をさ》めて夫《をつと》を助《たす》け、長《ちやう》《おとな》は幼《よう》《いとけなき》を憐《あはれ》み、幼は長を敬《うやま》ひ、朋友《ほうゆう》は実意《じつい》を以《もつ》て相交《まじは》る様になりて風俗淳厚《ふうぞくじゆんこう》《ならわしあつく》に至《いた》るべし。これ即《すなは》ち学問実効《じつこう》《たしかなしるし》の顕《あらは》るゝ処にして、是より外《ほか》に学問の道は之《これ》なき事なれば、学問して博識《はくしき》に誇《ほこ》るなどの念《ねん》は努々《ゆめ〳〵》起《おこ》らぬ様に心掛《が》くべし。只々古人の一言半句《いちごんはんく》にても能々熟読玩味《じゆくどくぐわんみ》して、心に会得《えとく》し身に行ふ事を肝要《かんえう》とすべし。夫より日用切近《にちやうせつきん》《てぢかき》農商必要《ひつえう》《かんじん》の書類《しよるい》を読み、農家にては耕作《こうさく》の道は勿論《もちろん》、水利を興《おこ》し荒蕪《くはうぶ》《あれたるとち》を拓《ひら》き、菓菜桑楮《くわさいさうちよ》の類、風土《とち》の宜に随ひ培植《ばいしよく》《つちかいうえ》する事などを発明《はつめい》し、商家にては商法を明らめ、産業を広め、総《そう》じて信義《しんぎ》を本とし姦曲私利《かんきよくしり》に陥《おちい》らず、永く富《とみ》を保《たも》つ事を旨《むね》とすべし。是則身を守り家を保つの道にして、先般の御規条にも有之《これある》趣なれば、何れも慎《つゝし》んで執守《とりまも》り、天寵《ちよう》《てんのめぐみ》を得《え》ん事を心懸べき者也。

〔18-3〕　足羽県（福井県）

明治五年一〇月
県参事村田氏寿　↓　（不明）
「農商小学大意」

今般朝廷ヨリ御布告有之候ハ、一般ノ人民、華士族、卒、農商及ヒ婦女子ニ至ルマテ、必ス邑《むら》ニ不学ノ戸ナク家ニ不学ノ人ナカラシメンコトヲ期シ、僻村近郷ノ小民ニ至ルマテ学問普及致候様、方法ヲ設ケ可施行トノ御趣意ニ付、管内毎区ニ学校ヲ設立シ教授方ヲ指向ケニ相成リ候ニ付テハ、各父兄ニ於テモ旧染ノ幣（弊）習ヲ脱シ深ク方今ノ御趣意ヲ体認シ、其愛育ノ情ヲ厚クシ子弟ヲシテ必ス学ニ従事セシムベキハ勿論ニハ候得共、別紙御布達ニモ之アリ候通、是マテ学問ハ士人以上ノ事ニテ農工商及ヒ婦女子ニハ必用ニ之ナキ事ト心得居候族《やから》モ之アリ候、右様相心得候モ一応ハ尤《もつとも》ノ義ニテ、旧来ノ学問ト申セバ只管《ひたすら》漢学ノミノ甚難教道ヲ設ケ、幼稚ノ者ニモ人ノ材不材ヲ問ハス四書五経ヨリ史記漢書等ノ書ヲ習読致サセ候事ニテ、義理末夕解セサルニ文字ニ圧倒セラレ多分ハ中道ニテ廃止候故、畢竟《ひつきよう》右様ノ業ヲ成就致候トモ農商ニハ益ナキコトト一概ニ相心得候ナリ、右ハ七百年来封建制度ノ時分、専ラ両族ノ為メニ設ケシ教官役人ヲ仕立ル所ノ鄭重《ていちよう》ナル漢士学校ノ旧制ヲ沿襲《えんしゆう》セシ弊習ノ推移タルニテ、今日郡県制度平民一般ノ学問ニハアラス、然《しか》ノミナラス方今ニ至ツテハ五洲各国ノ交際交易等相始リ、政体・法律・学術・医道ヨリ以テ農商百工技芸ニ至ルマデ、古来未曾有《みぞう》ノ方法、新規大発明ノ器械物品等渡来致シ、一時文明開化ニ赴キ世界一大変革ノ時ニシテ、学問ハ方今第一ノ急務ナリハ大イニ是マテノ旧習ヲ一新致スベキ所以《ゆえん》ナリ、サレバトテ今日農商ノ学問ト申スハ決シテ難キコトニ之ナシ、児童ノ業ト申スモ一通リ皇国日用普通ノ言語文字旁《かたわ》ラ西洋文字ヲモ習ヒ、及ヒ算術・筆道ヲ学ビ、人ノ人タル所以ノ道理ヲ始メ事ニ処シ物ニ接《まじ》ハルノ要領ヲ会得シ、太政官日誌・御布令文・新聞雑誌ノ類ヲ読テ今日朝廷御趣意ノ在ル処及ヒ時世ノ然ル所以ヲ知リ、翻訳《ホンヤク》ノ洋書類ヲ読テ外国ノ事情ヲ察シ、且商法物産ノ損益得失ノ道理ヲ悟リ、智ヲ開キ才ヲ興シ業ヲ昌《さかん》ニスル所以ノ財本ニシテ、之ヲ終リニシテハ家財富ニ国用タリ、上下文明、庁ニ争訟ノ声ナク家ニ和楽ノ色アルニ至ラシメントナリ、若シ夫レ学生ノ天性才質ニ由リ、博学多芸ニシテ或ハ学士トナリ官員トナリ医師トモナルベキモノハ大中学ニ入リ、ソノ科目ニ就テ別ニ習学致スベキナリ、右ニ付、今般別シテ婦女子ニ学問致サスベキ義ヲ御懇諭在《あら》セラレ候御趣意ハ、人生レテ六七歳ニシテ学塾ニ入ルマデハ多分母親ノ手ニテ生長養育致シ候事ニテ、固ヨリ小児ハ無我無知ノ者ニ候ヘハ、其教育ノ道ヲ得ルト得ザルトヨリシテ善キ人物トナリ悪キ人物トナルモ、皆先入主ト為ルト申シテ、教導ニ於テ大イニ関係之アル事ナリ、其上夫婿《ふせい》ヲ助テ家ヲ興ツモ治ルモ亦《また》皆婦人ノ重任ナレハ、御一新ノ今日ニ至リテハ婦人ニ学問之ナクテハ協《カナ》ハヌ義ナリ、然ルヲ是マデ婦人ニ学問ヲサスルハ益ナクシテ却《かえつ》テ害アリ抔《など》ト心得居候ハ大ナル誤リナレハ、父兄ニ於テモ右ノ御趣意厚相弁《わきま》へ、今般別シテ幼少ノ婦女子ニハ其旨説諭致シ、男子同様ニ入学修業致サセ候様可相心得候事、

〔18-8〕 敦賀県(福井県)

> 一八七三(明治六)年一月八日
> 学校掛 → (不明)
> 「女児小学校の規則」

今般大(太)政官ヨリ御布達之御趣意ニ従ヒ女児小学校設立ニ相成候ニ付テハ、教員ヲ始メ生徒ニ至ルマデ銘々其心得可有之儀ハ、従来之幣(弊)習《アシキキセ》トシテ、均ク天地ノ間ニ人ト生レナガラ男子同様尊キ所以ノ道理アルヲ知ラズ、婦女子ニ学問ハ必用ニ之ナキ事抔《など》ト相心得、一通リ裁縫《サイホウ》調理《タチヌイリョウリ》等ノ外下婢《カヒ》《ゲジョ》同様ノ鄙賤《ヒセン》《イヤシキ》ナル所業而已《ショゲフのみ》《ショサ》ヲ致サセ、無智文盲ニ仕立候事ユヘ、到底《タウテイ》《ツマリ》己《おの》カ子ヲ育《ソダツ》ルノ道理ヲモ弁《ワキマ》ヘズ、幼子ニ誑《アザム》《ウソイツワリ》キヲ教ヘ却テ天性《ウマレツキ》ノ聡明ヲ塞キ候様ノ事少ナカラス、方今世界一般文明開化ノ時ニ生レテハ婦女子ニモ学問之ナクテハ愜《カナ》ハヌ義ナレハ、今ヨリ奮フテ女工ハ勿論読ミ書キ算術《サンジユツ》《ソロバン》ニ至ルマデ、朝廷ノ御趣意ヲ厚ク遵奉《ジユンホウ》《ウケマモリ》シ今般御改正ノ教則ニ従ヒ勉励《ベンレイ》《ツトメハゲンデ》修業可致候事、

一是迄婦女子ハ家ニノミ在テ母親ノ手元ニ生《オ》ヒ育《ソダ》チ、別段師傅《シシヤウ》ノ厳キ訓《おし》ヘモナク世間模様ヲモ弁《わきま》ヘサルヨリ、兎ニ角ニ器局褊小《キキヨクヘンセウ》《ムネノウチセバクチイサク》ニシテ自ラ人ノ小善ヲモ妬《ネタ》ミ猜《ソネ》ムノ心アリ、自今以後入学ノ婦女子ハ我襟懐《キンクワイ》《ココロノウチ》ヲ宏大《カウタイ》《ヒロクヲヽイ》ニシ修業ヲ専一トシテ、己レカ人ヨリ先ニ覚ヘシ事ハ慇懃《インギン》《ネンゴロ》ニ人ニ伝ヘ、人ノ己ヨリ早ク学ヒシ業ハ丁寧ニ人ニ習ヒ、決シテ我嫚(慢)邪見ノ挙動《キヨドウ》《フルマイ》之アル間敷候、先輩ノ詩ニモ「才子之才アルモ、美人ノ美ナルモ、不レハ除カ妬気ヲ、不ズ超然《ヒトニスグレタコトハナイ》ナラ」トアリテ、仮令《たとい》何程万能ニ長シ諸芸ニ達シ候トモ、嫚(慢)気妬情《トシヤウ》之アル時ハ婦人ニアリテハ第一ノ瑕瑾《カキン》《キズ》ニシテ百事皆廃《スタ》レ候条、此旨厚ク相心得、毛頭嫉妬ヶ間敷義有之間敷候事、

一学校ハ徳行才芸ヲ以テ先ト致シ候儀ニ候ヘハ、平民一般ノ今日ニ在テハ決シテ従来貴賤等ノ弁別致ス間敷候事、

一往来ノ途中男子ト立談堅ク禁止ノ事、

一用事之アリ他ヨリ面会致シ度旨申入リ候ハヽ、父兄タリトモ応接所ヘ罷出、取次立合ノ上面会可致事、

一就業中ハ勿論仮令《タトヒ》休息ノ間タリ共、猥《ミダ》リニ他言雑談及ヒ傍輩ノ是非《ゼヒ》《ヨシアシ》ヲ説キ世間ノウワサ等堅ク禁止之事、

一婦人ニ不似合麤暴《ソボウ》《ソヽツカシクアラキ》不作法ノ挙動《フルマイ》有之間敷事、
一当校入学中ハ何レモ修業ノ身上ニ候得ハ、首飾《カシラノカザリ》ヲ始メ衣服履傘《イフクリサン》《キモノゲタカラカサ》ニ至ル迄奢侈美麗《シャシビレイ》《ヲゴリ　ウツクシキ》ナル粧《よそお》ヒ有之間敷事、
一右ニ付、首飾ハ銀・黄銅《シンチウ》ノモノニテ掻頭《カンザシ》一本ニ限リ候事、
一衣服ハ洋綿《カナキン》並木綿ヲ限リ候事、
但、従来調置候幅輪《フクリン》類ハ用捨ニ任セ候事、
一裾衣著用可為勝手事、
一紺足袋著用不苦事、
一正則生ハ弁当持参可致事、
但、近辺撲（最）寄ニテ時間ニ指支無之向ハ罷帰、午飯相調候義差許候事、
一入学ノ者六歳ヨリ十三歳迄ヲ正則生トシテ教則ノ科目ニ附キ、十歳以上ハ女工《ヌイハリ》ヲ兼ネ学ブベキ事、
但、十歳以上志願ノ者ニハ外国語学ヲモ相授ケ候事、
一十四歳以上ヲ変則生トシテ女工ヲ始メ志願ノ科目ヲ修業致サセ候事、
一正則生は五時間就業、変則生ハ五時ノ内志願学科ノ時間ニ就業差許候事、
右ノ条件違背スルニ於テハ其軽重ニ従ヒ過料罰科等申付候事、
一過料　銅銭三十枚
一罰科　直立　使役　逗校　退校

〔18-11〕 敦賀県（福井県）

一八七五（明治八）年三月二三日
権令山田武甫　↓　（不明）
「県三十七号」（学事充実隆盛について訓示）

大政維新以来四民同一ノ権ヲ附与セラレ士ハ古ノ士ニアラス農工商亦古ノ農工商ニアラザレハ従テ四民一般斉ク学ニ就クヘキ旨云々ノ告諭アリシハ已ニ人民ニ於テ其朝旨ノ基ク所以ノ者深フシテ且ツ厚キヲ了知スヘシ因テ当県ニ於テモ学事ヲシテ隆盛ナラシメンコトヲ急務トシ壬申以来追々着手昨七年管下一般学区ヲ釐正シ基礎既ニ定リ所在人民亦子弟ヲシテ学ニ就カシム可キヲ知ルニ至レリ然リト雖トモ一時創剏ノ際教授ノ方法ヲ始メ校舎器械ニ至ル迄百事未夕完全ニ至ラス各人民ノ当務ニ於テモ未夕其分ヲ尽サザルモノ多シ既ニ先般布達候通リ朝廷ニ於テモ益事ヲ勧奨セラレ委託ノ金額今年ヨリ更ニ四十万円ヲ増加有之ニ付テハ

人民愈々朝旨ヲ感戴シ奮ツテ開明ノ域ニ進歩スベキノ秋ナレバ今般本県ニ於テ別紙条件ノ通リ見込ヲ立テ已ニ着手ニ及ヒシモノト又後来ノ完備ヲ企望スルモノトヲ列記シ一般告知ニ及ヒ候条各父兄ニ於テ子弟教育ノ事ハ乃チ父兄ノ職分ニシテ一日モ忽ニス可カラザルコトヲ会得シ貴キハ賎キヲ諭シ富者ハ貧者ヲ扶ケテ校舎書籍器械等百事完全ヲ要シ他開明ノ人民ニ恥ヂザル様注意シ国勢振起ノ洪基ヲ開カハ於是乎父兄ノ当務尽セリト云フヘク朝旨モ亦徹底ト云フベキナリ尚実地興学ノ景況監視トシテ追々官員巡視致サスヘク候条此旨相心得ヘキモノ也

〔19-1〕　山梨県（山梨県）

明治五年一一月二四日
山梨県庁　↓　第一区第二区戸長副戸長
「小学校御布令」

学校之儀ニ付別紙之通御布令有之難有御趣意ヲ奉體シ国中一般数所之小学校ヲ設人民ヲして不学之者なからしめんとす然ルに貧窮之者ニ至而者月謝ヲ入ル、能ハず夫之為メ不学之徒有之ニ至リ御愛育之御趣意ニ悖リ候間月謝ヲ緩ニシ貧富協力同心いたし戸数集令之法ヲ設ケ学費ニ宛衆庶ニ先シテ府中江数所之小学校ヲ設建御趣意貫徹候様末〃迄懇ニ申諭出銭名簿至急取調可差出者也

〔19-3〕　山梨県（山梨県）

一八七三（明治六）年六月二八日
県権令藤村紫朗／学務官三谷恒　↓　区戸長
「学制解訳」

同日　毎村ニ学制解訳ヲ頒チ及ヒ所在劇場ヲ毀チ小学校用材ニ加フヘキヲ諭達ス曰

昨年学制被仰出候以来学校設立ノ儀ニ付而ハ度々相達候趣モ有之処兎角踟躊致シ居ル向モ不少今ニ成功ニ不至候ハ畢竟学制ノ御趣意ヲ了解不致学校設立ノ急務タルヲ不弁ニヨル事ニ付右学制ヲ解訳シ之ニ叙跋ヲ加ヘ反復其意ヲ述ヘ土上ノ上毎村ヘ一冊宛ヲ頒布セシメ候条夜分或ハ農間ヲ見計ヒ戸長ニ於テ村内ノ者ヲ集メ懇ニ読聞セ御主意相貫キ速ニ成功相運ヒ候様精々心配可致候尤右解訳ハ甲府書肆ニ於テ販売申付置候条買求度者ハ勝手次第買取候様此段モ可申聞事

無益ノ冗費ヲ省キ風俗ヲ更正スル儀ニ付テハ追々相達候儀モ有之処従前村々於テ芝居狂言等相催シ中ニハ劇場建設ノ村方有之趣相聞畢竟無益ノミナラス少年輩ヲシテ怠惰遊蕩ニ誘導スル者ニシテ不宜弊風ニ付自今令停止候条劇場ハ取毀チ可用立分ハ即今取設ノ小学校ノ用材ニ供シ候歟又ハ売却シ右入費シ充テ可申候此旨区戸長於テ取調見込ノ趣早々可申出事

右ノ趣管内無洩相達ル者也

明治六年六月廿八日　山梨県権令　藤村紫朗

学制解訳

叙　農人カ田ヲ作リ米ヲ得ントスルニハ先苗代ノ時候ヲ量リ種蒔ノ始メヨリシテ刈収メノ終マテ凡五ヶ月ノ間ハ其丹誠骨折容易ノ事ニアラス或ハ養水肥培ノ手当ヨリ時々ノ草取リ穂ニ出レハ猪鹿ノ防キ鳥雀ノ威シナト昼夜安キ心モナク手間ヲ尽シ資本ヲ入レ斯ク千辛万苦ヲ積テ始テ成熟ノ米ヲ収納スルヲ得ヘシ若シ植捨ニシテ培養ニ怠ラハ其米ハ実ラスシテ所謂秕ノ外アルヘカラス秕ハ其質米ナレトモ此ヲ米ト云フヘカラス果シテ然ラハ米ノ生ルヘキ稲モ尋常一様ノ草葉ニ等シトス是偏ニ培養ノ勤惰ニヨリテ一ハ精良ノ米ト成リ一ハ尋常ノ草葉ニ類ス抑人ノ教育モ此理ト同シ人ハ天与ノ美質ヲ固有シ磨ケハ磨クホト智恵ヲ長シ上ハ国家ヲ治ル人トモナリ下ハ一身ヲ修メ家ヲ興シ名ヲ揚ケテ其俊才ト世ニ呼ハルル人ニモ成ルモノ也若是ヲ生レタル儘ニ打ステ置キ更ニ教育ヲ加ヘサレハ物ノ道理モ弁ヘス人ノ人タル行ヒモ知ラス容貌ハ人ニシテ人ニ非サルニ等シ是則培養ニ怠レハ米ノ生ルヘキ稲ニシテ米ノ実ラサルモ同シ理ナリ今ヤ朝廷天下ニ学制ヲ布キ給ヒ邑ニ不学ノ戸ナク家ニ無識ノ人ナカラシメントス是他ナシ海内ノ人民ヲシテ智恵ヲ開達セシメ身ヲ修メ家ヲ斉ヘ人ノ人タル道ヲ行ヒ各々其処ヲ得テ安穏ニ生ヲ営マシメント図ラセ給フ無量ニ仁慈豈感戴セサルヘケンヤ然ルニ世間ノ人此意ヲ解セス幼児アレハ活花煎茶歌舞絲竹ノ技芸ヲ教ヘテ真ノ教育ヲ誤リ或ハ眼前ノ愛ニ溺レ幼児ヲシテ膝下ヲ離レシメス又ハ学資ヲ厭フテ子弟ノ成立ヲ思ハサルモノアリ如斯ニシテ父兄ノ愛情其レ何クニアルヤ希クハ父兄タルモノ此意ヲ会得シ朝廷至仁ノ大旨ニ背カス身ヲ責テ学費ヲ資ケ姑息ノ愛ヲ捨テ学路ノ等級ヲ踏マシメ子弟ヲ成立シ一家ノ栄エ子孫ノ幸福ヲ来サン事管下一般ノ人民其レ之ヲ思ヘ

明治六年　　山梨県権令　藤村紫朗誌

学制解訳

人々自ラ其身ヲ立テ其産ヲ治メ其業ヲ昌ニシテ以テ其生ヲ遂ルユエンノモノハ他ナシ身ヲ修メ智ヲ開キ才芸ヲ長スルニヨルナリ

　此訳ハ人々カ他人ノ力ヲカラス銘々家蔵モ所持イタシ田畑モ蓄ヘ家族モ不自由ナク養育シテ一家ヲ立身代モヨク世渡リヲ立派ニシテ生涯ヲ暮スト云フモノハ外テハナイ身ヲ修ムルトテ先ツ第一御上ヲ敬ヒ国ノ恩ヲ知リ親ニ孝養ヲ尽シ家内ヲ治メ人ニ交ルニ信実ヲ以テシ慈悲ノ心ヲ失ハス我職分ヲ勉メ奢リヲ誡メ恥ヲ知リ謙退ノ心ヲ忘レス身ノ養生ヲ専一トシ物事ニ堪忍スル等平常ノ行ヒ人ノ人タル自然ノ道ニ適ヒ智ヲ開キ才芸ヲ長スルトテ人ハ自然天ヨリ尊キ智恵ヲ与ヘラレテ生レタルモノナレハ其智恵ヲ磨キ立テ我職分ノ業マヘヲ上手ニシ上手ノ上ニモ益精シクスルニヨルト云フ事ナリ

而テ其身ヲ修メ智ヲ開キ才芸ヲ長スルハ学ニアラサレハ能ハス是学校ノ設アルユエンニシテ日用常行言語書算ヲ初メ士官農商百工技芸及ヒ法律政治天文医療等ニ至ル迄凡人ノ営ム所ノ事学アラサルハナシ

　此訳ハ右ノ如ク人ノ人タル道ヲ行ヒ智恵ヲ磨キ立テ業マヘヲ上手ニスルハ生レタ儘テハ出来ルモノテナイ学問テ磨キ立テネハ能ハヌモノナリソレ故学問ヲスル場所ノ学校ト云フモノヽ設ケカアル訳ニテ日用常行言語書算トテ日々片時モ捨テラレヌ身ノ行ヒマタ言葉遣ヒ書物算用ヲハシメ士官農商百工技芸ト云フテ役人ヲ勤メルニハ其道理ノ学問カアリ農業ヲ勤ムルニハ農学トテ農業ヲスルニ其道理ノ明ラカニナル学問カアリ又百工技芸トテ家ヲ造ルモ蒸気船ヲ造ルモ橋ヲ架ルモ鉄ヤ木ニテ種々ノカラクリノ道具ヲ造ルモ皆其道ノ学問カアリ又政治医療トテ多クノ人ノ上ニ立テ政事ヲトルニ国ノ為ニナルカナラヌカ人民ノ働キニ妨ケアルナシ又能キ物ヲ害スル悪徒ノ防キカタ悪行ヲ行フ者ノナイ仕方ナト其法ヲ立ル道理ノ学問カアリ又人ノ病ヲ療治スルニモ人ノ五体ノカラクリノ理ヲ究メ病ヲ療治スル医者ノ学問カアルナリ右ノ如ク凡人ノ世ヲ渡ル為ニ勤メ働ク仕事ニ付テハ一ツトシテ学問テ其業ヲ磨カヌモノハナイト云フ事ナリ

人能ク其才ノアル所ニ応シ勉励シテ之ニ従事シ而シテ後初メテ生ヲ治メ産ヲ興シ業ヲ昌ニスルヲ得ヘシ

此訳ハ人ハ才トテ其人ニヨリ生レツキ役人ムキノ持前カアリ商ヒニムクモノモアリ細工ニ器用ナル者モアリ大キナ事ヲ考ヘル人モアリ物事ヲ細カニ了簡スル人モアリテ皆夫々向キ々々ノ相応スル学問ヲ勉メ励ミ其事ニノミ心ヲ込メテコソ身ヲ修メ物ノ道理カ分リテ家産モ能クナリ暮シ方モ立派ニ何不足ナク家富ミ栄ユル事カ出来ルト云フ事ナリ

学問ハ身ヲ立ルノ財本トモ云フヘキモノニシテ人タルモノ誰カ学ハスシテ可ナランヤ

此訳ハ夫レテ此学問ト云フハ名ヲ揚ケ家ヲ起シ一生涯ヲ安楽ニ暮ス財本モ同シ道理ノモノナレハ人ノ世渡リヲ営ムニハ誰ニテモ学問ヲナサスシテ能イモノテハナイト云フ事ナリ

夫ノ道路ニ迷ヒ飢餓ニ陥リ家ヲ破リ身ヲ喪ノ徒ノ如キハ畢竟不学ヨリシテカヽル過チヲ生スルナリ

此訳ハ我身ニテ我身ヲ養フ事モ出来ス人ノ門口ニ立テ食ヲ乞ヒ飢餓トテ終ニ飢エ死ニスルモノヤ又身持放蕩ニ流レテ職業ヲ勉メス公事訴訟ヲ好ミ或ハ遊芸ニ耽リ大酒ヲ好ミ博奕ヲ事トシ詰リ家屋敷モ田畑モ売払ヒ身ノ便ル所ナキニ至リテ悪業ヲ行ヒ御仕置ニ逢フヤウナモノカ世間ニ多ヒモノタカヽカクナリユクト云フハ学問ヲ致サヌヨリ物事ノ道理カ暗ク斯ル過チヲシテカスモノソト云フ事ナリ

従来学校ノ設アリテヨリ年ヲ歴ルコト久シト雖モ或ハ其道ヲ得サルヨリシテ人其方向ヲ誤リ学問ハ士人以上ノ事トシ農工商及ヒ婦女子ニ至テハ之ヲ度外ニ置キ学問ノ何物タルヲ弁セス

此訳ハ昔ヨリ学校ノ御設ケカハシマリテヨリ所々ニ学問所アリテ久シキ事ニナレトモ学問ノ仕方カ筋ノ立タヌヨリ竟ニ方角ヲ取リ違ヘマタ其学問ト云フモ士ヨリ上ノ仕事ト極リ百姓町人ヤ婦女子ハセヌ事ニナリ来リ学問ハ何ノ為ト云フ事ヲ弁ヘヌ事ニナリシト云フ事ナリ

又士人以上ノ稀ニ学フモノモ動モスレハ国家ノ為ニスト唱ヘ身ヲ立ルノ基タルヲ知スシテ或ハ詞章記誦ノ末ニ趨リ空理虚談ノ途ニ陥リ其論高尚ニ似タリト雖モ之ヲ身ニ行ヒ事ニ施ス事能ハサル者少ナカラス是則沿襲ノ習弊ニシテ文明普ネカラス才芸ノ長セスシテ貧乏破産喪家ノ徒多キ所以ナリ

此訳ハ士分以上ニテタマタマ学問スルモノカアッテモ動モスレハ心得違ヲナシ国ノ為ニ学問スルナト云フテ学問ハ我身ヲ仕立テ上ケル財本トモ云フヘキ訳ナルヲ心得ス詩ヲ作リナニカシテ或ハ口先ハカリテムタ理屈ヲ云ヒ銘々思ヒ々々ノ末ニ馳セ身ニハ一ツモ行ヒ施ス事ヲセス是ハ古キ仕来ノ悪僻ト云フ者ニテ世カ開ケヌ故学問カ用ニ立スシテ家ヲ失ヒ窮乏ノ者カ多キ訳テ有ルト云フ事ナリ

是故ニ人タル者ハ学ハスンハアルヘカラス之ヲ学フニハ宜シク其旨ヲ誤ルヘカラス

此訳ハソコテ人タル者ハ必ス学問ヲ致サネハナラヌカ其学問ハ能ク主意ヲ取リ違ヘ何ノ用ニモ立ヌ学問ヤ又ハ身ノ妨ケトナル学問ヲセヌ様ニシテ誤ラヌカ肝要テアルト云フ事ナリ

之ニ依テ今般文部省ニ於テ学制ヲ定メ追々教則ヲモ改正シ布告ニ及フヘキニ付自今以後一般ノ人民華士族卒農工商及婦女子必ス邑ニ不学ノ戸ナク家ニ不学ノ人ナカラシメン事ヲ期ス

此訳ハ右ノ訳タニ依テ此度文部省ニ於テ学問ノ仕方ヲ定メラレ教ヘカタヲ改メラレテ御布告ニナルニツキ今ヨリ後ハ華族モ士族モ百姓モ町人モ婦女子ニ至ルマテ此日本ニ生レタル者ハ皆学問ヲイタシ如何成ル田舎山奥ノ村ニテモ学問セヌ家ハ壱軒モナク如何ナルアハラ家ノ内ニテ世渡リスルモノニテモ学問セヌ人ナイヨウニ遊ハサレルト云フ御主意ナリ

人ノ父兄タルモノ宜シク此意ヲ体認シ其愛育ノ情ヲ厚クシ其子弟ヲシテ必ス学ニ従事セシメサルヘカラサルモノナリ

此訳ハ右ノ通ノ御主意タルニヨッテ人ノ親タルモノ兄タルモノハ厚ク心得テ我子ヤ弟ヲ可愛ト思ハヽ学問致サセテ其身ヲ立派ニ仕立家モ繁昌スルヤウニシテコソ父タルモノ兄タルモノノ役前カタチ又慈悲恩愛トモイフヘキ訳ニ付子ヤ弟アレハ急度学問サセヨトノ事ナリ

高上ノ学ニ至テハ其人ノ材能ニ任スト雖モ幼童ノ子弟ハ男女ノ別ナク小学ニ従事セシメサルモノハ其父兄ノ越度タルヘキ事

此訳ハ高上ノ学トテ農学トカ政事学トカイフテ小児ノ一ト通リノ学問カ済タ上ハ其人ノ器量ノムキ〳〵ニ任スルナレト幼童ハ男女ノ差別ナク六歳ヨリ必ス小学校ニ出ス事ノ御定ナレハ若シ姑息ノ愛情ニ溺レ六歳以上ニ至リテモ一時逃ヲナシ若小児ヲ出サス等閑ニ心得ル者ハ親ヤ兄ノ越度トナルソト被仰出タルナリ

跋　村町ノ稚キ子供等カ桃太郎鬼ヶ島行ノコトヲ能ク語リ得ルハ朝夕ニクリカヘシハナスニヨリテ忘レサルナリ是ヲ視テモ自得ノ妙ナルコトハ常々ノ慣習ニヨルヲ知ルヘシ今度学制ヲ布キ玉フ御主意モ日本全国ノ人々桃太郎話の如ク学問ニナレテ忘レス其益ヲ得サシメントナリ銘々カ姑息ノ心ニハ為カタキ事ヲ強テ為サシムルトノミ誤認スルニ至ラン然リトテ学問ハ為カタキ事ニハアラス幼年ノ時ヨリ為ナレ行ケハ彼ノ桃太郎話ヲ容易ク覚エ得ルニ異ナラヌモノナリ父兄タルモノ熟々本文ノ意ヲ会得シ子弟ヲシテ皆能ク学問ノ道ニ入ラシメハ他日ノ済美モ期スヘシトテ聊カ一語ヲ巻末ニ加フルニコソ

明治六年六月　　山梨県学務官　三谷　恒

〔19-4〕　山梨県（山梨県）

一八七三（明治六）年一〇月
山梨県学務課員小野泉　↓　（不明）
「学問のもとすゑ」

○世の中今は昔に同じからず昔ハ百姓、町人、職人、婦女子などは学問為るものとも思はずせずとも事すみたりしやうなれども今は華族も士族も農、工、商、女子までも同じ様に書物、算盤、手習をば学バざれば世間の交り通用し難く身に取り家に取り国にとり損多くして益なし中にも女学、母教とて女も学問して物乃道理に通じ其子を教しへ育つることを大事とす、されバ西国の言に世を蓋ふの功業も慈母の膝下より生ずと真なるかな北条泰時の母周の文王の母又孟母の機を断ちて孟軻を誨ふる楠母の言を悉くして正行を誡むるなど皆能く其大功徳大学術をして後世に伝はらしめたり是等はすべて其母能く世間の道理を弁へて善く其子を教へ導きし効なり

○今や　朝廷より学制とて学問をする次第を定めたるおきてを日本国中に播したまひ昔より仕来りの詩文章などにのみ泥める実なき学問の弊習を嬌め人一生其身其家の利益とならん其真実の学問を児共の男女に拘はらず教へたて都にも田舎にも無学の人はなき様遂には日本をして文明の国たらしめんとなさるゝなり是ぞ則ち今日の急務なる文明とは貴賤上下すべて同様に物学びして能く物事の理合を合点し人たるの道を践み家国を富して自由の権利を有ち天恩と国恩とに報うるの仕方を明しめ人の禽獣と異なる所以を弁へ知るをいふなり禽獣すら餓て食ひ寒して冬こもり毛羽をかへて春秋を度るは凡て是れ人の衣もの食物、住居を索むるに等し乳又餌を与へて雛児を羽くくみ育つるハ何ぞ人の子を養ひ立つるに異ならん禽獣すら猶よく此の如し苟も人として衣食住にのみ安んじて児孫を育つるにおいて可ならんや昔は是を以て事足れりとして人の人たる道を求めざりき人の彼の禽獣と殊なる所以の者は教に従ひ道に拠るに在るのみ今是の世界文明の時に遇ひ旧き習はせにのみ泥み教へず学ばず道理に昧く愚かにして年を暮すをよしとするは時世の遷り変るを思ハざるなり譬へバ一日の内にも朝は昼となり夜

となり一年を以て視れば春は花咲き風暄かにして楽しと思ふうちに青葉栄えて暑きに苦む夏来り秋の寂しく落葉する冬の寒く雪積る一日片時も同し様にてハあらぬものなり春を暄にして楽しき時なりとすれど年は春のみに滞らず昼を明るく便利なりとすれど日は昼のみに留らざれバ其時々の暮し方其折々の心構へも為さゞるを得ず。時世の遷り変るも亦同じ理なり但其短きと長きとの差ひあるのみ。如何に文化文政項の無事、平安にして絹、綿、酒、肴、百穀、百物の価の低かりしを懐ふとも争でか今に挽回すことのならん凶年もあり流行病もあり水害、旱損、地震、火災もあり、死るもあり、生るゝもあり、合戦もあり、離散もあり変り易りて今日の世体とはなれるなり無事平安は好しといへども慣るれバば懶惰に流れ智恵昧み法令は曲り政道は弛み何か変りたる事ある時は上下共に狼狽へまはり躑き仆ふるゝに至り土地人民は早く外国の者に掠め取られ、其れが支配を受る民となれば東西に追ひ使はれ南北に引徒され戦場には役せられ年貢運上をば重く取立られ其苦労、難儀何に喩へん方もなかるべし

○我日本を知し食す　天皇は天照大神の御裔にて世は代れども御系統は易らせられず君、臣、民の其間千万年の親みあることにて世界万国と国は多けれども其国々の懸ても及ぶべき所に非ずかゝる結構なる日本に生れたる者は如何にも上を重んじ敬ひ国を愛し護り智を磨き才を養ひ富強の基を固くして他国の侮を防ぎ、遂には　皇威を海外に輝かすべく誰も我も心懸くべしこれを心かくるには能く　朝廷の御主意を守り指令のまゝに方向を定めざるべからず今海内の州、郡、区、村到らぬ処もなく学校を取建られ男女の児共一人も残らず其処に通ひて学問せよとあるは重き御趣意なれバ一日も早く吾児吾女をして学ばしめ才能優れたる者に育て挙て身の為め家のため国のためにもと思ひはかるべし。次第に文明に赴く世に遇はん児女なれば今の姿にうか〳〵としては暮らし難し然して其児女を育て教ふる道を明にせざればその子の生長の後は必ず貧賎にして人に追ひ使ハるゝ者となるものぞさて其子を教へ育つるの方は母親の負ひ持つ所とす人々こゝを念ひこゝを弁へ女児をバ特に早く学ばしむべし女児など身の上の急しき者はなし年十四五才の頃に至れバ養蚕、糸、機、裁、縫の工を教ふる其暇も久しからぬ内に他家に嫁すれば夫と舅姑に事へ頓て児を生み育つるの世話さへ重りて朝夕身心の安まる時もあらず、終に老ひ朽る身となるなり。されば生れて満六歳に至らバ猶予せず学校の教に従ひ十三歳に至るまでに読み書き算盤等普通の学を修めしめ物の道理世の情態を諳んじ家業を助くるの道を明らめさすべし然るに於ては人に嫁して後内向の事を掌る能はず又は夫トの職業を助くる様を知らず舅姑に事る道を失ひ睦しからずして離別さるゝなどの辱はあらじ児を産み挙ては乳汁を与ふるにも衣服を被するにも其ほどほどの度を失ひ病を生ぜしむるの過ちもあるまじ其児のもの言ひはじめ好悪を知り初るに至れバ先づ東西南北九九の数を始め事の善悪物の名目等教へ諭し乳を銜め物を与ふる其度毎に平生教へ置たる言を復さしめ当るあたらぬを試みて後に与ふるを常とすべし。世の諺に先人師となり又三つ子の魂百までといふ如く仮りにも死霊、生霊、亡魂、幽霊、天狗また方角年部の吉凶など跡形もなき嘘偽りを言ひ聞かすべからず大に学問の妨となり物の理合暁り得難し。其虚偽は頓て先入の師となりたましひに浸み箸て怠るゝ能はざるが故に事に臨み物に觸れ惑の種となり決て美事、善行は成し得ざる者なり六才に至れバ学校に通はせ家に帰れバ己が仕事の暇にも其日の受業を問ひ質し怠るゝことのなからしむるなど凡て母氏の教へそだつる方なりかく教育を加へける児童等の才智開けぬことは非じ行儀修らぬ者はあらじ生長の後は必ず家業を治め財産を富まし遂には世上に功蹟を立て国の光を添るに至るべしかくてぞ文明の民たるに恥ずといふべき。

○世間を広く見わたすに女児を育てて六七才にも及べば唄、浄瑠璃、三味線、生花茶の湯など今日の用にも立ざる遊芸を学ばせ又は身分に過たる衣装髪飾を装はするなど徒らに成人して後の遊惰、淫風の媒となさしむされどそを悔いもせざるは甚だ親たる者の子を育つる道に背けり彼の遊芸は知らずとも差支えなし女たるの道を弁へざるは大なる恥なり或は家貧しとて乳児の守をさせ或はみづし奉公に出し学ばせべき時を失ひ、年長けて嫁入すとも家内睦しく暮す方も知らず夫の職業を手伝ふ道も弁へずその家を逐出さるゝに至りては己れを咎めん者ともせず徒に舅姑を怨むなど教無き者の果は実に憐むべく嘆くべきことなり児の守さすと

も何程の助にかならん奉公さすとも何計の稼かせん学問五七年の月日僅の入費をバ如何にもして可愛とおもふ児の為めなれば朝夕丹精を尽し働きうめて、生長の後人に恥ざるやうをしへに従がハしむべし。さなくて後日悔とも何の甲斐かあらん今日の形勢を以て観れば五年十年の後には何様にか世の道は開け行ならん其時に至らば婦を娶らんとする人は徒に顔貌遊芸に俊れたるをバ覓めじ必ず学校盛んの近傍に於て尋ぬるならん富める家の女なりとて物学びに疎けれバ縁遠くして終には貧しき者にも嫁入らざるを得ず貧き者の女なりとも教をうけて行ひ修らば必ず良き婿取するを得べしされば学ぶとまなばざるとによりて眼前に幸を得ると失ふとあり教を受けたる女子は啻に眼前の幸を見るのみならず夫の業を助けて内の事を治め年々に身代は栄えゆき其児其女を善くをしへ育つるの道を弁へたればその児女を必ず才能多き人とならんされば老年の後は其福を受ること更に大なるべし人皆眼前の差支と仕来りの習ひとを言はず思ハず時運の移る所に眼を着けて御趣意の在る所に向ひ教育の道を大事と心得世の文明を進め国の富強を助けて遂に　皇威の海外に輝かん時を期するを肝要とす是れ女子の学問をも大切として勧め励まさゞるを得ざる所以なり人々等閑に思ふべからず

余や本県の学務掛を奉じて県下各区村の開校に臨む毎に其群衆に向ひて学問の趣意を説き示すに多くは女子を入学勧むるを以てすさるは世の人女の学問は要なきものとのみ心得る旧習を破らん為なり先頃西野学校開業の席にても同じ様に説きけるを本村の戸長等其趣意筆記して付与せられよ村内の婦女子にも読聞かせんものとありければ倉卒筆記を執り只管田児野嬢にも読易からしめんとてかくはものしつるなり而して其文の拙く意の浅きが如きは看ん人幸に咎むる勿れや

〔20–6〕　**筑摩県（長野県）**

明治五年九月
筑摩県庁　↓　（不明）
「学問普及の為め申諭し書」

人ゝ々自ら其身を立て渡世をはけみ一家繁昌して其一生を暮すわけ合のものハ外の事に非す其身の修行を致し智恵をひらき器量芸能をまし芸能を成就するによる也然るに身の修行を致し智恵をひらき器量芸能をまし長するハ学問せされハ出来ぬものなりこれ学問所を立るわけ合にて日ゝ身の行ひ言葉遣ひ手習算盤《そろばん》をはしめ役人百姓商人諸職人及ひ法度政事天文医術等ニ至るまて凡そ人の営む程の事ハ学問にあらさるハなし人ゝよく自分の才力ニ応シ勉めはけみて学問致し然して後はじめて身を立渡世をはけみ一家繁昌して一生を暮す事を得へしされハ学問は身をたて家を繁昌にする稼《かせぎ》の元手ともいふへき者にして人たるもの必す学問せされハならぬもの也夫《か》の世間の道路に迷ひ門戸にたち飢に迫り或ハ家を潰《つぶ》し身をほろほす者の如き畢竟無学文盲より了簡違ひをなしかゝる者ニなる也学校ハむかしよりありて久敷年は経たれとも教かたよろしからす今度文部省に於て学問の仕かたを定められ追て教方をも改正し触れ達しに及ふへきにつき今より後一とうの役人百姓職人商人及ひ婦女子是非共学問致し一村毎ニ無学の人なく家毎ニ文盲の者なからしめん事をまつ也人の父兄たるもの宜敷此趣意を心得愛し育《そだつ》るの心を厚くし其子弟をして学問いたさすへきもの也

上等の学問ハ其人の材納によるといへとも幼年の子弟ハ男女の別なく小学問所にいれさるものハ其父兄の越度たるへき事但是迄仕来りのくせにて学問ハ士分以上の事とし国家の為にすと心得居る故学問入費及衣類食物に至る迄多く人ゝ目当を違ひ学問ハさむらひ以上の業とし百姓職人商人及ひ婦女子ニ至てハのけ物にして学問とハ何事なるを知らす又さむらひ以上の稀ニ学ふものも動《やゝ》もすれハ国家の為ニすと申はやし其身を立るの元手なる事を知らす或ハ詩を作り文を

かき物覚えの末にはしにやくにも立ぬ空言理屈はなしのみちにおち口さきはかり立派に言廻し身の上ニ行ひて其学問を用立る事出来ぬもの多しこれ仕来りのあしき癖《くせ》ニして世の中開けす才芸能長せすして家を潰し身を亡し貧乏者の多く出来る筈のもと也右のことくなれハ是非とも学問せすにハならぬ事也学問するにハまた基本意を誤るへからすこれに依て役所へ依りもたれ役所より下されニならされハ学問せぬ事と思ひ自分より文盲にして一生を棄るもの少からす是皆心得違の甚しきもの也今より後此等のあしき癖をあらため人民一同いらぬ事ハさし置自分よりはけみ振《ふる》ひて学問いたす様心得へき事

右は太政官より被　仰出候御文意を猶又小民に至る迄分り易き様和らけ相示候条郷宿において写し取向〻相伝へ厚く御趣意を心得可申もの也

〔20–15〕　筑摩県（長野県）

一八七四（明治七）年九月七日
県権令永山盛輝　↓　大区長／学区取締／正副戸長
「第百十六号」（就学説諭につき県達）

学校設立ニ付テハ男女ヲ論セス学齢相当ノ者ハ無遺漏為致就学候様再三及布達候処中ニハ今以不就学及就学候者モ唯其名而巳ニシテ其実登校不致向モ往々有之哉ニ相聞甚以不相済事ニ候依テ其根源ヲ推究スルニ幼童ヲ勧奨シテ就学セシムルノ際父兄タル者ハ勿論其母人ノ関スル所モ亦居多ナリ　万一其母人ニシテ学文ノ闕ク可ラサルヲ解セス目下姑息ノ愛ニ溺レ膝下ヲ離スニ忍ヒサルノ情アルトキハ其子弟豈自カラ進ンテ就学スルノ理アランヤ　是レ今以テ不就学ノ徒多キ所以ナルカ　仍テハ爾来区長　学区取締　正副戸長　学校世話役等一層厚ク此ニ注意シ懇ニ可及説諭此段尚又更ニ布達候

〔20–19〕　長野県（長野県）

作成年月日不明
佐藤実成　↓　（不明）
「人々に学文を励ましむる文」

天地間に生を受くるもの人を霊とす、其霊たる所以は道を知るにあり、道を知は必学にあり、学術なきものは人の人たる所以を知る不能、古語にも人教えなき則禽獣に等しといへるは宜や是を以方今国家学校の設ありて学を励し、人の人たる道を知らしめ玉はんとす。此際にあたりて学を以智識を開くへし。夫、人の知らざる処を知るものは貴人を治め、人の知る処を知らざるものは賤くして人に治めらる。富貴と貴賤とは学をせさるとによる。是故人々学に就き夙夜に心志を励まし学術に進歩ことを希へし

〔21-3〕　**岐阜県（岐阜県）**

一八七八（明治一一）年
（不明）　↓　（不明）
「将来学事進歩ニ付須要ノ件」

変則中学校設置ノ事

方今各小学毎校多少ノ上等生ヲ教育セサル者ナキニ至レリ然レトモ能ク小学全科ヲ卒業スル者少キヲ遺憾トス是有為ノ子弟ハ学科用書ノ軽易ニ過クルノ思ヲナシ上等四五級ニ至レハ各自ニ至リテ別ニ師ヲ求メ漢書等ヲ専攻スルニ因ル又一般ノ子女ニシテハ学期ノ永キト学科ノ高尚ニシテ且不急ナル者多シトナスノ意アリテ遂ニ耐ル能ハスシテ半途ニシテ廃止シ亦能ク業ヲ卒ル者少シトス然則現今各種ノ教則アリト雖トモ都鄙未タ適合セリト云フヘカラサル所アルカ如シ因リテ按スルニ小学科ヲシテ更ニ一層簡単ナラシメ別ニ変則中学科ヲ設ケテ有為ノ子弟ヲ教育スルヲ以テ急務トナスヘキカ如シ今ヤ中学ノ設ナキニアラサレトモ該所ヘ遠隔ノ者ハ入寮寄宿ヲ要スルカ為ニ其志ヲ達セサルアリ是ヲ以テ各郡ニ変則中学ヲ起シ通学ノ便ヲ得セシメハ入寮等ノ費支ヘサルノ慮ナキノミナラス有為ノ子弟学科軽易ヲ憾ムノ歎ナク一般ノ子女モ学科ノ高尚ト学期ノ永キニ苦ミ半途退学ノ憂ナク各其当ヲ得ルニ庶幾カラン

女子教育ノ事

父母ノ子ニ於ケル愛ヲ異ニスルノ理アルナシト雖子ノ父母ニ於ケル幼時にアリテハ愛慕ノ情一ニ母ニ切ナリ蓋父ハ外ニアルノ日多クシテ其撫養鞠育背負懐抱等専母ニ在ルヲ以テナリ故ニ子タル者気質ハ父ニ受クルト雖幼時ニアリテハ母徳ノ感化頗力アリトスソレ然リ若シ母ニシテ智識ニ乏シク事理ニ暗ク家庭ノ教訓ヲシテ整粛ナラサラシメハ安ソ階庭ノ芝蘭玉樹ヲ望マンヤ況ヤ家庭ノ教訓ヲ欠クノミナラス撫養其道ヲ得ス才智ノ萌芽ヲ挫傷スルノ事アラシメハ其児ノ畢生ヲ誤ラサル者幾希ナリ俚諺ニ所謂童心百歳磨セストハ先入主ト為リテ幼時ノ染習第二ノ天性ヲナシ復改ムヘカラサル者アルヲ謂フニ非スヤ今夫レ女子ノ就学稍多キヲ加ヘ又女教師ノ需用歳ニ増スヲ見レハ人心ノ向フ所トスヘキ者アリ宜ク普通女学校ヲ興シ女子ノ才徳ヲ養成シ人ノ母タルノ務ヲ弁ヘ胎教蒙養其子ヲ教導シ以テ師ニ中小学ニ就クノ方ヲ覚ラシメ随テ女子師範学校ヲ起シテ女子ヲシテ小学教育ノ任ニ当ルヲ得セシメハ教育ノ道始メテ完全ナルニ庶幾カラン今ヤ人心ノ向フ所ニ従ヒ漸次此挙ニ着手セントス

〔22-14〕　**静岡県（静岡県）**

一八七六（明治九）年一〇月七日
（不明）　↓　（不明）
「静岡県に女学校を設立すべし」（『重新静岡新聞』四一号）

一望ヲ遂レバ一願生ズ、人ノ思欲ハ限リ無キ者ナル哉、我静岡県下ノ如キ百般ノ事務日ニ進ミ月ニ歩シ、僅カニ一二年ヲ回顧スルモ思想ノ進歩政治ノ前進メートルヲ以テ数フ可ラズ、千数ニ幾キ小学校ハ至ル所フラツグヲ翻ヘシ、唔咿ノ声耳ヲ貫キ、警察ノ密ナル日ニ加ハリテ盗児遠ク遁逃シ、師範学校新築ノ後会議所亦工ヲ竣シ、沼津ノ中学校之ニ次ギ、病院又勃トシテ起ル、外観既ニ斯ノ如シ、其内部ニ実スル者、病院ニハ英人「マクドナルド」氏アリ、中学校ニハ「ロース」氏アリ、漢洋ノ大家、刀圭ノ国手、豈左右手ノ摟スル所ナラン哉、公選民会浜松ニ興リ、演説会静岡ニ発セントス、此駸々世界ニ方リ、毛穎ヲ使役シテ官民ノ間ニ立タル、吾儕新聞記者ハ復何ヲ望マン乎ト言ントセシガ、否々一望ヲ遂レバ一願生ズ、人ノ思望ハ限リ無キ者ナレバ、吾儕ノ脳中ニハ猶千企万望ノ有ルアリ、然リ而シテ今日先第一ニ企望スル所ハ、女学校ノ設立是ナリ、女子ハ教育ノ母ナリトハ西人ノ確言ニシテ、吾儕ノ喋々ヲ須ヒズ、然ルニ現ニ吾儕ノ所見ニ拠レバ、小学不就ノ児ニ女子多ク、十三内外ノ女子ニシテ昇校スル者甚少ナシ、是蓋故アルナリ、抑女子ノ質タル十二三年ニ至レバ自カラ天賦ノ羞辱心アリテ男子ト雑居スルヲ厭フ事甚シ、既ニ之ヲ厭エバ両親モ亦誣難キ情義アリテ、転ジテ縫織ノ業ニ就シム、是已ヲ得ザル也、既ニ已ヲ得ザレハ之ニ応ズルノ方法無ル可ラズ、乃女学校設立ノ万已ヲ得ザル所ナリ、吾儕ガ聴ク所ニ拠レバ、東京ハ論無シ、京坂地方ノ如キ女学盛ニ行ハレ、百般ノ女工学校ヨリ出ル者多ク、其他新潟小田原ノ女学校モ最盛大ナリト謂フ、豈忽諸ス可ン哉、我静岡地方ノ如キ女子ノ風習善乎悪乎、処女群ヲ為シテ市街ニ放歌シ、夏日袒裼裸裎シテ店頭ニ出没スル者比々皆ナリ（近来市街ノ女子此習慣ヲ脱スルガ如シト雖トモ、畢竟巡羅ノ厳ナルニ圧セラル、耳）、又況ンヤ三五ノ春ニシテ野合ノ醜アリ、二八ノ秋ニシテ陰姙ノ辱アルニ於テヲヤ、之ヲ日本国中ノ婬乱郷ト称スルモ決シテ苛酷ニ非ル可キナリ、是等ノ女子成長シテ妻ト成リ母ト成リ、其児ヲ教育スルニ至リ、果シテ何等ノ方法ヲ以テ之ヲ膝下ニ教ユル耶、稚児ノ脳髄ハ清潔ナル秋水ノ如シ、善ヲ教ユレハ善ニ染ミ、悪ヲ示セバ悪ニ感ズ、磁針ノ鉄ヲ吸フガ如シ、此故ニ西人ハ膝下ノ教育ヲ以テ最第一ノ学校トス、嗚于此母ノ膝下ニ在リテ感染スル小児ヲ以テ、他年ノ成立ヲ望マントス抑亦難ヒ哉、右ノ次第ナルガ故ニ、吾儕ハ一日モ早ク静岡浜松三島ノ如キ繁華ノ地ニ就キ、先三四ノ女学校ヲ設立シ漸次之ヲ拡張シ、読書算術縫織ニ至迄教化ノ術ヲ施サン事ヲ企望スル所ナリ、其施設方法ノ如キハ他日之ヲ切論ス可シ、吾儕今此ニ筆ヲ閣ントシテ、更ニ一ノ冷語アルナリ、近頃ノ諸新聞紙上ニ皇太后宮西京御発途ノ風説アリ、主上皇后モ引続キ行幸ノ由、此説ヲシテ信ナラシメバ異日本州御駐輦ノ時、堂々タル静岡県駿豆遠三国ノ広土ニシテ、未タ一ノ女学校無キ歟ト仰出サレバ、本県百万ノ兄弟将サニ何ノ顔ヲ以テ勅語ニ奉答セントスル乎、

〔23-3〕 愛知県（愛知県）

明治五年五月
愛知県　↓　各区戸長里正年寄等
「学問の沙登志」

我等官員　朝廷の御趣意を奉じて当県を支配するものなれば諸氏の安穏を祈り外国の侮りを防がんと欲するは固より論を俟ず　諸民もし寛大の政を見て内外の恥辱に遠ざからんとする固より申迄もなき事なれども今より活たる眼を開き上下力を合せて実学に志し銘々の身分に相応すべき智見徳義を備へて其名其実に称ふるやうありたきものなり就中各区戸長里正年寄等は其区〃〃を支配するものにて支配の大小はありとも其職分は県の令参事始に異ならず加之小前の者には朝夕近く接することなれば一区中をば一家と思ひ深切に学問の世話致しこれを小にすれば人民一身の独立これを大にすれば大日本国の独立を助けなすべきものなり

壬申五月

此文は愛知県の庁旨を以て福沢氏に述せられし書にて学問の大意をさとし専ら人民の心得を識らされたれば実に現今の急務必要書といふべし已れ幸ひに書を商ふ業なれば今度庁に許を与得て当県の管下に限らず善く買弘めんと欲するものなり。

明治五年壬申五月　　名古屋　片野東四郎

〔23-4〕 額田県（愛知県）

明治五年八月
（不明）→ 戸長及学校幹事等
「告諭」

當管内村々ハ狂言手踊ノ類大ニ流行シ、郷村社ノ祭祀及ヒ堂宇ノ再建等ニハ各戸ノ子弟相集リ多分ノ金ヲ醵シテ優人ヲ雇ヒ其技ヲ伝習スルニ数十日ノ暇ヲ費ス。然ルニ其父兄タル者深ク是ヲ咎メス、啻ニ咎メサルノミナラス其子弟ノ爲ニ美衣ヲ裁シ冶風ヲ競ヒ、興行ノ前後ニハ一村ノ男女業ヲ廢シ、一家老若狂ノ如ク痴ノ如ク以テ一時ノ巧拙ヲ争ヒ、農ハ之カタメニ時ヲ後ル、ヲ知ラス、商ハ之カ爲ニ機ヲ失フヲ忘レ、其費用一村ヲ挙テ数百金ヲ下ラサルヘシ。其ノ間男女雜遝シ猥褻淫狎ノ弊随テ生シ風俗ヲ紊リ操行ヲ誤ルニ至ルヘク、且年少子弟一タヒ此技ヲ習フトキハ無上ノ楽トナリ、競テ優人ノ風ヲ学ヒ業ヲ忘レ職ヲ廢シ遊子空民トナル。所謂万人講仲間是ナリ。元來芝居狂言ハ、学問モセス道理ヲ弁ヘサル者ヲ善ニ導キ悪ニ遠サカラシムル爲ニトテ設ケタルモノニテ、官ニテモ許シ來リシナリ。然ルニ近来作風其本意ヲ失ヒ多クハ男女ノ痴情ヲ種トスル故、看者ヲシテ却テ淫媚ノ風ヲ羨ミ慕フニイタラシメ、男女風儀ヲ敗リ其害鮮カラサルナリ。看者スラ如此シ。マシテ此技ヲ好ムモノハ害尤深シ。誠ニ見ヘシ、此技ヲ好者百人ニ一人モ行義正ク人ノ模範トナルヘキモノハアルマシ。先般教部省ヨリ優人並ニ狂言作者呼出シ、今迄ノ作風脚色ヲ一変シ事実ヲ誤ラス本意ヲ失ハサル様可致旨命セラレタリ。今日此技ヲ以テ職業トスル者スラ作風更正ノ上ナラテハ輒ク興行ヲ許サス。然ルニ其職業ニモアラス農商ノ輩之ヲ爲ハ無謂事ナリ。殊ニ今度学制確定相成、一般人民ヲ教育スヘキ爲市村共ニ学問所ヲ取立、八歳ヨリ壮年迄ノ者ハ勿論別ニ小兒学校夜学校等ヲ設ケ、小児ハ六歳ヨリ学ニ就カシメ年長シタル者ハ職業ノ暇ニ学フベキ爲ナリ。此儀近日ヨリ施行シ、往々ハ家々学ニ就サルノ子弟ナク、国々道ヲ知ラサルノ人民ナク、風ヲ易ヘ俗ヲ移シ職業精巧ニ赴クヘキ仕方ナリ。然ルニ今日ノ狂言手踊ノ如キ風ヲ紊シ俗ヲ破リ害アリテ益ナキノ技ニアタリ日月ヲ曠フスルトキハ、学問スヘキ時ヲ誤チ数年ノ後ニハ無芸無能ノ廃人トナリ交モ出來ヌヨウ成行ヘシ。且村々困窮ノ基ニモ相成事故、人ノ父兄タルモノハ此辺ニ注意シ、狂言手踊ニ費ス金銀ヲ以テ子弟上学ノ資トシ或ハ後來産業ノ資本トナサハ、家ヲ興シ富ヲ致ス基本トナリ彼此ノ得失論ヲ俟タサルナリ。因テ今般更テ村民ノ狂言手踊ヲ禁止セシメ候様戸長及学校幹事等精々心掛、小前一同不洩様此趣旨説諭可致モノ也。

〔24-8〕 度会県（三重県）

一八七三（明治六）年九月
県参事平川光伸 → 各区区戸長
「度会県の告諭」

夫レ人ハ万物ノ霊ト謂フ而シテ其霊タルユエンノモノハ何ソヤ固有之智識ヲ開達シ博ク事物ノ理ヲ察シ近ク一身一家ヲ経営シ以テ人タルノ幸福ヲ具ヘ人タルノ道ヲ存スレハナリ此故ニ人トシテ人タルノ道ヲ知ラスンハアルヘカラス而シテ此道ヲ求ムルハ学ニアラサレハ能ハス是学校ノ設アルユエンニテ曩ニ学制公布以来各地方ニ於テ有志ノ徒相競テ以テ学校ヲ設立タル既ニ盛ナルモノアリ此時ニ方テ特リ文化ニ後ルヽノ地方ハ其人民頑愚固陋ノ俗ヲ免レサルノミナラス其幸福ヲ享ケ其生ヲ遂ルヲ知ラス自カラ窮苦ニ陥リ竟ニ他ノ軽侮ヲ被ンコト得テ知ルヘキナリ茲ニ当管下ノ人民イマタ文学普及ノ上旨ヲ感載セサルモノ多ク就中農商婦女子ニ至リテハ学問ハ自己ノ業ニ不係モノトシ之ヲ度外ニ措テ不顧是因襲ノ弊ニシテ自忘自棄ノ甚シキト謂ヘシ尤従前ノ学其実ヲ失ヒ大イニ方向ヲ誤リシヨリ斯ク思量スルモ故ナキニアラサレトモ当時定メラレシ所ノ学制ハ旧来ノ弊習ニ異リ専ラ実事ニ就テ日用ノ便利ニ達スルヲ旨トシ其学科モ亦頗ル許多ニテ一々枚挙ニ遑アラスト雖モ百般ノ事皆学ニアラサルモノナケレハ人々其着意スル所ニヨツテ之ヲ研求セハ生ヲ治メ産ヲ興シ業ヲ昌ニスルヲ得ヘシ殊ニ今開明ノ盛世ニ遭遇シテ四民同権ヲ得各自才力ニ応シテ其需要ヲ充タセハ賢ナルモノハ富貴ヲ到シ愚ナルモノハ貧賤ニ窮苦ス而シテ賢愚ノ別ハ何ソヤ学ブト学バザルトニアルノミ此故ニ人々自カラ奮テ学ニ従事スヘキハ欠ヘカラサルノ急務ナリ近時管内各所ニ於テ有志ノ輩奮励協力シテ漸次学校ヲ設立セシモノアリト雖モ資金ノ方法一時ノ権術ニ出テ将来ノ目途アルモノ太タ尠ク豈遺憾ナラスヤ固ヨリ学校ハ人材成立ヲ後日ニ期スレハ予メ校費ノ基立ヲ設置セサルヘカラス抑学ハ一人ノ為ノミナラス一般ノ風俗ヲ淳良ニシ諸業ノ繁昌ヲ致シテ土地人民各其恩沢ヲ蒙ルモノナレハ其費モ亦人民一般ヨリ出サヾルヲ得ス尤土地ノ貧富ニヨリ現今或ハ力ノ及ヒ難キモノアレハ官其何分ノ費ヲ扶助スヘシト雖モ到底興学ノ資ハ官ニ依頼スヘカラサルノ趣意ニツキ更ニ今管内衆庶ヲ勧誘シテ其資本ヲ出サシメ以テ永久保続ノ方法ヲ確立シ大イニ学校ヲ興サントス苟モ前文ノ意ヲ理会シ学事ノ急務タルヲ了知セハ誰カ此挙ニ応セサルモノアランヤ然レハ乃チ独リ我管内人民ノ幸福ヲ享ルノミナラス皇国ノ裨益タル亦大イナラン仍テ各区区戸長能ク此旨ヲ体シ小民ニ至マテ普ク告諭スヘキモノ也

〔24-9〕 度会県（三重県）

一八七五（明治八）年一〇月三〇日
県権令久保断三 → 正副区戸長
「芝居手踊禁止の告諭」

丙第百四十号
正副区戸長
学校設立ノ儀ニ付テハ追々相達候趣モ有之所、今以心得違ノ者モ不尠哉ニ相聞候ニ付、別紙ヲ以及告諭候条、区内無漏可触示此旨相達候事
但シ別紙告諭中芝居手躍等ノ興行差止候ニ付、目今芸人傭入ノ為メ手付金等差遣シ有之向ハ取調其段可届出事
明治八年十月三十日　度会県権令　久保断三

告諭

学校の事に付ては、度々御布告幷に文部省御布達等も有りて邑に不学の戸無く家に不学の人無からしめじとは朝廷の厚き御趣意なり、其故は学問は君臣父子夫婦兄弟を始め世間一般の交り農工商其他の職業何に限らず都ての事に肝心必用のものにして、都鄙貴賤の差別なく各身分に応じ学ばざればならざるものなればなり、然るに猶学問は下々には不用のものと看做し又は学問はせずとも是迄済たる事故、我が業体には是にて事足れり抔と心得違のものも有りて終に子弟の学ばずして生長の上無智無能の徒となり一生発達するを得ず、後悔其詮なきに至らしむるは、則ち父兄の過にて実に歎くべき事なり、今や当県下にも追々学校の設あり、夫々有志の輩も出でて学事稍く隆盛に至るべきの萌しありといへども未だ充分なるを得ず、これ費金に乏しき故にして全く彼の心得違の者の多く費金を募るに方りて種々苦情を申立る故、費用多端の折柄、区戸長にも強て如何にともなしがたく已むを得ず思ひながら時日を送るに似たり、然るに近頃管内村町に於て神社祭礼等に事を寄せ芝居手踊等興行の願日に増加し中には活計を名とするものもあれと、其実何れも活計の為にはあらずして家ごとに入費を募り又は村内富豪のものより出さしめ金銭と時日を徒らに費して少しも厭はさる由、游戯の事も一時心を慰むる為なれば全く捨つべきにもあらざれど、学校の利益に比ぶれば日を同して語るべからざるものなるに游戯のためには猥りに費して怪しまず学校の費金には一銭をも惜みて苦情を述るは甚謂れなき事にあらずや、依て自今各所に於て学校を設け子弟為もの学に就き追々学業の進むに至る迄は芝居手踊等の興行一切差止る間其旨相心得、父兄たるものは子弟お勧めて学に就かしむるを己の責とし、子弟は学に就て知識を磨くを勤とし、邑に不学の戸なく家に不学の人無からしめじとの御趣意を篤く奉戴すべし、就ては此後時々係官員をして巡視せしめ、学校の備も立ち生徒も学に進む時は其摸様を斟酌して勤労を慰むるため游戯の事も差許すべき間心得違致間敷、此旨告諭に及ぶもの也

但し各区内兼て差許置たる常小屋に於て願人限り真に活計のため興行致し候儀は従前の通り心得べし

〔25–3〕 **犬上県**（**滋賀県**）

明治五年七月
犬上県庁　↓　（不明）
「犬上県内小学校建営説諭書」

（※論文編第四章第二節にて全文翻刻。三六九頁以下）

〔25–4〕 **滋賀県**（**滋賀県**）

明治五年九月
滋賀県　↓　（不明）
「凡ソ子弟之有者眼前ノ愛ニ（欧学校設立の趣旨）」

一　凡ソ子弟有之者眼前ノ愛ニ溺レ遊惰ニ日ヲ暮ラサセ假令職業ヲ教ヘ候トモ旧來不開之業ニ従事イタサセ就中女ノ子ヘハ専ラ遊芸等而已ヲ教エ無用ノ事ニ日

月ヲ費ヤサセ候等ノ習弊有之前途開明之時節ニ難適而已ナラス詰リ終身ノ損害ト相成候事ニ付父兄タル者此ニ注意イタシ前日之旧習ヲ去リ日新之事業ニ就カシメ候様目的ヲ立専ラ学文ニ従事可為致候尤モ学文ト申候テモ従前世ニ唱フル所ノ徒ニ書ヲ読ミ詩文ヲ弄ヒ高尚空理ヲ研究スル等之如キ無用之事ニハ無之則農商工共各其業ニ就テ実用之学科アリ人間必要タル衣食住ヲ不離者ニ付右主意取違エ間敷依而追々諸学校ヲ設ケ管下之子弟タル者へ教育行届候様可致筈ニ候然ル処先差富リ今般取立候欧学校之義教師之授業凡ソ左之通ニ候間子弟有之向ハ可成入学可為致右学校へハ通学留舎トモ望ニ任セ差許候義ニ付假令遠方之者タリトモ差支エ無之筋ト可相心得事

欧学校

教師獨乙国人

エミルレーウエンスタイン氏

右欧州普通学科ヲ教エ就中英佛獨蘭四国之語ニ熟シ且兼而商業学ヲモ教授ス

同人妻英吉利国人

メリーレーウエンスタイン氏

右女性徒ヲ教育シ就中英語ニ熟シ女之手業ヲ教授ス

右之通管内へ無洩相達スル者也

〔25–5〕 滋賀県（滋賀県）

一八七三（明治六）年二月
県令松田道之 → （不明）
「管下人民に告論するの書」

凡ソ人天地の間に生まれ抑万物の霊たるの天爵を有すれハ必す其の天恩に答へすんはあるへからす何をか其の天恩に答ふと請ふ能く其の人たるの道を尽くすや何をか能く其の人たるの道を尽くすと謂ふ各其の職業を勉励し小ハ一身一家の事を謀り大ハ国家の公益世界の有用を謀るなり而して之をなす皆其の智識を研き其の方法を究むるは則ち学問にあるなり古より和漢此の民を教うる必す此の道を以てす恐れ多くも本朝歴帝の遺法漢土聖賢の教えに就いて考ふれは其の古への教えの人事世態に切にして其の天地の化育を助くるの至大なる歴々と観るへし然るに後世に至り腐儒迂生出てて漫に高尚迂遠の説を付会し或いハ文華の流弊に陥り徒らに詩を賦し文を作る等の事を是務め世に向いて傲然則チ曰く是学問の道なり聖賢の教えなりと甚しき哉歴帝の遺法聖賢の教えに背くなり所謂学問ハ則チ否らす人間必用たる衣食住を離れさるものにして一端を挙けて之を謂へは農は農事の学問工は工業の学問商は商法の学問と謂うか如く各其の職其の業に就いて必ス其の学問あり則チ彼の智識を研き方法を究メ一身一家の事より国家の公益世界の有用を謀るの大事業を起こし遂に万世に美名を揚くるに至るなり況んや当今文明進歩世界万国と比隣の交わりを為し凡ソ百の学事日新月盛の時に際せり実に学ふへきハ正に此の時なり然るに今の父兄たる者眼前の愛に溺れ其の子弟たる者をして遊惰に日月を送らせ或いハ之を教ゆるも不文明・不開化の職業に従事いたさせ就中女の子へは専ら遊芸のみを教へ動モすれハ淫哇の風儀に陥らしむ

る等の悪弊間々之有り開明の時節にハ不適而已ならす結局終に身の損害と成るなり実に恐るへし慎むへし故に之を教ゆるは父兄の責なり之を学ふハ子弟の責なり之を監督保護するハ官の責なり此の三ツの者此の三ツの責共に免るへからす為に今数百の言を述へ懇々告示す凡ソ父兄子弟たる者此の意を体し前日の旧習を去り日新の事業に注意し専ら実用の学問に従事し一日も怠ること勿れ是管下一般各所に小学校を設くる所以なり

〔26–15〕 **京都府（京都府）**

（作成年月日不明）
（不明） → （不明）
「告諭之文」

（※論文編第四章第一節にて全文翻刻。三四八頁以下）

〔27–5〕 **堺県（大阪府）**

明治五年八月
堺県学 → （不明）
「学問の心得」

王政御維新《ワウセイゴイシン》《おかみのまつりごとあらた》にて百廃《ヒヤクハイ》悉《コトゴトク》《なにごともあらたまり》挙《アガ》り難有き御世《ミヨ》なるに、唯学校《タダガクカウ》の設《マウ》けいまだ全《マツタ》く備《ソナ》はらざるより往々頑陋《ワウワウグワンロウ》《かたくな》にして、智識《チシキ》《ちゑ》ひらけず才芸《サイゲイ》《わざもぬけず》長《チヨウ》ぜざるより、身《ミ》を立《タ》つるの方向《ハウカウ》《めあて》もわきまえず、動《ヤヤ》もすれば家《イヘ》を破《ヤブ》り、身《ミ》を喪《ウシナフ》にいたる者《モノ》小《スクナ》からず、かくのごとき憫然《ビンゼン》《あわれむべく》頽廃《タイハイ》《くづれ》たる弊風《ヘイフウ》《あしきくせ》数百年《スウヒヤクネン》の久《ヒサ》しきも、人々《ヒトビト》是《コレ》を常《ツネ》として怪《アヤシ》まず、唯学問《タダガクモン》ハ士人以上《シジンイジヤウ》《やくにん》のことにして、農《ノウ》・工《コウ》・商《シヤウ》《ひやくしよう しよくにん あきんど》及《オヨビ》女子《ジヨシ》《をなご》の如《ゴト》きハ棄《ステ》て顧《カエリ》みず、政府《セイフ》《くに》地頭《ヂトウ》《をさ》亦《マタ》殊更《コトサラ》民《タミ》《ひと》の暗愚《アング》《もの、わきまえなき》を以《モツテ》却《カヘ》て之《コレ》を悦《ヨロコ》べり、実《ジツ》に国勢《コクセイ》《くにのいきほひ》の振《フル》《つよから》はざる所以《ユエン》にして、今世界万国《イマセカイバンコク》《よのなか》《そとくに》の日一日《ヒイチジツ》《ひにまし》より開化《カイクワ》の秋《アキ》にあたり、皇国《クワウコク》《にっぽん》の民《タミ》《ひと》となって豈愧《アニハヂ》《さても》ざるべけんや、夫人《ソレヒト》ハ万物《バンブツ》《よろづのもの》に長《チヤウ》たり、其長《ソノチヤウ》《かしら》たるゆゑんハ言語《ゲンギヨ》《ことば》と文字《モンジ》となり、此《コノ》二ツのもの無《ナ》けれバ智識才《チシキサイ》《ちゑ》《わざ》芸《ゲイ》共《トモ》に何《ナニ》に依《ヨツ》て開《ヒラ》くべけんや、たとへバ火《ヒ》の熱《ネツ》《あつき》、水《ミツ》の冷《レイ》《つめたさ》、昼起《ヒルオキ》て夜《ヨ》る寝《ネ》、渇《カツ》《かはき》して飲《ノミ》、飢《ウエ》て食《クラフ》のごときハ禽獣《キンジウ》《とりけもの》同《オナ》じく知《シ》る所《トコロ》にして、人と異《かは》ならず、其尊《ソノタフト》き文字《モンジ》さへ人《ヒト》として弁《ワキ》まへざるより、持合《モチアハセ》たる良知良能《リヤウチリヤウノウ》《よきちゑ》《よきわざ》と言《イ》ふ結構《ケツカウ》なる玉《タマ》も磨《ミガ》ざれば光《ヒカ》らず、所謂宝《イハユルタカラ》のもちぐさりにして、酔生夢死《スイセイムシ》《ゑひだおれ》《ゆめじに》して朽果《クチハツ》るハ口惜《クチオ》しき事《コト》ならずや、孟子《モウシ》の、飽《ア》くまで食《クラ》ひて教《ヲシヘ》と云《イフ》がなけれバ禽獣《キンジウ》に近《チカ》しと云《イ》はれしもうべなる哉《カナ》、人として知《シ》らで叶《カナ》ハぬ丈《タ》けの事《コト》ハ学《マナ》バでならぬ筈《ハヅ》、殊《コト》に我神国《ワガシンコク》ハ世界《セカイ》に冠《クワン》《かしら》たる国《クニ》なれバ、学《マナ》びの道《ミチ》さへ昌《サカン》ならバ、果《ハタ》して智識《チシキ》《ちゑ》の開化《カイクワ》《ひらけ》も早《ハヤ》かるべきハ言《コト》をまたざるなり、此度《コノタビ》朝廷《テウテイ》《おんかみ》厚《アツ》き御趣意《ゴシユイ》《おぼしめし》にて津々浦々《ツヽウラウラ》迄学校《マデガクカウ》を設《マウ》けさせられたり、然《シカ》るに遠郷僻邑《エンキヤウヘキイウ》《かたいなか》の民《タミ》《ひと》御趣意《ゴシユイ》をもわきまえず、却《カヘツ》て深《フカ》く是《コレ》を怪《アヤシ》む者無《モノナキ》にあらず、畢竟之迄学問《ヒツキヤウコレマデガクモン》といへば日用《ニチヤウ》に無益《ムエキ》《むだ》の穿鑿《センサク》《しらべ》のミにして、ひたすら文字訓詁《モンジクンコ》《よみかた》の上《ウヘ》にのみ百般《ヒヤクパン》《いろいろ》六ヶ敷理屈《ムツカシキリクツ》をならべ、兎角空理虚段《トカククウリキヨダン》《おさへばのなきからりくつ》にのみ流《ナガ》れ、或《アルヒ》は詩文辞《シブンジ》《からのふみうた》に耽溺《タンデキ》《はまりこみ》し、あたら光陰《コウイン》《つきひ》を費《ツヒヤ》し、文雅洒落《ブンガシヤラク》《みやびたるあそび》を務《ツトメ》として、ひたすら風流才子《フウリユウサイシ》《みやびたるひと》と指《ユビサ》ゝれん事《コト》をミよとし、天地間《よのなかの》無用素餐《ムヤウソザン》《くひつぶし》の者《モノ》となり、今日一《コンニチイツ》の実功《ジツコウ》《しるし》も不見《ミエズ》、唯学問《タダガクモン》はかうしたものと兎角文字《トカクモンジ》《つきひ》や或《アルヒ》は同遍《ドウヘン》《いくたびいふてもおなじに》なる性理《セイリ》《こゝのもちまえ》の長《ナガ》せん義《ギ》にのミ癖執《ヘキシウ》《かたずに》して、窮達《キウタツ》《おとろへたりし》ハ命也《メイナリ》《きまりこと》、貧賤《ヒンセン》《まづしき いやし》を患《ウレヒ》とせずなど云事《イフ》をあやまり解《ゲシ》《さとり》て、一種《イッシュ》の陋習奇癖《ロウシフキヘキ》《ひとなみならぬたかずれしたる》の風《フウ》をよしとし、竟《ツヒ》に身《ミ》を修《オサ》め得《エ》ず、遊惰浮薄《ユウダフハク》《ぶらつきたのみがひがなき》の徒《ト》となりて家産《カサン》《しんだひ》を破《ヤブ》り、猶悔《ナホク》ゆるを知《シ》らざる様《ヤウ》の本読《ホンヨミ》ハまのあたり世間《セケン》にいくらもあるなれバ、学問《ガクモン》は人《ヒト》の為《タメ》には用《ヤウ》をなさざるもの、却《カヘ》て害《ガイ》をなすものと自棄《ジキ》《すてもの》自暴《ジボウ》になりゆきしなり、今日学校《コンニチガクカウ》の主本《シュホン》《めあて》となすところハ智識《チシキ》を世界に求め、専《モッパ》ら皇基《クワウキ》《くにのちから》を振起《シンキ》し、従前迂闊《ジウゼンウクワツ》《まへかたなはりどほき》の教えは決然排斥《ケツゼンハイセキ》《すつぱりおしりぞけ》し、農《ノウ》《ひやくしやう》にあれ、商《シヤウ》《あきびと》にあれ、各職分《オノオノショクブン》《ひとびとなりわひ》の実地《ジッチ》《ことがら》に用《モチ》ひて、実功《ジツコウ》《いさほし》の立処《タツトコロ》を目的《モクテキ》《めあて》とし、男女共《ナンニヨトモ》六、七歳より日用《ニチヤウ》常行《ジヤウコウ》《みのおこなひ》・言語《ゲンギヨ》《ことばづかひ》・筆算《ヒツサン》《てならびそろばん》を始《ハジ》めとして、一通《ヒトトホ》りハ天地万物大体《テンチバンブツダイタイ》《なにごとのうへの》の理合《リアヒ》《すぢあひ》をも合点《ガテン》《こころえ》し、万国《バンコク》《よろづのくに》の形勢事情《ケイセイジジヤウ》《むかしよりのありさま》をも心得《ココロエ》、皇《クワウ》《わがくに》・漢《カン》・洋共片《ヤウトモカタ》《よそぐに》ひずみなく、人間《ニンゲン》の心得《ココロウ》べき丈一通《ダケヒトトホ》り知《シ》るを以《モツ》て、普通学《フツウガク》《ゆきわたりたるまなび》と云《イフ》なれバ、十四、五歳迄にハ自分丈《ジブンダ》けの始末《シマツ》を出来《デク》るほどにしてのち、各《オノオノ》　其産業《ソノサンゲフ》《なりわひ》を営《イトナ》ミ、其余暇《ソノヨカ》《ひま》学就《ガクツキ》ますます智識《チシキ》《ちゑ》・才芸《サイゲイ》《わざ》を磨様《ミガクヤウ》にと心懸《ココロガク》べし、返《カヘ》すがへすも従前《ジウゼン》《まへかた》の如《ゴト》くあたら歳月《サイゲツ》《つきひ》を素読《ソドク》《すよみ》の間《アヒダ》に費《ツヒヤ》すなかれ、如此《カクノゴトク》すれば多《オホ》くの中には秀才異等《シウサイイトウ》《すぐれたる》のものも出《イツ》べけれバ、是等《コレラ》は親《オヤ》・当人共故障無《トウニントモコシヤウナク》バ中学《チウガク》・大学《ダイガク》に入《イリ》、専門科学《センモンクワガク》《ひとつをしらべるまなび》に就《ツキ》、国家《コクカ》《わがくに》の御為《オンタメ》を量《ハカ》り、身《ミ》を起《オコ》すの基本《キホン》《もとひ》を立《タツ》べし、古《イニ》しへ道行《ミチオコナ》はれずして夷狄《えびす》と唱《ヨバ》れし各国《カクコク》《ほかぐに》も、近来《キンライ》ハ諸科日新《ショカニッシン》《なにごともひにひにひらくるがくもん》の学昌《ガクサカン》にして大《オホヒ》に教化行《ケウクワオコナ》はれ、其学校《ガクカウ》のまうけいよいよ佩びたましく、殊《コト》に欧羅巴《イヨウロッパ》の内《ウチ》フランスなどハ、天下《テンカ》の人口《ジンコウ》《ひとかず》三人につき学校生徒《ガクカウセイト》《まなびするひと》一人の割合《アヒ》にまなび居《ヲル》とのこと、我《ワガ》　皇国《クワウコク》《みくに》いまだ人口《ジンコウ》《ひとかず》三千人に一人の生徒《セイト》《まなびびと》もあるまじと思《オモ》はる、智識《チシキ》《ちゑ》と産業《サンゲフ》《わざ》と二《フタツ》つのもの昌《サカン》ならざれバ、学者《ガクシャ》たる者《モノ》国体堅牢《コクタイケンロウ》《くにがらかたく》ならず、益《マスマス》　外国《グワイコク》《そとぐに》の為《タメ》に辱《ハヅカ》しめらるゝに至《イタ》るべし、かくのごとく民《タミ》に教《ヲシヘ》の行《オコナ》はれざるも、皆従前迂遠陳腐《ミナジウゼンウエンチンプ》《まへかた つまらぬ ふるめかしき》の学風《ガクフウ》《をしえかた》の毒《ドク》を恐《オソ》るゝよりなれバ、学者《ガクシャ》たる者《モノ》第一《ダイイチ》早《ハヤ》く眼《マナコ》をひらき、時勢《ジセイ》《とき》の変遷《ヘンセン》《うつりかはり》を察《サツ》し、人々《ヒトビト》をして日用実学《ニチヨウジツガク》《いりやうのまなび》に導《ミチビ》き、学問《ガクモン》ハ四民共《シミントモ》《ひとびと》に第一《ダイイチ》の財本《ザイホン》《もとで》たるを注意《チウイ》《こころつく》する様《ヤウ》にと専《モッパ》ら教《ヲシ》へ導《ミチビ》かずんバあるべからず、彼《カ》の窮民《キウミン》《こじき》に陥《オチイ》り、或《アルヒ》ハ悪事《アクジ》《おきてやぶり》をなすの徒《ト》《もの》は皆不学無識《ミナフガクムシキ》《もののわきまへなき》よりして遊惰《ユウダ》《あそびごと》に流《ナガ》れ、家産《カサン》《しんだい》を破《ヤブ》《つぶす》るよりして身《ミ》を亡《ホロボ》すにいたるならずや、実《ジツ》に恐《オソ》れざるべけんや、故《ユエ》に学《マナバ》ずんバあるべからざるなり、学《マナ》んで智識《チシキ》をひらき、万物《バンブツ》《よろづのもの》の霊《レイ》《すぐれ》たる名に恥《ハヂ》ざる様《ヤウ》、神国《シンコク》《みくに》の人《ヒト》をして牛馬《ギウバ》《うしうま》と群《グン》《むれ》をなす如《ゴト》く唱《トナヘ》られざる様《ヤウ》、日本魂《ヤマトゴコロ》を奮発《フンパツ》《ふりおこ》し、各国《カクコク》《よそのくに》より新発明《シンハツメイ》《あたらしき》の書籍《ショジャク》《かきもの》や奇巧《キカウ》《くふう》を究《キハメ》し機械等《キカイトウ》《だうぐ》競《キソヒ》《われさきに》て我皇国《ワガクワウコク》《みくに》へ貢《ミツギ》《ちゑ》するなれば、益《マスマス》　産業《サンゲフ》《なりはひ》の道《ミチ》も開《ヒラ》け、国家《コクカ》《みくに》をして益《マスマス》　泰山の安きに《とざゝぬみよをことぶかしむる》置《オク》ハ実《ジツ》に目前《モクゼン》《めのまえ》に有《アル》の秋《トキ》なれバ、人々子孫《ヒトビトシソン》《こども》を鞭策《ベンサク》《はげまし》し、共《トモ》ニ開化《カイクワ》《ひらけたるよの》の太平《タイヘイ》を楽《タノシ》まん事《コト》を願《ネガ》ふべき也《ナリ》

〔27-7〕 大阪府（大阪府）

一八七三（明治六）年一月一三日
府参事藤村紫朗　↓　（不明）
「学制解訳」

学制解訳布告趣意及び学制解訳

先達而海内一般之学則を披定、学問普及候様被仰出候ニ付、右御達書ニ解訳を加へ及布告候条、篤ト遂熟覧御趣意を奉戴し、各区小学未タ開校ニ至らさる向ハ、協力合心速ニ落成せしめ、既に開校成る向ハ区中之幼童一人として就学せさるもの無之様可致候、猶此旨区戸長ニ於てハ厚く体認し御主意貫徹候様、懇ニ一統之者へ可申諭事、

前条ニ付、私学といへとも右制ニ依遵し、免許を得て開業之向、中ニハ不都合之儀も不少候間、一旦悉く令廃止候条、改而相開度ものハ、当府へ申出教則等巨細

伺取り、了解之上願出可受免許事、

右之趣管内無洩相違るもの也、

明治六年一月十三日

大阪府参事　藤付紫朗

(表紙)「学制解訳」

叙

獅子ノ子ヲ生ム必ス之ヲ千仞ノ谿谷ニ擠スト、是其子ヲ憎ムニ非ルナリ、雉ノ卵ヲ覆フ、其野ノ焼ケルニ当リテハ、己レノ羽翼ヲ焦爛スルヲ不顧ト、是其身ヲ惜マサルニ非ルナリ、皆其子ノ成立センコトヲ思テナリ、禽獣且然リ、況ヤ万物ノ霊タル人トシテ、誰カ我子弟ノ能ク成立スルヲ願ハサルモノアランヤ、然ルニ府下従来ノ風俗、女ヲ生メハ必ス糸竹歌舞ノ業ヲ教ヘ、男ヲ生メハ必ス活花煎茶ノ技ヲ習ハシメ、遊冶風流ニ歳月ヲ費シ、一小技中ニ一生ヲ終ル、是豈天与ノ美質ヲ全成欧スルモノト云ンヤ、今ヤ朝廷天下ニ学制ヲ敷キ、邑ニ不学ノ戸ナク家ニ不学ノ人ナカラシメント、是他ナシ、海内ノ人民ヲ子視セラレ、芥成立センコトヲ図ラセタマフ無限ノ仁慈豈ニ感戴セサルヘケンヤ、然ルニ真ノ父母タル者、却テ眼前ノ愛ニ溺レ稚児ノ我膝下ヲ離ル、ヲ嫌ヒ、或ハ苦学ノ病ヲ生センコトヲ恐レ、或ハ学資ヲ厭フテ子弟ノ成立ヲ思ハサルモノアリ、獅子ノ愛ヲ忍ンテ其子ヲ擠シ、雉ノ卵ヲ擁シテ己レカ身ヲ焼クノ情ニ比スレハ、万物ノ霊タル所以ノモノ其レ何クニ在ルヤ、希クハ人ノ人タル道ヲ尽シ、身ヲ責テ学資ヲ助ケ愛ヲ忍テ学路ノ難ヲ履マシメ、笑ヲ禽獣ニ招カス、

朝廷仁慈ノ大旨ニ負カス、子弟ヲ成立シテ一家ノ栄ヲ来サンコト、府下一般ノ人民其之ヲ思ヒヨヤ、

明治五壬申歳九月

大阪府権知事　渡辺　昇撰

学制解訳

人々自ラ其身ヲ立テ、其産ヲ治メ、其業ヲ昌ニシテ、以テ其生ヲ遂ルユヘンノモノハ、他ナシ、身ヲ修メ智ヲ開キ才芸ヲ長スルニヨレリ、而シテ身ヲ修メ智ヲ開キ才芸ヲ長スルハ、学ニアラサレハ能ハス、

解云、自トハ、他ノ力ヲカラス、一人一人ニト云コトナリ、其身ヲ立トハ、修行出精シテ吾身ヲ仕立テ上ルコトナリ、其業ヲ昌トハ、渡世家業ヲ繁昌サセルコトナリ、生ヲ遂ルトハ、一生涯ヲ安楽ニクラスコトナリ、サレハコノ御趣意ハ、凡ソ人間ニ生レタル者一人一人ニ他人ノ力ヲカラス、己カ身ヲ立派ニ仕立テ上ケ、己カ身代ヲヨクシ、己カ家業ヲ繁昌サセ、一生涯ヲ安楽ニクラス様ニスルハ外事テハナヒ、身ヲ修メ智ヲ開キ才芸ヲ長スルニ因ルナリ、其身フ修ルトハ、第一吾身ノ行ヒヲヨクシ、親ニハ孝ヲ尽シ天子様ヲ尊敬シ奉リ、カリソメニモ御政府ノ御指揮ニ背カス、兄弟睦マシク夫婦和合シ朋友ニ信ヲ失ハス、吾身ノ分限ヲ守リ万事ニ心ヲ付ケ、法外ナルコトヲセス、謹テ礼儀ヲ堅ク守ルコトナリ、智ヲ開クトハ、知恵ヲ磨クコトナリ、タトヘハ玉ハ結構ナルハ光リヲ持テトモ磨カサレハ瓦石ニ異ナラス、人ハ天ヨリ結構ナル知恵ヲ貰ヒナカラ、放埒ニ暮シ修業スルコトヲモナサス、其智恵ヲ磨カネハ、禽獣ニ劣リタルモノナリ、才芸ヲ長スルトハ天ヨリ生ミ付テ貰タ才能芸能トテ、器量仕業ヲ一寸ノ者ハ一尺ニスル様、一尺ノ者ハ一丈ニスル様ニノハスコトナリ、夫人生レナカラニシテ知ルモノニ非ス、吾身ヲ修メ吾才芸ヲヲノバスハ、如何スレハ出来ルソトイヘハ、何レモ皆学問テナケレハ出来ヌト云コトナリ、

是学校ノ設ケアルユヘンニシテ、日用常行読書算ヲ初メ士官農商百工技芸及ヒ法律政治天文医療等ニ至ル迄、凡ソ人ノ営ムトコロニ応シ、勉励シテ之ニ従事シ、シカシテ後初メテ生ヲ治メ産ヲ興シ業ヲ昌ニスルヲ得ヘシ、

解云、日用トハ日日入用ノ品モノナリ、常行トハカネガネ定リタル仕事ヲ云ナリ、言語書算トハ毎日毎日人ニ交ルコトバヅカヒ手紙ノ文言算用ノ仕方、之ヲ手初メ学問ノコグチトシテ、役人百姓商人職人万ヅノ芸事ナリ、法律政治トハ政事ヲシテ国ヲ治ルコト、一家ヲ治ルニハ一家ノ政事アリ、一町ヲ治ルニハ一町ノ政事アリ、一区ヲ治ルニハ一区ノ政事アリ、コノ政事ノ学問ヲセネハ、区長戸長ノ役義モ勤ラストシタルモノナリ、凡ソ一人一人日日ノナス事スヘテ学問カアルニ因テ、其才ノアルトコロニ応シ、勉励シテ之ニ従事ストハ、役人ニナル器量ノアルモノハ役人ノ学問ヲナシ、商法ノ才アルモノハ商法ノ学問ヲナシ、農ハ農学、工ハ工学ヲナシ、吾器量ニ任セツトメハゲンデ学問ヲシタトコロデ、始メテ吾渡世モ安楽ニデキ、身代モ能クナリ、家業モ繁昌スルコトニナルト云御趣意ナリ、

学問ハ身ヲ立ルノ財本トモイフヘキモノニシテ、人タルモノ誰カ学ハスシテ可ナランヤ、

解云、財本トハモトデト云コトニテ、金銀ニナル種ナリ、人間万事スベテ本手ナシニ出来ル事ハ一モナシ、今学問ハ何ノ本手ニナルソトイヘハ、上ニ云如ク一生涯ヲ安楽ニクラシ、渡世実業ヲ繁昌サセル本手ナレハ、人タルモノ是非トモ学問ヲセネハナラヌト云コトナリ、

夫ノ道路ニ迷ヒ、飢餓ニ陥リ、家ヲ破リ身ヲ喪フノ徒ノ如キハ、畢竟不学ヨリシテカヽル過ヲ生スルナリ、

解云、道路ニ迷フトハ、路頭ニ立ツヲ云ヒ、飢餓ニ陥ルトハ、一粒ノ食物モナシニナルヲ云フ、凡ソ事ノ道理ニ暗ケレハ、身持放蕩ニ流レ易ク、自然家業ニ怠リ、無用ノ遊芸ニ耽リ、飲酒博奕ヲ事トシ、遂ニ家屋ヲモ典売シ、身ノ便ルヘキトコロモナク、路頭ニ迷ヒ飢ヘ凍ヘ詰リ、川沢ニ身命ヲ投スルカ、或ハ人ノ品物ヲ盗ミ御法度ニ触レ、御仕置ニ逢ヒ、父母ノ遺体ヲ失フカ、何レトモ無事ニ一生ヲ過スヲ得ス、斯クナルモノハ全ク不学ヨリシテノ間違チヤト云コトナリ、

従来学校ノ設アリテヨリ、年ヲ歴ルコト久シトイヘトモ、或ハ其道ヲ得サルヨリシテ人其方向ヲ誤リ、学問ハ士人以上ノ事トシ、農工商及婦女子ニ至リテハ之ヲ度外ニオキ学問ノ何物タルヲ弁セス、

解云、昔ヨリ今日ニ至マテ学問所ノ御設ハ、所所ニアルコトナレトモ、学問ノ仕方カ悪キユヘ、皆皆方角目的ヲ取違ヒ学問トイヘハ士分以上ノ事ニテ、農工商并婦人女子ノ輩ハ学問ハイラヌコト無用ノモノナリト了簡違ヒヲナシ、学問トハ如何ナル物ヤ更ニ其道理ヲ知ラヌト云コトナリ、

又士人以上ノ稀ニ学フ者モ、動モスレハ国家ノ為ニスト唱ヘ、身ヲ立ルノ基タルヲ知スシテ、或ハ詞章記誦ノ末ニ趨リ、空理虚談ノ途ニ陥リ、其論高尚ニ似タリトイヘトモ之ヲ身ニ行ヒ、事ニ施スコト能ハサルモノ少カラス、是スナハチ沿襲ノ習弊ニ(ママ)テ文明普ネカラズ、才芸ノ長セスシテ貧乏破産喪家ノ徒多ユヘンナリ、

解云、士分以上ノ者カタマタマ学問ヲスルモノモ、ヤヽモスレハ心得違ヒヲナシ、御国ノ為ニ学問スルナト云テ学問ハ元来我身ヲ仕立テ上ル根本ナルコトヲ少シモ心得ス、或ハ詩ニ耽リ文ヲ嗜ミ徒ラニ暗記誦読ニ心ヲ苦シマシメ、或ハ理屈ラシキコトヲ言ヒ其口先ハ中中及ハレヌ様立派ニアレトモ、之ヲ我身ニ行ヒ実際上ニ施ストキハ何ノ用ニモ立ヌモノ数多シ、コレハ是迄ノシキタリノワルグセト云モノニシテ、世カ開ケス学問ヲシテモ己カ才能ヲ延スコトカ出来ヌユヘ、終ニハ身代ヲツフシ家業ヲ失ヒ難渋スルモノ多シ、畢竟身ヲ立テ家ヲ興ス為ノ学問カ却テ身ト家ノ害ヲナスハ、全ク是迄ノ心得違ヒナリ、此ノ如キ学問ハセヌカ万万勝リタルコトナリ、

是故ニ人タルモノハ学ハスンハアルヘカラス、之ヲ学フニハ宜シク其旨ヲ誤マルヘカラス、

解云、凡ソ人タルモノ日日ノ心得方万事ニ就テ学ハネハナラヌ、シカシナカラ是迄ノ学問ノ仕方テハ身ト家ノ害ニナルユヘ、其趣意ヲ取違ヘヌ様無用ノ学ヲセ

ヌ様ニイタセト云コトナリ、

之ニ依テ今般文部省ニ於テ、学制ヲ定メ追追教則ヲモ政正シ布告ニ及フヘキニツキ、自今以後一般ノ人民必ス邑ニ不学ノ人ナカラシメンコトヲ期ス、

解云、之ニ依テトハ、前段ヲ承ケ、カクアル故ニト云コト、此度文部省ニ於テ学問ノ仕方ヲ御定メアラセラレ、追追教方ノ御規則ヲモ立サセラレ、御布告ニ相成ユヘ、今日ヨリノチハ華族テモ士族テモ百姓町人モ婦人女子ニ至マデ、御国ノ中ニ生レシ者ハ、如何ナル田舎ノ三軒家テモ、学問ヲセヌ家ハ一軒モナク、如何ナル津津浦浦ノ三枚敷ノ家テモ、学問ヲセヌ者ハ一人モナキ様ニ遊ハサレルト云御趣意ナリ、

人ノ父兄タルモノ宜シク此意ヲ体認シ、其愛育ノ情ヲ厚クシ、其子弟ヲシテ必ス学ニ従事セシメサルヘカラサルモノナリ、

解云、人ノ父ヤ兄タル者ハ此脚趣意ヲ取違ヘス、厚ク相心得我子カ可愛ケレハ学問ヲサセテ、其身モ立チ家モ繁昌シテ、生涯安楽ニ暮シノ出来ル様ニ育テ上ルカ、父兄タル者ノ慈悲恩愛ト云モノユヘ、我子ヤ我弟カアレハ屹度学問ヲサセヨトノ御趣意ナリ、

高上ノ学ニ至リテハ、其人ノ材能ニ任カストイヘトモ、幼童ノ子弟ハ男女ノ別ナク小学ニ従事セシメサルモノハ父兄ノ越度タルヘキ事、

解云、高上ノ学トハ、中学以上専門ノ学問ナリ、コノ学問ハ人人ノ器量ニ因テ違ヒアリトイヘトモ、御規則中ニハ幼童ハ六歳ヨリ男女ノ別ナク入学イタサセヨト見ユ、若入学セシメサルモノハ其父兄ノ越度トナリテ、御咎メヲモ蒙ムルヘキコトナレハ、ヨクヨク心得テ此御趣意厚ク奉戴スヘキコトナリ、

巡講師　小野正巳謹述

学制解訳畢

跋

中古文物之隆、実権輿吾都、夫人所知也、権知事渡辺君、参事藤村君来准此府、俗化之厚延及文教彬々有治績、今茲明治壬申夏五月奏得制可下令各区剏建小学校凡一百処、区老商議日夜展力自秋至冬土木将竣功、無論於棟宇壮麗器用具備督課之方法、教導之規則所以造士育才者、精到確実称為三府之甲、嗚呼盛哉、此挙上奉答聖意、下開化民心古昔之文明可数日而復都人慶福何以加焉、政愬物以譾劣受乏学務、感喜之余可不公告四方以図万一之報哉、偶学制解訳刻成書其事為跋

明治五年壬申仲冬

大阪府大属日柳政愬謹誌并書

〔28-10〕 **兵庫県（兵庫県）**

明治四年三月一六日 兵庫県庁／兵庫県学校掛　↓　名主／庄屋／年寄／頭立候者共 「兵庫県、兵庫名主神田兵右衛門に幹事長を命じ、就学奨励を告諭す」

明治四年三月十六日兵庫県名主神田兵右衛門へ幹事長ヲ命ス其本校創立ノ首唱ニシテ又タ能ク力ヲ学務ニ尽セルヲ以テナリ此ニ於テ小民ト雖モ学ハサルヘカラサルノ意ヲ告諭シテ曰

学問ハ人倫ノ道ヲ正フセシメ各其業ヲ勉メシメテ上ハ　御国恩ニ報シ下ハ己ノ家業相続子孫繁栄ノ基ヲ立シメン為ニシテ上下忽セニス可カラサルノ事業ナリ因

テ今般兵庫明親館ノ学校ニ於テ更ニ講日ヲ定メ規則ヲ立テ農工商ノ輩ニ至ル迄修業致ス可キヨフノ方法取設ケ候条厚ク其意ヲ得別紙告諭ノ趣ヲ以テ有志ノ輩ハ勿論幼童及ヒ卑賤ノ者ニ至ル迄同館ニ入学シ勉励修業致ス可キ事

右ノ趣名主庄屋年寄並ニ頭立候者共厚ク相心得小前末々迄不洩様可申諭者也

辛未三月　　兵庫県庁

〔別紙〕告諭ニ曰

学問ハ貴賤貧富ニヨラス必ラス勉ム可キ事業ニシテ能ク之レヲ修業シ得テ仁義礼知孝悌忠信ノ道アルコトヲ知リ上ハ　御国恩ニ報シ下ハ己ノ家業相続子孫繁栄ノ基ヲ立シメン為メナレハ農工商ノ輩ト雖トモ必修業スヘキナリ

一学問ハ能ク物ノ道理ヲ弁ヘ自ラ先ツ其行ヲ正シクシコレヲ我今日務ル所ノ職業ニ及シテ不正不明ノ事ナカランコトヲ要スルノ道ニシテタヾ六ケ敷文字ヲ読書キスルノミヲ以テ学問トハ云フヘカラスシカシ其六ケ敷文字ヲモ読習ヒ師タル人ノ講義ナトヲモ聞カサレハ其道理ヲ弁ヘ知リ難キ故ニ務メテ学問スヘキナリ

一兵庫県ニ於テ明親館ト名ツケテ学問所ヲ設ケシハ土地ノ人民ヲ教育シテ道ニ進マシメン為ナルヲ学問ハタヾ六ツケ敷モノトノミ心得町人百姓ナトノコレヲ学フハカヘツテ家業ノ妨トナルナト云フ心得違ノ族アリテ学フ者稀ナリシハ甚歎カシキ事ナリ以来右様ノ心得違ナキヨフ銘々心掛修業スヘシ尤此度学校規則ヲモ改正シテ諸事手軽ニ修業セラル、ヨウノ仕法ヲモ設ケタレハ一家ノ主人ハ勿論丁童小者ニ至ル迄朝夕何時ト限リヲ立テス衣服モ羽織袴ナトツクルニ及ハスタヾ常ノマ、ニテ苦シカラス家業手透ノ暇毎ニ学校ヘ出テ修業スヘシ

一志アル者ハ故郷ヲ離レ遠キ国ヘ到リ師ヲ求メ修業スル者モアルヲ今己カ郷里ニ在リテ修業セラル、ハ実ニ此上モナキ幸ナレハ志アル者ハ勿論志ナキ者ヲモ勧メテ入学セシムヘシ

一毎月二七ノ日ヲ以テ講釈日ト定メタレハ毎日出席シカタキ者ハ此ノ日ニ来テ聴聞スヘシタトヒ僅ニ一句一章ニテモ読覚ヘ一言半語ニテモ聞覚ユル時ハ夫タケノ智覚ヲ増スヘシ

一幼童ノ輩ハ早ク手近ナル手跡ノ師家ニ入門セシメ先ツイロハ仮名ヨリ覚サセサテ学校ヘ出シテ学問ヲサスヘシ学問シテ聊カモ物ノ道理ヲ覚ユレハ空シク遊興ニ耽リテ時日ヲ費シ分限ニ応セサル衣服ヲ飾リテ金銀ヲ費ス事ナトナク自然孝弟忠信ノ厚キニ帰シ成長ノ後ハ上ハ　御国ノ御用ニモ立チ下ハ我家業繁栄ノ基ヲモ起スニ至ルヘシ

一国学漢学ハ勿論西洋ノ学ヲモ広ク学フヘシ当地ハ外国交際ノ港ナレハワキテ世間ノ人ヨリ早ク事物ノ学ニモ達シ他国ノ人ニ勝ルヨフニスヘシ無学文盲ニシテ西洋ノ人ナトニオトシメ侮ラル、事アリテハ実ニ我国ノ恥辱トナリ且ハ理ニ昧ラケレハ何事モ損害ノミ多ク終ニ土地ノ衰微ノ基トモナルヘシサレハ農商ノ輩ト雖モ必ラス学問ハス可キナリ

一学問ノ順序ハ先ツ手近ナル我国ノ事ヲ知リサテ漢学ヲ修業シサテ西洋窮理ノ学ニモ及ホスヘシ詩文章ハ学問ノ傍ニス可シ詩文章ノミニ耽リテ身ヲ修メ家ヲ斉フル学問ノ本意ヲ忘ルヘカラス

右ノ条々厚ク心得各修業勉励ス可シ

辛未三月　　兵庫県学校掛

〔28–15〕　兵庫県（兵庫県）

一八七三（明治六）年三月
区長　→　（不明）
「小学校開校の通達」

一小学校来ル廿三日より開校致候ニ付、六才より十三才迄之男女生徒、同日八字入学可致様夫々通達有之度候、学目左ニ
皇国学　右之外語学　漢学　英学　習字　算学
但シ、女子ハ右之外ニ裁縫之業を授事
一十三歳以上之小児並大人不論老若、右之学伝習致度志之者ハ、前同様廿三日八時入学為致候間、一町一村限早々ニ取調、姓名御書出有之度候
但、右之等外生之義ニ付、通ひ習ヒ為致候間、此方江通有之度候、自然塾中余席分有之候て懇望之者ハ入塾為致可申候
一小学生徒並等外生共受業料左ニ
入学之節金拾二銭五厘
右之外小学校中ニ於て何学伝習致候共、決而指出候ニは及不申候
但、貧窮ニ而右金高出金致難義者ハ半減ニ而宜候、尚夫も迷惑致候者ハ無料ニ而宜候
併右様之者有之候ハヽ、町村より姓名御書出有之度候
一講釈之節ハ男女不論長幼聴問致候条、業隙参校可致候
右夫々至急御通達有之度候也

〔29–1〕　奈良県（奈良県）

明治五年六月
奈良県　→　（不明）
「奈良県就学告諭」

夫レ人タル者初ヨリ貴賎貧富ノ別アルニ非ス只知識アル者ハ貴ク知識無キ者ハ賎ク知識アレハ勤労ノ義ヲ弁ヘ天然ノ道ニヨリテ思フマヽニ衣食住ノ用ヲ達シ人ノ妨ケヲナサスシテ自由安楽ニ其身ヲ立テ知識無キ者ハ徒ニ一日ノ安ヲ偸テ終身貧窶ニ陥リ其身ヲ出ス所ナシ斯ク知識アルト知識無キトノ差別ハ雲壌ノ異ルニ至ル然ニ其知識ナルモノハ学問ヨリ生シ其学問ハ幼少ノ時読書手習算術等ヨリ漸々修業致サスシテハ容易ニ成就スルコトナシ若幼少ノ時遊戯ニソノ日ヲ送リ生長ニ及ヒ自ラ貧窮ニ苦ンテ人ノ富貴ヲ羨ミ或ハ童ベノ侮リヲ受ケ衆ノ屈辱ヲ蒙リテ如何ニ後悔スルトモ及フベカラズ去ハ先般有志ノ者共コノ文明ノ御世ニ暫時

モ坐視スベキコトニ非ストテ屹然奮発シテ願出私学校ヲ取開キ且是迄ノ学風ハ詩賦古文ニ従事シテ空言補ヒ無キニヨリコノ習風ヲ改メ人々身家ヲ立テ日用ニ益有ル学問ヲ教ヘ導ケリ已ニ其節ハ懇々説諭之布告ニ及置候処中ニハ前條ノ次第ヲ弁ヘス心得違ノ者モ有之目前ノ愛欲ニ溺レ幼少ノ者遠方往来ハ不慣ナド、相唱ヘ或ハ家事等ニ事ヨセ子弟ヲ小学校へ差出サヾル父兄等モ有之由甚以事体ニ相悖ル事ニ候人々天ヨリ受得タル結構ナル智恵ヲ具ヘナガラ態ト之ヲ不明ニシ己レガ子弟ヲシテ無智文盲ニ導キ候訳謂ハレナキコトニアラズヤ猶又寺子屋致シ居候者之内ニモ心得違ノ者有之種々ノ事ヲ申立弟子ノ父兄ヲ惑シ陰ニ其家々へ筆学教導ニ相廻リ或ハ己レノ宅へ引付ケ区々ノ教導致シ居候者モ有之由御布告ノ趣モ顧ミス己レノ欲ニ引レ大切ノ人子ヲソコナイ候段不埒ノ至ニ候以来心得違有之ニ於テハ厳重ニ取調ニ及ブベク候条各屹度心得違無之様可致者也

但病気故障等ニテ入学難致向ハ其旨可届出候尤私小学校取建付存寄有之向ハ無腹臓書付ヲ以テ可申出者也

右之通奈良市中江相達候条郡中においても末々迄為心得無洩可相触もの也

〔30-3〕 和歌山県(和歌山県)

明治五年一一月
権令北嶋秀朝 → (不明)
「民費による学校設立の勧告」

先般太政官より御布告の通り、学問の旨趣ハ人々自ら其産を治め其業を昌にするの本にして、日用欠べからざるの急務なれば他人の力を仮らず自費を以て就学致すべきは勿論にこれあり、去なから即今学問の道未た普及の場に至らず一時行はれ難き事情もこれあるべくに付、学費の内幾分は官より御扶助相成るべきとの御事候条、富有の輩厚き御趣意を奉体し無益の費を省き学校を設け普く子弟をして就学せしめば其功徳ただに郷里に及ふのみならず、又国恩の万一を報するに足らん、故に有志の輩区内一家の思をなし、各心を協へ力を尽し先つ民費を以て毎区一二ヶ所の学校を取建成丈け官の扶助を仰がざる様致すべき事

右之趣管内無洩布達せしむるもの也

〔31-1〕 鳥取県(鳥取県)

明治五年九月
(不明) → (不明)
「学制」にともなう県布告

今般別紙ノ通被　仰出候学制ノ義ハ不日御布令相成候ヘトモ全国大中小学校五万三千七百六十八ケ所建設ニ相成ルヘク候処当県ニ於テモ四百余ノ小学校建立セサル可カラス然ルニ未タ一両ケ所アルノミニテ微々タル事ニ候ヘハ至急新ニ作興候間壮年ノ者ハ申スニ及ハス六歳ヨリ以上ノ子弟男女トモ精々勉励致サセ申ヘク候然ル所莫大ノ費用相掛リ候ニ付区費或ハ寄附致サセ止ム事ヲ得サルノ不足ハ文部省ヨリ御扶助モ下サレ候御趣意ニ候因テ成丈ケ難儀ニ相ナラヌ様トノ深意

ヲ以テ正権両参事初メ官員ヨリ寄附イタシ候条各区ニ於テモ　朝廷御趣意ヲ体認シ相応寄附致スヘキハ勿論人口ニ平均シ出金ス可ク候尤御規則一定ニ付テハ家塾并手習子屋タリトモ御趣意ニ戻リ候儀ハ一切相成ラス候事

〔32-3〕　**松江藩（島根県）**

明治四年五月四日
松江藩　→　（不明）
「学則」

学校ハ何ノ為ニシテ設クルヤ人倫日用ノ道ヲ修メンカ為ニ設クルノミ是レ此館ニ修道ノ二字ヲ命スル所以ナリ道ハ大路ノ如ク然リ凡ソ人タル者事ニ必此道ニ由ラサルコトヲ得ス其大本ハ天地自然ノ理人々ノ具有スル所ニシテ古今易ハルコトナシ然レトモ之ヲ事業ニ施スニ至テハ去年ト今年ト異ニ今日ト明日ト同シカラス況ヤ方今万国開化ニ向ヒ文事武備ヨリ天文暦算物性器械ニ至ルマテ皆其精妙ヲ極ム此レ気運ノ然ラシムル所ニシテ人々各其功ヲ尽サヽルヘカラス是ニ於テ朝廷維新ノ政ヲ布セカラレ政教一致規模恢宏天地ノ公道ニ基ツキ知識ヲ世界ニ求メ大ニ　皇基ヲ振起シ給フノ御趣意恐レナカラ実ニ希代ノ偉挙ト申スヘシ然ルニ世ニ学問ト称スル者　皇朝アリ漢土アリ西洋アリ各其学ヲ主張シ互ニ其短ヲ非議シテ相容レサル者アルニ至ルハ何事ソヤ斯ル　聖明ノ御代ニ生レテ斯ク一己ノ陋見固識ニ沈ミテ終ランコト豈ニ嘆スヘキノ至ナラスヤ然ラハ方今ノ学問ハ皇漢洋ヲ合併シ長ヲ採リ短ヲ捨テ集メテ大成スルニアラサレハ知識ヲ広メ才徳ヲ成シ以テ実功ヲ泰シテ此道ヲ修ムルコト難カルヘシ故ニ先　皇朝ノ書ヲ読テ国事ヲ知リ国体ヲ弁シ又漢土ノ書ヲ読テ忠孝人倫ノ教治国平天下ノ理ヲ明ニシ西洋ノ書ヲ読テ万国ノ政体事情ニ通シ天文暦算ヲ詳ニシ富強ノ術器械ノ巧ヲ究ムヘシ然レトモ漢学ハ年久シク伝ハリ其文字ニ国訓ヲ施シテ用ル事ト為リタレハ自ラ皇学ハ合ハスヘシ洋学ニ至テハ然ラス洋文ヲ以テ之ヲ教ヘ洋語ヲ以テ之ヲ解ス故ニ今遂ニ合ハセ難シ因テ姑ク南北ニ学校ニ分ツ教場ノ別ナルヲ以テ教モ亦別ナリトスルコト勿レ医学ハ人命ノ関カル所ニシテ亦緊要ノ学タリ忽ニスヘカラス故ニ又西学校ヲ設ケテ之ヲ教フ兵学ハ国ノ存亡人ノ死生ニ関カル所ニシテ固ヨリ学校中ニ於テ講スヘキコトナカレトモ其技芸ハ合ハセ学フコトヲ得サレハ別ニ教場ヲ設ク規則モ亦自ラ別ナリ究竟　朝廷ニ於テ飽マテ人材御渇望ノ時ナレハ教官及ヒ生徒各其方向ヲ誤ラス学問勉励シテ一息ノ間モ怠慢アルコト勿レ

〔32-4〕　**松江藩（島根県）**

明治四年五月四日
松江藩　→　（不明）
「松江藩教導所学則制定のこと」

明治四年辛未五月四日　管内処々ニ設クル所ノ郷校及ヒ従来寺小屋ト称スル者悉ク改メテ教導所ト名ツケ学則ヲ定メ教導所取締ヲ置キ郡吏ヲシテ教導所懸引ヲ兼

務セシム且毎郡一所宛ノ教導所ヲ以テ其長トシ合セテ之ヲ修道館ニ管轄ス 松江市中ノ教導所ハ直チニ本館ニ総フ 因テ前後設クル所ノ教導所百九十余所アリ 教導所都テ私立ニ係ル独従前郷校若干ノ教官ハ其月給官費ヲ以テ之ヲ給ス

教導所学則

学ハ人倫日用ノ道ヲ学フノミ豈ニ貴賎尊卑ノ別アランヤ従来松江ニ修道館ヲ設クルモ固ヨリ一国ノ人ヲシテ皆道ヲ修メシメンカ為ナリ然ルニ唯此一所ニシテ衆人ニ及ホシ難シ遂ニ学ハ士族卒ノ事ニシテ農工商賈ハ皆学ハスシテ止ムヘキモノト思フ者モアルニ至レリ夫レ人学ハサレハ以テ人タルヘカラス豈ニ貴賎尊卑ノ別アランヤ然ラハ農工商賈ニシテ曽テ日用ノ事理ヲ解セス其レ可ナランヤ甚シキニ至リテハ己カ姓名スラ書シ得サル者アリ嘆スヘキノ至ナリ然レトモ此レ庶民ノ罪ニアラス学制ノ立サルヲ以テナリ故ニ今新ニ教導所ヲ設ケ其学則ヲ定メテ一人ノ学ハサル者ナク各其良性ヲ達スルコトヲ得セシム其定ムル所ノ学則ハ文学算数日用欠クヘカラサル者ニシテ習ヒ易ク進ミ易ク一字ヲ学ヘハ一字ノ用ヲ成シ一事ヲ習ヘハ一事ノ用ヲ達スルヲ主トス尚学問ノ蘊奥ヲ極メント欲スル者ハ修道館ニ入テ之ヲ学フヘシ其徳ヲ成シ其才ヲ達スル者ハ本朝末廷ノ有用ト為リ若シ不才ニシテ業ヲ成サヽルモ良僕良奴タルコトヲ失ハス教官及ヒ生徒能ク此意ヲ体認シテ怠慢アルコト勿レ

明治四年辛未五月　松江藩

一　松江ニ於テ学校ヲ設クト雖モ主トシテ士族卒ノ為ニスル者トナリテ農工商賈ニ及ヒ難シ郡中市中ニ私塾数所アリ其人ニ益アルコト少カラス然レトモ学ニ定規ナク各教師ノ心ニ任スルコトナレハ互ニ得失ナキコト能ハス依テ今之ニ学則ヲ授テ其法ヲ一ニシ又教場ノ無キ所ニハ新ニ設クルモアリ皆之ヲ教導所ト名ツク

一　教導所教師其地ニ相当ノ人ナキトキハ学校大助教以下ヲ以テ之ヲ兼ネシム

一　教導所ハ七歳ヨリ入学十三歳ヲ以テ限トス十四歳以上ハ各其志ニ任ス

一　教導所ノ学則ヲ三等ニ定メ三等生各素読習書算術ヲ学ハシム尤素読習書書籍ノ類時々其意ヲ講シテ之ヲ聞カシム或ハ生徒ノ志ニ任セ輪講会読等ノ業ヲ起スモ亦可ナリ

一　三等ノ学則ハ農工商賈普通ノ課業ナリ若シ俊秀ノ者アレハ教官ノ試鑿ヲ以テ修道館ノ学則ニ従テ之ヲ学ハシメ愈成立スヘキ才アル者ハ撰テ修道館ニ入ラシム

一　僻遠ノ地ニ居住スル者等教導所ニ寄宿シテ学ハンコトヲ請フ者ハ教官ノ試鑿ヲ以テ之ヲ許ス

一　一年両度修道館教官教導所ヲ巡視シ生徒ノ業ヲ試ム
　但臨時試業及ヒ知参事臨時巡視スルハ此限ニアラス

一　正月十日ヲ以テ稽古始トシ十二月二十五日ヲ以テ終業トス

一　修業時限朝六半時ニ始リ昼四半時ニ終リ昼九半時ニ始マリ夕七時ニ終ル

一　両辰七節　神武天皇御祭日盆中及ヒ毎月一六ノ日休業六月二十二日ヨリ七月二十日マテ午後半日休業
　但臨時休業ハ其日ヲ以テ之ヲ定ム

教導所学則表　（略）

〔32−5〕　**松江県（島根県）**

明治四年一〇月五日
松江県　↓　（不明）
「女学則」

天先成テ地後ニ定リ陰陽並立テ万万ヲ生スル事天地ノ初ヨリ定マレル理リニテ男子ハ外ヲ治メ女子ハ内ヲ守ルモノ也中ニ就テ小児ヲ生育スルハ母ノ教訓ノ関カル所ニテ其功最モ大ナリ然ハアレトモ女学ノ制立サルヲ以テ事理ニ暗キ婦女マヽ多カルハ惜イカナ今ヤ文学盛ニ行ハルヽ新大御代ニ当リテ女子ヲ教フルノ規則無クテハ得アラヌ業ナリケリ故今新ニ女学校ヲ設ケテ四民オノ〳〵漏ルヽコトナク女児ヲシテ学ニ入ラシム今ヨリ以後此学則ニ随ヒテ勉メ学ハヽ紫女清女ノ上ニ出ルモノモナトカ有ラサラン然テモ女ニ三従ノ道アリ仮令学問成リヌトモイヨヽマス〳〵慎ミテ人ニ傲ルコト無クヨロシク婦徳ヲ治メ守ルヘキナリカシ
（以下略）

〔32−7〕　**島根県（島根県）**

明治五年九月
島根県　↓　（不明）
「御達」（学事奨励に関する被仰出書のこと）

（学制布告書　本文――略）
右之通　被仰出候條地方官ニ於テ辺隅小民ニ至ル迄不洩様便宜解訳ヲ加ヘ精細申諭文部省規則ニ随ヒ学問普及致候様方法ヲ設可施行事
明治五年壬申七月　　太　政　官

右之通御達ニ付相達候尤文部省ヨリ御達相成候学制ノ儀ハ追々可及布達候事

〔32−12〕　**島根県（島根県）**

一八七四（明治七）年五月三〇日
権令井関盛良　↓　（不明）
「第二百八十四号」（女子の就学奨励のこと）

夫レ父母ノ子ヲ愛育スルヤ言辞動作其見聞スル所ニ資ケ成シ漸ク長スルニ随ヒ身ヲ修メ智ヲ開キ才芸ヲ長シ以テ精神霊妙ノ理用ヲ達シ人々其生ヲ遂ル所以ノモノハ学ニアラスンハ得ス是則学校ノ設ケアル所以ニシテ朝廷学制ヲ定メ文部省ヲ置キ既ニ明治五年七月緊要ヲ公布シ其解クコト明カナリサレハ修学ハ知識才能ヲ伸ブル又何ソ男女ノ別アルコト有ン管下昨春以来小学設立凡百三十余校ニ及フ是衆庶ノ　朝旨ヲ奉戴シ学問ノ美事タルヲ暁ル所以ニシテ実ニ県地開明ニ進ムノ験効日ヲ期シテ待ヘキモノアラン然ルニ男児ニシテ就学ノ者幾ント七千人其女子ニ於ルヤ尚十分ノ一ニ過ス抑県官学区取締戸長等ノ説諭尽力ノ至ラサル歟将タ父兄タル者ノ旧俗ヲ改メサルアツテ然ル歟凡ソ女子ハ成長ノ后人ノ嫁婦トナリ而モ一家ノ内相タリ況ヤ子アリ愛護教育ニ与ルモノヲヤ然ハ則女子ニシテ教育ノ道アルハ他日吾子ノ模範タル不俣言処嘗テ聞孟母吾子ノ教育ニ心ヲ尽スノ切ナル誰カ之ヲ嘆賞セサラン果シテ孟母ヲ他日ニ見ンヤ是学ニアラスンハ得ス豈忽ニスヘケンヤ然ルニ従来女子ノ養育タルヤ鼻近目下ノ慈愛ニ過キ一室ノ内ニ長シ学問ノ何タルヲ知ラス素ヨリ時勢ノ然ラシムル処ト雖モ尚今日ニ至リ偶女子入校ノ志アルモ却テ容貌修飾ノ弊ニ固着シ其志ヲ呑ンテ止ム等何ソ時勢ニ惑ヘルノ甚シキヤ宜ク父兄タル者定省以テ此学興起ノ美典ニ従ヒ児女教育ノ機ヲ不誤ルヘシ依テ速ニ就学セシメ将来吾子ノ教育一家ノ良相タランヲ欲シ共生ヲ遂ケシメンコト是専要ナリ

右之通管内無漏相達スル者也

〔32–14〕 島根県（島根県）

一八七五（明治八）年一月二八日
（不明）→（不明）
「女子就学ノ事」

一　廿八日女子就学ノ事ハ昨年ノ四月繾綣告諭ニ及ヒ置ケレトモ未タ其影響ヲ得ルニ至ラサルノ際文部省第三号ノ報告ヲ得タリ其文人心ヲ感発スヘキヲ以テ管下ニ布テ特ニ父母タルモノニ注意セシム

女教ノ振興セサルヘカラサル方今ニ在テ一大要務トス故ニ東京府下ニ在テ女子師範学校設立ノ挙アリ此挙也夙ニ　皇后宮ノ嘉尚セラルル所トナリ本月第二日文部大輔田中不二麻呂ヲ宮中ニ召シ女学ハ幼稚教育ノ基礎ニシテ忽略スヘカラサルモノナリ聞ク頃日女子教師学校ノ挙アリト我甚之ヲ悦ヒ内庫金五千円ヲ加資セントノ親諭アリ嗚呼世ノ婦女子ヲ勧テ教育ノ根底ヲ培殖セシメント欲セラルヽ特慮懇ナル邦国人民ノ為メニ祝賀セサルヘケンヤ庶幾クハ其父母タルモノ心ヲ傾ケ此盛意ヲ体認シ女子ヲシテ此ニ従事セシメ其業日ニ将ニ更ニ得ル所ヲ推拡シ遂ニ幼稚ノ教育ヲ善美ニシ以天賦ノ幸福ヲ完了センコトヲ

〔33-3〕 岡山県(岡山県)

明治五年
(不明) → (不明)
「さとし」(壬申御布令)

一、男の子を養ひ女の子を育つるに、父母のこころには何れを愛しいつれを悪むといふ恩愛の差別は無く均しく愛すへき我子なるに、男子をば学校へいだし学問させて義理を弁へ人間の道をもしらしめ、万物の霊たる名にはぢざるやうに教る事をしれど、女子をば軽しめ更に教に係らぬよふ思ひなし、人間の道をも学ばせずして頑愚の者とならしむるのは、天地の公道とも父母たるものゝこゝろともいふべけんや。都而人間男女の別なく其生れし時は智恵なし、故に是に教へて人間の道を学はしむる也。おしへなければ、四支五体を備へても禽獣に異ならず、印度あふりかの人も同じ、人なれども野蛮とて人にあらざるようにいふ也。今父母たる者愛すべき女子に教へずして、無智頑鈍のものとなし、野蛮の姿とならしむるは、真に子を愛するとはいゝがたし。故に文明の国に於て女子の学校を設けしは、実に天地の公道に基き人間普通の自由を得せしむと云べし。夫世教は慈母より出るものにして孟母三遷の教、皆人しる所なり。是まで女子の学校なくして女子をば頑愚の者と軽しめしは、実にいやしき風俗といふべし。王政御一新より以来、萬の弊習日を追て除き次第に開花の境に進めり、つら〳〵天地の道理によりて考れば、女子の教育なくては叶はぬ事也。因て今般学舎を設け是を教訓する事左の如し

一、女子たる者は柔和にして節操を失はざるを以て第一とす　故に行儀を正うし風俗をおとなしくする事を教ゆ

一、書を読といふはむつかしきことのみを穿鑿し、偏屈の人となるをいふにあらず。只手紙の取やりより御布令御達し、其外日用の事に差支へありては、女子にても甚不自由なるを以て、当用の事を読み書きすることを教ゆ

一、世教は慈母より出るといふは古人の金言、今学ぶ所の女子も頓て他日慈母となり庭の教のよろしければ、其子の育ちも亦よろし、倩広く通ずる文字は横の文字に限れり。其横文字を教へんとおもふとも、自ら之を習はざれば教ゆること能はず、因りて横文字をも兼教ゆ

一、縫ものたちもの機織る事よりして、一家の活計に至るまで当立たずしては何事も不自由なり。故に女子とても数学はかならず習ひ置くべし。

右洋学筆算の教師を学舎に置、広く父母たる人に女子の教なくてはならぬ事をしらぬと、かくの如し。夫れ父母の愛には男女の差別なければ、女子といへ共教育を加ふべきなり。

〔33-4〕 岡山県(岡山県)

明治五年一月
(不明) → (不明)
「告諭」

夫レ天地ノ間草木生シ禽獣居リ蟲魚育ス、日月之ヲ照シ雨露之ヲ濕シ生々育々運行流通シテ更ニ息ム時ナシ、人天地ノ正気ヲ稟ケ其間ニ生レ霊昭不昧ノ良知ヲ具

備ス、故ニ是ヲ萬物ノ霊ト云。夫レ草木禽獣蟲魚人物ノ生育スル処ヲ五大洲トイフ、五大洲中ニ区々ノ国ヲ別ツ、文学ヲ知リ義理ヲ明カニシ人情ヲ弁ヘ風俗美ニシテ知識技能ヲ研究シ勉強刻苦心ヲ同フシ力ヲ戮セ、老少男女ノ差別ナク人々報国ノ志ヲ懐ク是ヲ名ケテ文明開化ノ国ト云。文字ヲ知ラズ義理人情ヲ弁ヘズ知識技能ヲ研究セズ、蠢々トシテ無智蒙作禽獣蟲魚ニ異ナラズ、是ヲ名ケテ野蛮戎狄トイフ。均シク天地ノ正気ヲ禀ケ耳目鼻口四肢五体ヲ備ヘ、是非曲直ヲ分別シ善ニ従フ本心ヲ具足シ、而シテ斯ノ如キノ差別アルハ何ゾヤ、教ノアルト教ノ有ラザルトヲ以テナリ。今ヤ

王政一新日ニ開化ノ境ニ進歩ス、此際ニ当リ無智文盲ニシテ一世ヲ過スハ、実ニ天地ニ対シテ恥ベク萬物ノ霊タル人間ノ道ニ非ルナリ。古ヘハ士農工商ヲ別チテ、文字ヲ知リ義理ヲ明カニセシ者ヲ士ト云フ、今ヤ士農工商ノ別ナク萬物ノ霊タル人間ニ、教ヲ設ケ義理ヲ明カニシ風俗ヲ正シ知識技能ヲ研究シ、勉強刻苦心ヲ同フシ力ヲ戮セ人々ヲシテ国ニ報ルノ誠ヲ懐キ開化ノ域ニ進マシムルニアリ。夫レ天地ノ間父母タル者其子ヲ愛セザルハナシ、老牛ノ犢ヲ舐リ竟ニ殺スニ至ルモ、其子ヲ愛スルヨリ出ルナリ、今人間ノ父母トシテ其子ヲ教ヘズシテ、無智頑鈍ノ者トナラシムルハ老牛ノ愛ニ異ナラズ、真ニ其子ヲ愛スルナラバ学校ニ入レ人間ノ道ヲ学バシメ、刻苦勉強シテ開化安楽ノ境ニ至ラシムベシ。

是レ天地ニ報イ朝旨ニ答ル所以ナリ。（木版刷仮名付）

〔33-8〕 岡山県（岡山県）

明治五年一一月
和気郡他三郡有志 → （不明）
「小学校取建之趣意」

御達により、学問は身を立て、産を治め、業を昌にし、以て生を遂るゆへんの事たるを暁り、貴賎男女の別無く、金穀を出し、已に小学校を興せるハ、実によく御趣意を体認したるものと云べし、去りながら、人の子女を教育するや、限りなふして、有志の供する金穀は限りあれバ、未だ学校永久の道と云べからず、何卒不抜の法方相設け度ものなり、凡そ辺鄙の村里に至るまで、寺子と称し、いかに貧困小前のものとても、我子をして師匠に従はしめ、もの読・手習・そろばんの稽古を致さす、抑いかなる心ぞや、総て人間と生まれ来て、物よみ・手習・そろばん出来ざれバ、親の尊き事も、世間の継合も、一家のすきはひも六ヶ敷く、人と生れし甲斐も無く、鳥獣にも劣るべき故、我子をして鳥獣に致させまじとの子を愛する親心ぞかし、然ルに、是迄ハ寺子屋の規則正しからずして、教へ方の不行届ニありし故、今般御設けに相成り候小学と申ハ、規則・教へ方の行届し寺子屋と相心得可申、寺子屋の師匠ニハ多少を論せず謝礼を致さぬものハよもあるまじく候得バ、一夕の寝酒を倹約し、一時の働きを増し、我子なけれバ人ノ子のため、人の子ハ則ち我子なれバ、子あるもの子なきものゝ差別無く、此度小学校永久の入費として、一年一戸二拾五銭ヲ相課し候義、是亦謝礼と相心得可申事

〔33-11〕 北条県（岡山県）

一八七三（明治六）年一月
北条県 ↓ （不明）
「北条県布達」

夫レ学問ハ身ヲ立テ名ヲ揚ルノ資本ニシテ、一日モ欠グベカラザルノ義ハ嘗テ仰セ出サレ、既ニ管内稍中小学校設立ノ際、今般学事御給助ノ為メ一ヶ年金千八百円余、五ヶ年間下シ賜ハル由厚キ御沙汰アリ。就テハ管内弥以各区学校ノ設現今至急也。但其費用ノ多キニ撓ミ終ニ因循ニ渉ルト雖モ、富家有志ハ勿論、貧者モ亦勉メテ一分ノ力ヲ蓋シ以テ費用ヲ助ケント欲セバ、其建設豈復夕難カランヤ。方今都下ヲ始メ諸県下開化ノ地ノ如キ、競フテ学校ノ設アリト。其勢隆盛ナルモ固ヨリ他ニ非ズ、人皆当然ノ義務ヲ弁ジテ多少集金ヲ資クル謂ナリ。抑当県下ノ如キハ山野ノ僻境、人智未ダ開ケズ、学校ノ設最モ急ニセズンバアルベカラズ、故ニ自今毎戸ニ課シテ月ニ金壱銭ヲ募リ、以テ学資ニ充テシメント欲ス、衆庶此ノ意ヲ体シ敢テ違フコトナク、以テ　朝恩ノ渥キニ報ズベキ者也

〔34-4〕 広島県（広島県）

明治五年一一月一〇日
伊達権令 ↓ 各大区
「布第六十九号」

第二百十四号被抑出之旨モ有之教育之義ハ身ヲ修メ智ヲ開キ才芸ヲ長スル学問ニ非ンハ能ハス故ニ目今ノ急務ナル遍ク学校ヲ設立シ僻邑僻陬《トウキムラカタイナカ》ニ至ル迄家ニ不学ノ子弟ナク各自学テ智識ヲ拡充シ勉テ進歩大成ヲ期スルニアリ其大成ヲ期スル時ハ大ニ家産ヲ興隆スル啻ニ本人ノミナラス其父母タル者モ福音ヲ得他日ノ栄華日ヲ数ヘテ待ヘキ也斯ノ如キ学文ヲ度外ニスル仮令ハ春夏ノ際耕耡《コウサク》ニ怠惰《ナマカワ》シ秋収ノ期歳入《ミイリ》ノ多キヲ欲スルカ如シ他日人ノ幸福ヲ羨ムトモ豈亦噬　臍《コウカイサキニタタズ》ノ感ナカランヤ殊ニ当県ニ於テハ

皇国八大学区之一ニシテ外国ノ教師御雇入近ク中学校御設立相成ルヘシ管内ノ人民何ノ幸カ此ニ加エン爰ニ於テ漸次各郡村ニ小学校且学区取締ノ設ナクンハアル可カラス各自奮テ此ノ御盛意ヲ体認シ四民男女ノ別チナク六歳以上ノ子弟アル者ハ文学手習算術ヲ始メ女子ノ手芸ニ至ル迄宜シク学校ニ就テ陶鋳淬励《ソダツルハゲム》セシムヘシ

但シ学校御設立ニ就テハ文部省ヲイテ莫大ノ御出費ナリト雖　皇国内一般ノ人民ノ為メ遍ク学業御引立ノ義ニ付至仁至公ノ御趣意ヲ体認シ各自競テ学校隆興ヲ翼賛《トリモツ》シ学　資《ガクモントスルモトデ》ヲ醵《ダシヤイ》スル者ハ一名毎ニ褒章ヲ掲示シ公告セシムヘシ

〔34-5〕 広島県（広島県）

明治五年一一月二九日
伊達権令 ↓ 各大区
「布第百四号」

学問ハ目今の急務にて一日も忽にすへからさるものに付
朝廷より格別に御世話在せられ県庁よりも追々厚く布令示せし通り四民男女の差別なく学んで智なるハ則
皇国の公民にして其身もひとしく富み栄え不学にして愚なるハ盛世に生き自主自由の権を得なから人の下に立ち人に使役せられ徒に天授の才能を自棄し後日
又手詰歎するハ豈廃頑の極ならすや爰において今般隔絶の郡村まても学校を普及し四民の子弟必す学に従事せしめ
皇国の億兆をして欧亜各国文明の民に対峙し慚愧なからしめんとの至仁至公の御趣意ニ付別紙被　仰出の条件無心得違篤と体認いたし各自奮て黽勉いたすへき事

〔34–10〕 **広島県（広島県）**

一八七四（明治七）年三月五日
権令伊達宗興 ↓ （不明）
「就学奨励の布達」

学問ハ身ヲ立テ家ヲ興シ安穏ニ世ヲ渡リ自主自由ノ権利ヲ得テ、開化文明ノ民タラシムル御主意ニ出ツ、故ニ六歳ヨリ十三歳マテノ児女入学致スベキ旨続々触示シ、尚又県第十三号ヲ以、生徒勧誘ノ為メ入学ノ有無ニ不拘其区戸長ヨリ月謝取立テサセ、自然其業難叶者ハ事実具状致スヘクト懇ニ触示シ置候処、未タ弁知致ザルヤ、右年齢ノ児童街頭ニ紙鳶《よをず》ヲ放《あげる》チ独楽《こま》ヲ弾《はぢく》スルノ類、徒ニ遊戯ニ耽リ歳月ヲ費ス者鮮カラス、右ハ人馬通行ノ障碍トナル而已ナラス、第一御主意ニ致悖戻不相済訳ニ候条、父兄ヨリモ厚加厳戒可申、若此辺注意不致学事ニ付テ何等ノ苦情申立候トモ一切不取揚、此段触示置候事

〔35–1〕 **岩国藩（山口県）**

明治三年一二月
岩国藩学校 ↓ （不明）
「学制ノ議」

天ノ物ヲ生ズル霊妙ノ器《うつわ》人ニ過ル者ナシ、草木ノ蕃《しげ》キ生アリ死アレドモ、自ヲ運ビ自ラ動ク能ハズ、禽獣ノ殖スル、能ク運動シ能ク知覚アレドモ、言語相通

ジ、文字相資《もちい》ルニ至ラズ、之ヲ要スルニ、動物植物ノ種族凡ソ一体一用ニ局《しき》ルノミ、唯人ハ然ラズ、霊性全具シ、五官該《みな》備ル、仮令《たとい》従来ノ風習ニテ、人々ノ身分ニハ種々ノ職業階級ヲ分チタリト雖ドモ、其天賦自然ノ者ニ於テハ、毫《ごう》モ上下貴賤ノ差別ナシ、故ニ幼ヨリ壮ニ及ブ迄、習ニ依テ才能益《ますます》達シ、学ニ従テ知愈《いよいよ》敏《さと》シ、聡明技巧四通八達、限り量《はか》ルベカラズ、実ニ自ラ軽《かろん》ズ可《べか》ラザルモノナリ、蓋《けだし》学習ノ功ハ、総テ言語文字ニ頼テ生ズルモノナルニ、学習ノ方法ヲ知ラザルト教導ノ至ラザルヨリシテハ、斯《か》ク至貴至重ノ器ヲ持ナガラ、無智不才ハ天成ノ事ト思ヒ、自ラ愚ニ甘ンジ、陋《ろう》ニ安ジテ、僅ニ能ク生息シ僅ニ能ク運動スルノミ、竟《つい》ニ彼ノ蠢然《しゅんぜん》知覚ナキモノト異ナラザルニ至ルハ、実ニ憫《あわれ》ムベキノ至ニ非ズヤ、此レ学校ノ設ケ人生ニ欠クベカラザル所以《ゆえん》ナリ、嘗《かつ》テ宇内ノ形勢ヲ見ルニ、国ノ富強ナル事、洋外各国ノ右ニ出ル者ナシ、所謂《いわゆる》欧米文明ヲ以テ相競フノ諸国、大小学校ノ数ズ万ヲ以テ算スベシ、故ニ国民ノ内、普通ノ学科ヲ終ラザル者幾希《いくまれ》ナリ、就中《なかんずく》、和蘭《オランダ》・普魯士《プロシア》ノ如キハ、不学者ハ十人ニ付、二・三人ニ過キズト聞ケリ、其盛ル事知ルベシ

皇国ノ古ヘ都ニ大学寮ノ設ケアリ、留学生ヲ遣テ、法ヲ漢土ニ取ラレシ杯《など》、右文ノ様、古史ニ拠《よっ》テ想ヒ見ルベシ、然ルニ中世以降、封建世禄ノ勢ヲナシ、用武ノ世トナリシヨリ、文科遂ニ地ニ堕《おち》タリ、旧幕府ノ時ニ至リ、頗ル文科ヲ開ケドモ、学校ノ制未ダ備ハラズ、屹然《きつぜん》トシテ万国ト衡ヲ争フニ至ラズ、今ヤ王政一新討伐ノ役纔《わずか》ニ終リ、黌国《こうこく》赤子ノ為メ厚ク後憂恤《ゆうじゅう》アラセラレ、博ク宇内ノ学術ヲ採集シテ、首ニ大学校ヲ開カセ、東京ニテハ東校アリ、西京大坂ニ在テハ、中学小学アリ、其他府県ニ於テモ、新ニ学校ヲ開創シ、士農工商ノ差別ナク、皆入学ヲ得セシム、則チ人々愚ニ甘ジ、陋ニ安ズルノ憂ナク、共ニ文明ノ域ニ進マントス、千古ノ盛事ト謂フベシ、是ニ於テ有名ノ列藩眼孔アル者ハ、専ラ学制ノ改正ヲ以テ、今日ノ急務トセザルナシ、当藩小ナリト雖トモ、亦タ皇土ノ一区ナレバ、区々トシテ僻陋ニ安ズベキモノナラズ、夙《はや》ク学制ヲ議定シテ興張セザルヲ得ズ、抑《そもそ》モ当藩従来学校ノ設ケ全クナキニ非レドモ、講習ノ事或ハ空虚ニ亘リ、全ク事情ニ離レテ有用ノ才ニ乏シ、加ルニ世禄ノ旧弊学ハ唯士族ニ限リ、博ク農工商ニ及ボサズ、畢竟ハ従来ノ文科トスル者、専ラ漢土ノ経義文章ヲ講究スルヲ主トセリ、故ニ童蒙《どうもう》ニ課スルモ、概ネ先ヅ四書五経ノ如キ者以テスルニ、其文字ノ体章句ノ法総テ平生ノ言語ト異ルモノナレバ、容易ニ識リ得難ク、通常童子七・八歳ヨリ課ニ就キ、漸《ようや》ク十一・二歳ニ至リテ、其素読ヲ終フベシ、十六・七歳ニ至ラザレハ、能ク義ヲ解シ、意ヲ領スルニ至ラズ、僅ニ文字章句ノ為ニ精力ヲ労シ、徒《いたずら》ニ時日ヲ費ス事如此、且ツ畢生孜々《しし》トシテ之ヲ攻ムルトモ之ヲ事業ニ施シテ得ル所ハ果シテ幾何《いくばく》ゾヤ、是ニ由テ或ハ望洋ノ歎ヲ発シ、或ハ直ニ斥《せき》シテ無用トスル者アリテ、遂ニ学習ノ道開ケザルモ亦宜《むべ》ナラズヤ、試ニ藩内ノ人ロヲ閲スルニ、士族卒八千余農商漁夫七万二千余総計八万余大概ヲ挙ルハ算シ易キヲ以テナリ実ハ八万七千余今士卒八千ノ中ニテ可也ノ書キ続ミヲナシ得ル者幾人ゾヤ、唐本ヲ読ミ得ル者ヲ算セバ、凡ソ千人ニ付キ五人ニモ満ザルベシ仮ニ五人ト定メバ八千ノ中ニテ四十人也、農商漁夫ノ中ニテ、不自由ナク仮名文字ノ書キ読ミヲ能《よく》スル者幾人ゾヤ、支那文字ヲ書キ続ミスル者ニ至リテハ、千人ニ付テ一人ニモ足ラザルベシ仮リニ一人ト定メ八七万二千ノ内ニテ七十二人ナリ、如何《いかん》ゾ人々知識ヲ敏ニシ、才能ヲ達スルヲ得ルト云ハンヤ、人誠ニ万物ノ霊ナルニ、若《も》シ自ラ弁《わきまえ》テ自ラ暴《そこな》ヒ事物ノ理ヲ弁ヘズ、人間ノ分ヲ尽サザレバ殆ンド人ニシテ人ト云フベカラザルニ似タリ、牛ノ田ヲ耘《とりのぞ》キ馬ノ重キヲ擔《にな》フ一物一用天賦ノ能ヲ尽スニ較《くら》ベテ之愧《はじ》ル所少カラズ、固《もとよ》リ朝廷民ノ為ニスル盛意ニ負《ま》クハ勿論天ヨリ我ヲ観テ之ヲ何トカ云ン、豈復《あにまた》和蘭杯《など》ニ比シテ学者ノ多寡ヲ対較スルニ遑《いとま》アランヤ、反覆シテ其弊ヲ考フルニ是レ亦学制ノ規模未ダ宏ナラズ、教導学習ノ方備ハラザル所アルニ拠《よ》レリ、蓋《けだ》シ時運ノ未ダ開ケズ、文物未ダ全カラザル故ニテ、敢テ咎《とが》ムベキニ非ズ、方今藩治改革ノ秋《とき》ニ方《あた》リ、謹テ朝廷ノ聖意ヲ奉体シ、完《まった》ク其学制ニ遵《したが》ヒ、前日ノ旧弊ヲ一洗シテ新ニ中学小学ノ両校ヲ開キ、凡ソ藩内ノ士民子弟年七歳ニ至ルモノハ貴賤ニ拘ハラズ士農工商ヲ論セズ、悉皆同一ニ入学スルヲ得セシムベシ、而シテ其学規条例別冊ノ如ク彼ノ続ミ難ク解シ難キノ繁文空論ヲ置テ、先ツ日用切近ノ文宇識り易ク習ヒ易キモノヲ用ヒテ、専ヲ親切着実ヲ旨トシ、人生普通ノ学科ト専門学科ノ端緒ヲ示教セシメ有用ノ人才ヲ成育涵養シテ上ハ天子文明ノ化ヲ宣揚シ、下ハ人々ヲシテ、己レノ公憲ヲ弁ヘ、以テ天賦ノ重器ヲ完セシメン事ヲ務ムベシ、是レ実ニ目今ノ急務已ムベカラザルモノニシテ、今日校中ニ於テ、

建議スル所敢テ忌憚ヲ避ザル所以《ゆえん》ナリ、且ツ学制既ニ如此立定セバ、学習ノ科目固リ、藩内同一ナラン事ヲ要ス、故ニ漸ヲ以テ、村邑ニ於テ、公私ノ学ヲ置クベシト雖ドモ、其内各所ニ於テ教授セン事ヲ要スルモノハ、必ズ先ヅ学校ニ請ヒ、其免許ヲ受ケシムベシ、蓋シ力ヲ無用ニ費シテ方長ヲ誤ル事アランヲ恐ルナリ

〔35-4〕 岩国県（山口県）

明治四年九月
（不明）→（不明）
「女校ノ議」

嘗《かつ》テ聞ク、治国ノ基ハ政事ノ美悪ニ出ズシテ、人民ノ智愚ニアリ、人民ノ品行劣悪ナレバ一時其政事優美ナリトモ、幾何モナクシテ、其政事必ズ退キ下テ、人民同等ノ位ニ至ル、若シ人民ノ風俗優美ナレバ、一時其政事劣悪ナリトモ幾何モナクシテ、其政事必ズ進ミ上リ、マタ人民同等ノ位ニ至ルベシト、是故ニ立国ノ務ハ教化ニ急ナルハナク、奉職ノ任ハ教化ニ重キハナシ、就中、言語ノ温雅、人情ノ淳厚、知識ノ開達、方向ノ正確ハ、尽ク慈母鞠《きく》育教養ノ習慣ニ成テ、学校教師ノ誘導之ニ次ク、然ラバ則チ人ニ母タル者正シカラザレバ、教化以テ行ハル、事ナク、女子教ヘザレバ、治国ノ基以テ立事ナシ、此レ女校ノ設ケ人生ニ闕ベカラザル所ナリ、洋外文明ト称スルノ国、大概学校ノ数千ヲ以テ数ヘ、生徒ノ数百万ニ越ヘ、而シテ女性ノ数必ズ男性ニ下ラズ我邦方今御維新以来、学政マサニ備ハラントス、近頃聞ク、西京ノ中小学校具数六十六、生徒ノ数二万五千七百四十七人、就中、女性ノ数最モ多ク大抵男子ノ数ト匹敵ス、或ハ女子却テ多キ所アリト、夫レ西京ノ女、其容儀ノ美、天下ニ冠タルヲ以テ、コレニ絃管ヲ教ヘ、歌舞ヲ習セバ、忽チ侯伯ニ配スルヲ得、因テ従来ノ俗夫ハ妻ヲ売リ、父ハ女ヲ売リ、女ハ姿ヲ売リテ己ノ生産ヲ成シ、曽テ恥ルヲ知ラズ、淫蕩醜穢世人ノ知ル所ナリ、而シテ今忽チ其俗ヲ変ジ、至美ノ風ニ移ル如此、皇化ノ播及スル所、真ニ仰グベキナリ、抑モ太政ノ寛ナル人民天賦ノ権ヲ保全セシムルノ深意ヲ弁ヘザルヨリ、世人或ハ一己ノ自由ヲ遂ルヲ以テ、口ヲ籍ヲ得、衣食需用ノ品ヨリ絃管歌舞ノ戯ニ至リ、美ヲ尽シ奢ヲ極メ家ゴトニ伝ヘ、戸ゴトニ唱ヘ、是ヲ以テ文明開化ノ様ト思ヒ、流弊ノ甚シキ、男ハ厳父ノ教戒ニ悖リ、女ハ慈母ノ庭訓ニ離レ、敢テ忌憚スル所ナク、転顛相依リ、放蕩淫褻風ヲ害シ、俗ヲ壊ルニ至ル、各県ノ弊ヘ概ネ然ラザルナシ、当県幸ニ斯ル弊ヘナシト雖モ、人間家族ノ交リ其弊ヘ全クナシト言フベカラズ、伝ニ言、機ヲ知ル其レ神カ、此機ニ乗ジ痛ク禁ジ堅ク拒カズンバ、嚮ノイハユル西京ト其形勢ヲ顛倒スルニ至ルモ、亦計ルベカラザルニ似タリ、然ラバ則チ預（ママ・予か）防ノ術如何セン、曰ク此レ学校ヲ設ケ男女ヲ教導スルノミ、夫レ男校已ニ起シ、女校未ダ設ケズ、夙《はや》ク之ヲ設ケ以テ女児ヲ教導スベシ、則チ国ヲ立ルノ基、教化ヲ宣ルノ源ニシテ、奉職ノ務メ是ニ先ナルハナシ、然ラザレバ何ヲ以テ天威ヲ遵奉シテ、人民ノ風俗ヲ優美ニスルヲ得ン、則チ又敢テ此議ヲ建テ条例ヲ具フル事別冊ノ如シ、呈シ以テ取捨ヲ希フ

〔35-8〕 山口県（山口県）

明治五年一〇月
（不明）→（不明）
「学喩」

今般太政官より被　仰出の旨尚又文部省より御達示の御規則に依り学区を分て所々便利の地へ小学校を取開くへき御沙汰は唯この防長の国のみならす日本中諸府県一統の事にて人は誰もミな其知識《ちしき》を開き才芸を磨き凡そ人間の爲すへく行ふへき所業《しよさ》を知り弁へさせて文盲《もんまう》の不自由を脱《のが》れ世事に拙き苦しみを見さるやう御世話なさる丶との難有き御主意なりこれまてハ左程御手の届かぬ処よりして文盲の人や世事に拙きものハ習ひ性となりて我かの身に出来ぬ事ハ人に頼みても済むやうに思ひ夫れを各別耻ともせさるあり又学問して高尚《こうしやう》《りつぱ》の論にはせ無益の空談《くうたん》《むたはなし》に趨《はし》りて身を立て産業《さんきやう》《すきわひ》を治め家職を興す事をハ知らさるもあり此れ皆事の間違へる者にして御趣意に叶ハぬなりそもそも人を萬物の霊として同しく世界に生きたる上ハ士農工商の差別なく余の生類とハ異《こと》にして世界の事や万物の道理を始め人間の諸事を弁へ知るへき為め心に知識の鏡を具へ身に所業働きの出来る機関《きくわん》を得たる事に付不具廃疾《ふぐはいしつ》の人に非さるよりハたとへ知行に利鈍遅速《りとんちそく》の差《たう》ひあるとも等しく万物の道理を知り世界の事情を弁へ身分相應の働きを為して業を営み生界を遂るやう天より自由の権を稟《う》けさる事なれハ人の人たる所業を棄て丶躬《みつ》から営ます他力を頼ミ坐食して今日を送り其働きの出来さるハ人に於ての耻辱なりその耻ちをも知らすして身に生界の不自由を招き却て人を尤め天をも怨みたり種々の間違ひ起れるは畢竟人の道理に暗く物の筋合分からぬゆえなり其道理筋合の弁へ出来ぬハ悉皆《しつかい》身に学問せすして我か知恵の鏡を磨かす所業の機関を遣ふ事を知らさるに由れる訳《わけ》なれハ誰も学問を為《な》してこれを知り弁へて人の人たるに耻さるやう致す事こそ肝要なれ

一学問を従来士人以上一種の芸の如く心得て農や商は我の為すへき事とも思ハす其婦女子に至てハ士と雖も又学ふ事を知らす故を以て家毎に必す不学の人あり邑毎に必す不学の家ありて各其物理に暗《くら》く事情に踈《うと》く職業に拙《つたな》く身の利害家の損益も知らさるゆえ人に愚民と称《とな》へられ我か身もまた其愚に安んして暗愚の習ひ俗と成り上へ願ひ申出る事ハ筋合分り難く御布令の旨ハ常に合点行かす或ハ流言なとに惑《まよ》ハされ種々の間違ひ起るなり自今は更に貴賤となく男女とも年六歳になれハ皆小学に入り書物手習算術等を学ハしむる御規則なれハ其御主意を遵奉《うけたまはり》て子弟ハ必す幼時より不学に打過ぬやうそれそれの修業をさせ智恵を磨て品行を善くし物事に通暁《つうきやう》して日用常行に迂《うと》からす銘々の家職に賢くなるやうに致すへし畢竟学問は我か身を立家を興す財本とも申すへき訳は御布令にも見えて其身に利分の附く事なれハ上よりの御勤めを待たす其覚悟あるへき筈なれとも従来の習弊《しうへい》ありて其筋を弁へさる而已ならす御引立といへは必す其失費までも出し下さる丶様に思ふ情態《しやうたい》なれハ小学を取開くに就ても今俄に諸失費を調達する工面ハ難する者多かるへし然しなから寺院其外相応の借屋あれハ当分ハこれを借りても済む事那り又新規に造営するとも一人一家の力にて調へよと云ふにハ非す其学区内の村々相共に同心合力して取開く事なれハ左程に難き事ハ有之ましく尤とも邑村に依り家戸の多少貧富の厚薄ありて一概に云ひ難きゆえ其取開き方につきいかにも力の足らさる所は申立に依り材木や又ハ助金等をも遣すへく夫れ等の御趣意と下の心得と万一行違ひありてハ済まさる事なり先年京都府に取建立なられし六十餘ヶ所の小学も最初は何歟の行違ひより種々の申し立ありたる由なりしか今日に至てハ子供の賢くなるに随ひ人に学問の無くてハ叶ハぬ道理を知り児ある者ハ其年齢に及ふを待ち兼て小学に入らしむと聞けり我か子を愛する人情は都会辺鄙の差別なけれハ生れし儘を教へすして差置くハ何とも不仁不慈残念の至りならすや辺鄙田舎の小学を京大坂の盛なるに比すへきやうはなけれとも都府《みやこ》にもまた困窮者あり田舎にも亦冨有家あり人家の多き市村は別して早くその場所を取開くへき手段を盡し申すへし然し失費の出る事なれハ下において不同意なるを押して取開けとの事にはあらされとも万一上下の趣意行違ひありて其出金を上へ出す如く心得てハ済まぬなり前にも申す如く上に於てハ種々評議の上材用又ハ助金の手段もこれありて人の無智文盲に成らぬやう生産職業の出来るやうにと飽《あく》まで御世話なさる丶なり諸府県にてもよく此の御趣意を合点せし人ハ士族を始め農工商元の穢多に至るまて身分相應に出金して学校ヲ助くるよし新聞紙に載セたる者枚挙《かさなる》に堪へす自今取開く所の小学ハ唯其稽古の為めのミならす町内村中申談し等の節ハ其集会所とも成る事なり或ハ官員巡廻して言ひ聞セ等ある節の用にも立つへく御布令其外の掲示もまた此処にて整《ととな》ふなれハ彼此手足を運ハ

すして相済む事も数多あるへし人ハ物毎によく勘弁して常に反省なさゝれハ我か身の事も知れ難く飲食遊興ハ論を待たす家に年々無益の費へ廿銭三十銭にて済むましく女子に三味線なとを習ハせハ絲其外に費ゆる金もまた少々にて済むへからすよしや費を厭ハすして右等の游芸に習熟《しゅうじゅく》させ京大坂の都会にも勝れる程に出来たりとも物の道理や身の職分に賢くなる儀ハ有之ましく近頃都会の様子を聞けハ日に増し文明に趣きて游芸を廃る者まことに多くしてミな人の人たる学問に向ハしむるとの噂なり凡そ女子は人に母たるへき者なれハ衣食なとの家政に興うるのミならす実に其子たるものを鞠育教養するの責ありて子の本心を誘導《いうとう》するの精純《せいしゅん》ハ教師の教と雖も及ふ可からさるの道理なり故に親の庭訓正からす其躾《しつけ》よろしくからされハ教師の教も又これか為めに妨けられて大に其功を減する者なり是を以西洋には母の子を教るの実功を論して治国の君子盡忠の義士経世報国の為めに知畧を運らし身を殉するよりも其功徳大なりとす人の父兄たる者斯る事をも玩味して親子の厚き情合を学問上に片寄せて成りたけ外の費を省き子孫の為めに学校の取続くやう隣里と共に盡力し学校繁昌する時ハ往々其地の繁昌もこれか為めに増加して互に幸福を受け真に開化の人たるへし

〔36–4〕 名東県(徳島県)

一八七三(明治六)年一月
名東県 → (不明)
「名東県の諭達」

別紙之通学校御興立学問之道行届候様朝廷ヨリ御法御触出シニ相成候ニ付テハ御趣意ヲ受ケ戴キ人々芸能成就ヲ専一ニ可心懸候乍併別紙ニモ御諭之通入学中ノ諸雑費　上ヨリ賜フヲ当然ト心得候ハ謂ハレナキ因襲ニ候得者左ニ其ノ訳ヲ説キ聞セ候

夫天ノ此ノ人類ヲ世ニ生スルヤ自然禽獣ニ異ナル一種ノ才能ヲ備ヘ各得手々々アリテ聊ニテモ世ニ益ナキ人ハアラサル筈ナリ然ルニ貴賤ト云フ差別出来テヨリ貴人ハ自ラ富ミ賤シキモノハ自ラ貧シク其ノ貧キモノハ愚多ク貴キモノハ賢多キハ是レ何ユエゾ幼キヨリ学問シテ己カ性質ノ智恵ヲ拡ムルコトヲナストナサゝルトニ因ルナリ飛脚ヲスレハ足カ達者ニナリ荷持ヲスレハ肩カ強クナル学問スレハ智恵カ増スト皆同様ノ理ナレハ学問ヲナシテ賢者トナルハ富貴トナルノ資給ニシテ何モ余ノ稽古ニハ非ルナリ学問ト云ヘハトテ是迄ノ六ツカシキ書籍ヤワカリカタキモノヲヨムニ非ラス今迄ハ先生ト称セラレテモ指シテ富貴ニモナラス世渡リハ迂闊ニナリ毛唐人ナト異名ノ付ヲ見聞シテ嘲リ笑フモアルヘケレトモ今日ノ学問ト云フハ左ニアラス御一新御改革ニ因リテ貴賤上下ノ差別ナク各得手ノ材能ヲ働カセ用ヒ給フナリサレハ当世ノ学校ハ己カ身ノ修メ方世間ノ交リ世帯ノ持方植モノ育テル農人ノ学問家宅ヲ作ル大工ノ学問筆算習フ商人ノ学問深キニ至レハ天下ノ政事天文地理マテ究メサル所ナシ其ノ学フモノ自分ヨリ性質ノ得手ヲ持出シ一芸ヲ研キアケナハ誠ニ一生ヲ安楽ニ送ル基トコソナルヘケレ人ハ衣食住ノ外ナシトイヘト衣食住ニモ高下アレハ無学ニシテ賤シキヲ耻トモ思ハス只仮初ニ衣食住トノミ思フハ世ニ益ナキ而已ナラス果ハ第一ノ食ニモ離レ禽獣ニモ劣ルヘシ禽獣ニテモ食ニハ困ラヌモノナリ孰レモ衣食住ノ営ミトテ従前平民ノ子弟ヲ丁稚奉公ニ遣スモ定マレル筆算ノ師匠ナク昼ハ使ニ追立ラレ夜ハ朋輩ニ習フ位終ニ番頭ニ上ルタニ稀ナルヘシ当今士族ノ商法モ多クハ人ニ任セ我身ハ暇アリト雖モ学問ニハ心ヲ用ヒス遊惰ノ情ヲ縦ニス皆富貴ヲ求メル本街道ヲ踏タカフルモノゾカシ其ノ遊惰ニツケテモ一説アリ天地ニ昼夜アルカ如ク人モ心労スレハ又休メサルヲ得ス遊ヒハ則チ休息ナリ去迚春ハ凧ノ掛合セニ日ヲ送リ秋ハ盆踊ノ拵ヨリ競馬ノ遊ヒニ断間ナク女子ハ琴三味線ヲ役儀ト心得或ハ小児ニ歌舞伎ヲ習ハセ役者同様ニ育テ上ルノ類休息遊ヒトハ云ヒ難カラン其ノ費莫大ニ

シテ世ニモ身ニモ少シモ益ナシ此費ヲ集メナハ其ノ数イカハカリナルヘキゾ斯クテ我身ヲ始メ子弟達ノ智慧ヲ増シ富貴ヲ求ムル学問ノ雑費ハ上ヨリ賜フモノト心得無益ノ事ニ厭ヒナキハ大ナル心得違ヒト申スヘシ成丈無益ノ雑費ヲ省キ実学ニ資給ヲ費シ入学為ナサシムヘキ道理ナルヘシ外国人渡来以後世ハ追々ニ形勢替リ西洋諸国トノ交リ文明日進ト云フハ今此時諸県我先ニト学問ヲ開クニアタリ当県ハカリ無学文盲ニテハ我邦同士ノ付合モ出来ヌ位猶西洋人ニハ見下サレ終ニ人ノ如クハ思ハレサルヘシ士族平民残ラスケ様ノ有様ニテハ其ノ身サヘ独リ立ツ事テキス何ヲ以テ皇国ノ御為メトナラン哉歎ハシキコトナラスヤ唯只管ニ人ノ材能ヲ育テ上クルヲ目的トナシ力ヲ協テ学校ヲ興シ男女六歳以上ノモノハ必入門致スヘキ様常々父母ハ云フニ及ハス其ノ家長タル者ヨリ教ヘ導クヘキモノナリ但是迄取立タル戸掛銭ハモトヨリ学校ノ用ニ充ツル趣意ナレトモ此ノ金ハ多クノ学校ヲ取立及其ノ器械等ヲ備フル費ナレハ生徒ノ教師ニツキ学フ所ノ受業料ハ異ナルモノト知ルヘシ

〔38-3〕 神山県（愛媛県）

明治五年一〇月
（不明）→（不明）
「士族産業等ヲ営ムヘクノ件」

夫人ハ四民ノ差別ナク各職業ヲ出精シ学問ヲ相励ミ以テ特立自主ノ権ヲ保タサルヘカラス農工商各職業アリ下飛禽走獣ノ微ニ至ル皆能ク吾生ヲ養ハサルモノナシ故ニ職業ヲ務メス安座無事ニシテ能ク日月ノ庇蔭ヲ蒙ル者コレナキ筈ナリ然ルニ今ヤ士族ト云フモノハ若干ノ俸禄ヲ費シ放食逸居学ヲ修メス業ヲ勉メス温飽自安シ絶テ事トスル所ナシ士族ノ各偶以テ遊惰無用ノ人タルヲ顕ハスノミ今朝廷百弊ヲ除革シ諸事ヲ更張シ天地ノ間一モ遊民ナカラシメントノ御主意ニ付今日ニ当リ豈予メ前途ノ目的ヲ定メサルヘケンヤ今県内士族ノ情態察スルニ少壮ノ者間ニハ学業ヲ修メス又活計ヲ営マス酒色ニ沈湎シ放蕩懶惰以テ自カラ是トスル者アリ蓋シ朝廷大ニ学校ヲ設ケ天下ノ人ヲシテ皆学業ニ従事セシメ以テ他日ノ用ニ供セントス一日ト雖トモ士族ノ名ニ居リ若干ノ俸禄ヲ受ケナカラ其事トスル所反テ諸民ノ下ニ出ツ豈恥ツヘキノ甚シキニアラスヤ願クハ向後上朝廷ノ御主意ヲ奉体シ下ハ一身一家ノ計ヲ思ヒ独立自主ノ人トナルヲ期スヘシ若シ偸安怠惰他日ノ方向ヲ定ムル能ハサレバ飢寒ノ身ニ逼ル遠ニアラサルヘシ奮励興起悔ヲ他日ニ遺サ丶ル様致スヘキモノナリ

〔38-7〕 石鉄県（愛媛県）

一八七三（明治六）年二月
（不明）→（不明）
「第三十六号」（父兄タル者各々子弟ヲシテ就学セシムヘキ等ノ件）

昨年御布告モ有之候通リ人民ノ営業治産報国ハ身ヲ修メ智ヲ開キ才芸ヲ長スルヨリ外ナルハナシ而テ其本ハ皆是学ニ非レハ能ハス於是カ新ニ学制ヲ被設四民ノ男女トモ人々不学ノ徒ナカラシムル御趣意ニテ当県ニ於テモ朝旨ヲ体認シ漸々学校ヲ盛大ナラシメントス然ルニ人民未開ニシテ未タ学業ノ要務ナルコトヲ弁

セス亦タ憫スヘキモノト言ベシ依テ就レモ御趣意ヲ奉戴シ父兄タル者ハ各々子弟ヲシテ勉メテ就学セシムヘシ且ツ今日ニアツテハ一般ノ人民ニ有之トコロ古来ノ弊習ニ固着シ旧穢多ト唱ヘ之レヲ軽蔑シ殆ント歯ヒセサルニ至ルヤ以ノ外ノ事ニ付右等ノ義有之候テハ畢竟学校ノ盛ナラサル基ヒナレハ自今一般交際イタシ其々入学致ヘク候家塾開業ノ面々ニヲイテモ就レモ右様ノ弊習無之様相心得可申候若シ違背ノ者於有之ハ開業差止メ可及沙汰候事

〔38-8〕 **石鉄県（愛媛県）**

一八七三（明治六）年二月
（不明）→（不明）
「学事奨励の告諭」

凡人民ノ知慮ヲ開キ芸能ヲ長スル所以ノ者学ニ非サル得ル能ハサルナリ故ニ学制ノ儀ニ就テハ昨壬申歳既ニ官令アリシ如ク四民各男女ヲ論セス幼稚ノ時必ス学校ニ入リ先ツ其身ヲ整修シ更ニ営業治産ノ道ヲ熟習シ国家ノ洪恩ニ報スルヲ要セシムヘキナリ本県ニ於テモ深ク朝旨ヲ体認シ只管学校ノ盛大ナルヲ期望セリ然ルニ管内頑固ノ人民開化ノ朝旨ヲ疑怪シテ曽テ学校ノ何者ナルヲ知ラス誠ニ憫歎ニ耐ヘサルナリ斯ル維新ノ秋ニ遇ヒ旧染ノ汚俗ニ安ス可カラス其父母兄長タルモノ其児女子弟成長ノ后専ラ産業ノ昌盛ヲ欲セハ能々朝旨感戴シ速ニ入学セシメテ良知ヲ開発シ良能ヲ長進セシムルニ若クハナシ且夫ノ一様ノ人民ナルヲ強チニ穢多ト斥ソケ視テ猫狗ヨリモ賎シメシハ全ク未開ノ弊習ナレハ既ニ其称ヲ廃セラレ且平民ト共ニ歯スルヲ得セシメ玉ヘリサレハ同シク入学シテ互ニ講習ノ益ヲ取ルヘシ学校盛大ヲ致スノ基全ク此等ノ上ニアリ家塾ヲ開キ人師タルモノ最モ宜シク生徒ノ旧習ヲ洗除セシメ開化ノ道ヲ開通スヘシ万一朝旨ニ背ムクアラハ禁業ノ沙汰ニ及フヘキナリ

〔38-9〕 **神山県（愛媛県）**

一八七三（明治六）年二月二八日
（不明）→（不明）
「学費寄附ノ儀ニ付告諭」

此度当県管内有志ノ四民早ク既ニ時世ヲ知リ各所ニ学校ヲ設ケ教育ノ道ヲ開カントノコトハ真ニ父兄タル者ノ職分ニシテ其志神妙ナリト云フヘシ県庁ハ敢テ此学校ヲ支配スル趣意ニアラサレトモ四民ノ志ヲ助成シ其便利ヲ与ヘテ是ヲ保護セントスルノミ　有志ノ輩ヨリ寄附セシ金高別紙ノ如シ別紙除之抑学問ハ人ノ為ニアラス世間一般ノ風俗ヲ能シ商工ノ繁昌ヲ致シテ全国ノ人民各其恩沢ヲ蒙ルコトナレハ其費モ亦人民一般ヨリ償フヘキ筈ナリ右ノ次第進ンテハ管内ノ戸毎ニ割付ケ学費ノ金ヲ出サシムル筈ナレトモ目今其位置ニ至兼無拠有志ノ寄附金ニテ取設タレハ士農工商トモ此等ノ人ニヨリ金ヲ借用セルモノト心得ヘキナリ或ハ今日ニテモ相応ノ身代ヲ持チ朝夕ノ衣食住差支ナキ者ニテ能ク事ノ理ヲ弁ヘ僅ニ一夕ノ酒肴ヲ倹約シ四季ニ一枚ノ衣裳ヲ省テ此学費ニ寄附スルコトアラハ独リ管内ノ人民ヘ徳ヲ蒙ラシムルノミナラス日本国内ニ生レテ日本国人タルノ名ニ恥ツルコトナカルヘシ

学問トハ唯六ケ敷字ヲ読ムハカリノ趣意ニアラス博ク事物ノ理ヲ知リ近ク日用ノ便利ヲ達スル為ノ者ナリ士農工商ノ差別ナク手習算盤ヲ稽古シ地理究理天文歴史経済修身ノ書ヲ読ミ商買モ農業モ漁猟モ物産モ人ノ家ニ奉公スルニモ政府ニ仕官スルニモ皆コノ学問ヲ拠トナシテ一事一物モ其実ヲ押ヘ平常学ヒ得シ処ヲ活用スルノ趣意ニテ彼漢学者ノ詩ヲ作リ和学者歌ヲ読ミ古文ニ溺テ世事ニ拙キ杯ノ類ニハアラサルナリ
右之趣区々無洩可触示者也

〔38–10〕　愛媛県（愛媛県）

> 一八七三（明治六）年四月二五日
> （不明）　↓　（不明）
> 「学校保護ノ儀ニ付諭達ノ件」

先般学制仰出サレ各府県ニ於テ諸学創立致スヘキ筈ニ付学区ヲ助クル扶助金全国人員壱人九厘ノ割ヲ以テ府県ヘ委托アリ且又旧石鉄神山両県ニ於テモ創立以来有志輩ノ寄附金高殆ト弐万円其他書器及土地家屋等ノ寄附若干此上ハ教育事務一層盛大ニ至ルヘク豈人民ノ幸福ト云ハサルヘケンヤ当県内大凡戸数十七万余人口七十七万余其子弟ヲシテ、均ク教育ノ恩波ニ浴シ天賦ノ智恵ヲ磨キ所有ノ才芸ヲ長シ安穏ニ一世ヲ渡ラシメント欲スル固ヨリ有限ノ扶助金寄附金等ヲ悉ク支給スヘキニアラスサレハ一人前ノ人ニ生レ万物ノ霊タル心ト身ノ働ヲ持テ徒ニ政府及有志輩ノ扶助ニ依頼スルノ理ナシ夫レ政府ノ扶助金ヲ委托スルハ専ラ民力ノ及ハサル所ヲ助ケ教育ヲシテ普及ナラシムルノ主意ナリ有志輩ノ寄附スルハ人間交際ノ道ニ基キ協同戮力衆庶ノ公益ヲ謀ラント欲ス人民タルモノ感激奮発政府ノ至恩ニ酬ヒ有志輩ノ厚意ニ応スヘシ豈袖手傍観者ノ時ナランヤ依之今般学区分割ノ折柄区学保護ノ為メ人民家産ノ貧富ニ応シ毎戸出金ノ法ヲ設ケ可及布達候条管内一統疲弊ヲ極メ今日ノ生計ニ苦ミ其難渋固ヨリ之ヲ察スレトモ従来教育ノ不行届ナルヨリ今日ノ困難窮迫ニ陥ル訳合ナレハ篤ト諭言三則ノ旨ヲ了解シ子弟アルモノハ勿論嗣子ヲ養ヒ家産ヲ継カシムルモノト雖トモ将来均ク教育ヲ被ラサルヲ得サレハ成丈無益ノ費ヲ省キ当然ノ用ヲ達シ到底家業ヲ繁栄ニシ飢餓道路ニ迷フノ醜態コレナキ様心得ヘキモノナリ

諭言三則

人ノ世ニアル廃疾不具ナル之ヲ貧民ト称ス貧民救助ノ儀ハ人間交際ノ節目ニシテ其仁恵ノ心人ニ無カル可カラスサレトモ所謂遍路順礼ナルモノハ畢竟貧民ト申訳ナク徒ニ大師観音ヲ念シ来世ノ禍福ヲ祈リ甚シキハ座食日ヲ送リ一生ノ世帯ヲ辛苦セス方俗之ヲ救助スヘキ者ト思ヒ接待等ノ名目ヲ仮リ家産ノ貧富ヲ問ハス競テ米金財物ヲ投与スル習慣トナリ右ハ仁恵ノ心ニ出ルト雖トモ却テ独立自主ノ道ヲ妨ケ其人ヲシテ暴棄ノ悪習ニ陥ラシム自今学区取設ケ候上ハ全ク斯ル仕来リヲ廃シ遍路順礼ヲ愛スル情合ヲ以テ我子弟ヲ愛育シ毎日一二文ノ救助銭ヲ引除区内ノ教育費用ニ加ヘナハ子弟タルモノヲシテ他人ノ救助ヲ仰カサルヘキニ庶幾カランカ

飲食衣服ハ人生一日モ欠クヘカラサルモノニシテ人々饑寒ノ為メ心ヲ労シ思ヲ焦シ種々渡世ヲ営ムハ世上一般ノ情態ナレトモ労焦シテ得ル所ノ金銭其消費スル所ヲ尋ヌレハ必スシモ人生必用ノ為ナラサルモノ甚多シ就中煙草ノ物タル寒ヲ凌クヘカラス又饑ニ充ツヘカラス而シテ之ヲ植ル地力ヲ尽シ之ヲ製スル人力ヲ労シ之ヲ喫スル時間ヲ費ス可シ惟其消閑遣欝ノ具タルヲ以テ衆庶ノ嗜好スル所一日モ欠クヘカラサルニ至ル今夫五口ノ家ナレハ之ヲ嗜好スルモノ必ス三口アラン

サレハ一日労焦シテ得ル所ノモノ幾分ヲ煙草ニ用ユ可シ管内七十七万余人ノ人口モ平均シ毎月之カ為数十百金ヲ消費セサルヲ得ス無益ヲ去リ実用ヲ務ムル時合当リ豈莫大之冗費ナラスヤサレトモ一般ノ嗜好スル所ナレハ敢テ是ヲ禁止セシムルニ非スト雖トモ亦少シク減省スル所ヲ思ハサルヘカラス糞クハ自今人民毎日半時之喫煙ヲ節制シ区内ノ学費ニ当ツレハ毎戸出金其難渋ナラサルヲ覚ルヘシ

先般五節句廃セラレ此上ハ上巳端午ノ雛幟ハ無用ニ属スヘシ従来上巳ノ雛端午ノ幟ハ専ラ出生ノ小児ノ為名誉ヲ挙張セントノ婆心ヨリ起リ終ニ初節句ト称シ盛宴ヲ設ケ高金ノ雛幟ヲ飾リ立之カ為メ家産ノ消耗ヲ招ク者アリ最早五節句廃止ノ折ナレハ頑固ノ因襲ヲ改メ文明ノ風化ニ靡キ雛幟ハ勿論其他伊勢講観音講ノ名目ヲ用ヒ毎家銭嚢ヲ傾ケ無益ノ所為ニ消費スルノ類ハ一切之ヲ廃止シ其幾分ヲ残シ学区ヘ納メ児童ヲシテ往々教育ニ預リ問学ニ従事セシムルコソ子弟ノ名誉ヲ挙張シ是真ニ区内繁栄富饒ニススムノ基本ナラスヤ

〔38–12〕 愛媛県（愛媛県）

明治八年五月一五日
権令岩村高俊 → （不明）
「学事告諭文」

乾第六十五号

凡人のよにある貴賎賢愚の別ありて其貴きと賢きとは皆人の欲する所其賎きと愚かなるとは人の好まさるは人情の同しき所なり然るに其好まさる所の貧賎に苦しみ愚鈍に終り甚しきに至りては罪を犯して重きとがめを蒙るこれその一家長立たる者智識を磨き才芸を長する学問を忌きらひ入らさる事とのみおもひ誤りたる固陋無識の心より斯なり行終に子弟の生涯を誤るまことにおもはさるの甚しきにあらすやこのゆへに人々其好める所の貴く賢からん事を欲せは子弟をして人民普通の学問たる小学の課業を出精せしめさるへからす子弟の学問なくして愚かなるは独り其子弟の恥のみならす則其父兄の恥はいふもさらなり我全国人民の父母たる　朝廷の御恥辱にして一家の安危全国盛衰のよりて生する所なり爰を以て御維新以来学制を頒布し大中小学校を設立し委托金を増加し今又府県に学務課を置き玉ひ主任の役人を置かれ学問筋の事一切同課に於て取扱候様被仰出全国一般教育行届候様との厚き　朝旨に候へは人々此儀を能々相弁へ子弟をして必す学校に入り出精せしむへく此旨告諭候事

坤第八十八号

各区々戸長学区取締へ

今般四課の外特に学務の一課を増置せらるる　朝旨は他なし人民教育は今日の急務たるにより該事主任の官吏を置き専ら学事普及之成功を督責せらる就ては管下区戸長学区取締等に在ても更に此盛意を服膺し教育の道進歩候様一層戮力協議あるへく抑邦国の富強は人民の智識と品行とによる所にして人民の智識と品行とは其就学に原由せさるなし故に一人の利に暗き或は全州の汚辱を胚胎し一家の学ある忽闔邦の開化を振興するの道理なれは畢竟子弟の教育は家々の私事人々の随意する所に非す即ち我　日本帝国富強の基本なり伏て惟みるに前日文部委托の金額を倍し以て学資の欠乏を助け今日県官に主任を置き以て学務の挙らさる

を責らる嗚呼　朝旨の在る所此の如し苟も人民たる者尚学事を度外に置き一日も猶予する條理万々無之固より人々報国の義務に候條精々厚く説諭を加へ教育急務たるの　朝旨速に貫徹候様各尽力可有之依て別紙告諭文相添此段相達候事

〔38–13〕　愛媛県（愛媛県）

一八七六（明治九）年九月二一日
権令岩村高俊　↓　（不明）
「乾第百弐拾六号」（各社祭典ノ砌期ニ先チ幼少男女ニ歌舞等ヲ習ハシムル弊風ヲ改メ就学ニ注意之件）

従来市郷各社祭典ノ砌期ニ先タツ数旬幼少男女ヲ募集シ或ハ歌舞ヲ教ヘ或ハ演劇ヲ習ハシ若干ノ金銭ヲ払ツテ毫モ愛惜セス奔競ノ態恰モ狂人ノ如キ者往々有之趣右ハ僅ニ一二日歓楽ノ為メ無益ノ時日ト財用トヲ費スノミカ到底少年ヲシテ淫治放蕩ノ気風ヲ養成セシメ其弊害誠ニ小々ナラス候條自今父兄タル者ハ宜シク是非得失ノ在ル所ヲ詳弁シ斯歌舞ヲ競フノ熱心之ヲ就学ノ督促ニ移シ演劇ニ供スルノ金銭之ヲ学資ノ寄附ニ易ヘ務メテ愛子愛弟終身ノ利益ヲ謀図可致此段諭達候事

〔39–6〕　高知県（高知県）

一八七五（明治八）年四月
権令岩崎長武　↓　戸長
「第百一号」（学事奨励ニ関スル権令ノ告諭）

御一新以来万つ難有き御政事の中に学校の儀は殊に重き　勅旨も有之已に去明治五年御頒布の学制に見えし通り全国を八大学区に分ち各附属の中小学を置き往々村に不学の人無らしめんとの事なり今般文部省報告にも嚮きに小学普及の主旨を以て一年三十万円の金額を府県に委托し学資を扶助せしむ今更に教育拡張の為年年三十五万円を配布せり父母たる者其れ克く此意を領会し子女の就学を忽にする勿れと又同省本年二月報告の中に女教の振興せざるべからざる方今に在て一大要務とす故に東京府下に於て女子師範学校設立の挙あり此挙や夙に　皇后宮の嘉尚せらるゝ所となり本月第二日文部大輔田中不二麻呂を宮中に召し女学は幼稚教育の基礎にして忽略すべからざる者なり聞此頃女子師範学校設立の挙ありと我甚だ之を悦び内庫金五千円を加資せんとの親諭あり嗚呼世の婦女子を勧めて教育の根底を培植せしめんと欲せらるゝ特慮の懇なる邦国人民の為に祝賀せざるべけんや庶幾くは其父母たる者心を傾け此盛意を体認し女子をして此に従事せしめ其業日に就り月に将み更に得る所を推拡し遂に幼稚の教育を善美にして以て天賦の幸福を完了せむ事をとあり偖如此御世話のある所以は是迄戦国覇政の余弊を受け人民生ながらの階段ありて学問は専ら士人以上の事とし農工商及女子の如きは置て問はず偶学問に志す者あれば分限を不知者の如く中立如何程賢き者ありても政府にも登用なき而已ならず総て奴隷同様に駆役せられしを今日此頑陋なる風習を改め四民一般学に就け其器量に依り何人に限らず廟堂の上にも御採用にならんとの事にて衆庶を子視し給ふ公平なる御趣意ならずや人の父兄たる者は此御趣意に基き大にして国家の為め小にしては一家の為め各其子弟を奨

励して学につけ相応其材を成就せしむべきは勿論にて已に県内に於ても一昨年来数多の小学校を設けて粗教育の端も開け真に喜ばしき事なり然るに遠郷僻在の民等中には御趣意のある所を誤り窃に怪しみ思う者ありて学校は官員也戸長共の好事の様に心得又従来の学風に拘泥する輩は今の書物は仮名交りにて読むに足らず杯云ひ或は吾家は父祖より半行の書も読ねども活計に困しみし事はなしとか種々理屈を申立子弟を学に就けざる者有之皆埒もなき間違にて時勢を弁へざる不了見なり是等の輩は所謂自暴自棄にて世上の開化を妨ぐる者とも謂つべし又何某の子は学問にて産を失へり杯学問の人に益なき証拠に云ふ事なるが是は従然一種の漢学者の風にて唯詰屈難渋の文字に耽り空理虚談に偏執し今日の生計にも拙くして破産の徒も多く学者とさへ言へば何か畸人の如く世上に指目されし者も有しより右等の者を見聞して言事にて一通尤の事ながら是は決して正真の学問にはあらず正真の学問と云は人々各自に品行を正し知識を開き芸能を修め農にあれ商にあれ其本分の職務を尽し日用衣食住をも相応立派にせむが為なり又今の書物は仮名交りとて嘲るものあれど漢籍の四書五経杯も皆古人の言行を録し後進の品行を助くるの書にて徒に漢文の解き難きを貴ぶに非ず其要領は仮名にて埒の明く事なり近世の風俗にて士族の子弟と生るゝ程のものは大概幼年の頃書類を習はぬ者無けれどもあたら月日を素読の間に費し其文義を会得し実施の用に立る程の者は百人の中に十人にも足らず是等の費を救はむ為小学科目の書籍は今日読て今日合点の参る様人々誰も知らで叶はざる道理を態と仮名交りにて記し殊に六才より教ふる事なれば打入の書には最浅近の事を書きたるも自ら然らざるを得ざる訳なり倘可成丈は小学科に限らず中学大学の科にも漸々進入し傍ら諸子百家の書にも渉り度ものなれども其は余程の歳月を費す事故所詮人々に責る事は極々難事なるを今小学普通の学科は六七歳より十三四歳まで学べば大概成就する仕組なれば男女に限らず学に就け日用書等を始め天地万物の大体中外各国の形勢等をも荒増心得させ通例の事は自分丈の始末の成る様教育すべきは父兄たる者の逃れぬ責任なり然るに民間の慣にて唯旧俗に安んじ勉強出精もせず人生再び来らざる貴重の光陰を閑過し生涯貧困に終らんとする者も少なからず噫嘆かはしき事なり古は広く天下の形勢万国の活乱等の理合も弁へず　且皇国は近く二十年前鎖国して外国の軽侮をも受けず泰平無事なりし故世の中はいつも安静なるものと心得自ら懶惰の風にうつりしなるべし是迄は何事も内国にて済しなれ共近来は外国の交際も開け万里の遠きも比隣の如く往来する事となりし故人民の劣弱なる国は自然外国より凌辱せらるゝ事故其国の民となりては面々勉強して世上の開化を進め富強の基を開き自国を保護する様心掛べき事也西洋人の話にも邦国の隆盛は人民各自勉強の力と正直の行と総合せるものなり我国の衰退は人民各自懶惰にして自ら私し及び穢悪の行の集合せる者なりとされば吾人一己の行と雖も一国の盛衰にも関係する程の事なれば吾身と雖も自ら私し己が勝手にはならぬ筈なり殊に学問は百業の基にて人々身を立つるの資本なれば子弟を教育するは財産の種を蒔くも同様にて其結果成熟の秋に至りては各父兄の所有なれば人の父兄たる者資材を嗇まず目前の愛に溺れず子弟を駆って学に就かしめ難有御趣意に奉答し将来の幸福をも希はざるべけんや

〔40–1〕 小倉県（福岡県）

明治五年七月九日
小倉県　↓　企救郡区長
「本県告諭」

学校ヲ興シ人材ヲ教育スルハ方今ノ急務ニ候得ハ別紙告諭ニ基キ従来之慣習ニ安着致居候流弊ヲ破リ奮然勉強文明之道ヲ開キ人民ノ耳目ヲ更メ積金等ヲ謀リ学資ヲ供シ近日小学校ノ義ニ付一定ノ規則相達シ候節速ニ開校相成教育ノ筋相立候様小前末々ニ至ルマデ精々説諭致シ実効相運ヒ候様可致候事

壬　申　七月　　小倉県

企救郡区長中

追而日用向之煩閑ニ拘ラス祠官祠掌共申合実意ニ告諭行届候様可取計事

(別紙)

小学開校ニ付告諭文

夫父母ノ道ハ子ヲ教ユルヲ以テ肝要トス我父祖ノ跡ヲ継キ今日ヲ出精シ其子ニ至リ教ナクシテ財ヲ失ヒ家ヲ破リテハ父祖ニ対シ申訳立サルノミナラス今日出精シタル甲斐モナク老テ頼ムヘキ子ヲ失ナヒ難義ニ及フヘシ此故ニ人々其利害ヲ考ヘ今日ノ欲ヲ去リ目前ノ愛ニ惑ハス子ヲ教フルコトヲ忽ニスベカラス誠ニ今日ノ形勢ヲ見聞スヘシ才能アリテ学問スル人ハ草莽卑賤ノ間ニ起リ　朝廷ノ官員ニ列シ大ニ国家ノ補トナリ家名ヲ顕ハシ或ハ豪富農商トナリ其幸福ヲ国家ニ及スモノ不少又其学問ヲ好マス気随我侭スルモノハ酒色ニ耽リ博奕杯ヲ好ミ終ニハ国憲ヲ犯シ刑戮ニ罹リ父母親族ニ恥辱ヲ与フルモ甚タ多シ同シ人ニ生レ斯ク栄辱ノ別アルハ惟幼少ノ時善ク之ヲ教ユルト教ヘサルトニ因ル近ク之ヲ譬フルニ苗ヲ植付ルハ労苦ヲ厭ハス手ヲ入レ耕スヲ以テニ非スヤ又木綿ヲ染ムルニ紺屋ヲ頼ミ好キ色ニ染ムルニ非スヤ然ルニ我子ハ手入ナクシテ生長サセ又其愛ニ溺レテ手染ニスルハ何ソ事ノ彼此相副ハサルヤ畢竟此理ヲ弁ヘサルハ是迄衰世ノ然ラシムル所ナリト雖トモ最早御一新以来今日ニ至タリ徒ニ我子ヲ教サル時ハ　朝廷人智ヲ開カセ玉フ御盛意ニ戻リ又ハ父祖ノ遺体ヲ恥カシメ子孫ヲ愚ニシ其身ノ損害トナル依テ深ク此理ヲ明弁シ奮発興起其最寄々々申合セ人々今日ノ小欲ニ関ハラス他年老後ノ楽ヲ期シ金穀ヲ募リ学校ヲ興シ童子七八才以上ヨリ必ス学校ニ入ルコトト定メ又人材ハ慈母ノ教ニ出ルトモ云ヘリ随テ女学校ヲモ興スヘシ教員ノ人撰校中ノ規則等ハ官ヨリ其掛ヲ置テ専ラ沙汰スベシ現今子ナキトモ傍観スヘカラス又従前ノ学弊ニ懲リ今日ノ学文ヲ否ム勿レ

壬申六月

[40-4]　福岡県（福岡県）

明治五年一〇月
塩谷参事／水野権参事／団尚静　↓　（不明）
「告諭」

人々貴賎貧富強弱ノ差アルニ依テ其間自懸隔スル雲壌ノ如トイヘトモ天賦ノ性情ニ至テハ毫モ多少厚薄ノ別アルナシ故ニ思フ所ノ者欲スル所ノ事モ亦異ナラス従前封建ノ時ハ数段ノ階級ヲ立テ自由ノ権力ヲ束縛セシヨリ職業モ亦其身沿襲ノ具トナリ私ニ営ミ私ニ変スルアタハス遂ニ有為ノ生ヲ空フスルハ頗ル天理ニ戻リ人情ニ背クノ甚シキ者ト云ウヘシ

王政御一新万機御改正以来曩ニ国主ト唱ヘ富貴灼々タル者モ卑賎無限穢多ト称スル者モ彼我同一ノ権ヲ得セシム尚華士族農工商ノ名アレトモ其実ハ則一民同権ノ者ニシテ旧来ノ位階門閥ニ関セス智識才芸アル者ヲ以貴キ人ト言ヒ不学無術ナル者ヲ以テ卑キ人ト云フ人々能此旨ヲ体認シテ相競相勉各其思ヲ遂ケ其志ヲ達センコトヲ要スヘシ蓋シ其思ヲ遂ケ其志ヲ達スルハ智識ヲ開キ才芸ヲ長スルニ在リ智識ヲ開キ才芸ヲ長スルハ学問ニ非サレハ能サルナリ故ニ人タル者ハ各其通

義ヲ弁ヘ幼ヨリ壮ニ及フ迄字ヲ習ヒ算ヲ学ヒ天文地理究理経済修身等日用切近ノ書ヲ読ニシクハナシ蓋シ学問ハ身ヲ立テ産ヲ治業ヲ盛ニスルノ基本ニシテ一日モ欠クベカラサルモノナリ従来ノ学科又之ヲ主トセサルニアラサレトモ取ル所ノ者ハ全ク漢土ノ経義文章ノミニシテ要スルニ文字句読ノ間ニ精神ヲ労シ時日ヲ費スニ過ギス之ヲ身ニ行ヒ事ニ施スニ至テハ却テ功用利益少キノミナラス其妨害トナル亦多シ今日ニアリテハ徒ニ迂遠ノ教具ト云フヘシ人々真ノ学問ヲ為シ一身ノ独立ヲナス時ハ独リ其身ノ富貴ノミナラス国富兵強所謂文明ノ域ニ進ムヘシ嗚呼学問ノ関係大ナル者ニアラスヤ故ニ今ヨリ学ニ志ス者ハ必ス先ツ日本国ヲ一身ニ担当シテ以テ勉励従事シ若シ我学問ナラサレハ日本ノ文明遂ニナラスト心得ヘシ大凡目今ノ文明開化ト称スル者ハ衣服ノ美飲食ノ盛或ハ三絃歌舞ノ流行或ハ戯場青楼ノ繁昌等都テ逸楽怠惰謡蕩奢侈ノ事ト誤リ認

朝廷ノ御盛趣ト大ニ戻レリ天真ノ文明開化ナル者ハ則然ラス人々礼義ヲ重ンシ廉恥ヲ尊ヒ百工商賈ノ隆盛兵力器械ノ充実スルヲ得テ而後億兆ノ人民モ亦各其生ヲ保チ其業ニ安ンスルノ幸福ヲ得ヘシ蓋シ斯ル文明モ人々ノ独立ヨリ成リ人々ノ独立モ其学問ニナルモノナレハ県下人民タルモノ深ク此意ヲ体認スヘシ抑モ当県学校ノ設ケナキハ大ニ上下ノ欠典ト言フベシ然リト雖トモ海西辺陬ノ地文化未タ普カラサルヨリ人々此理ヲ知ラサルモ亦深ク罪スヘキニ非ラサルナリ然レトモ因循姑息之ヲ度外ニ置キ人ニ方向ヲ失シ生来ヲ空スルニ至ルハ歎息スヘキノ至ナラスヤ是ニ因テ御定学校費ノ外廣ク興設ノ財ヲ民間ニ募ラント欲ス人々宜シク前件ノ旨趣ヲ服膺シ倹約ヲ重ンシ冗費ヲ去リ飲食ヲ節シ衣服ヲ倹シ各其志ス所ニ随テ金銭ヲ納メ上下ノ力ヲ協合シ以テ学校ヲ興立スヘシ諺ニ云スヤ塵積ンテ山ヲ成スト些少ノ財モ又緩ニスヘカラス人々其通義ヲ達シ遂ニ日本全国ヲシテ万国ト駢立文明開化ノ域ニ進マシムルノ基本亦タ此ニアリ因テ普ク此事ヲ布告ス

〔41-3〕 **佐賀県(佐賀県)**

一八七三(明治六)年五月
(不明) → (不明)
「佐賀県就学告諭」

此度御確定の学問の仕方と言ふは旧来の仕方と大なるに違ひにて、男女四民の別なく皆それぞれの教方ありて各その知識を充実せしむべき教則を御立相成たる上は、家業を失ふの憂なきは勿論、学問さへ成就せば立身出世は身につきたる者にて、悦びも楽しみも思ひのままになるべければ、面々御趣意の程を篤く相考へ、舞踊絃歌等無用の費を省きて人の上たらんことを思ふべし。学問有益の費を惜んで長く奴僕となるなかれ。

〔42-4〕 **長崎県(長崎県)**

一八七三(明治六)年
(不明) → 長崎市中戸長
「各府県ノ士民競テ社ヲ結ヒ」

各府県ノ士民競テ社ヲ結ヒ学校ヲ創設シ幼弱ノ男女ヲ教育ス其進歩ノ景況ハ即各自ノ聞見スルトコロナリ而テ当港ハ古来開港場ニシテ却テ開化進歩ノ魁タル

ヲ得ス之ヲ他ノ府県ニ譲ル豈愧ツ可キニ非スヤ畢竟苟且偸安ニ馴致シ風習委靡遂ニ振ハサルトコロトナリ況ヤ学齢ノ幼童ヲシテ徒ニ遊芸ヲ習慣セシメ歳月ヲ費シ貨財ヲ靡シ技成ルニ随テ世ノ玩弄トナリ遊蕩荒逸家産ヲ破リ其甚キニ至テハ劇技社ヲ結ヒ各所開場ニシテ醜ヲ隣県ニ播布シ靦然愧ルヲ知ス抑父兄ノ子弟ニ於ル誰カ其幸福ヲ祈ラサランヤ然モ一タヒ其教育ノ道ヲ失シ破産無頼ノ徒タラシムル豈慨然ニ堪ンヤ師ヲ択テ有用ノ学ニ就カシメ貧ハ富トナシ卑ハ尊トナス彼此相較ス何啻霄壌ノミナランヤ自今学齢ノ生涯ノ事業ヲ誤ラシメス真ニ愛育ノ道ニ注意シ以テ開明ノ聖化ニ背馳セシムル莫ル可シ

〔42-5〕　長崎県（長崎県）

一八七三（明治六）年二月一〇日
県令宮川房之　↓　各区戸長
「長崎県小学校創立告諭」

方今　皇政維新治道隆盛而天下人民方向亦漸次ニ定ル是ヲ以テ大ニ学校ヲ興シ衆庶各其知識ヲ開暢シ万国並馳ノ基礎ヲ立ルノ秋也然ルニ幼弱ノ子弟遊戯ニ生長シテ恥ヲ知ラス人ノ学業ニ刻苦スルヲ傍観冷笑シテ自ラ安逸ニ過シ教化ノ外ニ自棄シ所謂放僻邪移ノ風積年因襲ノ弊頑乎トシテ開ケズ必竟要之学校ノ設ケ周悉整厳ナラサルヨリ胚胎スル所ニシテ父兄養蒙ノ道ヲ知ラス子弟ヲシテ怠惰苟安ニ陥イレ其天賦ノ才徳ヲ空クスルノミナラス遂ニ終身ノ方向ヲ誤リ破産喪家ノ徒タラシムルモ亦化惘也有志ノ人ハ愛眷姑息ノ情ヲ割キ其幼男童女ヲシテ万里ノ波涛ヲ超エ海外ニ留学セシムル者アリ又各府県ニ於テモ朝廷ノ盛意ヲ奉体シ学ヲ興シ業ヲ課シ教化ノ道日ヲ追テ盛ニ知識ノ開クル日ヲ追テ進ムノ日ニ膺リ従前ノ頽俗ヲ坐視シ向来ノ弊風ニ自縦セシムルトキハ我一方ノ民忽チ邦国衰敗ノ階梯タラン実ニ寒心スヘシ因テ殊ニ方法ヲ設ケ上下有志ノ人ト協力同心シテ遍ク学校ヲ開キ区内ノ子女ヲシテ尽ク学校ニ入レ大ニ成達スル処アラシメント欲ス抑人幼稚ノ時ニ方リテ天分純然タリ是故ニ教育方ヲ得レバ草木雨露ノ沢ヲ得テ発生暢舒華実並ヒ茂ガ如ク各其財器ヲ長シ人トナルニ及テ天下ノ良民トナリ福ヲ後昆ニ貽スル至ルベシ況乎超然傑出ノ人ニ於テヲヤ蓋シ学校ハ人才生出ノ源天下至治ノ礎ナリ従テ怠ルコトナク各其業ヲ成スニ至テハ則近クハ身ヲ興シ家ヲ立テ土地繁栄ノ福ヲ基イシ遠クハ世ヲ輔ケ国ヲ補ヒ天下富強ノ実ヲ開キ万姓至治ノ沢ヲ蒙リ四海来テ法ヲ取ルノ勢ニ至ラン人間ノ幸福何物歟此ニ比スヘケンヤ依テ文部省学制ノ大旨ニ准拠シ以テ学規ヲ設ケ自今以後管内人民貴賤貧富ノ別ナク其子女ヲシテ必ズ学課ニ勉励従事セシムベシ辺陬ノ郷愚昧ノ民ノ如キハ其人ヨリ誘掖勉論懇々説釈シテ建校ノ企今日ノ急務タルヲ知ラシメ有志ノ者ハ家産ニ応シ更ニ創建スル処アリテ至処学校普及シ山陬海曲ノ地ニ至ルマテ大ニ文明ノ聖化ニ沾ハシムヘキ事

〔44-1〕　大分県（大分県）

明治五年六月四日
（不明）　↓　（不明）
「さとしの文」

封建世禄の跡絶て士農工商の位平均し今日に至りては大名さむらひとても譋に貴きにあらす百姓町人とても無下に賎しむへき身分にあらす四民同等の世の中といふへしさて人の位平均して互に同等なれは其智愚も亦平均して互に同等ならさるへからすされは百姓にても町人にてもこれまでの如く無智文盲に安んして自から侮を招くへからす元来其侮を受けしは上たるものの罪にあらす己か無智文盲に由て致せしことなれは今日より活たるまなこを開き我身も日本国中の一人と思ひ身分相応の徳義を修め身分相応の智恵を研き内には一家の独立を謀り外には一国の独立を祈りこの日本国を我一身に引請しものと心得て学問致すへきなり

一　学問とは唯むつかしき字を読むばかりの趣意にあらす博く物事の理を知り近く日用の便利を達するためのものなり士農工商の差別なく手習そろばんを稽古し地理窮理天文歴史経済修身の書をよみ商売も農業も漁猟も物産も人の家に奉公するにも政府に仕官するにも皆この学問をよりところとなして一事一物も其実を押へ平生学ひ得し所を活用するの趣意にて徒に書を読み文を作り高上の趣を尚ひ文房の具に溺れ古を是とし今を非として世事に拙きなとの類にはあらさるなり

一　此度当管内有志の士民早く既に時勢を知り官に祈りて学校を設けんとのことを告けしは其志神妙なりといふへし県庁は敢てこの学校を支配するの趣意にはあらされとも士民の志を助け成し其便利をあたへてこれを保護せんとするのみ

一　有志の輩より寄付せし金の高別紙　別紙ハ五日ノ部ニテ見ツヘシ　の如し先つこの金を以て相応の学校を設け尚年月を追ひ豊後全国に広く教育をおよほすの場合にいたるへし抑学問は人のためにあらす世間一般の風俗をよくし商工の繁昌を致して全国の人民各其恩沢を蒙ることなれは其費も亦人民一般より償ふへき筈なり右の次第につき追ては管内の戸毎より学資の金を出して全国の子弟に教育をおよほすへけれとも先つ此度は其義なきゆへ末々の者に至るまて当分の間は有志の輩へ金を借用せるものと心得へきなり或は今日にても相応の身代を持ち朝夕の衣食住に差支なき者にてよく事の理を弁へ僅に一夕の酒肴を倹約し四季に一枚の衣裳を省きて此学費に寄付することあらは独豊後の人民へ徳を蒙らしむるのみならす日本国内に生きて日本国人たるの名に恥ることなかるへし

〔44-4〕　**大分県（大分県）**

明治五年一〇月二三日
（不明）　→　（不明）
「管内士族卒へ達」

夫レ封建ノ世タルヤ四民各其分ヲ異ニス今ヤ封建ノ跡熄テ已ニ復古ノ典挙リ開明ノ域ニ進歩ス去レハ士族卒ト雖モ譋ニ貴シト云ニモ非ス四民同等ノ世ト云フモ妨ケナカルヘシ然ルニ当管下士族卒ノ子弟未タ旧習ヲ守株シ自ラ身ヲ尊大ニ置キ平民ノ子弟ヲ凌侮蔑視スル奴隷ノ如クスルノミナラス動スレハ其子弟ノ通路ヲ妨ケ一時ノ快ヲ以テ戯ル丶族モ有之哉ニ相聞へ甚タ以テ無謂事ニ候是レ畢竟県庁告諭ノ尽サ丶ルニ由ルト雖モ亦其父兄善導ノ道ヲ尽サ丶ルノ責ヲ免ル丶ヲ得ス自今協心戮力子弟タル者各学ニ就キ識ヲ開キ天賦ノ職掌ヲ尽シ旧染ノ汚習一洗致シ善良ノ風ニ日又一日進歩候様懇々説諭ヲ加ヘ可申此旨相達候事

〔44-7〕　大分県（大分県）

一八七八（明治一一）年二月一日
（不明）　→　（不明）
「学事ノ論達」（学制頒布の趣旨徹底の達）

学制ノ頒布アリシヨリ以来人智日ニ開ラケ人心学ニ向ヒ文運ノ盛殆ド全国ニ及ブモノアリ即チ我管内ノ如キモ学校ノ建設ハ日ヲ迫テ増加シ生徒ノ就学ハ月ニ多キヲ加フ都鄙轡ヲ連ネ駸々乎トシテ日ニ文明ノ域ニ進マントス然リ而テ教育ノ如キハ其用大ニシテ其功速カナラサルモノアリ其用大故ニ小民望ンデ茫洋ノ歎ナキコト能ハズ其功速カナラス故ニ小民視テ以テ不急ナリトスルノ弊アルコトヲ免カレス況ヤ我国従来ノ如キハ武門ノ専政ニシテ門閥ノ風習アリ所謂教育ナル者ハ概ネ士人以上ニ止マリ他ノ人民ニ至ツテハ脳底嘗テ学問ノ二字無ク因循ノ久シキ今日ノ盛猶其何物タルヲ解セザルモノアルヲ致ス是蓋シ其勢自ヅカラ然ラサルヲ得サルモノアレバ官亦之レガ為メニ誘導ノ術ヲ尽サヽルベカラス是即チ地方第五課ノ設アル所以ナリ抑誘導ノ道タル其術固ヨリ多岐然レドモ其最心ヲ用ユベキモノハ人民ヲシテ教育ノ急務タルヲ信孚セシムルニアリ人民ヲシテ学資ヲ負担スルノ義務ヲ尽サシムルニアリ教員ノ学術ノ鍛錬シ以テ生徒ノ進歩ヲ計ルニアリ是三ノ者ハ真一ノ常ニ意ヲ労シ思ヲ煩ハシ以テ其実効ヲ奏シ以テ其隆盛ヲ致サント欲スル所ロナリ故ニ入県ノ初首トシテ学務ノ委員ヲ派出シ自分モ亦巡回誘導スベキノ旨意ヲ論達シ尋テ大ニ着手ニ及ハントスル際ニ当リ不幸ニシテ西南賊徒侵入ノ警アリ管内士冠蜂起ノ変アリ県庁多事管内干戈ヲ尋キ亦教育ノ一点ヲ顧ミルベキノ暇勿ラシメ学校ノ残破人心ノ解弛誠ニ甚シキノ極ニ至ラシム夫レ教育ノ人心ニ入リ難キ其勢彼レガ如ク加フルニ非常ノ変難ヲ蒙ル其惨此ノ如キニ至ル今ニシテ頽瀾ヲ挽回シ人心ヲ興起スルニアラズンバ教育ノ事爾来各県ト並ビ馳ルコト能ハズシテ管内七十万人民ノ知識他日遥カニ各県人民ノ下風ニ出ルモノアラハ人民ノ不幸タル果シテ如何ゾ哉真一苟モ牧民ノ職ニ居リ朝廷ニ対シ其責ヲ免ルベカラズシテ又如此惨痛ノ事ヲ見ルニ忍ビザルナリ是ヲ以テ今般第五課各員ヲシテ之ヲ各地ニ派駐セシメ各其管理ヲ定メ其実地ニ就キ適宜誘導奨励スルノ権力ヲ与ヘ人民ヲシテ教育ノ急務ニシテ学資ノ負担スベキ義務アルヲ知ラシメ其子弟ヲ挙ゲ悉ク之ヲ学ニ就カシメ以テ児童教育ヲ受クベキノ権利ヲ保護シ以テ一層ノ盛大ヲ期シ別ニ巡回訓導ナルモノヲ置キ教員ノ授業ヲ整理シ教員ノ学術ヲ鍛錬セシメ以テ生徒ノ進歩ヲ計ラントスルナリ凡ソ此数ノ者ハ即チ真一入県ノ初念ニシテ之レヲ今日ニ実施スル所以ナレハ区戸長学区取締ニ於テハ毎事派駐官員ノ協示ヲ受ケ協心戮力益人智ノ開発ヲ勧メ益文明ノ真域ニ進マシムルハ今日真一ノ切ニ区戸長学区取締ニ望ム所ロナレハ篤ト此旨意ヲ体認シ小前一同ヘ無漏様論達可致候事

〔45-5〕　鹿児島県（宮崎県）

一八七六（明治九）年九月二六日
鹿児島県令大山綱良代理　参事田畑常秋　→　各区小学
「学事ノ重キハ」

支番外
各区小学
学事ノ重キハ固ヨリ言ヲ待タス然ルニ其校義一同勉励漸次進歩ノ趣ニ候歟共将来一層尽力倍ス々々教育ノ実効相立候様注意可有之此旨相達候事
鹿児島県令大山綱良代理
参事田畑常秋
明治九年九月二十六日
追テ宮崎学校ヘ別紙之通相達候ニ付此旨為心得添テ相達候
別紙
宮崎学校
学事ノ重キハ固ヨリ言ヲ待タス然ルニ其校儀一同勉励従来別テ更張進歩其影響遂ニ各区学事ノ普及ヲ致スニ至リ其校ノ盛衰ハ実ニ一般ノ関係不少事候条将来一層尽力倍ス々々教育ノ実功相立候様注意可有之此旨相達候事
鹿児島県令大山綱良代理
参事田畑常秋
明治九年九月二十五日

〔47-2〕 沖縄県(沖縄県)

一八七九(明治一二)年一二月二〇日
県令鍋島直彬 → (不明)
「就学告諭」

学問ハ身ヲ立テ産ヲ興シ生ヲ遂グルノ基礎ニシテ修身政治天文地理算術等ヨリ百工技芸日用常行ニ至ル迄一トシテ学アラザルモノナシ古ヨリ身ヲ立テ産ヲ興シ生ヲ安ニスルハ学問ノ力ニ因ラサルハナク身ヲ破リ産ヲ失ヒ遂クル能ハサルハ不学ノ故ニ因ラザルハナシサレバ学問ハ一生ノ資本トモ云フ可キモノニシテ貴トナク賎トナク人々自ラ奮発シテ学校ニ入リ勉励致スヘキハ勿論ナレドモ多クハ其方ヲ誤リ其一端ヲ知ル人アルモ唐土ノ詩書ヲ講スルニアラサレハ真正ノ学ニアラストナシ甚歟ハ詞章記誦ノ末ニ走リ農商百工其他ノ学術ハ之ヲ排斥シ之ヲ度外視シテ顧ミズ以テ学問ノ要領ヲ知レリトスルモノモ亦ナキニアラズ、此従前制度ノ宜シキヲ得サルト教育ノ普ク及ハサルトニ因ルト雖モ抑モ亦大ナル誤ナラスヤ人タルモノハ凡百学術中ニ其方ノ長スル所ニ従ヒ一術一芸ニテモ其薀奥ヲ極メハ家産ヲ興シ生涯ヲ遂グルコト心志ヲ労スルニ足ラズ然レドモ之ヲ研究スルノ道自ラ順序アリ直チニ其奥ヲ極メント欲スレハ徒ラニ心ヲ苦シムルコト多クシテ功ヲ成スコト少シ是学ニ大中小ノ設アリテ又等級ノ次第アル所以ナリ是故ニ人ノ父兄タルモノハ仮令身賎ク家貧キト雖モ目前ノ難渋ヲ憂ヘス子弟ヲシテ余念ナク学問ニ従事セシメハ智識ヲ開達シ才芸ヲ伸張シ家産ヲシテ繁昌ナラシムルハ期シテ俟ツベク父兄タルモノモ又其義務ヲ尽セリト云フヘシ若シ之ニ反シテ朝夕目前ノ使用ニ叱駆シ教ヘス誡メス遂ニ子弟ヲシテ終身貧窶ノ域ニ陥リ痴騃ノ譏ヲ免レサラシムルハ父兄タルモノ愛育ノ情ニ於テ果シテ如何ソヤ今ヨリ後ハ寒村僻邑ニ至ルマデ前條ノ趣ヲ了解シ村ニ学ハサルノ家ナク家ニ学ハサルノ人ナカラシメ候様可心懸此旨管内ヘ諭達候事

あとがき

本共同研究は、一八名の出身大学・世代・専攻領域を異にする教育史研究者たちの六年半にわたる共同研究の成果である。今、ここに本書の刊行を終え、一つの仕事を成し遂げ、感慨深いものがある。

共同研究を推進した母体は、荒井を研究代表者とする「就学告諭研究会」であった。

同研究会を立ち上げる契機となったことは、二〇〇〇年一〇月、本共同研究者の一人でもある恩師寺﨑昌男先生（立教学院本部調査役）との六時間に及ぶ議論からであった。東京大学大学院の「寺﨑ゼミ」で学んだ人間ならば誰しも一度ならず先生が「就学告諭研究の重要性」を語っておられたことを知らない人はいない。先生と就学告諭研究の意義、方法、対象、等々を熱く語り合い、共同研究の組織についても意見交換できたことが、研究会立ち上げの契機となった。他方で、荒井自身、森文政期における地域の中学校設立支持基盤を解明する研究を進めており、地域（指導者層）の学校設立要求を歴史的に掘り下げる作業は不可欠な課題であった。その意味において、本共同研究のテーマに大きな魅力を感じた。

就学告諭研究会の第一回例会は、二〇〇一年三月末、季節外れの大雪の舞う東京で開催された。荒井の呼びかけにより大矢・小熊・柏木・川村・神辺・熊澤・坂本・谷・寺﨑・三木、の一一名が集合し、初会合を開いた。以後ほぼ毎月一回の例会を開催してきた。

二〇〇二年三月、研究会発足一周年記念として故久木幸男先生に問題提起を依頼した。久木先生は、京都府の就学告諭を紹介され、「アメ」と「ムチ」の両側面、さらに政策的諸矛盾に言及され、その後のわれわれの研究視点に大いに参考となった。同年八月、第二一回日本教育史研究会サマーセミナー「学校化社会の原点を問う」（於・アイビーホール青学会館）

で、多くの研究会のメンバーが報告する機会を得た。二〇〇三年三月、研究会発足二周年記念として、ひろたまさき先生に問題提起を依頼した。ひろた先生は、地域指導者の言説と行動を紹介・分析され、われわれは大きな示唆を得ることができた。

幸いにも二〇〇三年度から科学研究費補助を得て、研究をすすめることができた。またサマーセミナーを機会に、重栖(現姓小林)・軽部・河田・大間・高瀬・野坂、の若い研究者たちが加わった(さらにその後に杉村が加わる)。研究会は科研費補助を得ることと、若手の参加という二つの力を得て、活発な研究活動を展開できた。

二〇〇四年、第四八回教育史学会大会(於・法政大学)において、われわれはコロキウムを組織し、そこでそれまでの研究の中間報告をおこなった。そこでの報告と討論を経て、われわれは、学制布告書との関係、言説分析、地域事例研究といった、研究の全体像を確認できた。その意味で、この学会大会コロキウムは、貴重な経験となった。以後ここで確認された視点・対象・方法が本共同研究のベースとなった。二〇〇六年度末まで例会は四〇回を超え、ニューズレター「千里の馬」は二二号まで発行できた。最後まで活力ある共同研究を持続できたと自負している。

活力ある共同研究を持続できた最大の要因は、テーマの面白さ、にある。就学告諭を収集・分析を始めた当初、学制布告書とのタームの類似性と相違性など時間を忘れて議論したものである。第二の要因は、共同研究参加者の世代が、これまで学界をリードしてきた世代、学界でも大学でも活躍している(だからこそ多忙な)中堅世代、若手大学院生、の三世代であったことだ。そして参加者が自由に意見交換しうる民主的な運営の確立こそは、活力の原点となった。第三の要因は、共同研究参加者の熱意と見事なまでのチームワークである。大学の枠を越えて遂行する共同研究は、運営の難しさ・困難さには想像を絶するものがある。最大の原因は、大学に職を得ている研究者ならば例外無く体験する「多忙さ」である。本共同研究に於ても、むろん例外ではなかった。にも関わらず、毎月一回のペースで研究会を開催することができたのは、テーマに魅せられた共同研究参加者の熱意とチームワークであった。

学界における共同研究の意義についてはいまさらあらためていうべきことはないかもしれない。しかし、大学「改革」の名目下、基礎的学問領域がリストラの危機に直面している。教育史研究も例外ではなく、多くの大学において教育史関係講座・ポストは削減の対象とすらなっている。こうした政策動向には厳しく対峙しながらも、学界内においては、より多面的重層的な共同研究が組織されてもよい、と今回の共同研究を組織した者として痛感している。研究会例会後に毎回、例外無く、懇親会を開催してきた。その席は知的刺激の場であった。学会誌等に掲載された論文への感想やお互いの研究テーマ・方法・視点などへの批判。さらには若い大学院生がベテランの会員から様々な助言を得ている機会を見る時、私は「共同研究を組織してよかった」と思い、この共同研究の、もう一つの成果に気づいたものである。

現在、教育史学会では、毎年、多くの大学院生が積極的に研究業績を発表している。一方で若手研究者の積極的な研究発表と、他方で大学での教育史講座・ポストのリストラという現状だからこそ、大学の壁を越えた共同研究がいっそう重要な意義を有しているように思われる。若手研究者からみれば、昨日まで直接指導を受けてきた指導教官・教員が退職した後に、同じ専門領域の研究者が着任するとは限らない。そうした現状だからこそ、若手研究者の研究成果発表に対し、細分化・個別事例化が進行しているなどと批判するばかりでなく、積極的に共同研究を組織・推進し、細分化・個別事例化を大きな枠組みに収斂させる機会を創造することも中堅世代の重要な責任である、と私は考えている。

本書の中で繰り返し述べたように、本共同研究の成果は、全国悉皆調査による約四〇〇の就学告諭の収集と分析にある。それらを駆使しての分析の成果は、近代日本公教育を支える基底部分の解明の第一歩となったと確信している。他方で残された課題は多い。終章でも指摘したが、資料的には就学告諭のさらなる調査と収集、方法論的には言説分析方法の確立、本論文中で対象としたのとは別な地域の分析、地域指導者の言説に対する当該地域の学校設立の実態、などの諸課題である。

あえて終章で述べなかった重要な課題をいえば、諸外国との比較研究があげられよう。

本共同研究の過程において、外国教育史研究者に「あなたが研究対象としている国に就学告諭らしきものが存在するか」を問うてみたことがある。一応に「否」の応えであった。われわれは、近代日本において就学告諭の存在が公教育制度成立のために不可欠なものであったと考えるが、そうだとすると諸外国においてはどうだったのか、就学告諭的なるものを不要としたのはなぜか、などの近代公教育制度成立の研究に新たな視点が加わるかもしれない。

諸外国の公教育制度成立過程との比較考察という課題とともに、近代化と教育に対するこれまでの把握についても問題提起が可能である。従来、日本の近代化に学校と教育が大きな役割を果たしたとして、早くから海外の日本研究者たちから日本近代化過程における学校と教育に関して関心が寄せられ、R・P・ドーア『江戸時代の教育』（岩波書店、一九七〇年）、H・パッシン『日本近代化と教育』（サイマル出版、一九八〇年）、R・ルビンジャー『私塾』（サイマル出版、一九八一年）など優れた研究書が刊行され、日本の研究者たちに大きな影響を与えた。しかしながらこれらの研究が教育の組織・機能・教育内容と方法に着目するあまり、近代学校を支えてきた民衆の教育要求の生成、展開、変化に関わる、いわば公教育成立の基底部分、民衆的支持基盤の分析は不十分であったといわざるをえない。

就学告諭は、近代化過程において地域指導者から教育を組織化する提案であり、民衆の教育要求を近代公教育へと組織化した役割を有した。本書の刊行が、諸外国における近代化と公教育の組織化に関する研究にも大きな刺激となることを期待する。

本共同研究遂行にあたり、ひろたまさき先生（大阪大学名誉教授）には先にも述べたように研究会発足二周年記念イベントで問題提起して頂き、機会あるごとに励まして頂いた。平原春好先生（神戸大学名誉教授・大東文化学園前理事）は、時折例会や合宿にも参加して下さり、貴重な御助言を頂戴した。石島庸男先生（山形大学名誉教授）、梶山雅史先生（岐阜女子大学教授）、竹中暉雄先生（桃山学院大学教授）には激励と同時に様々な御助言を頂戴した。これらの先生方に対し、執筆者一同、厚く御礼申し上げる次第である。

各都道府県立図書館・文書館等の資料保存機関の職員の方々には大きな便宜を図って頂いた。また、多くの研究者、郷土史家の方々にも様々な御助言を頂戴できた。いちいちお名前を挙げることができないが、厚く御礼申し上げる次第である。

本書を故久木幸男先生（横浜国立大学名誉教授）と故佐藤秀夫先生（国立教育研究所名誉所員・日本大学教授）の御霊前に捧げる。

久木幸男先生は、本共同研究者の多くが師事してきた学識豊かな先生であった。先にも述べたように、就学告諭研究会発足一周年の記念イベントで講演してくださった。「千里の馬の輩出を願って―就学告諭研究への期待―」と題する御講演は研究の視点と方法を提示され大きな影響を受けた。柏木敦会員が担当、発行し続けてくれた就学告諭研究会ニューズレターの題名を「千里の馬」としたのも先生の御講演の題目から頂戴したものであった。

佐藤秀夫先生は、周知のように、日本近代教育史に関する示唆的な論考を多数発表され、本論文中でも言及したように、就学告諭に早くから着目されてきたお一人であった。先生も就学告諭研究会に強く期待され、常に励まして下さったお一人である。私事になるが、お亡くなりになられる五カ月前の二〇〇二年七月末、猛暑の中を御入院中の先生をお見舞いした。その数日後に開催されるサマーセミナーの報告レジュメを持参し、内容を御報告申し上げた。約四〇分間ロビーにて雑談したが、就学告諭研究のみならず日本教育史研究のいくつかの課題を熱心に語っておられた。代表理事を努められた先生の最後の大会となった第四六回教育史学会大会（於・中央大学）における懇親会の席でも激励して頂いたが、それが最後の機会となってしまった。

お二人の先生がお元気であれば、本書の成果に対して厳しい批判と指導を頂戴できたと思うと両先生の御逝去は残念でならない。あらためてお二人のご冥福をお祈りするとともに、御霊前に今後のさらなる研究の深化をお誓い申し上げたい。

本共同研究をすすめるにあたって二〇〇三年度から二〇〇六年度まで、科学研究費補助金（基盤研究B　課題番号・一五三三〇一六九　課題「『民衆の学び』の喚起と組織化に関する研究―府県『就学告諭』の収集と分析―」）を得た。また本書の刊行は研究成果公開促進費（課題番号・一九五一六九）を得た。研究補助金の執行に関する諸業務は、私の勤務校である大東文化大学学務部学務課の職員の方々にお世話になった。また、研究会内部において、事務関係を総て引き受けてくれたのは、高瀬幸恵氏（鶴川女子短期大学）である。氏がやっかいな諸事務を一手に引き受けてくれたからこそ活力ある共同研究が最後まで維持できた。研究代表者として心から感謝したい。

最後になったが、学術書刊行の困難な出版状況の下、本書の刊行を快く引き受けて下さった東信堂の下田勝司社長に感謝申し上げる。

二〇〇七年八月

共同研究者を代表して　荒井　明夫

■執筆者一覧（氏名・最終学歴・現職・執筆担当部分・主要論文等）

荒井　明夫（代表）　東京大学大学院博士課程単位取得退学。大東文化大学教授。序章・終章担当。
「近代日本公教育成立過程における国家と地域の公共性に関する一考察」（『教育学研究』第七二巻第四号、日本教育学会、二〇〇五年）。「一八九一（明治二四）年『中学校令中改正』後における府県管理中学校の性格に関する一考察―山形県庄内尋常中学校を事例として―」（『地方教育史研究』第二一号、全国地方教育史学会、二〇〇〇年）。

大矢　一人　広島大学大学院博士課程中途退学。藤女子大学教授。第三章はじめに、第三章第二節担当。
編・解説『軍政（ナンバーMG）レポート―一九四五年八月～一九四六年六月―』（全九巻、現代史料出版、二〇〇七年）。「占領下岡山県の教育政策課題に果たした岡山県軍政部の役割」（『地方教育史研究』第一八号、全国地方教育史学会、一九九七年）。

小熊　伸一　立教大学大学院文学研究科博士後期課程満期退学。芦屋大学教授。第四章第二節担当。
「戦時体制下における教育情報の統制―教育雑誌の分析を通じて―」（『教育学研究』第六一巻第二号、日本教育学会、一九九四年）。『戦後日本における教育ジャーナリズムに関する基礎的研究』（文部科学省科学研究費報告書、二〇〇六年）。

柏木　　敦　日本大学大学院博士後期課程満期退学。博士（教育学）。兵庫県立大学准教授。第一章第一節担当。
「一九〇〇年代における初等教育政策展開に関する考察」（『日本の教育史学』第四八集、教育史学会、二〇〇五年）。「初等教育期間の延長過程とその形態―尋常小学校補習科の展開を通して―」（『日本の教育史学』第四五集、教育史学会、二〇〇二年）。

軽部勝一郎　筑波大学大学院博士課程単位取得退学。熊本学園大学講師。序章第三節担当。
「岩手県における小学簡易科の研究―民衆の教育要求との関わりから―」（『地方教育史研究』第二三号、全国地方教育史学会、二〇〇二年）。「自由民権期における近代学校成立過程の研究―岩手県遠野地方を事例として―」（『日本の教育史学』第四七集、教育史学会、二〇〇四年）。

河田　敦子　お茶の水女子大学大学院博士後期課程在学。武蔵野美術大学非常勤講師。第三章第五節担当。
「市制町村制の成立過程における教育事務の国家化―学務委員規定に関する条項の消滅過程―」（『日本の教育史学』第四七集、教育史学会、二〇〇四年）。「明治教育制度と地方制度の構造的連関（1）―一八八四年官選戸長制と小学校設置問題―」（『お茶の水女子大学二一世紀プログラム「誕生から死までの人間発達科学」平成一六・一七・一八年度公募研究成果論文集』、二〇〇七年）。

川村　肇　東京大学大学院教育学研究科博士課程中退。博士（教育学）。獨協大学国際教養学部教授。第一章第二節担当。
『在村知識人の儒学』（思文閣出版、一九九六年）。共著『幕末維新期漢学塾の研究』（渓水社、二〇〇三年）。

神辺　靖光　早稲田大学大学院文学研究科博士課程修了。文学博士。第二章第一節担当。
『日本における中学校形成史の研究（明治初期編）』（多賀出版、一九九三年）。『明治前期中学校形成史　府県別編Ⅰ』（梓出版社、二〇〇六年）。

熊澤恵里子　早稲田大学大学院博士課程単位取得退学。博士（文学）。東京農業大学准教授。第四章第三節担当。
『幕末維新期における教育の近代化に関する研究―近代学校教育の生成過程―』（風間書房、二〇〇七年）。「奥州平田門人早田伝之助の教育活動―心学から平田国学へ―」（『地方教育史研究』第二八号　全国地方教育史学会、二〇〇七年）。

小林（重栖）啓子 お茶の水女子大学大学院博士後期課程満期退学。第三章第四節担当。
「長野県の小学校における進級システム―松本尋常高等小学校の進級認否判定を通じて―」（『地方教育史研究』第二四号、全国地方教育史学会、二〇〇三年）。「一九一〇年前後における学級編制の諸形態―群馬県館林尋常高等小学校を事例として―」（『日本の教育史学』第四五集、教育史学会、二〇〇二年）。

坂本　紀子 早稲田大学大学院博士課程単位取得退学。博士（文学）。北海道教育大学准教授。第二章はじめに、第二章第三節担当。
『明治前期の小学校と地域社会』（梓出版、二〇〇三年）。共著『学校と学区の地域教育史』（川島書店、二〇〇五年）。

杉村　美佳 上智大学大学院博士課程修了。博士（教育学）。上智短期大学講師。第四章第一節担当。
「明治初期における『教場指令法』の成立―J・ボールドウィンの School Tactics の受容を中心に―」（『日本の教育史学』第四四集、教育史学会、二〇〇一年）。「ミズーリ州セントルイス市における一斉教授法の成立過程―等級制学校への移行と School Tactics の採用を中心に―」（『アメリカ教育学会紀要』第一四号、アメリカ教育学会、二〇〇三年）。

大間　敏行 筑波大学大学院博士課程在学。東京大学史史料室教務補佐員（非常勤）。第三章第一節担当。
「江藤新平の教育構想―『道芸二学ヲ開ク』の展開と帰結―」（『日本の教育史学』第四九集、教育史学会、二〇〇六年）。「江藤新平における『道学』論の形成基盤―佐賀藩時代の教育的背景を手がかりとして―」（『教育学論集』第一集、筑波大学大学院人間総合科学研究科教育学専攻、二〇〇五年）。

高瀬　幸恵 桜美林大学大学院博士課程単位取得満期退学。鶴川女子短期大学講師。第三章第三節、第四章第四節担当。
「一九三〇年代における小学校訓育と神社参拝―美濃ミッション事件を事例として―」（『日本の教育史学』第五〇集、教育史学会、二〇〇七年）。『天則』における道徳論議の研究（1）―教育勅語発布直後の反応と道徳論議―」（『井上円了センター年報』第一二号、東洋大学井上円了記念学術センター、二〇〇三年）。

寺﨑　昌男　東京大学大学院博士課程修了。教育学博士。立教大学本部調査役、東京大学名誉教授。第四章はじめに担当。『東京大学の歴史――大学制度の先駆け』（講談社学術文庫、二〇〇七年）。『日本における大学自治制度の成立　増補版』（評論社、二〇〇〇年）。

谷　雅泰　東京大学大学院教育学研究科博士課程単位取得退学。福島大学准教授。第二章第四節担当。共著『学校と学区の地域教育史』（川島書店、二〇〇五年）。共著『二一世紀の教育をひらく――日本近現代教育史を学ぶ』（緑陰書房、二〇〇三年）。

野坂　尊子　桜美林大学大学院博士後期課程単位取得満期退学。桜美林大学講師。第二章第二節担当。「戦後高等教育改革における『家政学』理解―『家政学部設置基準』の制定過程に見る―」（『大学教育学会誌』第二三巻第二号、大学教育学会、二〇〇一年）。「新制大学創設直前における『家政学』―それを支えた人物と団体―」（『家政学原論研究』第三七号、（社）日本家政学会家政学原論部会、二〇〇三年）。

三木　一司　九州大学大学院博士課程単位取得退学。近畿大学九州短期大学准教授。序章第二節担当。「明治一〇年代の兵庫県における中学校成立に関する一考察」（『歴史と神戸』第四〇巻第三号、神戸史学会、二〇〇一年）。

索　引

本索引は、資料編一覧表の都道府県別に就学告諭が出てくるページを示した。そのうち旧府藩県名がわかるものは現県名の中に含んで表記した。なお、旧県名が現県名と重なる場合には煩雑をさけるため区分していない。

近代日本黎明期における「就学告諭」の研究

2008年2月29日　初版　第1刷発行　〔検印省略〕

＊定価はカバーに表示してあります

編者©荒井明夫　発行者　下田勝司　印刷・製本　中央精版印刷

東京都文京区向丘1-20-6　郵便振替　00110-6-37828

〒113-0023　TEL 03-3818-5521(代)　FAX 03-3818-5514

E-Mail tk203444@fsinet.or.jp

発行所　株式会社　東信堂

Published by TOSHINDO PUBLISHING CO.,LTD.

1-20-6,Mukougaoka, Bunkyo-ku, Tokyo, 113-0023, Japan

ISBN978-4-88713-814-8　C3037

東信堂

大学再生への具体像　潮木守一　二五〇〇円

大学のイノベーション―経営学と企業改革から学んだこと　坂本和一　二六〇〇円

30年後を展望する中規模大学―マネジメント・学習支援・連携　市川太一　二五〇〇円

大学行政論Ⅰ　川本八郎・伊藤昇　編　二三〇〇円

大学行政論Ⅱ　川本八郎・近森節子　編　二三〇〇円

もうひとつの教養教育―職員による教育プログラムの開発　近森節子　編著　二三〇〇円

政策立案の「技法」―職員による大学行政政策論集　伊藤昇　編著　二五〇〇円

大学の管理運営改革―日本の行方と諸外国の動向　江原武一・杉本均　編著　三六〇〇円

教員養成学の誕生―弘前大学教育学部の挑戦　遠藤孝夫・福島裕敏　編著　三二〇〇円

校長の資格・養成と大学院の役割　小島弘道　編著　六八〇〇円

改めて「大学制度とは何か」を問う　舘昭　一〇〇〇円

原点に立ち返っての大学改革　舘昭　一〇〇〇円

短大からコミュニティ・カレッジへ―飛躍する世界の短期高等教育と日本の課題　舘昭　編著　二五〇〇円

現代アメリカのコミュニティ・カレッジ―その実像と変革の軌跡　宇佐見忠雄　二三八一円

日本のティーチング・アシスタント制度―大学教育の改善と人的資源の活用　北野秋男　編著　二八〇〇円

アメリカ連邦政府による大学生経済支援政策　犬塚典子　三八〇〇円

アジア・太平洋高等教育の未来像　静岡県総合研究機構　馬越徹　監修　二五〇〇円

戦後オーストラリアの高等教育改革研究　杉本和弘　五八〇〇円

大学教育とジェンダー―ジェンダーはアメリカの大学をどう変革したか　ホーン川嶋瑤子　三六〇〇円

アメリカの女性大学：危機の構造　坂本辰朗　二四〇〇円

〔講座「21世紀の大学・高等教育を考える」〕

大学改革の現在〔第1巻〕　有本章・山本眞一　編著　三二〇〇円

大学評価の展開〔第2巻〕　山野井敦徳・清水一彦　編著　三二〇〇円

学士課程教育の改革〔第3巻〕　絹川正吉・舘昭　編著　三二〇〇円

大学院の改革〔第4巻〕　江原武一・馬越徹　編著　三二〇〇円

〒113-0023　東京都文京区向丘1-20-6　TEL 03-3818-5521　FAX03-3818-5514　振替 00110-6-37828
Email tk203444@fsinet.or.jp　URL:http://www.toshindo-pub.com/

※定価：表示価格（本体）＋税

東信堂

教育の平等と正義　K・ハウ著　大桃敏行・中村雅子・後藤武俊訳　三二〇〇円

大学教育の改革と教育学　K・ノイマン著　小笠原道雄・坂越正樹監訳　二六〇〇円

ドイツ教育思想の源流—教育哲学入門　R・ラサーン著　平野智美・佐藤直之・上野正道訳　二八〇〇円

フェルディナン・ビュイッソンの教育思想—第三共和政初期教育改革史研究の一環として　尾上雅信　三八〇〇円

経験の意味世界をひらく—教育にとって経験とは何か　市村・早川・松浦・広石編　三八〇〇円

洞察＝想像力—知の解放とポストモダンの教育　D・スローン著　市村尚久・早川操監訳　三八〇〇円

文化変容のなかの子ども—経験・他者・関係性　高橋勝　二三〇〇円

教育の共生体へ—ボディ・エデュケーショナルの思想圏　田中智志編　三五〇〇円

人格形成概念の誕生—近代アメリカの教育概念史　田中智志　三六〇〇円

サウンド・バイト：思考と感性が止まるとき　小田玲子　二五〇〇円

進路形成に対する「在り方生き方指導」の功罪—高校進路指導の社会学　望月由起　三六〇〇円

「学校協議会」の教育効果—「開かれた学校づくり」のエスノグラフィー　平田淳　五六〇〇円

学校発カリキュラム—日本版「エッセンシャル・クエスション」の構築　小田勝己編　二五〇〇円

階級・ジェンダー・再生産—現代資本主義社会の存続メカニズム　橋本健二　三二〇〇円

再生産論を読む—バーンスティン、ブルデュー、ボールズ＝ギンティス、ウィリスの再生産論　小内透　三二〇〇円

教育と不平等の社会理論—再生産論をこえて　小内透　三二〇〇円

教育と人権　W・ベーム編　岡野治子・乙訓稔監訳　二一〇〇円

オフィシャル・ノレッジ批判—保守復権の時代における民主主義教育　M・W・アップル著　野崎・井口・小暮・池田監訳　三八〇〇円

新版 昭和教育史—天皇制と教育の史的展開　久保義三　一八〇〇〇円

地上の迷宮と心の楽園〔コメニウスセレクション〕　J・コメニウス　藤田輝夫訳　三六〇〇円

〒113-0023　東京都文京区向丘 1-20-6　TEL 03-3818-5521　FAX03-3818-5514　振替 00110-6-37828
Email tk203444@fsinet.or.jp　URL:http://www.toshindo-pub.com/

※定価：表示価格（本体）＋税